闽南师范大学"文化诗学理论与实践"重点项目成果

本丛书得到闽南师范大学出版基金资助

闽南师范大学文化诗学研究丛书

明清时期全椒吴敬梓家族及其文学风貌

——以科举与文学为研究中心

吕贤平 著

中国社会科学出版社

图书在版编目(CIP)数据

明清时期全椒吴敬梓家族及其文学风貌／吕贤平著. —北京：
中国社会科学出版社，2016.4
ISBN 978-7-5161-7670-2

Ⅰ.①明…　Ⅱ.①吕…　Ⅲ.①吴敬梓（1701～1754）—家族—
研究　Ⅳ.①K820.9

中国版本图书馆 CIP 数据核字（2016）第 037848 号

出 版 人	赵剑英
责任编辑	冯春凤
责任校对	张爱华
责任印制	张雪娇

出　　版　中国社会科学出版社
社　　址　北京鼓楼西大街甲 158 号
邮　　编　100720
网　　址　http：∥www.csspw.cn
发 行 部　010-84083685
门 市 部　010-84029450
经　　销　新华书店及其他书店

印刷装订　北京君升印刷有限公司
版　　次　2016 年 4 月第 1 版
印　　次　2016 年 4 月第 1 次印刷

开　　本　710×1000　1/16
印　　张　38
插　　页　2
字　　数　621 千字
定　　价　135.00 元

凡购买中国社会科学出版社图书，如有质量问题请与本社营销中心联系调换
电话：010-84083683

闽南师范大学文化诗学研究丛书

主　　编：林继中

副主编：祖国颂（执行）　李春青

编　　委：沈金耀　吕贤平　张嘉星　张则桐

　　　　　张文涛　黄金明　孟　泽

目　　录

丛书总序

　　"文化热"已多次被宣判"过时了",但它总是在更多的领域顽强地冒出头来！它渗入各学科研究,且未有穷期。究其原因,就在于文化本是人类自身的影子,甩也甩不掉。无论是物质的,还是精神的,只要涉及人们的行为方式,都可归入"大文化"。这种海纳百川式的品格正是它的生命力之所在。也因为它的深、广、大,所以不可能被一次性地认识,因此它总是潮汐般时起时落,永不停息。潮汐过后,沙滩上似乎平白如故。然而,从长远看,它却不断地改变着大海与陆地的疆域。

　　自二十世纪八十年代改革开放以来,西方各种文学思潮也相继涌入中国,可谓"你唱罢来我登场",只是"各领风骚若干年"。不过即使在西方,各种思潮此起彼伏、变动不居,也是常态。人们认识事物总要从具体、个别到整体,通过不断分析、归纳、综合,站在新高度俯瞰整体。从"分野中峰变,阴晴众壑殊"始,至"会当凌绝顶,一览众山小"终。是的,各种理论思潮激烈地碰撞、化合,需要一个更大的"力场"。文化,作为中介与互动、互构的攸关方,成为理想的力场。文化诗学高唱于形式主义、结构主义、解构主义、西方马克思主义、女权主义、后殖民主义、现代主义、后现代主义等五光十色的思潮交错横流时代的后期,并非偶然,它至少反映了学术界需要进行一次从外部研究到内部研究、微观研究到宏观研究的大整合的需求。文化诗学大有可为。居于这一认识,漳州师范学院(现已改名闽南师范大学)比较文学研究所决定改名为文化诗学研究所,并于2000年11月由《文艺理论研究》编辑部、山东大学《文史哲》编辑部和福建省漳州师范学院联合发起,漳州师范学院文化诗学研究所承办,在漳州召开了我国第一次文化诗学学术研讨会。此后,我所成员在《文学评论》、《文艺理论研究》、《文史哲》、《文艺报》、《福州大学学报》及本校学报发表了一系列论文。会后十五年来，人员或有变动，但队伍不散，目前仍有十来位研究员坚持本项研究工作。由于我们内部经常就某些主题切磋，并与兄弟院校多次进行交流，所以，虽然尚未形成总体相对固定的理论框架，各种不同的专业话语也让人难免有"杂"的观感，合而未融，但已有了核心的共识。诚如首任所长刘庆璋教授所指出："我们认为，'文化诗学'在'诗学'前冠之以'文化'，首先在于突出这一理论的人文内核，或者说，在于表明：人文精神是文化诗学之魂。""同时，尽管'文化诗学'这一理论术语是美国学人最先提出来的，但它对于我们中国学人来说，倾心于此论，可以说是我们民族长期文化积淀形成的文化基因使然。因为，自'诗三百'起始的中国古代文化，就充满了诗性精神，诗与文化的联系之紧密达到了整个文化被诗化的境界。"①我们又进而认识到：文学与文化系统之间是一种双向建构的关系，所建构的归根到底是人文，是人性。现在，我们以丛书的形式发表我们初步的研究成果，以求教、就正于同道学人，以期推进本学科建设，诚盼读者诸君不吝赐教。是为序。

林继中

于闽南师大文化诗学研究所

---

① 刘庆璋：《文化诗学学理特色初探——兼及我国第一次文化诗学学术研讨会》，《文史哲》2001 年第 3 期。

序

程国赋

我和贤平于 2001 年相识，当时他来广州求学，我们遂有师生之缘。在三年时光中，我们师生相处十分融洽。2004 年他硕士毕业以后，到漳州师范学院（现改名为闽南师范大学）中文系工作，我们之间一直保持着较多的联系，2008 年他师从于林继中先生攻读博士学位，在学术道路上更上一个新台阶。

贤平是位谦谦君子，本性善良、谦和，待人真诚、热情，乐于助人，品学兼优，深受师生们的好评。贤平的学习道路比较坎坷，他好学上进，参加工作以后仍然没有放弃读书求学，始终不乏一股韧劲。我们知道，自二十世纪以来，随着学科划分渐趋细密，随着学术研究队伍不断扩大，在中国古典文学研究领域，普遍面临着"选题难"的问题，要想开拓属于自己的一片研究领域并不容易，贤平对此并不气馁。在硕士阶段，他以明代汤显祖及其"临川四梦"与唐代传奇的关系作为硕士论文的选题，对此做了相当全面、细致的探讨，有关研究成果发表于《暨南学报》等核心期刊上。贤平跟从林继中先生攻读博士学位期间，在林先生的精心指导下，选择了安徽省全椒地域中的家族及其文学研究作为研究对象，从家族、地域这些独特的研究视角开展研究，力求取得学术研究的创新和突破。总的看来，有关吴敬梓及其《儒林外史》的研究成果很多，不过，从学术界近年来的研究状况来看，有分量的研究成果不是很多，而且这一领域的研究也具有相当的难度，贤平能做到知难而不退，他在这一研究领域深入挖掘，提出很多独到、新颖的个人见解，这部论著就是他在 2011 年福建师范大学文学院通过的博士学位论文的基础上修订、补充之后的成果，博士毕业之后的几年里，贤平在完成教学、科研任务的同时，对论文进行了认真细致的修改、充实和完善工作，我对他的努力感到高兴与欣慰。

全椒县是安徽省著名的历史文化名城，历史悠久，文化积淀深厚，在科举时代，就安徽全境而言，素有"一桐城，二全椒"的美称，"素称文物之邦，名宿代不乏人"（民国《全椒县志》张其濬《序》），明代四大高僧之一的憨山大师和清代《儒林外史》的作者吴敬梓堪称全椒文化的双璧；明清时期，全椒也颇具影响，出现过吴国对、吴国龙、金兆燕、吴檠、吴敬梓、郭韵清、吴烺、薛时雨、吴鼒等文化名人。吴敬梓家族的崛起即是在全椒文化氛围中蕴育产生并成为一个著名的人文现象，且具有相当的典型性。这个家族明、清时期依靠举业起家，家族子弟的人生道路及文学创作为我们提供了封建社会知识分子颇具典型性的生存状态。

全椒是贤平的家乡，对于全椒的风土人情、语言习惯、生活习尚，等等，他都相当熟悉，对于故乡自有一种与别人不同的亲近感，有一种特殊的情感，本书正是以全椒吴敬梓家族作为研究对象，以家族的视角对全椒文人所开展的研究，同时，其研究视野辐射至全椒的周边区域如扬州、南京的相关全椒文人群体，这是很有意义的，比如全椒著名的金兆燕家族与吴敬梓家族一样十分值得研究，贤平也一直在朝着这些方向努力，期待以后看到他在这些领域发表更多的研究成果。

作为上层建筑意识形态之一的文学，是经济基础的反映。然而，在经济基础与文学之间，文化作为中介所发挥的作用应该得到足够的重视。我们既强调经济基础的决定作用，同时也不忽视文化与文学的直接关系以及文化系统所表现的丰富复杂性。文学从文化中来，但文学总是在不断地超越现实，所以文学提升了文化的空间。钱钟书先生在《管锥编·左传正义》首篇《杜预序》中提到："史有诗心"，中国的文化从未脱离诗性化，哲学、历史、文学等无不如此，总不乏诗意的存在。文化诗学最值得我们重视的特征之一就是它的诗性，对于人文来讲，诗意代表着人性的善，所以，整个野蛮时代，文化所起的作用正是将人的人性不断完善，文学也一直以此指引着人类向前发展。贤平的论著采用开放式的文化诗学的方法，让文学与多种文化文本进行互动，将文学中的社会与文学语境所处的外部社会进行沟通互训，使得大量文献资料在论述中再现了一个家族在"选举社会"中的生存状况（林继中先生的评语），从诸多方面展示出中国文化中家族与文学之间的特殊关系、文学活动中创作主体与文本之间的多维复杂关系，使文学同文化真正结合，文化也因之处于过去与现在的视界的动态融合之中，从而揭示了社会与文学联系的纽带，也揭示出文学活动更深层的内涵，包括文学活动产生的文化心理动因及其所表达的精神旨趣、价值取向、美学取舍、人格理想等。

全书章节安排上以支撑整个家族的主干人物吴沛、吴敬梓与吴烺三个人物为主线，并分别勾连起吴国对、吴檠等众多家族子弟，进而辐射至与吴氏家族世代通婚交好的全椒金氏家族子弟等，作者将这些人物置于全椒地域文化背景下，并伴随着书中人物的活动而延伸到扬州、南京等地域，使我们一方面看到地域、政治、经济及人文环境对士人心性和文学、学术生涯的深远影响，看到那种生成他们血液和禀赋的东西所产生的作用，同时也升华出那种超越于家族、地理学之上的，积淀着数百乃至上千年在一代代文人之间传承的精神传统的作用，探究它们发生影响的机制及其规律。书中一些章节的研究也体现出作者的匠心，如在吴敬梓及其《儒林外史》的研究中，吴敬梓的高祖吴沛对于吴敬梓的影响值得重视，本书第二、三章的相关章节便对此进行了比较深入的研究，也从一个侧面深化了小说《儒林外史》中大祭泰伯祠一回的研究。吴沛备受吴氏子弟推崇而成为吴氏家族的精神灵魂，但是，开基者未必是传承人所承继的，吴沛和吴敬梓的道路正体现出吴氏家族发展一体两面的特征。吴烺的研究是全书的一个重点，作者也用力甚勤，吴烺的不同在于其人生道路原本已经踏入科举、仕宦的所谓正途，但其最终放弃了对于举业功名的进一步追求，作者以诗学的眼光阐释了吴烺在道德与人性、独立与依附、卑微与崇高的冲突与纠缠中徘徊的一生。这篇论文花去了作者很大的精力，不论是在材料占有上、还是分析把握上都进退有据，加之其艺术感受的丰富、细腻以及思维的缜密细致、语言的平和中肯，凡此都是作者在学术上日渐成熟的表现。本书是贤平的一个重要学术成果，也是他学术道路上的一个新起点，相信他会不断努力，我也期待着他有更多的进步。全书付梓之际，贤平嘱我为该书写序，我十分乐意将此书推荐给大家。

是为序。

2015 年 12 月 3 日于暨南园

绪　　论

胡适在《吴敬梓传》中说："我们安徽的第一个大文豪，不是方苞，不是刘大櫆，也不是姚鼐，是全椒县的吴敬梓。"[①] 全椒县是安徽省具有悠久历史与文化积淀的县城，椒地的先民在这块土地上创造着物质文化的同时，也相继创造了丰富的精神文化。沈德潜在为金兆燕《棕亭古文钞》作序时说："全椒，滁州首邑也，山有神山卧龙，水有迷沟鄷湖，唐韦左司为刺史以诗化其邦人，宋王元之、欧阳永叔继之，故前人若张洎、乐韶凤、杨于庭并以文章名。国朝吴编修默崖（岩）[②] 与名流唱和，有声于时，其兄山人亦能诗，隐居学仙，王新城尚书和左司《寄全椒道人》诗赠之，至今风雅不绝。金子钟越（金兆燕）全椒名流也。"[③] 姚鼐在《吴荀叔杉亭集序》中说："余家桐城，吴君荀叔（吴烺）家全椒，相去仅三百里，在家未尝识，至京师乃相知。然余尝论：江淮间山川雄异，宜有伟人用世者出于时。余之庸暗无状，固不足比侪类，荀叔负隽才而亦颓然常有离世之志，然则所云伟人用世者，余与荀叔固皆非欤？荀叔虽无意进取，而工于诗，又通历象、章算、音律，所著书多古人意思所不到，是则余逊荀叔抑远矣！"[④] 沈德潜序中所提及的吴国对与金兆燕乃全椒著名的吴、金两个门阀世家子弟。吴、金两姓几乎同时在全椒崛起而成为一方望族，方嶟《文木山房集序》曰："全椒吴氏，百年以来称极盛"[⑤]，王铸在《棕亭古文钞》卷首序中说："全椒以科第、文学世其家，绵延历数百

---

①　胡适：《胡适文存》初集卷四，亚东图书馆 1921 年版，第 225 页。

②　即吴敬梓曾祖吴国对。

③　金兆燕撰：《棕亭古文钞》卷首沈德潜序，清道光十六年赠云轩刻本。

④　姚鼐：《惜抱轩全集》，中国书店 1991 年版，第 33 页。

⑤　吴敬梓：《文木山房集》卷首方嶟序，乾隆刻本。

年而不坠者，首推金氏。自胜代入国朝，或以武勋著，或以中外政绩著，或以风节品学著，代不乏人，逓衍至棕亭先生（金兆燕）而其名益彰。"①实际上，全椒虽不乏官宦世家，但金、吴两家在这一地区则无人能与其相颉颃，而且这两个家族之间世代婚媾，历久不衰，吴烺与金兆燕即是儿女亲家。就获科名之高，爵位之尊以及世家历时之久来说，吴家也绝不逊于金家，王铸言"首推金氏"不免有抑吴扬金之嫌。

沈德潜说全椒："山有神山卧龙，水有迷沟鄷湖"，姚鼐说："江淮间山川雄异"，他们皆道出了全椒的地域环境在这些世家望族成长中的作用。椒民善谈、苦读、文风彬彬称盛，自唐到清椒人科举就出了近九十名进士，三个宰相，故赢得"一桐城二全椒"的称誉，这也是对椒人博取功名与积极入仕行为的肯定。明清时期吴氏家族正是在这一文化氛围中崛起而成为全椒地方乃至全国一个著名的人文现象。

一

一般而言，望族的盛衰兴亡有内力，有外缘。世家大族对于内力是在一个可以控制的地位，对外缘则根本不在其所能及处。结果，望族的兴废多一任自然，当时和景泰际，类聚配偶一类自然的道理多能行使而无阻碍，大族便应运而生，否则，便如典章人物一样，都变作劫灰的一部分。② 全椒吴敬梓家族的产生与发展同此种内力外缘的认识与控制便有某些契合处。

全椒文风彬彬称盛，椒民善谈、苦读，因举业成就而赢得"一桐城二全椒"的称誉。吴敬梓家族举业成就不菲，"一门两鼎甲，四代七进士"③，取得了这一地区科举史上极辉煌的成就，王又曾说："国初以来重科第，鼎盛最数全椒吴"④，金和在《儒林外史跋》中亦云："吴氏固全

①　金兆燕撰：《棕亭古文钞》卷首王铸序，清道光十六年赠云轩刻本。

②　参见潘光旦著《明清两代嘉兴的望族》，上海书店1937年版，第136页。

③　全椒吴氏家族"一门两鼎甲，四代七进士"，指五世祖吴国鼎兄弟四人，六世祖吴晟、吴昺，八世祖吴檠皆进士及第，其中吴国对、吴昺分别高中探花，榜眼，至于举人、贡生则不可胜数，取得了科举史上的极辉煌的成就，成为一方著名的科举世家。

④　王又曾：《丁辛老屋集》卷十二《书吴征君文木山房诗集后》，乾隆丙申新安曹自鉴序刻本。转引自李汉秋主编《儒林外史研究资料》，上海古籍出版社1984年版，第17页。

椒望族，明季以来，累叶科甲，族姓子弟声气之盛，俨然王谢。"① 科举是一种制度，也是一种文化，即我们常说的制度文化，如果说一个民族、一个社会的文化代表是知识分子，那么中国众多知识分子的面貌与精神都是由科举制度塑造出来。在上述内力与外缘相交互动中，明清时期全椒吴敬梓家族凭借举业崛起成为地方乃至全国著名的人文现象，形成了全椒颇具特色的地域文化典型——"儒林文化"。吴敬梓家族正是在全椒"儒林文化"这个环境中产生，并随之也成为"儒林文化"最典型的代表。

王铸在《棕亭古文钞》卷首序中所云"全椒以科第、文学世其家"道出了全椒"儒林文化"的本质特征。科举制度影响到士人生活的诸多方面，并形成不同时代文人相异的精神风貌。所谓"以科第、文学世其家"是指这些家族中科举与文学之间形成互涵互动之关系，尤其值得思考的是从这种关系中去审视和探究这些家族子弟的举业生活及他们所从事的文学活动。

首先，"儒林文化"是指在全椒这个特定环境中，以吴敬梓家族子弟为代表的科举生活，表现为他们对于科举的理解、诠释以及他们对举业的追求，其核心是科举文化。

明清时期吴氏家族正是在这一文化氛围中崛起，尤其以吴敬梓为典型使全椒"儒林文化"发出最耀眼的光芒。吴敬梓高祖吴沛一生于举业上孜孜以求，他将八股文的写作经验总结为《题神六秘说》《作法六秘说》② 两篇文章，以十二字对审题、立意等写作技巧加以概括，希望子孙在举业上有所收获。其《临去留题（辛未闰十有一月廿六日以手画授而逝）》诗云："一堆黄土盖文章，五十年来志未偿。忠孝纲常千古事，后人努力肯相将。"③ 吴沛虽仅以秀才身份终其一生，但他却能将五个儿子中的四个培养成进士，而成就了举业兴家之路。从此以后，"家声科第从来美"④，举业有成是为吴氏子弟之荣耀与担当。

---

① 李汉秋辑：《儒林外史研究资料》，金和《儒林外史跋》，上海古籍出版社1984年版，第128页。

② 吴沛：《西墅草堂遗集》卷三，清康熙十二年吴国对刻本。

③ 吴沛：《西墅草堂遗集》卷一，清康熙十二年吴国对刻本。

④ 吴敬梓：《吴敬梓诗文集·乳燕飞》，李汉秋辑校，人民文学出版社2002年版，第63页。

张大受《吴晟墓志铭》记载：

> （吴晟）① 滞场屋者二十年。辛亥给事君殁，君哀毁特甚。乙卯试毕南还，道闻得中式，呜咽流涕，伤给事君不及见也。明年，举进士。②

吴敬梓的身上也发生着这样的悲喜剧：

> 无何阿翁苦病剧，侍医白下心如惔。会当学使试童子，翁命尔且将芹探；试出仓皇奉翁返，文字工拙不复谙。翁倏弃养捷音至，夜台闻知应乐耽。青衫未得承欢笑，麻衣如雪发鬖鬖。③

吴国缙在《题神六秘》和《作法六秘》文后申述其父吴沛对于吴氏家族的不朽之功，称"十二字固炳炳也"。

《儒林外史》中说："他家兄弟虽有六七十个，只有这两个人（指杜慎卿和杜少卿）招接四方宾客，其余的都闭了门在家，守着田园做举业"④，小说描写也是基于当时的事实，足以看出吴家举业人数众多并代有绵延。何泽翰先生说："现在还找出了一篇他父亲所作的等于'举业金针'一样的妙文⑤，是他父亲写给金榘的；榘传给儿子兆燕，兆燕又传给儿子台骏（敬梓的孙女婿），台骏传给儿子琎（敬梓的曾外孙）。通过这篇文字，我们可以了解到反对八股最激烈的吴敬梓的周围环境，连他最直接的戚友和亲属，也都避免不了八股的毒害和侵蚀。相反地也更可认识到吴敬梓与八股社会进行斗争时的顽强的精神和自信力了。"⑥ 吴氏家族的崛起正得益在这样的文化氛围。在这些家族中，科举所发挥的作用以及它所释放的能量尤其大，

---

① 吴晟，吴敬梓叔曾祖吴国龙子。
② 清李桓辑：《国朝耆献类征初编》卷二二一，储欣撰《吴晟墓表》，台北明文书局1985年版。
③ 金榘撰：《泰然斋诗文集》卷二附金两铭《和（吴榘）作》，清道光二十六年刻本。
④ 吴敬梓：《儒林外史》，第三十一回"天长县同访豪杰　赐书楼大醉高朋"，人民文学出版社1977年版，第364页。
⑤ 金榘的父亲总结出《塾训》一文（《棕亭古文钞》卷十），传授给他的子孙。
⑥ 何泽翰：《儒林外史人物本事考略》，上海古籍出版社1985年版，第94页。

它也给吴敬梓的《儒林外史》创作提供了充足的营养。

任何文学现象都不是封闭自足的，除了文学自身的规律发生作用外，与其社会文化还有着千丝万缕的联系。科举制度对文学的影响深远，由于科举考试从来都在儒学范围之内，因考试内容雷同而被举子所忽视，形式上的追求倒反而突出了，于是很多时候科举考试成了一种文学修辞的考试，唐代取士重诗赋，宋代取士重策论经义，都直接促进了唐诗、宋文的繁荣。即如唐代诗歌，这一时期诗歌乃至整个文学的繁荣除却社会经济、政治的根本原因外，又无不与以诗赋取士的科举制度发生着直接的联系。唐初以策论试士子，已经强调声律对偶及词藻的骈文，十分接近了诗歌的技巧，待到高宗至玄宗年间开始的诗赋取士对唐诗繁荣的促进自不待说，作诗既成了士人的进身之阶，就必然刺激他们对于诗的推重，并形成一代的社会风气和文学风尚，甚至吸引士子们将毕生精力投身其中，也直接刺激了诗歌作者这一群体的壮大，更毋庸说由于进京赶考扩大了文人的行踪，也使得唐诗中羁旅行役之诗的数量与质量都有了质的飞跃，另外，"温卷"、"行卷"之风气下产生的大量诗篇则直接从科举活动中产生。全椒吴氏家族子弟的生活与科举发生着密切的关系，科举制度甚至成为最重要的外部因素影响并且改变着他们的人生，随之也会在他们所处的历史文化背景中凸显出来，他们的文学创作便是这种影响的最重要的结果之一。实际上，科举制度对于每一个个体的作用并非平均地进入，即便相同血统的家族子弟所受影响也多有不同。但是无论如何，科举制度下这些世家子弟不管是孜孜于举业还是与之行渐远，抑或反对、否定科举，但他们却是如何也逃不脱这种文化氛围的笼罩，驯服和叛逆实际上都是科举影响的结果。

"儒林文化"还集中体现在吴敬梓的思想与实践中，吴敬梓以"文行出处"来衡量他笔下的诸多人物，尤其揭士人在功名富贵诱惑下的种种行为，小说《儒林外史》以泰伯祠祭礼这一事件为核心建构小说的思想体系，写出现实与理想以及真我之间的纠葛，表现出作者对中国传统价值观和价值判断的坚守，同时也揭示出儒家经典在现实中所表现的无效性以及吴敬梓内心对于那些经典所规范的理想的执着。小说也因此形成极强的叙事的张力，并对后世不断生发出理想的感召力。

以科举起家，文学始终相伴左右的吴氏家族，在科举与文学此消彼长的发展过程中，在内力与外缘交互活动中，这个家族的发展潮起潮落，科举与仕宦无可挽回地走向了衰落，而最终缔造吴氏家族不朽的是文学，吴敬梓成为"安徽的第一大文豪"①，再造了家族的辉煌，全椒吴氏家族也由此大写了一笔，这恐怕不在吴沛的预料之中。其实，当初吴沛在总结八股写作精义时所强调的写作要有创见和个性，它与八股文的取士法则是背道而驰的，但却与文学创作的特征接近了，这多少露出吴家举业变相的一些端倪。科举与文学总有脱不尽的干系，走进全椒的吴敬梓纪念馆，我们可以看到吴家两代人留下两种内容不同的碑刻，对比之下意蕴丰富：吴沛"七战皆北"，留下了苦心钻研八股文心得的十二字"题神六秘"、"作法六秘"，并勒之于石；吴沛之子，"书法兼右军松雪所长，碑版存者士人多拓之"②的吴国对，探花及第后在襄河边建探花第、赐书楼，却名其园为"遗园"，取遗世而独立，吴国对的草书诗碑"薖园"石刻，其中《拜侯》一首残句有"红颊绽时银烛烂，翠眉低处玉山颓"，其手书诗"一秋好雨多高菊，野老开门自卖花"，赠王渔洋诗有"如此青天如此月，两人须问大江秋"③，这些丝毫不见八股文的酸腐气，一生孜孜于举业的吴沛，功名仅止于秀才，刻在石碑上的却是八股的作法。"功名富贵无凭据"④，真正能看破功名的还是吴敬梓，其影响所及至其子吴烺，（荀叔）"无意进取"，"负隽才而亦颓然常有离世之志"。（姚鼐语）

二

文学文本与外部世界关系复杂，正如林继中先生所言：

---

① 胡适在《吴敬梓传》中说："我们安徽的第一个大文豪，不是方苞，不是刘大櫆，也不是姚鼐，是全椒县的吴敬梓。"

② 张其濬修，江克让、汪文鼎纂，民国《全椒县志》卷一〇，《中国地方志集成·安徽府县志辑（35）》，江苏古籍出版社1998年版。

③ 王士禛：《带经堂诗话》卷八，人民文学出版社1963年版，第184页。

④ 吴敬梓：《儒林外史》第一回"说楔子敷陈大义　借名流隐括全文"，人民文学出版社1977年版，第1页。

　　文化的中介作用及其与文学的系统、子系统的关系，最深刻地体现为文化自身的建构制约、驱动着文学的建构，促成其演进；而文学又以其自身的变革参与文化建构，二者形成双向同构的运动。①

　　我们既要从主体的文化生活，社会实践去了解其文本创作，反过来也要善从文本分析中去探究创作主体的思想、心理诉求，而且这两个方向经常还会出现错综。林先生格外强调文化不单是背景，将文学置诸文化的总体格局中去考察，"将文化直接作为文学的因子来体认"②。是的，文学不等同于历史叙事，考察文学现象应将其置于复杂的历史关联中，不仅注重文本的历史语境，也要关注文学文本与外部世界的相交互动关系。

　　落实到本书的具体研究中，首先要关注与研究对象发生了作用的这个世界是什么样的。这是文学活动中创作主体与文本之间多维复杂关系的重要方面。很多时候，在强调个体主体意识的同时，我们会在不经意中把历史人物的文化语境忽略了。即如我们更倾向于把明清时期那一类具有社会批判意识的作家（吴敬梓便在其中）放到封建主义范畴的对立面去考察，却忽略了研究对象应有的历史性，而一旦离开历史情境，阐释者则很难真正把握研究对象的意义世界，而所谓的阐释也就只能是单方面的任意言说了。所以，文学的阐释对于研究对象的历史维度应给予足够尊重，我们希望接近那些冰山下面的未展示出来的东西，以体会不同于格式化了的抽象理论表达的生活景观，如此才能切近他们成长与活动的历史语境，探究创作主体的价值取向及其人格理想之真实来由。

　　对吴敬梓的认识也当作如是观，《儒林外史》的叙事哲理中有两个维度，一是以尚古情怀对现实社会进行道德的拷问；一是基于当下的现实对历史及其文化进行反思。这就要求我们的观察视角必须多角度、多层次与多方位，当我们将吴敬梓放在封建主义的范畴中去理解观照的时候，我们的理解会更富于历史感。吴敬梓在小说中表现出对儒家精神的推崇和魏晋风度的向往，这种尚古的思想与现实的状况却又遥远得恍若隔世，使得他

---

①　林继中：《文化建构文学史纲》，北京大学出版社 2005 年版，第 14—16 页。

②　同上书，赵昌平"序"，第 3 页。

往往以现实为仇雠。中年之前的吴敬梓族人围绕财产的纷争使他厌倦和鄙视，以自己的叛逆与他们相抗衡，"一朝愤激谋作达，左骖史娜恣荒耽。明月满堂腰鼓闹，花光冉冉柳鬖鬖。秃衿醉拥妖童卧，泥沙一掷金一担。老子于此兴不浅，往往缠头脱两骖"①，吴敬梓因愤世嫉俗而故为矫激之行为，吴檠诗中所叙是同情理解，但这种放荡与贵家公子声色犬马生活形式上并无不同，故而不理解的人则视其为败家子，"乡里传为子弟戒"。《儒林外史》重构了当年发生在他身上的一些事件，小说中杜少卿没有这样的经历，高翰林对少卿攻击何其恶毒，但"杜家第一个败类"却与上述声色犬马生活毫无关联。吴敬梓还将自己匍匐乞收也以别样风貌写进小说的情节②，这些都说明吴敬梓的反思，他将过去置于一段距离之外加以审视、反省③，《儒林外史》中虞华轩、季遐年同杜少卿一样愤而有激，小说中写了他们似颠如狂的行为，尽管吴敬梓理解他们的行为，但对他们的肯定却是有限的，没有将他们置于虞博士、庄征君相同的高度给予褒扬。杜少卿的形象是基于吴敬梓人生经历的再创造，融入其晚年的人生见解，他高于吴敬梓本人，吴敬梓的创作大于吴敬梓，吴敬梓在创作中使自己"渣滓日去"，是个不争的事实。《儒林外史》成了作家命运所系的东西，并且决定着小说家的心理发展，不是歌德创造了《浮士德》，而是《浮士德》创造了歌德。我们也不妨说是《儒林外史》创造了吴敬梓。

其次，抓住创作主体的文学活动，包括相关著述作品，分析其文化心态，进而揭示文学活动产生的文化心理动因及其所表达的价值取向、人生追求、人格理想等，从而揭示文学活动的更深层内含。

全椒吴氏家族及其成员的文化生活也是本书研究的重点，聚焦其文化心理的形成过程，了解和认识这个家族在跨越了一个多世纪几次历史转折

---

① 金榘：《泰然斋诗文集》卷二附吴檠《为敏轩三十初度作》诗，清道光二十六年重刊本。

② 吴敬梓将乡试经历的诸多情形以小说中的细节表现，体现出一种真实。小说中最初推荐杜少卿的是巡抚李大人，吴敬梓乡试中"使者怜才破常格"的是安徽学使李凤翥；李凤翥破格录取吴敬梓之后不久即离任，小说中写有杜少卿专程前往安庆拜访李大人，李大人托邓知县去问候杜少卿，后来李大人调任福建巡抚，举荐征辟事便无果而终。

③ 杜少卿辞征聘中"跪"这一瞬间动作，吴敬梓将乡试中向考官跪拜求情，结果遭到大声斥责之事融进其中，"文章大好人大怪，匍匐乞收遭娥龇。"也蕴含着作者心底抹不去的创痛以及潜意识下需要疗救而得以慰藉的渴望。

后的心理，是哪些因素决定着它成为现在的样子？这些文化语境以及附身于其中的文化心态对创作主体整个学术、思想都发生着潜在影响，它不同于抽象的理论表述，这些真正意义上的初始条件，没有将那些鲜活的印记抹去。通过对它们的剖析，梳理形成与演变的逻辑轨迹，揭示隐含的复杂关联性，从而使我们更好地了解其思想、学术等产生的条件、来源、过程。比如吴敬梓的思想是如何形成，他的作品是如何在十八世纪的具体语境中被创造出来，是什么动力推进这个家族走科举道路，推动着吴敬梓孜孜不倦地进行创作，又是哪些因素使吴敬梓与八股科举分道扬镳，并直接影响到他的创作等，以上种种情形都使我们尤其关注。考察吴敬梓的一生，其门阀意识强烈，追根溯源，魏晋的风尚及思想深刻地影响着吴敬梓，在他的人格形成中发挥着重要的作用。魏晋时期，由于皇权的相对低落，一般士大夫知识分子在人格精神上显得比其他时代更为清高超越，然而，后期封建社会尤其明清时期，皇帝对士人重在摧垮其刚性，一切公侯贵臣却只能俯伏于皇帝脚下露出卑微渺小之态。"要不是出于他对伪文人和贪官污吏的强烈反对以及试图证明自己是一个正直的儒者和孤高的隐士的强烈愿望，吴敬梓很可能是不会感到有必要成为一个小说家的。"① 吴敬梓生于此时却蓄积彼时的精神，这便难得。

　　然而，我们也应看到门阀意识在吴敬梓身上表现复杂：一方面，吴敬梓看重这种美德，特别以自家的门第而自豪，对吴家子弟出身的高贵、门第的显赫以及对先人功名的荣耀都表达出由衷的赞美之情，在《乳燕飞》词中称说"家声科第从来美"②，《移家赋》之"探花第"里，"洛阳名园，辋川别墅，碧柳楼台，绿苔庭户，群莺乱飞，杂花生树"③，《儒林外史》的描写也从一个侧面反映了坐落在全椒，象征着吴氏科举家族显赫与荣耀的探花第曾经的堂皇富丽④。这些意识都与魏晋时期社会及文坛上

①　夏志清：《中国古典小说史论》，江西人民出版社2001年版，第252页。

②　吴敬梓著，李汉秋辑校，《吴敬梓诗文集（〈乳燕飞·甲寅除夕〉）》，人民文学出版社2002年版，第63页。

③　吴敬梓著，李汉秋辑校《吴敬梓诗文集·移家赋》，人民文学出版社2002年版，第11页。

④　吴敬梓：《儒林外史》，第三十一回"天长县同访豪杰　赐书楼大醉高朋"，人民文学出版社1977年版，第365页。

起着主导作用的世家大族精神旨趣一脉相承。与此相应的是他的家族意识观念，《移家赋》中的大半文字都是陈家风、述世德①，小说中很多文字也描写出身世家门阀的这种优越感②，对先祖的怀念，蕴含着高尚的家族情感，吴敬梓用这种门第世家的尊贵精神去对抗到处充斥着的世俗的腐朽社会，包括以金钱为万能而看轻世家望族的暴发户，也包括向盐商、新贵讨好献媚而丧失了人格尊严的世家子弟。晚年的吴敬梓生活困窘到一餐一饭都难以为继，死无葬身之钱的地步，但其始终能够保持着这种名门望族的自豪感，给自己以精神的支柱和寄托，在艰苦的生存中争取着一分从容。另一方面，作为家道中落的世家子弟，吴敬梓对于旧家总有一种好感，而对于新贵则会产生一种近乎本能的厌恶，这种厌恶在他的小说及诗词文中表现得近乎偏执，如小说的描写即反映出他的思想发展的真实。对于志在救世的少卿来说，他极端厌恶当官及有钱的，只要一有机会少卿就将他们变成侮辱的对象③，这似乎成为少卿找到自我的一种方式，面对社会式微，他无法阻挡当官的、有钱的不断获得社会地位与声望，只能依恃家族传统与文化来克服自己的沮丧。但是，他引以为傲的祖先却也是通过科举考试起家的，他所仰仗的家族传统实实在在又是在他的手上败掉的。再如，小说描写了鲍文卿与向鼎的真挚友情，它超越了当时的世俗思想，让人感动，但是，本质上说来，鲍文卿的严守尊卑等级秩序仍然是这一友谊得以维系的基础，而这种秩序恰恰又是世俗思想赖以存在的根据。所以少卿托病与拒考都存在着问题与缺陷。此种行为及思想代表了另一场对抗世俗的孤军奋战，显然，杜少卿本人并没有多少信心，小说写他推辞李大人的举荐时，李大人对他说："世家子弟，怎说得不肯做官？""杜少卿就不敢再说了。"④"不敢再说"是因为李大人的话说到少卿软肋处，《儒林外史》的文体叙事，表达出吴敬梓的心理矛盾及自我反省。这些都还是

---

①　吴敬梓著，李汉秋辑校《吴敬梓诗文集·移家赋》，人民文学出版社 2002 年版，第 8、9页。

②　吴敬梓：《儒林外史》第三十回、三十一回，人民文学出版社 1977 年版，第 353、371页。

③　如第三十一回"天长县同访豪杰　赐书楼大醉高朋"，杜少卿对王知县。

④　吴敬梓：《儒林外史》第三十三回"杜少卿夫妇游山　迟衡山朋友议礼"，人民文学出版社 1977 年版，第 391 页。

以比较世俗的眼界来看吴敬梓，自然不能否认的是有不少合理的成分，但是尚可进一步分析下去。

《儒林外史》中杜少卿不只是作为一个文学意念，不是一个脱离历史、充当传统的道德家的"清高"情结的象征符号出现在吴敬梓的创作中。对照小说第三十二回"杜少卿平居豪举"的描写，吴敬梓写了一个视功名利禄如粪土的真名士杜少卿。杜少卿挥金如土，是这一人物最为显著的行为标志，却也成为人物性格内在矛盾性的直接来源，不难预见，用不了多长时间，他就会从一个风流才子变成乞丐。以世俗的眼光来看，吴敬梓挥金如土，同样脱不了此种结局，吴敬梓在这种矛盾中纠结过。即以为"是书于人情世故纤微曲折无不周到，殊不似杜少卿之为人，盖文木聊以少卿自托，非谓少卿即文木也"①，天目山樵之所以有疑问，是因为杜少卿在钱财上面几乎呆到步步受骗，这与在小说描写中字里行间显得精于世情的吴敬梓似乎不应划上等号。《儒林外史》以"儒林"为描写对象之主体，描写并解剖他们或崇高、或卑微、或无奈、或超脱的灵魂，吴敬梓将自己的思想熔铸在小说创作中，而思想性一旦与小说艺术相结合，多能获得比一般表达更多的阐释空间。事实上，吴敬梓视功名富贵如同嚼蜡，要把所有的现实的利益都抛弃掉，同他父亲一样，"把教养的辞藻当了真"，这种活法，将家产挥霍，尽性施舍，如何不能视为吴敬梓将以此作为修行的功夫呢？小说中，杜少卿挥金如土，一厢情愿地追求任情适性。读者读来无比快意，想来吴敬梓写此一段落时也一定同样快意无比，"自礼空王"与澄清心念是互为表里的，只有吴敬梓最能了悟，"闲居日对中山坐，赢得《儒林外史》详"，这个时候，吴敬梓则单纯得全无算计。

但是，处身封建科举社会中的知识分子，不管是孜孜于举业，抑或反对、否定科举，他们却是如何也逃不脱这种文化的笼罩，驯服和叛逆实际上都是科举影响的结果。吴敬梓的身上聚集着与此关联的一堆矛盾，他与八股举业决绝，但骨断筋连，他的人生与举业始终脱不开干系。其《金陵景物图诗》诗写成后，经他的挚友樊明征仿各种字体书写出来，而手

---

① 吴敬梓著，李汉秋辑校《儒林外史会校会评本》，上海古籍出版社 1999 年版，第 685 页。

书的首页有"乾隆丙辰荐举博学鸿词，癸酉敕封文林郎内阁中书，秦淮寓客吴敬梓撰"①，在诗之前冠以"乾隆丙辰荐举博学鸿词"的经历，以及因儿子吴烺的中举而"敕封""文林郎内阁中书"的号衔；无论如何，他已经不反对儿子投身举业仕宦的道路②；吴敬梓那么用力地讽刺科举，最后却创造出一个"幽榜"，使得那些逃离政治权力中心的文人因此举而成名，随后又被追赐了他们生前所蔑视的官衔，还让带有自传性质的人物杜少卿上榜，并且名列三甲；诸如此类，等等，当我们把封建时代的历史人物放在他所附丽的特定的文化语境范畴中去理解的时候，这种理解对于揭示某一个体的思想及文化心态也许可以更富于历史感，而藏在这一堆矛盾背后的吴敬梓正是我们需要接近的研究对象，他的复杂性、他的不同寻常体现出他的深刻性以及他的研究价值。

对于吴氏家族及其文学的研究意味着要与这个家族的历史人物形成历时的对话、沟通机制，实际上，当我们对家族这些材料所蕴含的意义与价值进行阐释时，这种阐释就是一种选择，即对古人理解的，对于我们今天依然显示意义的精神空间予以认同与彰扬，从而给自己研究提供当下的意义。这种研究不仅建构起意义系统的当下合法性，也是对人类优秀文化遗产的继承与发扬。全椒吴敬梓家族明、清时期依靠举业起家，他们对于家族、科举的关系认识与在其影响下所经历的不同的人生道路及文学创作，为我们提供了封建社会知识分子在举业环境下颇具典型性的生存状态。吴敬梓作为这个家族的代表，其《儒林外史》中系列人物形象的塑造体现出历史的新要求，吴敬梓以独特的小说话语来探索中国文化的出路。聚焦这个家族子弟的人生道路，能够启示我们认识那个时代及文化对人的精神戕害以及必然走向没落的规律，对于当今的文化建设也不乏有益的启示。

---

①　吴敬梓著，李汉秋辑校《吴敬梓诗文集》，人民文学出版社 2002 年版，第 94 页。

②　吴敬梓：《金陵景物图诗》诗写成后，经他的挚友樊明征仿各种字体书写出来，而手书的首页有"乾隆丙辰荐举博学鸿词，癸酉敕封文林郎内阁中书，秦淮寓客吴敬梓撰"。（吴敬梓著，李汉秋辑校《吴敬梓诗文集》，人民文学出版社 2002 年版，第 94 页）在诗之前冠以"乾隆丙辰荐举博学鸿词"的经历，以及因吴烺中举而"敕封"的"文林郎内阁中书"的号衔，小说幽榜一节折射他对朝廷的认可的矛盾心理，以及在仕进与退隐之间犹豫不定的挣扎。

第一章　举业望族的诞生

　　中国历史上，一个家族或由世袭承继门阀声望，或以军功封侯拜相，或因经商富足而跻身官僚，凭借以上诸种方式皆能使一姓崛起并发展壮大而成为一方著姓望族。隋唐科举制度的设立，士人依靠读书，由科举中第而走向仕途，使得科举取士在门第、军功、荐举之外，成为选拔人才的另一条重要途径，也开辟了世家望族形成的一种重要方式。这些家族往往以科举起家并且依靠家族子弟不断取得科举功名而使望族的社会地位及家声长期保持，这便形成了家族发展史上值得重视的类别——"科举家族"。

　　本文所谓"科举家族"，是指"世代聚族而居，从事举业人数众多，至少取得举人或五贡以上功名，在全国或地方产生重要影响的家族"①。科举入仕而形成的官宦世家的科举家族打破了自西汉末年形成的世族门阀占据历史舞台主角的局面，"五季以来，取士不问家世，婚姻不问阀阅"②，从宋代起，科举家族就逐渐发展壮大成为封建社会的支配力量，而明清时期特别是清代科举家族的数量和涉及的范围以及影响的程度都远远超过前代。明清时期全椒吴氏科举家族的崛起成为全椒地方著名的人文现象。

---

　　①　有关科举家族的概念，本文参考张杰著《清代科举家族》一书中的相关界定："关于科举家族的概念，是指那些在清朝世代聚族而居，从事举业人数众多，至少取得举人或五贡以上功名的家族。"张杰认为能够成为科举家族必须符合三个条件，即"世代聚族而居。凭借家族组织支持族人应试，是界定科举家族的第一个条件"。"从事举业人数众多，而且世代应举，是界定科举家族的第二个条件，并构成科举家族和其他家族的根本区别。""至少取得举人或五贡以上功名的家族，是界定科举家族的第三个条件。"（张杰著《清代科举家族》，社会科学文献出版社2003年版，第24—46页）

　　②　郑樵撰：《通志》卷二十五《氏族略·序》，中华书局1987年版。

第一节　文化全椒

全椒县位于安徽省东部，北距滁州不到二十公里，东行四十多公里即是南京，往西一百公里便是合肥。整个县境约一半为丘陵地带，河谷平原不足七分之一，三分之一为低山，民国《全椒县志》描述："椒之为地，其土瘠，其民劳。遇中稔，民率不获终岁饱；而歉岁，固可知已。然民之以生、以养、以长子孙，卒无有舍而他去者。毋亦鸡肋，食之无所得，弃之如可惜耶。东南之芦荡、西北之汙莱，客民垦荒日盛一日。盖地不爱宝，顾人力何如耳。"① 土地贫瘠，自然资源匮乏的现实养成椒人勤于劳作耕耘并因之而创造了丰富的地域文化。全椒是安徽省著名的历史文化古县，有悠久的历史，楚灵王时全椒为楚大夫伍举的封邑，伍举为伍子胥祖父。因邑于椒，以邑为姓，故又称椒举。② 明代泰昌版《全椒县志》卷一《舆地志》序曰：

> 椒在春秋，为吴楚之交，秦开郡县，而汉因之，汉高帝时，设全椒县，魏、晋、齐、梁，俱属淮谯，称边郡，至隋唐入滁。山河如故，世代纷更。我太祖高皇帝龙飞滁和，而椒介宇下，金戈抢攘间，遂为用武之区。寰海底定，割隶滁阳，翼卫陪京，比诸汤沐，椒视前代始重矣。③

① 张其濬修，江克让、汪文鼎纂：民国《全椒县志》卷四"风土志"，《中国地方志集成·安徽府县志辑（35）》，江苏古籍出版社 1998 年版。

② 全椒得名说法有二，一是说县城踞山而名。据王逸《楚辞注》："土高曰丘，四堕曰椒。""山椒，山顶也。"《正字通·木部》："椒，山颠曰椒。"据《清一统志》：覆釜山"在全椒县治北，形如覆釜，故名。城跨其上，为县治主山"。县治在山上，因名全椒。二是说"全"为邑民姓氏，全氏居椒，故名全椒。椒，古邑名。春秋楚邑。《康熙字典·木部》："椒，春秋楚邑。"椒又为姓。春秋时楚国伍举，也作椒举。《广韵·宵韵》："椒，姓。楚有大夫椒举。"《万姓统谱·萧韵》："椒，见《姓苑》。楚伍参之后，或为伍氏，或为椒氏。"《康熙字典·木部》："椒，姓也。椒，春秋楚邑，椒举以邑为姓。"

③ 明泰昌版《全椒县志》，全椒县地方志编纂委员会 1992 年点校注释本。明朝泰昌元年（1620）版《全椒县志》为现存最早的全椒县志。

全椒的历史沿袭变革，本志的"沿革"部分有较为详尽的记述：

　　全椒县，《禹贡》为扬州域。春秋，地属钟离（原注：楚属国，子爵）。楚平十一年、鲁昭公二十四年（公元前518年），为吴所灭，地入吴。哀公二十四年（公元前471年），越并吴，而不能正江淮地。战国时，楚东侵至泗上，遂属楚。秦并楚，属九江郡。汉高四年（公元前203年），封黥布为淮南王，所部建阳、全椒、阜陵三县，属淮南郡。武帝元狩元年（公元前122年），复为九江，属扬州。新莽篡汉，更九江曰延平，阜陵曰阜陆。光武建武初（元年为公元25年），李宪据淮南称王，四年，帝幸寿春，遣马成等击宪，平江淮后，并郡国为十三州，以全椒、阜陵属九江郡，为扬州刺史部。二十七年，以全椒为侯马成国。章帝建初四年（公元79年），以全椒益下邳王衍国。三国时，为淮南郡，属魏（原注：据白鹤观井栏及破山、镇山岭、塔山，有赤乌年号，则此地又当属吴）。晋分天下为十九州，淮南郡属扬州，所部有全椒、阜陵。宋孝武太元（公元376—396年）间，侨置南谯郡，领全椒、阜陵二县，属南豫州。南齐置北谯郡，领四县：曰山桑、曰曲阳、曰嘉平、曰扶阳，仍属南豫州。梁高祖大同二年（公元536年），割徐州、北谯，立南谯州于桑根山西。后魏为北谯郡，又有临滁郡（原注：全椒有临滁里，见《滁志》）。隋尽并诸郡，置滁州，开皇初（元年为公元581年），改县为滁水。大业初（元年为公元605年），州废，县复为全椒，属江都郡。唐武德三年（公元620年），复置滁州。全椒属焉。天宝元年（公元742年），改为永阳郡，领全椒县。乾元元年（公元758年），复为滁州，领县三，全椒其一也。五代，杨吴据淮南地，其后徐知诰篡吴，为南唐。周显德三年（公元956年），下淮南取之。宋属滁州，隶淮南东路。元属滁州，隶扬州路。我朝洪武初（元年为公元1368年），省县入滁州，七年，以滁州隶凤阳府，十四年，复置县，属滁州，仍隶凤阳府；十九年，复以滁为直隶州，全椒属之，编户一十二里。

康熙《全椒县志》将全椒"沿革"的记载续延至清：

  ……明以滁为直隶州，全椒属之。……

  国朝因之，统于江南布政司。①

  从以上记载可以知道：全椒初为采邑，汉置全椒县，后县名及建制几经变更，隋复改全椒县，县名沿用至今。

  清顺治二年（1645 年）改明南直隶置江南省，治所在江宁府。清叶梦珠《阅世编》：

  江南故为南京直隶卫、府、州、县，自顺治二年改为行省。……顺治季年，因苏、松赋重，特分江宁及苏、松、常、镇五府属右藩。而驻扎于苏州；左藩则辖安、徽等九府，徐、和、滁、广四州，驻扎省城。②

  "滁"即指滁州。清康熙六年（1667）分置为江苏、安徽两省。《清朝通志》：

  江南江苏省（初为江南省，康熙元年分设安徽巡抚，六年定为江苏、安徽两省），所属府八，直隶州三、厅一。江宁府，省会。

  江南安徽省（初为江南省，康熙元年分设安徽巡抚，六年定为安徽省），所属府八，直隶州三。安庆府，省会。③

  尽管江苏、安徽两省分置，但习惯上仍称这两省为江南。《儒林外史》第二十九回，杜慎卿出场，小说称赞道："这人是有子建之才，潘安之貌，江南数一数二的才子。"小说中杜慎卿被称为"天长杜十七老爷"，他的籍贯是安徽天长县，吴敬梓用天长、五河两县来影射自己的家乡全椒，本回还有萧金铉对杜慎卿道："先生尊府，江南王谢风流，各郡无不

---

  ① 蓝学鉴、吴国对纂修清康熙十二年《全椒县志》卷二，全椒县地方志编纂委员会 1993 年标点校勘本。

  ② 叶梦珠：《阅世编》卷三 "建设"，上海古籍出版社 1981 年版。

  ③ 《清朝通志》卷二九《地理略·疆域二》，商务印书馆 1955 年版。

钦仰"① 都点明了天长杜府属于江南。全椒虽地处长江北岸，但却在淮河之南，位于江淮分水岭南侧，东和南京接壤，北与滁州相连，西同合肥毗邻。前耸南岳，襄河、滁河横穿境内，环曲如带，颇具江南景象。泰昌版《全椒县志》"形胜疆界县治儒学图序"：

> 环滁皆山，而椒为滁下邑，丰乐琅琊诸山，发源逶迤，仍突起于椒西北居多。……断涧细流，人家烟树，起伏万状，举举奇观。乃其近者，南岗最高，县治黉宫向之。而山水倾泻，瀼归襄河，河环如带，东流入江，土厚水秀，地灵人杰所自来矣。蔚乎人文，沨沨乎王国之风也。……

康熙《全椒县志》：

> 南岳耸其前，襄水环其后，而西北花、神、龙、陡诸山，起伏拜揖，形势深邃。②

在明、清的文化教育上，全椒取得了相当骄人的成就，当时的文人圈中，全椒是令人向往的神奇土地。清人朱彭寿在他的《旧典备征》中专门记载说："四子进士：同胞兄弟有四人并擢甲科者殊鲜，特志之。安徽全椒吴沛子国鼎（明崇祯癸未）、国缙（顺治壬辰）、国对（顺治戊戌，探花）、国龙（明崇祯癸未）。"③ 朱彭寿认为科举史上，兄弟四人考中进士的例子，非常罕见，而国鼎兄弟四人正是这十分罕见的例子之一。在全椒，吴家并非仅见的个例，比如《全椒县志》记载的郭肇鐄"兄弟五人，先后登甲乙榜"④。翻检清代的《全椒县志》，明、清时期的全椒进士居然有数十位之

---

① 吴敬梓：《儒林外史》第二十九回"诸葛佑僧寮遇友　杜慎卿江郡纳姬"，人民文学出版社1977年版，第344、345页。

② 蓝学鉴、吴国对纂修清康熙十二年《全椒县志》卷三，全椒县地方志编纂委员会1993年标点校勘本。

③ 朱彭寿：《旧典备征》卷四，中华书局1982年版，第96页。

④ 张其濬修，江克让、汪文鼎纂民国《全椒县志》卷十"人物志"，《中国地方志集成·安徽府县志辑（35）》，江苏古籍出版社1998年版。

多，在漫长的封建科举时代，"一桐城，二全椒"之称誉实非虚名。

科举时代全椒为什么有如此杰出的表现？沈德潜在为金兆燕《棕亭古文钞》作序时说："全椒，滁州首邑也，山有神山卧龙，水有迷沟鄝湖"①，姚鼐在《吴荀叔杉亭集序》中说："江淮间山川雄异"②。全椒风水宝地，钟灵毓秀，"山川与人物关系最钜。吾邑自唐、宋而后，名臣硕彦，代不乏人，良以群山蜿蜒于西北，二河襟络于东南。涵毓灵秀，蔚生人材"③。当然，这只是从地理环境上泛泛说来，实际上人才的培养有赖于教育等人文环境的建立，明清时期的全椒县城，仅书院就有南谯、大观、望阳、双岩、井养等六所④，重视教育，促进了人才的培养。

明清时期江南地区不仅商业发达，经济繁荣，而且也是一个钟灵毓秀、人文荟萃之地。全椒县历史悠久，文化积淀浓厚，先民们在这块土地上辛勤劳作，丰富物质财富的同时，也创造出底蕴深厚的精神文化财富。全椒崇文重教，文风鼎盛，"素称文物之邦，名宿代不乏人"⑤，宋代建学宫孔庙，明代设书院，有清一代就出现过吴国龙、吴国对、金兆燕、吴檠、吴敬梓、郭韵清、吴烺、薛时雨等著名文人。吴敬梓《儒林外史》第三十一回中杜少卿说：

> 不要说先曾祖、先祖，就先君在日，这样知县不知见过多少。他果然仰慕我，他为甚么不先来拜我，倒叫我拜他？况且倒运做秀才，见了本处知县就要称他老师；王家这一宗灰堆里的进士，他拜我做老师我还不要，我会他怎的？⑥

---

① 金兆燕：《棕亭古文钞》卷首沈德潜序，清道光十六年赠云轩刻本。
② 姚鼐：《惜抱轩全集》，中国书店1991年版，第33页。
③ 张其濬修，江克让、汪文鼎纂民国《全椒县志》卷三"山川志"，《中国地方志集成·安徽府县志辑（35）》，江苏古籍出版社1998年版。
④ 张其濬修，江克让、汪文鼎纂民国《全椒县志》卷七"学校志"，《中国地方志集成·安徽府县志辑（35）》，江苏古籍出版社1998年版。
⑤ 张其濬修，江克让、汪文鼎纂民国《全椒县志》张其濬序，《中国地方志集成·安徽府县志辑（35）》，江苏古籍出版社1998年版。
⑥ 吴敬梓：《儒林外史》第三十一回"天长县同访豪杰　赐书楼大醉高朋"，人民文学出版社1977年版，第371页。

吴敬梓并非凭空杜撰，尤其在明末和整个有清一代全椒曾孕育出众多的名门世家和著姓望族。

王铸说："全椒以科第、文学世其家"[①]，道出了全椒地域文化的特征。隋唐科举制度的确立，加之隋末农民战争对世家大族的冲击，促进了魏晋以来盛极一时的门阀地主的灭亡，到明清时期逐渐形成遍布全国各地的"科举家族"。明清"科举家族"[②] 与魏晋"世家大族"不同，科举家族的子弟依靠举业世代应举。基于学而优则仕的传统，一个因科第而发达的家族，极易向着官僚性质的转化，使士族疏离了郡望或旧贯的原有质地品味；举业世家在不断追逐科举仕进的过程中，因举业的衰败也会逐渐丧失其社会领袖地位。这些都会使一个举业世家辉煌不再，历史上，无数举业世家望族的衰颓都无法阻挡，旧家族的发展也无可逃避这样的命运，但是"师资源委"的条件往往不是随家族举业、政治及社会地位的式微而同步失落。就一个家族来看，家族的文化传承，标示这个家族整体的文化水平，在科举与文学此消彼长的发展过程中，全椒吴氏家族的性质实质上已经发生变异，最终完成了由举业望族向着文化世家的转化，以吴敬梓为代表的家族子弟以文学上的成就遂使这个家族流芳百世。

明清时期吴氏家族在全椒的文化氛围中崛起而成为地方乃至全国一个著名的人文现象，吴氏家族也使全椒这块土地所蕴育的传统文化发出最耀眼的光芒。

第二节　明清时期全椒吴氏家族世系考述

明清时期吴氏家族在全椒的崛起成为全椒地方乃至全国著名的人文现象，《儒林外史》第三十回郭铁笔对杜慎卿说：

---

① 金兆燕：《棕亭古文钞》卷首王铸序，清道光十六年赠云轩刻本。
② 科举家族是指这个家族从事举业的人数众多，并且不断有人取得五贡或举人及以上功名。清代五贡与进士、举人都被视为"正途出身"，士人取得五贡功名后，就有更多机会出仕做官。《清史稿》卷一〇六"选举一"："恩、拔、副、岁、优，时称'五贡'。科目之外，由此者谓之正途。所以别于杂流也。"

　　　　尊府是一门三鼎甲，四代六尚书，门生故吏，天下都散满了。
督、抚、司、道，在外头做，不计其数。管家们出去，做的是九品杂
职官。季先生，我们自小听见说的：天长杜府老太太生这位太老爷，
是天下第一个才子，转眼就是一个状元。①

　　杜家就是影射吴家。杜慎卿事后向季苇萧说："他一见我，偏生有这些恶
谈，却亏他访得的确。"虽不无矫情，但吴家科举成就在全椒无人匹敌却也是
事实，季苇萧接下杜慎卿的话头说："尊府之事，何人不知？"也丝毫不假。

　　全椒吴氏家族从明末由浙江迁入六合的始祖吴聪开始，至清乾隆时吴
烺一代（吴烺1719—1770？），绵延二百余年，共历九世，期间科甲蝉联，
成为典型的科举家族。吴国鼎兄弟五人四成进士，其中吴国对探花及第；
吴晟、吴昺也都是进士，且吴昺榜眼及第。"国初以来重科第，鼎盛最数
全椒吴"②、"昨年倾盖阜陵吴"③ 遂盛传开来，这是对吴家举业辉煌的称
誉。清代前期，这个家族几乎世代为官，中举人，中进士，仕宦人数众
多，产生过吴国龙、吴国对这样的朝廷大臣，达官显宦之人不在少数。金
和在《儒林外史跋》中云："吴氏固全椒望族，明季以来，累叶科甲，族
姓子弟声气之盛，俨然王谢。"④ 吴氏家族文人辈出，以吴沛、吴国对、
吴檠、吴敬梓、吴烺等为代表的文化名人使全椒吴氏家族堪称本地区文化
发展、文学繁荣的典型。

　　明清时期全椒吴氏家族的世系关系经何泽翰、陈汝衡、孟醒仁、陈美
林、李汉秋、刘世德、王恽忠、田胜林等诸先生爬罗剔抉，虽然尚存一些
问题争鸣，但总体脉络已经比较清晰。今综其概要，论述其世系关系
如下：

　　全椒吴氏家族一世祖：吴聪〔燕王朱棣即位，吴聪先祖吴祥"从龙"

---

　　①　吴敬梓：《儒林外史》第三十回"爱少俊访友神乐观　逞风流高会莫愁湖"，人民文学
出版社1977年版，第353页。

　　②　王又曾：《丁辛老屋集》卷十二《书吴征君文木山房诗集后》，乾隆丙申新安曹自鉴序
刻本。转引自李汉秋主编《儒林外史研究资料》，上海古籍出版社1984年版，第17页。

　　③　严长明：《严东有诗集·归求草堂诗集》卷一《晤程二鱼门有赠》，民国元年郋园刻本。

　　④　李汉秋辑：《儒林外史研究资料》金和《儒林外史跋》，上海古籍出版社1984年版，第
128页。

有功封世袭骁骑卫（五品），邑六合。]①

全椒吴氏家族二世祖：吴凤、吴庆、吴通、吴忠。②

全椒吴氏家族三世祖：吴诏、吴诰、吴谟、吴谦。

全椒吴氏家族四世祖：吴沛。

吴氏全椒家族五世祖：吴国鼎、吴国器、吴国缙、吴国对、吴国龙。

吴氏全椒家族六世祖：暹吉、怀吉（怀旻）、应景、星岳（吴国鼎子）；牖民、备民、正民、敷民（吴国器子）；登民、钟民、前民、隲民、“五儿”（吴国缙子）；吴旦、吴勖、吴昇、吴昺（吴国对子）；吴晟、吴昱、吴杲、吴顥、吴昺、吴早③（吴国龙子）。

全椒吴氏家族七世祖：吴霆锐、吴霜威、吴雲、吴震（吴国缙孙辈）；吴霖起（吴旦子）；吴霄瑞、吴霜高、吴雱远（吴勖子）；吴露湛（吴昇子）；吴霞举、吴雷焕、吴雱澍、吴霈清、吴霮济、吴存、吴凝禧④（吴晟子）。

全椒吴氏家族八世祖：吴敬梓（吴霖起子）；吴檠（吴雷焕子）；吴檠（吴雱澍子）。

全椒吴氏家族九世祖：吴烺、藜叔、吴煐、吴鏊（吴敬梓子）。⑤

应科举试是封建时代的读书人进入仕宦阶层的基本途径，它激发了各阶层士子读书的风气。毫无出身背景的全椒吴氏家族希图走上仕途而显亲

① 蓝学鉴、吴国对纂修，清康熙十二年《全椒县志》卷十《吴凤传》：“吴凤，号古泉，家世骁骑卫户爵，以志趣高淡让袭，卜居邑之西墅。”有关“让袭”的来龙去脉可参照陈美林《吴敬梓研究》第1301—1302页相关内容及田胜林《吴敬梓家世“从龙”与“让袭”考》（《〈儒林外史〉研究新世纪》，上海交通大学出版社2013年版，第101—122页）。田胜林从明代《武职选簿·骁骑卫选簿》中发现“吴野”条记载，从而证明吴敬梓《移家赋》所言“让袭”确有其事。

② 吴凤，吴聪之长子，据吴氏后裔吴坪先生《全椒西墅草堂吴氏家世概述》，吴聪有凤、庆、忠、通四子。

③ 吴沛墓碑中吴国龙孙辈中尚有“吴暈”，王恽忠以为“吴暈应是吴顥的更名”。（参见王恽忠《吴敬梓家世考》，江苏凤凰美术出版社2014年版，第12页。）

④ 储欣《吴晟墓表》言吴晟嫡庶子共七人，《吴沛墓表》及《吴国龙墓表》记吴国龙孙辈计八人，除霞举、雷焕、雱澍，霮济与《吴晟墓表》相合，另尚有吴霈恩、吴霁晖、吴霍远、吴□孚，或为国龙其余子所出，缺考。

⑤ 以上全椒吴氏科举家族的世系关系参照孟醒仁《吴敬梓年谱》、陈美林《吴敬梓研究》、陈汝衡《吴敬梓传》、王恽忠《安徽全椒发现吴敬梓家祖墓碑》、田胜林《吴敬梓家世“从龙”与“让袭”考》等著述及文章的相关内容。

扬名，"朝为田舍郎，暮登天子堂"，他们用八股文章敲开举业的大门，成为高门望族、朝中卿相，这完全得益于封建时代的科举制度及吴家子弟的自身努力，其后吴氏子弟势必努力在本家族内部培养更多的继承人，而最合适的方式也莫过于在家族中培养出更多的读书人，让他们继续科举入仕以保持这种门第的荣耀，完成家族兴旺的传承。从吴沛投身举业开始到吴烺一代共历九世，吴氏家族众多子弟承继着吴沛开创的读书、科举、入仕的传统，期间科甲蝉联，代有才人。

吴聪，全椒吴氏一世祖。康熙《全椒县志》卷一六李霨《清礼科掌印给事中吴公墓表》记述："先世居东瓯，高祖聪，迁江宁之六合。又迁全椒，遂为全椒人。"曾祖凤，祖谦，父沛，以公贵，赠如其官。① 明代《武职选簿·骁骑卫选簿》中发现"吴珊"条记载，吴聪替职吴珊正千户之职。② 吴敬梓《移家赋》云："有明靖难，用宣力于南都。（远祖以永乐时从龙。）赐千户之实封，邑六合而剖符。追转弟而让袭，历数叶而迁居。（始祖讳转弟公，自六合迁全椒。）"③

吴凤，全椒吴氏二世祖。康熙《全椒县志》卷十《吴凤传》："吴凤，号古泉，家世骁骑卫户爵，以志趣高淡让袭，卜居邑之西墅。性好施予，生平多隐德，子姓甚蕃，谆谆教以善让，毋与人争。"④

吴沛，全椒吴氏四世祖。吴沛是吴氏科举家族科举世家的奠基人，康熙《全椒县志》：

> 吴沛号海若，邑学生。……垂髫为博士，语立刻数艺，补诸生

---

① 蓝学鉴、吴国对纂修清康熙十二年《全椒县志》卷一六李霨《清礼科掌印给事中吴公墓表》。

② 中国第一历史档案馆、辽宁省档案馆编《中国明朝档案总汇》册五四，广西师范大学出版社 2001 年版，第 183—184 页。张金奎在《明代卫所军户研究》也提及这则材料。（张金奎《明代卫所军户研究》，北京线装书局，第 45—46 页）田胜林《吴敬梓家世"从龙"与"让袭"考》（《〈儒林外史〉研究新世纪》，上海交通大学出版社 2013 年版，第 101—122 页）引上述材料。

③ 吴敬梓著，李汉秋辑校《吴敬梓诗文集·移家赋》，人民文学出版社 2002 年版，第 8 页。

④ 蓝学鉴、吴国对纂修清康熙十二年《全椒县志》卷十。

……万历丙子（按：应为"丙午"）①，诗五房以第一人争，而主者意则适左房，以非元，即不可以处公卷，故宁不隽，以需来科，盖邑侯关公骥也。……戊午，考第一，乃加伉，横经高座，课诸子及门弟子，说书无剿说，而文独以先辈为一家，七战皆北，犹读书历阳泉水寺……而辛未则已捐馆舍。……时年盖五十有五也。②

吴国对《先太史遗集重刻引言》：

先太史生，四岁从外傅，十四岁即入博士员，天性超敏，莫能比匹。③

吴敬梓《移家赋》：

自束发而能文，及胜衣而稽古。……初奋发于制举，仍追逐于前贤，仲舒无窥园之日，公美无出墅之年。遭息翮而垂翅，遽点额而迍邅。夜珠之光按剑，泣玉之泪如泉。暖风晴日，张乐花前。望龙门而不见，烧虎尾而茫然。……乃守先而待后，开讲堂而雒诵，历阳百里，诸生游从。④

吴沛生年五十有五，卒于崇祯辛未年即 1631 年，则知生年在万历丁丑年即 1577 年。十四岁入博士员，万历丙午年（1606）参加乡试，其房师全椒县令关骥深爱其才，以第一名向主考力荐，结果关骥的好意反倒使吴沛失去了中举的机会，以后七战皆北。直到万历戊午年（1618）补为廪生，后往历阳教书。

吴沛终其一生，举业蹭蹬，竟以一名秀才终老科场。到了吴沛的子辈，

---

①　吴沛生年五十有五，卒于崇祯辛未年即 1631 年，以此往前则可知生年在万历丁丑年即 1577 年，十四岁入博士员（吴国对《先太史遗集重刻引言》），万历丙午年（1606）参加乡试。康熙及民国《全椒县志·吴沛传》记此事时间皆为"万历丙子"，实误。

②　蓝学鉴、吴国对纂修清康熙十二年《全椒县志》卷一〇，全椒县地方志编纂委员会 1993 年标点校勘本。

③　吴沛《西墅草堂遗集》卷首吴国对作《先太史遗集重刻引言》，清康熙十二年吴国对刻本。

④　吴敬梓著，李汉秋辑校《吴敬梓诗文集》，人民文学出版社 2002 年版，第 8—9 页。

情况则大不同，长子国鼎、三子国缙、四子国对及幼子国龙先后考取进士，达到了读书人所期盼的科第的高峰，成就了全椒吴氏在科举上的辉煌。

吴国鼎，字玉铉，号朴斋，康熙《全椒县志》载：

> 庚午，魁于乡，主司录"谥法"策以为程式。……癸未同弟国龙成进士，授中翰……①

国鼎于明崇祯庚午年（1630）中举，乡试文章《谥法》主考录为程式②。崇祯癸未年（1643）国鼎、国龙同榜中进士，授内阁中书。吴国鼎官中书舍人，充经筵展书官，是可以接近崇祯皇帝的官员。顺治三年丙戌（1646）国鼎丁内艰，与诸弟庐墓山中，遂一意于丰草长林。明清易代，国鼎足迹未至公府。

吴国缙，字玉林，号峙侯，康熙《全椒县志》载："崇祯己卯举人，顺治己丑进士，壬辰殿试授文林郎，改江宁府学教授。"国缙于崇祯己卯年（1639）乡试中举，清顺治己丑年（1649）进士及第，壬辰年（1652）殿试授文林郎。

吴国对（1616—1680），字玉随，号默岩，康熙《全椒县志》载："顺治辛卯拔贡，甲午顺天举人，③ 戊戌进士，殿试一甲第三名探花及第，

---

① 蓝学鉴、吴国对纂修清康熙十二年《全椒县志》卷七，全椒县地方志编纂委员会 1993 年标点校勘本。

② 蓝学鉴、吴国对纂修清康熙十二年《全椒县志》卷之十三《艺文志》收录吴国鼎乡试文《谥法》。

③ 吴国对《壬寅秋过访辟疆年兄于水绘庵呈赠》四首之四自注曰："余与辟疆同列壬午乙榜。"［冒襄辑《同人集》（十二卷）卷六，北京师范大学图书馆藏清康熙冒氏水绘庵刻本，"四库全书存目丛书"集部第三八五册，齐鲁书社 1997 年版］陈美林先生《吴敬梓评传》（下册）第 1322 页引吴国对诗《壬寅秋过访辟疆年兄于水绘庵呈赠》四首之四，诗中所注应为"余与辟疆同列壬午乙榜"。清人夏燮《忠节吴次尾先生年谱》记载："（崇祯十五年）八月，九应南都试榜，揭邑副车，同时膺是选者多知名士。上江督学金楚畹先生谓是科副榜之盛，百年所无，千秋致慨，特刻题名序齿二录以宠之。按席序自言与先生同榜，一时知名士如侯雍瞻岐曾、李舒章雯、宋辕文征舆、夏仲文四敷、吴玉随国对、宗鹤问观上，共百余人，同登副榜。又按贡举录是科主应天试者为何瑞徵、朱统鉥，有明一代贤书遂终于此。"明永乐中会试有副榜，给下第举人以作官的机会。嘉靖中有乡试副榜，名在副榜者准作贡生，称为副贡。清代称乡试的副榜贡生为副车。科举时代会试或乡试取士，除正榜外另取若干名，列为副榜。"余与辟疆同列壬午乙榜"与"甲午顺天举人"是吴国对分别参加的明、清朝的两次乡试。

授翰林院编修，丙午典试福建，丁未覃恩加一级，升国子监司业。见任翰林院侍读，提督顺天等处学正。"吴国对及第后，极得顺治赏识，授翰林院编修。吴敬梓在《移家赋》中说"三殿胪传，九重温语，宫烛宵分，花砖月舞"，皇帝对吴国对恩赏有加，亲自赐给"玉局之书"，吴国对深以为荣，即于全椒城外襄河湾辟"遗园"，并建"赐书楼"。康熙五年出任福建主考，次年升任国子监司业，翰林院侍读，并提督顺天等处学政，与王士禛同科进士，与如皋冒襄交游甚密。

民国《全椒县志》"人物志"：

吴国对，字玉随，号默岩，顺治间第三人及第，授编修，丙午典试福建，升国子司业，翰林院侍读，提督顺天学政，颁三则以教士：敦孝弟，崇实学，正心术。士风丕变。国对才学优赡，工诗赋，善书，言论风采为一时馆阁所推重。康熙初修《全椒县志》，多出其手笔，著有《赐书楼集》，书法兼右军松雪所长，碑版存者士人多拓之。祀乡贤。①

吴国对八股文写来极出色，方嶟在《文木山房集》序中说其"所为制义，衣被海内"②。吴国对精于翰词，长于书法，所书碑版，为时人争相摹写拓印。缘于拟写制诰诏敕而无暇从事文学，故其胸中才学未能尽性发挥。

顺治戊戌年（1658）吴国对一甲第三名探花及第，金埴《不下带编》卷五记载：

顺治十四年科丁酉，京闱及江南乡试皆被论劾。世祖章皇帝震怒，御殿亲校，可□□天仗森严，士子惊惧，多不能成文。有全椒吴公国对捧卷手战，仅书"天子独怜才"五字。御览大赏，准中举人。

---

① 张其濬修，江克让、汪文鼎纂民国《全椒县志》卷一〇，《中国地方志集成·安徽府县志辑（35）》，江苏古籍出版社1998年版。《大清一统志》卷一三〇："国对才学优赡，工诗赋善书，言论风采为一时馆阁推重。"

② 吴敬梓：《文木山房集》卷首方嶟序，乾隆刻本。蓝学鉴、吴国对纂修，清康熙十二年《全椒县志》卷一三《艺文志》收录国对顺治甲午年（1654）乡试文《圣学》。

是科戊戌，遂赐榜眼及第。①

戊戌科会试的前一年，即顺治十四年丁酉科乡试时，南闱北闱都发生科场舞弊案，顺治对北闱的处置尤为严酷，戊戌年会试前对参加会试的士子先行参加由顺治亲自主持的复试，获得举人资格后再参加会试，吴国对的榜眼来之不易，虽然战战兢兢，但皇天不负有心人，顺治皇帝对其分外赏识，亲自召见，"三殿胪传，九重温语"，赏赐书籍，询问家世，并恩及吴家兄弟，康熙《全椒县志·吴国龙传》云："（同胞）兄太史公对以探花及第，世祖（顺治）召问家世，因谕尔弟如病痊，可速赴京。"国龙叩国对光，顺治令其病愈速赴京，国龙以前明进士奔赴陛前，被任为工科都给事中。《午亭文编》卷四五大学士陈廷敬撰《翰林院侍读吴默岩墓志铭》：

　　……上重焉旧制，初教习分国书、汉书，人习一书，至是，上谓此皆真才，汉书其所尝习，命人兼二书，每间一月御试之殿中，亲第其高下，由是翰林之选益重焉。……顾是时虽重汉书，而士之不能习国书者则斥以去，君既专精辞翰，又年盛气盈，风采言议慑伏一世，若无足以为我难者，久之于国书不能竟学，乃喟然叹曰："此乃天之所以限我才也。"明年则以病去，居六年补编修，典试福建，迁国子司业侍读，又乞迁葬，去居八年，补侍读，提督顺天学政，事竣又以病去，盖公于仕进未尝久居，其官如此，后数年，天子进用臣僚，不次登擢，或名一艺怀一长者不必累日浃月辄至，大官以君之才使用于时，其所得为必有异乎人者，君既皆不久于其官，而仕方按籍平进，其名迹止于是者。固知士有遇有不遇焉矣，然翰林以文章论思为职，及其为国子师、视畿辅学，皆当时之荣，未可为不遇，而君之文学为世所宗，所至克举其职，为学政稍久，故声绩尤著，亦未可谓不用于时，而世以为如君之才，其施设有未尽者，盖不独为君致惜也。……君虽衰，其才诚有过人者，用之皆足以有为，而不尽其用，此吾之所以终悲君之不遇也。②

　　① 金埴：《不下带编》，中华书局 1982 年版，第 98 页。
　　② 陈廷敬《午亭文编》卷四十五《翰林院侍读吴默岩墓志铭》。清李桓《国朝耆献类征初编》卷一一五收录，台北明文书局 1985 年版。

吴国对任翰林院编修，因不谙满文，未获更高任用，屡屡辞去要职，几经曲折，时官时民，仕途和心理都不算顺畅，陈廷敬惜其材不尽用，在吴国对墓志铭中也抒发了遇与不遇之感慨。

吴国龙，字玉驷，号亦岩、讷公①，又号时偕。康熙《全椒县志》载：

> 癸未进士，授户部主事……丁酉，世祖诏求隐逸，为漕抚公士英疏荐，登趋入京，行至临清，患病回籍。兄太史公对，以探花及第，蒙世祖召问家世……庚子，始陛见今上。②

李霨《清礼科掌印给事中吴国公墓表》："公壬午领乡荐，癸未成进士"③，平步青《霞外攟屑》记其"崇祯壬午顺天举人"④，国龙明崇祯壬午十五年（1642）考中举人，次年癸未科又与长兄吴国鼎同榜进士。中进士后授户部主事，后以丁母忧归乡。入清以后，授工科给事中，又改授河南道监察御史，旋回补兵科给事中，曾出任山东主考，后转礼科掌印给事中。

全椒四世祖五兄弟两朝十五年间四成进士，吴国对且高中探花。科举时代，家族子弟能如此并上青云的，实不多见。吴家科第的成功在全椒引起极大轰动，乃至在全国都产生了一定的反响。明崇祯皇帝敕书表彰吴沛："（西墅）一轮明月，高拟鹿门"⑤；顺治皇帝恩意有加，赐坐延问吴家家事；宰相陈廷敬亲写《翰林院侍读吴默岩墓志铭》；大学士李霨撰《清礼科掌印给事中吴公墓表》云："兄弟五人，登制科者四……一门贵盛，乡里以为荣。"⑥ 科举给全椒吴氏带去无比的荣耀。方嶟《文木山房集序》："一时名公巨卿，多出其（指吴国对）门，李文贞公（李光地）

---

① 《四库禁毁书丛刊》集部第002册《诗源初集》吴国龙诗前作者介绍。

② 蓝学鉴、吴国对纂修，清康熙十二年《全椒县志》卷七，全椒县地方志编纂委员会1993年标点校勘本。

③ 蓝学鉴、吴国对纂修，卷一六，全椒县地方志编纂委员会1993年标点校勘本。

④ 平步青撰《霞外攟屑》卷九，民国六年刻香雪崦丛书本。

⑤ 吴敬梓著，李汉秋辑校《吴敬梓诗文集·西墅草堂歌》，人民文学出版社2002年版，第13页。

⑥ 蓝学鉴、吴国对纂修，清康熙十二年《全椒县志》卷一六，李霨《清礼科掌印给事中吴公墓表》。

其一也"①；王又曾《书吴征君敏轩先生文木山房诗集后》："国初以来重科第，鼎盛最数全椒吴"②；李调元《制义科琐记》特列出"全椒吴氏"条③。这些都足可使人想见吴氏科举的辉煌及影响。

全椒吴氏家族四世祖兄弟四人在明末清初的崛起，开创了全椒吴氏家族科第世家的崭新局面，"举业吾家事"，吴氏从此科甲连运，代有连绵。

吴国鼎有四子：遄吉、怀吉（怀旻）、应景、星岳。④ 遄吉，字惕思，廪生；怀吉，附生。两人功名皆生员。应景、星岳缺考。

吴国器有四子：吴牖民、吴备民、吴正民、吴敷民⑤。牖民，附生⑥。备民、正民、敷民缺考。吴国器孙辈据《吴沛墓碑表》有震某、霢某。

吴国缙有五子：登民、钟民、前民、章民、"五儿"，其中第五子三岁夭逝⑦。康熙《全椒县志》记载："吴登民，字自崇，庠生……""吴前民，字弥抑，国缙三子，十一龄入泮……"⑧，该志卷首"修志姓氏"栏记载："吴

① 吴敬梓：《文木山房集》卷首方嶟序，乾隆刻本。李光地（1642—1718），福建安溪人。康熙五年（1666），吴国对主考福建时录李光地为举人，康熙九年中进士，后官至文渊阁大学士。

② 王又曾：《丁辛老屋集》卷十二《书吴征君文木山房诗集后》，乾隆丙申新安曹自鉴序刻本。转引自李汉秋主编《儒林外史研究资料》，上海古籍出版社 1984 年版，第 17 页。

③ 李调元：《制义科琐记》卷四，清乾隆李氏万卷楼刻函海本。

④ 王恽忠《安徽全椒发现吴敬梓家祖墓碑》（《东南文化》1991 年第 2 期）及《吴敬梓高祖吴沛及盛氏墓碑释疑》（《滁州学院学报》2011 年第 4 期）：吴国鼎其子有遄吉、怀旻、应景、星岳四人。怀吉疑为怀旻别名（待考），蓝学鉴、吴国对纂修，清康熙十二年《全椒县志》卷前"修志姓氏"栏下："吴遄吉 惕思，生员"，卷七"选举志"吴遄吉列"廪生"栏，吴怀吉列"附生"栏。该志卷十一记遄吉为国鼎继妻姜氏所生，"内史初艰于嗣，孺人当盛年，即为置媵至再四弗倦。自举子矣，久之，庶乃有子"可推嫡妻为杨氏，应无子。吴遄吉，字惕思，廪生，为吴国鼎继妻姜氏所生。吴应景、吴星岳，据《吴沛墓碑表》中记载，缺考。吴国鼎女，据康熙《全椒县志》卷一一"姜氏传"记载"婿，秀才彭来仪"。

⑤ 王恽忠《吴敬梓高祖吴沛及盛氏墓碑释疑》（《滁州学院学报》2011 年第 4 期），吴沛墓碑表中列吴国器四子。

⑥ 清康熙十二年《全椒县志》卷七"选举志"吴牖民列"附生"栏。

⑦ 吴国缙《世书堂稿》每卷署有较辑者姓氏，卷一署"南谯吴国缙玉林甫著 兄鼎玉铉甫、国器甫，弟国对玉随甫、国龙玉骥甫同较 男登民、钜民、前民、章民同辑"。卷六有《吊五儿三岁殇》诗。（转引自郑志良《吴敬梓家世新探》。李汉秋主编《〈儒林外史〉研究新世纪》，上海交通大学出版社 2013 年版，第 125、126 页）据《吴沛墓碑表》，吴国缙子辈有：登民、钟民、前民、隅民。疑钟民即钜民，隅民即章民。

⑧ 蓝学鉴、吴国对纂修，清康熙十二年《全椒县志》卷八，全椒县地方志编纂委员会 1993 年标点校勘本。民国《全椒县志》卷一一记载吴登民的事迹，内容相似。

钜民 约庵，生员"。在卷七"选举志"下，吴钜民列于"廪生"条，吴章民列于"附生"条。吴国缙孙辈有：雯延、霆锐、霜威、雪艳、露某。①

　　吴国对有子旦、勖、昇、鬲四人，陈廷敬作《翰林院侍读吴默岩墓志铭》记载："男子三人，旦考授州同知，先卒，次勖，国学生，俱陈安人出。次昇，戊午举人。女子二人皆适世家子，俱汪安人出。孙男五人，长霖起，旦出，次霄瑞、次霜高、次雩远，俱勖出；次露湛，昇出。孙女六人。"②《吴沛墓碑表》中霖起、霜高之名皆刻其上。吴旦，字东观，贡监。③"东观君俶傥饶乾略，少承家学，锐欲以科名自奋，不幸年甫强壮，遂以劳瘁卒。"④陈廷敬《翰林院侍读吴默岩墓志铭》言："君之子旦贤而有文"，"考授州同知"。⑤吴勖，字晨观，贡监，⑥ 又字大力，例监，⑦

---

　　① 吴国缙的孙辈中据《汪待孺人墓表》有霆锐、霜威、雪艳三人，唯霜威与《吴沛墓碑表》相合，雪艳可能是女性。（参见王恽忠《安徽全椒发现吴敬梓家祖碑》，《东南文化》1991 年第 2 期）《吴沛墓碑表》中吴国缙一支孙辈有雯某、露某，程廷祚《金孺人墓志铭》中有"节妇金孺人，姓吴氏，全椒人也。自幼以文学雯延之女，子于从父谕榆县教谕霖起，曾祖吴国对，官至翰林院侍读"。康熙《全椒县志》"附生"栏中吴雯延位列其中。据此可以推测《吴沛墓碑表》中所列吴国缙孙辈雯某即是吴雯延。吴雯延是吴国缙之孙，陈廷敬《午亭文编》卷四十五《翰林院侍读吴默岩墓志铭》记："孙男五人，长霖起，旦出，次霄瑞，次霜高，次雩远，俱勖出；次露湛升出。孙女六人。"陈美林《吴敬梓研究·吴敬梓身世三考》一文认为雩远系雯延之误。如果雯延是吴国缙孙辈，按传统习俗，嗣子必须有近支兄弟为后嗣，相较而言，吴国对之长子吴旦这一支过继之嗣子不大可能选择吴国缙支的吴雯延。至于吴国缙之妻待赠汪孺人墓碑中为什么未刻吴雯延其名？汪氏墓碑立于康熙三十六年，吴雯延已过世，一般习俗，人已亡，其名则不镌于墓碑。（以上参见王恽忠《吴敬梓家世考》，李汉秋主编《〈儒林外史〉研究新世纪》，上海交通大学出版社 2013 年版，第 148—151 页）

　　② 陈廷敬《午亭文编》卷四十五《翰林院侍读吴默岩墓志铭》。清李桓《国朝耆献类征初编》卷一一五收录，台北明文书局 1985 年版。

　　③ 蓝学鉴、吴国对纂修，清康熙十二年《全椒县志》卷首"修志姓氏"，全椒县地方志编纂委员会 1993 年标点校勘本。

　　④ 转引自王恽忠《吴敬梓家世考》，李汉秋主编《〈儒林外史〉研究新世纪》，上海交通大学出版社 2013 年版，第 145 页。

　　⑤ 康熙《全椒县志》卷七："由增广考授州同知"，即以增生援例考授州同知。民国《全椒县志》卷一一："旦，字乡云，增监生，授州同知"，《皇清书史》卷五："吴旦，字乡云，国对子，增监生，考授州同知。"

　　⑥ 蓝学鉴、吴国对纂修，清康熙十二年《全椒县志》卷首"修志姓氏"，全椒县地方志编纂委员会 1993 年标点校勘本。

　　⑦ 蓝学鉴、吴国对纂修，清康熙十二年《全椒县志》卷七，全椒县地方志编纂委员会 1993 年标点校勘本。

由邑庠。民国《全椒县志》记其"以增贡考授州同知"①。吴昇，字允升，又字晓奏，由邑庠，贡监。②陈廷敬《翰林院侍读吴默岩墓志铭》记："昇，戊午举人"③，民国《全椒县志》卷一二"选举志"也记载其为康熙戊午年（1642）举人。

吴霖起：吴旦子，附生（康熙《全椒县志》卷七），"长霖起，旦出"（陈廷敬作《翰林院侍读吴默岩墓志铭》），"安人生男子二，次殇，惟长者存，即霖起，候选儒学教谕。娶金氏"④。康熙丙寅年（1668）拔贡，"江苏赣榆县教谕"⑤。据吴敬梓诗《赠真州僧宏明》云："十四随父宦，海上一千里"，吴霖起于康熙丙寅年成为拔贡⑥后，候选二十八年，直到1714年才入选江苏赣榆县教谕。

吴霄瑞、吴霜高、吴雾远：吴勖子。霄瑞、霜高缺考。⑦

吴露湛：吴昇子。缺考。

吴国龙子辈：《清礼科掌印给事中吴公墓表》云："子六人，晟、昱、

---

① 张其濬修，江克让、汪文鼎纂民国《全椒县志》卷一一，《中国地方志集成·安徽府县志辑（35）》，江苏古籍出版社1998年版。

② 蓝学鉴、吴国对纂修，清康熙十二年《全椒县志》卷首"修志姓氏"及卷七，全椒县地方志编纂委员会1993年标点校勘本。

③ 陈廷敬《午亭文编》卷四十五《翰林院侍读吴默岩墓志铭》。清李桓《国朝耆献类征初编》卷一一五收录，台北明文书局1985年版。

④ 转引自王恽忠《吴敬梓家世考》，李汉秋主编《〈儒林外史〉研究新世纪》，上海交通大学出版社2013年版，第145页。

⑤ 张其濬修，江克让、汪文鼎纂民国《全椒县志》卷一二，《中国地方志集成·安徽府县志辑（35）》，江苏古籍出版社1998年版。

⑥ 拔贡是指科举制度中选拔贡入国子监的生员的一种。清制，初定六年一次，乾隆七年改为每十二年（即逢酉岁）一次，由各省学政选拔文行兼优的生员，贡入京师，称为拔贡生，简称拔贡。同时，经朝考合格，入选者一等任七品京官，二等任知县，三等任教职；更下者罢归，谓之废贡。参阅清福格《听雨丛谈》卷五及《清史稿·选举志一》。《刘氏安人墓志铭》云："霖起以诸生为司空李公醒斋所拔，［按：李振裕（1641—1707年），字维饶，号醒斋］入成均。"（参见王恽忠《吴敬梓家世考》，李汉秋主编《〈儒林外史〉研究新世纪》，上海交通大学出版社2013年版，第145页）

⑦ 陈廷敬《翰林院侍读吴默岩墓志铭》记："孙男五人：长霖起，旦出；次霄瑞、次霜高、次雾远，俱勖出；次露湛，昇出。孙女六人。"《吴沛墓碑表》中霖起、霜高刻其上。

昮、显、昺、早。游太学者四人"。① 《吴国龙墓碑表》碑额镌刻有子男六人"晟、昱、昮、顯、昺、早"。与李霨《清礼科掌印给事中吴公墓表》相合。

吴晟，国龙长子，康熙《全椒县志》卷七："字丽正，号梅原。康熙乙卯举人，丙辰进士。"张大受《吴晟墓志铭》记："君以乙卯顺天试，予为主考官……甲午第一荐被斥滞场屋者二十年……乙卯试毕南还，道闻得中式……明年举进士。"② 又据储欣《吴晟墓表》，吴晟生于明崇祯乙亥八年（1635），卒于康熙乙亥三十四年（1695），康熙丙寅二十五年（1686）出任福建汀州宁化县令，③ 《汀州府志》卷一八"职官"记："吴晟（全椒进士，康熙二十五年任）。"④ 宁化县与江西交界，形势险要，难治理。后捐资"援例捐升主事"病故而未及任。⑤ 《明清进士题名录索引》："晟江南全椒清康熙 15/2/29"⑥ 即康熙十五年第二甲 29 名进士及第。

吴昱是国龙次子，字心启，贡监，由邑庠。⑦

吴昮，国龙三子，字永昭，贡监。⑧

吴显是国龙四子，字千里，贡监。⑨ 民国《全椒县志》卷一二记其任"河南永城县教谕"。

吴昺，吴国龙五子，字永年，号頵山。康熙《全椒县志》卷七吴昺名列"附生"栏，《明清进士题名录索引》记："昺江南全椒清康熙 30/

---

① 蓝学鉴、吴国对纂修清康熙十二年《全椒县志》卷一六，全椒县地方志编纂委员会 1993 年标点校勘本。吴国缙《世书堂稿》卷十八署"侄晔校"，卷五署"侄昂校"。（参见郑志良《吴敬梓家世新探》。李汉秋主编《〈儒林外史〉研究新世纪》，上海交通大学出版社 2013 年版，第 125 页）《吴沛墓碑表》吴国龙子辈晟、昱、昮、矗镌刻其上。显、昺、早或未出生，昂、晔缺考，晔疑为显之别名。

② 清李桓《国朝耆献类征初编》卷二二一，台北明文书局 1985 年版。

③ 清李桓辑：《国朝耆献类征初编》卷二二一储欣撰《吴晟墓表》，台北明文书局 1985 年版。

④ 曾曰瑛修，李绂纂《汀州府志》，同治六年刊本。

⑤ 清李桓：《国朝耆献类征初编》卷二二一，台北明文书局 1985 年版。

⑥ 朱宝炯：《明清进士题名录索引》，台北文海出版社 1981 年版，第 864 页。

⑦ 蓝学鉴、吴国对纂修清康熙十二年《全椒县志》卷七，全椒县地方志编纂委员会 1993 年标点校勘本。

⑧ 蓝学鉴、吴国对纂修清康熙十二年《全椒县志》卷首"修志姓氏"，全椒县地方志编纂委员会 1993 年标点校勘本。

⑨ 同上。

1/2"即康熙三十年第一甲 2 名进士及第。① 吴昺康熙二十九年庚午
（1690）考中举人，第二年即辛未科会试进士及第。福格《听雨丛谈》
卷九：

> 三十年辛未会试。总裁：内阁张玉书、户书陈廷敬、兵侍李光
> 地、王士禛。中式一百五十人。殿试初拟全椒吴昺第一，金山戴有祺
> 第二，海宁杨中讷第三，上以鼎甲久无北人，遂拔大兴黄叔琳第三
> 人，戴中状元，吴中榜眼。②

民国《全椒县志》"儒林传"有：

> 吴昺，字永年，号颛山，国龙子，康熙间一甲第二名及第，授编
> 修。丙子间点粤西试，乙酉充宋金元明四朝诗选掌局官，丙戌分校礼
> 闱，以翰林侍读为湖广学正，方按试荆州，上谕书"勉子修名"四
> 字赐其母张氏。生平所学深于三礼，著有《卓望山房集》、《玉堂应
> 奉集》，年四十八卒于官，兄晟字丽正，康熙间进士，才名与昺埒，
> 以宁化知县行取主事，未任，卒。③

吴昺康熙三十五年丙子（1696）任广西乡试主考④，康熙四十四年乙
酉（1705）任宋金元明四朝诗选掌局官，四十五年丙戌（1706）"分校礼
闱"⑤，四十九年庚寅（1710）出任湖广学政⑥，在湖广学政任上"按试

---

① 朱宝炯：《明清进士题名录索引》，台北文海出版社 1981 年版，第 864 页。相关的记载
有清李桓《国朝耆献类征初编》卷二二一储欣为吴晟所写墓表："庚午辛未弟昺联捷，廷对一甲
第二人，授翰林院编修。"平步青《霞外攟屑》卷九："国龙子晟康熙丙辰进士，昺康熙辛未进
士第二人及第"，《清述秘闻》卷三："康熙三十五年丙子科乡试"，"广西考官编修吴昺，字永
年，江南全椒人，辛未进士"。民国《全椒县志》卷一二"选举表"："北榜见进士"等。

② 福格撰：《听雨丛谈》卷九，中华书局 1984 年版，第 193 页。

③ 张其濬修，江克让、汪文鼎纂民国《全椒县志》卷一〇，《中国地方志集成·安徽府县
志辑（35）》，江苏古籍出版社 1998 年版。

④ 法式善等撰：《清秘述闻》卷三，中华书局 1982 年版。

⑤ 张其濬修，江克让、汪文鼎纂民国《全椒县志》卷一〇，《中国地方志集成·安徽府县
志辑（35）》，江苏古籍出版社 1998 年版。

⑥ 法式善等撰《清秘述闻》卷一〇，中华书局 1982 年版。

荆州"时，康熙书"勉子修名"四字赐给其母张氏。

吴昺科考中的考官工部尚书陈廷敬是吴国对的同年，并与国对、国龙兄弟同朝共事；兵部侍郎李光地则是吴国对门生[1]，《带经堂诗话》卷十二"六合李侍郎敬，字退菴，顺治末与余……论诗京邸……余门人吴昺编修，其婿也"。[2]

吴早是吴国龙幼子，附生（康熙《全椒县志》卷七），康熙四十一年（1702）"壬午北榜山西临县知县"（民国《全椒县志》卷一二）。

吴国龙孙辈：

吴晟多子女，储欣《吴晟墓表》："嫡长子曰霞举，贡监生；次雷焕，邑廪生（康熙《全椒县志》卷七）；次雩澍，庠生。俱金孺人出。次霈清；次薄济，庠生；次存，次凝禧。君嫡庶子凡七人，女子五人。"[3]

吴棨，吴雷焕子，民国《全椒县志》卷十"人物志"有其传：

①　《清秘述闻》卷三："康熙三十年辛未科会试，考官：内阁大学士张玉书，字素存，江南丹徒人，辛丑进士；工部尚书陈廷敬，字子端，山西泽州人，戊戌进士；兵部侍郎李光地，字晋卿，福建安溪人，庚戌进士；兵部督抚侍郎王士禛，字贻上，山东新城人，戊戌进士。……状元戴有祺，字丙章，江南金山卫人（戊辰中式）；榜眼吴昺，字永年，江南全椒人；探花黄叔琳，字宏献，顺天大兴人。"方嶟《文木山房集序》："一时名公巨卿，多出其门，李文贞公（李光地）其一也。"《清述秘闻》卷二有"康熙五年丙午科乡试"条"福建考官编修吴国对，字玉随，戊戌进士，户部主事"。李光地《榕村续语录（卷十三）·本朝时事》："庚申入京，遇吴老师玉翮于维扬，云：'子以编修，三年八座，可谓荣遇。此行也，吾觇子无论气可卜远大，然英气亦害事。士无贤不肖，入朝见嫉，不可不慎。'予扣所以，曰：'不可与上私语。奏对须在人共见共闻时，设独对，声须高。'此二语，予至今守之。……"（李光地：《榕村语录 榕村续语录》，陈祖武点校，中华书局1995年版，第726页）李光地是吴国对门生，康熙五年（1666），吴国对主考福建时录李光地为举人，康熙九年中进士，后官至文渊阁大学士。上引"吴老师玉翮"当指吴国对。吴国龙字玉翮，与吴国对为孪生兄弟，庚申年吴国龙已辞世十余年。吴国对进士及第后任翰林院编修，因不懂满文，未能得到更高任用。

②　王士禛：《带经堂诗话》，人民文学出版社1963年版，第297页。另：吴昺功名最高，但关于他的资料不多，吴昺的后代且无考，本来状元又被皇帝降一格为榜眼，这么多事情发生在他一人身上，待考。

③　储欣《吴晟墓表》言吴晟嫡庶子共七人，《吴沛墓表》及《吴国龙墓表》记吴国龙孙辈计八人，除霞举、雷焕、雩澍、薄济与《吴晟墓表》相合，另尚有吴霈恩、吴霁晖、吴霍远、吴□孚，或为国龙其余子所出，缺考。《吴沛墓碑表》中吴国龙孙辈中有霞某、需某，霞某对应《吴国龙墓碑表》中霞举，需某是否为薄恩，存疑。（参见王恽忠《吴敬梓高祖吴沛及盛氏墓碑释疑》，《中国儒林外史高峰论坛》第88页）

吴槃，字碧波，以教习知宝坻县。高宗谕顺天沿河州县修理堤防，磐即星夜督工，不日筑成。是秋，果大水，宝坻独完，固无患。上嘉其勤，擢大同府知府。

《四库全书·山西通志》卷八十二"职官·大同府十"：

吴槃，江南全椒人，廪贡，雍正六年任。

《四库全书·畿辅通志》有关记载：

雍正五年九月初十日，营田水利府参奏：定州知州程恂等违误工程，奉上谕：朕为直地方兴修田亩水利，以厚民生，特令王、大臣等经理其事。该地方有司自应休戚相关，视同一体，畿辅密迩京师，朕时加访问，如保定府知府李正茂前在知县任内，时正值大水之际，伊防护堤工，殚心竭力，实为尽职之贤员，朕已加恩擢用。其有阻挠公事及玩忽工程者，于国法断难宽贷，此所参程恂、骆为香俱着革职在营田水利工程效力行走。程恂荒废未开之田亩，着仍交与程恂营治，倘明年再有迟误，定行从重治罪。徐谷瑞因见堤工危险，遂推诿规避，将地方之事视为膜外，着交部察议具奏，又据钦差大臣常明奏称，宝坻县最系低洼之地，平时易于被水，知县吴槃实心办事，将上年特发帑金新修之堤岸，加意保护，昼夜巡视，是以堤岸完固，而地方不受水患，甚属可嘉，着将升授山西大同府知府。常明又称玉田县知县魏德茂专务虚名，而诸事怠玩，防守工程亦甚废弛，魏德茂着革职。

《清代档案史料丛编》之《雍正朝朱笔引见单》：

吴槃，江南滁州全椒县人，年四十岁。由廪生于康熙五十八年七月内，在山西大同捐贡，十月内，考取正红旗教习。三年期满，咨部候选知县。于雍正四年九月内拣选，奉旨：记名头等，以要紧州县缺即用。十月内，补授直隶宝坻县知县。五年九月内奉旨：昼夜巡视，保堤有功，实心办事，甚属可嘉，着补授山西大同府知府，交代清楚，来京引见后，再赴新任。六年四月内，直隶总督宜兆熊、刘师恕给咨赴部，本月十二日，吏部带领引见，奉旨着赴新任。

朱批：明白人，未必似老成。保宝坻堤工，常明奏破格效力的。交待迟三月方来，殊见小材料。只可止此。到大同试看。中上。（用大同府知府。革。）①

吴檠由廪生捐贡，考取正红旗教习，期满后候选知县，补授直隶宝坻知县，因保堤有功，补授山西大同知府。不久被革职。②

吴檠，吴雯澍子③，民国《全椒县志》"人物志"记载：

吴檠，字青然④，号岑华，增生。乾隆初荐鸿博试，报罢。与桐城刘大櫆、叶酉⑤相友善，同著名于时，客直隶督学刘公幕校士，后成进士，官刑部主事，未竟其才用。生平肆力于诗，学晚唐吴子华、韦端己之堂奥，著有《咫闻斋诗钞》，刘大櫆为之序，并有《阳局词钞》、《青耳珠谈》行世。⑥

---

① 中国第一历史档案馆编《清代档案史料丛编》第九辑，中华书局1983年版，第90页。清制，四品以下文、武官员引见，例递该官员的引见单，开列籍贯、年龄、出身、履历以及引见缘由。引见时，皇帝往往会把对该官员的印象、评语和升迁降革的意见，用朱笔直接批在单上。这种有皇帝朱笔批语的引见单，以与有皇帝未加朱批的引见单相区别。

② 上述材料也见于秦国经主编《清代官员履历档案全编》第一册，华东师范大学出版社1997年版，第87页。

③ 全祖望《公车征士小录》有："吴檠字青然，号岑华，行三。江南滁州全椒县人。康熙辛巳年六月十九日生，年三十六岁，治口经，增生。高祖沛……曾祖国龙……祖晟……父雯澍（县学生）"。

④ 青然谓燃青藜杖以为照明之用，以应"檠"。《三辅黄图·阁部》所载故事：刘向于成帝之末，校书天禄阁，专精覃思。夜有老人着黄衣，植青藜杖，叩阁而进。见向暗中独坐诵书，老父乃吹杖端，烟然，因以见向，授"五行洪范"之文。

⑤ 叶酉，字书山，号花南，安徽桐城人。生卒年不详，以县学生入成均。清乾隆元年（1736）应博学鸿词诏，乾隆四年进士。入词馆，荐升国子监司业、左春坊右庶子掌坊，补翰林院编修。曾奉命主试河南，视学贵州、湖南。初至都，名公卿争以讲席。退归后，两江制军延请主讲钟山书院十余年。著有《春秋究遗》《诗经拾遗》《易经补义》。

⑥ 张其濬《全椒县志》卷一〇，《中国地方志集成·安徽府县志辑（35）》，江苏古籍出版社1998年版。金兆燕作《吴岑华先生阳局词跋》（《棕亭骈体文钞》卷八）。

吴檠于乾隆丙辰年（1736）被荐参加博学鸿词科考试，杭世骏《词科掌录》记载吴檠被安徽巡抚都察院右副都御史王纮举荐①，后落选，民国《全椒县志》记"（吴檠）乾隆初应鸿博试，报罢"②，刘大櫆《海峰文集》卷四也记此事："雍正十一年，天子有意久道人文之化，肇开博学鸿词之科……积四年之久，内外臣工，共所推荐，得二百人。……青然与余同被征召于京师相识也，既而同罹放黜，相怜因相善也。"③ 吴檠于乾隆六年（1741）中举人，乾隆乙丑年（1745）进士及第，④ 考取二甲第十一名，《明清进士题名录索引》："檠江南全椒清乾隆 10/2/11"⑤ 即乾隆十年第二甲 11 名进士及第。

吴敬梓，吴霖起子⑥，字敏轩，一字文木，又名学杙⑦，号粒民⑧，自称"文木老人"⑨、秦淮寓客⑩。康熙辛巳年（1701）吴敬梓出生，"忆昔

---

①　杭世骏辑《词科掌录·举目》，清乾隆道古堂刻本。

②　张其浚《全椒县志》卷一二，《中国地方志集成·安徽府县志辑（35）》，江苏古籍出版社 1998 年版。

③　刘大櫆：《海峰文集》，天津图书馆藏清刻本缥碧轩藏板。

④　张其浚修，江克让、汪文鼎纂民国《全椒县志》卷一二，《中国地方志集成·安徽府县志辑（35）》，江苏古籍出版社 1998 年版。

⑤　朱宝炯《明清进士题名录索引》，台北文海出版社 1981 年版，第 860 页。

⑥　朱绪曾《国朝金陵诗征》卷四十四中记载："……敬梓，字敏轩。……父雯延，诸生，始居金陵。"陈作霖《金陵通传》卷三十三中为吴烺作传："吴烺字荀叔，号杉亭。……祖雯延，始居金陵。父敬梓，字敏轩……"

⑦　吴敬梓祖母刘氏安人墓志铭中云："安人生男子二，次殇，惟长者存，即霖起，候选儒学教谕。娶金氏。女二，长适岁贡生叶向春，次适教习候选知县金泽永。孙男一，学杙。聘候选州同知陶景皋女。孙女一，许字候选儒学训导金浑子庠生绍曾。将以康熙五十二年三月初六卜葬于程家市西千子墩之原。"转引自王恽忠《吴敬梓家世考》（《〈儒林外史〉研究新世纪》，上海交通大学出版社 2013 年版，第 145 页）。有研究者认为卧闲草堂本《儒林外史》中作序的"闲斋老人"即是吴敬梓本人。南宋中兴名相张浚之子，理学大儒张杙，字敬夫，又字乐斋，号南轩，此与吴敬梓的名、字及号也许有些关联。

⑧　汪蔚林在《从两部诗集里所见到的有关吴敬梓的资料》一文后加《附记》说："这篇文章写成后，偶然看到了一帧吴敬梓临兰亭的墨迹。当时我影摹了盖在上面的几个图章，文曰：'全椒吴敬梓号粒民印'、'吴敬梓印'、'粒民'、'敏轩'、'文木山房'。根据这几个图章，我建议在今后出版的《文学史》上，关于吴敬梓生平的介绍，把'号粒民'三个字，加在他的字里中。"汪文见《文学遗产增刊》第 11 辑，中华书局 1962 年版，第 176 页。

⑨　"文木老人"称号见顾云《盋山志》和金和《〈儒林外史〉跋》。

⑩　吴敬梓的二十三首《金陵景物图诗》和为江昱撰《尚书私学序》都署名"秦淮寓客"。

重光大荒落，子方生时我十三"①，"重光大荒落"即岁在辛巳。民国《全椒县志》"人物志"：

> 　　吴敬梓，字文木，先世科第相继，少与从兄檠有称于时，性闲逸，高自期许，土苴流辈好施与。侨寓江南，乾隆间以博学鸿词征，辞不就。金兆燕尝赠以诗有云"一言解颐妙义出，《凯风》为洗万古诬"，盖敬梓注诗，力避《凯风》原注不能安室之谬。江南雨花台有先贤祠，祀吴泰伯以下五百余人，寺圮久，敬梓倡捐复其旧，赀罄则鬻江北老屋成之。素不习治生，年四十而产尽。醉中辄诵杜牧"人生直合扬州死"之句，后竟如所言。上元程晋芳为之作传。著有诗说、文集、诗集若干卷，并《儒林外史》行世。②

　　民国《全椒县志》卷一二"选举表"也记其"举鸿博"。胡适在《吴敬梓年谱》中说："康熙五九，庚子（一七二○），先生二十岁，中秀才。"③ 吴敬梓的功名仅至秀才止，《儒林外史》第三十四回杜少卿说："好了！我做秀才，有了这一场结局，将来乡试也不应，科、岁也不考，逍遥自在，做些自己的事罢！"④ 是这方面的影射。

　　吴敬梓有四子。

---

　　① 金榘《泰然斋诗文集》卷二《次半园（吴檠）韵为敏轩三十初度同仲弟两铭作》，清道光二十六年刻本。

　　② 张其濬修，江克让、汪文鼎纂民国《全椒县志》卷一○，《中国地方志集成·安徽府县志辑（35）》，江苏古籍出版社 1998 年版。

　　③ 有关吴敬梓考取秀才的年龄：胡适并以"庚戌《除夕词》，'落魄诸生十二年'"为据；何泽翰《吴敬梓年谱》以金两铭《和（吴檠）作》为据，以为吴敬梓二十三岁时即在雍正元年中秀才；陈美林认为，吴敬梓于康熙五十七年（1718）十八岁时考取秀才，吴敬梓《减字木兰花：庚戌除夕客中》一词："学书学剑，懊恨古人吾不见。株守残编，落魄诸生十二年。狂来自笑，摸索曹刘谁信道。唱尽阳春，勾引今宵雪满门。"庚戌指雍正八年是没有疑问的，上推十二年记康熙五十七年即 1718 年，吴敬梓此时十八岁。吴敬梓进学的时间应以吴敬梓本人诗词中提供的线索为第一参考资料，然后佐以其他材料加以推理。以吴敬梓在《减字木兰花：庚戌除夕客中》"株守残编，落魄诸生十二年"说得再清楚不过，故其进学的年龄以十八岁为宜，至于与其他材料尚有不一致处，有待进一步研究。读书人考取秀才称作"进学"，本书中"中秀才"即是此意。

　　④ 吴敬梓：《儒林外史》第三十四回"议礼乐名流访友　备弓旌天子招贤"，人民文学出版社 1977 年版，第 396 页。

程晋芳《文木先生传》：

> 子三人，长即烺也，今官宁武府同知。①

吴烺在《杉亭集》卷三有《梦与亡弟蓼叔共饮觉而有作》及《忆三弟衡叔》：

> 一恸鸰原百种哀，谁教抱恨向泉台？为言病骨经秋冷，强慰愁心借酒开。觉后泪痕珠颗颗，帘前霜气白皑皑。剧伤踪迹如萍梗，偏有精魂觅我来。
>
> 日落寒江暮霭生，登楼不见石头城。梦投远树离离黑，卧数残更点点清。客路依人唯有泪，他乡忆尔最关情。不如归向荒斋里，一局围棋对月明。②

金兆燕《甲戌仲冬送吴文木先生旅榇于扬州城外登舟归金陵》：

> 幼子哭床头，痛若遭鞭笞。作书与两兄，血泪纷淋漓。仲兄其速来，待汝视楄柎。伯兄闻赴奔，何日发京师？③

汪蔚林《文学遗产》增刊十一辑《从两部诗集所见到的有关吴敬梓的资料》一文考吴敬梓次子名文熊，字蘅叔，举人，普宁知县；三子名鏊，廪贡生玉田县丞，升良乡、大兴知县，遵化知州，卒于官。④

吴烺，吴敬梓长子，民国《全椒县志》卷一〇有其本传：

---

① 程晋芳撰《勉行堂文集》卷六《文木先生传》，清嘉庆二十五年冀兰泰、吴鸣捷刻本。

② 吴敬梓、吴烺撰，李汉秋点校《吴敬梓吴烺诗文合集》，黄山书社 1993 年版，第 158 页。

③ 金兆燕撰《棕亭诗钞》卷五《甲戌仲冬送吴文木先生旅榇于扬州城外登舟归金陵》，清嘉庆十二年赠云轩刻本。

④ 汪蔚林《从两部诗集里所见到的有关吴敬梓的资料》，《文学遗产增刊》第 11 辑，中华书局 1962 年版。

吴烺，字荀叔，号杉亭，乾隆辛未南巡迎銮召试，伸纸疾书，顷刻赋成，众皆讶其速而工，赐举人，授内阁中书。与梁同书、陈鸿宾、储寅亮相友善。习天算学，师刘湘煃益深造，湘煃集内《答历算十问书》一卷为烺言之也。后官宁武同知署府篆，以疾归。著有《周髀算经图注》，以西法补证古经，尤有裨实用，乾隆戊子刊成，松江沈大成曾为序行之。更著有《勾股算法》、《五音反切图说》行世。其《杉亭诗文集》姚鼐为之序，词为王昶刻入《琴画楼词钞》中。①

《湖海诗传》记载有关吴烺的资料：

吴烺，字荀叔，号杉亭，全椒人，乾隆十六年召试举人，官山西同知，《蒲褐山房诗话》：荀叔为玉随编修从孙，疏节阔目，眉宇轩然，在京师如梁山舟、陈宝所、王穀原②诸君皆亲爱之。工勾股旁要之学，直轮阁者数年，出为郡司马，又数年而殁，兼工词，予刻入《琴画楼词钞》中。③

《清代官员履历档案全编》记载吴烺任职：

臣吴烺，安徽滁州全椒县举人，年肆拾陆岁，由现任内阁中书俸满，引见记名以同知用，今签升山西宁武府同知缺，敬缮履历，恭呈御览。
　　谨奏。
　　乾隆叁拾伍年贰月叁拾日④

---

① 张其濬修，江克让、汪文鼎纂民国《全椒县志》卷一〇，《中国地方志集成·安徽府县志辑（35）》，江苏古籍出版社1998年版。

② 王又曾（1706—1762），字受铭，号穀原，（按：吴烺诗文中作"穀原"，程晋芳《勉行堂文集》卷六《文木先生传》也说"王又曾穀原"）嘉兴人，辛未春乾隆南巡，他与吴烺俱被召试，同授内阁中书。

③ 王昶辑《湖海诗传》卷十四，影印清嘉庆八年三泖渔庄刻本。

④ 秦国经主编《清代官员履历档案全编》第十九册，华东师范大学出版社1997年版，第655页。《全清词钞》卷一〇第469页称吴烺"官甘肃宁夏府同知"，胡适《吴敬梓年谱》中吴烺条承此说。

　　吴烺乾隆三十五年（1770）俸满引见，升山西宁武府同知（知府的副职），后署理知府。民国《全椒县志》"官宁武同知署府篆，以疾归"，王昶《湖海诗传》"出为郡司马，又数年而殁"，吴烺确切的卒年不详，大约归家后与人少交往的缘故。①

　　沈大成为吴烺的算学著作《周髀算经图注》写序：

　　　　吴烺，字杉亭，全椒人也。官中书，通数学，著有《周髀算经图注》，乾隆戊子松江沈太成为之序曰：……杉亭精于九章，以是经之难明也，写之以笔，算而绘以图，皎若列眉，劃然若画井，昭昭然若揭日月而行，举千载之难明者一旦豁于目而洞于心，岂非愉快事哉！《周髀算经图注》②

　　吴烺的传记另见于《畴人传》《金陵通传》。③ 平步青《霞外攟屑》增补常熟张问月撰《经学名儒记》时补录吴烺为安徽的"名儒"。④

　　次子蓼叔，号珠朗⑤，早年夭折，见上引吴烺《梦与亡弟蓼叔共饮觉而

---

　　① 参见袁敏《关于吴烺生平的一点注记》，《西北大学学报（自然科学版）》2008年第1期。有关吴烺卒年的时间，目前能够获得的资料不多。金兆燕《棕亭诗钞》卷一五《赠应叔雅八线表滕以诗》中说："吴（杉亭）戴（东原）已死盛（秦川）远客，独抱此册将贻谁。"此诗作于乾隆四十七年（1782），《棕亭诗钞》卷一八《赠陈淡村》中说："戚友不堪搜地下（谓吴杉亭），壮怀且与话灯前"，此诗大约作于1789年。金兆燕与吴烺诗词唱和之作近二十余篇，最后一篇是作于乾隆三十一年（1766）的《丙戌五月出都吴杉亭以诗赠别赋此誳之四首》，金兆燕在1782年到1789年间诗中两次提及吴烺已不在人世，大约吴烺的离世的时间在1782年前不久，至交兼亲戚的吴烺的离世给他带来不少感伤和悲痛，故诗中两次提及，抒发悼念之情。
　　② 阮元编《畴人传》卷四十二，扬州阮氏琅嬛仙馆板，道光二十二年阮氏汇印本。
　　③ 《畴人传》中"吴烺传"实为沈大成给吴烺《周髀算经图注》写的序，民国《全椒县志》和陈可园（陈作霖）《金陵通传》中的"吴烺传"也非常简略，从这些传记中难以了解吴烺的生平事迹。
　　④ 平步青《霞外攟屑》卷六增补常熟张问月撰《经学名儒记》补录吴烺为安徽的"名儒"，民国六年刻香雪崦丛书本。《清史稿》"许如兰传"中记载"时同县山西宁武同知吴烺受梅文鼎学于刘湘煃，如兰因并习梅氏历算"，这是吴烺曾在山西宁武府任职的惟一明确记载。《全清词钞》卷一〇"（吴烺）官甘肃宁夏府同知"，胡适《吴敬梓年谱》中吴烺条也承此说。
　　⑤ 汪蔚林《从两部诗集里所见到的有关吴敬梓的资料》，《文学遗产增刊》第11辑，中华书局1962年版，第174页。

有作》，其诗编年为乾隆戊辰年（1748），故蓼叔离世的时间在 1748 年前。另吴烺有《大江东去》三首，其中第二首写与珠朗、渭川弟相见之情事：

> 大江东去（喜晤珠朗、渭川两弟兼赠骆心泰。）
>
> 尊前顾影，怪乌衣兄弟、惯伤离别。此日相逢，真似梦，眺尽夕阳明灭。鬼笑刘龙，尉呵李广，难禁冲冠发，飞觞击钵，今宵休负明月。况有昔日相知，欣然握手，别绪殷勤说。试上小楼，高处望，历历远山旧叠。旧事堪惊，新欢易尽，谁解肠千结。仰天长啸，西风吹下黄叶。①

三子吴煐②，又名文熊，字蓼叔，号渭川。上引吴烺《忆三弟蓼叔》诗及《大江东去》词与《杉亭集》卷七《送渭川弟宰普宁用东坡与子由别于郑州西门之外韵》：

> 丈夫不肯居如兀，青云高兴乘时发。头白扬生尚守玄，人生何苦甘宜寞。年来踪迹江天隔，音书望断孤鸿没。叩门惊见吾弟来，联袂共踏天街月。池塘梦醒乐复乐，剧谈身世转凄恻。一官从此更离别，榕树蛮烟绝飘忽。剪灯把酒忆畴昔，相送官桥水波瑟。知君讵是百里才，寸禄欣沾且供职。③

尽管蓼叔亡故，但兄弟之间的称呼一般不会改变，故吴烺称呼蓼叔为三弟，而外人则可能以现存的实际的排行去称呼，金兆燕诗中即说："仲兄其速来，待汝视楄柮"④，"（《杉亭集》卷三）仲弟而云三弟，盖计亡

---

① 吴敬梓、吴烺撰，李汉秋点校《吴敬梓吴烺诗文合集》，黄山书社 1993 年版，第 313 页。其中"月川"应为"渭川"。

② 孟醒仁在陈毅的《所知集》卷八发现吴煐《留别李端书、叶翠岩》诗一首："知己何堪别，离怀相对深。殷勤今夜酒，珍重故人心。戍鼓敲残月，霜乌乱晓林。铃囊新句好，赠我客途吟。"诗前有小传："吴煐，字蓼叔，江南全椒人。"（见孟醒仁《吴敬梓年谱》第 113 页）

③ 吴敬梓、吴烺撰，李汉秋点校《吴敬梓吴烺诗文合集》，黄山书社 1993 年版，第 222 页。

④ 金兆燕撰《棕亭诗钞》卷五《甲戌仲冬送吴文木先生旅榇于扬州城外登舟归金陵》，清嘉庆十二年赠云轩刻本。

弟藜叔在内，金诗不计亡弟故直云仲弟"①。吴烺《送渭川弟宰普宁用东坡与子由别于郑州西门之外韵》诗编年为乾隆壬午年（1762），诗题明言其弟作普宁知县。普宁属潮州所辖，《清代官员履历档案全编》记载吴文熊任职：

> 臣吴文熊，安徽滁州全椒县举人，年三十六岁，遵豫工例捐知县，不论双单月即用，今掣得广东潮州府普宁县知县缺。敬缮履历，恭呈御览。
>
> 谨奏。
>
> 乾隆二十七年九月二十八日②

周硕勋重修《潮州府志》卷三二"职官表"记乾隆二十七年普宁知县"吴文熊，安徽全椒，举人"③时间吻合，吴烺诗《忆三弟蘅叔》诗编年为乾隆戊辰年（1748），诗中"日落寒江暮霭生，登楼不见石头城"记蘅叔所在地，民国《全椒县志》卷一二"选举表"记吴文熊乾隆癸酉年（1753）举人④，吴敬梓离世时（1754 年），蘅叔已中举尚未做官上任，故金兆燕有"仲兄其速来，待汝视楄柎"句。1762 年金兆燕参观秦淮八艳之一马湘兰故居，作《东花园访马湘兰故宅同吴蘅叔作》词。

幼子吴鏊，《畿辅通志》记载："吴鏊，官直隶遵化州知州。"《直隶遵化州志》卷十三"职官"栏："吴鏊，安徽全椒人，廪贡，由玉田县丞升良乡、大兴令，乾隆四十二年（1777）升任（遵化知州），四十三年卒于官。"⑤民国《全椒县志》卷一二："吴鏊，直隶良乡、大兴等县知县，历官遵化州州同。"平步青《霞外攟屑》卷九《儒林外史》条："龌官良乡县，见《滇行日录》。"王昶乾隆三十三年（1768）到良乡，其《滇行

① 孟醒仁著《吴敬梓年谱》，安徽人民出版社 1981 年版，第 112 页。
② 秦国经主编《清代官员履历档案全编》第十八册，华东师范大学出版社 1997 年第 1 版，第 556 页。
③ 周硕勋修《潮州府志》卷三二，清光绪十九年保安总局刻本。
④ 参见汪蔚林《从两部诗集里所见到的有关吴敬梓的资料》，《文学遗产增刊》第 11 辑，中华书局 1962 年版。
⑤ 刘埔、傅修纂《直隶遵化州志》，乾隆五十九年刻本。

日录》记"县令吴君鳌来见，杉亭舍人弟也"①。《顺天府志》卷八十一记大兴县知县吴鳌，安徽休宁人，廪贡生，乾隆三十六年十月任。② 由上约略知吴鳌乾隆三十三年尚在良乡县令任上（乾隆十年任良乡县令?），乾隆三十六年任大兴知县，乾隆四十二年升任遵化知州，乾隆四十三年卒于任上。汪蔚林以为金兆燕诗中"幼子哭床头"③之幼子是"吴敬梓的幼子（原行四）吴鳌，廪贡出身，由玉田县丞升任良乡、大兴县知县、乾隆四十二年官遵化州知州，四十三年卒于官"④。

望族的盛衰兴亡有内因，有外缘。一个家族或由世袭承继门阀声望，或以军功封侯拜相，或因经商富足跻身官僚，等等，凭借以上方式皆能使一姓崛起而成为一方著姓望族。世家大族对于内因是在一个可以控制的地位，但并不十分认识，也不能有效控制；对外缘，是认识的，但根本不在一个控制的地位。结果，望族的兴废往往多一任自然。时和景泰，类聚配偶一类自然的道理能行使而无阻碍，大族便应运而生，否则，便和典章人物一样，都化作劫灰的一部分。⑤ 全椒吴敬梓家族的产生与维持问题事实上就成为此种内因外缘的认识与控制的问题。总体来说，吴氏家族的发展经历了三个重要阶段，对这个家族发展的影响都极为深远。

第一阶段是吴氏家族的本体意识增强。这个家族的前身是以军功而有所壮大。吴敬梓在《移家赋》中说：

　　我之宗周贵裔，久发轫于东浙。（按族谱，高祖为仲雍九十九世孙。）有明靖难，用宣力于南都。（远祖以永乐时从龙。）赐千户之实封，邑六合而剖符。迨转弟而让袭，历数叶而迁居。（始祖讳转弟

---

① 平步青撰《霞外攟屑》卷九，民国六年刻香雪崦丛书本。"鼇"为"鳌"之误。

② 《顺天府志》吴鳌的籍贯误，另《良乡县志》有"知县吴鳌，乾隆十年（1745）任"，时间不知是否误？《良乡县志》官师栏，有一条夹注，提到"康熙三十九年以后，邑志未经补修，所有续任各员，嗣经道光十四年水患，册卷漂没，均无可考，谨举所知者书之"。以上参照汪蔚林《从两部诗集里所见到的有关吴敬梓的资料》文章内容。

③ 金兆燕撰《棕亭诗钞》卷五《甲戌仲冬送吴文木先生旅榇于扬州城外登舟归金陵》，清嘉庆十二年赠云轩刻本。

④ 汪蔚林《从两部诗集里所见到的有关吴敬梓的资料》，《文学遗产增刊》第 11 辑，中华书局 1962 年版。

⑤ 参见潘光旦著《明清两代嘉兴的望族》，上海书店 1937 年版，第 136 页。

公，自六合迁全椒。）值前代之中天，正太和之宇宙，隶淮南为编
氓，勤西畤以耕耨。陨荣露而脂凝，合萧云而车覆。春亩青连，芳郊
绿绣。鹧鸺而拴拴镰挥，蟋吟而轧轧织就。舣舟于蔡姥湖边，扶杖于
丁姑祠右。（蔡姥湖见全椒志，丁姑祠见《搜神记》。）爰负耒而横
经，治青囊而业医，鬼臾区以为友，僦贷季以为师，翻玉版之精切，
研金匮之奥奇。德则协于仁恕，知则达于神示。聪明理达，淳良廉
洁，道遗金而不拾，墙有桃而讵折，（先世还金事，至今乡里皆称
之。）讲孝友于家庭，有代传之清节。①

吴氏家族的远祖并非贵族，其先人原居浙江，康熙《全椒县志》卷
一六李霨《清礼科掌印给事中吴公墓表》记述：

先世居东瓯，高祖聪，迁江宁之六合，又迁全椒，遂为全椒人。
曾祖凤，祖谦，父沛，以公贵，赠如其官。②

《中国明朝档案总汇》中《武职选簿》是记载明代京内外各卫所职官
袭替补选情况的登记簿。《武职选簿》中"吴珊"条有关吴氏军功受封并
世袭情况记载详细，录如下：

吴珊

正千户。内黄③查有：宋谦，旧名得儿，睢宁县人，有父宋真。吴
元年从军，洪武十六年老疾，将谦代役，二十四年并镩升小旗，三十三

---

① 吴敬梓著，李汉秋辑校《吴敬梓诗文集·移家赋》，人民文学出版社 2002 年版，第 8
页。

② 蓝学鉴、吴国对纂修清康熙十二年《全椒县志》卷一六李霨《清礼科掌印给事中吴公
墓表》。

③ 黄，即黄簿。古时官员的档案簿册。明沈德符《野获编·勋戚·左右券内外黄》："武选司选
官俱以黄为据。黄分内外，旧官新官，各有黄簿，每官一员。名下注写功升世次，会同尚宝监、尚宝
司、兵科，于奉天门请用御宝钤记。外黄印绶监收掌，内黄送内库铜匮中收贮。后遇袭替，官选簿迷
失者，许赴内府查外黄。如外黄可验，则已；如或不明，再查内黄。盖事之重，而防之密如此。凡军
职非失机重情，及大逆不道，罪止及身，子孙仍许袭承。然必身首异处者，方揭黄停袭。以故军职，
有愿笞死、绞死，得免斩刑，尚肯出重赂者以此。"

年白沟河升总旗，三十四年西水寨升实授百户，三十五年平定京师，升营州左护卫中所正千户。永乐元年改隆庆左卫中所，二年钦与世袭禄。父吴兴，吴元年垛集顶户头宋真名字充军。洪武十六年因老疾将谦随姓代役，比先将宋真名字作文供报，三年，钦准复姓名吴祥。

吴友系宋谦复姓名吴祥亲兄弟，永乐五年病故，别无嫡庶儿男。友本年袭职。吴英系吴友嫡长孙，祖老疾，父吴荣正统七年替职，景泰六年病故。英本年袭骁骑右卫中所世袭正千户，吴閨系吴英嫡长男。

一辈吴祥已载前黄。

二辈吴友旧选簿查有：永乐五年十月。吴友系隆庆左卫中所故世袭正千户吴祥，即宋谦旧名得儿亲弟，钦袭正千户。

三辈吴英已载前黄。

四辈吴雄旧选辈查有：成化五年二月。吴雄，睢宁县人，系骁骑右卫中所为事革职世袭正千户吴英亲弟，待兄有男，还与职事。

五辈吴閨旧选簿查有：成化二十三年五月。吴閨幼名端阳，睢宁县人，系骁骑右卫中所革职世袭正千户吴英嫡长男，先因未生，吴雄借职①续，生，本人已与优给②，今出幼③袭职。

六辈吴珊旧选簿查有：嘉靖十一年六月。吴珊年三十六岁，睢宁县人，系骁骑右卫中所年老正千户吴润嫡长男。

七辈吴聪。

八辈吴朋万历九年八月。吴朋年四十一岁，睢宁县人，系骁骑右卫中所年老正千户吴聪亲弟，比中三等。

九辈吴海万历十四年十二月。吴海年五十一岁，睢宁县人，系骁骑右卫中所故带俸正千户吴朋堂叔，比中三等。

---

①　借职：仅有虚衔而非实授的官职。《宋史·选举志三》："凡武举，始试义、策于秘阁，武艺则试于殿前司，及殿试，则又试骑射及策于庭……策入平等而武艺优者奉职，次优借职。"

②　优给：优裕之供给。明陆容《菽园杂记》卷十一："故官子弟，年幼未袭者，亦给全俸，名曰优给。"

③　出幼：脱离少年时期。清梁章钜《退庵随笔·家礼一》："今吾乡男子至十六，其父母必衣以盛服，设酒醴，使徧拜祖宗尊长，谓之出幼。"

十辈吴极让年十岁。万历二十九年六月。系骁骑右卫中所故正千户吴海亲侄。全俸优给，至三十四年终住支。

万历三十四年二月，吴极让年十六岁，系故正千户吴海亲侄，出幼袭职，比中二等。

十一辈吴应训崇祯十五年八月大选过骁骑右卫中所正千户一员吴应训年十六岁，系故正千户吴极让嫡长男，年幼未比。①

远祖因"从龙"建功受赏赐千户之封，对有志于振兴家业的吴氏先祖来说，这种封赐激活了他们兴旺家族的意识，也为能跻身封建社会更高阶层奠定了一块基石，因封邑六合而举家迁居②。后来又从六合迁往相距并不遥远的全椒。至二世祖吴凤时，"卜居邑之西墅"，康熙《全椒县志》卷十《吴凤传》：

吴凤，号古泉，家世骁骑卫户爵，以志趣高淡让袭，卜居邑之西墅。性好施予，生平多隐德，子姓甚蕃，谆谆教以善让，毋与人争。

第二阶段是吴氏子弟恃举业兴家之时。以吴国鼎兄弟辈为代表，在明末清初科举中崛起。吴敬梓在《移家赋》中叙述自己家族的这段历史时，满怀着自豪感：

于是驹齿未落，龙文已光，始则河东三凤，终则马氏五常。或笃志于铅椠，或尽力于农桑，（曾祖兄弟五人，四成进士，一为农，终布衣。）寻桑根之遗迹，过落叶之山房③。家有逸民之号，人传导引之方。东华遗俅，阆苑翻觞，落次仲之翮，逐箫史之凰。（布衣公无

① 中国第一历史档案馆、辽宁省档案馆编《中国明朝档案总汇》册五四，广西师范大学出版社 2001 年版，第 183—184 页。张金奎在《明代卫所军户研究》也提及这则材料。（张金奎《明代卫所军户研究》，北京线装书局，第 45—46 页）田胜林《吴敬梓家世"从龙"与"让袭"考》（纪念吴敬梓诞辰 310 周年《中国儒林外史高峰论坛论文集》）全面引述这则材料。
② 《六合县志》："骁骑卫，县西灵岩山地方。"
③ 唐韦应物《寄全椒山中道士》诗"落叶满空山，何处寻行迹"。落叶山房指神山寺，唐大历间创建。

疾而终，人传仙去。）伯则遨游薇省，叔则栖迟槐署，季抗疏于乌台，受两朝之眷顾。似子固兄弟四人，吾先人独伤晚遇。常发愤而揣摩，遂遵道而得路。三殿胪传，九重温语，官烛宵分，花砖月午。张珊网于海隅，悬藻鉴于畿辅，诏分玉局之书，渴饮金茎之露。羡白首之词臣，久赤墀之记注。①

长兄吴国鼎和幼弟吴国龙同中明末崇祯癸未科（1643）进士，尽管风雨飘摇的明政权很快灭亡，但具有娴熟八股功底的吴氏兄弟很快在清代科举考试中又崭露头角，吴国缙在顺治九年（1652）中进士，吴国对在顺治十五年（1658）中进士，而且是一甲第三名探花及第。吴沛的五个儿子中除老二吴国器外，另四子在明清两朝十五年间四成进士，王士禛《池北偶谈》中写到全椒吴家科举兴旺时也是极称羡的口吻：

> 全椒吴氏兄弟同胞五人，其四皆进士：长国鼎，前癸未进士，官中书舍人；三国缙，顺治己丑进士；四国对，顺治戊戌进士，榜眼（实为探花）及第，官翰林侍读；五国龙，亦前癸未进士，官礼科都给事中；国对、国龙，孪生也。国龙子晟，康熙丙辰进士；舄辛未进士，榜眼及第。②

吴国鼎兄弟辈的科举成就开创了吴氏科举家族举业发家的全盛局面，吴家子弟由平民一跃成为科举出身的显贵，吴氏举业兴家的理想遂成现实，它标志着吴氏家族因举业有成而正式登上了历史的舞台。

第三阶段是以吴敬梓为代表的吴氏子弟文学创作上所取得的巨大成就。

一个家族的成长壮大绝非一朝一夕即告功成之易事，它需要多种因素的结合，多种力量的作用，如果说第一阶段吴氏先人因"从龙"有功受封赏而激活了这个家族的本体意识的话，那么第二阶段吴沛的诞生便使得全椒吴氏家族迈上了科举起家的旺族之路，吴敬梓《移家赋》中说起这

---

① 吴敬梓著，李汉秋辑校《吴敬梓诗文集·移家赋》，人民文学出版社 2002 年版，第 9 页。

② 王士禛《池北偶谈》卷一"全椒吴氏兄弟"，中华书局 1982 年版，第 9 页。

段历程时，自豪之情也溢于言表：

> 五十年中，家门鼎盛，陆氏则机云同居，苏家则轼、辙并进，子
> 弟则人有凤毛，门巷则家夸马粪。绿野堂开，青云路近，宾客则轮毂
> 朱丹，奴仆则绣帼妆靓，厄茜有千亩之荣，木奴有千头之庆。宅为因
> 旧，斋号长梁，禽鸣变柳，燕寝凝香。①

　　一个家族的发达少不了一个具有远大抱负和坚定志向的灵魂式的人
物，吴沛在努力投身举业的同时还尽心培养子辈读书、应举，到五世祖吴
国鼎兄弟辈五人四成进士，"家声科第从来美"，其后六世祖吴晟、吴昺
进士及第，吴昇、吴旦都是举人；八世祖吴檠进士及第，吴敬梓以诸生荐
博学鸿词科试；九世祖吴烺、吴煐中了举人②。至于获得增生、贡生、监
生等身份并入官府教谕、知县、知州的则不下二十余人。从这个家族的纵
向发展看，全椒五世祖四人进士，六世祖中两人进士，举人也不少，而七
世祖廪生、监生、庠生等固然不少，但科名上却仅止于秀才而已，八世祖
吴檠考中进士已算极为难得了，到九世祖吴烺这一辈留下功名记载的只有
吴敬梓这一支的吴烺、吴煐和吴鳌三人，吴家举业的衰败已是不争的
事实。
　　全椒吴家恃举业而起，科举发挥了关键作用，这多少表明科举制度在
此一时期的积极意义，而这个家族最终却也因举业不振而渐趋衰败下来。
相较举业成就世家短暂的辉煌而言，家族子弟在文化、学术及文学上的造
诣最终成就了这个世家的大不朽。吴敬梓在《移家赋》中说：

> 故物唯存于箐笏，旧业不系于貂珰，谢棋子之方褥，去班丝之隐
> 囊。纱帷昼暖，素琴夕张，图史与肘案相错，绮襦与轩冕俱忘。听吕
> 蒙之呓语，过张申之"墨庄"，鼎文有证谬之辨，金根无误改之伤。

　　① 吴敬梓著，李汉秋辑校《吴敬梓诗文集》，人民文学出版社 2002 年版，第 9 页。
　　② 民国《全椒县志》卷一〇吴烺本传记载，乾隆辛未南巡迎銮召试，赐举人，授内阁中
书。

羡延陵之君子，擅海内之文章。①

吴氏家族承载着深厚的文化积淀，广泛涉猎经学、史学、文学、策论及诗文创作，重视家学家风，形成极富特色的家族文化传统。民国《全椒县志》"艺文志"中记载，四世祖吴沛除了致力于举业，求得科第成名，振兴家业外，其"道德文学为东南学者宗师"②，著有《西墅草堂集》③，五世祖辈吴国鼎有《邁园集》《唐代诗选》④，吴国缙有《世书堂集》⑤，吴国对有《赐书楼集》⑥，吴国龙有《心远堂集》⑦《吴给谏奏稿》⑧，即便布衣终生的吴国器也是"精邵子黄极诸书"⑨，六世祖吴旦有《月潭集》⑩，吴昺有《卓望山房集》《玉堂应奉集》⑪和《宝稼堂集》⑫，

①　吴敬梓著，李汉秋辑校《吴敬梓诗文集·移家赋》，人民文学出版社 2002 年版，第 9 页。

②　陈廷敬《午亭文编》卷四十五《翰林院侍读吴默岩墓志铭》。清李桓《国朝耆献类征初编》卷一一五收录，台北明文书局 1985 年版。

③　据民国《全椒县志》卷十五"艺文志"记载，吴沛著有《西墅草堂集》十二卷、《诗经心解》六卷。现存世《西墅草堂遗集》五卷，吏部侍郎姜曰广、滁州太仆冯元飚为之作序。

④　张其濬修，江克让、汪文鼎纂民国《全椒县志》卷一五，《中国地方志集成·安徽府县志辑（35）》，江苏古籍出版社 1998 年版。康熙《全椒县志》卷七记载吴国鼎著有《诗经讲意》《历代诗选》《诗选》及《邁园集》。

⑤　李灵年、杨忠主编《清人别集总目》（上），安徽教育出版社 2000 年版，第 894 页。康熙《全椒县志》卷七记载其书名为《世书堂稿》。

⑥　柯愈春著《清人诗文集总目提要》，北京古籍出版社 2001 年版，第 106 页。陈廷敬撰《翰林院侍读吴默岩墓志铭》说："君于古文研论最深，而工于骚赋之作，故独喜多为诗；其愁忧欢愉离合讽谕警戒之旨，恒发之于诗，名曰《诗乘》。"他的著述后来编为《赐书楼集》二十四卷，民国《全椒县志》卷一〇及一五皆提及。

⑦　柯愈春著《清人诗文集总目提要》，北京古籍出版社 2001 年版，第 141 页。

⑧　张其濬修，江克让、汪文鼎纂民国《全椒县志》卷一五，《中国地方志集成·安徽府县志辑（35）》，江苏古籍出版社 1998 年版。

⑨　张其濬修，江克让、汪文鼎纂民国《全椒县志》卷一一"吴国器传"，《中国地方志集成·安徽府县志辑（35）》，江苏古籍出版社 1998 年版。

⑩　张其濬修，江克让、汪文鼎纂民国《全椒县志》卷一五，《中国地方志集成·安徽府县志辑（35）》，江苏古籍出版社 1998 年版。

⑪　同上。

⑫　柯愈春著《清人诗文集总目提要》，北京古籍出版社 2001 年版，第 319 页。

八世祖吴檠有《青耳珠谈》《溪上草堂集》《衢谣集》①《咫闻斋诗钞》②
及《阳曲词钞》③，吴敬梓有《儒林外史》《文木山房诗文集》《史汉纪
疑》（未成书）④，吴烺有《杉亭集》⑤。另外，吴氏家族还形成了研治
《诗经》的家学传统并代有著述，吴沛有《诗经心解》，吴国鼎有《诗经
讲意》，吴国缙有《诗韵正》⑥，吴国对有《诗乘》⑦，吴敬梓有《诗
说》⑧，吴晟有《洪范辨证》《周易心解》⑨，吴昺"生平所学深于三
礼"⑩，吴烺也是"经学名儒"⑪。吴国对既是八股文大家，又博学多
艺，还善书法，民国《全椒县志》言其"书法兼右军松雪所长，碑版

---

①　张其濬修，江克让、汪文鼎纂民国《全椒县志》卷一五，《中国地方志集成·安徽府县
志辑（35）》，江苏古籍出版社 1998 年版。其中《全椒县志》将《溪上草堂集》记为《撰山草堂
集》，实误。金兆燕《棕亭古文钞》卷五《许月溪诗序》云："吾乡三十年前，以风雅自任，力
追古人者，惟比部吴岑华先生。忆兆燕童卯时，随先君子往来于岑华之溪上草堂，惟时座上宾友
则有章丈晴川、吴丈文木一时唱酬之盛甲于江淮。"沈葆桢等修何绍基等纂《（光绪）重修安徽
通志稿》卷二二九记为《溪上草堂集》，为是。

②　李灵年、杨忠主编《清人别集总目》（上），安徽教育出版社 2000 年版，第 861 页；柯
愈春《清人诗文集总目提要》第 572 页也收录。

③　张其濬修，江克让、汪文鼎纂民国《全椒县志》卷一六，《中国地方志集成·安徽府县
志辑（35）》，江苏古籍出版社 1998 年版。

④　平步青撰《霞外攟屑》卷九，民国六年刻香雪崦丛书本。

⑤　张其濬修，江克让、汪文鼎纂民国《全椒县志》卷一五，《中国地方志集成·安徽府县
志辑（35）》，江苏古籍出版社 1998 年版。

⑥　同上。

⑦　陈廷敬《午亭文编》卷四五《翰林院侍读吴默岩墓志铭》说："君于古文研论最深，而
工于骚赋之作，故独喜多为诗；其愁忧欢愉离合讽谕警戒之旨，恒发之于诗，名曰《诗乘》。"
清李桓《国朝耆献类征初编》卷一一五收录，台北明文书局 1985 年版。

⑧　张其濬修，江克让、汪文鼎纂民国《全椒县志》卷一五，《中国地方志集成·安徽府县
志辑（35）》，江苏古籍出版社 1998 年版。

⑨　清李桓《国朝耆献类征初编》卷二二一，张大受为吴晟撰"墓志铭"，台北明文书局
1985 年版。

⑩　张其濬修，江克让、汪文鼎纂民国《全椒县志》卷一○，《中国地方志集成·安徽府
县志辑（35）》，江苏古籍出版社 1998 年版。

⑪　平步青《霞外攟屑》卷六增补常熟张问月撰《经学名儒记》补录吴烺为安徽的"名
儒"，民国六年刻香雪崦丛书本。

存者士人多拓之"①。吴烺对音韵及算学也深有研究，著有《学宋斋词韵》②《五音反切图说》及《勾股算法》《周髀算经图注》③，可惜吴家子弟著述散逸严重。以上记载足以说明这个家族除了娴熟于八股制义外，经史学问等同样造诣极高。

第三节　儒林文化——全椒吴氏家族举业兴家之特质表现

"儒林文化"脱胎于吴敬梓小说《儒林外史》。全椒是吴敬梓的故乡，吴敬梓生于斯，长于斯，这一文化也因之而带有明显的地域特征。科举文化则是"儒林文化"的重要内涵之一，是指在全椒这个特定环境中，椒人对于科举考试的理解、诠释，以及他们对举业的追求，它是全椒最有代表性的文化。沈德潜说全椒"山有神山卧龙，水有迷沟鄹湖"，姚鼐说"江淮间山川雄异"，皆道出了全椒的地域环境在世家望族成长中的作用。椒民善谈、苦读、文风彬彬称盛，漫长的封建科举时代，就有"一桐城，二全椒"之称誉，这也是对椒人博取功名的肯定，"一门两鼎甲，四代七

① 张其濬修，江克让、汪文鼎纂民国《全椒县志》卷一〇，《中国地方志集成·安徽府县志辑（35）》，江苏古籍出版社 1998 年版。吴国对的书法真迹甚少，非常珍贵，存于吴敬梓纪念馆的"薖园石刻"即为吴国对所书，内容是孝经（小楷书）、家训（行书）、诗篇书札（各种草书）。薖园石刻原在吴国对故居"探花第"内，清咸丰年间"探花第"毁于兵火，这批石刻由吴氏后裔从"探花第"的遗园移至吴国对兄吴国鼎的"薖园"内。1979 年从吴敬梓八世孙吴炽荣的住宅墙基发掘出来，现存 20 多块。其中完好无损的 6 块，稍有残缺的 7 块，其余皆断残。石刻一般高 31 厘米，长 80 至 90 厘米，大部分正反两面都有文字。如吴国对辛卯三月选字学诸书题赠其子吴勖之石碑，其文曰：先民有言用笔不欲太肥，肥则形浊；不欲太瘦，瘦则形枯。肥不剩肉，瘦不露骨，乃为合作。不可多露锋芒，露锋芒则意不持重。不可深藏圭角，藏圭角则体不精神。斯言当矣。如不得已，则肉胜不如骨胜。多露不如深藏，犹为彼善也。书家者云："有功无性，神采不生；有性无功，神采不实。"又云："小心布置，大胆落笔。张敬玄云：'楷书把笔，妙在虚掌运腕，不宜把笔苦紧。'然大令小时作书，右军从后掣其笔不得，非耶？曰：'此有力也，非苦紧也。颜柳自有力，二王化于力者也。习颜柳者未免苦紧，习二王者，不妨虚和。'"画力可五百年至八百年而至一千年绝矣，书力可八百年至千年而神去千二百年绝矣。惟于文力更万古而常新，书画可临可摹，文至临摹则丑矣。书画有体，文无体；书画一用，文百用。体故易见，用故无穷。临书易得意，难得体；摹书易得体，难得意。临进易，摹进难。离之而进者临也，合之而远者摹也。

② 吴烺、江昉、吴镗、程名世等辑《学宋斋词韵》，清乾隆刻本。

③ 张其濬修，江克让、汪文鼎纂民国《全椒县志》卷一〇，《中国地方志集成·安徽府县志辑（35）》，江苏古籍出版社 1998 年版。

进士"，吴敬梓家族取得了这一地区科举史上极辉煌成就。吴氏家族的崛起也正是在全椒儒林文化这个氛围中产生，并成为全椒地方一个著名的人文现象。（当然，有关"儒林文化"的论述，其意义非仅限于全椒这一地区，我们更希望发掘潜藏于地域之下的具有普遍性的人性。）另一方面，儒林文化又集中体现在吴氏子弟的思想与实践中，"全椒以科第、文学世其家"① 道破了依靠举业兴家、文学传世的全椒世家望族最本质的特征。明清时期，全椒吴敬梓家族在世家望族发展史上具有相当的典型性，吴敬梓自身的实践道路也堪称这个地区及这个家族的代表。

一　"家声科第从来美"②：全椒吴氏家族兴家举业之荣耀

封建社会中，科举考试是国家选拔人才和士人接受高等教育的一种重要方式，举业兴衰情况大致可以反映一个地区文化教育的程度。明清时期的江南地区（包括安徽），当时是全国受教育程度相对较高的区域，科举成就突出的全椒在科举方面表现得尤为明显，自唐到清椒人出了九十一个进士，三个宰相，椒民善读书，苦读书，文风彬彬之盛，这在安徽也很出名。清末，民间普遍有"一桐城、二全椒"的美誉，这是对全椒人用心举业博取功名和入仕的成就的肯定。

全椒文人士子数量尤多，"椒去陪京，百里而近，首善薰沐，实先承之。且风牛相及，声气相接，结社论文，对垒拈笔，倡和来往，翕然吴声。故畿以北，惟椒士与江左抗衡，而卯岁中隽，联翩并起。噫嘻，椒盖娴于文哉，其奚藉余！"③ 吴敬梓小说《儒林外史》中也多有表述：

> 虞华轩道："……举人、进士，我和表兄两家车载斗量，也不是甚么出奇东西。"④

---

① 金兆燕撰《棕亭古文钞》卷首沈德潜序，清道光十六年赠云轩刻本。

② 吴敬梓著，李汉秋辑校《吴敬梓诗文集（〈乳燕飞·甲寅除夕〉）》，人民文学出版社 2002 年版，第 63 页。

③ 蓝学鉴、吴国对纂修清康熙十二年《全椒县志》卷一四"艺文志"邑令杨道臣《鄧湖课艺序》，全椒县地方志编纂委员会 1993 年标点校勘本。

④ 吴敬梓：《儒林外史》第四十六回"三山门贤人饯别　五河县势利熏心"，人民文学出版社 1977 年版，第 532 页。

　　杜少卿道："象这拜知县做老师的事，只好让三哥你们做。不要说先曾祖、先祖，就先君在日，这样知县不知见过多少。……王家这一宗灰堆里的进士，他拜我做老师我还不要！我会他怎的？……"①

吴家祖辈们举业的辉煌也令吴敬梓不胜自豪：

　　五十年中，家门鼎盛，陆氏则机云同居，苏家则轼、辙并进，子弟则人有凤毛，门巷则家夸马粪。②

　　伴随着文化教育的普及与提高，在这些读书士子中表现出的一种特殊的心态及文化风气，即他们不仅以举业有成而自豪，而且尤其以多出贤人为荣耀，钱泳《履园丛话》中一则故事颇能说明：

　　科名以人重，人不以科名重。旨哉是言。吾邑锡、金两学仪门，前明时有"一榜九进士"、"六科三解元"两匾，志一邑科名之盛也。本朝顺治丁亥、己丑两科，皆中十一人。自壬辰至甲辰六科中，有四鼎甲，（壬辰状元邹忠倚，乙未探花秦鉽，己亥榜眼华亦祥，甲辰探花周弘。）三元备焉。（解元范龙，会元秦鉽。）前明未有此盛。康熙中修学，有欲易此二匾者，一士人争之曰："匾不可去也。九进士中有高忠宪，三解元中有顾端文，皆一代名贤，岂可去乎！"至今尚仍旧额。③

　　封建社会举业制度下，一个读书人为求得一条荣身之路，科举是最有效的途径，士人所接受的教育往往与举业有着最直接的关联，八股文章虽是敲开举业大门的工具，但同样也促成士人读书风气的兴盛，江南在科举方面的突出成就，早就孕育出一个庞大读书人的队伍，形成所谓的"儒林"。

---

　　① 吴敬梓：《儒林外史》第三十一回 "天长县同访豪杰　赐书楼大醉高朋"，人民文学出版社 1977 年版，第 371 页。

　　② 吴敬梓著，李汉秋辑校《吴敬梓诗文集·移家赋》，人民文学出版社 2002 年版，第 9 页。

　　③ 钱泳《履园丛话》卷十三 "立品"，中华书局 1979 年版，第 338—339 页。

全椒吴氏家族曾经创造了全椒科举考试的辉煌，"家声科第从来美"，他们没有宦家子弟能有所凭借的条件，以"白衣起为公卿"，这个家族的成功主要缘于重视子弟的教育，突出体现在对以科举为导向的应试教育的重视。幼小时期他们就不断受到这种熏陶，将读书应考与家族兴旺发达密切关联，通过家族子弟的努力，因举业有成而成为当地名门望族。"晋绅家非弈叶科第，富贵难以长守"①，若想长期保持家族的地位声望，显亲扬名的吴氏子弟势必努力在本家族内部培养更多的继承人，靠后世子孙不间断地获取科举功名，正所谓"科第之设，草泽望之起家，簪绂望之继世；孤寒失之，其族馁矣；世禄失之，其族绝矣"②，这也促使这些家族特别重视子弟教育，鼓励他们努力读书向学，通过科举入仕以保持门楣的荣耀，完成家族兴旺的传承。

吴氏家族从吴沛投身举业开始到吴烺一代共历六世，这个家族的众多子弟承继着吴沛开创的读书、科举、入仕的家学家风，埋头苦读，期间科甲蝉联，代有才人。

全椒吴氏四世祖吴沛是吴氏科举家族科举世家的奠基人，吴国对《先太史遗集重刻引言》：

> 先太史生四岁从外传，十四岁即入博士员，天性超敏，莫能比匹。

吴敬梓《移家赋》：

> 自束发而能文，及胜衣而稽古。……初奋发于制举，仍追逐于前贤，仲舒无窥园之日，公美无出墅之年。遭息翩而垂翘，遽点额而迍邅。夜珠之光按剑，泣玉之泪如泉。暖风晴日，张乐花前。望龙门而不见，烧虎尾而茫然！……乃守先而待后，开讲堂而雠诵，历阳百

---

① 王士性：《广志绎》卷四"江南诸省"，中华书局 2006 年版，第 266 页。
② 王定保撰，姜汉椿校注《唐摭言校注》，上海社会科学院出版社 2002 年版，第 180—181 页。

里，诸生游从。①

吴沛十四岁入博士员，万历丙午年（1606）参加乡试，房师全椒县令关骥深爱其才，以第一名向主考力荐，结果好意反倒使他失去了中举的机会，以后七战皆北。万历戊午年（1618）以考绩优异补为廪生，前往历阳教书。吴沛一生举业蹭蹬，心中于此也极有块垒，如前文所引《历阳行》② 诗抒心中之郁积，感知己之不遇。

吴敬梓《移家赋》中对其高祖多有礼赞：

> 绍绝学于关闽，问心源于邹鲁……贫居有等身之书，干时无通名之渴（宁国太守关骥以书召，谢不往）……历阳百里，诸生游从。鸟啼花影，马嘶香鞯。③

吴沛怀有振兴家族的强烈愿望，无奈竟以一名秀才终老科场，一个家族创业者的艰难辛苦由此可见。到了吴沛的子辈，五世祖吴国鼎兄弟辈终于获得了极大成功，他们成就了全椒吴氏家族举业上的辉煌。五人中四成进士：吴国鼎，明崇祯十六年进士，官中书舍人；吴国缙，清顺治十六年进士，授文林郎、改江宁府教授；吴国对，清顺治十五年进士，殿试一甲第三名（探花），授编修，升国子监司业、翰林院侍读、提督顺天学政；吴国龙，明崇祯十六年进士，官户部主事、监察御史。全椒四世祖五兄弟两朝十五年间四成进士，且吴国对高中探花。吴家科第的成就在当地引起极大的轰动，成为罕见的地方人文现象，乃至在全国都产生了一定的反响。明崇祯皇帝敕书表彰吴沛有 "一轮明月，高拟鹿门"④；顺治皇帝恩意有加，赐坐吴国对延问吴家家事；王士禛称许 "翰林兄弟皆名士，廨

---

① 吴敬梓著，李汉秋辑校《吴敬梓诗文集·移家赋》，人民文学出版社2002年版，第8—9页。

② 吴沛《西墅草堂遗集》卷一，清康熙十二年吴国对刻本。

③ 吴敬梓著，李汉秋辑校《吴敬梓诗文集·移家赋》，人民文学出版社2002年版，第8页。

④ 吴敬梓著，李汉秋辑校《吴敬梓诗文集·西墅草堂歌》，人民文学出版社2002年版，第13页。

屋三间分两头"①；身为宰相的大学士陈廷敬亲写《翰林院侍读吴默岩墓志铭》②；大学士李霨为吴国龙撰写《清礼科掌印给事中吴公墓表》："兄弟五人，登制科者四……一门贵盛，乡里以为荣"③；康熙四十九年庚寅（1710）吴昺出任湖广学政④，在任上"按试荆州"时，康熙书"勉子修名"四字赐给其母张氏⑤，对于全椒吴氏，这些最能代表荣耀。方嶟《文木山房集序》言全椒五世祖吴国对："一时名公巨卿，多出其门，李文贞公（李光地）其一也"⑥；王又曾《书吴征君敏轩先生文木山房诗集后》："国初以来重科第，鼎盛最数全椒吴"⑦；李调元《制义科琐记》特别列出"全椒吴氏"条，⑧诸如此类都足可让人想见吴氏科第的辉煌与影响。吴敬梓在《移家赋》中对祖辈们的这段历史尤其津津乐道：

> 始则河东三凤，终则马氏五常。……五十年中，家门鼎盛，陆氏则机云同居，苏家则轼、辙并进，子弟则人有凤毛，门巷则家夸马粪。⑨

这方面的内容，小说《儒林外史》也多有涉及。

全椒吴氏家族五世祖兄弟四人在明末清初的崛起，开创了这个家族科第世家的崭新局面，吴氏从此科甲连运，代有连绵。六世祖吴晟、吴昺进

---

①　王士禛：《香祖笔记》卷七，清宣统三年 扫叶山房石印本。也收于王士禛著《带经堂诗话》卷八，人民文学出版社 1963 年版，第 185 页。

②　陈廷敬《午亭文编》卷四五《翰林院侍读吴默岩墓志铭》。清李桓《国朝耆献类征初编》卷一一五收录，台北明文书局 1985 年版。

③　蓝学鉴、吴国对纂修清康熙十二年《全椒县志》卷一六李霨《清礼科掌印给事中吴公墓表》。

④　法式善撰《清秘述闻》卷十，中华书局 1982 年版。

⑤　张其濬修，江克让、汪文鼎纂民国《全椒县志》卷一〇"吴昺传"，《中国地方志集成·安徽府县志辑（35）》，江苏古籍出版社 1998 年版。

⑥　吴敬梓：《文木山房集》卷首，乾隆年间刻本。

⑦　王又曾《丁辛老屋集》卷十二《书吴征君文木山房诗集后》，乾隆丙申新安曹自鉴序刻本。转引自李汉秋主编《儒林外史研究资料》，上海古籍出版社 1984 年版，第 17 页。

⑧　李调元撰《制义科琐记》卷四，清乾隆李氏万卷楼刻函海本。

⑨　吴敬梓著，李汉秋辑校《吴敬梓诗文集·移家赋》，人民文学出版社 2002 年版，第 8、9页。

士及第，吴昇、吴早都是举人；八世祖吴檠进士及第，吴敬梓以诸生荐博学鸿词科试；九世祖吴烺、吴煐中了举人。至于增生、贡生、监生等身份并入官府教谕、知县、知州的则不下二十余人。

二 儒学在全椒吴氏家族发展中的地位和作用

科举制度的确立，至明清时期已逐渐形成遍布全国各地的科举家族。这些家族因为各方面的原因在历史上大都曾经发生过迁移，从始迁祖起，世代聚族而居。全椒吴氏家族的远祖并非贵族，其先人原居浙江，据李霨《清礼科掌印给事中吴公墓表》记述：

> 先世居浙东瓯，高祖聪，迁江宁之六合，又迁全椒，遂为全椒人。曾祖凤，祖谦，父沛，以公贵，赠如其官。①

得益于吴沛的苦心经营，吴氏家族终于成长为一个典型的科举家族②，跻身科举世家的行列。科举家族的形成是家族组织与科举制度相互作用的结果，自吴沛始，这个家族世代多人参加科举，并获得功名，家族由此振兴。

明清的"科举家族"与魏晋"世家大族"有着本质的不同，科举家族子弟进身士大夫行列多以白衣起家，通过读书、举业而进升，而宦家子弟因为有所依仗则多不肯向学。全椒吴氏子弟用八股文章敲开举业的大门，他们势必努力在本家族内部培养更多的继承人，承继着吴沛开创的读书、科举、入仕的家风传统。钱穆在《略论魏晋南北朝学术文化与当时门第之关系》说：

> 当时门第传统共同理想，所希望于门第中人，上自贤父兄，下至佳子弟，不外两大要目：一则希望其能具孝友之内行，一则

---

① 蓝学鉴、吴国对纂修清康熙十二年《全椒县志》卷一六，全椒县地方志编纂委员会1993年标点校勘本。

② 有关科举家族的概念，前文已述主要参考张杰著《清代科举家族》一书中的相关界定，"关于科举家族的概念，是指那些在清朝世代聚族而居，从事举业人数众多，至少取得举人或五贡以上功名的家族"。

希望其能有经籍文史学业之修养。此两种希望，并合成为当时共同之家教。其前一项之表现，则成为家风。后一项之表现，则成为家学。①

家学与家风除了扮演世家望族的文化角色外，对于家族的延续发展也发挥着重要的作用，尤为一个家族的精神文化传统表现所在，在家族中它往往以某种内在的精神或行为方式传承表现为家诫、家训以及家族首领人物去世时留下的遗言或遗令等，用以教子弟、诫传人。余英时说："唯独齐家之儒学，自两汉下迄近世，纲维吾国社会者越二千年，固未尝中断也。而魏晋南北朝则尤为以家族为本位之儒学之光大时代，盖应门第社会之实际需要而然耳！"② 全椒吴氏家族成功的经验在封建社会中具有相当的典型性，在家族兴盛之初它便定下了以儒学齐家的基调。钱穆先生指出：

> 一个大门第，决非全赖于外在之权势与财力，而能保泰持盈达于数百年之久；更非清虚与奢汰，所能使闺门雍睦，子弟循谨，维持此门户于不衰。当时极重家教门风，孝弟妇德，皆从两汉儒学传来。诗文艺术，皆有卓越之造诣；经史著述，也粲然可观；品高德洁，堪称中国史上第一、第二流任务者，亦复多有。③

一个家族的文化精神不会因为家势的变迁而汰除殆尽，相反，它作为家族文化一种潜在的"因子"，像血液一样在家族间世代流传，成为这个家族深厚的积淀，潜移默化地影响并制约着家族子弟的言行。世族大家的家教内容"皆从两汉儒学传来"。家族中领袖人物为维系家族的生存和发展，他们尤其重视儒学，并使儒学发展成为本家族根本的道德观念，通过各种形式去强化和遵守之。

---

① 钱穆：《中国学术思想史论丛》（三），台北东大图书公司 1977 年版，第 171 页。
② 余英时：《士与中国文化》，上海人民出版社 2003 年版，第 341 页。
③ 钱穆：《国史大纲》，商务印书馆 1994 年版，第 309—310 页。

（一）"希圣学"①：全椒吴氏家族奉儒守孝的家教传统

《希圣吟》是吴沛《西墅草堂遗集》的开篇，也是这部遗集的纲领性文字，可视为吴家传家精神之教义：

希圣吟②

阅许敬庵先生《希圣吟》六章，可谓克举至要，不揣志而效之，并增汤、武共得八章，广心传也。

希圣学，希陶唐。仁昭义立，德溥化光。允执厥中，心传乃倡。
希圣学，希陶唐。

希圣学，希有虞。夔夔斋栗，恭己若虚。危微精一，心传乃储。
希圣学，希有虞。

希圣学，希夏后。克勤克俭，平成绩奏。敬胜义胜，心传遥受。
希圣学，希夏后。

希圣学，希成汤。智勇天锡，显忠遂良。圣敬日跻，心传载光。
希圣学，希成汤。

希圣学，希周文。生有圣德，日昃其宁。仁敬慈孝，心传易承。
希圣学，希周文。

希圣学，希武王。弥笃忠贞，仁义是常。洪范丹书，心传孔彰。
希圣学，希武王。

希圣学，希周公。仁孝异群，金縢示忠。礼明乐备，心传在中。
希圣学，希周公。

希圣学，希孔子。学如不及，心不踰矩。六经万世，心传不已。
希圣学，希孔子。

希圣，仰慕圣人，效法圣人。范仲淹《上张右丞书》："希圣者，亦圣人之徒也，从容正道，不能维其末。"周汝登言："圣人之心如此，吾亦如此，谓之希圣。不得其心而徒慕其名，去圣远矣。"③ 吴沛诗中反复

---

① 吴沛《西墅草堂遗集》卷一《希圣吟》，清康熙十二年吴国对刻本。
② 吴沛《西墅草堂遗集》卷一，清康熙十二年吴国对刻本。
③ 黄宗羲《明儒学案》卷三十六《泰州学案》之五周汝登《证学录》，中华书局 2008 年版，第 854 页。

陈述的"心传",与此意相承。所谓的圣学即孔子之学,也即儒学,吴沛十分重视儒学道统的作用,推崇儒学中仁义、勤俭、智勇、忠贞、忠孝以及恭己若虚、心不蹫矩的德行修养,也强调礼乐、六经的教育作用,所谓的"危微精一"、"允执厥中",从《书·大禹谟》中"人心惟危,道心惟微,惟精惟一,允执厥中"中来,宋儒把这十六字看作尧、舜、禹心心相传的个人道德修养和治理国家的原则。吴沛怀着敬畏之心,追慕远古圣人,寄心于古圣先贤,强调将心性精义相传,此谓之"举至要",他希冀后人能够在儒学精神的激励下实现家族之振兴。

　　以儒学为宗,这是大多数封建社会宗族世家家风的共同特征,全椒吴氏家族也不例外。按儒家所本诚意、正心、修身、齐家、治国、平天下为衡量,举业于诚意、正心甚至修身诸端,并没有什么特别的考量,维系士族本身之存在,保持一个家族内部的凝聚力,即所谓"齐家"并不能从举业中找到特别的思想。所以,世家望族一般都特别重视儒学,以之为维系世家门阀的重要手段之一,至于"治国"、"平天下",在明清科举的世代,科举世家的子弟则必须依赖举业的成就才能有所作为。在吴氏家族发展的初期,吴沛将儒学尤视之为家族光大的本体,其实质乃适应家族本身发展的需要。他们谨守并倡言孝道,尊崇礼法,父慈子孝,兄友子悌,以此维护家族伦常的秩序。吴氏的先人历来重视并提倡这种道德传统,拿"孝"来说,它是儒家重要的道德信条,翻检《全椒县志》"孝友"栏中有关吴氏子弟克尽孝悌的行事记载颇多。"(吴谦)侍父婉顺承志,父逝,毁泣尽哀,虑母老恐病,不能忍听之庸医,自习岐黄学,遂精针灸之术,母竟以八旬余无病终","亲或色有不怿,即长跽伏地,不命不敢起"[1];吴沛久困场屋而无以使亲族名显,感到愧对祖先,因补得廪生,学业稍有成就便想到要祭庙告祖,写成《戊午再讫告祖考词》[2],以告慰祖先之灵,以申抒自己孝思。其《有思而作》诗:

　　　　父母恩如天地真,人生何以报劬辛。善养可能该禄养,荣身毕竟

① 张其濬修,江克让、汪文鼎纂民国《全椒县志》卷一一"吴谦传",《中国地方志集成·安徽府县志辑(35)》,江苏古籍出版社1998年版。

② 吴沛《西墅草堂遗集》卷五,清康熙十二年吴国对刻本。

是荣亲。仲由悲在重裀动，毛义情为捧檄伸。都缘爱日情无已，可奈堂前菽水贫。①

天地之间，父母的养育之恩为大，子辈要有一颗感恩的心，要知恩图报，毛义为尽孝心委曲求全。吴沛对毛义的孝行方式极为赞赏，诗里饱含着这种思想情感。《西墅草堂遗集》中颇多寿序和祭文，吴沛将"孝"作为评骘人物德行的首要标准，凡是有孝行、孝思的人他总是津津乐道，大加礼赞；对于不孝之行、不孝之人则痛也，恨也。《赠某上人为亲刺血写经》云：

> 木有根兮水有源，在三重谊莫名言。古今多少辜斯道，谁谓头陀解报恩。②

吴沛视"在三重谊"为立身之本，要拥有一颗知恩图报的心，饮水思源，不忘根本，又为"古今多少辜斯道"的现实生发良多感慨。《戒族人伤伐茔松》一诗借祖坟上老松被伐而触物伤情，进一步申述孝思、孝道之不可失。

> 我考求善壤，为妥祖与妣。地非容万马，不忍族柩弃。纍纍穴左右，考不膜外视。考手种老松，留仅十之二。犹望势葱郁，佳城托以闷。何忍闻族子，伙与莽窃施。薪爨能几何，孝义实已坠。我闻甘棠爱，弗剪再三喟。又闻桑与梓，敬止无容昧。况复藏先骨，藉松为衣被。将禁樵苏侮，不信支孙厉。伤哉余食贫，馆远百里地。手摩族子肤，剥肤汝能贳。③

---

① 吴沛《西墅草堂遗集》卷一，清康熙十二年吴国对刻本。据《后汉书》刘平等传序载，东汉人毛义有孝名。张奉去拜访他，刚好府檄至，要毛义去任守令，毛义拿到檄，表现出高兴的样子，张奉因此看不起他。后来毛义母死，毛义终于不再出去做官，张奉才知道他不过是为亲屈，感叹自己知友不深。

② 吴沛《西墅草堂遗集》卷一，清康熙十二年吴国对刻本。《国语·晋语一》："'民生于三，事之如一。'父生之，师教之，君食之。非父不生，非食不长，非教不知，生之族也，故壹事之，唯其所在，则致死焉。"

③ 吴沛《西墅草堂遗集》卷一，清康熙十二年吴国对刻本。

对父祖辈的孝思移情于坟上之松树，后人尽心培植坟头松树寄托着他们对先辈无尽的思念之情，吴沛极其珍视这种情感，并以虔诚之心以待坟上之松树，"时时念扫松，一夜惊榻寐。遄归绕墓哭，松折垂脂泪"。希望族人也能以一种敬畏之心待之，"肤破可再合，松死复谁庇。嗟哉语族子，宁剥我肤逞汝意，弗伤茔松荒祖隧"。族人砍伐坟茔松树事情虽小，作者却将此与后辈对待先人的敬畏孝、思之心联系起来，将此事上升到关乎孝道人伦之大事的高度。

对于不孝之行，吴沛则给以最严厉的批判。《贺约正接受不孝呈词书》① 一文集中阐释他的这方面思想。本篇中吴沛以十分严肃的态度与乡之约正论述孝的问题。文章开头指出"五刑之属三千，而罪莫大于不孝"，乡里出现的"殴母"之逆子行为，影响十分恶劣，作为"正乎一乡者"之约正如何处理至为关键。吴沛认为"人而有此，人伦为异类矣，乡而有此，中地为殊域矣"。不可因"家温而赀厚"用"法言恐偈于前，而徐以甘言调停于后"，也不可"正言曲谕，二而服之，一而舍之"，这些处置都没有触及问题之要害，也不能从根本上解决不孝及由此对社会风气的"默化而潜移"所造成的危害，吴沛主张"必明目张胆，仗义执言，明人之大伦，章国之律令，寘此逆子于法，以晓一乡之为人子者，莫不夔夔斋栗，循循守礼，因以使足下之子，悔于厥心，曰：母之不可欧也如是，欧母之必罹于网也又如是"。如此便可"化民正俗，而为人谋"。作者以为对不孝之行应施以最严厉的惩处，以达到警世之用，化民正俗并以此延伸开去，则孝之作用不可谓不大矣。

吴氏子弟继承吴沛的教育，"（吴国器）性孝友，以父赠君家贫，兄弟皆业儒，遵父命任家政，父病辄泣祷求代，割股和药"②；盛氏七十大寿时，国鼎与乃弟国龙"先后乞差过里，得奉母寿筋，一时称为人伦美事"；吴沛去世后，国鼎"抚诸弟敬爱备至，故诸弟咸敬事之"，"视诸侄

---

① 吴沛《西墅草堂遗集》卷四《贺约正接受不孝呈词书》，清康熙十二年吴国对刻本。

② 蓝学鉴、吴国对纂修清康熙十二年《全椒县志》卷一〇，全椒县地方志编纂委员会1993 年标点校勘本。

一如己子"①。吴国对任职学政时，就主张"颁三则以教士：敦孝悌、崇实学、正心术"，以致"士风丕变"②，主持福建乡试时，以"夫子之道忠恕而已矣论"为题考试士子③；吴国龙与其四位兄长一样，"笃天伦，重名谊，奉亲孝，养祭必以礼。事兄爱敬有加，及宦，常分俸不私。教子六人以义方"④，"造士于南，有六则"，其一曰："务孝友"。⑤ 吴旦"性笃孝"、"奉继母尤谨"⑥，"少丧母，事继母孝甚，从父官京师，父苦寒，旦身温衾以俟睡，早起取父衣先衣之，俟温然后扶父起"⑦。吴晟与诸弟"称道先德"，"兄弟并孝友，而率先者君也"⑧。吴霖起孝行彰著，母在则"六艺竞进以延年，五采戏前而色喜"，母亡则"肝干肺焦，形变骨立"⑨。吴敬梓在《移家赋》中说："讲孝友于家庭，有代传之清节"，"翻玉版之精切，研金匮之奥奇"⑩。

吴氏家族的子弟们以孝行为原点，并推而广之，使传统道德诸如"礼"、"悌"、"仁"等在家族中得到广泛提倡，而这个家族在发展壮大的过程中又始终真诚地崇尚这种道德的力量，不断地身体力行。吴敬梓总是给以礼赞的"孝思"、"孝行"如草蛇灰线，成为他的文学作品的一条脉线，如前述《乳燕飞（甲寅除夕）》⑪ 词。《文木山房诗说》中对于孝

① 蓝学鉴、吴国对纂修清康熙十二年《全椒县志》卷七，全椒县地方志编纂委员会1993年标点校勘本。

② 张其濬修，江克让、汪文鼎纂民国《全椒县志》卷一〇"吴国对传"，《中国地方志集成·安徽府县志辑（35）》，江苏古籍出版社1998年版。

③ 法式善等撰《清秘述闻》卷二，中华书局1982年版，第35页。

④ 蓝学鉴、吴国对纂修清康熙十二年《全椒县志》卷七，全椒县地方志编纂委员会1993年标点校勘本。

⑤ 蓝学鉴、吴国对纂修清康熙十二年《全椒县志》卷一五，吴国龙撰《重修学宫记》，全椒县地方志编纂委员会1993年标点校勘本。

⑥ 蓝学鉴、吴国对纂修清康熙十二年《全椒县志》卷一〇，全椒县地方志编纂委员会1993年标点校勘本。

⑦ 张其濬修，江克让、汪文鼎纂民国《全椒县志》卷一一"吴旦传"，《中国地方志集成·安徽府县志辑（35）》，江苏古籍出版社1998年版。

⑧ 清李桓《国朝耆献类征初编》卷二二一储欣为吴晟所撰墓表，台北明文书局1985年版。

⑨ 吴敬梓著，李汉秋辑校《吴敬梓诗文集》，人民文学出版社2002年版，第9—10页。

⑩ 吴敬梓著，李汉秋辑校《吴敬梓诗文集·移家赋》，人民文学出版社2002年版，第8页。

⑪ 吴敬梓著，李汉秋辑校《吴敬梓诗文集》，人民文学出版社2002年版，第63页。

也多有表述，"父母孔迩"条解说《周南·汝坟》诗，认为当忠君和孝亲之间发生矛盾时，要选择孝亲①；"七子之母"条将"不安其室"理解为"因饮食起居稍不快意，年老妇人未免嚣凌诟诤。七子故痛自刻责不能善其孝养，以慰母耳。未必因思再嫁也。……读孝子之诗而诬孝子之母，予心有不忍焉。故立此说以俟后之君子"②，吴敬梓以"孝"说诗，形成了一种有意味的形式。小说《儒林外史》中吴敬梓总是用最动情、最诚挚的文字去歌颂孝悌，凡是小说中正面人物无不具有孝悌的美德，如王冕、杜少卿、郭孝子等，吴敬梓以崇敬和景仰之心写出他们的真孝，杜少卿"但凡说是见过他家太老爷的，就是一条狗也是敬重的"③，而描写匡超人的蜕变过程在很大程度上是以其对于父母孝行为支点衡量，堕落前的匡超人是个大孝子，一个纯洁的农村青年，他说："有钱的不孝父母，像我这穷人，要孝父母又不能，真乃不平之事！"流落他乡闻说父亲生病而十分痛苦，"我为人子的，不能回去奉侍，禽兽也不如"，以至"几回自心里恨极，不如早寻一个死处！"④ 而后来的堕落，生出势利之心，攀高结贵，到处作恶，极尽卑鄙之能事，角色转换之间又是以孝与否为枢纽，孝与不孝成为角色转换之间最重的砝码。《孝义赠言》中同收吴敬梓、吴烺父子二人题诗。⑤ 吴敬梓的题诗是：

廿年流落江南路，岁时未展先人墓。侧耳惊闻孝义诗，拂拭陟厘泪痕注。人生笃行良独难，岂为富贵易承欢。永锡尔类思罔极，相逢齐下皋鱼泣。

吴烺题诗为：

① 吴敬梓著，李汉秋辑校《吴敬梓诗文集》，人民文学出版社 2002 年版，第 106 页。
② 同上书，第 109 页。
③ 吴敬梓：《儒林外史》第三十一回"天长县同访豪杰　赐书楼大醉高朋"，人民文学出版社 1977 年版，第 363 页。
④ 吴敬梓：《儒林外史》第十五回"葬神仙马秀才送丧　思父母匡童生尽孝"，人民文学出版社 1977 年版，第 192、195 页。
⑤ 艾俊川《吴敬梓集外诗一首》，《文献》2004 年第 3 期。

儒术重姱修，庭闱乐事悠。家风传壮烈，声教本中州。白雀随时集，素狸相与游。圣朝崇至行，双阙表乌头。

言为心声，父子二人对雷显宗孝行同发感慨，同声称叹。吴烺写有《棕亭携令子冀良就婚于余寓邸成长句八章余亦抚今追昔怅然于怀作此奉答》一诗（其五）：

萍叶蓬花命可叹，飘零到处即为安。故山空赋《思归引》，京国徒悲《行路难》。人去九原恩未报，泪枯千点梦初残。白杨衰草荒郊外，倩尔年年上冢看。①

诗下自注曰："余少失母，养于庶祖母程，冢在全椒南山之陲，兴言及此，用属吾女焉。"吴烺铭记庶祖母的养育之恩，谆谆教导子女家祭无忘，对于先辈的孝思在全椒吴氏家族发展进程中始终居于首要的位置，经过较长的历史积淀已成为其家族文化的重要组成部分。

（二）"相业儒功原一致"②：儒学是吴氏科举家族举业兴家的凭借和精神动力

不同家族的历史文化背景都不同，就全椒吴氏家族来说，探究儒学在吴氏家族中的地位和作用，不妨从儒学与科举的关系出发，这种视角也许更能触及它的本质所在。

如钱穆先生所言："一个大门第，决非全赖于外在之权势与财力，而能保泰持盈达于数百年之久；更非清虚与奢汰，所能使闺门雍睦，子弟循谨，维持此门户于不衰。当时极重家教门风，孝悌妇德，皆从两汉儒学传来"③，一个家族持续性的发展少不了家族的精神，它是这个家族赖以前行不可或缺的动力，这种精神在一个家族中不断传承，使家族的发展充满着勃勃的生机活力。全椒三世祖吴谦已经不乏这种意识，民国《全椒县志》记载："父谦举沛晚，然训之严，不以溺爱。……性颖异，一目十行

---

① 吴敬梓、吴烺撰，李汉秋点校《吴敬梓吴烺诗文合集》，黄山书社 1993 年版，第 256 页。

② 吴沛《西墅草堂遗集》卷一，清康熙十二年吴国对刻本。

③ 钱穆：《国史大纲》，商务印书馆 1994 年版，第 309—310 页。

下，垂髫补诸生，益肆意经史"①。吴沛能以长远的眼光去规划家族的发展，重视家族的文化精神，其《西墅草堂初夏》一诗说："千古在目前，绝学垂宪言。浮荣何足慕，潜心味义根"②，"日进玉铉兄弟励清节"③，西墅草堂书斋的门联是"君子蒙养作圣功，须向此中求建白；秀才天下为己任，还期不朽著勋名"，陈廷敬称吴沛文章乃"道德文学"④，这些皆能为家族前行蓄积能量，给家族个体进步以动力。吴沛在万历戊午年四十多岁才补上一名廪生，前往历阳教书，举业不顺难免会有牢骚产生，如他的《赋得何处难忘酒》⑤三十首以及前引《历阳行》诗。当然，尽管吴沛胸中颇多块垒，却始终不会消沉下去，吴国对在《先君遗稿跋言》中对西墅草堂有具体的描述并云："古人云陋巷，殆不过是。先君唯读书课子，怡然也。"⑥环境极其清苦，吴沛能"怡然"处之。

"君子蒙养作圣功"也好，"绝学垂宪言"也罢，当吴氏家族在千军万马挤占的独木桥上通过举业一途开拓前行时，儒学在这个家族发展之初是作为一种极具号召力的旗帜，而吴沛高擎这面大旗，坚定地朝向理想彼岸迈进。其《苦心（口占示门人）》诗云：

> 皇天不负苦心人，心苦由来入道真。相业儒功原一致，岁寒他日满林春。⑦

"相业儒功原一致"，儒学的功用性与吴氏举业兴家的目标融合在一起，其《观获》（其四）写道：

> 秋凉入林薄，四壁蛩声传。稚子还读书（时对儿侍庄居），青灯

---

①　张其濬修，江克让、汪文鼎纂民国《全椒县志》卷一〇"吴沛传"，《中国地方志集成·安徽府县志辑（35）》，江苏古籍出版社1998年版。

②　吴沛《西墅草堂遗集》卷一，清康熙十二年吴国对刻本。

③　吴沛《西墅草堂遗集》卷首薛寀撰《引言》，清康熙十二年吴国对刻本。

④　陈廷敬撰《午亭文编》卷四五《翰林院侍读吴默岩墓志铭》。清李桓《国朝耆献类征初编》卷一一五收录，台北明文书局1985年版。

⑤　吴沛《西墅草堂遗集》卷一，清康熙十二年吴国对刻本。

⑥　吴沛《西墅草堂遗集》，清康熙十二年吴国对刻本。

⑦　吴沛《西墅草堂遗集》卷一，清康熙十二年吴国对刻本。

西牖偏。六经乃菑畲，寸阴良足专。先世鲜中产，胼胝资遗编。言睠彼良农，逢年在力田。①

稚子是指吴沛四子吴国对，子辈于学业上勤奋用功，吴沛对他们寄寓极大的期望，"当鼎隽，喜曰：'铅刀售，况于将乎。'每逢人啧啧曰：'吾两季尤差强人意。'"②吴沛将六经视为菑畲，是吴家立家之根本。吴家本来只是："先世鲜中产，胼胝资遗编"，是祖辈们辛劳积攒下的不多的家业供子弟读书，诗以农人勤于耕耘才有收获为喻，谆谆教导子辈们要用心于此，不可荒废光阴。吴沛说："壮心殊未已，吾道自无私"③，从现实的目标来看，吴沛将"道"与在儒学根基下发展的吴氏家族的科举事业联系起来，吴国鼎《先君逸稿小引》中说："犹忆鼎庚午幸隽，训之曰：'男子事不止此……'"，对于处在幼年成长期的吴氏家族，吴沛勉励子辈要勤勉努力，不断向前向善，这种精神尤为宝贵。国鼎举业有成，吴沛喜悦之时尤不忘谆谆告诫要"努力达师知"，"干谒羞人累，轻肥耻俗移"。吴沛《临去留题》诗云：

> 一堆黄土盖文章，五十年来志未偿。
> 忠孝纲常千古事，后人努力肯相将。④

所谓的"志未尝"小言之是吴沛自己的举业无成，扩大开来是指家族振兴大业还不能在他有生之年见出起色，即便在去世之前，吴沛也不忘谆谆告诫后辈，此"志"非寻常小事，乃"忠孝纲常千古事"，要时时以此为念。

基于宗法结构基础上的家族的形成和发展与儒学具有一种天然的亲和力，一个家族的成长最终能够衍变为世家大族，儒学传家的传统往往不可或缺，儒学代表着世家大族文化的最本质特征。吴氏家族的发展之始，儒

---

① 吴沛《西墅草堂遗集》卷一，清康熙十二年吴国对刻本。
② 吴沛《西墅草堂遗集》卷首吴国鼎《先君逸稿小引》，清康熙十二年吴国对刻本。
③ 吴沛《西墅草堂遗集》卷一《大儿登贤书喜拈成语二句卒成二首》（其一），清康熙十二年吴国对刻本。
④ 吴沛《西墅草堂遗集》卷一，清康熙十二年吴国对刻本。

学从属于举业的需要，它为吴氏家族提供应试所必需的知识与学识储备，以及励志的精神动力。吴沛心系所在是儿辈如何读书，家族如何振兴发达，自己如何对得起祖宗，这是他存身立命的价值所系。对于儒学的崇尚带有很大的功利性的目的，实在是全椒吴氏家族创业者所要面对的诸多现实的问题形势使然，一个科举世家的形成没有举业的成功恐怕连生存都会出现问题，余英时说：

> 在个人与群体之间，以及不同层次的社群之间的关系方面，中国的价值系统也同样以个人的自然关系为起点。……政治社会的组织只是人伦关系的逐步扩大，即以个人为中心而一伦一伦地"推"出去的。在各层社会集合之中，"家"无疑是最重要最基本的一环，"国"与"天下"也都是以"家"为范本的。……我们分析中国传统的社会理论必须着眼于两个基本元素：一是有价值自觉能力的个人，一是基于自然关系而组成的"家"。"家"以外或以上的群体，如"族"、"国"、"天下"都是家的扩大，乡党、宗教团体、江湖结社也不例外。①

在吴沛的时代，对于儒学的推崇着上了家族观念这一浓浓的底色。

(三) "东南学者宗师"② 吴沛

实际上，从吴氏家族的发展来看，举业的发展及儒学之崇尚与家族振兴相生相成。当然，这并非代表吴沛轻视儒学之意，吴沛笃信儒学的价值，如前引余英时先生所言之事理，儒学的崇尚与家族之发展并行不悖，但儒学又突破一家之私所囿而有所升华，在这种看似矛盾的发展中，儒学在家族振兴之初所能产生的功用却得到了充分的发挥。吴沛功名仅止于秀才，一生未入仕途，固然不能像士大夫于王道霸业中大有作为，但作为一个长期受正统儒学思想熏陶的读书人，吴沛终生不脱一个淳淳儒者的形象：倡儒家之理，行儒者之事。为人师，不乏对后生谆谆教导，勉励他们

---

① 辛华、任卿菁编：《余英时新儒学论著辑要——内在超越之路》，中国广播电视大学出版社 1992 年版，第 33—35 页。

② 陈廷敬撰《午亭文编》卷四五《翰林院侍读吴默岩墓志铭》。清李桓《国朝耆献类征初编》卷一一五收录，台北明文书局 1985 年版。

立志有为；为乡贤，则能扬善劝恶，从善如流；为人子，敬爱长辈，敦孝崇礼；为人父，教子有方，教子有成，以身作则。吴国鼎于《先君逸稿小引》中说：

> 先君子为人颀伟不群，矫矫云中鹤，胸襟洒落，内无关楗而信义风裁，复不肯假借，事王大父以孝闻，友异母弟，析而复收者至三。家徒四壁，诸姑之无归者养之、殡之，遇四方贫士辄解衣推食，毫不作德色。时损赀买生物活之，客居勿论知与不知，出囊中钱沽酒高唱。不治生产，殊不戚戚也。喜奖进后学，而不肯嚅睨贵介。时关先生守宁国，每介札相召，不肯往，抚案曰："大丈夫不能生致青云，有负知己，何面目效侯门曳裾哉！"尝引李九我先生语谓"丰殖干谒最足令人粗心，汝辈绝勿为也。"故不肖鼎兢兢奉之，犹忆鼎庚午倖隽，训之曰："男子事不止此，无作呵拥态，甚无以势凌人。"里有富家，腴田数亩，久在吾产中，忽向售，先君子曰："而以吾儿获隽，恐侵彼乎？何薄视吾父子耶。"坚却之，行事大抵类此，以故吾仲弟器彷行之，乡里有善人称。①

吴国鼎与幼弟吴国龙同中明末崇祯癸未科进士，崇祯皇帝敕书"（西墅）一轮明月，高拟鹿门"，赞吴沛："气骨高超，性资古俊。庭闱笃行，抱白云春草之思；梦寐躬修，怀夜雪空山之况。每征粹白于肝胆，不示磊块于须眉。"② 陈廷敬称吴沛文章乃"道德文学"，"为东南学者宗师"③，吏部侍郎姜曰广给《西墅草堂遗集》作序称其"生前语出千人废，死后名从四海知"④。一部《西墅草堂遗集》在杨廷麟看来，吴沛的文章如"圣人之教也，在知本也"⑤。

---

① 吴沛《西墅草堂遗集》卷首，清康熙十二年吴国对刻本。

② 蓝学鉴、吴国对纂修清康熙十二年《全椒县志》卷十二"敕赠文林郎吴沛"，全椒县地方志编纂委员会 1993 年标点校勘本。

③ 陈廷敬撰《午亭文编》卷四五《翰林院侍读吴默岩墓志铭》。清李桓《国朝耆献类征初编》卷一一五收录，台北明文书局 1985 年版。

④ 《西墅草堂遗集》卷首姜曰广撰《西墅草堂逸稿序》，清康熙十二年吴国对刻本。

⑤ 吴沛《西墅草堂遗集》卷首杨廷麟撰《引言》，清康熙十二年吴国对刻本。

　　吴沛一生落拓不偶，却不断追求道德上的纯善。吴国器在《先君逸稿跋言》中说吴沛教导他们"若辈姿好不一，能读书固善，不然做一积阴德平民，胜做一丧元气进士"①，而吴氏子弟追求道德上的纯善与学术上的进步这两方面往往相互激励而相得益彰。吴敬梓在《儒林外史》中也借娄家两公子之口说"与其出一个戕削元气的进士，不如出一个培养阴骘的通儒"②，也与吴沛的思想相通。当立德、立功之途不顺畅时，吴沛不因自己举业沉沦而妄自菲薄，努力以立言的方式表达对社会和人生的思考。作为一个处于下层的封建社会读书人，吴沛文章中不少发抒以天下为己任的情怀，尤显难能可贵，《西墅草堂遗集》卷三"论部"《处身四五之间》一文堪称代表。作者开宗明义提出人品之高下与其立身处世的原则密切相关，立身的原则又决定了一个人在社会中的种种实践，志向高远的人立志必然远大，"立身者不能勉为一流人，而谬焉自处于中下，则其品不尊"，吴沛批评陆喜品评人物的标准，指出其谬误之处在于"独不思士者，任天下之事，而济天下之事者也"③。吴沛推重士的"有益于世"的社会责任感，"士生斯世，惟以之一身毫无益于世，处身之谓何？"④ 陆喜看重的则是有益于身，"沉默其体，潜而勿用"，"晦其明而履柔顺"，"远悔吝"⑤。当生逢有道之世，有才之士能够大展其才，入世并有所作为并不难，难就难在当动荡不安、岌岌可危的社会局势出现，面对风雨飘摇的王朝，关心朝政，尚存用世之心，而且要高昂建功立业、匡世济民之志。

　　　　食人食者忧人之忧，乘人车者载人之难，系士于吴，其不得秦越吴也，明矣。而况孙皓之时，何时乎？江南半壁，危如垒卵；紫髯余气，殆若悬缰。外有强邻，内有昏主，荒淫之习日甚，凿面刺目之刑

　　① 吴沛《西墅草堂遗集》，吴国器之《先君逸稿跋言》，清康熙十二年吴国对刻本。
　　② 吴敬梓：《儒林外史》第八回"王观察穷途逢世好　娄公子故里遇贫交"，人民文学出版社 1977 年版，第 112 页。
　　③ 吴沛《西墅草堂遗集》卷三《处身四五之间》，清康熙十二年吴国对刻本。
　　④ 同上。
　　⑤ 房玄龄等撰《晋书》卷五十四，中华书局 1974 年版。

日浓，为吴之士者正宜捐躯许国，委身事君。①

在吴沛看来，国势危难之时，薛莹的积极有为是士者要行的不二道路，身处乱世当中，"捐躯许国"是士人当然的选择，而且献身于国，救民于水火正可使"补天浴日"之才"掀天揭地之章"，吴沛毫不掩饰对薛莹的赞赏，以为"吴士薛莹咸拟为第一"。

对于士人的出处行藏，吴沛所宣扬的是儒家积极作为的思想，努力于事功，希望能有所成就，并且一生孜孜以求于此，对于处身下层的封建知识分子来说，这种精神赢得了士人的钦佩。

（四）儒学地位的提升：从举业有成到仕宦有功，从修身齐家到治国平天下

毋庸讳言，儒学的地位与作用在全椒吴氏家族的不同发展时期并不相同，当吴沛定下举业兴家的目标而孜孜于读书、科举、仕宦的通途时，读的是圣贤之书，举业是代圣人立言，仕宦是为社稷计，这些都决定着它们与儒学具有割舍不断的关联。在诸多环节中，科举是关键，如前所述，在未走向宦途之前，举业有成须为吴家当下最为切实的任务。在吴氏家族发展的初期，儒学除了提供课业的内容之外，还为吴氏子弟举业发展提供精神上的动力和思想上的支持，吴沛说"致身须及早，康济正相期"②便是这样的用心。伴随着这个家族的成长壮大，学而优则仕，政治地位也随着举业的成就而同步上升，儒学在家族中的地位及作用也逐步增强，当吴国鼎兄弟辈四成进士而将吴家举业推向辉煌的顶点时，他们的政治和社会理想的实现便也有了可能，走向宦途的吴氏俊杰们的眼光聚焦处投向了"治国、平天下"，儒学在这个家族中的位置上升并成为家学之宗。从走向仕宦的吴国鼎兄弟辈的制策、疏文、奏记、书札中，我们看到国家兴亡、百姓疾苦已成为从政的吴氏子弟关注的主要内容，他们心之所系，有与社会政治相关涉，为国君分忧的，如吴国对的"制策"、《圣学》，吴国龙的《钱粮赋役疏》《直陈民穷之由疏》；有为国家选拔人才的制度及改良教育科考等弊病而献计献策的，如吴国

---

① 吴沛《西墅草堂遗集》卷三《处身四五之间》，清康熙十二年吴国对刻本。

② 吴沛《西墅草堂遗集》卷一，清康熙十二年吴国对刻本。

龙的《请议科场则例疏》《请增入学科举名数呈》《重修学宫记》；有力
倡继承先贤、乡贤的德行以正风气的修尊贤阁、祭先贤文，如吴国鼎的
《谥法》《祭先贤文》，吴国对的《明伦堂上梁文》《探醉翁亭梅》；关
心百姓疾苦，包括修路架桥、赈灾救荒、捕蝗开矿等具体事务，如吴国
鼎的《重修傅家桥记》，吴国缙的《重修云路记》《重修官坝桥记》
《新坝桥记》《禁止石濑水磨呈》，吴国对的《救荒末议》《过郏城吊康
蔚济民》《复蓝父母禁开矿书》《蓝侯捕蝗亭记》，吴国龙的《蠲所当请
蠲荒以存穷黎疏》与《请议截留漕粮以拯灾黎疏》及《募化义仓引》；
有为减轻官家盘剥之苦，替百姓伸张减免赋税劳役之事，如吴国缙的
《请厘厂夫银两呈》《津抚具题改滁和州属折色米豆起运本色抵津备饷
循旧解折揭帖》《与江宁杨司理为商马不便告退书》《上滁州杨守公为
加派厂夫事书》，吴国龙的《求免征厂夫银两书》《与李道台议留马价
书》《写上台求止派修六铺书》。

　　以吴国龙为例，不妨进一步阐释之。

　　李霨《清礼科掌印给事中吴国公墓表》称吴国龙"历践言职，夙夜
兢兢"①，作为一个言官，吴国龙一生颇多谏言，著有《吴给谏奏稿》八
卷，惜不存。《全椒县志》说其"奏议逾十数万言，皆明体达用，不为抗
激以邀誉，务期于军国民生实有裨益"②，因而"深荷主知，言辄报可"。
他曾于康熙十年（1671）三月，"疏请复设起居注，得旨报可"③。顺治丁
酉十四年（1657）科场舞弊案发生后，处分极严，南、北闱乡试考官因
之得罪者甚多，人人自危，吴国龙上《请议科场则例疏》④，主张"科场
大典，朝廷以资取人，则立法不得不严。然所严者，首重贿营关节，应从
重处分；次则体式违例，亦宜分别议处。至原无情弊而字句偶尔差讹，应
从轻典"，对"宁止在区区字句之间求之乎"而导致"沿习日久，科场所

　　① 蓝学鉴、吴国对纂修康熙十二年《全椒县志》卷一六，全椒县地方志编纂委员会1993
年标点校勘本。
　　② 蓝学鉴、吴国对纂修康熙十二年《全椒县志》卷七，全椒县地方志编纂委员会1993年
标点校勘本。
　　③ 蓝学鉴、吴国对纂修王士禛《池北偶谈》卷一"起居注"，中华书局1982年版，第4
页。
　　④ 蓝学鉴、吴国对纂修康熙十二年《全椒县志》卷一三，全椒县地方志编纂委员会1993
年标点校勘本。

取试卷，恐空虚者多而淹博者少"的情状，他认为违背了"取士为用人根本、实为国计民生攸关"的主旨。这体现出吴国龙的担当与勇气，也表现出他的不同寻常的见识。

吴国龙十分关心教育，重视人才的培养和选拔。在《仰观璿学之勤谨献刍荛之言疏》①中，吴国龙认为帝王与儒生都要学习，"儒生之学，记诵章句训诂文艺而已，而帝王之学道在务其大者，功在务其要者"。"道之大者，以明德、新民、止至善为纲，以格致、诚正、修齐、治平为目"；"功之要者，读经以师其意，读史以师其事"。对于儒生之学，他认为"天下之治在民安，民安在吏善，吏善在士良，士良在得师以育之。是士者，邦之桢也；师者，士之表也"。并提出以六个准则来培养他们，"造士于南，有六则：曰务孝友、曰慎交游、曰砺廉耻、曰崇经学、曰斥排偶、曰禁坊选"②。对于科举取士，他主张"用之在严，收之在宽，入泮冀成大学，拔之者十，得之者五"，要增加"入学"名额③，严格选拔任用，这种宽进严出的主张在当时不无现实意义，也颇具现代的眼光和进步性。

吴国龙"起自田间，念切民瘼"④，作为朝廷的大臣，他关心民生疾苦，对于百姓的苦难怀着怜悯之心，体现了儒家的爱民情怀。其《钱粮赋役疏》⑤说："第民不苦于征收，而苦于款项之杂"，《蠲所当蠲请蠲荒以存穷黎疏》⑥中言："今日百姓之苦，不苦于正赋之征输，而苦于荒逃之摊派，一人而当数人之差，一年而竭数年之力，有司自惧处分，惟知敲

---

① 蓝学鉴、吴国对纂修康熙十二年《全椒县志》卷一三，全椒县地方志编纂委员会1993年标点校勘本。

② 蓝学鉴、吴国对纂修康熙十二年《全椒县志》卷一三《重修学宫记》，全椒县地方志编纂委员会1993年标点校勘本。

③ 蓝学鉴、吴国对纂修康熙十二年《全椒县志》卷一四《请增入学科举名数呈》，全椒县地方志编纂委员会1993年标点校勘本。

④ 蓝学鉴、吴国对纂修康熙十二年《全椒县志》卷七《吴国龙传》，全椒县地方志编纂委员会1993年标点校勘本。

⑤ 蓝学鉴、吴国对纂修康熙十二年《全椒县志》卷一三，全椒县地方志编纂委员会1993年标点校勘本。

⑥ 同上。

扑小民，勉强赔累，以致逃亡"，《请议截留漕粮以拯灾黎疏》① 则直言赈灾济困之方法，直陈社会现实，反映下层百姓所遭受的苦难，揭露贪污吏官及弊政，希望统治者不要"加派私征，讼狱诈害"，使"官贪吏纵之风可止，而民穷盗起之祸可息"，他还竭力倡办赈灾事务，以使"流离在他乡者，知本地有米赈济，渐思各返故乡，不至终为流离之人及久聚不散之患"②。

吴国龙存世诗歌不多，却有不少反映农民苦难生活的诗篇。其《观音粉》一诗：

　　　　此多年烂石也。饥民取而食之，辄肠坠殆毙。庚辰年事。
　　　　树皮刮尽草根毕，又向山坡凿烂石。大地黄金取不彻，饥民笑口收不得。等闲作饼出锅软，饱得饥肠他不管。谁知下肠肠尽坠，饥肠虽饱眼垂泪。莫谓饥民饱欲死，一枚合入使君齿。③

此诗反映了崇祯庚辰十三年（1640）所发生的这一灾象④，饥民食不果腹，只能以观音粉充饥。饥饿是死，食观音粉也是死，同样是死，饮鸩止渴的"饱欲死"实在是更凄惨，"饱得饥肠"的背后蕴含着下层人民悲苦的生活。

《甲午秋旱山居口占》四首描写了顺治甲午十一年（1654），全椒一带发生严重的旱情：

一

　　　　田田荞麦放花香，冷日晴摇雪样光。多少饥民穿眼望，愿天且莫打青霜。

①　蓝学鉴、吴国对纂修康熙十二年《全椒县志》卷一三，全椒县地方志编纂委员会 1993年标点校勘本。
②　蓝学鉴、吴国对纂修康熙十二年《全椒县志》卷一三《直陈民穷之由疏》，全椒县地方志编纂委员会 1993 年标点校勘本。
③　蓝学鉴、吴国对纂修康熙十二年《全椒县志》卷一七，全椒县地方志编纂委员会 1993年标点校勘本。
④　参见陈美林著《儒林外史研究》（下册），南京师范大学出版社 2005 年版，第 1327 页。

二

场少余粮鸡亦减，田无好谷蟹难肥。往年看月醉村酒，今夜惟赢看月辉。

三

沽来浊酒瓦盆盛，煮芥无盐气味辛。破屋颓床向上坐，乡人犹说礼尊宾。

四

农已枯愁皆类鬼，我今憔悴亦成翁。何须细问秋禾事，只听村村叹息中。①

"多少饥民穿眼望，愿天且莫打青霜"，"农已枯愁皆类鬼，我今憔悴亦成翁"，作者对于下层百姓之苦难、农人之苦痛感同身受，并寄寓深切的同情，表现出真切的爱民情怀及深沉的忧患意识，若非发自肺腑，便难有这样的文字从胸臆中流出。

《挑菜行》一诗则描写了一家三代人的苦难：

挑菜行

春云四合风声凉，野草开花花紫黄。大麦小麦只余寸，秀色迎人那可尝。细柳堤边见村妇，卷发鬒颜褴褛裳。肩负小儿手拾荠，荠少茶多不盈筐。儿睡倏醒呱呱泣，辍筐出乳饱儿肠。儿饥娘哺儿啼止，娘饥泣下谁哺娘。虽然我饥犹自可，老姑倚门正望我。②

青黄不接的时节，村妇只能"肩负小儿手拾荠"，家中"老姑倚门"，不禁让人要问：持家的男人何在？缘何却是肩负小儿"卷发鬒颜褴褛裳"的弱妇人来养家活口？男主人参军了？服劳役了？抑或不在人世了？"儿饥娘哺儿啼止，娘饥泣下谁哺娘。虽然我饥犹自可，老姑倚门正望我。"作者以现实主义的手法，聚焦于一个濒临绝境的家庭，读来发人深思。在

---

① 蓝学鉴、吴国对纂修康熙十二年《全椒县志》卷一七，全椒县地方志编纂委员会1993年标点校勘本。

② 同上。

《庄居》二首中，由自己"自计随时得倘佯，赢得水趣与山香"的舒适生活，对照黎民百姓"兼耐农夫频贷食，饥肠如火向人呼"的生计维艰的现实而反思自己，表现出可贵的自省意识。《坐宝林寺赈饥永日待募米不至》①一诗，写面对在死亡边缘挣扎的饥民"滴枯饥眼泪，垂尽馁肠涎"，却不见富人们丝毫仁爱、同情之心，作者在诗的开头便发出"富者犹如此，贫家何望焉"的振聋发聩之声。吴国对《春正雪后洪邑侯招同傅韶加集署斋二首》中也是这样的思想：

　　　　草亭雪压万条冰，一片光明是玉灯。不及使君心照远，逃亡屋遍几千里。
　　　　官厨如洗食无鱼，橡烛高烧话夜初。风雪几村闻盗发，论文还及救荒书。②

　　不仅关注下层百姓的衣食冷暖，还直面现实，揭露阶级对立的现状，百姓已痛苦不堪，仁人之心应该战栗。

　　全椒吴氏家族四世祖兄弟五人四成进士并皆入朝为官，自此，四世祖吴沛定下举业兴家的目标得以实现。五世祖吴国鼎辈的时代成为全椒吴氏科举家族政治上最活跃的时期，伴随着从举业到仕宦的转变过程，吴氏子弟相继走入仕途，这个家族的社会地位上升，社会影响力也不断提高，这一时期儒学已不再附庸于举业之身，而转向了"治国平天下"的更高的目标。吴国鼎辈身居高位，积极参与朝政，议论时事，关心百姓疾苦，胸怀忧国忧民的士大夫责任意识，表现出"为天地立心，为生民立命"③的人生追求。儒家的入世之志、济世之心成为这一时期吴氏子弟奋斗的目标，他们的努力也取得了积极的效果与影响，如《清实录》记载，康熙二年（1663）五月十九日，为杜绝款项繁多，易生奸弊之害，应工科给事中吴国龙疏请事：

---

　　① 蓝学鉴、吴国对纂修，康熙十二年《全椒县志》卷一七，全椒县地方志编纂委员会1993年标点校勘本。
　　② 同上。
　　③ 张载著，章锡琛点校《张载集》之《近思录拾遗》，中华书局1978年版，第376页。

户部议覆，工科给事中吴国龙疏言：直隶各省解京各项钱粮，自顺治元年起，总归户部。至七年，复令各部寺分管催收，以致款项繁多，易滋奸弊。请自康熙三年为始，一应杂项俱称地丁钱粮，作十分考成，除每年正月扣拨兵饷外，其余通解户部。每省各造简明赋役册，送部查核。其易知由单颁给民间者，尽除别项名色。至各部寺衙门应用钱粮，年前具题数目，次年于户部支给，仍于年终核报。应如所请。从之。①

作为科举世家的全椒吴氏家族，依靠举业发家，走读书、科举、入仕之通途而代有连绵：六世祖吴晟、吴昺进士及第，吴昇、吴旱都中了举人；八世祖吴檠进士及第，吴敬梓以诸生荐博学鸿词科试；九世祖吴烺、吴煐中了举人。他们在仕途上也各有建树：六世祖辈中，吴旦"由增广考授州同知"（即以增生援例考授州同知），并能关注民生②，全椒县令蓝学鉴捕蝗救灾，吴旦作跋以颂之③；吴勖"以增贡考授州同知"④；吴晟出任福建汀州宁化县令，宁化县与江西交界，形势险要，极难治理。吴晟为民所想，赢得百姓爱戴，"百姓卒勒碑笔山，颂君德，""君之来也，不以风俗犷悍鄙弃其人，新黉宫，兴义学，捐俸、延师教人子弟，梁要津，造舟九龙滩拯覆溺者，设医局，凡利民之政无不为，莅任三载，民敬爱若亲父母，及闻君去，聚族留行，度终无可奈何，万人攀辕，号泣相送，君亦出涕为太息者屡日焉"⑤；吴昺中进士后初授翰林院编修，康熙三十五年丙子（1696）任广西乡试主考⑥，康熙四十四年乙酉任宋金元明四朝诗选掌局官，四十五年丙戌"分校礼

---

① 《清实录》之《圣祖实录》卷九，中华书局1985年版。

② 蓝学鉴、吴国对纂修康熙十二年《全椒县志》卷七及民国《全椒县志》卷一一皆有记。

③ 蓝学鉴、吴国对纂修康熙十二年《全椒县志》卷一七，全椒县地方志编纂委员会1993年标点校勘本。

④ 张其濬修，江克让、汪文鼎纂民国《全椒县志》卷一一，《中国地方志集成·安徽府县志辑（35）》，江苏古籍出版社1998年版。

⑤ 清李桓辑《国朝耆献类征初编》卷二二一储欣撰《吴晟墓表》，台北明文书局1985年版。

⑥ 法式善等撰《清秘述闻》卷三，中华书局1982年版，第82页。

闱"，四十九年庚寅出任湖广学政，在湖广学政任上"按试荆州"时，康熙书"勉子修名"四字赐给其母张氏①；吴早是国龙幼子，"壬午北榜山西临县知县"②。八世祖辈中，吴棨"以教习知宝坻县。高宗谕顺天沿河州县修理堤防，棨即星夜督工，不日筑成。是秋，果大水，宝坻独完，固无患。上嘉其勤，擢大同府知府"③；吴棨进士及第后官刑部主事，颇有贤声，沈德潜称其"官刑部主事。青然举鸿博不遇，放归，后官西曹，决大狱，能不阿大吏意，众论许其守官"④。九世祖辈中，吴烺乾隆辛未南巡迎銮召试赐举人，授内阁中书，后官宁武同知署府篆，以疾归⑤；吴文熊，中举人后任普宁知县；吴鳌，廪贡生玉田县丞，升良乡、大兴知县，遵化知州，卒于官。⑥ 至于增生、贡生、监生等身份并入官府教谕、知县、知州的则不下二十余人，虽然官职不高，但他们都能奉儒守业，表现出对儒学入世思想的坚守。

（五）儒学地位的下降（诗礼之家的没落）："兄弟参商、宗族诟谇"⑦

"君子之泽，斩于五世"几乎成为囊括簪缨世家命运的一条普遍法则。基于学而优则仕的传统，科第而发达的举业世家在不断追逐科举仕进的过程中，因举业的衰败也会逐渐丧失其社会地位，于是，举业世家辉煌不再，全椒吴氏家族的发展也无可逃避这样的命运。

吴家后辈的举业并不都如五世祖辈般辉煌荣耀，吴国鼎子暹吉、怀吉，两人功名仅止于生员；吴国器子嗣举业无可考知，吴国缙子辈、孙辈吴雯延也都是秀才；吴国对虽然高中一甲三名，但其子三人，吴旦和吴勖

---

① 张其濬修，江克让、汪文鼎纂民国《全椒县志》卷一〇，《中国地方志集成·安徽府县志辑（35）》，江苏古籍出版社 1998 年版。

② 张其濬修，江克让、汪文鼎纂民国《全椒县志》卷一二，《中国地方志集成·安徽府县志辑（35）》，江苏古籍出版社 1998 年版。

③ 民国《全椒县志》卷一〇。《清代档案史料丛编》（九）之"雍正朝朱笔引见单"记吴棨因保堤建功而补授山西大同知府。但在引见之后，胤禛认为吴棨只不过是一个"明白人"而已，"未必似老成"而没有重用，只命他"到大同试看"。不久即被革职。

④ 沈德潜编《清诗别裁集》卷二九，中华书局 1975 年版，第 526 页。

⑤ 张其濬修，江克让、汪文鼎纂民国《全椒县志》卷一〇，《中国地方志集成·安徽府县志辑（35）》，江苏古籍出版社 1998 年版。

⑥ 汪蔚林《从两部诗集里所见到的有关吴敬梓的资料》，《文学遗产增刊》第 11 辑，中华书局 1962 年版。

⑦ 吴敬梓著，李汉秋辑校《吴敬梓诗文集·移家赋》，人民文学出版社 2002 年版，第 10 页。

是秀才，吴昇为举人，吴旦之子吴霖起为拔贡；吴国龙一支，六个儿子吴晟、吴昺中进士，吴昺且为榜眼，吴早为举人，吴晟之子吴雷焕是廪生。总体上说，全椒六世祖中举人、进士不少，而七世祖科名上却仅止于秀才而已，八世祖的吴檠考中进士已算少有难得了，吴国对一支到了吴烺这一辈功名留下记载的只有吴烺、吴煐和吴鏊三人，吴家科名的渐趋没落是不争的事实。伴随着举业的不如意，吴氏子弟的仕宦也随之暗淡下来，吴敬梓的父亲吴霖起一生坎坷，在康熙二十五年成为拔贡后，候选时间竟达二十八年之久，在康熙五十三年才被选为江苏赣榆县县学教谕这样微薄的官职。更多的人则困顿场屋，屡试不售，甚而身老科场。承继着读书业儒之家学家风的吴氏子弟不得不回到以举业复兴为中心的旧途。不论是从吴国对这一支脉吴旦、吴霖起、吴敬梓、吴烺与吴煐及吴鏊，抑或吴国龙这一支吴晟、吴雷焕、吴檠的人生都能够看到这种变化。以吴国龙一支为例，张大受《吴晟墓志铭》记载：

> 君（吴晟）七岁诵唐人诗，即通四声，给事君教至勤，甲午第一荐被斥，滞场屋者二十年。辛亥给事君殁，君哀毁特甚。乙卯试毕南还，道闻得中式，呜咽流涕伤给事君不及见也。明年，举进士。归而筑园，城隅莳花竹，奉板舆，与子弟论难经书，有所发明，心开颐解也。①

尽管吴晟进士及第，所得官职一县令而已，张大受说"（吴晟）归而筑园，城隅莳花竹、奉板舆，与子弟论难经书，有所发明，心开颐解也"。吴檠在《忆远园杂诗》② 十二首之前的小序中也说："先主政③ 辟远

---

①　清李桓辑《国朝耆献类征初编》卷二二一储欣撰《吴晟墓表》，台北明文书局 1985 年版。

②　远园为吴国龙所创建，并题堂额"心远"，取陶渊明之"心远地自偏"。吴檠《忆远园杂诗》（并序）："先主政辟远园于城隅，课子弟读书其中。花石亭榭，颇擅幽胜，今则鞠为茂草矣，池台历历，时萦梦想"，《心远堂》云："堂额'心远'二字，先黄门草书。心远黄门书，奇蹟嗟剥落。明月绕空梁，来照古钗脚。"远园在全椒民间俗称"榜眼府"，因吴晟弟吴昺于康熙三十年辛未（1691）一甲第二人榜眼及第。

③　主政即主事别称，此处指吴檠的祖父全椒吴氏六世祖吴晟，曾援例捐升主事，病故而未及任。

园于城隅，课子弟读书其中。"六世祖吴晟课子弟于远园与四世祖吴沛于西墅草堂教子何其相像。① 吴晟仕途不顺，据现有的资料，吴晟子辈一个举人都没有中过，仕宦生涯也多湮没无闻，到了八世祖吴檠，举业上止于秀才（廪贡），"以教习知宝坻县"，因修堤有功而擢升大同知府，可惜不久即被革职。②

当一个封建大家族渐趋衰颓之时，诗礼之家的儒学之风也往往随之没落，儒学在家族中的地位也日渐式微。以诗礼传家的吴氏家族也未能逃脱这种命运，吴敬梓《移家赋》中多有描述：

> 于是君子之泽，斩于五世，兄弟参商，宗族诟谇。假荫而带狐令，卖婚而缔鸡肆，求援得援，求系得系。侯景以儿女作奴，王源之姻好唯利。贩鬻祖曾，窃赀皂隶，若敖之鬼馁而，广平之风衰矣！彼互郎与列肆，乃贩脂而削脯，既到处而辙留，能额瞬而目语。鱼盐漆丝，齿革毛羽，涩嘉棠缪，驱侩枝梧，漉沙搆白，熬波出素，积雪中春，飞霜暑路。迁其地而仍良，皆杂处于吾土。山獶人面，穷奇锯牙，细旃广厦，锦幄香车，马首之金匼匝，腰间之玉辟邪。春风则乘醉而倚，秋月则倍明于家。昔之列戟鸣珂，加以紫标黄榜，莫不低其颜色，增以凄怆，口嗫嚅而不前，足盘辟而欲往。念世祚之悠悠，遇斯人面怏怏。③

吴氏之"宗周贵裔"已经堕落到"兄弟参商、宗族诟谇"的地步，大家族中失去了彬彬有礼的谦让，家族内部尔虞我诈的本质和趋炎附势的

---

① 储欣《吴晟墓表》："君七岁能背左传，辨四声，顺治甲午试秋闱，本房荐元，主司不允，年缱二十，是年楚熊次侯先生至全椒，君录文以质，先生曰：'子大器也，当晚成。'问其故，曰：'子文至腹始发光，此其达不早，幸自爱，积学待时，勿以速化为慕。'已而一如其言，人皆服熊先生之知文，而予谓君能守先生教，屡北不挫，可谓豪杰、有志者已。"见于清李桓《国朝耆献类征初编》卷二二一，台北明文书局1985年版。

② 民国《全椒县志》卷一〇。《清代档案史料丛编》（九）之"雍正朝朱笔引见单"记吴檠因保堤建功而补授山西大同知府。但在引见之后，胤禛认为吴檠只不过是一个"明白人"而已，"未必似老成"而没有重用，只命他"到大同试看"。不久即被革职。

③ 吴敬梓著，李汉秋辑校《吴敬梓诗文集·移家赋》，人民文学出版社2002年版，第10页。

丑态也随处可见。"嗟早年之集蓼，托毁室于冤禽。淳于恭之自箠不见，陈太邱之家法难寻。"族人之间弱者强凌，围绕金钱、财产而起的各种纠纷不断，吴敬梓感叹长辈中没有如淳于恭那样严于己、抚养子侄如己出之人，也没有一个像陈太邱那样处事公正之人。[①] "侯景以儿女作奴，王源之姻好唯利。"[②] 家族成员中甚至有抛弃了祖风世德，有的人为了荫蔽而不惜辱身投靠，为了贪图钱财而以儿女婚姻作为攀高结贵的资本，"贩鬻祖曾，窃赀皂隶"[③]，这无异于出卖祖宗传下的家风、家声，媚颜于卑贱的皂隶来获得利益，简直是不肖子孙。所谓孝悌谦让、仁义宽恕在这个封建家族中已经沦落为掩饰丑行的幌子而已。吴敬梓预感到吴氏家族所面临的危机，"若敖之鬼馁而，广平之风衰矣！"道德沦丧，名誉扫地，诗礼之家的风气已经没落了。

我们习惯于用"内圣外王"来概括中国传统文化的精神，就个体而言，"内圣外王"也是中国古代知识分子的最高理想追求，它把个人的道德修养与政治紧密联系在一起，《大学》开篇所言修身、齐家、治国、平天下，就是对内圣外王之道的最好解说。其实，作为一个科举世家的大家族，吴氏的发展与此又极为相似，内圣是基础，外王是事功，不同阶段儒学在其中的地位和作用也表现各异。由家族、儒学、科举这三点构建的层面上，它们彼此作用，家族思想是中国文化的基因，家族意识是封建时代知识分子个体行为的原动力，儒学的位置则处于一种动态的变化之中，儒学能够发挥多大作用，关键在于这个家族的举业成就及与此相关的家族子弟的仕宦作为。就吴氏家族的发展看，这个家族始终高举儒学这面旗帜，吴氏子弟创业之初，作为从底层走来的平民之家要面对诸多的现实问题，科举则成为改变这个家族前途的利器。当然，士人要走通经入仕的道路，以儒家的典籍作为考试内容的科举本身，也决定了科举与儒学有着扯不断的联系。但是，儒学、儒家思想之内涵却被功利化和表面化了。所以，当

①　《后汉书·淳于恭传》："（淳于恭之兄）崇卒，恭养幼孤，教诲学问，有不如法，辄反用杖自箠，以感悟之，儿惭而改过。《后汉书·陈寔传》：宴在乡间，平心率物。其有争讼，辄求判正，晓譬曲直，退无怨者。至乃叹曰：宁为刑罚所加，不为陈君所短。"

②　《南史·侯景传》："（侯景）又请娶于王谢，（梁武）帝曰：'王谢门高非偶，可于朱张以下访之。'景恚曰：'会将吴儿女以配奴。'"

③　《文选》卷四十沈约《奏弹王源》："贩鬻祖曾，以为贾道；明目腆颜，曾无愧畏。"

吴国鼎在举业上小有成就时，吴沛的欢喜、欣慰之情溢于言表，写下《大儿登贤书喜拈成语二句卒成二首》，但"诗中无一忧民字"，按儒家所本诚意、正心、修身、齐家、治国、平天下为衡量，这一时期儒学在吴氏家族中的表现是内敛的和收缩的态势，处于诚意、正心，修身及齐家诸端，以维系家族本身之存在和发展，保持一姓士族内部之凝聚，尤其对所谓"齐家"者，在吴沛的时代表现为开启吴氏家族举业发展之大门之功用，这一任务十分迫切，此一时期儒学之地位不得不降格而暂作举业的附庸。当吴氏五世祖辈举业有成，伴随着仕途的蒸蒸日上，这个家族的发展渐由内圣向外王扩张，转化为事功，家族子弟以平治天下为己任，要去实现治国平天下的理想。这个时期，儒学在家族中的作用转而呈现出一种张扬和扩充的态势。五世祖辈而下，随着吴氏子弟举业的成就以及仕途的变化，儒学之地位也不断地发生着变化。吴敬梓之子吴烺处身全椒吴氏家族式微的末端，望族世家的血统曾激励着他入世有为，现实又让他在挣扎之中始终找不到出路，请看他的诗：

　　将之都门留别邗江诸同好四首（其二）
　　栖迟倦客本无家，身似鹪鹩阅岁华。淹惯酒痕襟袖湿，簪来花朵帽檐斜。疏灯老树听春雨，小艇秋潮送落霞。懒慢自怜真得计，片时安稳是生涯。①

　　读此诗时，脑中浮现明代袁宏道《显灵宫集诸公，以城市山林为韵》（其二）的诗，它是一首聚会应酬场合所赋之诗，却非肤浅的应景之作：

　　野花遮眼酒沾涕，塞耳愁听新朝事。邸报束作一筐灰，朝衣典与栽花市。新诗日日千余言，诗中无一忧民字。旁人道我真聩聩，口不能答指山翠。自从老杜得诗名，忧君爱国成儿戏。言既无庸默不可，阮家那得不沉醉？眼底浓浓一杯春，恸于洛阳年少泪！②

---

① 吴敬梓、吴烺撰，李汉秋点校《吴敬梓吴烺诗文合集》，黄山书社 1993 年版，第 270页。
② 袁宏道著，钱伯诚笺校《袁宏道集笺校》，上海古籍出版社 1981 年版，第 651 页。

　　缘于对现实的苦痛的无可奈何，袁宏道写下这首诗，诗所抒发的内容体现出艰难时势给诗人造成的复杂郁闷心情。作者欲寄情山水以抒发郁勃，但终于难以忘怀现实的郁闷。吴烺与袁宏道虽然时代不同，人生经历各异，但现实处境所引发的意绪却又有相似处，在儒学思想熏陶下的文人知识分子面对现实的困境，以诗寄寓着他们欲罢不忍，欲言不能的无奈与愤懑。"身似鹡鸰阅岁华"的人生让吴烺苦闷和失望，无望的现实叫他"懒慢自怜真得计"，而于饮酒簪花之中聊渡生涯。全椒的吴氏家族伴随举业衰退，政治地位下降，儒学在这个家族中又退回到修身、齐家的方面，以维系这个家族的生存抑或未来继续发展的基本要素；而一旦这个家族举业后继乏力，振兴无望时，那么这个举业世家的式微没落便在所难免，同这种没落相伴的是儒学在家族中的地位也急剧衰败，吴敬梓《移家赋》中便写到了本家族没落的情形，我们看到奉儒为宗的祖风世德在这个封建世家诸多子弟身上已经荡然无存。

　　从某种意义上我们说家族乃儒学寄身托命之所，儒学之光大以家族为本位，有时甚至发展为一种常态。然而，唯有社会向上时期，统治阶级真正需求人才之时，科举才会发挥它的进步的方面，而"以家族为本位之儒学之光大时代"[①] 的儒学也才能从家族里面解放出来，上升到"治国平天下"的层次，释放其巨大的能量。实质上儒学不仅仅是为家族服务，这个时候的儒学实凭借由血统传承而生发出易于接受的渠道，不过，它的终极指向所在乃"治国平天下"，可惜明清非其时也！

　　吴敬梓曾经倾尽家财修建南京的先贤祠，小说《儒林外史》中极力渲染祭祀泰伯祠大典，士绅之热忱，百姓之雀跃，吴敬梓极其崇奉泰伯礼让天下的义举，以"让名"的泰伯为现实中那些被功名富贵扭曲了灵魂的读书人提供楷模，这是吴敬梓的愿望，然而这早就不是一个崇尚泰伯的时代，盛世社会表面繁荣的背后早已千疮百孔，文化和礼教不断崩溃，民众对礼乐教化的虔诚，也如《儒林外史》所描述的那样消解在一个个看客所聚成的喧闹之中，在《儒林外史》临近结束时吴敬梓写出了自己的痛苦和绝望：

---

① 余英时：《士与中国文化》，上海人民出版社 2003 年版，第 341 页。

　　　泰伯祠的大殿，屋山头倒了半边。来到门前，五六个小孩子在那里踢球，两扇大门倒了一扇，睡在地下。两人走进去，三四个乡间的老妇人在那丹墀里挑荠菜，大殿上槅子都没了。又到后边，五间楼直桶桶的，楼板都没有一片。①

　　吴敬梓悲情满怀，以"治国平天下"为旨归之儒学，明清非其时也！尽管吴敬梓从未失却其崇奉儒学的赤子之心，如此环境之下一个奉儒守业的全椒吴氏家族由举业辉煌而兴家，又因举业衰败而没落，其实都是时代之下的一个缩影而已，兴衰变化之中离不开此宿命轮回。吴敬梓于此看到整个知识分子的宿命，八股举业在他心上已经找不到位置，也失却了他曾经为之构建的价值和意义，吴敬梓不再如祖辈们那般努力于此中寄托希望，求得事功，覆巢之下岂有完卵。就八股举业来说，全椒吴氏科举家族的没落决非家族命运之个案，或早或迟如吴氏般走向没落是这些家族无可逃脱的悲剧命运。以吴敬梓、吴烺父子为代表的吴氏科举家族子弟也何其生不逢时，如众多旧时代的知识分子一样，其悲剧命运又如何能够逃脱！

三　吴氏家族的举业兴家历程

　　历史上，依靠举业成就保持家族的充盈发展并不少见，几代的举业有成往往会成就一个世家望族，全椒吴氏的发家也是这样。吴沛终其一生，孜孜以求的便是吴氏家族能够崛起，吴沛认识到举业在本家族振兴中的重要作用，这个家族在角色转换之始就已经牢牢地抓住举业这一命脉。

（一）吴沛：吴氏举业的奠基人

1. 吴沛的举业坎坷之路

吴沛的举业并不顺利：

　　　万历丙子（应为丙午），诗五房以第一人争，而主者意则适左

<hr>

　　① 吴敬梓：《儒林外史》第五十五回"添四客述往思来　弹一曲高山流水"，人民文学出版社1977年版，第627页。

房，以非元，即不可以处公卷，故宁不隽，以需来科，盖邑侯关公骥
也。久而知之，乃相对叹惋。①

吴国鼎《先君逸稿小引》记载当时关骥的好心反让吴沛失去中举的
机会，吴沛说："是定当发元，迟三年耳。"②

大凡能有所成就者总免不了苦难、失败等诸多磨练和洗礼，吴沛一生
举业失意，备尝其中酸楚，但对于举业始终不乏坚定的信念和执着的精
神。在全椒吴氏家族中，吴沛的重要地位正源于他的意志力和精神品质，
尤其突出地表现在对于以举业振兴家族的执着追求上，吴沛将此上升为他
的自觉的行动，化作他前进的动力。在《戊午再讫告祖考词》中，吴沛
写道：

> 恭惟吾祖，世有隐德。毓庆于冥，食报于赫。培植既厚，发源自
> 长。阀阅显绩，诗礼流芳。维某不肖，既拙且劣。虽事铅椠，场屋久
> 厄。往叼食饩，几幸得之。乃值数蹇，复旋褫之。仰赖福庇，兹复幸
> 得。非某之才，咸祖之泽。谨陈菲莫，用申昭告。愧撼鄙私，敢言觉
> 报。更希先灵，默相阴隲。惠徼行义，松楸生色。③

祭祖在封建社会中是严肃而庄重的行为，吴沛久困场屋无以使亲族名
显，因科举补得廪生，即便科第不高，而吴沛却要祭庙告祖，以慰祖先之
灵，一方面，吴沛十分珍惜这来之不易的举业成就，同时更想用这种方式
告诫子辈，要以此为开端发奋努力，成就振兴家业的使命。

其《苦心（口占示门人）》诗云：

> 皇天不负苦心人，心苦由来入道真。相业儒功原一致，岁寒他日
> 满林春。④

---

① 蓝学鉴、吴国对纂修清康熙十二年《全椒县志》卷九，清康熙十二年吴国对刻本。
② 吴沛《西墅草堂遗集》卷首吴国鼎撰《先君逸稿小引》，清康熙十二年吴国对刻本。
③ 吴沛《西墅草堂遗集》卷五，清康熙十二年吴国对刻本。
④ 吴沛《西墅草堂遗集》卷一，清康熙十二年吴国对刻本。

诗虽示门人，却颇有自励之意。心苦者，辛苦也。吴沛在求学、入仕的道路上费尽苦心。幼年受教，父亲吴谦要求极严厉，康熙《全椒县志》记载：

> 公（吴沛）性颖异，一目十行下，且善受教。七龄时，过市看优人戏，体泉公怒，即跽受杖。①

吴沛于学业上也十分用功，《醉阅窗集》诗：

> 午夜归来醉似浑，呼灯观取旧诗论。怪他光耀冲天极，少小工夫不可言。②

作者醉归读少时所作之诗，虽多逞才斗气，"光耀冲天"，"不可言"却言之，似嗔怪实自喜、慨叹。一个"怪"字实际上抒发了作者多少怀才不遇之情。

吴沛的文章才能赢得房师关骥的格外青睐，关骥以乡试举人第一名力主向主考推荐，并表示不是以第一名录取，宁可等待下科再试，结果未获主考同意而反使吴沛落第，这期间，"其介然自守如此（指不应关骥招纳）。……横经高座，课诸子及门弟子，说书无剿说，而文独以先辈为一家，七战皆北，犹读书历阳泉水寺，矻矻不少休"③。吴沛孜孜以求，可惜"七战皆北"，备尝艰苦，这其中也有失落及感伤。如其《历阳行》④诗抒发其久不得志的牢骚语；《见秃笔有感》诗写道："不辞摩顶劳，还起免冠谢。辛苦多文章，溺冠仍慢骂。"⑤作者借秃笔一生辛劳（写作文章之多），老来却遭弃想起儒生见弃不用，徒有溺冠之辱，诗实是感慨自己一生志不得伸的遭际；《昼梦人送牡丹图》："天香入画图，犹有香欲

---

① 蓝学鉴、吴国对纂修清康熙十二年《全椒县志》卷十。
② 吴沛《西墅草堂遗集》卷一，清康熙十二年吴国对刻本。
③ 蓝学鉴、吴国对纂修清康熙十二年《全椒县志》卷一〇，清康熙十二年吴国对刻本。
④ 吴沛《西墅草堂遗集》卷一，清康熙十二年吴国对刻本。
⑤ 同上。

醉。老去不知春，任人说富贵。"① 是慨叹自己老大无成，功业不就的失落。这种失落之情在《五十岁自作》中则胸臆直抒，情感表现得更浓郁和直接：

> 碌碌蜉蝣未计年，奔营分敢怨缘颠。鸡声频唤三更月，马首偏悬六腊天。半世头颅徒自笑，千秋事业向谁怜。而今偶悟黄粱梦，不信清闲不是仙。②

五十而知天命的年纪，举业功名依旧无望，回想半世的辛苦，凄凉空惘，即便悟出举业道路若黄粱一梦，功名之心已经淡漠下来，但终生事业无成，对吴沛来说实在不甘心，难怪他说"不信清闲不是仙"，此是自作安慰语也。其甥景乩才未及伸却不幸夭折，吴沛深以为痛，以诗与祭文悼念他。《挽谢甥景乩》诗云：

> 乘虬何处窅为游，既信还疑可胜愁。有寿仁人占永冥，无知天道计相仇。池塘长梦青春草，霄汉应题白玉楼。起望灵岩秋色迥，西风落日泪悠悠。③

《祭谢甥景乩》中写道：

> 盖若之龆年，崭崭有头角，以为大若闾者，又将在子矣。及补博士弟子员，已而补上舍，且骎骎有干霄摩天之致，将鉴无不雏矣，孰意有今日耶。④

哀悼谢甥，也有自伤之意，在甥是才不得伸而亡，在己则为才不被用而老，命运何其相似。"有寿仁人占永冥，无知天道计相仇"，一生举业无成实在是吴沛胸中之大块垒。作为吴氏家族的先驱者，吴沛的举业道路

---

① 吴沛《西墅草堂遗集》卷一，清康熙十二年吴国对刻本。
② 同上。
③ 同上。
④ 同上。

充满艰辛，难能可贵的是吴沛历经苦难而能志向弥坚，笃信"皇天不负苦心人"，期待"岁寒他日满林春"，① 并以此勉励自己及后人。当朋友之子考取秀才时，他写诗祝贺：

> 姚爱山令嗣入泮
>
> 天恢八宇纲罗长，昂首清时尽得当。合浦光生应有见，丰城气烛岂能藏。宫芹先映琳琅色，苑杏旋联棨戟芳。坐看纶音飞寿域，龙章鹤发庆交翔。
>
> 余顺吾令嗣入泮
>
> 万里云程发轫长，千秋事业许谁当。风云玄对眉山老，造化明嘘沩水藏。堂植三槐知有后，家传累叶应流芳。黄麻更自来丹诏，鸠杖从容接凤翔。
>
> 鞠怡亭令嗣入泮
>
> 多君世德发祥长，霭霭明时一得当。有种书香应蚤茂，天生俊骨自昂藏。先鞭甫着宫芹美，接踵旋联玉树芳。指日飞黄交奏捷，紫泥前后羡翱翔。②

读书进学是吴沛一以贯之观点，这其中又何尝不寄予着他的人生理想。如《乾新居说（勉诸生作）》：

> 乾有强义，强斯作，作斯新，新无穷，推之举业何？莫不然。非乾无新也，审矣然。乾曰：朝夕惕若，敬之。敬之又竦，久之。贵无放思，故无蒙思，故无惰思与！于是居者宜何如焉。③

吴沛以《易经·乾卦》"天行健，君子当自强不息"之意旨告诫诸生要有所作为，才能有所前进。"扇、炉、砚、灯"与他终日读书为伴，吴沛以之为题作诗，诗前有序：

---

① 吴沛《西墅草堂遗集》卷一，清康熙十二年吴国对刻本。
② 同上。
③ 吴沛《西墅草堂遗集》卷三，清康熙十二年吴国对刻本。

年来炉、扇、砚、灯，亲执其事，岂曰克勤小物？实类太丘行藏然，故耐之，古人多从磨厉中出，则安逸所不齿也。

自扇

挥汗翻书不辍，甊居午日当空。那得白龙皮水，更想紫石松风。

自炉

夜深手然榾柮，有时坐亦忘煨。但取点他片雪，何须拨尽寒灰。

自砚

我生无田食此，人世有铁铸之。要使君苗焚却，舍书而叹何为。

自灯

独向琉璃分照，谁司菡萏余光。已伴十年风雨，看他太乙刘郎。①

贫居读书，生活清贫，作者却能视之为人生难得的历练与财富。诗题皆冠以"自"字，蕴含着作者乐观、豁达和自信的心态。在《百福寺斋居谢饮》诗中说："东坡不信苦黄州，剥啄须知累应酬。暂领维摩居士戒，清肠留与讲堂收。"吴沛讲学授徒，传道授业，人生坎坷却从不气馁，《大雪歌》是吴沛志向的表白：

大雪歌，皓皓晶晶如银河，天姬翦练人不识，鹅鹳衮上冷偏多。晚来况对老禅宿，彼既苦空我寂灭。彼言电泡尽灰冷，侬发意气益心热。谁无孙家映读力，谁无梁园作赋才。三冬学足燠天下，侍立不去无有哉。嗟乎，且自僵卧莫干人，霜雪之后多阳春。一朝兴得邹生律，吸嘘能令温谷频。②

身历困境而意志并不动摇，"且自僵卧"实为正身以俟时。吴沛坚信才智加上他的勤奋定能迎来"霜雪之后多阳春"的局面。

一部《西墅草堂遗集》清晰记载着吴沛举业奋斗的历程和愈久而弥坚的意志，可以看作吴沛个人奋斗史和心路历程的记录。《历阳夜渡河》

---

① 吴沛《西墅草堂遗集》卷一，清康熙十二年吴国对刻本。
② 同上。

一诗：

> 夜午村村鸦乱啼，扁舟月载藕湾西。隔田早有耕夫起，莫道行人惯拂堂①。

吴沛为生计而离乡赴历阳设馆授徒，隔河夜渡，道路辛苦及羁旅愁困，甘苦自知。村鸦乱啼，明月在天，对照温庭筠《商山早行》"鸡声茅店月，人迹板桥霜"，吴沛"早行"于水路，鸦啼声伴着船桨的划水声，使人倍感寂寞，当顺着朦胧的月色，看到早起的耕夫，作者便想到了自己何尝不是如耕夫在早起耕耘一般，将来自会有一份收获，吴沛以此聊以自慰。画面由此也清晰起来，诗境也由朦胧而透出曙光亮色。再如《接待寺对月》：

> 僧居无事对清光，暑夜迢迢新觉凉。不数沉瓜夸胜品，何知折桂有奇香。生憎叠叠浮云蔽，好把晶晶皓魄藏。弹指中秋端正日，团圆万里任飞翔。②

僧居读书，由夏到秋，刚送走炎炎暑日，又迎来中秋节日，身处异地，难免生出怀乡之情，而想到"折桂有奇香"的未来，尽管与亲人两处分隔的离愁仍在，为了家族的未来，只好说"千里共婵娟"来安慰自己，遂产生"团圆万里任飞翔"的豁达之思。

尽管理智上克制得住，但思家、思亲这种情感也会突然来袭，如《泉水山房寄子》：

> 雨馀山寺正凄然，佳客过临遂我缘。幸有宿醒供酌久，何多薄卤到尊前。心期诸子成模样，梦入清庭亦幻颠。欲写离惊因不便，纸长话短自相牵。③

---

① 吴沛《西墅草堂遗集》卷一，清康熙十二年吴国对刻本。
② 同上。
③ 同上。

诗题下自注曰："时家寄新酿至即付奴子回"，吴沛孤子一人，漂泊在外，突然收到从家乡捎来的新酿，不经意间又触动了思家的情感。有什么话语要捎带给家人呢？最不能忘怀的还是家业振兴和功业有成，子辈们啊，千万要努力。再如《读古历禅室不知清明之至》："近来课业觉辛勤，底事春消客邸情。忽见老僧赠垂柳，方知今日是清明。"[1] 用功学业，忘掉了清明节令。《问店》："停鞭试借问，炊钱能否少。余钱酤醉眠，也有邯郸道。"《观蛛集》："灯下翻书二鼓稀，忽看嬉子集人衣。凭伊报甚功名事，往往来来绕四围。"[2] "功名事"日夜萦绕在自己心头，羁旅客中，道困人乏，即便囊中羞涩，也欲买得一醉好进入邯郸梦中；夜读之时，见灯光下蜘蛛往往来来，诗人想到它们或许因喜报功名而往来忙碌，痴情可见。

当然，吴沛的诗也有不少描写读书课业之乐的，如《敝几》：

冒纸可当椠，施糚可当漆。但使能读书，何用乌皮力。[3]

不论环境与条件如何，"但使能读书"即可。以下几首情境相似：

北窗
横开二尺窗，无风凉似水。一编手未休，高卧果何以。
夏日杂兴
长夏果何爱，茅屋复无暑。一卷傍槐阴，蝉声催过午。
又
乍可抛书睡，西窗已夕阳。唤儿闲课句，先与游宫商。[4]

吴沛修建的西墅草堂，房子是茅屋，十分简陋，北窗"横开二尺"，夕阳的余晖可撒到西窗，房屋四周槐树成荫，可高卧，可傍槐，可读书，可课子，身处其中，悠然而自得。外界纷扰、生活清贫、命运坎坷都没有

---

① 吴沛《西墅草堂遗集》卷一，清康熙十二年吴国对刻本。
② 同上。
③ 同上。
④ 同上。

使吴沛迷惘，反而志笃意坚。"高低五男儿，暇即与讨论。千古在目前，绝学垂宪言。浮荣何足慕，潜心味义根。"① 西墅草堂是全椒吴家的发祥地，也是吴家的世外桃源。

学而优则仕，学业有成才能在功业上有所建树，吴沛说相业儒功原为一体，可惜吴沛建功立业之志不遂，但这并不妨碍他对于功业的倾心与追求，在《赠浙许千夫长九台留别》诗中云："东越推专阃，南谯属世家。睢阳敦节古，天策擅才华。士感平原侠，奇垂曲逆赊。汉庭犹未徙，卫霍正无涯。"② 平原君的礼贤下士，卫青、霍去病的功业有成是吴沛一生都期许的，临别赠诗写如此，是勉励友人，更是激励自己。他的诗文中每每论此多激情慷慨，志向满怀。《和友人留别》写道："自是凌霄漫说鸠，年来郭愚独颛留。不轻湖海能青眼，已重山川肯黑头。报我秋风弹去剑，倩他明月送行舟。无愁料应前途好，藉有文光射斗牛。"③ 作者说自己并不轻视以湖海、青山为友的高洁志趣，却也从不放弃事业功名的追求。再如下面几首诗：

　　赠友人参运椽
　　阜国泉源赋海殷，盐梅相业试微分。宏施未罄屠龙技，薄试聊窥起豹文。汉代劳臣标陕谷，燕山佳系会星云。联翩济美寻常事，长发遥知定属君。
　　赠古历阳苏守公
　　从来百粤饶琼异，桂海多君属大家。泛澜文津回紫气，琳琅萩圃绚丹霞。壮游骥足方餐蔗，快试牛刀正茁芽。指日明光官奏最，炉香接武望今赊。
　　赠古历阳卢守公
　　古言天府属三秦，九鼎神金逗俊人。薄海宏施看颖竖，横江先试着猷新。双凫才近崔符远，五马初回白井宁。增秩尔书关内爵，汉庭报典故分明。④

---

① 吴沛《西墅草堂遗集》卷一，清康熙十二年吴国对刻本。
② 同上。
③ 同上。
④ 同上。

凡此等诗皆能以气胜，如果不是诗人内心情感的郁积喷薄而出，如何能把赠语说得如此体贴和意气风发？即便如《金陵同古宣张上舍登甫寓》中虽有龙钟老态之叹而云"媿我龙钟无所似"，却又充塞着"愿言提挈赤螭头"之壮大阳刚气。[1]

吴沛的理想和志向使他对"粗豪少文，书生不侠"[2]的现状多有不满，十分向往书生之"豪气"，《拟出塞》两首足能见出作者的这种气概：

> 拟出塞
> 志已金酬远，任当首树畿。山阴全一羽，清海动千帏。定石垂秋满，传锐过夕肥。终家能意气，何事誓从归。
> 又
> 沙中雄上阵，风外靖支畿。莫谓悬门矢，谁堪展觳帏。金貂从不计，宝布立当肥。蚕夕乌孙拜，无家亦可归。[3]

虽然壮志未酬，诗人却表现出自己的一片痴心。诗是抒发自己的理想和壮志的，颇多想象之词，但由于诗人胸中不乏豪气蕴藉，故写来气势畅达明快，使人读诗后能够想见建功边陲的书生意气，不受封而退，"无家亦可归"，功成身隐的浪漫情怀。

就吴沛的个人而言，他的理想及品德泽被后世吴氏子弟无数。浓厚的家族意识使吴沛将吴家子弟的力量凝结起来；而以举业作为家族振兴的突破口，又保证了这个家族在振作之始能够毕其功于举业之上。这个家族其后的辉煌也足以说明吴沛人格的魅力以及思想精神的伟大。

2. 创业者的筚路蓝缕之功

对于全椒吴氏家族来说，投身举业中的吴沛秉承父辈们隐约的期望，以图求得一个进身，这便开启了吴家兴旺发达之门径，从这个意义上说吴沛是全椒吴氏举业长河中的拓荒者。当然，家族的振兴不可能一蹴而就，

---

① 吴沛《西墅草堂遗集》卷一，清康熙十二年吴国对刻本。
② 吴沛《西墅草堂遗集》卷五《祭黄文学文海》，清康熙十二年吴国对刻本。
③ 同上。

吴沛在努力投身举业的同时始终不忘教导子辈以光大家族为责任，他亲自操课业，尽心培养他们读书、考试，并热切期望子辈能够实现他的理想，"嗣六战未获，辄咄咄曰：'我不做，儿子辈必做也。'"① 薪尽火传，从这个角度上说，他又是吴氏科举家族前进的引路人。吴沛的睿智在家族的发展中无处不在，五子中除次子国器"遵父命任家政"② 外，其余四子皆随其读书，从五个儿子以后的发展来看，这样的安排也是经过细致周全的考虑才做出的，让次子国器主持家政，既能保证其他兄弟专心读书，也符合吴国器本人的性格，吴国器逝后，王士禛曾写诗《用韦寄全椒道士韵追赠全椒吴先生国器》：

> 先生谢人世，逍遥友园客。时登云外峰，自扫峰头石。山深不知晚，采药恒日夕。兴尽下山时，杳杳麋麇迹。③

诗前序曰："康熙甲辰仙人已化去"，吴敬梓《移家赋》中说："布衣公无疾而终，人传仙去"。④ 知子莫如父，吴沛的安排并无偏心和偏颇。陈廷敬在吴国对墓志铭中说吴国器生平"好老子术"⑤。邑志记其"隐居独山，足迹不入城市。精《邵子》、《皇极》诸书。尝曰：'主静持敬，圣贤之学所难者，心恒耳'，做袁了凡'功过格'，善否悉记，以自刻励。……年六十一，无病而逝"⑥。

吴沛能以他的理想，加上他的最虔诚的愿望，教育、鼓励和引导子女迈向成功，给吴氏后人以榜样的启发力量和坚强的意志力的感召，前引

① 吴沛《西墅草堂遗集》卷首吴国鼎撰《先君逸稿小引》，清康熙十二年吴国对刻本。

② 蓝学鉴、吴国对纂修清康熙十二年《全椒县志》卷一〇，全椒县地方志编纂委员会1993年标点校勘本。

③ 王士禛撰《带经堂集》卷一六，清康熙五十年程哲七略书堂刻本。金兆燕撰《棕亭古文钞》卷首沈德潜序曰："国朝吴编修默崖与名流唱和，有声于时。其兄山人亦能诗，隐居学仙，王新城尚书和左司《寄全椒道人》诗赠之"，清道光十六年赠云轩刻本。

④ 吴敬梓著，李汉秋辑校《吴敬梓诗文集》，人民文学出版社2002年版，第9页。

⑤ 陈廷敬《午亭文编》卷四五《翰林院侍读吴默岩墓志铭》。清李桓《国朝耆献类征初编》卷一一五收录，台北明文书局1985年版。

⑥ 蓝学鉴、吴国对纂修清康熙十二年《全椒县志》卷一〇，全椒县地方志编纂委员会1993年标点校勘本。

《西墅草堂初夏》一诗写课子读书的情形："镇日少过客，不知接送烦。家贫饶藜藿，一饱腹自扪。高低五男儿，暇即与讨论。千古在目前，绝学垂宪言。浮荣何足慕，潜心味义根。"① 吴国对《先君逸稿跋言》中记载当时情形，是此诗最好的注解："西墅草堂为先君旧居也，对垂髫依侍于此，草堂仅两栋，上覆以茅土，垣周之外皆野隙地，古人云陋巷殆不过是。先君惟读书课子，怡然也。"滁州太守冯元飚为吴沛的著述作序赞曰："兄东头，弟西头，书声满墅，文思积薪，翁然自为师友，出树千秋，赋诗报国。"② 吴沛《醉题》诗云：

　　　肚皮知不合时宜，自有千秋大业垂。富贵功名等闲事，可知汗血在群儿。③

　　吴氏家业的振兴，吴沛希望在子辈的"汗血群儿"这里能够实现。在《泉水山房寄子》诗中，作者说："心期诸子成模样，梦入清庭亦幻颠。欲写离惊因不便，纸长话短自相牵。"④"心期诸子成模样"这是吴沛对其子辈最殷切的期待，成何模样，在吴沛这里最近、最迫切的目标便是举业上能有所突破，冯元飚所说"出树千秋，赋诗报国"，吴沛所言"自有千秋大业垂"皆与此相通、相承。

　　吴沛对于举业的揣摩极用心，前文已述，《西墅草堂遗集》卷三"说部"收其《题神六秘》和《作法六秘》两篇文章，吴沛将自己毕生揣摩八股文的经验归结为十二个字，并在每字下面写有一段解说，吴沛要将此传授给子辈，希望他们能在举业上有所收获。文章分别从竖、翻、寻、抉、描、疏以及逆、离、原、松、高、入十二字对审题、立意及具体的写作加以概括，如果撇开八股制艺的时代环境⑤，单从写作的方法来看，对

---

① 吴沛《西墅草堂遗集》卷一，清康熙十二年吴国对刻本。
② 吴沛《西墅草堂遗集》卷首冯元飚撰《西墅草堂遗集序》，清康熙十二年吴国对刻本。
③ 吴沛《西墅草堂遗集》卷一，清康熙十二年吴国对刻本。
④ 同上。
⑤ 一个家族在发达之初对于科举的崇尚是无可厚非的，实际上吴氏科举家族在发达之后，家族的发展也绝不仅仅局限于八股举业上，吴国鼎兄弟辈在政治及教育等诸多方面也颇用心事并多有建树和影响。

于我们今天的文章写作也不无启示。如《题神六秘》前三字：

竖

　　竖者，断一是之说也。圣贤立言之意，有若在此又若在彼者。混帐说去，便无把柄。我却就中孤拈出一义，极冠冕、极卓越，任横说竖说，不能灭倒此一说，如居高唱义，莫不耸诺。阅者虽坐陋中，亦能一见称雄。

翻

　　翻者，洗众案之说也。圣贤立言之意，有可在此不妨亦在彼者。依样说去，便觉嘈哕。我却就中另辟出一意，极新色、极异味，任前说后说，不能雷同此一说，如堂宇重开，莫不希讶。阅者虽坐庸中，亦能一见称异。

寻

　　寻者，求言前之说也。圣贤立言之意有若在此，实不在此者。执板说去，便失本领。我却细思此段话说，因从何起，必有原始。独将此意，一眼认定，再不迷乱。至题之形势，不必一一布设，如觅龙得祖，峰嶂皆归我用。阅者虽坐愦中，亦能一见称悟。①

　　"竖"是从文章主旨来说，立意要分明，要有自己的主见看法；所谓的"翻"强调作文要有新意，善于做翻案的文章，《红楼梦》中薛宝钗说："做诗不论何题，只要善翻古人之意。若要随人脚踪走去，纵使字句精工，已落第二义，究竟算不得好诗。"② 见解十分相像；"寻"强调作文者要慧眼独具，能识破题中真意所在，纲举目张。《题神六秘》与《作法六秘》两篇文章之间皆有照应，如《作法六秘》之"高"：

高

　　高者，过乎人之谓也。凡人作文，千家一律，便如矮人观场，不

---

① 吴沛《西墅草堂遗集》卷三，清康熙十二年吴国对刻本。
② 曹雪芹、高鹗著《红楼梦》，人民文学出版社 1982 年版，第 893 页。

能出一头地。无他，一于平而已。文家有品第，一人言之，百人逊之，则高乎百人矣。一人言之，千万人逊之，则高乎千万人矣。其法不一，可以我识见高，可以我格见高。大抵如立千仞之上，视人所能言者皆贱；视人所能知者皆鄙。选而后出，不惊不休。前辈作者，有创一艺，便前无古人，后无来者，是也。置之俦中，为大文、为绝调，阅者自将胆破。①

这与《题神六秘》之"翻"联系紧密，"翻"要求不同于平常主见，"高"追求"不惊不休"，推崇"前无古人，后无来者"之见，"翻"与"高"本质上相通。吴沛的文章十分重视个性和创造，这在代圣贤立言的八股一统天下时代便极难得。当然，这十二字秘诀是以举业为宗旨，是从八股文的审题、布局、谋篇、立意、体势说起。吴沛以此十二字教子，五个儿子中除老二遵父命任家政外，四子皆成进士，取得了时人称颂"国初以来重科第，鼎盛最数全椒吴"②的辉煌顶点，吴氏子弟如何能不敬仰这位先人！

明、清时期，金、吴两姓在全椒渐趋壮大而形成本地两大族姓，遂成为望族。金氏家族的发达稍前于吴氏家族，根据现有的资料记载，金姓的全椒始祖可追溯到金印这一辈，经金惟精、金湛然后金家开始发旺，到金湛然子辈金九陛、金九殿、金九章、金九贡等因举业有成而在全椒盛极一时，金湛然子辈则与吴氏家族吴国鼎、吴国缙、吴国对、吴国龙在同一时期。全椒县的旧俗，两姓之间互为婚媾称"表兄妹开亲"、"姑做婆"现象，从而形成了"姑生舅养"的家族关系，这在本地极多见。金、吴两姓互通婚姻，吴国龙长子吴晟娶金光昊女为妻，吴晟次子吴雷焕又娶金光昊子金钎女为妻；吴敬梓父亲吴霖起也娶妻金氏；全椒六世祖吴勔之女嫁给全椒人陶钦李生二女，长女嫁金榘，次女嫁吴敬梓，为吴烺之母；被胡适称为亚匏先生的金和，他的母亲即是吴檠的孙女；吴烺之女嫁金榘之孙

---

① 吴沛《西墅草堂遗集》卷三，清康熙十二年吴国对刻本。

② 王又曾《丁辛老屋集》卷十二《书吴征君文木山房诗集后》，乾隆丙申新安曹自鉴序刻本。转引自李汉秋主编《儒林外史研究资料》，上海古籍出版社1984年版，第17页。

即金兆燕之子金台骏为妻。吴烺说，"吾里金与吴世为婚媾"①，金兆燕说，"宾鸿云路各将雏，漫学朱陈嫁娶图"②，这种"亲上加亲"的通婚习俗在金、吴两姓婚姻关系中特别突出并代有延续，不因家族的盛衰而改变，它已成为全椒婚姻关系史上一种颇具代表性的人文现象。

全椒金、吴两家依靠举业振兴家族的发家史也极其相似，吴沛将八股的写作经验总结为《题神六秘说》、《作法六秘说》两篇文章传与子孙，金榘、金两铭的父亲在《塾训》中也将写作八股的心得，传授给他的子孙。

> 学生要用心读书，虚心受教，外面不可结交匪人，馆中不可优游虚度。功夫要勇猛、沈潜、精进，不可自恃。读书要实实记得，讲书要实实领会得。读文须择其灵动有生发者读之。作文要体贴书理，要揣摩圣贤语气。前后要有步骤、有针线，思路又要生发得开。（在题理上寻，不是多引经书之说。）凡一题到手，睁开眼孔，放开手笔，将题之前后、左右、虚处、实处，周详审度，实实在在，自出心裁，做一番新样文字出来方好。而头一篇更要紧，头一篇之破题、承、起讲，尤着实要紧，不可草草混过。起讲头须要有意思，有体格、有气焰，不可纤小取憎。至于小学论则随意生发，无所不可。愈出愈奇，愈奇愈正，手舞足蹈，左宜右有，自入佳境。但不可冗沓驳杂以起厌耳！书法要笔笔端楷，亦开卷引人欢喜之一端也。勉之，勉之；切记，切记！③

金家之《塾训》与吴家《作法六秘》、《题神六秘》形肖神似，有异曲同工之妙。金兆燕在跋中说：

> 此先君子少时祖父自京中所寄谕也。兆燕初读书，先君子即以此

---

① 吴敬梓、吴烺撰，李汉秋点校《吴敬梓吴烺诗文合集·泰然斋集跋》，黄山书社1993年版，第365页。

② 金兆燕撰《棕亭诗钞》卷九《吴杉亭舍人侨居邗上余亦携儿作客即令移寓就婚共送归里礼筵之夕赋呈杉亭兼同诸子八首》（其一），清嘉庆十二年赠云轩刻本。

③ 金兆燕撰《棕亭古文钞》卷十，清道光十六年赠云轩刻本。

付之，至台骏十岁，兆燕又以此授，后台骏授之璀，丙午秋璀殁，检其箧笥，则此纸完然，与所读经书同袭。昔赵简子以训词书二简授伯鲁：无恤无恤。诵其辞甚习，求其简出诸袖中。璀年少能文，好学不倦，克家之器也，乃年甫逾冠仅以诸生食气，四年而亡，丧予！祝予！抱恸曷极！今仍命台骏装池弄之，他日我祖我父在天之灵使如顾况之再得飞熊，而恭衍此训于无斁，岂非大幸也欤。①

　　金兆燕的父亲金榘，在五十四岁作《生日自叹》长诗，历叙自幼苦读制艺的生活："忆自成童年，帖括习经义"，惜科场不利，"年年打檀毬，未饮心先醉"，历经"弹指卅载余，何止书十说"的长期煎熬，到了"我今马齿长，半百更余四"之年岁，依然"瓠落竟无成"，金榘没有放弃，"明年又文战，据鞍拟再试"②，二十岁时考取秀才，乡试十多次都铩羽而归，直到六十二岁时才以廪贡生的资格出任安徽休宁县训导。八股举业决定着读书人的命运，也系着他们一生的悲欢离合，金榘在举业道路上屡战屡败，却始终不能放弃。吴国缙在其父《题神六秘》和《作法六秘》后面也有一段文字，申述乃父十二字对于吴氏科举家族的不朽之功。这便是全椒人在科举的用心之处。从金、吴两家的家传祖训中我们可以管窥儒林文化所生长的土壤。尽管金、吴两家后因举业不振，家族也渐趋衰败下来，但后世子弟对于祖训的虔诚之心依旧，它包蕴着以举业复兴家族的期望。科举时代举业在家族振兴中的作用不可谓不大矣！

　　吴沛的不俗处在于他未将家业兴盛只看成子弟追求举业斩获之荣华富贵的水平上，其《西墅草堂初夏》云："千古在目前，绝学垂宪言。浮荣何足慕，潜心味义根"③，"日进玉铉兄弟励清节，攻苦业，曰：'雕虫不豪，我辈寄之耳。'"④封建科举时代，毕竟投身于举业道路是读书人不能不选择的，也是读书人最好的生存途径，明清封建社会的绝大多数读书人只有适应八股举业制度才能求得身份及发展，此一时期，对于举业的重视

---

① 　金兆燕《棕亭古文钞》卷十《赠君公塾训跋》，清道光十六年赠云轩刻本《赠君公塾训跋》。

② 　金榘撰《泰然斋诗文集》卷一，清道光二十六年刻本。

③ 　吴沛《西墅草堂遗集》卷一，清康熙十二年吴国对刻本。

④ 　吴沛《西墅草堂遗集》卷首薛寀撰《引言》，清康熙十二年吴国对刻本。

及对八股文的研习揣摩不可缺少，重视科举在家族发展中的作用也不难理解，至于对这种制度的反思及批判要到清代初期思想家如顾炎武、黄宗羲等这里才相继出现，那是多年以后的事情。吴沛的认识具有相当的进步性。"雕虫不豪，我辈寄之耳"实在不是落后的思想，"雕虫不豪"是吴沛对八股的评价，而"我辈寄之耳"说得真诚而直接，得鱼兔而弃荃蹄，吴沛不像他的曾孙小说中所塑造的周进、范进之流，为了功名富贵一身投到举业之中而成为"科举迷"。薛寀说："酒酣浩歌，长啸天地，何心问世上得失？抑玉铉兄弟异日之业，具在横槊点笔，各有胜概，夫区区以一第为重者，真井蛙之见也。"① 吴沛的文章赢得房师关骥的格外青睐，落第期间，"其介然自守如此。（指不应关骥招纳）……横经高座，课诸子及门弟子，说书无剿说，而文独以先辈为一家，七战皆北，犹读书历阳泉水寺，矻矻不少休"。其《乾新居说（勉诸生作）》：

古历阳为闉乾重地，岁在甲子，取更新之义，故曰：乾，新也。乃其说不尽，于是《易》曰：乾为天，天行健，而岁功日新。是知乾有强义，强斯作，作斯新，新无穷，推之举业何？莫不然。非乾无新也，审矣然。乾曰：朝夕惕若，敬之，敬之又竦久之，贵无放思，故无蒙思，故无惰思与，于是居者宜何如焉。②

所谓"朝夕惕若，敬之"，日日胸怀敬畏，不能有所懈怠，举业、人生皆然。以此审视吴沛一生，他确实也是这样做的。当子辈举业有成时，吴沛不妄谆谆告诫子辈要"努力达师知"，"干谒羞人累，轻肥耻俗移。致身须及早，康济正相期"③。吴沛的教育在国鼎兄弟辈的成功中起着极其重要的功用，授业、传道及人格的塑造、人生的规划无不留下吴沛影响

① 吴沛《西墅草堂遗集》卷首薛寀撰《引言》，清康熙十二年吴国对刻本。薛寀（1598—1663），字谐孟，号岁星，常州武进人，崇祯三年（1630）进士，官至开封知府，明亡后出家为僧，改字号米堆山。盛宣怀辑刻《堆山先生前集》跋语中云"其有《岁星集》一百卷，久已散佚"。

② 吴沛《西墅草堂遗集》卷三，清康熙十二年吴国对刻本。

③ 吴沛《西墅草堂遗集》卷一《大儿登贤书喜拈成语二句卒成二首》，清康熙十二年吴国对刻本。

的印迹。由此，我们看到一个家族领导者思想的深刻，吴国鼎《先君逸稿小引》① 中说：

> 尝引李九我先生语谓"丰殖干谒最足令人粗心，汝辈绝勿为也"。故不肖鼎兢兢奉之，犹忆鼎庚午倖隽，训之曰："男子事不止此，无作呵拥态，甚无以势凌人。"

吴国鼎并举一事：

> 里有富家，腴田数亩，久在吾产中，忽向售，先君子曰："而以吾儿获隽，恐侵而乎？何薄视吾父子耶。"坚却之，行事大抵类此，以故吾仲弟器彷行之，乡里有善人称。

品性及德行的教育是宝贵的精神食粮，这种教育在国鼎兄弟辈成长过程中留下了深刻的烙印，并时时鞭策他们向前、向善，促成了吴氏家族精神的弘扬光大。无怪乎姜曰广说：

> 天下后世，读其先尊人（吴沛）文，知其先尊人人，高而不避，旷而不散，深远而不曲邈。以此自治，以此治诸子，行于笔墨间见之。……予又为之击节曰："生前语出千人废，死后名从四海知。"②

吴沛久困于场屋，虽然在世之年未能实现家业振兴的宏愿，但是，在吴沛离世后其五子中四人皆成进士，这个家族也因此走向辉煌的巅峰，迈上了吴沛精心铺就的举业兴家道路。

吴敬梓对于祖先举业兴家的道路也是认可的，《移家赋》中称赞其祖父吴国对举业上"揣摩"之功："常发愤而揣摩，遂遵道而得路。三殿胪传，九重温语，宫烛宵分，花砖月午。"③ 吴国对八股文章极好，兄弟辈

---

① 吴沛《西墅草堂遗集》卷首吴国鼎撰《先君逸稿小引》，清康熙十二年吴国对刻本。
② 吴沛《西墅草堂遗集》卷首姜曰广撰《西墅草堂逸稿序》，清康熙十二年吴国对刻本。
③ 吴敬梓著，李汉秋辑校《吴敬梓诗文集》，人民文学出版社2002年版，第7页。

五人中四人成进士，使吴氏科举家族辉煌，善于揣摩是很重要的方面。《儒林外史》也描写了善于"揣摩"八股的另一类人①，吴敬梓对于高翰林之流的"揣摩"没有一丁点儿的好感，张国风先生认为"由此可见吴敬梓前后的思想变化有多大"②，这说到了问题的一个方面。实际上，吴沛举业的"揣摩"与高翰林辈有着本质的区别，前者不因"揣摩"而丧失心志，市侩和奴性更无从谈起。

"常发愤而揣摩，遂遵道而得路"，吴沛投身举业，既给后辈们定下切近的目标追求，即投身于举业，通过科举来荣宗耀祖，又不忘以高远的志向激励后辈们对这个家族要心怀责任。吴氏子弟数代以来传承吴沛的思想并绵亘不绝，就在于它具有旺盛的生命力。"雕虫不豪"从某种程度上也启发了吴敬梓《儒林外史》的创作，吴敬梓革故鼎新，使之升华，在小说《儒林外史》中有深刻的描写，容后文详述。

（二）吴氏科举家族的产生及维系

得益于吴沛的教育培养，从投身举业的吴沛开始到吴烺一代共历六世，吴氏族人都看重从举业中谋求出身，众多家族子弟承继着吴沛开创的读书、科举、入仕的道路，如五世祖吴国鼎兄弟辈深得制义文的要领，方嶟在《文木山房集》说吴国对"所为制义，衣被海内"③。当然，全椒四世祖五人中四成进士，期间科甲蝉联，但他们举业路途十分艰苦，心路历程也充满艰辛。吴国鼎兄弟四人分别于明、清两代进士及第，吴国缙《癸未春同家昆计谐，阻兵恩邑，假馆李氏，数月乃北》说：

> 名缰误绊人，驱逼不得住。南中诸少年，飞函促登路。春光淮上希，束装风雨妒。摇曳乱黄流，城舍变丘墓。道旁父老言，才雁兵焚故。进退两难持，穷途邀左顾。净扫偃月轩，高结葡萄树。华筵次第

---

① 吴敬梓：《儒林外史》第四十九回"翰林高谈龙虎榜　中书冒占凤凰池"，人民文学出版社1977年版，第563—564页。

② 张国风：《漫说儒林外史》，人民文学出版社2005年版，第49页。吴敬梓盛赞先辈"常发愤而揣摩，遂遵道而得路"，这一方面体现吴敬梓前后的思想变化，另一方面，在高氏这里，揣摩不仅是考八股的秘诀，也是他的为官之道、处世之则，其实质是市侩和奴性思想的甚嚣尘上，并且已深入他们之流骨髓中。

③ 吴敬梓：《文木山房集》卷首方嶟序，乾隆刻本。蓝学鉴、吴国对纂修清康熙十二年《全椒县志》卷一三《艺文志》收录国对顺治甲午年（1654）乡试文《圣学》。

展，清喉列童孺。给蔬且供薪，纶鱼更网兔。不复问家园，莺蝉岁月
度。闱试改秋期，分手河干赴。感君何能忘，胶漆嘱鳞羽。①

癸未试即崇祯十六年试，这是明朝最后一次会试，因农民起义，战事
紧急，诗记述他们兄弟赴京赶考，恰遇兵乱，费尽周折，在停顿数月后二
月试期改在八月举行，吴国鼎与吴国龙于本年同时高中进士。吴国对顺治
八年拔贡，十一年顺天府举人，十五年进士，殿试一甲第三名探花及第。
在吴沛精心培养教育下，全椒吴氏家族举业兴家的梦想成为现实。创造举
业辉煌的第一代吴国鼎兄弟辈中，吴国对的功名最高，影响也最大。

全椒吴氏与如皋冒氏的交游从吴国对和冒襄的时代即已开始，如皋县
和全椒县在明末同属南京直隶（省），乡试按规定都在金陵举行，吴国对
和冒襄在应考过程中相识，二人相处甚得，交情颇深。吴国对与冒襄人生
道路有所不同，崇祯十五年（1642）与吴国对一起中了副车②。吴国对呈
赠冒襄的诗记载此事：

> 二十年前事，与君同苦辛。难忘尚落魄，无恙作高人。
> 玉树成诸子，卿云供老亲。自惭多病客，碌碌听风尘。③

吴国对在诗中自注："余与辟疆同列壬午乙榜"，当时科场弊端不少，
舞弊成风、阅卷不公使他们科举失利，也给他们带来极大的痛苦和愤懑。
冒襄的八股制义文造诣极深，并不在吴国对之下，冒襄社友陈名夏说：

---

① 吴国缙《世书堂稿》卷四，顺治十八年刊本，清华大学图书馆收藏。
② 清人夏燮《忠节吴次尾先生年谱》记载"（崇祯十五年）八月，九应南都试榜，揭置副
车，同时膺是选者多知名士。上江督学金楚畹先生谓是科副榜之盛，百年所无，千秋致慨，特刻
题名序齿二录以宠之。按冒序自言与先生同榜，一时知名士如侯雍瞻岐曾、李舒章雯、宋辕文征
舆、夏仲文四敷、吴玉随国对、宗鹤问观上，共百余人，同置榜。又按贡举录是科主应天试者
为何瑞征、朱统𨰥，有明一代贤书遂终于此。"明永乐中会试有副榜，给下第举人以作官的机
会。嘉靖中有乡试副榜，名在副榜者准作贡生，称为副贡。清代称乡试的副榜贡生为副车。科举
时代会试或乡试取士，除正榜外另取若干名，列为副榜。
③ 《同人集·卷六·水绘庵题咏》收吴国对《壬寅秋过访辟疆年兄于水绘庵呈赠》四首，
此为第四首，北京师范大学图书馆藏清康熙冒氏水绘庵刻本，"四库全书存目丛书"集部第三八
五册，齐鲁书社 1997 年版。

"（崇祯九年南京乡试，）吾党称辟疆与密之（方以智）、子一（魏学濂）鼎足文苑，亦或目其为天下才也"①；王廷玺在赠序中说："（冒襄）垂髫应童子试即冠一军，迨饩廪学宫，历诸督学使者暨诸？枭郡邑试辄第一，声名大噪宇内，举大江南北鸿儒硕彦都为之敛容辟易，争纳交者如云，有轻侯封而但愿识韩之意。"② 吴国对及冒襄乡试不顺，屡遭挫折。明亡清兴，冒襄怀有极深的遗民情结，以隐逸为志向，不再参加新朝的科举，也没有步入仕途。吴国对选择了与冒襄相异的人生道路，但这并不影响他们之间的交情。吴国对理解冒襄的隐居行为，对于冒襄的气节，吴国对也从心底里十分敬佩，冒襄一家"父书争与读，祖德屡能追"③，"测水忘终日，观云了此生"④，也是吴国对所钦敬的方面。

　　加之吴国对的同年王士禛⑤又是冒家的世交，"国朝吴编修默崖与名流唱和，有声于时"⑥，顺治十七年（1660），任翰林院编修的吴国对"以病假，流寓邗江"⑦。王士禛与吴国对相会于仪真，两人相见甚欢，《带经

<hr />

① 《同人集》卷一《冒辟疆朴巢诗文集序》，北京师范大学图书馆藏清康熙冒氏水绘庵刻本，"四库全书存目丛书"集部第三八五册，齐鲁书社1997年版。

② 同上。

③ 《同人集·卷六·水绘庵题咏》收吴国对《壬寅秋过访辟疆年兄于水绘庵呈赠》四首之二。

④ 《同人集·卷六·水绘庵题咏》收吴国对《壬寅秋过访辟疆年兄于水绘庵呈赠》四首之三。

⑤ 王士禛于顺治十七年（1660）三月赴扬州任，至康熙四年离任，五年间多次往来如皋冒氏水绘园，诗词唱和不断。其《渔洋诗话》卷上三二条，有关于王、吴二人初次见面时的生动记载："余（王渔洋）以顺治乙未举礼部，戊戌始赴廷对。一日期集礼部，新郎君皆在。全椒吴玉随（国对）大呼入曰：'此中何者为济南王郎乎？'众愕然。余方跂脚榻上，笑曰：'君自辨之。'吴直前捉余臂曰：'此即是也。'众为一笑。"吴氏科举家族中科名最高的是吴国对的侄子吴晟，与王士禛作主考不无关系，其《分甘馀话》云："其（吴国对）侄，辛未会试，余从落卷中得之，拔置第八名，廷对，鼎甲第二人及第。"福格《听雨丛谈》记述此次会试情况："（康熙）三十年辛未会试。总裁：内阁张玉书，户尹陈廷敬，兵侍李光地、王士禛（渔洋）。中试一百五十人。殿试初拟吴晟为第一，金山戴有祺第二，海宁杨中讷第三。上以鼎甲久无北人，遂拔大兴黄叔琳第三人，戴中状元，吴中榜眼。"方嶟《文木山房集序》中说"（吴国对）诗古文辞，与新城王阮亭先生齐名，学者翕然宗之。"

⑥ 金兆燕撰《棕亭古文钞》卷首沈德潜序，清道光十六年赠云轩刻本。

⑦ 吴敬梓、吴烺撰，李汉秋点校《吴敬梓吴烺诗文合集》，吴烺诗《默岩公手迹后并序》，黄山书社1993年版，第173页。

堂集》多有记载①，1662 年，吴国对探访冒襄，冒襄辑《同人集》收吴国对诗及冒襄唱和之诗②。吴国对与冒襄遭际相似，而最终吴国对走科举荣身兴家的道路，仕途起伏，时官时民，但他始终秉承父亲吴沛的教导，走读书、科举兴家的道路，这个家族的兴衰与举业的联系是无论如何也剪不断的。

吴国对于顺治十四年（1658）南京乡试中举，第二年进士探花及第，与王士禛同榜，任翰林院编修。据《不下带编》记载：

> 顺治十四年科丁酉，京闱及江南乡试，皆被论劾。世祖章皇帝震怒，御殿亲校，可□□天仗森严，士子惊惧，多不能成文。有全椒吴公国对捧卷手战，仅书"天子独怜才"五字。御览大赏，准中举人。是科戊戌，遂赐榜眼及第。③

李调元《淡墨录》记载：

> 当丁酉科时，世庙特用诛流，以惩南北乡试之弊。其明年，礼闱校士，上亲定题目，夜半遣亲臣赍送锁院，其防密如此。既策之于廷，上曰："吾既以法惩除积弊，宜可得天下真才。"故于是岁所取士，恩义犹有加焉。连数日引见宫门，拔庶吉士者三十二人，（吴国对）与承恩等三人，读书翰林中。上尝幸景山瀛台南苑，辄召以从，赐坐延问如家人。有唏歔感泣者，尝问对，对侃侃而陈，上重焉。④

吴国对一朝成名天下知，而乡试复试时"捧卷手战"的情景也从一个侧面反映出举业兴家之责任在他心中的份量。福临游幸各处经常召吴国

---

① 王士禛撰《带经堂集》卷七、卷一一、卷一二、卷一六，清康熙五十年程哲七略书堂刻本。

② 冒襄辑《同人集（十二卷）》卷六，北京师范大学图书馆藏清康熙冒氏水绘庵刻本，"四库全书存目丛书"集部第三八五册，齐鲁书社 1997 年版；冒襄撰《巢民诗集》卷三、卷四，清康熙刻本。

③ 金埴《不下带编》卷五，中华书局 1982 年版，第 98 页。

④ 李调元《淡墨录》，辽宁教育出版社 2001 年版，第 26—27 页。

对从行，皇帝"赐坐延问如家人"，这是家族极高的荣耀。对于皇帝的诸多"恩眷"，吴国对十分感激，也引以为荣。康熙《全椒县志》"吴国龙传"说：

> 兄太史公对，以探花及第，蒙世祖（顺治）召问家世，因谕："尔弟病如痊可，速赴京。"庚子，始陛见今上。试疏、论各一道，留内阁办事，待诏日久，奉"有才堪科道"之谕，授工科给事中，转工科右给事中，裁缺，改授河南道监察御史，仍回补兵科给事中。丙午，充山东正主考，覃恩加一级，转礼科掌印给事中。①

国龙叩国对光，顺治帝令其病愈速赴京，国龙以明朝进士的身份被顺治皇帝庭授工科给事中职。对于吴氏家族来说，当吴国对、吴国龙孪生兄弟"翰林兄弟皆名士，癖屋三间分两头"②，举业给这个家族带去了无尚的荣耀。

吴国对因不通满文，未能尽用其才，顺治十六年"以病去"，乡居六年，康熙五年任福建乡试主考官，翌年升国子监司业，翰林院侍读，"又乞迁葬，去居八年，补侍读，提督顺天学政"。③

吴氏子弟孜孜以求于先辈所开创的读书、科举、入仕的发家之路，吴敬梓在这其中也苦苦挣扎过："昨年夏五客滁水，酒后耳热语喃喃。文章大好人大怪，匍匐乞收遭娖戤，使者怜才破常格，同辈庆遇柱下聃。"④"文章大好人大怪"的考官意见对于吴敬梓参加的科岁考十分不利，一旦黜落，不但影响乡试，举业的道路也就此耽搁，一直自负甚高而以为科举功名指日可待的吴敬梓竟为此而"匍匐乞收"，对照吴敬梓后期的思想，变化极鲜明，这却是吴敬梓真实的人生写照。面对家族的颓势，他的人生也陷入诸多困境中，高祖吴沛、曾祖吴国对所开创的辉煌家族基业到他这

---

① 蓝学鉴、吴国对纂修清康熙十二年《全椒志》卷七，全椒县地方志编纂委员会1993年标点校勘本。

② 王士禛著《香祖笔记》卷七，清宣统三年 扫叶山房石印本。也收于王士禛著《带经堂诗话》卷八，人民文学出版社1963年版，第184—185页。

③ 陈廷敬撰《午亭文编》卷四五《翰林院侍读吴默岩墓志铭》。清李桓《国朝耆献类征初编》卷一一五收录，台北明文书局1985年版。

④ 金榘《泰然斋诗文集》卷二附金两铭《和（吴檠）作》，清道光二十六年刻本。

一代已经坍塌，吴敬梓努力了，甚至妥协过，"至于眷念乡人，与为游处，似以冰而致蝇，若以狸而致鼠，见机而作，逝将去汝。飘瓦而忮心不怨，虚舟而惼心不怒。买丝五色，绣作平原君；有酒一杯，唯浇赵州土。"① 但是，道不同，不相为谋，最终只能是"似以冰而致蝇，若以狸而致鼠"，就如用冰块来招引苍蝇、用猫来引诱老鼠一样的徒劳无益。其《遗园四首》②即反映了这一时期的思想，缅怀家族昔日的辉煌，面对今日的衰败，吴敬梓心中生出无限的悲凉，"青云悲往事"，"每念授书志，其如冈极何"都是这种心境的真实写照。要怎样才能报答先人的教诲？"白雪按新歌"，吴敬梓希望继承祖辈举业发家的历史传统，努力攻读应试的举业，以求博得一第。词《丙辰除夕述怀》恰是他的真实心境的写照：

　　　　回思一年事，栖栖为形役。相如《封禅书》，仲舒天人策。夫何采薪忧？遽为连茹厄。人生不得意，万事皆愬愬。有如在网罗，无由振羽翮。严霜覆我檐，木介声械械。短歌与长叹，搔首以终夕。③

　　　对于举业道路上颠沛之人，尤其当吴家举业式微，家族子弟在此中挣扎之情状，吴敬梓感同身受，祖父吴旦"少承家学，锐欲以科名自奋，不幸年甫强壮，遂以劳瘁卒"④，"（国缙）长子……幼聪颖绝伦，勤苦力学，淬厉致疾。将革，犹持手录诸帙不释。早赴修文，士林悼之。""国缙三子。读书数行下，十一龄入泮，有文誉，应廪而卒"⑤，郁郁寡欢的父亲一生挣扎而换得的却是无果的悲剧，等等，吴敬梓深谙其中的苦痛，

　　①　吴敬梓著，李汉秋辑校《吴敬梓诗文集·移家赋》，人民文学出版社 2002 年版，第 10 页。
　　②　吴敬梓著，李汉秋辑校《吴敬梓诗文集》，人民文学出版社 2002 年版，第 14 页。
　　③　同上书，第 28 页。
　　④　转引自王恽忠《吴敬梓家世考》，李汉秋主编《〈儒林外史〉研究新世纪》，上海交通大学出版社 2013 年版，第 145 页。《刘氏安人墓志铭》记载："霖起以诸生为司空李公醒斋所拔，入成均，冀邀禄养以承欢，而安人则谆谆戒之曰：'世家子，守身守学，不辱其先足矣，奚庸歧涂躐为？'"这是刘氏经历丈夫及族人举业悲剧后的沉痛语。刘氏安人的思想不仅影响着其子吴霖起的人生道路，也启发了其孙吴敬梓的思想。
　　⑤　蓝学鉴、吴国对纂修清康熙十二年《全椒县志》卷十，全椒县地方志编纂委员会 1993 年标点校勘本。

对他们有更多的同情和理解，如《哭舅氏》诗：

> 河干屋三楹，丛桂影便娟，缘以荆棘篱，架以蒿床眠。南邻侈豪奢，张灯奏管弦；西邻精心计，秉烛算缗钱。吁嗟吾舅氏，垂老守残编。弱冠为诸生，六十犹屯邅。皎皎明月光，扬辉屋东偏。秋虫声转悲，秋藜烂欲然。主人既抱病，强坐芸窗前。其时遇宾兴，力疾上马鞯。夜沾荒店露，朝冲隔江烟。射策不见收，言归泣涕涟。严冬霜雪凝，偃卧小山巅。酌酒不解欢，饮药不获痊。百忧摧肺肝，抱恨归重泉。吾母多兄弟，惟舅友爱专。诸舅登仕籍，俱已谢尘缘。有司操尺度，所持何其坚！士人进身难，底用事丹铅？贵为乡人畏，贱受乡人怜。寄言名利者，致身须壮年。①

其舅"弱冠为诸生，六十犹屯邅"，多年应试不中，老大多病还要沾露冲烟、夜宿荒店，结果仍然是"射策不见收"，"士人进身难"是吴敬梓的肺腑之言，再如《伤李秀才并序》诗：

> 丙辰三月，余应博学鸿词科，与桐城江若度、宣城梅淑伊，宁国李岑淼同受知于赵大中丞。余以病辞，而三君入都。李君试毕，卒于都下。赋此伤之。
> 扶病驱驰京輦游，依然名未上瀛洲。报罗不是人间使，天上应难赋玉楼。②

乾隆元年（1736），作者与桐城江其龙（字若度）、宣城梅兆颐（字淑伊）、宁国李希稷（字岑淼）一同参加在安庆举行的博学鸿词科考试，后吴敬梓辞去了博学鸿词科的殿试。李岑淼"扶病驱驰"应试，最后客死京城，这是科举制度下个体的一个鲜活的悲剧，此事对吴敬梓的触动极大。还有滁州人冯粹中，吴烺每乘船赴滁州应岁科试，作为前辈的冯粹中

① 吴敬梓著，李汉秋辑校《吴敬梓诗文集》，人民文学出版社 2002 年版，第 44 页。
② 同上书，第 34 页。

总与他相伴，晚年冯粹中终于考中举人，不久在京病逝。① 封建科举制度下个人终其一生奋斗于其中，很多时候只是作为这种制度下的一个牺牲品而已。高祖吴沛借贷读书的困厄②、舅父的遭际、父亲的命运、朋友的落第或为功名而客死异乡等都逼着吴敬梓去反思，而家族的荣耀除却科举一途还有其他的选择吗？

　　个体与制度的对抗，个人的力量总显得十分弱小，要冲破制度的禁锢则难上加难。吴敬梓后来参透了举业八股的本质，从自己的坎坷经历中发觉"如何父师训，专制储举才"③，并与之渐行渐远而走上另一种人生道路，只是它并非通途大道，而是充满艰辛、苦难。但是，对于晚辈的人生道路，吴敬梓的思想又显现出矛盾的方面。作为父亲的吴敬梓，十分关心儿子的成长，其《病中忆儿烺》及《除夕宁国旅店忆儿烺》诗④里所写父爱之深情令人动容，对于儿子吴烺走举业仕途的道路并不反对，⑤ 毕竟那个社会读书人除此一途难有更好的谋生手段，吴敬梓不希望儿子重复自己的艰难人生。吴烺的举业道路并不顺利，中举人之前要不间断地参加科、岁考，奔波于南京、滁州两地，其诗对此也多有涉及，《归里杂感十首》其四"老辈难忘冯敬通，鞭驴挟策逐秋风。小船一叶当中坐，望见乌衣夕照红。"诗下自注曰："冯先生粹中寓钟山书院，每应岁科试，辄偕烺由浦子口至张家堡坐夜行船抵滁。先生举贤书卒于都下，今十三年矣。"⑥ 赴考的奔波之苦可以想见，但吴烺一直坚持着，直到乾隆辛未南

---

　　① 吴烺在二十年后甲申年（1764）作诗《归里杂感十首》（其四）记其事，以示感激怀念之情。

　　② 参见吴沛《西墅草堂遗集》卷四《与范学博老师》，清康熙十二年吴国对刻本。

　　③ 吴敬梓、吴烺撰，李汉秋点校《吴敬梓吴烺诗文合集》附录王又曾《书吴征君敏轩先生文木山房诗集后（有序）》，黄山书社1993年版，第413页。

　　④ 吴敬梓著，李汉秋辑校《吴敬梓诗文集》，人民文学出版社2002年版，第40—41、52页。

　　⑤ 吴敬梓《金陵景物图诗》诗写成后，经他的挚友樊明征仿各种字体书写出来，而手书的首页有"乾隆丙辰荐举博学鸿词，癸酉敕封文林郎内阁中书，秦淮寓客吴敬梓撰"。（吴敬梓著，李汉秋辑校《吴敬梓诗文集》，人民文学出版社2002年版，第94页）在诗之前冠以"乾隆丙辰荐举博学鸿词"的经历，以及因吴烺中举而"敕封"的"文林郎内阁中书"的号衔，可以这样解释，吴敬梓对于儿子献赋赐举人事并无反感，甚至因儿子的功名会产生些许欣慰也未必没有。

　　⑥ 吴敬梓、吴烺撰，李汉秋点校《吴敬梓吴烺诗文合集》，黄山书社1993年版，第258页。

巡召试，赐举人中书，当年赴京任内阁中书，经吴烺奏请，癸酉年（1753）封吴敬梓为内阁中书虚衔，[①] 其时吴敬梓与科举已经决绝。

四　吴敬梓求取举业功名之心路历程——以辞博学鸿词科考试为研究中心

（一）"穷秀才气"[②]：举业功名的负担

在举业盛行的封建时代，恃举业而兴的家族总希望本家族子弟做好举业文章，由此仕宦和家业皆能有所收获。吴敬梓生长于累代科甲的门阀世家，作为长房的嫡传子孙，从吴敬梓诞生之日起，就背负起吴氏科举世家家业振兴的重任，父亲吴霖起对于儿子读书举业的培养也格外重视。从懂事的少年时代起，吴敬梓也颇以科举复兴家业作为自己的使命，并且对此充满着自负与自信。金两铭《和（吴檠）作》写道：

> 子初垂髫异儿辈，成童咿唔抽琅函。从宦祝其归里后，俎豆吾师日訒庵。大扣小扣[③]发秘奥，勃窣理窟辟丛蚕。搦管为文摧侪偶，渐得佳境啖蔗甘。[④]

吴敬梓能参透其中奥秘，并且不断进步，为同辈所不及。有这样的效果，吴敬梓的聪明资质固然起着作用，但也说明此时的吴敬梓愿意学习八股文章，甚至于做它的真诚的信徒。"无何阿翁苦病剧，侍医白下心如惔。会当学使试童子，翁命尔且将芹探；试出仓皇奉翁返，文字工拙不复谐。翁倏弃养捷音至。"在侍奉病重的父亲和参加秀才考试发生冲突时，父亲看重的是儿子不能失去进学的机会；当"翁弃养"和考取秀才的

---

① 乾隆元年，吴敬梓、程廷祚、吴檠、袁枚被举荐博学鸿词科，吴敬梓未赴。乾隆十六年，乾隆首次南巡，吴烺与友人王又曾献诗赋被赐举人并授中书舍人。这一年程廷祚赴京参加经明行修科，落选回南京。乾隆二十八年乾隆再次南巡，程晋芳召试行在，拔置第一，授中书舍人，距吴敬梓去世已经九年。

② 胡适《吴敬梓年谱》见于《胡适文存》二集卷四，亚东图书馆 1921 年版。

③ "大扣小扣"是当时八股时文当中的术语，《礼记·学记》"善待问者如撞钟，扣之以小者则小鸣；扣之以大者则大鸣。"参见何泽翰《儒林外史人物本事考略》第 144—145 页及陈汝衡《吴敬梓传》第 19 页。

④ 金榘《泰然斋诗集》卷二附金两铭《和（吴檠）作》，清道光二十六年刻本。

"捷音至"悲喜二重奏发生时，社会舆论看重的是后者的效用，所以金两
铭说，"夜台闻知应乐耽"，在九泉之下的父亲听到这消息也会高兴的。
死的人尚能高兴，生的人自然更加欣慰，这其实是当时的实际的氛围，八
股科举能够左右人的情感和伦理，足见其引力至大。免疫力的激活有时候
是以中了些许毒害才能发生，吴敬梓自小在此种环境中成长，耳濡目染，
这时的吴敬梓还在诚心实意地做着科举兴家的梦，被八股用功名富贵诱惑
着，作者这一时期诗词也多表现出他的这种心态及思想。当他来到全椒吴
氏的祖居地程家市，瞻仰高祖吴沛修建的西墅草堂而作《西墅草堂歌》：
"明月空传天子诏（西墅：'一轮明月，高拟鹿门'，庄烈皇帝敕书中语），
岁时瞻仰付村翁"，追念先人功业，心中生出无限自豪；"茅茨重葺土重
筑，酾酒诸昆共挥麈，竹苞松茂好相期，莫忘先人庆宁宇。"歌以抒怀言
志，不忘先人创业的艰辛，激励自己要继承先人伟业。吴敬梓曾祖吴国对
清顺治年间探花及第后，在全椒襄河边建探花第、赐书楼，名其园为
"遗园"，取遗世而独立之意。吴敬梓的《遗园四首》（其一、其四）
写道：

　　　　辛苦青箱业，传家只赐书。荒畦无客到，春日闭门居。柳线和烟
结，梅根带雨锄。旧时梁上燕，渺渺独愁予。
　　　　风雨漂摇久，柴门挂薜萝。青云悲往事，白雪按新歌。每念授书
志，其如困极何！可怜贫贱日，只是畏人多。①

　　面对世家门阀的式微，吴敬梓心中满是难言的悲凉，思想上背负着沉
重的负担，生怕祖上的鼎盛辉煌在自己手中而就此衰败消歇。虽然作者隐
约预感着这种颓势的不可阻遏，但家庭的出身，父辈的思想灌输，自己的
人生理想都叫他面对衰败而心有不甘，他要努力振作，"治生儒者事"
（《遗园四首》其二），继承家学的传统，"青云悲往事，白雪按新歌"，
谱唱新歌的最切近的任务即要在功名事业上有所突破，有所作为。这种心
境有时候表现得十分的热烈和迫切，前文已及当雍正七年，二十九岁的吴

---

① 吴敬梓著，李汉秋辑校《吴敬梓诗文集》，人民文学出版社 2002 年版，第 14 页。

敬梓参加滁州的科考，"文章大好人大怪，匍匐乞收遭虓虓"①，实际上，拿吴敬梓的脾性来说，向考官"匍匐乞收"而"遭虓虓"不啻于自讨人格的侮辱，只有在巨大的精神压力下才会使他做这极不情愿的事情。正是缘于这次考试重要性，它对于接下来的乡试具有十分重要的影响，吴敬梓才"匍匐乞收"，可见举业在他心中的份量。很不幸，在随后举行的乡试中，他还是被黜落第。乡试的失败，在他的心底激起了巨大的波澜。雍正八年庚戌除夕所作词《减字木兰花》就是在这种背景下写就，吴敬梓对自己三十年来的人生道路作了反思：

> 减字木兰花（庚戌除夕客中）
>
> 今年除夕，风雪漫天人作客。三十年来，那得双眉时暂开。不婚不宦，嗜欲人生应减半。鲍子知余，满酌屠苏醉拥炉。
>
> 又（其四）
>
> 学书学剑，懊恨古人吾不见。株守残编，落魄诸生十二年。狂来自笑，摸索曹、刘谁信道。唱尽《阳春》，勾引今宵雪满门。
>
> 又（其七）
>
> 文澜学海，落笔千言徒洒洒。家世科名，康了惟闻鼉鼓声。郎君乞相，新例入赀须少壮。西北长安，欲往从之行路难。②

自考取秀才以后，数次乡试均以失败告终，"株守残编"的十二年煎熬，吴敬梓自负文才、自高门第，可是，满腹的才华却无所用处，这让本来对科举功名颇为自信的吴敬梓产生了困惑和犹豫，对未来表现出遭受挫折后的惊悸和畏惧。希望十分渺茫，但是他又极不情愿轻言放弃，悲情笼罩全词。三十岁是人生由青年转入中年的开始，吴敬梓经历了父死、家难、妻子早逝与科岁考中的波折及乡试的失败等一连串的打击，而立之年的吴敬梓，站在了人生的十字路口徘徊着。在《贺新凉（青然兄生日）》中词人说：

---

① 金榘《泰然斋诗文集》卷二附金两铭《和（吴檠）作》，清道光二十六年刻本。
② 吴敬梓著，李汉秋辑校《吴敬梓诗文集》，人民文学出版社 2002 年版，第 55—57 页。

人间富贵虽朝露，也休学、许家马磨，终身贫窭。捉鼻低头知不免，且把棋枰共赌。莫问他、故人何处。小弟今年憔悴甚，但衔杯、不放银蟾去。池草尽，昔时句。①

作者宽慰自己，目前艰难窘迫的处境只是暂时的，今后免不了会有举业、仕宦发达的时候，这便是胡适所说的丁巳以前吴敬梓还有的"穷秀才气"②，这种"穷秀才气"时不时地会出现在他的诗词中。

科岁考的波折，吴敬梓虽然侥幸遇上了还算善良的主考官，但乡试终究败下来，周围的族人难免会有议论和嘲讽，甚至引起他们的鄙视，这也更加激发了他的狂放性格，生性高傲的吴敬梓社会阅历还不丰富，加之叛逆的本性，他的生活的情形便可以想见了。上引《减字木兰花》的另外几首词对吴敬梓这一时期的生活都有所概括：

昔年游冶，淮水钟山朝复夜。金尽床头，壮士逢人面带羞。王家昙首，伎识歌声春载酒。白板桥西，赢得才名曲部知。

田庐尽卖，乡里传为子弟戒。年少何人，肥马轻裘笑我贫。买山而隐，魂梦不随溪谷稳。又到江南，客况穷愁两不堪。

奴逃仆散，孤影尚存渴睡汉。明日明年，踪迹浮萍剧可怜。秦淮十里，欲买数椽常寄此。风雪喧豗，何日笙歌画舫开。③

吴敬梓的朋友程晋芳、顾云和吴湘皋从不同侧面分析了导致这种困境出现的缘由，程晋芳在《文木先生传》中说："袭父祖业有二万余金；素不习治生，性复豪上，遇贫即施，偕文士辈往还，饮酒歌呼，穷日夜，不数年而产尽矣。"④ 顾云说："性闲逸自恣，既以土苴流辈矣；至所施予又

①　吴敬梓著，李汉秋辑校《吴敬梓诗文集》，人民文学出版社 2002 年版，第 58 页。

②　胡适《吴敬梓年谱》见于《胡适文存》二集卷四，亚东图书馆 1921 年版。

③　吴敬梓、吴烺撰，李汉秋点校《吴敬梓吴烺诗文合集》，黄山书社 1993 年版，第 53—55 页。

④　程晋芳撰《勉行堂文集》卷六《文木先生传》，清嘉庆二十五年冀兰泰、吴鸣捷刻本。

多以意气出之，不择其人，家故稍稍落。"① 吴湘皋说："敏轩承家世文物声华烜赫之后，风流酝酿，力洗纨绮习气，生性豁达，急朋友之急，不琐琐于周闭藏积，至于今而家乏担石之储矣。"② 综合起来，举业的失败，环境的恶劣，刺激了吴敬梓叛逆性格的发展，加之本性豪爽，社会阅历单纯，"两万余金"的家产很快散去，而落到个"金尽床头"、"田庐尽卖"、"奴逃仆散"的结局。一个世家子弟沦落到如此境遇，自然要被族人及乡绅认为是不肖子孙，难怪"乡里传为子弟戒"③，冷嘲热讽、鄙视和指责都会接踵而至。种种不幸聚集于一身，一向以才情自负的吴敬梓变成了失败者、落魄者，他怎能在故乡的社会上被人们看重呢？"壮士逢人面带羞"是置身此等情境之下吴敬梓所感受到的真实的精神状况。胡适说："全椒人只晓得他是一个败子，不认得他是一个名士。故他最不满意于他的本乡人。《外史》中借五河县来痛骂他的本县。（看第四十七回。）他所以要离开乡土，寄居南京，大半也是由于他厌恶全椒人的心理。"④怀着对家乡社会世俗的极度厌恶，以及对士绅和族人的怨恨和反感，吴敬梓以能尽早脱离这种环境为快事。在 33 岁移家南京前以及移家至南京都是为了摆脱家乡的恶俗，逃避社会对他的种种舆论，脱离这些世俗人士的白眼和讽刺。作者的心里有过纠葛和斗争，《乳燕飞》词下自注"甲寅除夕"作，下阕写道："家声科第从来美。叹颠狂、齐竽难合，胡琴空碎。数亩田园生计好，又把膏腴轻弃。应愧煞谷贻孙子。倘博将来椎牛祭，总难酬罔极恩深矣。也略解，此时耻。"⑤ 词中流露出的是深深的忏悔之意，怀念昔日家世繁华，举业兴盛，希冀将来门第家业都能兴旺起来，毕竟家乡的故土人情作者还不能割舍，还有读书人很难忘却的功名富贵，吴敬梓的心里堆积了许多矛盾，在留恋与割舍之间徘徊着。

（二）中途退却的博学鸿词科试

辞去博学鸿词科考试是吴敬梓这一阶段心理发展的一个重要事件。博

---

① 顾云《盎山志》卷四，沈云龙主编《中国名山胜迹志丛刊》第 4 辑，台北文海出版社 1975 年版，第 80 页。

② 吴敬梓：《文木山房集》卷首吴湘皋《文木山房集序》，乾隆刻本。

③ 吴敬梓、吴烺撰，李汉秋点校《吴敬梓吴烺诗文合集》，黄山书社 1993 年版，第 53 页。

④ 胡适《吴敬梓年谱》载《胡适文存》二集卷四，亚东图书馆 1921 年版。

⑤ 吴敬梓著，李汉秋辑校《吴敬梓诗文集》，人民文学出版社 2002 年版，第 63 页。

学宏词科考试是在正常科考之外特设的考试之一①，即所谓"制科"的一种，由皇帝亲自主持，目的是在常科之外选择特异的人才。有清一代博学鸿词试共举三次，只开科过两次，即康熙己未（十八年）和乾隆丙辰年（元年），光绪癸卯因德宗驾崩而未举行。康熙十七年诏曰："一代之兴，必有博学鸿儒振起文运，阐发经史，以备顾问。朕万几馀暇，思得博通之士，用资典学。其有学行兼优、文词卓越之士，勿论已仕未仕，中外臣工各举所知，朕将亲试焉。"② 作为一代英主的康熙寻找集中王权的一切途径，康熙一朝对待士人的策略是一边拉拢，同时又附以打击和威吓。康熙己未，国势大局已定，除以科举制度牢笼知识分子身心外，又开设鸿博进一步在社会上造成影响，收买人心。此次鸿博试，各地举荐近二百人，与试者一百四十余人，取中的五十人，全部入翰林并授以高官厚爵，无论参试与否，均冠以"征君"衔，这种礼遇十分诱人，当时士人争以为荣。与吴敬梓相关的乾隆丙辰年的博学鸿词科考试，是清王朝的第二次鸿博试。雍正朝对于知识分子的政策较康熙朝已严厉、苛刻许多，惩处也十分残酷，株连现象普遍。雍正十一年，开博学鸿词科，上谕中说："润色鸿业，膺著作之盛，备顾问之选。"州郡观望，反应并不热烈，当时仅有河东督臣荐举一人，直隶督臣荐举二人。雍正十三年上谕中斥责"督抚学臣等奉行不力之故"，进而严令内外大臣"再行遴选"。因胤禛这年病死，博学鸿词科试终未能举行。直至弘历即位后，才于当年举行了鸿博考试，招试一百七十余人，取中的只有十几人。③ 如果说康熙朝鸿博尚有笼络人才，服务政局的目的，那么丙辰科只是粉饰太平而已。"清王朝的帝王们从历代王朝的更迭中吸取了丰富的统治经验。它的知识分子政策，更是深得历朝传统之精髓。鲁迅曾经用'博大和恶辣'来形容它。真是最恰当不过的评语。"④ 统治者历来采取的都不外打击和拉拢并用的伎俩，恩威并施，只不过因时势不同，所采取的策略会有所侧重而已。

---

① 原称"宏词"，因宏字音近乾隆庙讳，改称"鸿词"。鸿博为科举考试博学鸿词科的省称。

② 赵尔巽等撰《清史稿》（第二册）卷六，中华书局 1976 年版，第 196 页。

③ 参见陈美林《吴敬梓研究》（上册）《略论吴敬梓应征辟问题》及张国风《〈儒林外史〉试论》第二章《〈儒林外史〉的政治倾向》。

④ 张国风：《〈儒林外史〉试论》，中华书局 2002 年版，第 107 页。

吴敬梓与博学鸿词科试的关系历来受到较多关注，与此相关，最早可见的比较典型的有以下几则材料。

江宁县学训导唐时琳为《文木山房集》作序：

> 朝廷法古制科取士，自世庙时，诏在廷诸臣及各省大吏，采访博学鸿辞之彦，余司训江宁三年，无以应也。今天子即位之元年，相国泰安赵公方巡抚安徽，考取全椒诸生吴敬梓敏轩；侍读钱塘郑公督学于上江，交口称不置。既檄行全椒，取具结状，将论荐焉，而敏轩病不能就道。两月后病愈，至余斋，盖敏轩之得受知于二公者，则又余之荐也。余察其容憔悴，非托为病辞者，因告之曰："子休矣！当子膺荐举时，余为子筮之，得井之三爻，其辞曰：'井渫不食，为我心恻，王明并受其福。'"今子学优才赡，躬膺盛典，遇而不遇，岂非行道之人，皆为心恻者乎？虽然，古人不得志于今，必有所传于后；吾子研究六籍之文，发为光怪，俾后人收而宝之，又奚让乎历金门、上玉堂者哉！且士得与于甲乙之科，沾沾得意以终其身者，徒以文章一日之知耳；子之文受知于当代巨公大儒，虽久困草茅，窃恐庙堂珥笔之君子，有不及子之著名者矣。由此言之，未可谓之不遇也。①

程廷祚为《文木山房集》序，言及鸿博事：

> 曾与荐鸿博，以病未赴，论者惜之。②

程晋芳《文木先生传》中论及此事云：

> 安徽巡抚赵公国麟闻其名，招之试，才之，以博学鸿词荐，竟不赴廷试；亦自此不应乡举，而家益贫。③

---

① 吴敬梓：《文木山房集》卷首唐时琳《文木山房集序》，乾隆刻本。
② 吴敬梓：《文木山房集》卷首程廷祚《文木山房集序》，乾隆刻本。
③ 程晋芳撰《勉行堂文集》卷六《文木先生传》，清嘉庆二十五年冀兰泰、吴鸣捷刻本。

金兆燕《寄吴文木先生》诗有：

> 文木先生何嵚崎！行年五十仍书痴。航头屋壁搜姚姒，酱翁篋叟访孔羲。昔岁鹤版下纶扉，严徐车马纷猋驰。蒲轮觅径过蓬户，凿坏而遁人不知。①

杨钟羲《雪桥诗话三集》：

> （吴敬梓）荐鸿博不赴。涂长卿赠诗有：曾见鹤书飞陇畔，谁知豹隐隔山中之句。②

金和《〈儒林外史〉跋》：

> 雍正乙卯，再举博学鸿词，当事人以先生及先生从兄青然（名檠）先生应诏书，先生坚卧不起，竟弃诸生籍。③

顾云《吴敬梓传》：

> 乾隆间，再以博学鸿词荐，有司奉所下檄，朝夕造请，坚以疾笃辞。或咎之，曰："吾既生值明盛，即出，其有补斯世耶，否耶？与徒持词赋博一官，虽若枚马，曷足贵耶？"卒弗就。且并脱诸生籍，去居江宁。④

朱绪曾说：

---

① 金兆燕撰《棕亭诗钞》卷三《寄吴文木先生》，清嘉庆十二年赠云轩刻本。
② 杨钟羲撰集《雪桥诗话三集》卷七，北京古籍出版社 1991 年版，第 284 页。
③ 李汉秋辑《儒林外史研究资料》，金和《儒林外史跋》，上海古籍出版社 1984 年版，第 128 页。
④ 顾云《盋山志》卷四，沈云龙主编《中国名山胜迹志丛刊》第 4 辑，台北文海出版社 1975 年版，第 80 页。

乾隆初，诏举"博学鸿词"，上江督学郑某以敏轩应，会病不克举。①

唐时琳雍正八年在南京做了三年江宁县学训导，按照清代的法令，唐本人虽不能举荐吴敬梓，但唐时琳向上江督学郑筱谷和安徽巡抚赵国麟推举。唐时琳的荐贤得到了郑筱谷的热烈的响应，郑积极促成此事，才有"相国泰安赵公方巡抚安徽，考取全椒诸生吴敬梓敏轩"，"既檄行全椒，取具结状，将论荐焉"。就吴敬梓的经历看，雍正朝前后，从父亲的辞世到移家南京是他一生中经受坎坷最多、人生最不顺利、思想上最彷徨和痛苦的时期，郑筱谷此时能够赏识他，抬举他，吴敬梓心上会留下很深的印记。吴敬梓对于郑筱谷的人品十分赞赏，对他的知遇之恩更是感激，他的诗文中就不乏这种情感的表达，在《送学使郑筱谷夫子还朝三十韵》诗中说："三变容皆见，一隅举所疑。持衡余奖进，取士掩瑕疵。……昔岁彤廷诏，曾令蓬户窥。不才尘荐牍，授简写新诗。坐待官厨饩，吟看日晷移。几回瞻謦欬，再拜奉师资。知遇真难报，蹉跎尚若斯。……教泽咸沾被，酬恩难絷维。抠衣姑孰路，惆怅送旌麾。"②《曹跃舟留宿南轩》诗中说："留我南轩宿，今年此再过。（初夏送督学郑筱谷夫子曾寓南轩。）蚁浮尊满酌，鹅素手重磨。贫贱征途久，知交离别多。感恩望霄汉，相顾叹蹉跎。（跃舟亦受知于夫子。）"③应该说吴敬梓对于郑筱谷的推荐及赵国麟的"将论荐焉"乐意接受，并参加了廷试之前的学院、抚院和督院举行的考试，《文木山房集》中收有这些试帖，共三首诗和两篇赋，分别是：《正声感人赋》，其下注云："抚院取博学鸿词试帖"；《继明照四方赋》，其下注云："学院取博学鸿词试帖"；《赋得秘殿崔鬼拂彩霓》，其下注云："督院取博学鸿词试帖"；《赋得云近蓬莱常五色》，其下注云："抚院取博学鸿词试帖"；《赋得敦俗劝农桑》，其下注云："学院取博学鸿词

---

① 朱绪曾《国朝金陵诗征》卷四十四，光绪乙酉刊本。转引自李汉秋辑《儒林外史研究资料》，上海古籍出版社1984年版，第60页。
② 吴敬梓著，李汉秋辑校《吴敬梓诗文集》，人民文学出版社2002年版，第48—49页。
③ 同上书，第51页。

试帖"。① 吴敬梓确实准备进京应博学鸿词科的考试，但最终"不赴廷试"，其《伤李秀才并序》诗序说：

> 丙辰三月，余应博学鸿词科，与桐城江若度、宣城梅淑伊，宁国李岑淼同受知于赵大中丞。余以病辞，而三君入都。李君试毕，卒于都下。赋此伤之。②

吴敬梓在序中提到"桐城江若度、宣城梅淑伊、宁国李岑淼"三人与《词科掌录》、《听语丛谈》等记载赵国麟所荐举三人相合，且吴敬梓的名字也确实未列赵国麟所荐名单中，两相对照并无错讹。《伤李秀才并序》中吴敬梓自己说"余以病辞"，到底是真病还是托病而辞去鸿博试，吴敬梓自己诗中没有明确说出来，就上面的材料来看也颇多矛盾之处。

唐时琳的序文对于吴敬梓与鸿博试的前前后后记述十分详尽，"余察其容憔悴，非托为病辞者"，唐特意拣出这层意思明说之。唐时琳为江宁县学的训导，吴敬梓为生员，唐在序文中说："敏轩之得受知于二公者，则又余之荐也"，言下之意吴敬梓得遇于赵国麟和郑筜谷是他的识才的结果，而他们师生之间的关系到底如何，从吴敬梓现存的诗文来看，没有发现这方面的文字。对于郑筜谷和赵国麟，吴敬梓在诗文中则多表达对自己知遇之恩的感激。

程廷祚生于康熙三十年，长吴敬梓十岁，是吴敬梓的知交，他由安徽巡抚王鋐荐举③，进京参加了乾隆丙辰年博学鸿词科考试，然无果而终。

---

① 关于吴敬梓参加博学鸿词科试的情况，孟醒仁在《吴敬梓年谱》中仅说他在安庆参加院试，写出诗赋各三篇；程晋芳《文木先生传》中说："安徽巡抚赵公国麟闻其名，招之试，才之，以博学鸿词荐，竟不赴延试。"陈美林先生认为吴敬梓是在南京参加上江督学郑江所主持的学院考试，这次学院考试的诗题为《赋得敦俗劝农桑》，赋题为《继明照四方赋》。二月，赴安庆参加安徽抚院赵国麟主持的省考，诗题为《赋得云近蓬莱常五色》，赋题为《正声感人赋》。在南京参加了主持地方考试最后一级的督院之试，作了一首试帖诗《赋得秘殿崔嵬拂彩霓》，但没有终场，照例不能荐举赴京应试。安徽巡抚赵国麟根据应试情况，荐举了桐城江其龙（字若度）、宁国李希樱（字岑淼）、宣城梅兆颐（字淑伊）三人入京。

② 吴敬梓、吴烺撰，李汉秋点校《吴敬梓吴烺诗文合集》，黄山书社1993年版，第34页。

③ 据杭世骏《词科掌录·举目》所载："安徽巡抚都察院右副都御史王鋐举三人：廪生程光祚（据何泽翰《儒林外史人物本事考略》第52页注曰：程光祚为程廷祚原名），江南上元人。增生吴檠江南全椒人。"

有关吴敬梓辞去鸿博科试情况，他说的十分简单，"曾与荐鸿博，以病未赴，论者惜之"。所"惜"者大概是以他的才气和声名应该去赴试而未去，这"论者"当中其实也应该包括程廷祚自己。程廷祚对历来的选举制度有自己的认识，"圣贤之学，穷达一致。以栖岩谷隐为高者，流于僻；干进而不已者，流于污，皆非中正之道也"，他认为尽管这种制度弊端甚多，但是士人只有此一条进身之路，他并不赞成隐逸和过分的钻营，二者都不是中正之道，"君子不得以而从俗尚，惟遇不遇，一听于命，而无必得之心，可已而遂已，斯庶几矣"①。对于举业考试，读书人可以参加，它是实现个人抱负的必经之路，但不必孜孜以求。程廷祚曾经六次参加乡试，均以失败而终，但是他参加鸿博试，却又能坚决地拒绝权势张廷玉的笼络和收买，程晋芳作《绵庄先生墓志铭》，说：

> 雍正十三年，举博学鸿词科。安徽巡抚王公𬭩以先生应诏。乾隆元年至京师。有要人慕其名，欲招致门下，属密友达其意曰："主我，翰林可得也。"先生正色拒之，卒不往，亦竟试不用，归江宁。②

程廷祚的行为表现出一个读书人的傲骨，以他这样的思想来看，对于吴敬梓辞去博学鸿词科的廷试，他不会太以为然。

程晋芳说吴敬梓"竟不赴廷试，亦自此不应乡举"，用字造语之间的暗示性十分丰富，意在说明吴敬梓是刻意不去参加这场鸿博考试。金兆燕诗说："蒲轮觅径过蓬户，凿坏而遁人不知"，将吴敬梓故意辞去鸿博试的这层意思表达得更明白。程晋芳和金兆燕都是吴敬梓的忘年至交，对于吴敬梓的性情及心理并不陌生，发生在吴敬梓身上的这一次变故，他们应该知道得更详细。容后文再陈述。

顾云所说："有司奉所下檄，朝夕造请，坚以疾笃辞。"情感色彩浓厚，意为吴敬梓以生病为借口，不应试是故意推脱不去，并证以吴敬梓《儒林外史》中的话："吾既生值明盛，即出，其有补斯世耶，否耶？与

---

① 程廷祚撰，宋效永校点《青溪集·青溪文集》卷九《答内弟陶元玉书》，黄山书社 2004年版。

② 程晋芳撰《勉行堂文集》卷六，清嘉庆二十五年冀兰泰、吴鸣捷刻本。

徒持词赋博一官，虽若枚马，曷足贵耶?"这是看透了统治者的伎俩，与雍正的上谕"惟博学宏词之科，所以待卓越淹通之士，俾之黼黻皇猷，润色鸿业，膺著作之盛，备顾问之选"正可有个对照。金和说："先生坚卧不起，竟弃诸生籍"，同顾云所言意思相近，说明吴敬梓是以借口而不参加鸿博试。朱绪曾说吴敬梓"会病不克举"，用语平实，吴敬梓因生病了故未能参加鸿博试。顾云、朱绪曾及金和都是后于吴敬梓时代的人，上述话语自然也是耳听口传而得之的材料。

吴敬梓的思想感情是极丰富极复杂的，一方面接受的是传统文化的熏陶，又经历了人生的各种苦难和挫折，加之有清一代时代思潮的影响等无不在他的心里留下了深刻的印记，也使他成为一个极有个性和思想的文学家。我们在研究吴敬梓的时候，常会发现很多矛盾的材料，这种矛盾恰是探求他思想及情感之"真"的极好的东西，复杂的矛盾愈与一个人的思想情感的丰富和复杂往往形成对应。吴敬梓的思想发展在一定的时期内会形成某种特征，但我们不应将其平面化和绝对化，以静止的方式去分析，很多时候他的思想处于一种波动的曲线状态。就没有参加在京城的博学鸿词科试来说，它确是吴敬梓一生中不可忽视的重要事件，因为它对吴敬梓以后的生活道路和思想的发展变化都产生了重要的影响。因此，如果将吴敬梓辞去博学鸿词科考试置于其思想发展变化的过程中去分析，尽力将其还原为有血有肉的合情合理的真实，厘清它的前因后果，对于研究吴敬梓的思想则会产生很大的帮助。

能够被荐举参加博学鸿词科考试，对封建社会的读书人不乏具有相当的吸引力，毋庸讳言，对于吴敬梓来说这种吸引力也在作用着。父亲去世后一系列的不幸给吴敬梓极大的刺激和伤害，家道的中落、多年蹭蹬场屋、长期的贫困生活、来自本阶级的蔑视（既遭受到族人的鄙夷，又有士绅的冷遇），他迫切地希望改变这种现状，而眼前的途径只能通过功名，走祖辈们行之见效的科举发家的道路，所以我们看到这一时期对于功名的向往一直萦绕在他的脑际，欲说还休。"家门鼎盛"[1] 的辉煌，吴敬梓终生引以为豪，世家的衰微一直以来让他深以为痛，背负的振兴家业的

---

① 吴敬梓著，李汉秋辑校《吴敬梓诗文集·移家赋》，人民文学出版社 2002 年版，第 9 页。

沉重负担使他寝食难安。其诗文记录着他的心理波澜，如前引的《减字木兰花》八首，即使在移家南京之初，因摆脱家乡恶俗而兴奋之时，这种情绪也会不经意朝他袭来。如《买陂塘》二首：

买陂塘

　　癸丑二月，自全椒移家，寄居秦淮水亭，诸君子高宴，各赋《看新涨》二截见赠。余既依韵和之，复为诗余二阕，以志感焉。

　　少年时、青溪九曲，画船曾记游冶。绯纚维处闻箫管，多在柳堤月榭。朝复夜。费蜀锦吴绫，那惜缠头价。臣之壮也。似落魄相如，穷居仲蔚，寂莫守蓬舍。江南好，未免闲情沾惹。风光又近春社。茶铛药碓残书卷，移趁半江潮下。无广厦。听快拂、花梢燕子营巢话。香销烛炧。看丁字帘边，团团寒玉，又向板桥挂。

又

　　石头城寒潮来去，壮怀何处淘洗。酒旗摇飏神鸦散，休问猘儿狮子。南北史，有几许兴亡，转眼成虚垒。三山二水，想阅武堂前，临春阁畔，自古占佳丽。人间世，只有繁华易委。关情固自难已。偶然买宅秦淮岸，殊觉胜于乡里。饥欲死。也不管，干时似浙矛头米。身将隐矣。召阮籍嵇康，披襟箕踞，把酒共沉醉。①

所谓的"人间世，只有繁华易委。关情固自难已"恰是他在功名与困境之间复杂内心活动的体现，现实的处境是"臣之壮也，似落魄相如，穷居仲蔚，寂寞守蓬舍"，这与家族科名相差极悬殊，在三十余年来的坎坷遭遇后，面对着"人世间，只有繁华易委"的冷酷现实，自然会产生悲从中来的情感，"身将隐矣。召阮籍、嵇康，披襟箕踞，把酒共沈醉"的念头多少是作者的无奈、愤激之辞。"客久无乡梦，愁深有病魔"②，这种"愁"时常纠缠着他，而经历了移家短暂的兴奋后便很快又被愧疚、

失落和悲伤的情绪所笼罩。其《乳燕飞：甲寅除夕》①，除夕这一特殊的日子，今宵过去便是明年，述往思来成为人之常情。作者因为生活的困顿而陷入难以自拔的苦痛中。居南京已大不易，经济上的穷困，尤其是因功名无成"难酬罔极"，愧对"家声科第从来美"的祖先，先祖以科第传家，海内称羡，而自己却举业迍邅，变卖田产，漂泊外乡，继承和振兴家业的重任对于一事无成的"三十诸生"来说未免太微茫了。在这种渴望功名而又始终未能获得的矛盾纠葛中只能寄微茫的希望与未来，聊以慰藉。他的矛盾实为他的痛苦，矛盾愈纠葛，痛苦的折磨愈深，他的环境造成了他的遭遇的不幸与可悲。而且如果我们把观察的视角向后延伸，如在辞去鸿博试后的当年除夕，吴敬梓写有《丙辰除夕述怀》② 诗，我们会发现功名无成的痛苦如幽灵一样始终伴随着他左右，让他的情感陷入其中不能自拔。三十九岁生日作《内家娇》词：

　　内家娇：生日作
　　行年三十九，悬弧日、酌酒泪同倾。叹故国几年，草荒先垄，寄居百里，烟暗台城。空消受，征歌招画舫，赌酒醉旗亭。壮不如人，难求富贵；老之将至，羞梦公卿。行吟憔悴久，灵氛告：须历吉日将行。拟向洞庭北渚，湘沅南征。见重华协帝，陈词敷衽；有娀佚女，弭节扬灵。恩不甚兮轻绝，休说功名！③

　　功名不遂的结果是"壮不如人，难求富贵"，这其中难掩作者胸中的怨愤，"恩不甚兮轻绝，休说功名"，吴敬梓想要忘却功名，但五十年"家门鼎盛"④ 的荣耀，代表祖先创业辉煌的科举功名没有那么容易就忘却掉。理性上希望与此分割，感情上却又始终割舍不了，即使吴敬梓到了人生的晚年，其《金陵景物图诗》首页上还题有"乾隆丙辰荐举博学鸿词，癸酉敕封文林郎内阁中书，秦淮寓客吴敬梓撰"，并有"赐书楼"的

————————

①　吴敬梓著，李汉秋辑校《吴敬梓诗文集》，人民文学出版社 2002 年版，第 63 页。
②　同上书，第 28 页。
③　同上书，第 71 页。
④　吴敬梓著，李汉秋辑校《吴敬梓诗文集·移家赋》，人民文学出版社 2002 年版，第 9页。

图记。① 标明头衔，虽然未必就是吴敬梓所为，但至少是在他知道并得到他的认可，在举业功名之下，吴敬梓好似"一捆矛盾"，而藏在这"一捆矛盾"背后的是这个时代最伟大的文人之一——吴敬梓的一颗不同寻常的心灵。

　　鸿博考试对于吴敬梓来说吸引力是存在的，三十六岁的吴敬梓虽然经历了人生的种种风雨，但对于科举还没有完全忘却，从父辈们起，全椒吴氏已经开始日趋衰落，家业兴盛的重担历史地落在了他的肩上，重振家业，报答祖先，任重而道远。凭着自己的才学，他希望力挽狂澜，对于自己的才智，他有着充分的自信，吴敬梓与从兄吴檠在当时即被誉为南朝的大小谢，他们之间也乐于以此互称，其《琵琶》诗中"《郁轮袍》曲非难制，只是无因上舞筵"②，《移家赋》中说："梓少有六甲之诵，长余四海之心。推鸡坊而为长，戏鹅栏而忿深。"即自负的同时，也表现出作者的孤高自赏，傲视世俗。可惜世事难料，自己满腹才华却无人赏识，空负所学，"命与仇谋"，科场蹭蹬的他，功名还止于一个秀才而已，这与祖先的四代七进士的情形无法相比，他一直为此而懊丧和愧疚，"三十年来，那得双眉时暂开"③ 是他真实的心理。前文已述，吴敬梓对于郑筱谷的推荐及赵国麟的"将论荐焉"并不反对，参加了廷试之前的各种预备考试。功名之心一直牵引着他，甚至有时候让他深陷其中，让他心烦意乱而情绪消极，即胡适所说的"穷秀才气"。对于鸿博试，这时的吴敬梓还不能不有所心动，所以做了各种相应的准备，包括参加南京、安庆的院试、抚试和督试。

　　吴敬梓具有张扬的个性，桀骜不驯的性格，三十岁的生日，吴檠说他"去年卖田今卖宅，长老苦口讥喃喃；弟也叉手谢长老，两眉如戟声如鼍。弟也跳荡纨袴习"④，金榘说："君家惠连尤不羁，酒酣耳热每狂叫。尽教座上多号呶，那顾闺中有呵谯"⑤，金兆燕说："嗟哉末俗颓，满眼魍

---

　　① 吴敬梓著，李汉秋辑校《吴敬梓诗文集》，人民文学出版社 2002 年版，第 94 页。

　　② 同上书，第 17 页。

　　③ 吴敬梓著，李汉秋辑校《吴敬梓诗文集（减字木兰花：庚戌除夕客中）》，人民文学出版社 2002 年版，第 55 页。

　　④ 金榘：《泰然斋集》卷二附，清道光二十六年重刊本。

　　⑤ 金榘：《泰然斋诗文集·寄怀吴半园外弟》卷四，清道光二十六年重刊本。

魈魈。执手渺万里，对面森九嶷。"① 凭着吴敬梓的脾性，特别是在处理一些关键性的事情时，往往因一时一地的偶然因素，尤其为自己的性情左右，多率性而为。二十九岁参加滁州科考所发生的事情便是他的性格的一次表露，金两铭在《为敏轩三十初度作》"昨年夏五客滁水，酒后耳热语喃喃。文章大好人大怪，匍匐乞收遭黜黜。"② "文章大好"见出吴敬梓的才情卓著，"人大怪"则暗指他有乖名教的放浪形骸的行为，而且以他的才情和家世的名望，加之几年来的不如意，酒酣耳热之际必然大放厥词。吴敬梓的言论和行为很快在一些人中传扬开去，并传到试官那里，明清时代的秀才是不能随便议论时事的，如果试官追究这些，他会被黜退，甚至被削籍，情急之下的吴敬梓不得已委曲求全，竟向考官跪拜认错求情，结果遭到大声斥责，这对吴敬梓无疑是极大的羞辱，也造成了心理的伤害。

再如移家南京，它是吴敬梓一生中重要的事件之一，经历短暂的迁居之喜悦后，移家的第二年便已流露出了反思和后悔，《满江红》词：

> 岂合在，他乡住？岂合被，虚名误。盼故山榛莽，先人丘墓。已负耦耕邻父约，漫思弹铗侯门遇。再休言、得意荐相如，凌云赋。③

《春兴》八首诗之三：

> 失计辞乡土，论文乐友朋。为应蓬自直，聊比木从绳。挥麈清风聚，开樽皎月澄。回思年少日，流浪太无凭。④

诗中更是明说自己辞去故乡，背井离乡的"失计"，《琐窗寒：忆山居》词：

---

① 金兆燕撰《棕亭诗钞》卷五《甲戌仲冬送吴文木先生旅榇于扬州城外登舟归金陵》，清嘉庆十二年赠云轩刻本。
② 金榘《泰然斋诗文集》卷二附金两铭《和（吴檠）作》，清道光二十六年刻本。
③ 吴敬梓著，李汉秋辑校《吴敬梓诗文集》，人民文学出版社 2002 年版，第 62—63 页。
④ 同上书，第 19 页。

撇却家山，紫翠丹青如画。想泼醅春酒正浓，绿杨村店鸡豚社。几多时，北叟南邻，定盼余归也。①

倾注在字里行间的都是对家乡的眷念之情。作者说"失计辞乡土"，恰反映出对自己移家南京的行为太过草率的懊恼。

有关松江女子张宛玉和吴敬梓的交往也颇能说明吴敬梓的这方面性格。张宛玉是小说《儒林外史》中沈琼枝的原型，乾隆十年，吴敬梓曾经给予其帮助，程廷祚就此事给吴敬梓写过一封信，以为女子要讲"三从之古训与中馈之正理"，并在信中劝诫吴敬梓：

足下有矜奇好异之心，而抱义怀仁，被服名教，何不引女士以当道，令其翻然改悔，归而谋诸父母之党，择盛德之士而事之，则足下大有造于女士，而自处之道，可谓善矣。②

程廷祚的话语颇含责备之意，和张宛玉的交往与吴敬梓的个性也极相符，程廷祚所谓的"矜奇好异之心"即是吴敬梓张扬个性的表现，何泽翰先生的《儒林外史人物本事考略》评论说："通过这封信的内容，使我们了解到当时的真实背景，像敬梓这样仗义独行的人，在当时往往遭到非难，就是和他最要好的朋友，也不能体会出他的热心快肠。"③ 孟醒仁先生认为吴敬梓移家南京、创作《儒林外史》、辞却"博学鸿词"是他一生中十分重要的三件大事，并认为吴敬梓处理自己的重要的关键的事情时，往往显示出两个特征："一是都由他自己亲自抉择并付诸实践的，二是不被世人所理解，甚至于一些至亲好友，对他也不无抱怨。"④ 实际上，这些都是吴敬梓个性使然也。用世俗的眼光观察，说他思想单纯乃至幼稚、好冲动都行得通。我们回过头来看鸿博试的情况，可以推想吴敬梓最初是乐意参加这博学鸿词科的考试的，以他的脾性甚至这时心中不乏含着兴

---

① 吴敬梓著，李汉秋辑校《吴敬梓诗文集》，人民文学出版社 2002 年版，第 63 页。

② 程廷祚撰，宋效永校点《青溪集·青溪文集续编》卷六《与吴敏轩书》，黄山书社 2004 年版，第 377 页。

③ 何泽翰著《儒林外史人物本事考略》，上海古籍出版社 1985 年版，第 70 页。

④ 孟醒仁著《吴敬梓评传》，中州古籍出版社 1987 年版，第 81 页。

奋，前文论及感激郑筠谷和赵国麟荐举的知遇之恩也是证明。对于吴敬梓来说鸿博试毕竟有着不少诱惑，一直耿耿于怀的功名就此可能获得一个捷径通途，消解了过去失败的耻辱，扫除乡里绅士及族人给自己带来的羞辱，自己一身的才学由此便有了用武之地，吴氏家族的复兴也许就此指日可待，等等，但是结果是他没有进京赴试。

唐时琳是江宁县学训导，他为《文木山房集》作序说"敏轩病不能就道"，并特意强调说吴敬梓的病"非托为病辞者"，是真病。陈美林先生说：

> （唐时琳）及至推荐一个吴敬梓给上江督学郑江（筠谷）和安徽巡抚赵国麟，在"将论荐焉"的关键时刻，偏偏"病不能就道"，而南京文人圈子中又流传着"托为病辞"的舆论，万一皇帝怪罪下来，身为当事人之一的唐时琳又如何担当得起呢？因而，他在为《文木山房集》写序时，首先澄清事实真相，辨明"托为病辞"一说的不可信，其次才是对吴敬梓的劝慰之词。岂知二百多年前唐时琳力图澄清的事实又成为今日评价吴敬梓的一桩公案。①

陈美林先生以为唐时琳的记载最可信，陈汝衡先生则以为：

> 唐时琳这一条作为吴敬梓真是生病的证据是最没有说服力的；而况他以推荐人的身份，又是朝廷的官吏，如果承认被推荐者假装生病不肯上道，对他自己有什么好处？他为《外史》作序，对吴敬梓作出这些回护之词，我认为是确合自己身份的。②

两位先生正好从相反的角度去思考同一则材料，都有其合理性的一个方面。唐时琳的序文吴敬梓应该过目，对于唐序所言没有什么回应，作为生员的吴敬梓也不好有什么文辞的表示，何况是为自己的诗集作序。实际

---

① 陈美林：《吴敬梓研究》（上册）《略论吴敬梓应征辟问题》，南京师范大学出版社2006年版，第107页。

② 陈汝衡：《吴敬梓传》，上海文艺出版社1981年版，第68页。

上，吴敬梓在小说《儒林外史》中通过杜少卿辞征辟事对唐时琳所说的
"真病"作了曲折隐微的回应，小说中杜少卿的形象历来被看作是吴敬梓
的一个缩影，是作者自况性的人物，对于杜少卿辞征辟的描写主要在小说
第三十三和三十四回，录相关文字如下：

> 杜少卿别了迟衡山出来，问小厮道："那差人他说甚么？"小厮
> 道："他说少爷的文书已经到了，李大老爷吩咐县里邓老爷请少爷到
> 京里去做官，邓老爷现住在承恩寺。差人说，请少爷在家里，邓老爷
> 自己上门来请。"杜少卿道："既如此说，我不走前门家去了，你快
> 叫一只船，我从河房栏杆上上去。"当下小厮在下浮桥雇了一只凉
> 篷，杜少卿坐了来家。忙取一件旧衣服、一顶旧帽子，穿戴起来，拿
> 手帕包了头，睡在床上，叫小厮："你向那差人说，我得了暴病，请
> 邓老爷不用来，我病好了，慢慢来谢邓老爷。"小厮打发差人去了。
> 娘子笑道："朝廷叫你去做官，你为甚么妆病不去？"……
> 小厮进来说："邓老爷来了，坐在河房里，定要会少爷。"杜少
> 卿叫两个小厮搀扶着，做个十分有病的模样，路也走不全，出来拜谢
> 知县，拜在地下，就不得起来。知县慌忙扶了起来，坐下就道："朝
> 廷大典，李大人专要借光。不想先生病得狼狈至此。不知几时可以勉
> 强就道？"杜少卿道："治晚不幸大病，生死难保，这事断不能了。
> 总求老父台代我恳辞。"袖子里取出一张呈子来递与知县。知县看这
> 般光景，不好久坐，说道："弟且别了先生，恐怕劳神。这事，弟也
> 只得备文书详复上去，看大人意思何如。"杜少卿道："极蒙台爱，
> 恕治晚不能躬送了。"知县作别上轿而去，随即备了文书，说："杜
> 生委系患病，不能就道。"申详了李大人。恰好李大人也调了福建巡
> 抚，这事就罢了。杜少卿听见李大人已去，心里欢喜道："好了！我
> 做秀才，有了这一场结局，将来乡试也不应，科、岁也不考，逍遥自
> 在，做些自己的事罢！"①

---

　　①　吴敬梓：《儒林外史》第三十四回"议礼乐名流访友　备弓旌天子招贤"，人民文学出版社 1977 年版，第 395—396 页。

杜少卿以病辞去征辟在小说中是十分明确地给以表述的。我们并不赞成将杜少卿的言行及思想与吴敬梓完全等同起来，因为生活真实毕竟不同于艺术真实，现实主义的创作方法，艺术形象的典型化效果可以使读者长久难忘，超过原来的模型。作者可以避免一些枝节，突出其中的主干，这也是现实主义创作方法不同于自然主义之处。同时，对于某一事件的研究，即如一部小说，如果我们不从作品的整体感受出发，不从作品贯穿全书的故事内容出发，就不能得出合理而完整的结论，离开了躯干的枝节可以给出多种解释，只有与躯干长在一起的枝节才是活的，真实与合情合理的。我们并不赞成以杜少卿托病辞征辟来证明吴敬梓装病辞征辟，但小说中作者描述杜少卿辞试确实费了不少笔墨和心思，说作者毫无用心似说不过去，毕竟此一段的描写多少表露出当年发生的辞鸿博试隐微、曲折的心理，借小说说出来，而且以吴敬梓的脾性，他没有必要在小说中标榜自己。

程晋芳说："敏轩生近世，而抱六代情。风雅慕建安，斋栗怀昭明。"[1] 伴随着吴敬梓的一生的坎坷和不幸，以魏晋风度为特质的名士的精神思想能够给他不少精神慰藉，他们特立独行，看重生命与精神自由，这与吴敬梓的思想特别相合。"辛酉、壬戌间，延至余家，与研诗赋，相赠答，惬意无间。而性不耐久客，不数月，别去。"[2] 程晋芳为其至交好友，邀至家并诗酒唱和，吴敬梓"不耐客"。事虽小，但足可见敏轩不耐受羁绊的情形。能够被荐参加博学鸿词科考试，最初是怀着欣喜参加了院试，这中间又经历了各种情形，思想也产生了变化，他的性格本来就憎恨于受人羁束，《儒林外史》中杜少卿被作巡抚的李大人（先祖门生）举荐时，他回绝时说："大人垂爱，小侄岂不知？但小侄麋鹿之性，草野惯了，近又多病，还求大人另访。"[3] 所谓的"麋鹿之性"就是对于任性自由和自在生命的追求。凭着吴敬梓的个性，辞去征辟未必不是一种选择，即如杜慎卿言"好了！我做秀才，有了这一场结局，将来乡试也不应，

---

① 程晋芳撰《勉行堂诗集》卷五《寄怀严东有》，清嘉庆二十五年冀兰泰、吴鸣捷刻本。

② 程晋芳撰《勉行堂文集》卷六《文木先生传》，清嘉庆二十五年冀兰泰、吴鸣捷刻本。

③ 吴敬梓：《儒林外史》第三十三回"杜少卿夫妇游山　迟衡山朋友议礼"，人民文学出版社 1977 年版，第 391 页。

科、岁也不考，逍遥自在，做些自己的事罢！"①

毋庸讳言，吴敬梓后期的思想愈见深刻，但是，大约杜少卿这时的心态也藏在数年前吴敬梓的潜意识心理中，那个时候尽管吴敬梓没有脱去胡适所说的"穷秀才气"，功名心不甚强烈，在若即若离之间，却还是一直有所牵挂，又缺少十分执着的投入。参加安庆的院试耗费了他的精神，又与他的性情冲突得愈厉害，"怪兼旬，为踏槐黄，误了鸥盟"②。他也做过反思，在《题王溯山左茅右蒋图》中说，"著书仰屋差自娱，无端拟献金门赋"③，最终，吴敬梓辞却去京城参加博学鸿词科的考试也便势所必然。当然，我们去探究吴敬梓是否因真的生病而辞去鸿博试，目的并非要抬高他的思想，如胡适说："做秀才希望被荐做博学鸿词，这也算不得什么卑鄙的事。"④ 但是，反言之，如果做秀才能够辞去被荐举而不去参加博学鸿词试，这却也是高尚之事。我们无意于要将吴敬梓刻意归于高尚之列，但吴敬梓能够辞去鸿博试并非易事，"亦有却聘人，灌园葆贞素"⑤ 也的确是他精神境界的写照。知其人，论其事，它对于我们研究吴敬梓的思想、他的心理、他的人生都提供了极好的视角。

（三）"忧愁风雨"——吴敬梓苦难人生的心理映照

人生经历太多不幸的人，往往会在心上留下难以磨灭的伤痕，这种经历使他常不自觉地以悲观消极的心态去应对现实世界的种种问题。李清照的词《永遇乐》（落日熔金）即刻画了这种心理。

　　　　落日熔金，暮云合璧，人在何处？染柳烟浓，吹梅笛怨，春意知

---

① 吴敬梓：《儒林外史》第三十四回"议礼乐名流访友　备弓旌天子招贤"，人民文学出版社 1977 年版，第 396 页。

② 吴敬梓著，李汉秋辑校《吴敬梓诗文集》卷四《高阳台（真州客舍晤团冠霞，以江宾谷手书并新词见示，倚声奉答）》，人民文学出版社 2002 年版，第 69 页。

③ 吴敬梓：《吴敬梓诗文集》卷二，李汉秋辑校，人民文学出版社 2002 年版，第 27 页。

④ 胡适《吴敬梓年谱》见于《胡适文存》二集卷四，亚东图书馆 1921 年版，第 21 页。

⑤ 吴敬梓著，李汉秋辑校《吴敬梓诗文集》卷二《左伯桃墓》，人民文学出版社 2002 年版，第 36 页。

几许！元宵佳节，融和天气，次第岂无风雨？来相召，香车宝马，谢他酒朋诗侣。中州盛日，闺门多暇，记得偏重三五。铺翠冠儿，拈金雪柳，簇带争济楚。如今憔悴，风鬟霜鬓，怕见夜问出去。不如向、帘儿底下，听人笑语。

作者置身于元夕"落日熔金，暮云合璧"的绚丽暮景中，恍惚回到自己留恋的"中州盛日"，但很快就意识到这只不过是一时的幻象，不由自主地发出一声悲哀的"人在何处"的叹息。这是一个遭逢国破家亡、夫死寡居等诸多不幸的女词人，在似曾相识的情景面前所产生的复杂心理反应，"元宵佳节，融和天气，次第岂无风雨？"晴明的暮景清楚地预示今夜的天气会极好，作者偏偏生出"次第岂无风雨"的忧愁。这仿佛有些无端忧虑，但正是这种突然而起的"忧愁风雨"心理，极深刻地反映了这位饱经风霜的词人心上所形成的非常态的特殊心境。历经沧桑的人，对于世事会生出无常之感，对于一切怀着世事难料，横祸随来的疑惧心理了。昔日的繁华欢乐早已成为不可追寻的幻和痛，现实的不幸及悲哀在词人的心上投下了挥不去的巨大阴影，"不如向、帘儿底下，听人笑语"。平淡的语气中却包含了人生多少的感慨和悲凉。词人一方面不敢面对元宵胜景，因为它会触动自己内心深处的痛楚；另一方面却又想要面对，也许它能给满是伤痕的心灵带去一丝慰藉。取舍犹豫之间似乎透露出词人对生活还有所追恋和向往，但骨子里却蕴含着无限的孤寂悲凉。词人满腹辛酸，心在半死之间，一腔凄怨，说不尽的痛楚，唯有在隔帘笑语声中聊温旧梦，帘内帘外却是冰火两重天。

吴敬梓虽然没有经历如李清照的国破家亡的深哀巨痛，但终其一生的遭际，背负着祖辈的荣耀而不能使家业振兴，满腹的才华却不为世所用，从世家高门的贵族子弟沦落到一日三餐都无以为继的社会底层，"白门三日雨，灶冷囊无钱。逝将乞食去，亦且赁春焉"①。多少人读之都为他的遭遇一掬同情之泪。此等人生境遇非常人所能经历，它在吴敬梓的心灵也投下了巨大的阴影，围绕博学鸿词科考试便是这方面的情形，吴敬梓有与李清照词中极其相似的情境，我们不妨将其称之为"忧愁风雨"心理。

---

①　程晋芳撰《勉行堂诗集》卷二《春帆集》之《怀人诗十八首》，清嘉庆二十三年刻本。

程晋芳和金兆燕是吴敬梓的知己，对吴敬梓十分了解，他们说吴敬梓以病为借口，辞去鸿博的廷试，未尝不是更深地进入了吴敬梓的心灵世界。吴敬梓的家世功名在他心上的反应如同李清照十分留恋的"中州盛日"，出身名门望族，引以为自豪的"家声科第从来美"①，"五十年中，家门鼎盛"②，"一门三鼎甲，四代六尚书，门生故吏，天下都散满了。督、抚、司、道，在外头做，不计其数。管家们出去，做的是九品杂职官"③。周围的人也不乏崇敬和羡慕："全椒吴氏，百年以来称极盛"④，"国初以来重科第，鼎盛最数全椒吴"⑤，吴敬梓始终都保持着家世门第的自豪感。但是，祖辈的繁华兴旺早已成为不可追寻的幻梦，现如今久困场屋，老大无成："落魄诸生十二年"⑥，"三十诸生成底用"⑦，多年的功名蹭蹬，只能将微薄的希望寄托于渺茫的未来，"倘博将来椎牛祭，总难酬罔极恩深矣。也略解，此时耻"⑧。如今难得有鸿博试这样的机会，吴敬梓却放弃了，左右其行为的重要方面是他"忧愁风雨"的心理，这种心理深刻地反映了在积聚多年的痛苦不幸后，作家心灵所形成的特殊心境。一次次的挫折叫他的心灵也衰老了，"可怜贫贱日，只是畏人多"⑨，"老大转伤漂泊甚"⑩，"郎君乞相，新例入赀须少壮。西北长安，欲往从之行路难"⑪都写尽沧桑之感。

---

① 吴敬梓著，李汉秋辑校《吴敬梓诗文集》，人民文学出版社 2002 年版，第 63 页。

② 吴敬梓著，李汉秋辑校《吴敬梓诗文集·移家赋》，人民文学出版社 2002 年版，第 9 页。

③ 吴敬梓：《儒林外史》第三十回"爱少俊访友神乐观　逞风流高会莫愁湖"，人民文学出版社 1977 年版，第 353 页。

④ 吴敬梓：《文木山房集》卷首方嶟序，乾隆刻本。

⑤ ［清］王又曾《丁辛老屋集》卷十二《书吴征君文木山房诗集后》，乾隆丙申新安曹自鉴序刻本。转引自李汉秋主编《儒林外史研究资料》，上海古籍出版社 1984 年版，第 17 页。

⑥ 吴敬梓著，李汉秋辑校《吴敬梓诗文集·减字木兰花（庚戌除夕客中）》，人民文学出版社 2002 年版，第 55—57 页。

⑦ 吴敬梓著，李汉秋辑校《吴敬梓诗文集》，人民文学出版社 2002 年版，第 63 页。

⑧ 吴敬梓著，李汉秋辑校《吴敬梓诗文集（〈乳燕飞·甲寅除夕〉）》，人民文学出版社 2002 年版，第 63 页。

⑨ 吴敬梓著，李汉秋辑校《吴敬梓诗文集·遗园四首（其二）》，人民文学出版社 2002 年版，第 14 页。

⑩ 吴敬梓著，李汉秋辑校《吴敬梓诗文集》，人民文学出版社 2002 年版，第 67 页。

⑪ 同上书，第 55—57 页。

李清照面对元夕盛景说："不如向、帘儿底下，听人笑语。"吴敬梓面对鸿博廷试又何尝不是如此心境呢。一方面，吴敬梓不敢面对，因为它会勾起作者许多痛苦的回忆，几年前的科考"匍匐乞收遭虓虣"①，这与他"一事差堪喜，侯门未曳裾"②的品性是多么的格格不入啊！无奈为了功名，不得已而为之，其中屈辱的滋味，留下的伤痛还没有痊愈。而乡试最后的结果依然是铩羽而归，"文澜学海，落笔千言徒洒洒。家世科名，康了惟闻檀楗声"③。另一方面，他又想要面对，也许以此可以重温旧梦，家世的振兴，困境的摆脱凭此或会有改观，能给满是伤痕的心灵带去慰藉。在廷试之前的院试他参加了，即便在辞去鸿博后，当年的除夕，面对生活的困境，对辞去鸿博的考试，吴敬梓多少也生出一些懊悔，其《丙辰除夕述怀》词便是这种心理的表达：

> 入夜醉司命，陈辞多自责。回思一年事，栖栖为形役。相如《封禅书》，仲舒天人策。夫何采薪忧？遽为连茹厄。人生不得意，万事皆愬愬。有如在网罗，无由振羽翮。严霜覆我檐，木介声械械。短歌与长叹，搔首以终夕。④

转眼又是除夕，在辞旧迎新的时刻，吴敬梓回想行色匆匆的一年时光，原本希望如司马相如那样拟献《封禅书》，像董仲舒那样参加贤良对策，无奈自己的性格及思想又使自己放弃各种机会，即如参加博学鸿词科考试，要是没有生病的借口来搪塞呢？人生不如意之时总是这样，如鸟在网罗之中，虽有翅膀，却难以展翅飞翔。词人自悲自叹的消沉，交织着失落、愧疚、懊恼等诸多情绪，愁绪满怀，这一切缘于他不能忘怀功名的羁绊，腹中时有"穷秀才气"。小说《儒林外

---

① 金榘《泰然斋诗文集》卷二附金两铭《和（吴檠）作》，清道光二十六年刻本。

② 吴敬梓著，李汉秋辑校《吴敬梓诗文集》卷二《春兴八首（其五）》，人民文学出版社2002年版，第20页。

③ 吴敬梓著，李汉秋辑校《吴敬梓诗文集·减字木兰花（庚戌除夕客中）》，人民文学出版社2002年版，第57页。

④ 吴敬梓著，李汉秋辑校《吴敬梓诗文集·丙辰除夕述怀》，人民文学出版社2002年版，第28页。　．

史》中以作者本人为原型的杜少卿身上即表现出这样的倾向，当杜少卿推辞李大人的举荐时，李大人对他说："世家子弟，怎说得不肯做官？""杜少卿就不敢再说了。"①"不敢再说"虽然是出于礼貌，但多半也是因为李大人的话说到吴敬梓的软肋处。举业功名如游丝在他的脑海里未曾扯断，每当面对人生的困境，追忆家世，背负着世家子弟家业振兴的责任，因无力实现而失望之时，这种情绪则尤其强烈。去留之间的选择是痛苦的，人生的诸多不幸已经使他没有勇气面对举业功名的繁华热闹，心在此处已是半死之间，只能如李清照一样在隔帘笑语声中聊温旧梦，其《百字令：天宁寺僧舍见青然兄题壁诗》词便是这种心境的真实写照：

> 长廊尘黦，是吾家康乐、旧曾题处。一自旁求岩穴里，争说拔茅连茹（兄应博学鸿词科入都，余时亦被荐，故云）。瘦马黄埃，明驼紫陌，挟策长安去。虎羞龙圣，只留贻赠诗句。追忆春草鸣禽，西堂清旷，终日同挥麈。老大转伤漂泊甚，分手北燕南楚。花雨空祠，江声虚壁，神鬼应呵护。纱笼何日，木兰花正盈树。②

此词因从兄吴檠入京参加廷试之际，有感而赋。"虎羞龙圣，只留贻赠诗句"，吴敬梓一方面祝贺吴檠赴京廷试能蒙受皇帝的眷顾，并期望他此行获得功名；另一方面，作为科举门第出身的吴敬梓一直未放弃求取一第的机遇，而今"鸿博"廷试不再，功名无成，这些都违背了父祖遗志和教诲，自然也会叫吴敬梓无比痛心。多年举业蹭蹬，遭受到士绅、族人的嘲笑和鄙夷，自己的窘困处境未有改观，心理一直受着煎熬。帘内外是冰火两重世界，吴檠信心满满，"瘦马黄埃，明驼紫陌，挟策长安去"。他希望从兄"纱笼何日，木兰花正盈树"，长安一试发迹。祝福的同时，何尝不包含着自己于此的失意与无奈？他与从兄咫尺天涯，"分手北燕南

---

① 吴敬梓：《儒林外史》第三十三回"杜少卿夫妇游山　迟衡山朋友议礼"，人民文学出版社 1977 年版，第 391 页。

② 吴敬梓著，李汉秋辑校《吴敬梓诗文集》，人民文学出版社 2002 年版，第 67 页。

楚"，吴敬梓悲情满怀，"老大转伤漂泊甚"①。此后几十年的挫折和不幸叫他逐渐认清了功名，"浪说吴刚能斫桂，无由得见月中人"②，"有司操尺度，所持何其坚"③，"狂来自笑，摸索曹刘谁信道"④，"人生遇合信难期，倾城颜色无人知"⑤，"功名富贵无凭据"⑥，人的遇合穷达，再不能引起他的兴趣，发生在他身上的辞去京城博学鸿词科试也就十分的自然真切了。

　　吴敬梓并没有以辞鸿博试来抬高自己身价的目的，我们说他以病为借口辞鸿博试也不是要以此说明吴敬梓思想如何的先进。胡适比较看重的是吴敬梓思想变化的阶段性，并以此说明吴敬梓的思想的觉悟程度。事实上，人的行为及其动因有时候非常复杂，甚至连当事人自己有时候也很难作出准确的解释，更不用说离开原事件的几百年后的今天。胡适的解释本身也是矛盾的，在他写的《吴敬梓传》中就说："安徽巡抚赵国麟荐他应试，他不肯去"⑦，显然是说吴敬梓辞鸿博试，而两年后在《吴敬梓年谱》中他则说："他的病是真病，不是装病。当时他还很叹惜他因病不得被荐。事后追思，落得弄真成假。"我们所重视的是这一事件的过程，发掘事件背后的内在的因果关系，包括吴敬梓本人的性格特征，他的思想的发展变化、他的心理历程、他的悲欢。而"是否参加廷试一节也就不再成为评价吴敬梓的一块礁石"⑧，但聚焦这一事件的过程，我们不仅会同情吴敬梓的不幸，感慨他的悲哀，而且能够情同古人，而细致地梳理并分析这一事件的前因后果，确是我们理解、接近吴敬梓其人、其文极好的路径，这才是题中应有之义。

---

①　吴敬梓著，李汉秋辑校《吴敬梓诗文集》，人民文学出版社 2002 年版，第 67 页。

②　同上书，第 18 页。

③　同上书，第 44 页。

④　吴敬梓著，李汉秋辑校《吴敬梓诗文集》，人民文学出版社 2002 年版，第 56 页。

⑤　同上书，第 37 页。

⑥　吴敬梓：《儒林外史》第一回"说楔子敷陈大义　借名流隐括全文"，人民文学出版社 1977 年版，第 1 页。

⑦　胡适《吴敬梓传》见于《胡适文存》初集卷四，亚东图书馆 1921 年版。

⑧　陈美林著《吴敬梓研究》，南京师范大学出版社 2006 年版，第 108 页。

（四）辞拒博学鸿词科试是吴敬梓思想发展的结果

吴敬梓的思想在不断地发展，《贫女行》中说："蓬鬓荆钗黯自羞，嘉时曾以礼相求。自缘薄命辞征币，那敢逢人怨蹇修？"①蓬头垢面、荆条为钗，固然光彩黯淡，在人前抬不起头来，但贫女也有她最美的花季，曾有人重金相聘。只是自己命薄，无福消受而辞去了礼聘，所以不敢随便抱怨媒人。诗人以贫女自况，表达因功业无成，为人世的得失而生出不少嗟叹、怨愤和烦恼，而《美女篇》则已经与功名划了界限了。

　　夷光与修明，艳色天下殊。一朝入吴宫，权与人主俱。不妒比螽斯，妙选聘名姝。红楼富家女，芳年春华敷。头上何所有？木难间珊瑚。身上何所有？金镂绣罗襦。佩间何所有？环珥皆瑶瑜。足下何所有？龙绡覆氍毹。歌舞君不顾，低头独长吁。遂疑入宫姝，毋乃此言诬？何若汉皋女，丽服佩两珠，独赠郑交甫，奇缘千载无。②

诗中表达了"对封建统治阶级不抱幻想，以及对自由人生的渴望与追求"③。胡适说："丁巳以前，先生还有穷秀才气；丁巳以后，先生觉悟了，便是《儒林外史》的作者吴敬梓了。试看他宁可作自由解珮的汉皋神女，不愿作那红氍毹上的吴宫舞腰：这便是大觉悟的表示了。"④丁巳年，在《美女篇》中吴敬梓的思想确实发生了重要的变化，吴敬梓以美人比兴寄托，诗中出现的三类形象"夷光与修明"、"红楼富家女"及"汉皋女"，夷光、修明的专宠，权同君主，貌似宽宏大度，实则妒忌排外，贫家美女被选入宫中，竟因夷光、修明的嫉妒，不能得到君主的赏识和眷顾。这是作者长期的观察及从自己切身的体验中得出对于广大读书士人生存状况与命运的概括，眼光犀利、透彻，吴敬梓以为既然不能为君主所用，倒不如做一个汉皋神女，得其潇洒，求其自由。诗中作者明己志，

---

① 吴敬梓著，李汉秋辑校《吴敬梓诗文集·贫女行（其二）》，人民文学出版社2002年版，第34页。

② 同上书，第35页。

③ 孟醒仁：《吴敬梓评传》，中州古籍出版社1987年版，第173页。

④ 胡适《吴敬梓年谱》见于《胡适文存》二集卷四，亚东图书馆1921年版。

要做一个自由的汉皋神女！

如果说从这一年起他便与科举功名彻底决裂了，未免过于绝对化，这以后作家的思想在不断的发展，有时也难免还会出现某些波折，但是主线是明晰的，这中间他更清晰地认清了社会，所谓的"走出去做不出甚么事业，徒惹高人一笑，所以宁可不出去的好"，也认清了自己，即"麋鹿之性，草野惯了"①的自由的天性不可被侵夺。《儒林外史》以程廷祚为原型的庄绍光即经历也是作者这种思想的演绎，②程晋芳作《绵庄先生墓志铭》，说："雍正十三年，举博学鸿词科。安徽巡抚王公鋐以先生应诏。乾隆元年至京师。有要人慕其名，欲招致门下，属密友达其意曰：'主我，翰林可得也。'先生正色拒之，卒不往，亦竟试不用，归江宁。"③程廷祚《上宫保某公书》④正说到此事。主持乾隆元年鸿博试的是张廷玉与鄂尔泰，两人不和并各树门户，竞揽私人。⑤应该承认，吴敬梓创作小说时候已经形成了自己比较成熟的思想和人生态度，如闲斋老人序中所言："其书以功名富贵为一篇之骨：有心艳功名富贵而媚人下人者；有倚仗功名富贵而骄人傲人者；有假托无意功名富贵自以为高，被人看破耻笑者；终乃以辞却功名富贵，品地最上一层为中流砥柱。"⑥将"辞却功名富贵"列为"最上一层为中流砥柱"，这与杜少卿不赴鸿博试等有着因果的联系，当然，相比辞鸿博试时期的心理有了明显的发展变化，思想也产生了飞跃。相比较大多数士子去当幕僚、做清客，除了政治的依附外，当以经济依附为主要动机，吴敬梓的深刻，是因为他从未能依附上去中走出来，

①　吴敬梓：《儒林外史》第三十三回"杜少卿夫妇游山　迟衡山朋友议礼"，人民文学出版社1977年版，第391、393页。

②　参看吴敬梓著《儒林外史》第三十五回"圣天子求贤问道　庄征君辞爵还家"，人民文学出版社1977年版，第411—412页。

③　程晋芳撰《勉行堂文集》卷六，清嘉庆二十五年冀兰泰、吴鸣捷刻本。

④　程廷祚，撰宋效永校点《青溪集·青溪文集续编》卷九，黄山书社2004年版，第202—203页。

⑤　《雪桥诗话》卷八记载："鄂文端、张文和素不相得，两家各有私人，互相争斗，时谓鄂党多君子。张文敏为张所喜而鄂所恶；常安、张广泗即鄂所喜而张所恶者。"杨钟羲撰集《雪桥诗话三集》卷七，北京古籍出版社1989年版，第377页。

⑥　吴敬梓著，李汉秋辑校《儒林外史会校会评本》，上海古籍出版社1999年版，第687页。

如《减字木兰花·庚戌除夕客中》言"西北长安，欲往从之行路难"①，但最终能够完成超越，也因为他有不为稻粱谋的秉性，摆脱了经济依附性的限制。至此，辞鸿博的前因后果便可明晰下来，它的因是吴敬梓的人生历练和苦难在他的心里所引起的巨大的震颤，它的果是给他人格的发展和人生道路的前进指引了明确的方向——逐渐看透了八股举业的腐朽从而愈加坚定地脱离它并走向了文学创作的伟大道路，最终塑造了文学的辉煌。

愈往晚年，吴敬梓也愈见悲观。小说的结构安排与作者所要表达的思想主旨十分吻合，如卧评第三十七回说："本书至此卷，是一大结束。名之曰儒林，盖为文人学士而言。篇中之文人学士，不为少矣。前乎此，如莺脰湖一会，是一小结束；西湖上诗会，是又一小结束。至此如云亭、梁甫，而后臻于泰山。譬之作乐，盖八音繁会之时，以后则慢声变调而已。"② 在小说最后第五十五回"添四客述往思来，弹一曲高山流水"开头即说：

> 话说万历二十三年，那南京的名士都已渐渐销磨尽了。此时虞博士那一辈人，也有老了的，也有死了的，也有四散去了的，也有闭门不问世事的。花坛酒社，都没有那些才俊之人；礼乐文章，也不见那些贤人讲究。论出处，不过得手的就是才能，失意的就是愚拙；论豪侠，不过有余的就会奢华，不足的就是萧索。凭你有李、杜的文章，颜、曾的品行，却是也没有一个人来问你。所以那些大户人家，冠、昏、丧、祭，乡绅堂里，坐着几个席头，无非讲的是些升、迁、调、降的官场；就是那贫贱儒生，又不过做的是些揣合逢迎的考校。③

事实上，吴敬梓《儒林外史》的创作过程融入了他一生经历的思考，也体现出吴敬梓的反思过程，伴随着这一过程，吴敬梓对科举，对人情、世故的诸多透辟的认识也随之产生，并且随着认识不断深入，他的思想也

---

① 吴敬梓著，李汉秋辑校《吴敬梓诗文集》，人民文学出版社 2002 年版，第 57 页。
② 吴敬梓著，李汉秋辑校《儒林外史会校会评本》，上海古籍出版社 1999 年版，第 465—466 页。
③ 吴敬梓：《儒林外史》，人民文学出版社 1977 年版，第 620 页。

在继续不断地进步。从"匍匐乞收遭嫂黜"到辞拒博学鸿词科试，他的诗、文、小说为我们提供了他的行为上对于科举前恭后倨的心理依据，从他的诗文思想情感的抒发以及《儒林外史》的情节的描写中我们能够清晰地体悟到吴敬梓的心理斗争，思想发展。吴敬梓的人生历练的实践伴随着创作过程的不断反思，使得吴敬梓最终战胜了科举家族的"举业遗传"的基因。

第二章　家族、举业、儒学和文学之
互涵互动关系

余英时说:"在个人与群体之间,以及不同层次的社群之间的关系方面,中国的价值系统也同样以个人的自然关系为起点。……政治社会的组织只是人伦关系的逐步扩大,即以个人为中心而一伦一伦地'推'出去的。在各层社会集合之中,'家'无疑是最重要最基本的一环,'国'与'天下'也都是以'家'为范本的。……我们分析中国传统的社会理论必须着眼于两个基本元素:一是有价值自觉能力的个人,一是基于自然关系而组成的'家'。'家'以外或以上的群体,如'族'、'国'、'天下'都是家的扩大,乡党、宗教团体、江湖结社也不例外。"①

全椒地域不大,但其辖内不乏官宦世家,著名的如金姓、吴姓、陶姓等,在这些大姓望族之中,吴氏家族所获科名之高,爵位之尊以及世家历时之久尤其显著。

第一节　家族意识:封建时代知识分子前进的原动力

一　风水观念与家族本体意识

吴氏家族自移居全椒的三世祖吴谦开始,改换门庭的愿望已十分迫切,二世祖吴凤躬耕务农,成为一个地道的百姓人家,三世祖吴谦行医,走街串巷得以睹见贫民人家的卑微与穷困,也看到富贵人家的尊荣。从农耕的辛劳到行医的艰苦,使吴谦深刻认识到只有读书,百姓人

---

① 辛华、任卿菁编:《余英时新儒学论著辑要——内在超越之路》,中国广播电视大学出版社 1992 年版,第 33—35 页。

家才能求得翻身过上好日子，过上体面生活的惟一途径，他将这种希望寄托在了儿子身上，家业稍丰使吴谦之子吴沛能专攻儒业，这是封建社会从底层崛起的望族世家一种比较有代表性的成功途径，而吴氏子弟改换门庭的愿望一直酝酿着，李调元在《制义科琐记》卷四"神术"中曾记载：

　　　　渔洋门人全椒吴晸述其曾祖体泉翁为父卜吉壤，致闽人简尧坡者于家廪气甚厚，简曰为择兆域，三年不可得，辞归，翁固留之。一日同往梅花山中，遇大雪，同饮陈家市①酒楼，简倚槛远眺，久之，罢酒，起曰："异哉！吾远近求之，三年不得，乃在此乎？"遂同往，三里许，审视良久曰："是矣。"雪晴更往观之，喜曰："天赐也，得此地足报君矣。然葬后君子未即发，至孙乃大发，发必兄弟同之。对面文峰秀绝，发必鼎甲，然稍偏未必鼎元，或第二第三人，亦不仅一世而止。"翁如言卜葬，其后，孙国鼎字玉铉中崇正癸未进士，国缙字玉林顺治己丑进士，国对玉随、国龙玉骟李生，玉随顺治戊戌进士及第，一甲第三人，官翰林侍读，玉骟亦癸未进士，官礼科都给事中。二人兄弟又前后举科第，而晸今辛未科及第，一甲第二人。简之术亦神矣。②

　　不是简尧坡的神术高明，从吴凤到吴沛都对本家族的发展充满了期待，并不断地付诸努力，吴谦弃农行医积累的财富保证了培养子女读书所必需的经济基础，使吴沛从读书谋得出身成为可能，这也拉开全椒吴氏改换门庭的序幕。全椒三世祖吴谦寻"吉壤"的行为对吴氏后人颇有影响，康熙《全椒县志·吴国鼎传》记载，吴国鼎"辛未，父赠君卒，公发书，顿解地理之旨，携一奴及堪舆士遍历诸山，浃两岁始得石虎山之吉址"以安葬其父吴沛③；吴国龙也"究心堪舆、医卜、星纬诸学"④。《制义科

----

①　此处地名应为"程家市"，今此地名依旧。

②　李调元《制义科琐记》卷四，清乾隆李氏万卷楼刻函海本。

③　蓝学鉴、吴国对纂修清康熙十二年《全椒县志·吴国鼎传》卷七，全椒县地方志编纂委员会 1993 年标点校勘本。

④　同上。

琐记》中所记故事乃全椒六世祖吴昺所说，想来吴氏子孙对此事应该不会陌生，吴敬梓《减字木兰花》词：

> 哀哀吾父，九载乘箕天上去。弓冶箕裘，手捧遗经血泪流。劬劳慈母，野屋荒棺抛露久。未卜牛眠，何日泷冈共一阡。①

吴敬梓曾因未能为亡故双亲找到合适的葬地而深为不安，但细究起来，引起这种愧疚之情的原因当是敬梓觉得未能克绍箕裘，继承先辈的事业，但举业无望，理想破碎而为之悔恨。在小说《儒林外史》中也有寻找坟地、考究风水的描写，小说第四十五回对余敷、余殷两兄弟的行为给以十分辛辣的嘲讽：

> 吃了一会，主人走进去拿出一个红布口袋，盛着几块土，红头绳子拴着，向余敷、余殷说道："今日请两位贤弟来，就是要看看这山上土色，不知可用得？"余二先生道："山上是几时破土的？"主人道："是前日。"余敷正要打开拿出土来看，余殷夺过来道："等我看。"劈手就夺过来，拿出一块土来放在面前，把头歪在右边看了一会，把头歪在左边又看了一会，拿手指头掐下一块土来，送在嘴里，歪着嘴乱嚼。嚼了半天，把一大块土就递与余敷，说道："四哥，你看这土好不好？"余敷把土接在手里，拿着在灯底下，翻过来把正面看了一会，翻过来又把反面看了一会，也掐了一块土送在嘴里，闭着嘴，闭着眼，慢慢的嚼。嚼了半日，睁开眼，又把那土拿在鼻子跟前尽着闻。又闻了半天说道："这土果然不好。"
>
> 主人慌了道："这地可葬得？"余殷道："这地葬不得！葬了你家就要穷了！"②

---

① 吴敬梓著，李汉秋辑校《吴敬梓诗文集》，人民文学出版社 2002 年版，第 56—57 页。所谓的"牛眠"，据《晋书·周访传附周光传》载："初，陶侃微时，丁艰，将葬，家中忽失牛，而不知所在，遇一老父，谓曰：'前冈见一牛，眠山污中，其地若葬，位极人臣矣。'"
② 吴敬梓：《儒林外史》第四十五回"敦友谊代兄受过　讲堪舆回家葬亲"，人民文学出版社 1977 年版，第 523 页。

吴敬梓对堪舆先生动辄以后代凭此可发、做官之类来诱惑人心十分反感，借迟衡山之口说："先生，只要地下干暖，无风无蚁，得安先人，足矣。那些发富发贵的话，都听不得。"① 并以余大、余二两弟兄托张云峰寻到一块这样的坟地而强调了他的这种思想：

> 二先生道："我们只要把父母大事做了归着，而今拜托云翁，并不必讲发富发贵，只要地下干暖，无风无蚁，我们愚弟兄就感激不尽了。"②

小说在三十六回还写了虞博士看风水："过了些时，果然祁太公来说，远村上有一个姓郑的人家请他去看葬坟。虞博士带了罗盘，去用心用意的替他看了地。葬过了坟，那郑家谢了他十二两银子。"作者借祁太公之口肯定虞博士的行为：

> 虞博士回家，这年下半年又有了馆。到冬底生了个儿子，因这些事都在祁太公家做的，因取名叫做感祁。一连又做了五六年的馆。虞博士四十一岁这年乡试，祁太公来送他，说道："虞相公，你今年想是要高中。"虞博士道："这也怎见得？"祁太公道："你做的事有许多阴德。"虞博士道："老伯，那里见得我有甚阴德？"祁太公道："就如你替人葬坟，真心实意；我又听见人说，你在路上救了那葬父亲的人。这都是阴德。"③

世人信风水，骨子眼里多是求富求贵，吴敬梓对于风水的态度不是这般迷信，而是基于家族的本体意识。吴谦寻"吉壤"行为的背后饱含着他的浓厚的家族意识，风水观念与家族"根"的意识密切相连，吴沛强

① 吴敬梓：《儒林外史》第四十四回"汤总镇成功归故乡　余明经把酒问葬事"，人民文学出版社1977年版，第513页。

② 吴敬梓：《儒林外史》第四十五回"敦友谊代兄受过　讲堪舆回家葬亲"，人民文学出版社1977年版，第525页。

③ 吴敬梓：《儒林外史》第三十六回"常熟县真儒降生　泰伯祠名贤主祭"，人民文学出版社1977年版，第421页。

烈的家族观念与此一脉相承。吴国缙也十分注重风水，从政时曾写《禁
止石濑水磨呈》① 上书藩台："窃惟一县各有风水，合县生灵所关，来龙
不可毁伤，地脉最宜安静。原有石濑山河，实系椒邑龙脉，河生石块，势
若栅栏，靠此过峡穿龙，实为风水紧要。……庶尽毁其磨，仍还龙脉之安
全。"细读此篇，吴国缙并非迷信与保守而要求禁止石濑水磨，原因确乎
合理合情②，风水观念影响了他的治政理念。重视风水，希冀家族兴旺的
思想在吴敬梓的时代并不少见，吴敬梓同时代人郑燮曾经以极虔诚的态度
语及其弟与表弟：

> 刹院寺祖坟，是东门一枝大家公共的，我因葬父母无地，遂葬其
> 傍。得风水力，成进士，作宦数年无恙。是众人之贵福泽，我一人夺
> 之也，于心安乎不安乎！③

> 墓田既被捷足者先得，诚属愚兄疏忽之咎。至于该田风水，四面
> 环河，后靠土山，不得堪舆家言，一望而知为牛眠佳地。我本不信风
> 水，自先父母安葬后，阅三年即登贤书，成进士，出宰此邑，殊令人
> 不能不信风水之得力也。贵庄墓田，既为农家所得，至今仍事种植，
> 因可设法收买。④

吴敬梓的表兄兼连襟金榘也说过：

> 讵意岁在辛丑，以改葬曾王父母之役，登陟经营，不惮为诸伯
> 兄弟倡；兼心慕吉壤于西郊之湖山，而虑其未可得也。由是心血以
> 枯，精力以惫，去视窆之日不及五旬，而食顷中风，遭以陨绝。

---

① 蓝学鉴、吴国对纂修清康熙十二年《全椒县志》卷一四，全椒县地方志编纂委员会
1993 年标点校勘本。

② 吴国缙指出修建磨坊实为"塞遭土枭，串通省棍，递相构利，闪换多人，突起水磨数
盘，竟将石栅打碎。声称纳课到官，明系指官射利"，"闻磨响如雷，只图自肥己橐，不顾损害
生灵"，"至于水磨之傍，叠起房屋，招匿无籍，昼夜赌博，当此岁荒，赌酿为盗，又贻地方之
忧，莫此为甚"等皆是实际存在的诸多弊端。

③ 卞孝萱编《郑板桥全集·范县署中寄舍弟墨》，齐鲁书社 1985 年版，第 183 页。

④ 卞孝萱编《郑板桥全集·板桥集外诗文·范县署中覆郝表弟》，齐鲁书社 1985 年版，第
472—473 页。

……所幸者世父虽年近古稀，犹善饭健步，罕见二毛；遂以善价，多方购前所羡之吉壤，择今月二十日，命谷奉椟妥兆，以成大人之志。[①]

信风水、择吉壤的背后对家族的深情厚谊，郑板桥在《焦山双峰阁寄舍弟墨》书信中又有言曰："即留此孤坟，以为牛眠一伴，刻石示子孙，永永不废，岂非先君忠厚之义而又深之乎！夫堪舆家言，亦何足信。吾辈存心，须刻刻去浇存厚，虽有恶风水，必变为善地，此理断可信也。后世子孙，清明上冢，卮酒、只鸡、盂饭、纸钱百陌，著为例。"[②] 表象之下，家族本体意识自不容忽视。

二　家族意识是吴沛前行的原动力

古往今来，一个家族的兴旺发达总少不了一个灵魂性的人物，吴沛在全椒吴氏科举家族的发展过程中是承上启下的关键人物，全椒吴氏家族从吴凤、吴谦务农和行医到吴沛专攻举业的改变便已昭示了吴氏未来的发展方向。家族的振兴表现在吴沛的身上则愿望尤其强烈，行为特别执着。吴沛的思想体系中处于首要地位的便是家族观念，作为全椒吴氏家族兴起的核心人物，家族思想及观念是支撑吴沛行为的动力源泉。个体的存在必须依附于家族这个根基，个体的发展同样离不开家族的兴盛，吴沛深谙此意。追溯吴氏家族的发展轨迹，全椒四世祖吴沛在其中起着至关重要的作用，自吴沛之后吴氏家族由平民之家向世家望族的转变迈出了坚实的一大步，吴氏家族兴起及发展始终笼罩在吴沛的影响之下。康熙《全椒县志》记载：

> 吴沛号海若，邑学生。公世居邑西程家市。父体泉，举公晚，然不以晚昵公。公性颖异，一目十行下，且善受教。七龄时，过市看优人戏，体泉公怒，即跽受杖。垂髫为博士，语立刻数艺，补诸生，益

---

① 金榘《泰然斋文集》卷上《代诒有弟祭十一叔文》，清道光二十六年刻本。转引自顾鸣塘《〈儒林外史〉与江南士绅生活》第 226 页。

② 卞孝萱编《郑板桥全集》，齐鲁书社 1985 年版，第 183 页。

辑意经史暨百家，临古行草，即逼古。少庄盛公，隐君子也，善相士，心器公而以女归。公置家人产不问，肆志坟典。两尊人下世，公未及以科名博堂上欢，每墓祀及生忌，必哭奠失声。体泉公忌，则公诞辰也，哀不举觞，并不受诸子觞，终其身不改。万历丙子（丙午），诗五房以第一人争，而主者意则适左房，以非元，即不可以处公卷，故宁不隽，以需来科，盖邑侯关公骥也。久而知之，乃相对叹惋。后关守宛陵，书迎公，公不往，拍案曰："大丈夫不能取进贤自树勋业，有负知己，何面目复尔曳裾哉"！其介然自守如此。戊午，考第一，乃加饩，横经高座，课诸子及门弟子，说书无剿说，而文独以先辈为一家，七战皆北，犹读书历阳泉水寺，矻矻不少休，复戒诸子以诗曰："心期诸子成模样，梦入清庭亦幻颠。"庚午，以长君国鼎初隽于乡，犹戒以"男子事不止此，无作呵拥态以势凌里人"。而辛未则已捐馆舍。临终，召诸子各训以话言，神清气定，不作寻常弥留况，时年盖五十有五也。厥后，长君与季君国龙，隽癸未；叔君国缙，举己卯，隽己丑。而国对又以甲午举顺天，隽戊戌探花，公皆未之见矣。公孝友性成，豁达有烈丈夫风，其与人一出于真至，故教人子如己子，尝曰："误人子，罪过不浅。"推此以立朝，其建白不可知耶？所著述有《论文》十二则，为学者宗范。诗、歌、记、序，已梓行世。未刻者为《诗经解》。公于明，以子鼎赠文林郎、中书科中书舍人；以子龙赠朝议大夫、资治少尹、兵部武选司郎中、加四品服俸。于本朝，以子对赠儒林郎、内秘书院编修、加一级；又以子龙赠儒林郎、内府礼科掌印给事中、加一级。顺治十四年，崇祀"乡贤"。①

从以上记述我们约略知道吴沛天资颖慧，其乡试房师全椒县令关骥对其极为赏识，向主考力荐第一，结果关骥的好意却使吴沛失去了中举的机会，关升任宛陵太守后以书招吴沛，吴沛以"大丈夫不能取进贤自树勋业，有负知己"婉拒，在先人吴凤的茔侧筑西墅草堂，读书课子。而后

---

① 蓝学鉴、吴国对纂修清康熙十二年《全椒县志》卷一〇，全椒县地方志编纂委员会1993年标点校勘本。

吴沛的行为都是围绕着兴家望族的理想而展开。

一个家族的振兴不是一蹴而就的，因让袭而无祖上恩荫，更少显宦亲友，可以想象全椒吴家从一个平民阶层向社会上层流动的难度。吴家的振兴在吴沛一辈充满坎坷，需要超越常人的勇气和耐力。

大凡精神领袖，天生就有一种"使命"感。而目标的高远以及道路的曲折注定要使他们都要经历无数的蹉跎。西墅草堂的修建具有拓荒的意义，草堂悬挂一副门联：

> 函盖要撑持，须向澹宁求魄力；生平憎诡故，聊将粗懒适形神。

书斋也有一副门联：

> 君子蒙养作圣功，须向此中求建白；秀才天下为己任，还期不朽着勋名。①

此种胸襟和志向使吴沛能够胜任这个家族的精神领袖，在家族发展的征途中吴沛始终保持坚定的志向，尤其是遭遇挫折时能够不忘家族振兴的使命，始终坚守。

吴沛的人生道路坎坷，其《与范学博老师》一文颇能说明这种情况。

> 某以孤寒，得蒙赏鉴，大开奖借，感也何如。后徼恩庇，滥与升斗，此固造就鸿衍，而某不自揣，以为可借资肄业，益大淬砺，不负作养至意，遽遭折足之凶，命也如此，夫复何言？亦尝自以大力者负而趋，有志者事竟成，勉为排遣，恐过郁抑，有所损折，孤尊师属望，独念士人求名，得即得耳，未遽失也。即求之不得，亦无益已矣，无大损也。孰有得而旋失，无益而反损如某者乎计。自立春得补以来，文钱厘锱，咸出借贷，加以邀会，厚颜欸语，百计始得就。先抵白下，复至泗上，间关跋踬，固自甘之，亦以为劳费日前，取偿于后耳。而事乃有大谬不然者，费未偿而裁革至，劳未调而百痛积。公

---

① 吴沛《西墅草堂遗集》卷四，清康熙十二年吴国对刻本。

则有补帑之无偿，私则有还债之无出；外则有催索之艰，内则有号寒之苦。兼以背春涉夏，霖雨为灾；柴桂米珠，鱼几生釜。嗟乎，岂繄匪人，何辜于天？人生以不能进取已矣，乃更因而重罹此咎耶。嗟夫！人非木石，能堪对此？是以吾忽忽如有所失，出不知所往。虽不敢效书空之事，而抑郁谁语？肠日九回，春抱一疴，呕赤缕缕，几不食新。后以戚执劝勉，赖尊师福庇，少得痊可。始稍稍就盥栉，亲笔研，独无奈此时之索债收会者坐迫何矣。素荷尊师肉骨，慨许提拔。溺者望拯，非仁人将谁望哉？倘得曲赐矜怜，是成我者，且与生我者等也。感且不朽，具得有诗律以尽称报。临楮呜呜，如诉如慕。①

"自立春得补以来"时间当指吴沛补为廪生的万历戊午年（1618），吴沛叙写求学求仕的艰难，从一孤寒之家跃升到仕宦望族，吴氏后人门庭的改换得之不易。尽管吴沛用心努力，而在他这一辈，这个家族改头换面的情形尚不见端倪，经济的困乏与精神的煎熬不断侵扰着他，吴沛本以为"士人求名，得即得耳，未遽失也，即求之不得，亦无益已矣，无大损也"。孰料"得而旋失，无益而反损如某者乎！""公则有补帑之无偿，私则有还债之无出；外则有催索之艰，内则有号寒之苦。兼以背春涉夏，霖雨为灾；柴桂米珠，鱼几生釜"，现实困顿，跋前踬后，动辄得咎的境际使他精神恍惚，封建时代一个失志文人的悲惨状况几乎尽囊括矣。而期望走出困境，能有所成就，使家族早日振兴之志并不因他的遭际而减退，"溺者望拯，非仁人将谁望哉？倘得曲赐矜怜，是成我者，且与生我者等也"。我们看到作为家族创业者所历经的磨难和艰辛。因为苦难的深重，面对挫折和不幸时也难免会有不平和牢骚，我们读吴沛的七言古诗《历阳行》：

历阳行，牢骚磊落多风轩。怀中刺字欲明灭，赜赜皆然青几睛。噫嘻，古来常不偶，东西南北栖栖走。会稽太守何卖薪，文园渴士何酤酒？莫笑淮阴老妇惛，绿波垂钓哀王孙。薛文任侠仍弹铗，至今却忆是平原。嗟乎，士患不为玄晏耳，莫愁宇内无皇甫。尝何岂望士能

---

① 吴沛《西墅草堂遗集》卷四，清康熙十二年吴国对刻本。

令鸢肩遇真主，丈夫遇合应有时，休将明月暗投之。即今前路逢知己，汉际扶摇莫可期。①

诗人娓娓诉说着士不遇的悲伤，强烈的愤懑之情郁积其中，也从侧面说明诗人人生道路的艰辛以及兴旺家族事业的艰难。面对一再受挫的举业，吴沛也并不全是消沉：

关守宛陵，书迎公，公不往，拍案曰："大丈夫不能取进贤自树勋业，有负知己，何面目复尔曳裾哉！"其介然自守如此。②

吴沛能够拒绝宛陵太守关骥的延致，以为大丈夫应该"自树勋业"，不必依傍他人曳裾侯门，要有"愧我迂疎成傲骨"③ 的品质。吴国鼎《先君逸稿小引》记载当关骥的好心反使吴沛失去中举的机会，吴沛说："是定当发元，迟三年耳。"即便举业一再受挫，也不向命运屈服，"嗣六战未获，辄咄咄曰：'我不做，儿子辈必做也。'"④ 吴沛将希望的种子播撒在子辈的心上，其《醉题》一诗：

肚皮知不合时宜，自有千秋大业垂。富贵功名等闲事，可知汗血在群儿。⑤

吴沛谆谆教导子辈虽历困境而要不失建"千秋大业"之志，吴家的期望必在你们"汗血群儿"这辈上。前引《西墅草堂初夏》⑥ 诗写课子读书的情形，吴国对《先君逸稿跋言》中也记载了同样的情形："西墅草堂为先君旧居也，对垂髫依侍于此，草堂仅两栋，上覆以茅土，垣周之外

---

① 吴沛《西墅草堂遗集》卷一，清康熙十二年吴国对刻本。
② 蓝学鉴、吴国对纂修清康熙十二年《全椒县志》卷一○，全椒县地方志编纂委员会1993 年标点校勘本。
③ 吴沛《西墅草堂遗集》卷一《赠闽人林氏昆仲》，清康熙十二年吴国对刻本。
④ 吴沛《西墅草堂遗集》卷首吴国鼎撰《先君逸稿小引》，清康熙十二年吴国对刻本。
⑤ 吴沛《西墅草堂遗集》卷一，清康熙十二年吴国对刻本。
⑥ 同上。

皆野隙地，古人云陋巷殆不过是。先君惟读书课子，怡然也。"生活虽不富足，却能勤奋苦读，静心养志。滁州太守冯元飚为吴沛的著述作序，赞曰："兄东头，弟西头，书声满墅，文思积薪，翁然自为师友，出树千秋，赋诗报国"[①]，与此相映照的是"廨屋三间分两头"[②]，若干年后当吴国对、吴国龙双胞兄弟仕宦有成，同在朝为官而分住东西两头时，可惜吴沛已离世，举业给这个家族带去的是无上的荣耀。当后辈在读书举业上小有成就时，吴沛的欢喜，欣慰之情也溢于言表，且看《大儿登贤书喜拈成语二句卒成二首》：

　　　　一子登科日，双亲未老时。荣知稽古力，遇合破天奇。我自怀三釜，儿当发众簏。壮心殊未已，吾道自无私。
　　　　一子登科日，双亲未老时。睠怀酬祖德，努力达师知。干谒羞人累，轻肥耻俗移。致身须及早，康济正相期。[③]

　　国鼎在明崇祯庚午三年（1630）中举，诗写于次年。吴沛一生"大才未伸"，国鼎乡试中举，终于使他见到了吴家举业兴旺的一丝曙光。子登科而亲未老，对吴沛来说是莫大的安慰，"我自怀三釜，儿当发众簏"，《庄子·寓言》："曾子再仕而心再化，曰：'吾及亲仕，三釜而心乐；后仕，三千锺而不洎，吾心悲。'"吴沛将举业与孝道关联，以"孝"治家，充分发挥家族巨大的凝聚力。康熙《全椒县志》记载："（吴沛）两尊人下世，公未及以科名博堂上欢，每墓祀及生忌，必哭奠失声。"[④] 上引诗中"睠怀酬祖德"也是基于这样的思想。溯其源，家族振兴在吴沛心中始终居于不二地位，子辈举业有成给吴沛带来莫大的欣慰，而当晚辈每每科举取得进步时，他们认为这是对长辈最好的报答，张大受《吴晟墓志铭》记载：

---

① 吴沛《西墅草堂遗集》卷首冯元飚撰《西墅草堂遗集序》，清康熙十二年吴国对刻本。

② 王士禛著《香祖笔记》卷七，清宣统三年扫叶山房石印本。也收于王士禛著《带经堂诗话》卷八，人民文学出版社1963年版，第185页。

③ 吴沛《西墅草堂遗集》卷一，清康熙十二年吴国对刻本。

④ 蓝学鉴、吴国对纂修清康熙十二年《全椒县志》卷一〇，全椒县地方志编纂委员会1993年标点校勘本。

君（吴晟）七岁诵唐人诗，即通四声，给事君教至勤，甲午第一荐被斥，滞场屋者二十年。辛亥给事君殁，君哀毁特甚。乙卯试毕南还，道闻得中式，呜咽流涕，伤给事君不及见也。明年，举进士。①

吴晟中举人却喜极而悲，为自己不能在父亲有生之年举业有成（进士及第），让长辈心喜，辜负了父亲的辛勤培育和殷切期望，一旦学业有所成，多想自己也能如父辈给祖父所带去的"子登科"而"亲未老"的快乐，故而"呜咽流涕，伤给事君不及见也"，说到底吴氏子弟视举业有成为报答长辈养育之恩的大事，并作为这个家族的荣耀与声誉。吴敬梓的身上也发生过同样的悲喜剧：

无何阿翁苦病剧，侍医白下心如惔。会当学使试童子，翁命尔且将芹探；试出仓皇奉翁返，文字工拙不复谙。翁倏弃养捷音至，夜台闻知应乐耽。青衫未得承欢笑，麻衣如雪发鬅鬙。②

再看吴敬梓《乳燕飞（甲寅除夕）》词：

令节穷愁里，念先人、生儿不孝，他乡留滞。风雪打窗寒彻骨，冰结秦淮之水。自昨岁移居住此。三十诸生成底用，赚虚名、浪说攻经史。捧卮酒，泪痕渍。家声科第从来美。叹颠狂、齐竽难合，胡琴空碎。数亩田园生计好，又把膏腴轻弃。应愧煞谷贻孙子。倘博将来椎牛祭，总难酬罔极恩深矣。也略解，此时耻。③

吴敬梓因功名不就、事业无成辜负了"家声科第从来美"的家族传

---

① 　清李桓辑《国朝耆献类征初编》卷二二一储欣撰《吴晟墓表》，台北明文书局 1985 年版。

② 　金榘《泰然斋诗文集》卷二附金两铭《和（吴檠）作》，清道光二十六年刻本。

③ 　吴敬梓著，李汉秋辑校《吴敬梓诗文集》，人民文学出版社 2002 年版，第 63 页。

统和先辈的期望，是对先人的不孝，由此而背上了十分沉重的思想包袱。① 科举在全椒吴氏家族中形成了双向互动的良性循环，它在这个家族中所发挥的作用以及它所产生的能量实在不容忽视。

在《泉水山房寄子（时家寄新酿至即付奴子同）》诗中，吴沛写道：

　　　　雨馀山寺正凄然，佳客过临遂我缘。幸有宿醒供酌久，何多薄卤到尊前。心期诸子成模样，梦入清庭亦幻颠。欲写离惊因不便，纸长话短自相牵。②

"心期诸子成模样"，在吴沛精神的感召之下，吴国鼎兄弟辈承继父业，"茹蔬浣鹑，庸祈寡过，诸子不肖咸廪廪副严命是惧"③，担当起吴家振兴的重任。

尽管吴沛终生孜孜以求，可惜一生"大才未伸"，离世前留下绝笔，《临去留题》诗中说："一堆黄土盖文章，五十年来志未偿。"④ 一生努力而没有回报，这是封建社会读书人常见的悲剧，未偿之"志"即在他的有生之年未能实现家族的振兴。对于父亲遭际、苦痛感同身受，吴国鼎说："呜呼，大才弗伸，禄养不逮，教子未报，伤哉，痛也！"⑤ 吴国对说："不幸赍哀而没命"⑥，吴国器说："夫德者寿根，才者名根，维德与才孰瑜先君？而寿及名竟如此也。"⑦ 吴沛留给吴氏后人的精神财富，尤其表现在他的家族本体意识，包含对这个家族的认同感及责任意识，家族的进步成为后来维系吴氏家族发展的第一目标，这种思想在吴氏家族起初的振兴及后来的发扬光大中始终发挥着重要的作用，自始至终激励吴沛及后世子弟要不忘根本，它成为吴氏子弟享用不尽的一笔精神遗产。

---

① 吴敬梓后来的思想发展也扬弃了这一方面，第八回借蘧景玉之口说"人生贤不肖，倒也不在科名"，这样的见解已经割断了功名与孝行之间的联系。

② 吴沛《西墅草堂遗集》卷一，清康熙十二年吴国对刻本。

③ 吴沛《西墅草堂遗集》卷首吴国器撰《先君逸稿跋言》，清康熙十二年吴国对刻本。

④ 吴沛《西墅草堂遗集》卷一，清康熙十二年吴国对刻本。

⑤ 吴沛《西墅草堂遗集》卷首吴国鼎撰《先君逸稿小引》，清康熙十二年吴国对刻本。

⑥ 吴沛《西墅草堂遗集》卷首吴国对撰《先太史遗集重刻引言》，清康熙十二年吴国对刻本。

⑦ 吴沛《西墅草堂遗集》卷末吴国器撰《先君逸稿跋言》，清康熙十二年吴国对刻本。

"记得歌章儿诵久，相逢此地更增哀"①，最能让吴氏子弟感动的歌章大概是那些殷殷嘱托及谆谆告诫之词。民国《全椒县志》"吴旦传"卷一一记载："旦先卒，勖抚侄如子，友爱异母弟，有以析产言，泣涕不许。"吴旦病逝以后，当时即有人向主持家政的吴勖提"析产"即要求分家，而吴勖却"泣谢不许"。吴勖重视家庭成员的聚族而居及族人之间的和睦团结，"泣涕不许"而不分家析产的背后蕴含着吴氏子弟最看重的家族观念及思想。

三　吴敬梓的门第观念及衰门意绪

四世祖吴沛精神笼罩之下，吴氏子弟对家族本体意识的认同代有延续，集中表现为对于祖辈家业辉煌的骄傲，由家族荣誉感所产生的门阀意识，以及当这个家族衰败时，在吴氏子弟身上所弥漫的浓浓的衰门情绪和怀祖情结。

名门望族的出身使吴敬梓无比自豪，他在《乳燕飞》词中称说"家声科第从来美"，"探花第"里，"洛阳名园，辋川别墅，碧柳楼台，绿苔庭户，群莺乱飞，杂花生树"②，《儒林外史》中十分清楚地记载着坐落在全椒，象征着吴氏科举家族显赫与荣耀的探花第曾经的堂皇富丽：

> 从厅后一个走巷内，曲曲折折走进去，才到一个花园。那花园一进朝东的三间。左边一个楼，便是殷元公的赐书楼，楼前一个大院落，一座牡丹台，一座芍药台，两树极大的桂花，正开的好。合面又是三间敞榭，横头朝南三间书房后，一个大荷花池。池上搭了一条桥。过去又是三间密屋，乃杜少卿自己读书之处。③

① 蓝学鉴、吴国对纂修清康熙十二年《全椒县志》卷一七，全椒县地方志编纂委员会1993年标点校勘本。吴国龙诗《元日入山拜先墓大雪》，吴国龙与乃兄国对每年都要去石狮塘祭奠先人庐墓。

② 吴敬梓著，李汉秋辑校《吴敬梓诗文集·移家赋》，人民文学出版社2002年版，第11页。

③ 吴敬梓：《儒林外史》第三十一回"天长县同访豪杰赐书楼大醉高朋"，人民文学出版社1977年版，第365页。

在吴敬梓身上，家族意识突出地表现在他强烈的门第观念中，这种门第意识对于吴敬梓思想性格的形成发展和诗词文创作产生诸多影响。

《儒林外史》中有很多文字描写出身世家门阀的这种优越感：

郭铁笔走进来作揖，道了许多仰慕的话，说道："尊府是一门三鼎甲，四代六尚书，门生故吏，天下都散满了。督、抚、司、道，在外头做，不计其数。管家们出去，做的是九品杂职官。季先生，我们自小听见说的：天长杜府老太太生这位太老爷，是天下第一个才子，转眼就是一个状元。"……（杜慎卿）向季苇萧道："他一见我偏生有这些恶谈，却亏他访得的确。"季苇萧道："尊府之事，何人不知？"①

杜少卿道："象这拜知县做老师的事，只好让三哥你们做。不要说先曾祖、先祖，就先君在日，这样知县不知见过多少。他果然仰慕我，他为甚么不先来拜我，倒叫我拜他？况且倒运做秀才，见了本处知县就要称他老师；王家这一宗灰堆里的进士，他拜我做老师我还不要，我会他怎的？所以北门汪家今日请我去陪他，我也不去。"②

杜慎卿走进去，却是萧金铉同辛东之、金寓刘、金东崖来拜。辛东之送了一幅大字，金寓刘送了一副对子，金东崖把自己纂的《四书讲章》送来请教。作揖坐下，各人叙了来历，吃过茶，告别去了。杜慎卿鼻子里冷笑了一声，向大小厮说道："一个当书办的人，都跑了回来讲究《四书》，圣贤可是这样人讲的！"③

《移家赋》中的大半文字都是陈家风、述世德：

我之宗周贵裔，久发轫于东浙（按族谱，高祖为仲雍九十九世孙。）

---

① 吴敬梓：《儒林外史》第三十回"爱少俊访友神乐观　逞风流高会莫愁湖"，人民文学出版社 1977 年版，第 353 页。

② 吴敬梓：《儒林外史》第三十一回"天长县同访豪杰　赐书楼大醉高朋"，人民文学出版社 1977 年版，第 371 页。

③ 吴敬梓：《儒林外史》第三十回"爱少俊访友神乐观　逞风流高会莫愁湖"，人民文学出版社 1977 年版，第 357 页。

于是驹齿未落，龙文已光，始则"河东三凤"，终则"马氏五常"。……伯则遨游薇省，叔则栖迟槐署，季抗疏于乌台，受两朝之眷顾。……三殿胪传，九重温语，宫烛宵分，花砖月午。张珊网于海隅，悬藻鉴于畿辅，诏分玉局之书，渴饮金茎之露。羡白首之词臣，久赤墀之记注。

五十年中，家门鼎盛，陆氏则机云同居，苏家则轼、辙并进，子弟则人有凤毛，门巷则家夸马粪。绿野堂开，青云路近，宾客则轮毂朱丹，奴仆则绣甒妆靓，厄茜有千亩之荣，木奴有千头之庆。宅为因旧，斋号长梁，禽鸣变柳，燕寝凝香。故物唯存于簪笏，旧业不系于貂珰，谢棋子之方褥，去班丝之隐囊。纱帷昼暖，素琴夕张，图史与肘案相错，绮襦与轩冕俱忘。听吕蒙之呓语，过张申之"墨庄"，鼎文有证谬之辨，金根无误改之伤，羡延陵之君子，擅海内之文章。①

吴敬梓在《移家赋》中自称为泰伯、仲雍的后裔，泰伯曾"三以天下让"，"可谓至德也已矣"（《论语·泰伯》），吴敬梓看重这种美德，追根溯源，特别以自家的门第而自豪，对吴家出身的高贵、门第的显赫以及对先人功名的荣耀都表达出发自内心的赞美之情②，在体现吴敬梓不忘祖先之根本之意同时，却也有深意寄焉。

---

① 吴敬梓著，李汉秋辑校《吴敬梓诗文集·移家赋》，人民文学出版社2002年版，第8、9页。

② 《中国明朝档案总汇》中《武职选簿》中"吴珊"条有关吴氏军功受封并世袭情况记载详细，与《移家赋》中"以永乐时从龙"及"千户之实封"、《吴凤传》中"家世骁骑卫户爵"、《清礼科掌印给事中吴公墓表》"高祖聪"等材料一一照应，可以确定《武职选簿》中这些材料正是有关全椒吴氏家族的，它是研究吴敬梓家世的第一手新材料，我们以此能够勾勒出全椒吴氏家族的前身轮廓，这个家族的远祖并非贵族，发展壮大来之不易，所谓的"从龙"、"让袭"皆有实据，非溢美夸大之辞，（此二方面吴敬梓十分看重。）然后正本澄源之意可得而知矣：它是吴沛"西墅草堂精神"的肇始，对全椒吴氏家族的发展与吴敬梓本人的思想的影响尤其深远。吴敬梓曾经倾尽家财修建南京的先贤祠，《儒林外史》第三十七回"祭先圣南京修礼　送孝子西蜀寻亲"，是全书的高潮，作者极力渲染祭祀泰伯祠的过程，于此寄意深厚，吴敬梓以此表达对泰伯"让德"的最虔诚的敬意；吴国对编纂《全椒县志》，书中推崇自己曾祖吴凤"高淡让袭"；吴烺诗《过惠山寺憩听松庵同蒙泉、爱棠作》说"千秋让德仰姬宗"。"让"之美德成为吴氏家族文化之精髓而世代相传。

《儒林外史》中吴敬梓以祭祀泰伯祠之礼，发乎心而安于心，将世家门阀意识的深意寓于其中。

科举制度一方面帮助皇权压抑了贵族势力，另一方面却也由此促成了中国封建社会的极端专制性。科举出身的官僚们依靠的不是世袭的贵族地位、世家望族等的家族背景，而是以皇帝名义召集的科举考试给了他们合法而有效的出身，从另一角度来看，他们的地位和权力也是皇帝一句话就可以剥夺的，因此他们对自己赖以进身的专制君权有着天然的依附与畏惧。中国历代帝王都知道控制知识分子、禁锢思想自由对于专制政治的必要性。唐太宗"天下英雄入我彀中"① 道尽了科举制度作为知识分子囚笼的性质。明清封建专制风气尤甚，士人生存环境恶劣，乾隆所云"朕以汝文学尚优，故使领四库书馆，实不过以倡优蓄之"② 再形象不过。明清八股科举考试不仅使学术思想荡然无存，连应考文章的语言格式都有严格规定，从内容到形式都决不容许丝毫出格，"当今天子重文章，足下何须讲汉唐！"③ 皇帝将整个士人的思想都拘于官方的既定模式之中，摧垮其刚性，而举业考试竞争愈激烈，士人也就愈易于驯服，这一切，使士人作为皇权的依附者始终要善于"揣摩"，"'揣摩'二字，就是这举业的金针了。……若是不知道揣摩，就是圣人也是不中的。"④ 结果，八股科举之下培养出一群人的信条："你我做官的人，只知有皇上，那知有教亲？"⑤ 王公大臣们只能带着颤抖卑微之态俯伏在皇帝脚下，哪里谈得上独立的社会地位和自我意识，这又必然导致士人人格分裂，使儒士丢掉理想走向反面。相对而言，前期封建社会那些贵族士人的精神与人格倒显得更为自由、独立，一般士大夫知识分子在人格精神上显得比其他时代更为清高超越，他们较少依附皇权，有更多的锐气与魄力，虽然世家大族的具体成员在战乱争夺中被杀被逐者不少，但他们作为一个世族整体却显示出独立的

---

① 王定保撰，姜汉椿校注《唐摭言校注》，上海社会科学院出版社 2002 年版，第 7 页。

② 黄鸿寿：《清史纪事本末》卷三四，上海书店 1986 年版。

③ 吴敬梓：《儒林外史》第三回"周学道校士拔真才　胡屠户行凶闹捷报"，人民文学出版社 1977 年版，第 36 页。

④ 吴敬梓：《儒林外史》第四十九回"翰林高谈龙虎榜　中书冒占凤凰池"，人民文学出版社 1977 年版，第 563—564 页。

⑤ 吴敬梓：《儒林外史》第四回"荐亡斋和尚契官司　打秋风乡绅遭横事"，人民文学出版社 1977 年版，第 59 页。

一面，可以说几乎不受皇祚更替、时代变迁的影响，君不见《世说新语》中有太多魏晋世族名士言谈风貌、精神人格的描写。实际上吴敬梓的门阀意识所表现的精神正与此相接续，他尤其崇尚魏晋士人精神人格的本质精神实源于此，[①] 这也构成了吴敬梓门阀意识的核心思想。伴随着阅历的增加，吴敬梓胸怀阔大，思想升华，将眼光投向知识阶层，冷静地解剖他们的灵魂，从而对培养这种文人的文化乃至整个社会作出深入的批判，他看到一种文化制度对人的精神的戕害，使士人阶层驯服而养成奴性，进而导致整个社会人文精神的萎缩，他以独特的小说话语反思整个民族精神文化，笔锋所向是士阶层所担当、所安身立命的文化弊病，从而启悟人们克服奴性、塑造独立人格精神。

晚年的吴敬梓生活困窘到竟连一餐一饭都难以为继，死无葬身之钱，但吴敬梓始终能够保持着这种名门望族的自豪感，自尊、自信，这是一种精神力量，吴敬梓用这种门第世家的尊贵去对抗市侩的暴发户和权贵，获得精神的支柱与寄托。对于那些以金钱为万能而看轻世家望族的暴发户以及向盐商、新贵讨好献媚而丧失了人格尊严的世家子弟，吴敬梓都给以无情的嘲讽与鞭挞。作为一个家道中落的世家子弟，他对于旧家总有一种好感，而对于新贵则会产生一种近乎本能的厌恶，这种厌恶在他的小说及诗词文中表现得近乎偏执，这也是吴敬梓的透辟和彻底处。[②]

吴氏子弟个体行为总会与这个家族的荣辱兴衰紧密联系起来，当这个家族伴随着举业的衰落、仕宦的偃蹇，家族的衰落之势便也在所难免了。《移家赋》中写道：

> 于是君子之泽，斩于五世，兄弟参商，宗族诟谇。假荫而带狐令，卖婚而缔鸡肆，求援得援，求系得系。侯景以儿女作奴，王源

---

① 吴敬梓对于魏晋文化精神有极强的认同感，可参看李汉秋《吴敬梓与竹林名士》（《江淮论坛》1981 年第 5 期）及《吴敬梓与魏晋风度》（安徽人民出版社《儒林外史研究论文集》）与陈美林《魏晋六朝风尚和文学对吴敬梓的影响》及《隆礼与崇孝》（陈美林《儒林外史研究》）。

② 同时我们看到吴敬梓在表现出门第自豪的同时对于平民中的君子之行的人则产生一种本能的亲近、称赞，对于他们的苦难则寄寓深切的同情，这也正是他的世家望族门第观的不俗处。

之姻好唯利。贩鬻祖曾，窃资皂隶，若敖之鬼馁而，广平之风衰矣！①

对于自己所属阶级的面目，吴敬梓有着清醒的认识。对于祖先开创的这份基业，他又怀着极深的情感，举业世家的衰败在他的心里起了波澜，《遗园四首》便是此种心境的体现。

　　辛苦青箱业②，传家只赐书。荒畦无客到，春日闭门居。柳线和烟结，梅根带雨锄。旧时梁上燕，渺渺独愁予。
　　新绿渐成阴，催耕闻暮禽。治生儒者事，谋道古人心。薄俗高门贱，穷途岁序深。无聊爱坟籍，讵敢说书淫。
　　秋声何日到，残暑去天涯。鸦影梭烟树，松阴绘月阶。病魔皆故物，诗境落孤怀。独倚危楼望，清光聚此斋。
　　风雨漂摇久，柴门挂薜萝。青云悲往事，白雪按新歌。每念授书志，其如阃极何。可怜贫贱日，只是畏人多。③

"赐书"即《移家赋》中所云"诏分玉局之书"。曾祖吴国对探花及第后顺治皇帝赐予书籍，吴国对在"遗园"中建藏书楼以藏之，吴敬梓受父、师之教诲，怀抱"治生儒者事，谋道古人心"之意愿，努力攻读儒家"坟籍"。尽管祖辈凭借传家的读书、举业之途已后继难续，他却仍希望能博得一第，"白雪按新歌"而振兴祖业。但是面对现实，作者又深感无力而痛苦，情绪孤寂，感今念昔，深感背父祖之教恩。他的词《乳

　　① 吴敬梓著，李汉秋辑校《吴敬梓诗文集·移家赋》，人民文学出版社 2002 年版，第 10 页。
　　② "青箱"，《宋书·王准之传》："曾祖（彪之）……博闻多识，练悉朝仪，自是家世相传，并谙江左旧事，缄之青箱，世人谓之'王氏青箱学'。"张读《宣室志》记载南朝沈约对陆乔谈及其子说："此吾爱子也，少聪敏，好读书，吾甚怜之，因以青箱为名焉，欲使继吾学也。"（《笔记小说大观》第一册张读《宣室志》卷四，江苏广陵古籍刻印社 1983 年版，第 116 页）
　　③ 吴敬梓著，李汉秋辑校《吴敬梓诗文集·遗园四首》，人民文学出版社 2002 年版，第 14 页。

燕飞·甲寅除夕》①　也是这种心境的反映。

　　吴家举业曾经的辉煌荣光能给吴敬梓以精神慰藉，也带给他重振家业，再续新生的信心和动力；而面对不断式微的家族现状，又使他心里纠结和痛苦，终究还是悲情笼罩。

　　吴檠《忆远园杂诗》也是这种意绪的流露，诗序中说：

　　　　先主政辟远园于城隅，课子弟读书其中。花石亭榭，颇擅幽胜，今则鞠为茂草矣。池台历历，时萦梦想。②

《心远堂》一首云：

　　　　堂额"心远"二字，先黄门草书。
　　　　心远黄门书，奇迹嗟剥落！明月绕空梁，来照古钗脚。③

　　吴家从望族世家的辉煌中衰败下来，它留给后世文学子弟是更多感伤和痛苦，吴敬梓面对"君子之泽、斩于五世"④　的残酷现实，"荒畦无客到，春日闭门居"，"风雨漂摇久，柴门挂薜萝"⑤。探花第的遗园已壁断垣颓，荒草萋萋，呈现出一派萧飒的景象，今昔对比的沧桑和由此引发的悲凉对于从少年时期就已经饱尝生活艰辛的吴烺来说也许没有乃父的情绪反应得那么激烈，但面对生活的诸多困境以及自己亲历的世家望族无可挽回的颓败，吴烺的痛苦与吴敬梓同样深沉，请看他的诗《张氏藏书歌》：

---

　　①　吴敬梓著，李汉秋辑校《吴敬梓诗文集（〈乳燕飞·甲寅除夕〉）》，人民文学出版社2002年版，第63页。
　　②　北京大学文学研究所编《文学研究集刊（第四册）》，人民文学出版社1956年版，第295页。金和《秋蟪吟馆诗钞》（民国五年刻本）卷三《椒雨集下·过吴氏园，本余外祖家园也。今别归一吴氏，其后楼为余初生处》："一楼灯火半河滨（地名半边河），曾此嗁声夜恼邻。翦烛尚留垂老客（有先君子旧好一二人，尚能识余。），觅环已似再生人。满栽黄菊都新样，还倚青松亦凤因。岂独伤心惭宅相，眼前谁是旧家亲？"按：金和生于全椒，幼孤，依母寄居全椒吴氏外家，至九岁始还江宁。观此诗，足见出吴氏祖辈家园所能予后世子弟之精神承载。
　　③　同上书，第296页。吴檠曾祖吴国龙著有《心远堂集》。
　　④　吴敬梓著，李汉秋辑校《吴敬梓诗文集·移家赋》，人民文学出版社2002年版，第10页。
　　⑤　吴敬梓著，李汉秋辑校《吴敬梓诗文集》，人民文学出版社2002年版，第14页。

　　我家昔年阜陵下，赐书万卷高楼居。饥驱出门不得意，蟫红蠹碧兼焚余。先人手泽已零落，有时执简增欷歔。君家藏弃独完好，手胝我欲同钞胥。百城南面足快意，带经且学儿宽鉏。①

　　对于昔日高祖吴国对兴建探花第、藏书楼的盛况，吴烺心底充满自豪，而如今的衰败却也无法逃避。今昔对照的悲凉沧桑常会在不经意之间被某种情景所触发，在心上逗引出复杂的情感。吴烺在友人洪楚珍家看到高祖吴国对手迹，作《题先侍读默岩公手迹后并序》：

　　　　先侍读公以顺治戊戌一甲第三人通籍词垣，日侍禁近，尝以病假归，流寓邗江，与洪敬修先生歌诗赠答，称莫逆交。距今九十余年。先生之孙楚珍复与烺寻世讲好，乃得于斋中敬观先侍读公手迹行书十七绝句，装池完好，墨彩烂然，于以见楚珍之不坠其先绪也。爰作长歌志之。
　　　　浓香琥珀盈清樽，主人肃容张华轩。酒酣拂拭开锦韫，墨光奕奕悬漏痕。吾先太史工著作，百篇立就倾词源。八文六体古莫比，琳琅金薤相缤缤。昔年诗人王司李，銮江唱和如堂昆。（先侍读公与新城王尚书有《銮江唱和集》。）为署阮亭擘窠字，至今黄影留家园。（尚书乞先侍读公书"阮亭"二字。）平生文采耻自耀，独有神气于焉存。片鳞寸爪乍隐现，如从古鼎私扣扪。两家先人延世德，交情历久欣重论。吾宗秋竹雅好事，摩抄三复欲忘言。岂无云扃与翰薮，此卷宝贵同瑶琨。慎毋载之书画舫，夜半恐有蛟龙吞。②

　　祖辈的创业功绩给后人以荣光，而面对江河日下的现实不由得便忧从中来，诗结尾写道"岂无云扃与翰薮，此卷宝贵同瑶琨。慎毋载之书画舫，夜半恐有蛟龙吞"，吴烺担心先祖的手迹会流落坊间商贾手中，这种心理对于家世衰败的吴家子弟来说也是极其自然的。吴烺诗《归里杂感十首》（其八）：

---

① 吴敬梓、吴烺撰，李汉秋点校《吴敬梓吴烺诗文合集》，黄山书社1993年版，第173页。
② 同上书，第173—174页。

身后虚名定无益，生前精力竟何如。偶从饼肆闲披检，认得岑华手注书。①

诗后注曰："先岑华伯父身后书籍多半为人窃去。"全椒五世祖吴国对探花及第后在襄河边修建探花第，因帝王赐书而建有赐书楼，丰富的藏书最终也散失殆尽了。

吴敬梓满怀悲情地写出这个使他怀着极深厚感情的家族不可避免的败局——"若敖之鬼馁②而广平之风衰矣③"。对族中不顾自家门第和家族声誉的"假荫而带狐令"、"卖婚而缔鸡肆"、"求援得援，求系得系"等行为予以揭露和谴责。是他们使祖风世德被败坏，曾经那样引以为豪的名门望族衰败了！尽管吴敬梓最终抛弃了功名富贵的念头，从一个举业世家之孝子贤孙到后来成为一个举业世家的叛逆者，而被乡里传为子弟警示的对象。但我们看到，面对家业式微因功业无成而愧对先祖的思想始终折磨着他。这是举业世家子弟真实的心理体验和心路历程。

第二节　全椒吴氏科举家族发展的承继与变异

卓越的作家总是与他的时代联系紧密，其思想渊源及世界观的形成，其人生追求以及思想转变的心路历程，在受到传统制约的同时，更主要根植于他所生活的那个时代的环境之中。全椒吴氏家族中以吴敬梓为代表的吴氏子弟最终成就了文学的辉煌，这种转化绝非一朝一夕之功，钱大昕作《杉亭集序》云：

---

① 吴敬梓、吴烺撰，李汉秋点校《吴敬梓吴烺诗文合集》，黄山书社 1993 年版，第 258 页。

② 《左传》鲁宣公四年：子文是若敖氏。当越椒初生时，子文说："是子也，熊虎之状，而豺狼之音，弗杀，必灭若敖氏矣。"子文担心越椒当楚政后，要覆灭若敖一族，祖宗将无人祭祀，鬼将挨饿。临死时对族人哭着说："鬼犹求食，若敖氏之鬼，不其馁而？"后来若敖氏果然灭族。

③ 《新唐书·宋璟传》：宋璟以功封广平郡公，在他死后，其诸子"皆荒饮徘嬉，并以赃败"，从此"广平之风衰矣"。一说东汉光武帝刘秀的大将吴汉为吴姓的祖先，被封为广平侯。《后汉书·吴汉传》："汉尝出征，妻子在后买田业。汉还，让之曰：'军师在外，吏士不足，何多买田宅乎？'遂尽以分与昆弟外家。"

　　吴于全椒为望族，自默岩先生以文学知名中朝，暨弟子姓，代多文人。君子从父岑华比部，尊甫文木先生，并高才博洽，有闻于时。今杉亭又以诗名特起，昔人称崔氏父子数世能文，王氏七叶人各有集，方之君家殆无以过此。又艺林之盛事也夫！①

　　从吴沛的举业振兴家族到吴敬梓的文学复兴家族，我们看到这个家族与文学之间有着十分密切的关系，如果说举业成就了吴氏科举家族的地位，同样，吴敬梓文学的巨大成就也与科举有着脱不尽的千丝万缕联系，文学已经成为吴氏子弟尤其是以吴敬梓为代表的吴氏子弟的生命寄托，并由此昭示这个家族性质的改变。

一　吴沛：全椒吴氏家族的精神魂灵

（一）沾溉后人，其泽甚远

　　全椒吴氏家族之成长及壮大，吴沛筚路蓝缕之功实难泯没②。作为全椒吴氏举业家族的创业者，吴沛一生的行为事迹已积淀并内化为本家族的精神因素，成为这个家族精神的象征和家族文化传统的主要成分。

　　吴沛学业上孜孜以求，但命运不济，举业十分不顺，却依然坚持不殆，并为吴氏后人行将迈步的举业道路披荆斩棘，他以精神的坚强和行动的执着显示出强大的意志力，启发吴氏继起者的事功，不断鞭策继起者的努力奋勇。长子国鼎在明崇祯庚午三年（1630）乡试中举，吴沛"犹戒以男子事不止此"，次年吴沛离世，甚至临终前还"召诸子各训以话言"，对他们要求极严，这种严格要求，既表现在学业上，也表现在为人行事上，"诸子不肖咸廪廪副严命是惧"③。五子中四成进士都是在吴沛去世后多年，但无不笼罩在其父的深刻影响之下。可以这样说，吴沛的影响近之

---

　　①　吴敬梓、吴烺撰，李汉秋点校《吴敬梓吴烺诗文合集》附录之钱大昕作《杉亭集序》，黄山书社1993年版，第416页。

　　②　参看吴沛《西墅草堂遗集》卷四《与范学博老师》，吴沛科举道路坎坷，在他的精神及肉体上都产生了很大的痛苦，本篇记述了吴沛对兴家的渴望以及为此所经历的艰辛磨难，前文已论，不赘述。

　　③　吴沛《西墅草堂遗集》吴国器撰《先君逸稿跋言》，清康熙十二年吴国对刻本。

成为驱使国鼎辈兄弟四人举业有成的动力，远则变成维系这个家族持续发展的精神源泉。吴国鼎于《先君逸稿小引》中说：

> 先君子为人颀伟不群，矫矫云中鹤，胸襟洒落，内无关楗而信义风裁复不肯假借，事王大父以孝闻，友异母弟，析而复收者至三。家徒四壁，诸姑之无归者养之殡之。遇四方贫士辄解衣推食，毫不作德色。客居勿论知与不知，出囊中钱沽酒高唱。不治生产，殊不戚戚也。喜奖进后学，而不肯嗫嚅贵介。①

吴国鼎与幼弟吴国龙同中明末崇祯癸未科（1643）进士，崇祯皇帝敕书"（西墅）一轮明月，高拟鹿门"，顺治赞吴沛："气骨高超，性资古俊。"② 在朝为官的吴氏子弟不在少数，但却不见作威作福的子弟行为，这也十分难得，吴沛追求事功及道德完善的人格对于他们的影响起到极大的作用。

对于吴敬梓来说，高祖吴沛给他的人生道路留下许多重要的印记，吴敬梓的性格与其高祖吴沛有很多相似之处，尽管时间相隔一百余年，但是举业及人生途中相似的经历使得吴敬梓对于高祖吴沛的接受是多方面的，程度也更深。《移家赋》中吴敬梓对高祖才不得伸的遭际满怀不平："夜珠之光按剑，泣玉之泪如泉"，对高祖满腹才学而被埋没的命运，作者深为叹息，这也成为后来吴敬梓创作小说《儒林外史》对于科举制度反思的发端和基础。

吴敬梓十八岁进学，参加滁州的科考，被破格取为第一，后来的乡试屡考屡败，一生的功名同吴沛一样止于秀才。"丈夫抱经术，进退触藩羝。于世既不用，穷饿乃其宜。"③ 举业的挫折让他彷徨和苦闷，与举业相关的诸多事情也给他带来无尽的烦忧。一身才学而不能为世所用，吴沛

---

① 吴沛《西墅草堂遗集》卷首，清康熙十二年吴国对刻本。

② 蓝学鉴、吴国对纂修清康熙十二年《全椒县志》卷十二，全椒县地方志编纂委员会1993年标点校勘本。

③ 金兆燕撰《棕亭诗钞》卷五《甲戌仲冬送吴文木先生旅榇于扬州城外登舟归金陵》，清嘉庆十二年赠云轩刻本。

说："虽不敢效书空之事，而抑郁谁语？"① 吴敬梓说："忽焉独书空，中心信尠欢。"② 而对贫困，吴沛说，"青山贫不改，白眼傲偏多"③，吴敬梓说，"贫贱安足悲，篝灯向西塾"④，传承关系分明。冯元飚题《西墅草堂逸稿序》中说吴沛"家壁立耳，不复问糜纤事，心百间屋也，肠西岭冰雪也"。并引国鼎辈言"不屑听家坘喔喔声，载酒携笈，长眺山川，问经世事，座间十尺，动成方丈"，⑤ 吴国鼎在《先君逸稿小引》中写其父"家徒四壁，诸姑之无归者养之、殡之，遇四方贫士辄解衣推食，毫不作德色。时损赀买生物活之，客居勿论知与不知，出囊中钱沽酒高唱。不治生产，殊不戚戚也"⑥。金和《儒林外史跋》中写吴敬梓：

　　　　先生尤负隽才，年又最少，迈往不屑之韵，几几乎不可一世。所席先业綦厚，先生绝口不问田舍事。性伉爽，急施与，以"芒束"之辞踵相告者，知与不知，皆尽力资之，不二十年，而簏金垂尽矣。⑦

在吴敬梓的身上确实不乏吴沛的影子。吴沛在《大儿登贤书喜拈成语二句卒成二首》（其二）谆谆告诫子女"干谒羞人累，轻肥耻俗移"⑧。吴敬梓在《春兴八首》诗中说，"一事差堪喜，侯门未曳裾"⑨，在《左伯桃墓》诗中说，"亦有却聘人，灌园葆贞素"⑩，吴沛因其乡试房师关骥的赏识，结果好意却使吴沛失去了中举的机会，关升任宛陵太守后以书召

① 吴沛《西墅草堂遗集》卷四，清康熙十二年吴国对刻本。

② 吴敬梓著，李汉秋辑校《吴敬梓诗文集》卷三，人民文学出版社 2002 年版，第 34 页。

③ 吴沛《西墅草堂遗集》卷一《赋得何处难忘酒》其七，清康熙十二年吴国对刻本。

④ 吴敬梓著，李汉秋辑校《吴敬梓诗文集》卷三《夏日读书正觉庵示儿烺》，人民文学出版社 2002 年版，第 41 页。

⑤ 吴沛《西墅草堂遗集》卷首，清康熙十二年吴国对刻本。

⑥ 吴沛《西墅草堂遗集》卷首吴国鼎撰《先君逸稿小引》，清康熙十二年吴国对刻本。

⑦ 李汉秋辑《儒林外史研究资料》金和《儒林外史跋》，上海古籍出版社 1984 年版，第 128 页。

⑧ 吴沛《西墅草堂遗集》卷一，清康熙十二年吴国对刻本。

⑨ 吴敬梓著，李汉秋辑校《吴敬梓诗文集》卷二《春兴八首（其五）》，人民文学出版社 2002 年版，第 20 页。

⑩ 吴敬梓、吴烺撰，李汉秋点校《吴敬梓吴烺诗文合集》，黄山书社 1993 年版，第 36 页。

请吴沛前往时，吴沛以"大丈夫不能取进贤，自树功业"而拒绝，这种"自树功业"的精神是人格独立的重要表现，在吴敬梓身上也多有表现，金和说他"然姻戚故旧之宦中外者以千百计，先生卒不一往"①。

吴沛《西墅草堂初夏》写其草堂中读书课子的情景：

> 镇日少过客，不如接送烦。家贫饶藜藿，一饱腹自扪。高低五男儿，暇即与讨论。千古在目前，绝学垂宪言。浮荣何足慕，潜心味义根。②

吴敬梓《遗园四首》写"（吴敬梓）惟闭户课子"③：

> 辛苦青箱业，传家只赐书。荒畦无客到，春日闭门居。④

两首诗所写诗人处境、诗的意趣都有相似之处，吴沛教导子女"做一积阴德平民，胜做一丧元气进士"⑤，吴敬梓在小说《儒林外史》中借娄氏兄弟之口说，"与其出一个斩削元气的进士，不如出一个培养阴骘的通儒"⑥，吴敬梓的闭门课子也确有成绩，长子吴烺学业有成自然不用说，次子吴焴诗文也已经成熟，后来中举，出任过知县。吴沛"嗣六战未获，辄咄咄曰：'我不做，儿子辈必做也！'"⑦ 友人江昱也说吴敬梓"功名早已付稚子，昨岁蒙恩赐中翰（令嗣烺）"⑧，吴敬梓与高祖寄希望于子辈的心是多么相像。

---

① 李汉秋辑《儒林外史研究资料》金和《儒林外史跋》，上海古籍出版社1984年版，第128—129页。

② 吴沛《西墅草堂遗集》卷一，清康熙十二年吴国对刻本。

③ 李汉秋辑《儒林外史研究资料》金和《儒林外史跋》，上海古籍出版社1984年版，第128页。

④ 吴敬梓著，李汉秋辑校《吴敬梓诗文集》，人民文学出版社2002年版，第14页。

⑤ 吴沛《西墅草堂遗集》吴国器撰《先君逸稿跋言》，清康熙十二年吴国对刻本。

⑥ 吴敬梓：《儒林外史》第八回"王观察穷途逢世好　娄公子故里遇贫交"，人民文学出版社1977年版，第112页。

⑦ 吴沛《西墅草堂遗集》卷首吴国鼎撰《先君逸稿小引》，清康熙十二年吴国对刻本。

⑧ 江昱撰《松泉诗集》卷五《访吴敏轩留饮醉中作》，北京图书馆藏清乾隆二十六年小东轩刻本，"四库全书存目丛书"集部第二八〇册，齐鲁书社1997年版。

伟大作家的思想形成是多方面的，来自家族、祖先的影响不可忽视，吴敬梓的经历多少带有高祖的影子，而吴敬梓也从多方面继承了高祖吴沛的思想。

> 而家益以贫。乃移居江东之大中桥，环堵萧然，拥故书数十册，日夕自娱。窘极，则以书易米。或冬日苦寒，无酒食，邀同好汪京门、樊圣谟辈五六人，乘月出城南门，绕城堞行数十里，歌吟啸呼，相与应和，逮明，入水西门，各大笑散去，夜夜如是，谓之，"暖足"。余族伯祖丽山先生与有姻连，时周之。方秋，霖潦三四日，族祖告诸子曰："此日城中米奇贵，不知敏轩作何状。可持米三斗，钱二千，往视之。"至，则不食二日矣。①
>
> （吴敬梓）日惟闭门种菜，偕佣保杂作，人不知故向者贵公子也。②
>
> 白门三日雨，灶冷囊无钱。逝将乞食去，亦且赁春焉。③
>
> 幼子哭床头，痛若遭鞭笞。作书与两兄，血泪纷淋漓。仲兄其速来，待汝视楄柎。④

吴敬梓已将生命托身文学之中，小说《儒林外史》中开篇"一代文人有厄"⑤何尝不是吴敬梓深切而痛苦的体验。"日惟闭门种菜，偕佣保杂作"⑥，"白门三日雨，灶冷囊无钱。逝将乞食去，亦且赁春焉。"⑦暮年之际，吴敬梓在扬州与已落入破产境地的程晋芳相遇时，含泪拉着他的

---

① 程晋芳著《勉行堂文集》卷六《文木先生传》，清嘉庆二十三年刻本。

② 沈云龙主编《中国名山胜迹志丛刊》第 4 辑顾云《盋山志》卷四，台北文海出版社 1975 年版，第 80 页。

③ 程晋芳撰《勉行堂诗集》卷二《春帆集》之《怀人诗十八首》，清嘉庆二十三年刻本。

④ 金兆燕撰《棕亭诗钞》卷五《甲戌仲冬送吴文木先生旅榇于扬州城外登舟归金陵》，清嘉庆十二年赠云轩刻本。

⑤ 吴敬梓：《儒林外史》第一回"说楔子敷陈大义　借名流隐括全文"，人民文学出版社 1977 年版，第 16 页。

⑥ 沈云龙主编《中国名山胜迹志丛刊》第 4 辑顾云《盋山志》卷四，台北文海出版社 1975 年版，第 80 页。

⑦ 程晋芳撰《勉行堂诗集》卷二《春帆集》之《怀人诗十八首》，清嘉庆二十三年刻本。

手说："子亦到我地位，此境不易处也，奈何!"① 这实在是吴敬梓的切身沉痛之语，世家子弟、满腹才华的吴敬梓沦落到竟至一餐一饭都难以为继的生活困境，他是靠怎样的信念才能顽强地生存下去？"千户之侯，百工之技，天不予梓也，而独文梓焉"②，是文学给了他莫大精神寄托。

吴沛以最热切的期望，教育、鼓励和引导子女迈向成功，在他身上所表现出的强烈的家族意识及人格精神不断鞭策吴氏子弟不忘本家族的振兴而努力，不论是在这个家族发展的上升时期还是这个家族因为举业无成而走向式微时，这种意识与精神对于吴氏子弟的影响从未减弱，始终发挥着巨大的作用。而吴沛思想给予这个家族的营养，吴敬梓吸收尤多。

（二）西墅草堂精神：全椒吴氏家族文化之凝聚

簪缨世家往往"五世而斩"，因其所维系的命脉大抵是政治经济转化的物态因素。对有志于家业振兴的吴氏祖先来说，远祖因"从龙"建功受赐千户之封，朝廷的封赏无疑为能跻身封建社会更高阶层奠定了一块基石，却也激活了壮大家族的意识。吴家因封邑六合而举家迁居，在承袭几代以后又渐趋衰落下去，便从六合迁往相距并不遥远的全椒。尽管未能在六合发达，但家族本体意识之精神种子已经播散开来，生根发芽。

西墅在全椒县程家市，是吴敬梓的故乡，也是全椒吴氏发家故土，它是本地历史上人文底蕴最悠久、影响最大的族居地。吴氏全椒二世祖吴凤卜居于此③，西墅遂成为吴氏子弟生活的栖息地，一直到五世祖吴国鼎辈都生于斯而长于斯。吴敬梓《移家赋》中说："隶淮南为编氓，勤西畴以耕耨"④，吴凤迁居到全椒程家市西墅后主要从事农业耕作。西墅草堂的建造自四世祖吴沛始，滁州太守冯元飏在《西墅草堂遗集序》中说："（吴沛）家壁立，耳不复问縻纤事，心百间屋也，肠西岭冰雪也。"⑤ 国

① 程晋芳撰《勉行堂文集》卷六《文木先生传》，清嘉庆二十五年冀兰泰、吴鸣捷刻本。
② 吴敬梓著，李汉秋辑校《吴敬梓诗文集·移家赋》，人民文学出版社 2002 年版，第 8 页。
③ 蓝学鉴、吴国对纂修清康熙十二年《全椒县志》卷十《吴凤传》说："（吴凤）卜居邑之西墅。"
④ 吴敬梓著，李汉秋辑校《吴敬梓诗文集》，人民文学出版社 2002 年版，第 8 页。
⑤ 吴沛《西墅草堂遗集》，清康熙十二年吴国对刻本。

鼎说其父"不屑听家塾喔喔声，载酒携笈，长眺山川，问经世事"①，为尽心读书，免除诸多琐事的侵扰，吴沛便在原住家房子的附近另建草堂并课书教子，是为西墅草堂。自此始，西墅草堂便成为全椒吴氏兴家望族的摇篮，成为吴氏后人心目中一块圣洁之地，吴氏的辉煌和荣耀便与此草堂有了诸多联系，吴国对在《先君遗稿跋言》说：

> 西墅草堂为先君子旧居也。对垂髫依恃于此，草堂仅两栋，上覆以茅，土垣周之，外皆野隙也（地）。古人云陋巷，殆不过是。先君唯读书课子，怡然也。②

冯元飚赞曰："兄东头，弟西头，书声满墅，文思积薪，翁然自为师友，出树千秋，赋诗报国。"③西墅草堂开始建设简陋，两栋草房，院子以土墙围之，院外即是荒地。吴沛《西墅草堂初夏》诗云："结茆在西墅，差远尘市喧。漠漠天宇接，遥青纳短垣。榆柳当窗摇，清阴罩几痕。"④

吴氏家族自移居全椒的二世祖吴凤起开始躬耕务农，跌入到社会的底层，成为一个地道的百姓人家，到三世祖吴谦行医，家业稍丰后便让四世祖吴沛专攻儒业。惜者，吴沛虽于举业上极用功，却为其所误，因而在举业兴家上未能有所突破，一生落拓不偶。强烈的家族意识使吴沛耿耿于心，不能自解，"嗣六战未获，辄咄咄曰：'我不做，儿子辈必做也！'"⑤他将自己这未遂的心愿及不服的心志不断地传递给后辈，在他们心上树立起对这个家族的担待与责任。一生科场蹭蹬的吴沛将其毕生揣摩八股文的经验归结为十二字，并在每字下面写出详尽的阐释，这即是"题神六秘"、"作法六秘"文章⑥，以"竖、翻、寻、抉、描、疏以及逆、离、原、松、高、入"十二字对审题、立意及写作加以概括，认真传授给子

---

① 吴沛《西墅草堂遗集》吴国鼎撰《西墅草堂遗集序》，清康熙十二年吴国对刻本。
② 吴沛《西墅草堂遗集》，清康熙十二年吴国对刻本。
③ 《西墅草堂遗集》卷首冯元飚撰《西墅草堂遗集序》。
④ 吴沛《西墅草堂遗集》卷一，清康熙十二年吴国对刻本。
⑤ 吴沛《西墅草堂遗集》卷首吴国鼎撰《先君逸稿小引》，清康熙十二年吴国对刻本。
⑥ 《西墅草堂遗集》卷三，清康熙十二年吴国对刻本。

辈。五子中除第二子吴国器遵父命任家政外，长兄吴国鼎和幼弟吴国龙同中明末崇祯癸未科进士，引得崇祯皇帝的青睐而敕书"（西墅）一轮明月，高拟鹿门"，赞吴沛"气骨高超，性资古俊。庭闱笃行，抱白云春草之思；梦寐躬修，怀夜雪空山之况。每征粹白于肝胆，不示磊块于须眉"①。尽管明政权很快灭亡，但吴氏兄弟很快又在清代的科举考试中崭露头角，吴国缙在顺治九年中进士，吴国对在顺治十五年中进士，而且是一甲第三名探花及第，吴国对获得顺治皇帝的诸多"恩眷"，"赐坐延问如家人"②，国龙叨国对光，以明朝进士的身份奔赴顺治皇帝庭前，这对双胞兄弟"翰林弟兄皆名士，廨屋三间分两头"③。一朝成名天下知，吴氏兄弟取得了时人所称"国初以来重科第，鼎盛最数全椒吴"的骄人成就，王士禛《池北偶谈》中写到全椒吴家科举兴旺时也带着极称羡的口吻④。举业给这个家族带去了无上的荣耀，⑤吴家子弟一跃成为科举出身的显贵望族正式登上了历史的舞台，它标志着吴氏子弟凭借举业成就，将吴沛兴家旺族的理想变成现实，吴沛也因之成为本家族的精神领袖，由吴沛创建的西墅草堂遂成为吴氏家族的象征，泽被后世，影响深远。

从社会底层崛起的吴家，其发展具有相当的代表性。吴氏恃举业而起，由布衣人家而改换门庭，科举起到关键的作用，这多少表明科举制度在此一时期的积极意义。这个家族的生存条件及环境决定了在家族发展之初对于科举崇尚的合理性与必然性，吴沛"日进玉铉兄弟励清节，攻苦业，曰：'雕虫不豪，我辈寄之耳。'"⑥"雕虫不豪"启发了吴敬梓的思想。

科举本是官僚政体实现人才纵向流动，打破贵族垄断的有效手段，帝王以科举的公平为士人造平等，有此平等，举子士人才可能脱出世间的层层不平等，全椒吴氏家族的成长也正受益于此，对于祖辈的举业道路吴敬

---

① 清康熙十二年《全椒县志》卷十二"敕赠文林郎吴沛"。

② 李调元《淡墨录》，辽宁教育出版社 2001 年版，第 26—27 页。

③ 王士禛著《香祖笔记》卷七，清宣统三年扫叶山房石印本。也收于王士禛著《带经堂诗话》卷八，人民文学出版社 1963 年版，第 184—185 页。

④ 王士禛《池北偶谈》卷一"全椒吴氏兄弟"，中华书局 1982 年版，第 9 页。

⑤ 全椒吴氏家族"一门两鼎甲，四代七进士"，指五世祖吴国鼎兄弟四人，六世祖吴晟、吴昺，八世祖吴檠皆进士及第，其中吴国对、吴昺分别高中探花，榜眼，至于举人、贡生则不可胜数，取得了科举史上的极辉煌的成就，成为一方著名的科举世家。

⑥ 《西墅草堂遗集》卷首薛寀撰《引言》。

梓也是认可的，"家声科第从来美"①，《移家赋》中称赞其祖父吴国对举业上的"揣摩"之功："常发愤而揣摩，遂遵道而得路。三殿胪传，九重温语，宫烛宵分，花砖月午。"② 但至明清时期，由君权主导的科举制度在限制世族势家的同时，也助长了君权的集中，使君权周遭没有扶翼而高高在上，士人不能不依附于君权。于是，科举通过僵化的八股制艺成为批量生产奴才的机制，吴敬梓对此是明白的，《儒林外史》中描写了另一类善于"揣摩"八股的人③：

> 高翰林道："老先生，'揣摩'二字，就是这举业的金针了。……若是不知道揣摩，就是圣人也是不中的。那马先生讲了半生，讲的都是些不中的举业。他要晓得'揣摩'二字，如今也不知做到甚么官了！"④

以考试为选拔之方式，其内容由诗赋而变为经义，再统归于《四书》，后再推演为八股制艺，这种知识标准的"进化"，明显表现为愈益狭隘和拘禁而走向反面，它使得举子们既不能自主地思考，也不能自主地表达，遂形成了一种最开放的选官制度与一种最不开放的思想环境共存的悖谬。至于这方面的深刻批判要多年以后，直到清初如顾炎武、黄宗羲等思想家的出现，我们不必苛求明代的吴沛。而且，吴沛也并非他曾孙吴敬梓小说中所塑造的如周进、范进之类"科举迷"，吴沛的"我辈寄之耳"说得直接而真诚。科举家族的形成是家族组织与科举制度相互作用的结

---

① 吴敬梓著，李汉秋辑校《吴敬梓诗文集（〈乳燕飞·甲寅除夕〉）》，人民文学出版社2002年版，第63页。

② 吴敬梓著，李汉秋辑校《吴敬梓诗文集·移家赋》，人民文学出版社2002年版，第9页。

③ 在吴沛的时代，对于举业的重视及对八股文的研习揣摩不可缺少，但吴沛对举业八股认识清晰，"男子事不止此"，"雕虫不豪，我辈寄之耳"实在不算是落后的思想。学而优则仕，走向宦途的吴氏俊杰们的眼光聚焦处投向了"治国、平天下"，这在走入政坛的吴国鼎兄弟辈的制策、疏文、奏记、书札以及政治作为中，我们看到国家兴亡、百姓疾苦成为从政的吴氏子弟关注的主要内容。在高氏这里，"揣摩"不仅是考八股的秘诀，也将此运用于他的为官之道、处世之则。

④ 吴敬梓：《儒林外史》第四十九回"翰林高谈龙虎榜　中书冒占凤凰池"，人民文学出版社1977年版，第563—564页。

果，在吴沛的时代，"雕虫不豪，我辈寄之耳"实在不是落后的思想。

一个家族的发展绝少不了精神的支撑。在八股盛行的封建社会，这个家族始终崇奉儒学并接续不断，形成家学家风，与吴沛的教导实难分开。就这个家族来说，对吴沛之推崇不仅因为其充满艰辛的筚路蓝缕开创之功①，以及给吴氏后世子弟提供一种兴家望族的成功经验，更重要的则是在他身上所凝聚成的家族精神文化，我们称之为"西墅草堂精神"，吴沛也因之而倍受吴氏子弟推崇并成为吴氏家族的灵魂人物。"西墅草堂精神"核心有二，一为儒学传统，一为家族意识。

以儒学为宗，这是大多数封建社会宗族世家家风的共同特征，吴沛尤视儒学为家族光大的本体。《希圣吟》②是《西墅草堂遗集》开篇带纲领性的文字，可视为吴家传家之精神纲领。基于宗法结构基础上的家族的形成和发展与儒学具有一种天然的亲和力，一个家族的成长过程最终能衍变为世家大族，虽然儒学传家不是一定能上升为世家大族，但是能称得上世家门第的大族多以儒学传家。《希圣吟》推崇儒学中仁义、勤俭、智勇、忠贞、忠孝，以及恭己若虚、心不踰矩的德行修养，也强调礼乐、六经的教育作用，所谓的"危微精一"、"允执厥中"将心性精义相传而"举至要"，《西墅草堂初夏》③诗中说："千古在目前，绝学垂宪言。浮荣何足慕，潜心味义根。"《处身四五之间》④重视立身与人品，提出"立身者不能勉为一流人，而谬焉自处于中下，则其品不尊"，西墅草堂书斋的门联是"君子蒙养作圣功，须向此中求建白；秀才天下为己任，还期不朽著勋名"⑤，吴沛对于儒学有真的兴趣，也笃信它的价值。吴沛功名仅止于秀才，一生未入仕途，但终生不脱一个淳淳儒者的形象：为人师，对后生谆谆教导，勉励他们立志有为；为乡贤，能扬善劝恶，从善如流；为人子，敬爱长辈，敦孝崇礼；为人父，教子有成，以身作则。对儒学的崇奉是吴沛《西墅草堂遗集》的精髓所在，陈廷敬称吴沛"道德文学"、"为

---

①　参看吴沛《西墅草堂遗集》卷四《与范学博老师》，本篇记述了吴沛对兴家的渴望以及为此所经历的艰辛磨难。

②　《西墅草堂遗集》卷一。

③　《西墅草堂遗集》卷一。

④　《西墅草堂遗集》卷三《处身四五之间》。

⑤　《西墅草堂遗集》卷四。

东南学者宗师"① 正是基于这一方面。

　　吴沛崇奉儒学，并使之融入全椒吴氏的家族精神而不断传承，这个家族也因之充满着生机活力。吴沛"日进玉铉兄弟励清节"②，教导后辈"丰殖干谒最足令人粗心，汝辈绝勿为也"。"男子事不止此（按：指吴国鼎庚午中举），无作呵拥态，甚无以势凌人。"③ 吴国对说："先君平生发于性情，寓于忠孝，归于道德者"④，吴国器在《先君逸稿跋言》中说父亲教导他们"若辈姿好不一，能读书固善，不然做一积阴德平民，胜做一丧元气进士"⑤，吴敬梓在《儒林外史》中借娄家两公子之口表达了对高祖吴沛精神的热烈响应："与其出一个斲削元气的进士，不如出一个培养阴骘的通儒"⑥，吴敬梓与高祖同声相和，精神上一脉相承。吴氏子弟奉儒守业，不断践行吴沛的精神与教养。吴国鼎兄弟辈登上政坛，从他们的制策、疏文、奏记、书札等都能看到心念国家兴亡，关心百姓疾苦。⑦ 六世祖辈吴晟出任福建汀州宁化县令，"莅任三载，民敬爱若亲父母，及闻君去，聚族留行，度终无可奈何，万人攀辕，号泣相送，君亦出涕为太息者屡日焉"。⑧ 八世

---

① 陈廷敬撰《午亭文编》卷四五《翰林院侍读吴黙岩墓志铭》。清李桓《国朝耆献类征初编》卷一一五收录，台北明文书局 1985 年版。

② 《西墅草堂遗集》卷首薛寀撰《引言》。

③ 《西墅草堂遗集》卷首吴国鼎撰《先君逸稿小引》。

④ 《西墅草堂遗集》吴国对《先君遗稿跋言》。

⑤ 《西墅草堂遗集》吴国器之《先君逸稿跋言》。

⑥ 吴敬梓：《儒林外史》第八回"王观察穷途逢世好　娄公子故里遇贫交"，第112页。

⑦ 从现存资料所能见到的他们的著述，我们看到他们关心所在：有与社会政治相关涉，为国君分忧的，如吴国对的"制策"、《圣学》，吴国龙的《钱粮赋役疏》《直陈民穷之由疏》；有为国家选拔人才的制度及改良教育科考等弊病而献计献策的，如吴国龙的请议科场则例疏《请增入学科举名数呈》《重修学宫记》；有力倡继承先贤、乡贤的德行以正风气的修尊贤阁、祭先贤文，如吴国鼎的《谥法》《祭先贤文》，吴国对的《明伦堂上梁文》；有与百姓切身利益相关的如修路架桥、赈灾救荒、捕蝗开矿等具体事务，如吴国鼎的《重修傅家桥记》，吴国缙的《重修云路记》《重修官坝桥记》《新坝桥记》《禁止石濑水磨呈》，吴国对的《救荒末议》《过郯城吊康蔚济民》《复蓝父母禁开矿书》《蓝侯捕蝗亭记》，吴国龙的《蠲所当请蠲荒以存穷黎疏》与《请议截留漕粮以拯灾黎疏》及《募化义仓引》；有为减轻官家盘剥之苦替百姓伸张减免赋税劳役之事，如吴国缙的《请厘厂夫银两呈》《津抚具题改滁和州属折色米豆起运本色抵津备饷循旧解折揭帖》《与江宁杨司理为商马不便告退书》《上滁州杨守公为加派厂夫事书》，吴国龙的《求免征厂夫银两书》《与李道台议留马价书》《写上台求止派修六铺书》。

⑧ 清李桓辑《国朝耆献类征初编》卷二二一储欣撰《吴晟墓表》，台北明文书局 1985 年版。

祖辈吴檠进士及第后官刑部主事，颇有贤声。① 吏部侍郎姜曰广给《西墅草堂遗集》作序称其"生前语出千人废，死后名从四海知"②，薛寀说："酒酣浩歌，长啸天地，何心问世上得失？抑玉铉兄弟异日之业，具在横槊点笔，各有胜概，夫区区以一第为重者，真井蛙之见也。"③ 杨廷麟说一部《西墅草堂遗集》如"圣人之教也，在知本也"④。

家族意识即如中国文化之基因，它是封建时代促进知识分子前进的原动力。吴沛的家族责任感浓厚，"嗣六战未获，辄咄咄曰：'我不做，儿子辈必做也。'"⑤ "心期诸子成模样"⑥，时时勉励诸子"可知汗血在群儿"⑦，在他的教育感召下，吴氏子弟形成强烈的家族认同感与凝聚力。尽管吴沛一生落拓不偶，但薪尽火传，他在子辈的心中布下兴家的火种。其《西墅草堂初夏》诗云：

> 结茆在西墅，差远尘市喧。漠漠天宇接，遥青纳短垣。榆柳当窗摇，清阴罩几痕。镇少过客，不知接送烦。家贫饶藜藿，一饱腹自扪。高低五男儿，暇即与讨论。千古在目前，绝学垂宪言。浮荣何足慕，潜心味义根。我爱夏初长，寸阴当思存。⑧

大凡精神领袖，天生就有一种使命感。由吴沛建成的西墅草堂具有拓荒的性质，成为吴氏家族的发祥地。吴沛与他的西墅草堂故事诠释了平民通过奋斗走向成功的典型，饱含着祖辈创业的艰辛，在吴氏家族中西墅草堂已成为一种意蕴丰厚的象征，承载着家族的精神，寄托着家族的情感，代表着家族的荣耀，最终凝聚成家族的文化精神，成为全椒吴氏家族的精神图腾并不断激励吴氏子弟继承先辈的事业并发扬光大。吴氏子弟每每以

---

① 沈德潜称其"官刑部主事。青然举鸿博不遇，放归，后官西曹，决大狱，能不阿大吏意，众论许其守官。"沈德潜编《清诗别裁集》卷二九，中华书局1975年版，第526页。

② 《西墅草堂遗集》卷首姜曰广撰《西墅草堂逸稿序》。

③ 《西墅草堂遗集》卷首薛寀撰《引言》。

④ 《西墅草堂遗集》卷首杨廷麟撰《引言》。

⑤ 《西墅草堂遗集》卷首吴国鼎撰《先君逸稿小引》。

⑥ 吴沛《西墅草堂遗集》卷一《泉水山房寄子》，清康熙十二年吴国对刻本。

⑦ 《西墅草堂遗集》卷一。

⑧ 《西墅草堂遗集》卷一。

最崇敬之情反复咏叹之，吴国龙《中夏西墅》诗："夏滨稼事好，此地事殊非。路见野人瘦，田看稗草肥。青莳冲小硯，白日冷残扉。何处儿翁笑？为赊市麦归。"① 祭奠先人庐墓深情咏叹："记得歌章儿诵久，相逢此地更增哀。"② 吴国对重刻父亲遗集说："为子若孙者能什袭善藏，勿再散失，以思衍先泽永永也哉。"③ 吴沛思想所给予的营养，吴敬梓吸收尤多，在《移家赋》及《西墅草堂歌》中吴敬梓以最崇敬之情反复咏叹，抒发其对高祖吴沛及西墅草堂的无限景仰之情：

> 　　信作善之必昌，乃诞降于高祖。自束发而能文，及胜衣而稽古。绍绝学于关闽，问心源于邹鲁。梦丹篆而能吞，假采毫而不与，清丽芊绵，疏越朱弦，风行水上，繁星丽天。……贫居有等身之书，干时无通名之谒。（宁国太守关骥以书召，谢不往。）……乃守先而待后，开讲堂而雏诵，历阳百里，诸生游从。鸟啼花影，马嘶香辇。④
>
> 　　先人结庐深山中，布衣蔬食一亩宫。青山层迭列画障，绿树槎枒映帘栊。门迎流水蓼花湾，牧唱樵歌竞往还，琴樽无恙尘嚣静，指点深林暮霭间。有明末运干戈里，黄巾赤眉纷如蚁，淮南十家九家空，眼看城郭生荆杞。先人仓皇走避兵，茅屋倾欹茂草生，污莱满目牛羊下，野水争流禽鸟鸣。五十年来成幻梦，斜阳废墅少人行。吾先君子长太息，欲将旧宅重经营。手持钱帛告田父，昔吾先人此环堵，多年侵夺勿复言，梁燕飞来知故主。茅茨重葺土重筑，酾酒诸昆共挥麈，竹苞松茂好相期，莫忘先人庆宁宇。只今摇落又西风，一带枫林绕屋红。明月空传天子诏，（西墅"一轮明月，高拟鹿门"，庄烈皇帝敕书中语）岁时瞻仰付村翁。⑤

　　西墅草堂在吴敬梓的心目中是一块无比纯洁圣灵之地，是其理想的归宿和心灵的家园，《儒林外史》里时有西墅草堂的精灵之气幽栖其中，吴

---

① （清）姚佺辑《诗源初集》，四库禁毁书丛刊集部第 002 册。
② 清康熙十二年《全椒县志》卷一七吴国龙诗《元日入山拜先墓大雪》。
③ 《西墅草堂遗集》吴国对《先太史遗集重刻引言》。
④ 吴敬梓著，李汉秋辑校《吴敬梓诗文集》，人民文学出版社 2002 年版，第 8 页。
⑤ 同上书，第 13 页。

敬梓以自己为原型的杜少卿的故居便使人感到西墅草堂的影子若隐其中①，没有什么能够取代西墅草堂在吴敬梓心目中的神圣的位置，吴敬梓继承了吴沛的家族认同感，并凝结升华了西墅草堂精神。吴国鼎进士后治蔼园，吴国对探花及第后，在城外襄河岸建"遗园"②，国龙在城内襄河边建"远园"③，它们都在西墅草堂养分下滋乳生生，沿河而建的探花第与远园遥相呼应，向世人昭示着吴家的辉煌。当吴氏家业式微，吴沛和他的"西墅草堂"又总能带给吴氏子弟心灵的慰藉，家族的认同感对于经历家境衰败的吴氏子弟来说表现尤其强烈，吴敬梓《遗园四首》④、吴檠《忆远园杂诗十二首》⑤、吴烺《题先侍读默岩公手迹后并序》⑥皆发抒深情，这些情感又无不与西墅草堂息息相关，西墅草堂总能触动吴氏后人敏感的神经，或因家族曾经的兴盛荣光而自豪，或在昔日辉煌与今日颓败的对照中伤怀愧疚。

由吴沛建成的西墅草堂承载着全椒吴氏的家族精神，已成为这个家族生生不息之源泉。西墅草堂象征着这个家族的荣耀，寄寓着吴氏子孙对蒙受养育之恩的先辈们的无限怀念和感激之情；它不断唤起吴氏子弟对于先人德行操守的景仰，激励着吴氏子弟不断奋斗前行而有所作为。由此，我们看到一个世家望族的文化精神不会因为其家势的衰败而汰除殆尽，相反，作为一种家族文化的精髓所在，它会在家族中世代流传下来而绵绵不绝，成为这个家族的象征，也成为这个家族厚重的文化积淀。

二 吴敬梓：荣耀家族的不孝子

全椒吴氏家族最初是以举业而著称于明清之世，在举业与仕宦交互

---

① 吴敬梓：《儒林外史》第三十一回"天长县同访豪杰 赐书楼大醉高朋"，人民文学出版社 1977 年版，第 365 页。

② 吴国对探花及第后顺治皇帝曾赐予书籍，吴国对在"遗园"中建藏书楼以贮藏。

③ 远园在全椒民间也俗称"榜眼府"，因吴国龙五子吴晟榜眼及第而得名。

④ 吴敬梓著，李汉秋辑校《吴敬梓诗文集·遗园四首（其二）》，人民文学出版社 2002 年版，第 14 页。

⑤ 北京大学文学研究所编《文学研究集刊（第四册）》，人民文学出版社 1956 年版，第 295 页。吴檠为吴国龙曾孙，因远园面对半边河街，故吴檠号曰"半园"。

⑥ 吴敬梓、吴烺撰，李汉秋点校《吴敬梓吴烺诗文合集》，黄山书社 1993 年版，第 173—174 页。

影响之下，这个家族经历了由盛而衰的变化过程。就举业及仕宦情状来说这个家族最终走向了没落，曾经辉煌的举业声名随着时间的流逝而渐趋被人淡忘。但是，人事有代谢，以吴敬梓为代表的吴氏子弟以他们卓著的文学成就使这个家族走向了与科举兴家迥异的另一种道路，并使这个家族重新放出炫目的光彩。全椒吴氏家族遂因吴敬梓的文学成就而流芳后世。

实际上，全椒吴氏家族的发展，文学始终如影随形。在家学家风的熏陶下，吴氏子弟多擅长文学创作。

吴敬梓从出生之日起就背负起振兴家业的使命，他的名字便孕育着读书成才的含义，"梓"的原意是木质优良的木材，雕版即以梓木为上，"敬梓"一词在吴氏家族的文学中较早见于吴国对为其父吴沛的《西墅草堂遗集》所写的序中，吴国对说："将敬梓以行世"，"以敬梓遗稿"，① 吴国龙说："先君不以言见，亦可以言见也，故敬梓之也"②，吴敬梓的取名便蕴含着父辈敬重读书人，并希望他继承祖辈的举业兴家道路，通过读书成才，走上仕途经济的意思。毋庸讳言，举业望族的家庭出身难免会给他注入了与之相伴的精神与思想，追求功名的思想在他的头脑中还占据着主导的地位。吴敬梓对于先辈的科第功名十分骄傲和陶醉，在他的诗、词、赋及小说中多有表现。《移家赋》中说："千户之侯，百工之技，天不予梓也，而独文梓焉。"③ 这里不仅有吴敬梓文学才能的自负，也不乏含有先辈举业兴家的自信。作为封建时代的读书人，吴敬梓最初的人生理想还是要走科举时代读书人的典型道路，即如父、祖辈那样从科举中谋出路，何况这是他一直引以为自豪的根本。

自古才人多磨难，吴敬梓的人生十分坎坷。"我三十时尔十三；是年各抱风木恨"④，十三岁时母亲的病故，对于一个成长中的少年来说是极不幸的事情，吴敬梓幼小稚嫩的心灵上留下了阴影和创伤，他的心里遭受

---

① 吴沛《西墅草堂遗集》吴国对撰《先太史遗集重刻引言》，清康熙十二年吴国对刻本。

② 吴沛《西墅草堂遗集》吴国龙撰《先君逸稿小跋》，清康熙十二年吴国对刻本。

③ 吴敬梓著，李汉秋辑校《吴敬梓诗文集·移家赋》，人民文学出版社 2002 年版，第 8 页。

④ 金榘著《泰然斋诗文集》卷二，清道光二十六年重刊本。

着孤独的煎熬，"见尔素衣入家塾，穿穴文史窥秘函，不随群儿作嬉戏，屏居一室同僧庵。从兹便堕绮语障，吐丝自缚真如蚕"①，多年以后吴敬梓回忆少年时光时依然不能忘怀这种伤痛，"昔余十三龄，丧母失所恃"②。二十三岁时父亲又撒手人寰，对于青年时期的吴敬梓来说，这是人生道路上的一个坎儿。父亲吴霖起生性正直，在赣榆任上被罢黜教谕后，在回到家乡全椒的第二年便郁郁而终，父亲的离去对于自小就长于世家，不事生产，社会阅历并不成熟的吴敬梓来说意味着没有人再为他遮挡风雨，《赠真州僧宏明》诗说："弱冠父终天，患难从兹始"，他只能独担门户。

全椒的风俗，凡是几代能够同堂不分家是一个家族兴旺发达的标志，是父慈、子孝、兄友、弟恭的和睦的大家庭的表现。在吴国对这一支，吴旦为嫡长子，吴霖起是吴国对的嫡长孙，在宗法制的社会里嫡庶之分极明显，只有嫡长子（又称宗子）才有承袭的资格，可以掌管大家庭之财产，吴国对死后丢下的主要财产（各房尚有自己的财产）依次有长房、长子、长孙负责，这是造成吴国对子孙后代不断提出分家问题的症结所在，也是造成吴敬梓在其父吴霖起死后不久就发生了家族纠纷的根本原因。早在吴旦辈，就有人要求对祖辈遗留下来的公共财产进行分配，民国《全椒县志》卷一一"吴旦传"记载："旦先卒，勖抚侄如子，友爱异母弟，有以析产言，泣涕不许。"如果说吴国对这一支到吴霖起这里尚且还能支撑着这风雨飘摇，行将衰落的书香门第，那么，到吴霖起去世后情形则有所不同，吴敬梓居于长房长子的地位，自然要从父亲手中接下掌管本族公共财产的权力，他的本性就不善治生，又性耽挥霍，分得的家产很快支撑不住，或许他也曾动过变卖祖上遗留的田地房产的打算，加之他的堂兄弟和叔父辈也有权利从祖上遗留的财产中分得一份。家族中原来的矛盾加上一些心怀叵测的人趁此掀风作浪，"浮云转眼桑成海，广文身后何嗒含！"③

---

① 金榘《泰然斋诗文集》卷二《次半园（吴檠）韵为敏轩三十初度同仲弟两铭作》，清道光二十六年刻本。

② 吴敬梓著，李汉秋辑校《吴敬梓诗文集》卷三《赠真州僧宏明》，人民文学出版社2002年版，第43页。

③ 金榘《泰然斋集》卷二附吴檠《为敏轩三十初度作》，清道光二十六年重刊本。

夺产的家难便发生了。① 吴檠说："他人入室考钟鼓，怪鸮恶声封狼贪！"金两铭说："天崩地坼将何怙，自此门户身独担。棘人孌孌嗟寡助，谁能致赙脱左骖。"② 这场家难给生性极高傲的吴敬梓很大的打击和刺激，"于是君子之泽，斩于五世，兄弟参商，宗族诟谇"③。从这场家难中吴敬梓也看到了封建大家族行将崩溃的必然，加速了他的性格和思想向叛逆方向的发展过程。以后几年的生活依然苦难相伴，三十岁之前夫人陶氏郁郁以终再次给了他又一次沉重的打击。金榘在《次半园（吴檠）韵为敏轩三十初度同仲弟两铭作》诗中说："几载人事不得意，相逢往往判沉酣。栗里已无锥可卓，吾子脱屣尤狂憨。卜宅河干颇清适，独苦病妇多詀喃。无何炊臼梦亦验，空闻鼓盆疑虩虣。"④ 吴敬梓的生活也经历着巨大的变化，不幸的事情接踵发生。"眼前有底不平事？诧他壁上鸣铦镡。长此蓬蒿混踪迹，孤负堕地称奇男。"⑤ 二十九岁前往滁州参加科岁考，"昨年夏五客滁水，酒后耳热语喃喃。文章大好人大怪，匍匐乞收遭虣虣"⑥，吴敬梓能够向试官"匍匐乞收"，以吴敬梓的个性，可以想象力图通过举业这条路径走入仕途，重振家业的理想在他的心上产生了多大的压力，不幸的是同年的乡试又让他铩羽而归。

鲁迅说，"有谁从小康人家而坠入困顿的么，我以为在这途路中，大

---

① 有关吴敬梓家难发生的原因，可参见《阜阳师范学院学报（社会科学版）》1995 年第 1 期李文清、李政新的文章《关于吴敬梓家族纠纷的性质问题的辨析》。该文认为，吴氏家族纠纷，不可能由于吴敬梓是吴霖起的嗣子继承权有问题，以致在嗣父吴霖起死后，族人为了争夺遗产而产生的纠纷；吴氏家族纠纷显然是吴国对的儿孙未分家，吴敬梓的曾祖吴国对死后丢下的主要财产（其儿孙各房尚有自己的财产），依次由其长房、长子、长孙掌管。正因为这样造成吴国对的子孙后代不断提出财产再分配问题。这是吴氏家族纠纷的根本原因。只有未分家的大家庭或虽分家，但嫡长子孙仍掌管有部分的公产时（全椒有族内保留宗祠公产，作扫墓或举行祭祖活动时的开支的习俗），才会出现财产纠纷，这类事例在封建社会中是屡见不鲜的。

② 金榘《泰然斋诗文集》卷二附金两铭《和（吴檠）作》，清道光二十六年刻本。

③ 吴敬梓著，李汉秋辑校《吴敬梓诗文集·移家赋》，人民文学出版社 2002 年版，第 10 页。

④ 金榘《泰然斋诗文集》卷二《次半园（吴檠）韵为敏轩三十初度同仲弟两铭作》，清道光二十六年刻本。

⑤ 金榘《泰然斋诗文集》卷二《次半园（吴檠）韵为敏轩三十初度同仲弟两铭作》，清道光二十六年重刊本。

⑥ 金榘《泰然斋诗文集》卷二附金两铭《和（吴檠）作》，清道光二十六年刻本。

概可以看见世人的真面目"①，吴敬梓费去了半生痛苦的体验，在穷贱、富贵与顺逆的痛苦斗争中彷徨与挣扎，高祖吴沛《与范学博老师》中所记叙的求学求仕的艰辛、父亲及舅父举业道路的遭际、周围朋友的落第甚至为赶考在舟车劳顿中而丧命，②《儒林外史》中塑造的下层知识分子的痛苦经历未必没有他们的影子。在落魄和失意当中，受尽了世态的炎凉，看到更多的是现实的丑恶与龌龊，自然，这些会在吴敬梓的心上引起极大的波澜，给他的心理以强烈的激发。"不叫才展休明代，为罚诗争造化功"③，"命与仇谋，取败几时"④，这在文学史上不断重复的苦难不也是吴敬梓命运的写照吗？少年丧母，中年丧父及妻，经历了一场家难，举业始终无成，尤其在移家南京后潦倒与穷苦的岁月，生活愈加困顿，直至赤贫的境地。精神和肉体的折磨给吴敬梓摆脱他所隶属的阶级以机会，使他能够脱离这个阶级所沿袭的思想和精神。

吴敬梓生活的时代适逢所谓的康乾盛世，实质上，封建社会已经进入它最后的时光，这个盛世不过是封建末世的一段返照的回光，深刻的社会危机潜伏在这表面繁荣的背后。而一种制度愈是接近灭亡而其谢幕的表演往往愈显猖獗，对于思想的控制，清代的统治者一直十分用心，在文化和文学方面他们采用"压"和"诱"的两面伎俩，鲁迅在《且介亭杂文·买〈小学大全〉记》中便直指其要害：

> 但是，清的康熙，雍正和乾隆三个，尤其是后两个皇帝，对于"文艺政策"或说得较大一点的"文化统制"，却真尽了很大的努力的。文字狱不过是消极的一方面，积极的一面，则如钦定四库全书，于汉人的著作，无不加以取舍，所取的书，凡有涉及金元之处者，又大抵加以修改，作为定本。此外，对于"七经"，"二十四史"，《通

① 鲁迅《鲁迅全集》第一卷《呐喊·自叙》，人民文学出版社2005年版，第437页。

② 吴敬梓的友人金榘、樊圣谟、朱草衣、王溯山、黄河、沈大成、江昱皆以秀才终老，冯粹中乾隆壬申年（1752）顺天乡试举人，不久即卒于京师；程晋芳、金兆燕、严东有的及第都在吴敬梓去世以后。

③ 白居易著，朱金城笺校《白居易集笺校》卷二四《答刘和州禹锡》，上海古籍出版社1988年版，第1617页。

④ 韩愈撰，马其昶校注，马茂元整理《韩昌黎文集校注》卷一《进学解》，上海古籍出版社1986年版，第47页。

鉴》，文士的诗文，和尚的语录，也都不肯放过，不是鉴定，便是评选，文苑中实在没有不被蹂躏的处所了。而且他们是深通汉文的异族的君主，以胜者的看法，来批评被征服的汉族的文化和人情，也鄙夷，但也恐惧，有苛论，但也有确评，文字狱只是由此而来的辣手的一种，那成果，由满洲这方面言，是的确不能说它没有效的。

现在这影响好像是淡下去了，遗老们的重刻《小学大全》，就是一个证据，但也可见被愚弄了的性灵，又终于并不清醒过来。近来明人小品，清代禁书，市价之高，决非穷读书人所敢窥觑，但《东华录》，《御批通鉴辑览》，《上谕八旗》，《雍正朱批谕旨》等，却好像无人过问，其低廉为别的一切大部书所不及。倘有有心人加以收集，一一钩稽，将其中的关于驾御汉人，批评文化，利用文艺之处，分别排比，辑成一书，我想，我们不但可以看见那策略的博大和恶辣，并且还能够明白我们怎样受异族主子的驯扰，以及遗留至今的奴性的由来的罢。①

"压"便是这个时代不间断的残酷的文字狱，② "诱"即是用增设科举、开四库馆、整理文献、编纂类书等放宽读书人的荣身之路，满足读书人的功名之心。③读书人要跻身于这一阶层首先必须放弃思想上、人格上的独立而臣服于这种奴化的教育。刘大櫆说：

余尝谓古昔圣人之言，约而弥广，径而实深，即之若甚近，寻之则愈远。儒衣之子，幼而习之，或通其词训而未究其指归。后之英主；更创为八比之文，使之专一于四子之书，庶得沿波以讨源，刮肤以穷髓，其号则可谓正矣。然设科名以诱之，悬爵秩以召之，得失眩

---

① 鲁迅《鲁迅全集》第六卷《且介亭杂文·买〈小学大全〉记》，人民文学出版社2005年版，第59—60页。
② 康乾朝因文字得祸的如汪景祺、钱名世、吕留良、严鸿逵、查嗣良、徐骏、沈在宽、沈伦、吴茂育、顾天成、陆生楠、谢济世、徐述夔等。
③ 康熙、雍正时期编《明史》《古今图书集成》，乾隆时期编《四库全书》，康熙、乾隆数次南巡，并屡有召试之举。乾隆元年，吴敬梓、吴檠、程廷祚、袁枚皆被荐举博学鸿词科；乾隆十六年，吴烺、王又曾、钱大昕、王鸣盛、王昶、谢墉等迎銮献诗赋，召试行在并被赐举人，乾隆二十八年乾隆南巡，程晋芳召试行在，拔置第一并授中书舍人，等等。

其中，荣辱夺其外。其始也，犹有矩矱之存焉；其既也，用贪膏苟得之心，以求说于鄙夫小人之目，而其道始离矣。①

对于知识分子阶层来说，参与政治意味着放弃个体独立的思想和人格，远离政治则要直面惨淡的人生，正视物质的匮乏，难免终身沦落，甚至生存都难以为继，这实在是一场很大的危机。恩威并施的政策之下，要保持自己思想及人格的独立性，对于个体来说是一个极其艰难的选择，也注定会是一个悲剧的结局。有清一代，追求思想与人格的独立性，不苟且于"摧眉折腰事权贵"的读书人越来越稀有了。

吴敬梓生于此时，却具有彼时之思想，他以切身的经历和思想的敏锐，意识到这种危机，一边追求超逸脱俗的格调，一边充满愤世嫉俗的情怀，内心里却异常的悲愤苦闷，他的后半生很多时候都被这愤世嫉俗的精神所牵引。特别是父亲去世后的一场家难，随之而来的遭际都不断激发着他思想的叛逆与反抗，"一朝愤激谋作达"，以至恣情任性，纵情背礼，"左驺史妠恣荒耽。明月满堂腰鼓闹，花光冉冉柳鬖鬖。秃衿醉拥妖童卧，泥沙一掷金一担。老子于此兴不浅，往往缠头脱两骖"②，"迩来愤激恣豪侈，千金一掷买醉酣。老伶小蛮共卧起，放达不羁如痴憨"③。吴敬梓借此种行为抒发了对族人乡绅的愤懑和不满。桑梓故交郭肇鐄可谓知己，在《赠吴聘君敬梓》（其四）：

> 结绮陈家阁，通天汉氏台。工愁怜季重，写怨拟方回。白璧何曾玷，红牙尔许哀。清词君解诵，好寄故人来。（自注：吴梅村先生著有《通天台》、《临春阁》诸曲，祝君寄示。）④

---

① 刘大櫆撰《海峰文集》卷四《张苏圃时文序》，影印天津图书馆藏清刻本。

② 金榘《泰然斋诗文集》卷二附吴檠《为敏轩三十初度作》诗，清道光二十六年重刊本。

③ 李汉秋辑《儒林外史研究资料》金两铭《和（吴檠）作》，上海古籍出版社 1984 年版，第 5 页。

④ 郭肇鐄《佛香阁诗存》，乾隆丁亥刻本。转引自李汉秋辑《儒林外史研究资料》第 334 页。《儒林外史》中高翰林即带有郭肇鐄的影子。民国《全椒县志·人物志》记："郭肇鐄字韵清，一字奉埒，兄弟五人，先后登甲乙榜。肇鐄乾隆进士，授检讨。辛酉（1741）典试福建，升翰林侍讲，充史馆纂修官"，著有《佛香阁诗存》。

吴敬梓在《春兴八首》中说："但觉黄金贱，其如白璧玼"，郭肇鐄却要为吴敬梓鸣不平，为吴敬梓发出"白璧何曾玷"的铿锵之音，相较从兄吴檠及金家弟兄友善而不乏劝诫的话语，郭肇鐄则不仅同情吴敬梓的生平遭际，且理解他的言行，为他辨是非，给予吴敬梓十分难得的道义上的支持。但是，这种叛逆不可能为全椒乡绅及族人所容，终被"乡里传为子弟戒"①，也正是乡绅、族人的嘲笑、蔑视将吴敬梓赶往繁荣开放、人文荟萃的南京城，使他结识了一大批学者文人。我们所感欣慰的是吴敬梓遭受的这一连串的不幸，尤其是随着自身地位的急剧变化促成他与大量失意贫困的知识分子的接触，在他的思想里引起了深刻的触动，南京的时代思潮深化了他的思想，最终使他从个人的坎坷和不幸中解脱出来，去思考知识分子整个阶层的生存状况。

吴敬梓已无意于八股功名，不再承继祖辈们开创的举业道路，"背父兄教育之恩，负师友规训之德，以至今日一技无成、半生潦倒之罪，编述一集，以告天下人"②，吴敬梓、曹雪芹命运何其悲惨，而思想又何其相似。"因为从旧垒中来，情形看得较为分明，反戈一击，易制强敌的死命。"③ 吴敬梓要以他如椽之笔，写八股科举的弊端，写被功名富贵毒害灵魂的读书人，思考科举的新制度，探索读书人的出路，"以告天下人"。如果以举业来定调吴氏科举兴家初始方向的话，吴氏科举家族的科举和仕宦都无可挽回地走向了衰落，这恐怕与吴沛起初的愿望并不吻合。吴敬梓已经背离了这一方向，背叛了他的家族，至此吴氏科举家族的性质实质上已经发生了变异。导致这种变异发生的原因是多方面的，吴敬梓毫无疑问是引领这种变化、推进这种变异的最重要的人物，《儒林外史》无疑是推进这种变异的最巨大的能量，吴敬梓遂也成为封建家族非孝子贤孙的叛逆儿。但是，恰恰又是吴敬梓使文学一跃登上这个家族的前台，小说《儒

---

①　吴敬梓、吴烺撰，李汉秋点校《吴敬梓吴烺诗文合集》，黄山书社 1993 年版，第 53 页。
②　曹雪芹、高鹗：《红楼梦》，人民文学出版社 1982 年版，第 1 页。
③　鲁迅《鲁迅全集》第一卷《写在〈坟〉后面》，人民文学出版社 2005 年版，第 302 页。

林外史》大放异彩于文学界，吴敬梓成为"安徽的第一大文豪"①，使这个家族流芳百世。这便是吴氏家族发展的辩证法。

三　明清易代之变对于吴氏家族的影响

对于清初参加科举的一些汉族文人而言，缘于自我价值无法实现的苦痛以及现实中诸多无助的敏感，他们心中常会生出许多苦涩滋味，与吴国对同年的王士禛的经历颇具代表性。顺治十四年秋在济南名士聚会时王士禛作《秋柳四首》很快引起许多文人的共鸣，录其第一首：

> 秋来何处最销魂？残照西风白下门。他日差池春燕影，只今憔悴晚烟痕。愁生陌上黄骢曲，梦远江南乌夜村。莫听临风三弄笛，玉关哀怨总难论！②

诗中所发抒的是由秋柳而联想到美的东西的消逝以及由此触发的隐约的哀伤。对于清初文人来说，明朝的消亡已成过去式的或称之为历史的悲哀。当时同在济南的顾炎武曾作《赋得秋柳》以和：

> 昔日金枝间白花，只今摇落向天涯。条空不系长征马，叶少难藏觅宿鸦。老去桓公重出塞，罢官陶令乍归家。先皇玉座灵和殿，泪洒西风夕日斜。③

顾诗的情调与思想则与王诗迥异。明清易代在顾炎武心中留下的是国破家亡之巨哀深痛，是刚刚逝去而不能忘怀的沉痛的"国事家事"，是尚不能视之为过去了的历史。但王诗所表现的是要从历史的沉痛中挣脱出来，它能广泛传诵开来无疑说明了这种情绪在社会上得到了十分普遍的响应。

---

①　胡适在《吴敬梓传》中说："我们安徽的第一个大文豪，不是方苞，不是刘大櫆，也不是姚鼐，是全椒县的吴敬梓。"（胡适著《胡适文存》初集卷四，亚东图书馆1921年版，第225页）

②　王士禛撰《带经堂集》卷三，清康熙五十年程哲七略书堂刻本。

③　顾炎武：《顾亭林诗文集》，中华书局1983年版，第328页。

对于吴敬梓曾祖辈，全椒五世祖吴国鼎兄弟这一代来说，他们在明朝做过官，又仕于清，明清易代尚不能视之为过去了的历史，从传统的道德观来看，民族思想的包袱及入仕变节的心理矛盾还会存在。

康熙《全椒县志》记载，吴国鼎于明崇祯庚午三年（1630）中举，崇祯癸未十六年（1643）他与弟国龙同榜考中进士，授中书科中书舍人。入清以后，到了顺治三年丙戌（1646）庐墓丁忧，"一意于丰草长林，足迹不至公府，自榜其堂以'世多君子扶皇极，天放闲人养太和'之句，宴如也"，以"闲人"自居。①

吴国缙，崇祯己卯十二年（1639）举人，清顺治己丑六年（1649）进士，壬辰九年（1652）殿试授文林郎，改江宁府教授。以其才望本应入馆选，但为忌者中伤，谢归二十年，以进士资格而坐冷衙门，② 吴敬梓在《移家赋》中不无遗憾地说："叔则栖迟槐署。"③

吴国对崇祯十五年（1642）中副车，明朝覆亡后，以副举进入清朝。④ 顺治十四年（1657）即戊戌科会试的前一年丁酉科乡试时，南闱、北闱都发生科场舞弊案，福临震怒，吴国对先行参加由福临亲自主持的复试，获得了举人资格，再行参加会试，乃成顺治十五年（1658）戊戌甲科进士，⑤ 授翰林院编修。吴国对进士及第后任翰林院编修，因不懂满文，未能获更高任用。顺治十六年"以病去"，乡居六年；康熙五年（1666）复出，任福建乡试主考官；六年升国子监司业，翰林院侍读；"又乞迁葬，去居八年，补侍读，提督顺天学政"，"事竣，又以病去"。⑥吴国对虽获清朝统治者的信任，但屡屡辞去要职，时官时民的经历说明他

---

　　① 蓝学鉴、吴国对纂修清康熙十二年《全椒县志》卷七，全椒县地方志编纂委员会 1993 年标点校勘本。

　　② 同上。

　　③ 吴敬梓著，李汉秋辑校《吴敬梓诗文集·移家赋》，人民文学出版社 2002 年版，第 9 页。

　　④ 冒襄辑《同人集（十二卷）》卷六收吴国对《壬寅秋过访辟疆年兄于水绘庵呈赠》四首，诗下自注曰"余与辟疆同列壬午乙榜"，北京师范大学图书馆藏清康熙冒氏水绘庵刻本，"四库全书存目丛书"集部第三八五册，齐鲁书社 1997 年版。

　　⑤ 金埴撰《不下带编》卷五，中华书局 1982 年版，第 98 页。

　　⑥ 陈廷敬撰《午亭文编》卷四五《翰林院侍读吴默岩墓志铭》。清李桓《国朝耆献类征初编》卷一一五收录，台北明文书局 1985 年版。

的仕途与心理并不十分顺畅，这与其"贰臣"心理不无联系，毕竟满汉文化冲突带给他的精神创伤也是事实的存在。对于吴氏科举家族来说这也许预示着一种征兆，露出这个家族会有所变化的端倪。

吴国龙功名最早，明崇祯壬午十五年（1642）考中举人，次年癸未科与长兄吴国鼎同榜进士，授户部主事，后以丁母忧归乡。入清以后，顺治丁酉十四年（1657），福临诏求隐逸，漕抚蔡士英特疏举荐，吴国龙赴京途中因病返回故里。次年国对以探花及第，福临召见国对并问及家世时，谕国龙病痊速赴京都，顺治庚子十七年（1660），国龙以前明崇祯十六年进士赴陛前，任为工科都给事中，不久转为工科右给事中，又改授河南道监察御史，旋回任兵科给事中。康熙丙午五年（1666）出任山东主考，后又转礼科掌印给事中。①

到了吴敬梓的时代，清王朝的统治已经稳固，尖锐的民族矛盾也渐趋缓和下来，民族斗争业已消沉下去，明清易代成为过去了的历史，这个时代的读书人大多已经卸下了民族思想的包袱。

但是，从另一层面来说，改朝换代对于士族知识分子来说从来就不是一个简单的年代学问题，伴随着朝代的更替，士人往往会带来一系列复杂的心理变化及思想碰撞，涉及文化的认同、转型以及人们相应的政治立场与价值观念的变迁，它的影响及衰变要经历一个漫长的过程。

一方面他们要从历史的悲哀中走出来。全椒吴氏家族中，吴敬梓的曾、祖、父辈三代清朝为官，对曾祖辈侍奉两朝的经历他并不忌讳，《移家赋》中作者赞美曾祖吴国对："似子固兄弟四人，吾先人独伤晚遇。常发愤而揣摩，遂遵道而得路。三殿胪传，九重温语，宫烛宵分，花砖月午。"吴国龙在明代为户部主事，入清则屡任言官，"季抗疏于乌台，受两朝之眷顾"，对曾叔祖吴国龙"贰臣"的经历，吴敬梓毫不隐晦，对其在政治生涯中的成功充满赞美，并以此为荣光，甚至不乏感恩戴德之心。作为凭着新朝举业走向仕宦而兴盛的吴氏家族的后代，吴敬梓对于明清易代之悲是完全可能表现为过去式的或谓历史的悲哀。

另一方面，对于有清一代汉族文人而言，尤其对于举业蹭蹬，志不得

---

① 蓝学鉴、吴国对纂修清康熙十二年《全椒县志》卷七，全椒县地方志编纂委员会 1993年标点校勘本。

伸的文人来说，自我失落的哀伤又常与同时代的、历史的因素联系起来，成为他们心里封建末世的衰败性的镜像，这其中与反对清政权统治的民族思想的内涵或多或少能产生共鸣，并隐约表现于他们的著述中。① 以满族为主体的统治集团在将国家不断推向巩固、繁盛的过程中，他们采取的政治、文化手段不但使广大汉族文人陷于生活和精神的困境之中，而且也不断地导致统治集团中相当部分王朝的建设者们成了牺牲者，吴敬梓的家族变故和个人经历正是清代历史情境的一种具体呈现。

对于吴敬梓本人来说直接体现为盛世中文人的困境，小说《儒林外史》所描写的封建世家望族的没落，如天长县的杜家、六合的余家，（当然，小说也描写了另外一些新兴的官僚地主资产阶级、暴发户又代之而起，如六合的方家和彭家。）伴随着吴家的没落，周围的达官贵族及亲戚故旧的冷眼，加之源于对自身及周围一群人的遭际中的体悟，吴敬梓对于他所出身的阶级产生了厌恶，《儒林外史》不仅揭露八股科举制度之恶，也还含有鞭笞、抨击时政之言。从他的小说及诗文中都能够看到面对歌舞升平的所谓的康乾盛世，吴敬梓看到了风雨欲来的深刻社会危机的潜伏，表现出苦痛和悲观的思想情感，这正是他对于封建社会晚期腐败没落趋势的认识，这些认识不能说毫无政治批判的色彩，吴敬梓自身的行为以及小说中塑造的人物远离政治的态度也多少表明了他对于这个时代的政治并不乐观。

四　全椒吴氏家族举业与文学关系研究

全椒吴氏家族凭借举业，由通经入仕乃至跻身士流而发展，终使本家族成为世家望族。大凡科举家族欲保持兴旺发达，必会在意本家族学术及文化知识的积累与传承，全椒吴氏家族也不例外。《颜氏家训·勉学》说："自荒乱已来，诸见俘虏。虽百世小人，知读论语、孝经者，尚为人师；虽千载冠冕，不晓书记者，莫不耕田养马。以此观之，安可不自勉

---

① 参见李汉秋编《儒林外史研究论文集》中吴组缃撰《〈儒林外史〉的思想和艺术》、姚雪垠撰《试论〈儒林外史〉的思想性》、何其芳撰《吴敬梓的小说〈儒林外史〉》，中华书局1987年版；张国风撰《〈儒林外史〉的政治倾向》，《苏州科技学院学报（社会科学版）》1987年第3期。

耶？若能常保数百卷书，千载终不为小人也。"① 诗文风流，也许更显得儒雅不群，这也是暴发户所难以企及的世家旧族的地方。撇开其他因素，科举家族通经入仕的道路决定了文化素养对于获得和维持家族门户地位的重要性，家族子弟多刻苦攻读，追求风雅，同那些只在经济、政治上称霸一方，并不看重家族内部文化修养的豪强有了本质的不同，后者的地位极难持久。

（一）八股文　举业家族

明清时期科举取士制度使得士人对八股无比推崇，在取得功名之前，八股是正业，其他都是杂览，尤其是诗词。但是，八股科举制度与八股文并非一回事儿。《儒林外史》第三回"周学道校士拔真才　胡屠户行凶闹捷报"，周进钦点广东学道，行香挂牌，第三场考南海、番禺两县童生：

> 那童生跪下道："求大老爷面试。"学道和颜道："你的文字已在这里了，又面试些甚么？"那童生道："童生诗词歌赋都会，求大老爷出题面试。"学道变了脸道："'当今天子重文章，足下何须讲汉唐！'像你做童生的人，只该用心做文章，那些杂览，学他做甚么！况且本道奉旨到此衡文，难道是来此同你谈杂学的么？看你这样务名而不务实，那正务自然荒废，都是些粗心浮气的说话，看不得了。左右的，赶了出去！"一声吩咐过了，两傍走过几个如狼似虎的公人，把那童生叉着膊子，一路跟头，叉到大门外。②

第十一回"鲁小姐制义难新郎　杨司训相府荐贤上"，鲁编修教育女儿曰：

> 八股文章若做的好，随你做甚么东西，要诗就诗，要赋就赋，都是一鞭一条痕，一掴一掌血。若是八股文章欠讲究，任你做出甚么来，都是野狐禅、邪魔外道！③

---

① （北齐）颜之推撰，王利器集解《颜氏家训集解》卷三，上海古籍出版社1980年版，第145页。参见田余庆《东晋门阀政治》之《门阀世族的文化面貌》一节。

② 吴敬梓：《儒林外史》，人民文学出版社1977年版，第36—37页。

③ 同上书，第139页。

　　小说第三十四回写道：

　　　　高老先生冷笑道："先生，你这话又错了。他果然肚里通，就该中了去！"又笑道："征辟难道算得正途出身么？"萧柏泉道："老先生说的是。"向众人道："我们后生晚辈，都该以老先生之言为法。"①

　　高翰林、鲁编修们将八股抬到至尊无上的地位，丝毫不能表明他们对于八股的尊重与真心的信仰，缘于八股是他们赖以发家的根本，他们自身的价值及利益所在已经与八股的价值紧紧地捆绑在了一起。鲁编修眼中八股才是最高学问，高翰林恶意攻击杜少卿，皆从此出，他们要不遗余力地吹捧八股。

　　刘大櫆说：

　　　　国家设科名以取天下之士，始自县令之考试，汇其可取者以达于府、太府考试之……然其道皆以四子五经之书为八比之时文，至于诗，盖无所用之，而天下之习为举子业者，多不能诗。其能为诗者，亦不复留意举子业。呜呼，此诗之所以能穷人也。②

　　一切制度都不可能十全十美，八股取士的制度设计更是存在许多弊端，影响和改变中国人的八股制度甚至在它存在之初即常受到訾议，一直以来都是不断被论说，期间还曾有过不止一个帝王下诏"罢科目"以期改弦更张。例如，康熙二年下诏："自今以后，将浮饰八股文章，永行停止，惟以为国为民之策论表判中出题考试。"③王士禛《池北偶谈》卷三《谈故·三·八股》记载："康熙二年，以八股制艺始于宋王安石，诏废不用，科举改三场为二场，首场策五道，二场《四书》、《五经》各论一

　　①　吴敬梓：《儒林外史》第三十四回"议礼乐名流访友　备弓旌天子招贤"，人民文学出版社 1977 年版，第 399 页。
　　②　刘大櫆撰《海峰文集》卷四《王载扬诗集序》，影印天津图书馆藏清刻本。
　　③　《清朝野史大观·清朝史料》卷三，上海书店 1981 年版。

首，表一道，判语五条，起甲辰会试迄丁未会试皆然。"① 康熙七年又恢复了八股取士的旧制。康熙三十九年，李光地上疏指责学臣"（生员）自贿卖者多，专以为护身之具，不读书无行义，保官告官……迩来学臣率多苟且从事，致士子荒经蔑古，虽四书本经不能记忆成诵，仅读时文百十篇，剿袭雷同，侥幸终身，殊非国家作养成就之道。"② 但是，事实是八股又以它旺盛的生命力与万千举子外相呼应，内相依存，逼得"罢科目"的帝王将相不断碰壁，而不得不收心缩手，转而又回到八股制艺的老路上来。一体两面之间互歧而共存的现象形象地说明了八股科举制度内含的复杂而深刻的矛盾。

传统社会因为不能提供更具优势的方式来替代八股科举制度，这种质疑就很难动摇八股文的地位。实际上，八股科举的弊端在于僵硬、固化，八股文专以四书五经命题，要求代圣人立言，必须以孔子之是非为是非，又规定只能依朱熹的注疏解释，不准有任何独立的思考。因为八股文章的教条、死板及对思想的束缚，很多八股大家内心其实并不看重这种时文，曾以制举文写作之娴熟而名扬海内的袁枚，后来与人谈及八股制义时却说：

> 时文之病天下久矣，欲焚之者，岂独吾子哉？虽然，如仆者焚之可耳，吾子固不可也。仆科第早，又无衡鉴之任，能决弃之，幸也。足下未成进士，不可弃时文；有亲在，不可不成进士。古之科有甲乙，有目。今之科无甲乙，无目，其途甚隘。古进士多至八百人，今进士率三百人，其进甚难。以至难之术，而就至狭之境。士之低首降心，知其不可而为之者，势也。势非圣贤豪杰之所能免也。知势之不免，而能择其本末缓急而致吾力焉，是则圣贤豪杰而已矣。……或告之曰："子之憎媒，子之所以婚迟也。子之婚迟，媒之所以病子也。子不能以憎媒故而勿婚，则不如速婚焉而绝媒氏。"仆劝吾子勿绝时文，乃正所以深绝之也。③

---

①　王士禛《池北偶谈》卷三，中华书局1982年版，第55页。

②　蒋良骐撰《东华录》卷一八，中华书局1980年版，第291—292页。

③　袁枚著，王英志主编《袁枚全集》第二集《小仓山房文集》卷一七《答袁蕙纕孝廉书》，江苏古籍出版社1993年版，第290—291页。

王应奎《柳南随笔》卷二：

> 韩宗伯制义，本朝推为大家，操觚之士，至今家置一编，而古文之工，则知者绝少。所著有《怀堂集》，筋力于南、北二史，疏疏落落，若不经意，而每篇必有一二会心语，爽人心目，其品格当在尧峰之右。吾友陈亦韩祖范曾读书寒碧斋，宗伯每有撰著，辄命之誊写。因语之曰："汝辈第知我时文耳，然我他日之可传者，在古文而不在时文也。"①

方苞极力鼓吹八股，可是私下里又时常表示自己看不起时文，"时文之于文，尤术之浅者也，而其盛行于世者，如唐顺之、归有光、金声，窥其志，亦不欲以时文自名。"② 八股是他们进入仕途的一个踏板，如方苞言，"夫时文者，科举之士所用以牟荣利也，而世之登高科致膴仕者出其所业，众或弃掷而不陈"③，袁枚甚至"每谈及时义，即歉然以少年刊布流传为悔，而深以予之不然其文者为知己"④。若从另一角度来看，方苞、袁枚个人的经历又给世人提供了一种使八股与文学能够在一定程度上相互包容的形式。李贽在他的《童心说》中说："天下之至文，未有不出于童心焉者也。苟童心常存，则道理不行，闻见不立，无时不文，无人不文，无一样创制体格文字而非文者。诗何必古《选》，文何必先秦。降而为六朝，变而为近体；又变而为传奇，变而为院本，为杂剧，为《西厢曲》，为《水浒传》，为今之举子业，皆古今至文，不可得而时势先后论也。"⑤ 只要发自真心，八股文同样可以成为"天下之至文"。而这些名流皆从八

---

① 王应奎撰《柳南随笔》卷二，中华书局 1983 年版，第 25 页。

② 方苞著，刘季高校点《方苞集·集外文》卷四《杨千木文稿序》，上海古籍出版社 1983 年版，第 608 页。

③ 方苞著，刘季高校点《方苞集》卷四《储礼执文稿序》，上海古籍出版社 1983 年版，第 95—96 页。

④ 袁枚著，周本淳标校《小仓山房诗文集》附袁谷芳《后序》，上海古籍出版社 1988 年版，第 1939 页。

⑤ 李贽著，张建业、张岚注《焚书注》卷三《童心说》，社会科学文献出版社 2010 年版，第 276—277 页。

股中来，也辩证地说明了八股的存在并非一无是处。"民国初年的知识人在科举废止之后追说科举，于《四书》取士一节曾深而论之曰：'策论辞章考据一切博雅的学问，必须多买书，多求学，平民寒士的力量多半办不到，那么考试起来一定还是图书满家的贵家子弟占有优势，寒士因为无力读书求学，场中难免交白卷，就是不交白卷，而文章太空疏了，亦不能取中，那就和机会均等的宗旨不合，所以只重四书五经（实际上五经都在其次，以四书为主课）使得多数平民都可以买得起、读得通，做得文，叫那些胸富五车家藏万架的贵家子弟无特别用武之地。'"① 考试知识范围的限定无疑造成了一种平等，不能不说是别具意义。而我们若加以动态的眼光来看，由于八股文具有固定的程式，这种程式不仅限定士子，尤其限定试官，它极大限度地压缩了试官以其一己之私意定应试举子举业成绩的裁断。因此八股的程式延续了五百多年，却也保证了五百年来试官与举子之间的公平。虽然八股取士的知识标准愈益狭隘化，但士人读书做学问的方法自有其内在的理路，八股考试时能入其中便随之而行，一旦走出科场而有所斩获后，便自然也会跳出八股设定的范围，上述方苞、袁枚无不如此。《儒林外史》第四十回写萧云仙的礼乐兵农实践，其中即有兴办学堂一事，"把百姓家略聪明的孩子都养在学堂里读书，读到两年多，沈先生就教他做些破题、破承、起讲。但凡做的来，萧云仙就和他分庭抗礼，以示优待，这些人也知道读书是体面事了"②。萧云仙理政青枫城寄寓着吴敬梓的理想，八股时文是学校教育的内容，一方面是时代的局限使然，但是，与吴敬梓对八股文的观点多少有些联系，他并没有彻底否定时文。

当然，八股形式以及它的内容之确立并一变再变，以其越来越狭隘和固化、拘谨为走向而趋于实际上的阻碍文化知识，继承科举以考试为选拔人才宗旨的八股制度，使士人既不能有个体自主的思考，也不能有个体自主的表达。故而尽管八股弊端百出，却是无论如何也废除不得，鄂尔泰说得明白："非不知八股为无用，而用以牢笼志士，驱策人才其术莫善于

---

① 转引自杨国强《论科举制度力尚公平的历史内容和历史矛盾》，《华东师范大学学报（哲学社会科学版）》2014 年第 4 期。

② 吴敬梓：《儒林外史》第四十回 "萧云仙广武山赏雪　沈琼枝利涉桥卖文"，人民文学出版社 1977 年版，第 464 页。

此。"① 我们看到一种最开放的选官制度与一种最不开放的思想环境共存于一体的局面形成并僵化下来，对于用知识和思想作标准来"分科举人"的选官科举制度而言，显然已经是一种异化了，而这种弊病实在不可小觑，清代科举制度中八股文的深度僵化以及政治上的用人之滥都十分严重，这种制度也培养出一批拥护、鼓吹它的阶层，即所谓的科甲中式者中的一大部分，自然他们是这一制度的最现实的得利者。士人们一方面是进退之间深刻的内在矛盾，另一方面他们的用舍行藏、进退取舍之间表现出他们的政治选择与人生态度，这些人将儒学通权达变的思想方法和精神气质发挥淋漓，成为一群从科场至仕途无不得意的狼奔豕突之士，他们一遇时机便放弃良心。譬如自隋唐科举以来借着师生、同年等种种关系结党营私既已有之，但清代尤其甚嚣尘上。如小说里同中进士的王惠即对荀玫云："你我都是天榜有名。将来'同寅协恭'，多少事业都要同做。"② 即便没有这层关系的，为了寻找靠山，获得上升的资本，也往往通过巴结、逢迎朝中权贵为老师，结构莫须有的师生关系。吴敬梓心中十分了然，他的故交知己程廷祚参加乾隆元年的博学鸿词科试，因为不愿意依附于大学士张廷玉而落选，小说《儒林外史》以程廷祚为原型的庄绍光即经历了如此事情：

> 大学士太保公向徐侍郎道："南京来的庄年兄，皇上颇有大用之意，老先生何不邀他来学生这里走走？我欲收之门墙，以为桃李。"侍郎不好唐突，把这话婉婉向庄征君说了。庄征君道："世无孔子，不当在弟子之列。况太保公屡主礼闱，翰苑门生不知多少，何取晚生这一个野人？这就不敢领教了。"侍郎就把这话回了太保，太保不悦。

> 又过了几天，天子坐便殿，问太保道："庄尚志所上的十策，朕细看，学问渊深。这人可用为辅弼么？"太保奏道："庄尚志果系出群之才，蒙皇上旷典殊恩，朝野胥悦。但不由进士出身，骤跻卿贰，

---

① 《清朝野史大观·清朝史料》卷三，上海书店 1981 年版。

② 吴敬梓：《儒林外史》第七回"范学道视学报师恩　王员外立朝敦友谊"，人民文学出版社 1977 年版，第 94 页。

我朝祖宗无此法度，且开天下以幸进之心。伏候圣裁。"天子叹息了一回，随教大学士传旨：

　　庄尚志允令还山，赐内帑银五百两。将南京元武湖赐与庄尚志著书立说，鼓吹休明。①

　　太保公拉拢不成，便伺机报复，在皇帝面前谗言进见而断了庄绍光的进身之路。张廷玉深得乾隆、雍正的喜爱，安徽巡抚王鋐举荐程廷祚赴京参加乾隆元年博学鸿词科试，张廷玉曾令人转告程廷祚："主我，翰林可得也。"② 程廷祚拒不前往，并复《上宫保某公书》正色回绝：

　　某闻之：上交不谄，下交不渎，先圣之明训也；用下敬上谓之贵贵，用上敬下谓之尊贤，交际之通义也。以阁下之贵盛，天下之士思一见以为荣而不可得，若是者，则唯阁下之命可矣。然未足为离群绝俗者道也。古之君子，或耕田灌园而不以为困，或饭牛牧豕而不以为辱，或闻安车束帛之将至而色不加喜，何则？道足于身，非外物之所能加损也。道之所在，上有王侯，下有布衣。颜渊、孟子，周室之布衣也。今有人于此，通于性命之原，古今之变，非道非义，一介不以取与，而生平所志又皆三代以上宰相得君者之所为；天下之治乱视乎其出处焉，布衣之权有时而与王侯相轻重，此孟子之所以不可召也。阁下曰：不闻"召之役则往役"乎？曰：是殆不然。昔者封建尚存，诸侯裂河山而世守，则挟其富贵以骄于士者，有之矣。秦汉以来，封建既废，四海之内比肩以事一人，蓬蒿之下，日而升矣；廊庙之上，夕而黜矣。公卿岳牧，皆布衣之所能致。又安得以旦夕之富贵，而骄天下之士乎？故"召之役则往役"为当日言之也；储子得之平陆，为今日言之也。孔子之见阳货，士之于大夫也；犹今属吏之于上官也。今某于阁下，分则非属吏也，以为贵贵，则非士之所守；若云尊贤，则贤者又未可以呼而见也。虽然，此非阁下之过，盖士之不以道

　　① 吴敬梓：《儒林外史》第三十五回"圣天子求贤问道　庄征君辞爵还家"，人民文学出版社1977年版，第411—412页。
　　② 程晋芳《勉行堂文集》卷六《绵庄先生墓志铭》，清嘉庆二十三年刻本。

自重也久矣。昔徐昭法隐于灵岩山，巡抚汤公屏骑从再访之而不得见，汤公之贤，昭法之高，天下莫不闻。然则以方面之尊，造处士之庐，士之不可骄，不独于古为然也明矣。某今者请从昭法之后，其可乎？伏惟裁察。不宣。①

　　程廷祚在信中对于某公行为大胆讽刺，"以为贵贵，则非士之所守；若云尊贤，则贤者又未可以呼而见也"，以表明自己傲世权贵，鄙视"士之不以道自重也久矣"之世风，追求人格独立及操守坚贞的品格，是为吴敬梓的同道者。

　　如果往前追溯，早在吴敬梓高祖吴沛时期，对于八股功用的认识已经十分明晰，吴沛说："雕虫不豪，我辈寄之耳。"② 全椒吴氏家族自四世祖吴沛起立志于举业兴家，五世祖吴国鼎辈以举业成名，通过八股举业而登上仕宦的通途。毋庸讳言，这个家族对于八股的研究极用心和深入，吴沛虽然"七战皆北"，但却由举业考试的经验教训而积累了丰富的写作八股文的经验，吴沛将写作精义写成《题神六秘说》、《作法六秘说》两篇文字，研究如何使制义文写得被人"称雄"、"称异"、"称爽"、"称快"、"称捷"，而令阅卷者"色栗"、"神远"、"心折"、"意冷"、"胆破"、"思永"，以此细心教授子辈，希望在举业试中有所斩获。在吴沛的言传身教下，吴氏子弟对八股举业极用心，吴国鼎兄弟辈深得制义文的要领，吴国对的八股文章写得非常出色，"所为制义，衣被海内"③。全椒吴氏子弟自四世祖吴沛以下至九世祖吴烺辈的历代先人，多从科举谋得出身，担任过教职，县学教谕、府学教授、提督学政、国子司业教职，并出任乡试主考等。吴国缙任江宁府学教授；吴国对在康熙五年以编修职出任福建主考（丙午科乡试），升国子司业，提督顺天学政④；吴国龙也在康熙丙午年出任山东主考，国对、国龙兄弟两人同科被钦派为乡试主考成为科举史

---

① 程廷祚撰，宋效永校点《青溪集·青溪文集续编》卷九，黄山书社2004年版，第202—203页。

② 吴沛《西墅草堂遗集》卷首薛寀撰《引言》，清康熙十二年吴国对刻本。

③ 吴敬梓：《文木山房集》卷首方嶟序，乾隆刻本。

④ 吴敬梓《移家赋》中说"张珊网于海隅，悬藻鉴于畿辅"即指吴国对先后出任福建主考和顺天学政。

上的"佳话";吴昺于康熙三十五年（1696）以翰林编修出任广西乡试主考，康熙四十五年丙戌（1706）"分校礼闱"，康熙四十九年庚寅（1710）出任湖广学政，于任上"按试荆州"之际，康熙手书"勉子修名"四字赐其母，给吴氏族人带来莫大荣耀;吴霖起任江苏赣榆县学教谕①。这些无不都与八股科举发生着直接的关联。

　　科举本是官僚政体实现人才纵向流动，打破贵族垄断的有效手段，对于科举的认识，吴敬梓是清醒的。帝王以科举的公平为士人造平等，有此平等，举子士人才可能脱出世间的层层不平等，全椒吴氏家族的成长也正受益于此。对于祖辈的举业道路，吴敬梓也是认可的，"家声科第从来美"②，《移家赋》中称赞其祖父吴国对举业上的"揣摩"之功:"常发愤而揣摩，遂遵道而得路。三殿胪传，九重温语，宫烛宵分，花砖月午。"③家族的成长史使吴氏子弟对于科举不会产生一种与生俱来的抵触、反感思想，事实上我们看到吴敬梓对于教授、学正这些学官总是怀着特别的敬意，以吴蒙泉为原型的虞博士形象在《儒林外史》中被吴敬梓刻画得尽善尽美，吴蒙泉担任上元县的教谕有八年之久，金和说:"（吴敬梓）生平所至敬服者，惟江宁府学教授吴蒙泉先生一人，故书中表为上上人物。"④《儒林外史》第四十六回写虞博士离开南京出去做官，杜少卿送别虞博士时说:"老叔已去，小侄从今无所依归矣!"⑤言行之间充溢着尊重和敬爱的依恋之情。吴敬梓与时任江宁县学训导唐时琳、安徽督学郑江彼此敬重，保持着亦师亦友的关系，如他的诗《送学使郑筠谷夫子还朝三十韵》:

　　　　……昔岁彤廷诏，曾令蓬户窥。不才尘荐牍，授简写新诗。坐待

---

①　吴敬梓在《移家赋》中说其父"春夏教以诗书，秋冬教以羽籥"。

②　吴敬梓著，李汉秋辑校《吴敬梓诗文集（〈乳燕飞·甲寅除夕〉)》，人民文学出版社2002年版，第63页。

③　吴敬梓著，李汉秋辑校《吴敬梓诗文集·移家赋》，人民文学出版社2002年版，第9页。

④　李汉秋辑《儒林外史研究资料》金和《儒林外史跋》，上海古籍出版社1984年版，第129页。

⑤　吴敬梓:《儒林外史》第四十六回"三山门贤人饯别　五河县势利熏心"，人民文学出版社1977年版，第531页。

官厨饫，吟看日晷移。几回瞻罄欬，再拜奉师资。知遇真难报，蹉跎尚若斯。惊心易寒暑，临别重讴思。哲匠饶经济，名贤好翼为。鸾台九重待，凤阁百僚随。教泽咸沾被，酬恩难繄维。抠衣姑执路，惆怅送旌麾。①

　　郑筼谷的知遇之恩，吴敬梓十分感激，分手之际吴敬梓写诗相送，"知遇真难报，蹉跎尚若斯"，对自己未能终考，有负期望心存内疚，以自己至今沦落，无以报答恩情而深感惭愧，这种情感也是发自作者的本心。

　　事实上中国的士子能与科举决绝的并无几人，如余英时所言，"也许中国史上没有任何一位有血有肉的人物完全符合'士'的理想典型"②，方苞与袁枚对于八股用舍行藏的思想也从一个侧面反映了中国文化不彻底性之深层特质。吴敬梓的思想也有一个发展的过程，在这一过程的某一阶段，甚至很长时期，毋庸讳言他对于举业功名道路心有所系的事实。他的诗词中，对于少年时期放达不羁之举充满悔意："回思年少日，流浪太无凭"③、"金尽床头，壮士逢人面带羞"、"田庐尽卖，乡里传为子弟戒"④、"家声科第从来美。叹颠狂、齐竽难合，胡琴空碎。数亩田园，生计好，又把膏腴轻弃"⑤；对于年华老大而功名无成则心怀懊恼："不婚不宦，嗜欲人生应减半"、"学书学剑，懊恨古人吾不见。株守残编，落魄诸生十二年"、"文澜学海，落笔千言徒洒洒。家世科名，康了惟闻榰栌声。郎君乞相，新例入赀须少壮。西北长安，欲往从之行路难"⑥、"三十诸生成底用，赚虚名、浪说攻经史。捧卮

① 吴敬梓著，李汉秋辑校《吴敬梓诗文集》，人民文学出版社2002年版，第48—49页。
② 余英时著《士与中国文化·引言》，上海人民出版社2003年版，第7页。
③ 吴敬梓著，李汉秋辑校《吴敬梓诗文集》（《春兴》八首其三），人民文学出版社2002年版，第19页。
④ 吴敬梓、吴烺撰，李汉秋点校《吴敬梓吴烺诗文合集》，黄山书社1993年版，第53页。
⑤ 吴敬梓著，李汉秋辑校《吴敬梓诗文集·乳燕飞》，人民文学出版社2002年版，第63页。
⑥ 吴敬梓、吴烺撰，李汉秋点校《吴敬梓吴烺诗文合集》，黄山书社1993年版，第53—54页。

酒，泪痕淬"①、"每念授书志，其如罔极何。可怜贫贱日，只是畏人多"②、"岂知盛年去，空闺自长嗟"③、"人生不得意，万事皆怨怨。有如在网罗，无由振羽翮"④、"壮不如人，难求高贵；老之将至，羞梦公卿"⑤；甚至他的思想还会出现一些反复的状况，前文已述，晚年的吴敬梓作《金陵景物图诗》，落款所标之头衔也还带着科举之名誉。实际上，这并不难理解，就科举的影响而言，举业乃全椒吴家发家之本源，家族文化的笼罩在吴敬梓的身上也留下了深深的印记，即如人类漫长的进化，总有人身上还会留着尾巴的痕迹，家族总是通过荣宗耀祖的价值判断不断给其子弟以观念及思想的影响，《红楼梦》也还要安排"兰桂齐芳"的情结。

与乃祖吴沛的时代相比，清代社会的腐败使科举显现出深度的不公，吴敬梓以他的小说创作来表现封建末世士人生活，表现他的观察及思考，再现读书人的悲剧，并探索这个群体的出路所在。《儒林外史》第二十六回写道：

> 鲍文卿领了命，父子两个在察院里巡场查号。安庆七学共考三场。见那些童生，也有代笔的，也有传递的，大家丢纸团，掠砖头，挤眉弄眼，无所不为。到了抢粉汤、包子的时候，大家推成一团，跌成一块，鲍廷玺看不上眼。有一个童生，推着出恭，走到察院土墙跟前，把土墙挖个洞，伸手要到外头去接文章，被鲍廷玺看见，要采他过来见太爷。鲍文卿拦住道："这是我小儿不知世事。相公，你一个正经读书人，快归号里去做文章。倘若太爷看见了，就不便了。"忙拾起些土来把那洞补好，把那个童生送进号去。⑥

① 吴敬梓著，李汉秋辑校《吴敬梓诗文集》，人民文学出版社 2002 年版，第 63 页。
② 吴敬梓著，李汉秋辑校《吴敬梓诗文集·遗园四首》，人民文学出版社 2002 年版，第 14 页。
③ 吴敬梓著，李汉秋辑校《吴敬梓诗文集》，人民文学出版社 2002 年版，第 20 页。
④ 同上书，第 28 页。
⑤ 同上书，第 71 页。
⑥ 吴敬梓：《儒林外史》第二十六回"向观察升官哭友　鲍廷玺丧父娶妻"，人民文学出版社 1977 年版，第 309 页。

这段描写以时人轻视的戏子之眼光来看读书人的品行低劣，这些读书人的行为叫地位卑贱的戏子已经难以入眼，更映衬出这群读书人何其不堪，吴敬梓用戏子之贱来讽刺士人之尊，深意寄焉。又借向鼎之口说进一步阐释：

> 而今的人，可谓江河日下。这些中进士、做翰林的，和他说到传道穷经，他便说迂而无当；和他说到通今博古，他便说杂而不精。究竟事君交友的所在，全然看不得！不如我这鲍朋友，他虽生意是贱业，倒颇多君子之行。①

吴敬梓看到了知识分子的宿命，"我道不行了"②，如祖辈们那般努力于举业中寄托希望、求得事功也已经不是通途。但是，家族传承、荣宗耀祖的观念影响着一代代的中国人，并成为中国文化的遗传基因而代代遗传，在吴敬梓身上的作用实在不容小觑，小说中杜少卿与科举决绝的形象是基于吴敬梓人生经历的再创造，他高于吴敬梓本人，吴敬梓的创作大于吴敬梓，作者在创作中使自己"渣滓日去"，不妨说是《儒林外史》创造了吴敬梓。

覆巢之下岂有完卵？全椒吴氏科举家族的没落决非家族命运之个案，或早或迟如吴氏般走向没落是这些家族无可逃脱的悲剧命运。

（二）文化世家之不朽

基于学而优则仕的传统，一个因科第而发达的家族，极易向着官僚性质的转化，使士族疏离了郡望或旧贯的原有质地品味；举业世家在不断追逐科举仕进的过程中，因举业的式微也会丧失其原先社会地位，使一个举业世家辉煌不再。全椒吴氏家族的发展也无可逃避这样的命运，这个家族在由平民上升为望族世家的过程中，举业是关键性因素，随着时间的流逝，吴家后世科名渐趋走向没落，也是不争的事实。

历史上，无数举业世家的衰颓都无法阻挡，但是师资原委的条件往往

---

① 吴敬梓：《儒林外史》第二十六回"向观察升官哭友　鲍廷玺丧父娶妻"，人民文学出版社1977年版，第310页。
② 吴敬梓：《儒林外史》第三十五回"圣天子求贤问道　庄征君辞爵还家"，人民文学出版社1977年版，第411页。

不是随家族举业、政治及社会地位的式微而同步失落。中国文化史上说不尽的慈闱庭训、机声灯影之母织儿读的掌故，不断地印证着世家之家风家学不仅难斩"五世"，反而表现为积之弥深，续之尤远。

　　家族子弟的著述最能体现这个家族的素养，是这个家族文化传承的最重要方式，也是扩大其家族社会声望的重要途径。向来被传统文人视为"三不朽"之立德、立功、立言事，立言的理想通过著述最易变成现实。从举业家族成员说来，家族子弟的著述情况可以反映一个家族所具有的整体文化水平与文化素养，展现家族在文化上的贡献。全椒吴氏子弟除了用心举业外，同样重视举业以外的经学及文学等诸多方面。自明代四世祖吴沛起，家族子弟的著述活动父子相继，延绵不断，承载着深厚的家族文化积淀。他们广泛涉猎经学、史学、文学、策论等，并多有诗文创作。这些都显示出吴氏家族源远流长的文化传统。仅以治经为例，吴沛著有《诗经心解》六卷，吴国鼎有《诗经讲意》，吴国缙有《诗韵正》五卷，吴国对著有《诗乘》[1]，吴敬梓有《诗说》[2]，吴晟有《洪范辨证》、《周易心解》[3]，吴昺"生平所学深于三礼"[4]，吴烺也是"经学名儒"[5]，即便布衣终生的吴国器也是"精邵子黄极诸书"[6]。就一个家族来看，以上足以反映出家族的文化传承，标示这个家族整体的文化水平。

　　《儒林外史》第三十一回中说："他家兄弟虽有六七十个，只有这两个人（指杜慎卿和杜少卿）招接四方宾客，其余的都闭了门在家，守着田园做举业"[7]，这是到吴敬梓这一辈的吴家的实际情形，同时，我们也看到这些子弟在读书应举或走向仕途以后都没有与文学疏离，他们从事着

---

①　陈廷敬《午亭文编》卷四五《翰林院侍读吴默岩墓志铭》说："君于古文研论最深，而工于骚赋之作，故独喜多为诗；其愁忧欢愉离合讽谕警戒之旨，恒发之于诗，名曰《诗乘》。"清李桓《国朝耆献类征初编》卷一一五收录，台北明文书局1985年版。

②　民国《全椒县志》卷一五。

③　清李桓《国朝耆献类征初编》卷二二一张大受为吴晟撰"墓志铭"，台北明文书局1985年版。

④　民国《全椒县志》卷一○。

⑤　平步青《霞外攟屑》卷六增补常熟张问月撰《经学名儒记》补录吴烺为安徽的"名儒"，民国六年刻香雪崦丛书本。

⑥　民国《全椒县志》卷一一"吴国器传"。

⑦　吴敬梓：《儒林外史》第三十一回"天长县同访豪杰　赐书楼大醉高朋"，人民文学出版社1977年版，第364页。

述活动十分普遍，除七世祖少有记载外，从四世祖一直到九世祖文学著述彬彬之盛。吴檠和吴敬梓便是当时以诗闻名的才子，往前追溯，吴氏家族几乎每一代都有这样的文人。

四世祖吴沛在总结八股写作精义时强调写作的创见和个性，虽然与八股文的取士法则相违背，却与文学创作的特征接近了。陈廷敬所撰吴国对墓志铭说吴国对"于古文研论最深，而工于骚赋之作"①，吴国对探花及第后，在全椒襄河边建探花第、赐书楼，藏书十分丰富。吴敬梓"穿穴文史"之余，也偷偷地"窥秘函"，阅读许多小说、戏曲作品，金榘在《次半园（吴檠）韵为敏轩三十初度同仲弟两铭作》诗中写道：

　　……我前叱日勿复语，我三十时尔十三；是年各抱风木恨，余方招魂来湖南；见尔素衣入家塾，穿穴文史窥秘函，不随群儿作嬉戏，屏居一室如僧庵。从兹便堕绮语障，吐丝自缚真如蚕。②

吴敬梓的时代，吴家的藏书（包括写有"绮语"的"秘函"）依然十分丰富。母亲病逝后，吴敬梓奉父命做举业的同时，对诗、文、小说、戏曲这些与举业无关的东西恋恋不舍，"秘函"中的"绮语"对他的影响不小，使他"堕绮语障"。吴国龙也十分重视诗文典籍，李霨撰《清礼科掌印给事中吴公墓表》中说："（吴国龙）性酷嗜学，家居益留意典籍，尽汇古今经史而探索之。又以其余溢为诗歌古文词，日进诸子侄课读，督文励行，无暑刻懈。"③ 吴氏家族十分重视文学的功用，吴国对为其父镌刻《西墅草堂遗集》，引言中写道："为先人图不朽，亦惟此流传遗集一事而已。"④ 如吏部侍郎姜曰广为吴沛《西墅草堂遗集》作序时说："君子无以自表见，也无事表见，然著述足当之；无以使天下后世表见，亦为之行其版，布其书，足以不泯也。……生前爵，何如身后名也；属吏颂，

---

① 陈廷敬《午亭文编》卷四五《翰林院侍读吴默岩墓志铭》。清李桓《国朝耆献类征初编》卷一一五收录，台北明文书局 1985 年版。

② 金榘著《泰然斋诗文集》卷二，清道光二十六年重刊本。

③ 蓝学鉴、吴国对纂修清康熙十二年《全椒县志》卷一六李霨《清礼科掌印给事中吴公墓表》。

④ 吴沛《西墅草堂遗集》吴国对《先君遗稿跋言》，清康熙十二年吴国对刻本。

何如守经子、图不朽也。"爵位的高低，仕宦的美名都会随着岁月时光的
流逝而消逝，唯有"守经子、图不朽"才会流传不朽，姜曰广对吴氏子
弟将吴沛的著述付梓刊刻的行为赞赏有加。吴家子弟历代都孜孜于这不朽
之事业，吴敬梓在《移家赋》中称赞四世祖吴沛是"自束发而能文，及
胜衣而稽古"，"贫居有等身之书"，五世祖吴国对兄弟"笃志于椠"，
"白首之词臣"、"赤墀之记注"，六世祖吴旦兄弟辈"鼎文有证谬之辨，
金根无误改之伤"，"擅海内之文章"，称赞他的父亲吴霖起"元默以为稼
穑，洪笔以为鉏耒"，说自己"千户之侯，百工之技，天不予梓也，而独
文梓焉"①。他们的著述也确实十分丰富：四世祖吴沛著有《西墅草堂
集》，五世祖辈吴国鼎有《蔼园集》《唐代诗选》②，吴国缙有《世书堂
集》③，吴国对有《赐书楼集》④，吴国龙有《心远堂集》⑤《吴给谏奏
稿》⑥，六世祖吴旦有《月潭集》⑦，吴昺有《卓望山房集》《玉堂应奉集》⑧
《博议书后不分卷》⑨和《宝稼堂集》⑩，八世祖吴檠有《清耳珠谈》⑪《溪

---

① 吴敬梓著，李汉秋辑校《吴敬梓诗文集·移家赋》，人民文学出版社 2002 年版，第 8
页。

② 张其濬修，江克让、汪文鼎纂民国《全椒县志》卷一五，《中国地方志集成·安徽府县
志辑（35）》，江苏古籍出版社 1998 年版。

③ 李灵年、杨忠主编《清人别集总目》（上），安徽教育出版社 2000 年版，第 894 页。

④ 柯愈春：《清人诗文集总目提要》，北京古籍出版社 2001 年版，第 106 页。陈廷敬撰
《翰林院侍读吴默岩墓志铭》说："君于古文研论最深，而工于骚赋之作，故独喜多为诗；其愁忧
欢愉离合讽谕警戒之旨，恒发之于诗，名曰《诗乘》。"他的著述后来编为《赐书楼集》二十四
卷，民国《全椒县志》卷一〇及一五皆提及。

⑤ 柯愈春著《清人诗文集总目提要》，北京古籍出版社 2001 年版，第 141 页。

⑥ 张其濬修，江克让、汪文鼎纂民国《全椒县志》卷一五，《中国地方志集成·安徽府县
志辑（35）》，江苏古籍出版社 1998 年版。

⑦ 张其濬修，江克让、汪文鼎纂民国《全椒县志》卷一五，《中国地方志集成·安徽府县志辑
（35）》，江苏古籍出版社 1998 年版。

⑧ 同上。

⑨ 李灵年、杨忠主编《清人别集总目》（上），安徽教育出版社 2000 年版，第 846 页。

⑩ 柯愈春：《清人诗文集总目提要》，北京古籍出版社 2001 年版，第 319 页。

⑪ 张其濬修，江克让、汪文鼎纂民国《全椒县志》卷一五，《中国地方志集成·安徽府县
志辑（35）》，江苏古籍出版社 1998 年版。

上草堂集》①《衢谣集》②《咫闻斋诗钞》③ 及《阳曲词钞》④，吴敬梓有
《文木山房诗文集》《儒林外史》《文木山房诗说》《史汉纪疑》（未成
书）⑤，九世祖吴烺有《杉亭集》⑥。吴国对既是八股的大家，同时又博学
多艺，极善书法。民国《全椒县志》卷一〇言其"书法兼右军松雪所长，
碑版存者士人多拓之"。吴烺对音韵及算学也深有研究，著有《学宋斋词
韵》《五音反切图说》及《勾股算法》《周髀算经图注》。

　　吴国对说："先君平生发于性情，寓于忠孝，归于道德者，仅于此一
二遗稿之馀，将以见我先君之为人焉"，将乃父著述归于忠孝、道德的儒
教范围中，尤其认识到文学的不朽功用，"为先人图不朽"而刊刻他的文
章，除了借著述寄托对先辈的敬仰和怀念之思，尤其认识到在家族文化传
承中，家族成员的著述具有无可替代的作用，"生百世之下得知百世之
上，亦惟遗书是凭"，"惟叙述重梓遗集缘起，如此不知，一再传后，为
子若孙者能什袭善藏，勿再散失，以思衍先泽永永也哉"⑦。这个家族自
四世祖吴沛起，并不轻视文学，可惜吴沛著述逸散较多，吴国鼎说"攻
举子业，未遑裒集"⑧，因忙于举业而未能保存或者刊刻出来，这实在是
举业家族的现实状况，吴国鼎辈的著述同样也是极少保存下来，康熙
《全椒县志·吴国龙传》记载"（吴国龙）诗文甚富，多不存副本"，其
子吴晟"辑刊遗集四十二卷行世"，惜今不得见。以上事实告诉我们，在

　　①　张其濬修，江克让、汪文鼎纂民国《全椒县志》卷一五记为《撰山草堂集》，实误。金
兆燕《棕亭古文钞》卷五《许月溪诗序》云："吾乡三十年前，以风雅自任，力追古人者，惟比
部吴岑华先生。忆兆燕童卯时，随先君子往来于岑华之溪上草堂，惟时座上宾友则有章丈晴川、
吴丈文木一时唱酬之盛甲于江淮。"沈葆桢等修何绍基等纂《（光绪）重修安徽通志稿》卷二二
九记为《溪上草堂集》，为是。

　　②　张其濬修，江克让、汪文鼎纂民国《全椒县志》卷一五，《中国地方志集成·安徽府县
志辑（35）》，江苏古籍出版社1998年版。

　　③　李灵年、杨忠主编《清人别集总目》（上），安徽教育出版社2000年版，第861页；柯
愈春《清人诗文集总目提要》第572页也收录。

　　④　张其濬修，江克让、汪文鼎纂民国《全椒县志》卷一六，《中国地方志集成·安徽府县
志辑（35）》，江苏古籍出版社1998年版。

　　⑤　平步青撰《霞外攟屑》卷九，民国六年刻香雪崦丛书本。

　　⑥　张其濬修，江克让、汪文鼎纂民国《全椒县志》卷一五，《中国地方志集成·安徽府县
志辑（35）》，江苏古籍出版社1998年版。

　　⑦　吴沛《西墅草堂遗集》吴国对《先太史遗集重刻引言》，清康熙十二年吴国对刻本。

　　⑧　吴沛《西墅草堂遗集》吴国鼎《先君逸稿小引》，清康熙十二年吴国对刻本。

这个举业家族发展壮大的前期，文学虽然不被轻视，但至少让位于举业，它们还未获得立身之第一要务地位。王铸说："全椒以科第、文学世其家，绵延历数百年而不坠者"[①]，吴氏家族的发展，以科举起家，文学相伴始终，在科举与文学此消彼长的发展过程中，这个家族的发展潮起潮落，最终吴敬梓在文学上创造的不朽功业，使家族从举业的兴盛而转向文学的辉煌，全椒吴氏家族也由此大写了一笔。

当然，这种转变经历着一个过程，举业与文学此消彼长的变化到了吴敬梓这一代发生质的改变。吴檠、吴敬梓以大、小谢互相称美，以自己的文学成就引以为荣，吴檠在《怀从弟客长干》一诗中说："怅望裁诗贻小谢，可能共和有羊何？"[②] 称吴敬梓为"小谢"，《为敏轩三十初度作》中说："池草铺翠水拖监，阿连今日开酒甐"[③]，"阿连"是以谢惠连小字称堂弟吴敬梓；吴敬梓《九日约同从兄青然登高不至四首》（其二）写道："吾家才子推灵运，也向秦淮僦舍居"[④]，在天宁寺僧舍看到吴檠壁上题诗作《百字令》："长廊尘甋，是吾家康乐、旧曾题处。"[⑤] 吴檠和吴敬梓周围人也乐于这样称呼，金榘写给吴檠的诗《寄怀吴半园外弟》中说："君家惠连（指吴敬梓）尤不羁，酒酣耳热每狂叫"[⑥]，这表达出对他们文学上出众才华的认可。沈大成在《全椒吴征君诗集序》里称赞吴敬梓"以诗名东南，东南之人交口推先生，今犹然也"[⑦]。吴敬梓的好友程廷祚在《文木山房集序》中说："敏轩少攻声律之文，与青然相师资，而奇情勃发，时角立不相上下，遂其名。"[⑧] 同夸二位兄弟。吴敬梓的时代，吴氏家族的举业虽然陷入困境，但是文学的成就却声名鹊起了。

---

① 金兆燕撰《棕亭古文钞》卷首王铸序，清道光十六年赠云轩刻本。

② 北京大学文学研究所编《文学研究集刊》（第四册），人民文学出版社1956年版，第294页。

③ 金榘著《泰然斋诗文集》卷二附吴檠《为敏轩三十初度作》诗，清道光二十六年重刊本。

④ 吴敬梓著，李汉秋辑校《吴敬梓诗文集》，人民文学出版社2002年版，第22页。

⑤ 同上书，第67页。

⑥ 金榘《泰然斋诗文集》卷四，清道光二十六年刻本。

⑦ 沈大成《学福斋集》卷五《全椒吴征君诗集序》，据清乾隆三十九年刻本。

⑧ 吴敬梓：《文木山房集》卷首，乾隆刻本。

　　走进全椒的吴敬梓纪念馆，我们看到吴家两代人留下两种内容不同的碑刻，十分有趣。吴沛"七战皆北"，留下了苦心钻研八股文心得的十二字"题神六秘"、"作法六秘"，并勒诸于石；吴国对探花及第后在襄河边建探花第、赐书楼，名其园为"遗园"，取遗世而独立。纪念馆展出的"邁园"石刻①，是吴国对的草书诗碑，《拜侯》一首残句有"红颊绽时银烛烂，翠眉低处玉山颓"，手书诗"一秋好雨多高菊，野老开门自卖花"，赠王渔洋诗有"如此青天如此月，两人须问大江秋"②。吴国对乃八股举业探花，刻在石上的是"红颊"、"翠眉"，丝毫不见八股文的酸腐气；一生孜孜于举业的吴沛，功名仅止于秀才，刻在石碑上的却是八股的作法。"功名富贵无凭据"③，真正能看破功名的还是吴敬梓。其子吴烺也深受其影响，"（荀叔）无意进取"，"负隽才而亦颓然常有离世之志"，④有关这方面内容，后文相关章节再作阐释。

　　前文已述，吴敬梓生长于累代科甲的门阀世家，作为长房的嫡传子孙，从其诞生之日起，就背负着家业振兴的重任，懂事的少年时代起吴敬梓也颇以举业复兴为己任⑤，家族的成长过程使吴氏后人对于八股举业不会产生一种与生俱来的抵触，吴敬梓从"匍匐乞收遭媸魃"到辞拒博学鸿词科试，在他的诗文以及小说《儒林外史》的描写中，我们能够读到他的艰辛的心路历程。鲁迅说："作者生清初，又束身名教之内，而能心有依违，托稗说以寄慨，殆亦深有会于此矣。"⑥从名教氛围中成长起来的世家子弟，很多宁愿被名教束缚终身而不愿有所改变，吴敬梓则不同，他的人生实践伴随着创作小说不断反思的过程，中了些许毒害才会发生的免疫力激活起来，最终使这个家族"举业遗传"的

---

　　① 张其濬修，江克让、汪文鼎纂民国《全椒县志》卷一〇记载吴国对"书法兼右军松雪所长，碑版存者士人多拓之"。

　　② 王士禛：《带经堂诗话》卷八，人民文学出版社 1963 年版，第 184 页。

　　③ 吴敬梓：《儒林外史》第一回"说楔子敷陈大义　借名流隐括全文"，人民文学出版社 1977 年版，第 1 页。

　　④ 姚鼐：《惜抱轩全集》，中国书店 1991 年版，第 33 页。

　　⑤ 金两铭《和（吴檠）作》："大扣小扣发秘奥，勃窣理窟辟丛蚕。搦管为文撮侪偶，渐得佳境哝蔗甘。"（按："大扣小扣"是当时八股时文当中的术语，《礼记·学记》："善待问者如撞钟，扣之以小者则小鸣；扣之以大者则大鸣。"）

　　⑥ 鲁迅《鲁迅全集》第九卷《中国小说史略》，人民文学出版社 2005 年版，第 232 页。

基因发生变异，在科举与文学此消彼长的发展过程中，吴氏家族的性质也随之变化，并使这个家族最终完成由举业望族向着文化世家的转化。

《儒林外史》立足于儒家、社会与责任，吴敬梓是儒学的虔诚坚守者，小说在抨击八股举业的同时，也从正面对科举制度作出思考，主张以新的礼教秩序改造科举、成就人才。儒学在这个家族中始终占有重要地位，兼家教庭训与师承法乳于一体的吴氏家学承传正从此中来，它的精神透过血缘贯联渠道的延续，无疑尤见韧劲难绝，成为吴氏家族文化的精髓在家族中世代流传，并成为这个家族的象征，追根溯源，吴沛源也、根也。吴沛和吴敬梓所选择的现实道路体现出吴氏家族发展一体两面的特征，吴敬梓的道路切实违背了科举世家兴家望族的意愿，但若从这个家族发展的历史看，吴敬梓才是秉承高祖吴沛理念并将之发扬光大的真正继承者，这个家族的意义尤其突出表现在吴敬梓的身上，是他接过吴沛手中旗帜并高高擎起。这实在是全椒吴氏家族发展的辩证法。

吴氏家族初以军功封侯，继以举业辉煌，而以吴敬梓为代表的吴氏子弟将全椒吴氏家族引向文化世家的不朽，成就了这个家族流芳百世的最厚重的积淀，吴氏家族由此大写了一笔，此真不朽也！

第三章　吴敬梓文学作品的思想与情感探究

第一节　作为思想者的小说家

吴敬梓生活的时代即康熙朝的后期，经过雍正一朝到乾隆朝的前期，是所谓的康乾盛世。面对着太平的景象，吴敬梓透过盛世的表面繁荣看到的是这个社会所面临的深刻的危机。

胡适在《吴敬梓年谱》所说：

> 有人说："清朝是古学昌明的时代，八股的势力并不很大，八股的毒焰并不曾阻碍经学、史学与文学的发达。何以吴敬梓单描写那学者本来都瞧不起的八股秀才呢？那岂不是俗话说的打死老虎吗？"我起初也如此想，也觉得《儒林外史》的时代不像那康熙乾隆的时代。但我现在明白了。看我这篇年谱的人，可以看出吴敬梓的时代恰当康熙大师死尽而乾嘉大师未起的过渡时期。清朝第一个时期的大师，毛奇龄最后死。学问方面，顾炎武黄宗羲阎若璩胡渭都死了。文学方面，尤侗朱彝尊王士禛也死了。当吴敬梓三十岁时，戴震只有八岁，袁枚只有十五岁，《四库全书》的发起人朱筠只有两岁，汪中姚鼐都还不曾出世呢。
>
> 当这个青黄不接的时代，八股的气焰忽然又大盛起来了。我可以引章学诚的话来作证：
>
> 前明制义盛行，学问文章远不古若，此风气之衰也。国初崇尚实学，特举词科；史馆需人，待以不次；通儒硕彦，磊落相望，可谓一时盛矣。其后史事告成，馆阁无事，自雍正初年至乾隆十许年，学士又以四书文义相为矜尚。仆年十五六时（一七五二——七五三，

当吴敬梓将死的时候,）犹闻老生宿儒自尊所业，至目通经服古谓之杂学，诗古文辞谓之杂作。士不工四书文，不得为通，——又成不可药之蛊矣！（《章氏遗书》卷四,《答沈枫樨论学书》）（"四书文"即八股时文。）

　　这正是吴敬梓做《儒林外史》的时代。懂得这一层，我们格外可以明白《儒林外史》的真正价值了。①

　　在明清之际众多思想家的丰富著述中，凡是小说《儒林外史》所描写的八股科举及诸多社会弊端，这些思想家几乎都进行过揭露和批判。例如，对于八股科举的批判，黄宗羲在《明夷待访录》中说："取士之弊，至今日制科而极矣。"② 顾炎武也在《日知录》中说："愚以为八股之害等于焚书，而败坏人材，有甚于咸阳之郊所坑者，但四百六十余人也。"③其后的颜习斋、李塨、程廷祚等思想家都深刻地认识到八股的这种危害，甚至将其上升到国家兴亡的高度，颜习斋说："八股行而天下无学术，无学术则无政事，无政事则无治功，无治功则无升平矣。故八股之害，甚于焚坑。"④ 实际上经过明清之际思想家的批判，八股科举制度的弊端已经为大众所诟病。但是，文学不同于政治、思想的批评，单纯的认识价值不足以说明《儒林外史》这部小说的伟大，文学也不同于历史，文学作品要用形象思维来构建自己的天地，在更高层次上追求艺术的真实。齐省堂《增订儒林外史》序曰：

　　　　《儒林外史》一书，摹绘世故人情，真如铸鼎像物，魑魅魍魉，毕现尺幅；而复以数贤人砥柱中流，振兴世教。其写君子也，如睹道貌，如闻格言；其写小人也，窥其肺肝，描其声态，画图所不能到

---

① 胡适《吴敬梓年谱》，见于《胡适文存》二集卷四，亚东图书馆1921年版，第34—36页。

② 黄宗羲：《黄宗羲全集》（第一册）《明夷待访录》，浙江古籍出版社1985年版，第14页。

③ 顾炎武著，陈垣校注《日知录校注》（中），安徽大学出版社2007年版，第913页。

④ 颜元：《颜元集·颜习斋先生言行录》（卷下）"刁过之第十九"，中华书局1987年版，第691页。

者，笔乃足以达之。评语尤为曲尽情伪，一归于正，其云"慎勿读
《儒林外史》，读之乃觉身世酬应之间，无往而非《儒林外史》"，斯
语可谓是书的评矣。①

　　《儒林外史》写在八股科举制度的诱惑、腐蚀和摧残之下许多扭曲的
灵魂，作者将批判的矛头直指八股科举制度以及使这个制度得以运转的那
个社会。当然，用文学的形式描写科举的题材，吴敬梓并非开风气之先的
第一人，冯梦龙、蒲松龄小说中都有对于八股科举的批判。《老门生三世
报恩》② 中鲜于同怀才不遇的坎坷经历便带有了冯梦龙科场蹭蹬的影子，
与吴敬梓相比，冯梦龙对于八股举业并没有产生刻骨铭心的情绪，编书和
写书给他的生活带来了另一些的追求。蒲松龄一生都在科场中挣扎，由此
而对科考制度有了深切的体验，他对科举的描绘，是饱含了自己血泪的切
身体验，记录的是一个知识分子在功名路上痛苦挣扎的心路历程，他把满
腔孤愤都倾注在自己的创作中，将揭露和抨击科举弊端作为《聊斋志异》
的重要内容，其中对考场的腐败，考官的昏聩，考试的荒唐，考生的心
态，等等，都不乏深刻的揭露和冷峻的讽刺，蒲松龄是清代第一个以小说
的形式批判八股科举制度的大作家，是对这类题材的历史性的开拓，堪称
《儒林外史》的先驱。

　　然而，吴敬梓和蒲松龄的视角却是大不同。蒲松龄一生孜孜于举业，
直至康熙四十九年七十一岁才援例成为贡生，当其长孙蒲立德以道试第一
名考中秀才时，蒲松龄欣慰之余作《喜立德采芹》诗：

　　　　昔余采芹时，亦曾冠童试；今汝应童科，亦能弁诸士。微名何足
道？梯云乃有自。天命虽难违，人事贵自励。无似乃祖空白头，一经
终老良足羞！③

_____

① 吴敬梓著，李汉秋辑校《儒林外史会校会评本》，上海古籍出版社 1999 年版，第 692
页。

② 冯梦龙编，严敦易校注《警世通言》卷一八，文学出版社 1999 年版，第 149—156 页。

③ 蒲松龄原著，赵蔚芝笺注《聊斋诗集笺注·喜立德采芹》，山东大学出版社 1996 年版，
第 605 页。

"无似乃祖空白头，一经终老良足羞"，道出了蒲松龄对科举一辈子的追求与遗憾。一生科场挣扎的蒲松龄，对八股科考制度有着深刻的体验，《聊斋志异》中多有苦难和不幸的主人公终得金榜题名的好结果，这是作家自己的白日梦。但是，举业路上消靡泪没的蒲松龄，怀抱终天之恨却一边哭骂，一边赶考，哭得十分深切，考得尤其执着，而寄寓笔端的则是他的孤愤狂痴。

缘于吴敬梓对于社会环境及知识分子生活的深刻理解，加之他对于世态人情的出色描绘，使他的小说对于八股科举制度腐朽、堕落的认识、揭露和批判比冯梦龙、蒲松龄都来得全面、彻底和深刻。《儒林外史》塑造出在这一制度下生存的各个阶层的人物，尤其是以读书人为代表的儒林群像，将那批判的矛头指向了八股科举制度本身。让我们意识到这种制度的腐朽、堕落，认清这个制度是怎样将人变成了非人。与同时期的小说家相比，吴敬梓具有更多的思想家的气质。何满子在《吴敬梓是对时代和对他自己的战胜者》一文中说：

> 和他的生活实践相应，吴敬梓在艺术实践上最耀眼的特点，是他对于自己的战斗目标的高度意识。这表现在他的作品中的——如契诃夫所说的——"浓液般的目的性"。……鲁迅称吴敬梓"秉持公心，指摘时弊"。……"指摘时弊"就是作品的有所为而作的明确的目的性。……如果把艺术造诣比之于军功，曹雪芹仿佛是一个行伍出身，由亲冒矢石，实战积功而立殊勋的渠帅；吴敬梓则是熟读兵书，胸有成策，未战而谋定的指挥裕如的大将。……这是不同的禀赋、经历和素养所形成的两种不同的气质：曹雪芹更属于艺术家的气质；而吴敬梓，相对说来，更带有思想家的气质。[①]

《儒林外史》的创作，鲁迅称"秉持公心，指摘时弊"[②]，这在很大程度上源于作家创作时明确的目的性。作家的思想与文本所表现的内容及表达的思想观念有着密切的联系。

---

① 安徽版《儒林外史研究论文集》，安徽人民出版社 1982 年版，第 22 页。
② 鲁迅《鲁迅全集》第九卷《中国小说史略》，人民文学出版社 2005 年版，第 228 页。

　　吴敬梓出生于一个科举家族，作为以探花及第的八股大家吴国对的曾孙，他在举业上也用过一番功夫，经过许多考试。这期间经历了父亲的去世、一场家难、乡试的落第等许多的痛苦和不幸，移家南京后生活的环境到处都充斥着小说中所描写的丑陋和不堪，吴敬梓以他所特有的敏感经受着这种环境给他带来的肉体的苦难、精神的折磨和思想的挣扎，最终得以升华。吴敬梓的深刻也缘于此，因未能在举业上有所依附而终于能够不屑依附，完成超越，最终摆脱了经济和政治的依附，努力向自己小说所描述的境界看齐。吴敬梓创作了《儒林外史》，《儒林外史》也改造了吴敬梓。

一　"束身名教之内，而能心有依违"①：思想觉醒的吴敬梓

　　就吴敬梓思想来说，对于八股举业的认识也有一个发展的过程，这种认识在他的人生历程中留下的印迹并不模糊。

　　举业对于吴敬梓来说极近又极远。说其近，因为全椒吴氏以举业名世，金和《儒林外史跋》中说："吴氏固全椒望族，明季以来，累叶科甲，族姓子弟声气之盛，俨然王谢。"② 吴敬梓正是出生在这样一个累代科甲的门阀世家。这个家族有太多的科举经验给他借鉴，家族的历史使吴敬梓对于科举，甚至是举业八股不会产生一种与生俱来的抵触、反感的情绪。作为长房的嫡传子孙，从吴敬梓诞生之日起，就背负起这个举业世家振兴的重任，其父吴霖起对于吴敬梓读书举业的培养也格外重视，"涉猎群经诸史函"③，"穿穴文史窥秘函"④，"大扣小扣发秘奥，勃窣理窟辟丛蚕。搦管为文摧侪偶，渐得佳境啖蔗甘"⑤，吴敬梓少年时代即能参透其中奥秘，为同辈所不及，聪明资质固然起着作用，但至少也说明这时的吴

---

　　① 鲁迅《鲁迅全集》第九卷《中国小说史略》，人民文学出版社 2005 年版，第 232 页。

　　② 金和《儒林外史跋》，见于李汉秋《儒林外史研究资料》，上海古籍出版社 1984 年版，第 128 页。

　　③ ［清］金榘《泰然斋诗文集》卷二附吴檠《为敏轩三十初度作》，清道光二十六年重刻本。

　　④ 《泰然斋诗文集》卷二《次半园（吴檠）韵为敏轩三十初度同仲弟两铭作》。

　　⑤ 《泰然斋诗文集》卷二附金两铭《和（吴檠）作》。"大扣小扣"是当时八股时文当中的术语，《礼记·学记》："善待问者如撞钟，扣之以小者则小鸣；扣之以大者则大鸣。"参见何泽翰《儒林外史人物本事考略》第 144—145 页及陈汝衡《吴敬梓传》第 19 页。

敬梓愿意学习八股文章，甚至于要做它的真诚的信徒。说其远，因为吴敬梓一生的苦难都将与科举发生着关联。中年以前，吴敬梓确实倾心奔波于科举道路上，尽管这个家族此时已面临着无可挽回的衰败，吴敬梓却执着地坚守，可惜现状并未有所改变。祖训教导与家族传统既是他前行的动力，更是他沉重的心理包袱。这一时期诗词如《西墅草堂歌》、《遗园四首》、《减字木兰花（庚戌除夕客中）》、《贺新凉（青然兄生日）》等多有反映，这便是胡适所说的丁巳以前吴敬梓还有着"穷秀才气"①，他还在诚心实意地做着科举兴家的梦，被八股用功名诱惑着。沈大成说："（吴敬梓）少治毛诗，于郑诗孔氏之笺疏，朱子之集传，以及宋元明诸儒之绪论，莫不抉其奥，解其症结，猎其青英"②，程廷祚称许其"抱义怀仁，被服名教"③，儒家仕途经济的思想长期影响着他。

从名教氛围中成长起来的世家子弟，很多宁愿被名教束缚终身，而不希求有所改变，吴敬梓则大不同。鲁迅说："作者（吴敬梓）生清初，又束身名教之内，而能心有依违，托稗说以寄慨，殆亦深有会于此矣。"④免疫力的激活有时是以中了些许毒害才会发生，在功名富贵里挣扎过的吴敬梓，曾经十分用心举业，并由此识破其中诸般丑恶，因"深有会于此矣"便渐次疏远了它，他的应鸿博试而中途退却是这种心理最真实的写照。鲁迅说："因为从旧垒中来，情形看得较为分明，反戈一击，易制强敌的死命。"⑤小说《儒林外史》创作的思想基础也是如此，大致能够同样表现吴敬梓的心路历程。

《儒林外史》开篇第一回，作者便假借王冕之口说，"这个法却定的不好！将来读书人既有此一条荣身之路，把那文行出处都看得轻了"⑥，第四十九回借迟衡山之口说，"讲学问的只讲学问，不必问功名；讲功名

---

① 胡适《吴敬梓年谱》见于《胡适文存》二集卷四，亚东图书馆1921年版。
② 沈大成《学福斋集》卷五《全椒吴征君诗集序》，据清乾隆三十九年刻本。
③ 程廷祚《青溪集·青溪文集》，《青溪文集续编》卷六《与吴敏轩书》，宋效永校点，黄山书社2004年版，第377页。
④ 鲁迅《鲁迅全集》第九卷《中国小说史略》，人民文学出版社2005年版，第232页。
⑤ 《鲁迅全集》第一卷《写在〈坟〉后面》，第302页。
⑥ 吴敬梓：《儒林外史》，第一回"说楔子敷陈大义 借名流隐括全文"，人民文学出版社1977年版，第15页。

的只讲功名，不必问学问。若是两样都要讲，弄到后来，一样也做不成"①，他的诗中也说，"如何父师训，专制储举才"②。吴敬梓真切地希望统治者选举人才的制度能够公平，更希之能够成为士子一条真正的康庄大道。小说第一回标目"说楔子敷陈大义，借名流隐括全文"，显然，吴敬梓要赋予这一回以特殊的命意，王冕的形象塑造乃此回及全书精神的寄寓所在。作为历史人物的王冕，元徐显《稗史集传》③、明宋濂《芝园后集》卷十④、清朱彝尊《曝书亭集》卷六十四⑤皆有其传，（《明史·王冕传》主要根据宋濂《王冕传》而作。）历史上的王冕应过科举，与京城的显宦也有来往，并非完全决意于功名。《儒林外史》所刻画的王冕形象与历史已有了很大的不同，吴敬梓要借这一历史人物的影子来塑造自己心中"嶔崎磊落"⑥的理想人物，王冕拒绝礼部尚书危素的拉拢，为躲避朱元璋的征聘而逃往会稽山中，其重心所在尤其突出王冕的绝意仕进，厌弃功名富贵之思想。吴敬梓笔下的王冕已经成为一个孤高自洁、愤世嫉俗之人。然而，王冕也仅仅是拒绝与统治者合作而已，这种反抗的影响毕竟有限，故而被大都统治者所允许。当然，我们不应该苛求吴敬梓，事实上，中国的士子能与科举决绝的并无几人，中国文化的不彻底性在吴敬梓的身上也留下了印记，王冕形象的塑造从一个侧面说明了这一问题。对于此一问题的关注，能够使我们更切近吴敬梓的生活时代，体会他的"束身名教之内，而能心有依违"的艰辛与伟大。

一方面，源于统治者的恶毒和算计，"博大和恶辣"⑦的策略之下，失去经济的基础，要是决绝，恐怕连起码的生存都不能，吴敬梓本人晚年的生活即是这方面的写照；另一方面，一个士人要有所作为，不走科举之

---

① 吴敬梓：《儒林外史》，第四十九回"翰林高谈龙虎榜　中书冒占凤凰池"，人民文学出版社 1977 年版，第 564—565 页。

② 吴敬梓、吴烺《吴敬梓吴烺诗文合集》附录王又曾《书吴征君敏轩先生文木山房诗集后（有序）》，李汉秋点校，黄山书社 1993 年版，第 412—413 页。

③ 徐显《稗史集传》，商务印书馆，民国二十八年十二月初版。

④ 宋濂《宋濂全集·芝园后集》卷八，浙江古籍出版社 1999 年版，第 1473 页。

⑤ 朱彝尊《曝书亭集》，世界书局 1937 年版。

⑥ 吴敬梓著《儒林外史》，第一回"说楔子敷陈大义　借名流隐括全文"，人民文学出版社 1977 年版，第 1 页。

⑦ 《鲁迅全集》卷六《且介亭杂文·买〈小学大全〉记》，第 60 页。

路，又还有其他什么路径可以选择吗？何况，吴敬梓并不反对选人的科举制度，他所反对而深恶痛绝的是选人的科举方式——八股功名。小说中除王冕、虞育德外，庄绍光（以程廷祚为原型）、杜少卿（以吴敬梓自己为原型）等形象的塑造无不若此，从某种程度上说，他们以消极的政治态度步趋伯夷、陶潜式的道路，成为常式。但是，这些都丝毫不影响吴敬梓的伟大。不妨将吴敬梓与蒲松龄作一个对比，倒是能够看出一些不同。

蒲松龄和吴敬梓皆弱冠而闻名籍里，后来又都举业蹭蹬，一生穷困而志不得伸。蒲松龄十九岁赴童子试，县、府、道三考第一，但举业不顺，直到七十一岁高龄才援例被赏赐成为岁贡生。吴敬梓十八岁进学考取秀才，三十六岁时，安徽巡抚赵国麟举荐他参加博学鸿词科试，最终辞去了京都的考试，放弃了诸生的学籍。基于大致相似的身世、经历及遭际，蒲松龄和吴敬梓对于科举制度的种种弊端感同身受，但是，他们的认识和态度却又有很大的不同。

蒲松龄受了一辈子科举的折磨，一直不忘进取，康熙三十九年庚辰（1700），六十一岁花甲之年的蒲松龄作《自嘲》诗一首：

> 幡然六十一衰翁，飘骚鬓发如枯蓬。骥老伏枥壮心死，帖耳嗒丧拼终穷。余子纷纷向南宫，吾徒踬落仍闱茸。……白头见猎犹心喜，起望长安笑向东。①

屡试不第的打击之下，蒲松龄似乎仕进之心已死，然而，"白头见猎犹心喜"，"五夜闻鸡后，死灰复欲然"②，举业已经成为他心理与行为刹不住的惯性力。七十二岁时，当长孙蒲立德以道试第一名中秀才，蒲松龄作《喜立德采芹》，诗中说："无似乃祖空白头，一经终老良足羞"③，它是蒲松龄一生科场挣扎的写照，也写出了他一辈子的追求、遗憾、伤心与痛苦。

蒲松龄几十年考场的坎坷经历，举业的种种弊端可谓洞悉，他的诗

---

① 蒲松龄《聊斋诗集笺注》，赵蔚芝笺注，山东大学出版社1996年版，第399页。
② 同上书，第426页。
③ 蒲松龄原著，赵蔚芝笺注《聊斋诗集笺注·喜立德采芹》，山东大学出版社1996年版，第605页。

文，尤其小说《聊斋志异》中对置身其中的士人之辛酸命运的描写让人动容，在揭示科场黑暗，试官无能以及扼杀人才等方面都达到了相当的深度，寄托了他的"孤愤"。但是，凭借数十年切身之遭际，蒲松龄却一直以为科举之大弊端乃在于那些科举考试的具体执行者——考试官，《聊斋志异》中"仆虽盲于目，而不盲于鼻；帘中人并鼻盲矣"①便是蒲松龄对于举业问题思考后最富代表性的结论。尽管小说也写出了八股科举的诸种危害，但对他终生为之奋斗的八股科举制度却未曾怀疑过，这便比吴敬梓可悲与可怜。

　　吴敬梓的思想发展也经过了这样的阶段，其《哭舅氏》②诗，对于舅氏一生举业追求的悲剧，吴敬梓不也是将其归咎为"有司操尺度，所持何其坚"吗？《聊斋志异》中《贾奉雉》篇，郎生使贾奉雉迎奉试官口味，"以金盆玉碗贮狗矢"之文章而高中，蒲松龄借郎生之口一语道破天机："帘内诸官，皆以此等物事进身"③，《司文郎》篇中盲僧能嗅出使其"向壁大呕，下气如雷"④之文乃余杭生师的手笔，皆同一意也。小说《儒林外史》中有与此极相似的情景：

　　　　高老先生冷笑道："先生，你这话又错了。他果然肚里通，就该中了去！"又笑道："征辟难道算得正途出身么？"萧柏泉道："老先生说的是。"向众人道："我们后生晚辈，都该以老先生之言为法。"⑤

　　　　（鲁编修）闲居无事，便和女儿谈说："八股文章若做的好，随你做甚么东西，要诗就诗，要赋就赋，都是一鞭一条痕，一掴一掌

　　①　蒲松龄《全本新注聊斋志异》卷八《司文郎》，朱其铠等校注，人民文学出版社1989年版，第1102页。

　　②　《吴敬梓诗文集》，人民文学出版社2002年版，第44页。

　　③　蒲松龄著，朱其铠等校注《全本新注聊斋志异》卷一〇，人民文学出版社1989年版，第1353、1354页。

　　④　蒲松龄著，朱其铠等校注《全本新注聊斋志异》卷八，人民文学出版社1989年版，第1102页。

　　⑤　吴敬梓：《儒林外史》，第三十四回"议礼乐名流访友　备弓旌天子招贤"，人民文学出版社1977年版，第399页。

血。若是八股文章欠讲究，任你做出甚么来，都是野狐禅、邪魔外道！"①

对于高翰林、鲁编修们，八股是他们赖以发家的根本所在，为此，他们要不遗余力地吹捧八股，这又是天下多少主考、试官、房师诛士人心的撒手铜！

蒲松龄与吴敬梓对于科举的认识都已经达到了这一层面。蒲松龄于此中尤其痛深苦深，以至于聂绀弩要说："《聊斋》里面有一部《儒林外史》，甚至可以说，某些地方，连《儒林外史》也不及它的痛切。"② 终其一生，蒲松龄边写、边骂、边哭、边考，一直考到六七十岁，知识分子之悲惨情状毕现矣。但是，"痛切"之中也变得十分的麻木与驯服，吴敬梓的思想在此基础上却实现了飞跃。

相较蒲松龄，吴敬梓不幸中又有大幸，像吴蒙泉、程廷祚、金榘、樊圣谟等这些来往密切的至交亲朋都是一些失意的文人，他们之间会有很多共鸣。知遇之交的吴蒙泉、程廷祚都给了他不少精神上的理解和支持，从他们对八股举业，对现实社会认识中吴敬梓也能够受到诸多启发，给他思想上十足的信心；周围朋友举业上的凄苦人生逼着他直面一个个活生生的人间悲剧。这些读书人的不幸以及麻木，触动着吴敬梓的神经，而周围相似的悲剧也不断开阔吴敬梓的胸襟，升华他的思想，最终促成他超脱个人的不幸，去思考整个知识分子阶层的生存状况。

在文学上，以八股科举作为小说的重要题材，并将其作为矛头指向方面来说，《聊斋志异》是《儒林外史》的先驱。这主要缘于蒲松龄和吴敬梓他们经历、生活遭遇、世界观以及时代、社会环境等方面有诸多相似的方面。但是，苦大痛深的蒲松龄并没有怀疑造成他一生悲剧的八股科举制度，更毋庸说这个制度所赖以生存的整个专制社会制度。五十年后，这个任务已经历史地落到了吴敬梓的面前，在蒲松龄思想认识的基础上吴敬梓向前迈出了一大步。

----

① 吴敬梓：《儒林外史》第十一回"鲁小姐制义难新郎　杨司训相府荐贤上"，人民文学出版社 1977 年版，第 138—139 页。

② 聂绀弩《〈聊斋志异〉三论》，《中国古典小说论集》，上海古籍出版社 1981 年版，第252 页。

虽然吴敬梓笔下王冕、虞育德、庄绍光等形象还不尽善尽美，但以他们为代表的人物画廊恰恰折射出吴敬梓本人思想的真实与伟大。尽管吴敬梓的思想认识由于时代的因素尚有许多不足，但这并不影响我们对于他的认识和肯定，也不影响《儒林外史》在中国小说史上的伟大地位。对于知识分子问题的诸多思考，吴敬梓超越了他的前代以及与他同时代的小说家所能达到的思想高度。

在对待儿子吴烺的人生道路上，吴敬梓的心理十分复杂。《世说新语》中的一段记载则颇能叫人深思：

> 阮浑长成，风气韵度似父，亦欲作达。步兵曰："仲容已预之，卿不得复尔！"①

阮籍是何其放达之人，却要拒绝儿子如自己一样的生活，可见他深知自己的生活方式的艰难和无奈，表面光鲜的背后并不幸福。阮籍本是正直、高尚的人，他既畏惧权势而屈从司马氏集团，又看到统治者虚伪、骄奢淫逸、伪善阴险、滥施杀戮的本质，而自己经国济世的抱负无法施展，愤世嫉俗，于是借酒浇愁，借沉醉和放诞来求完身于那个险恶环境，以保全自己的纯真。阮籍的放诞是作达，他把纵酒作为不肯攀附权贵的一条退路，令人感叹的是吴敬梓生活的时代是"博大和恶辣"②的时代，生活在黑暗的时代而试图保持自己思想独立性则尤为艰难，吴敬梓深切地体会到这种痛苦和煎熬。统治者叫他贫到彻骨，连生存都不能，如何能行这种"作达"。阮籍自己任涎，却不许儿子放达，一方面阮浑在意的是生活的畅快放荡而无拘束，与乃父故为矫激之行去反抗统治者对名教的践踏不同，差距显微，但差别极其微妙。

尽管科举制度有着诸多弊端，读书人除此却无其他进身之路。吴敬梓关心儿子的前程，关心他的科考，但吴敬梓绝不是以此去诱惑他追求功名富贵，吴湘皋《文木山房集序》中说：

---

① 刘义庆著，余嘉锡笺疏《世说新语笺疏》"任诞第二十三"，中华书局 2007 年版，第863 页。

② 鲁迅《鲁迅全集》卷六《且介亭杂文·买〈小学大全〉记》，人民文学出版社 2005 年版，第 60 页。

令子烺，年未弱冠，手钞十三经注疏，较订字义，精严不少懈疏。趋庭之下，相为唱和，今都为一集。①

吴烺学习十三经，校订字义，父子相互切磋，诗歌唱和，吴敬梓希望吴烺继承吴氏家学的文化传统，还要通过举业的道路以维持生计。吴烺《归里杂感十首》，其四云：

老辈难忘冯敬通，鞭驴挟策逐秋风。小船一叶当中坐，望见乌衣夕照红。（冯先生粹中寓钟山书院，每应岁科试，辄偕烺由浦子口至张家堡坐夜行船抵滁。先生举贤书卒于都下，今十三年矣。）②

诗里记载的分明是参加科考的艰辛，又哪里与功名富贵结合？吴烺也确实不是除了八股而一无所知的人，小说第三十二回借娄焕文之口说："你生的个小儿子，尤其不同，将来好好教训他成个正经人物。"③ 吴烺除了《杉亭集》外，对音韵及算学也深有研究，还是"经学名儒"，这些都足以说明吴烺不是八股举业的痴迷者。

举业世家出身的吴敬梓对举业的叛逆来得十分艰辛与不易，惟如此，鲁迅才能够称扬他"束身名教之内，而能心有依违"，这种"依违"却也成就了这个家族流芳百世的最厚重的文化积淀。

二　悟性与奴性——吴敬梓与金兆燕的分合道路及文学创作

明、清时期，全椒吴敬梓家族与金兆燕家族渐趋壮大，形成本地两个望族，在世家望族发展史上具有相当的典型性。

以吴敬梓和金兆燕为代表的全椒吴、金两姓子弟，他们对于家族、科举的关系的认识与在其影响下所经历的不同的人生道路及文学创作，为我们提供了封建社会知识分子在举业环境下颇具典型性的生存状态。吴敬梓

---

① 吴敬梓：《文木山房集》卷首吴湘皋撰《文木山房集序》，乾隆刻本。
② 吴敬梓、吴烺撰，李汉秋点校《吴敬梓吴烺诗文合集》，黄山书社 1993 年版，第 258 页。
③ 吴敬梓：《儒林外史》，人民文学出版社 1977 年版，第 383 页。

是举业世家的叛逆者，《儒林外史》中系列人物形象的塑造体现出一种历史的要求，即人的精神要从依附中解放出来，获得自由，吴敬梓以独特的小说话语探索中国文化的出路；金兆燕的人生不断寻求依附并精神麻木，是中国知识分子道路的另一种类型，它构成了中国愚昧与奴性的基础。

"全椒以科第、文学世其家"①道破了依靠举业兴家，文学传世的全椒世家望族最本质的特征，吴敬梓和金兆燕则是这两个家族的代表。"吾里金与吴世为婚媾"②，"宾鸿云路各将雏，漫学朱陈嫁娶图"③，吴、金两姓婚姻互通，死丧大事，互相关心，世交情谊深厚。吴敬梓、金榘及吴檠三人往来十分密切④。"忆兆燕童卯时，随先君子往来于岑华之溪上草堂，惟时座上宾友则有章丈晴川、吴丈文木，一时唱詶之盛甲于江淮。"⑤吴敬梓是长者，更是金兆燕忘年之交的朋友，幼年时期的金兆燕多受熏陶；青年时期的金兆燕已经十分仰慕吴敬梓，在《寄吴文木先生》⑥诗中倾心抒写对他人品的敬重、学识的崇尚；吴敬梓人生的最后时光是在扬州度过，此时，金兆燕也作客扬州，"客中遇所亲，欢若龙夔跐……昕夕相过从，风雨无愆期。"扬州艰难的处境中，二人相伴相依，惺惺相惜，金兆燕情感、思想也不断受到洗礼：吴敬梓的人格魅力使金兆燕折服；吴敬梓的遭际，却叫金兆燕深为之鸣不平，"丈夫抱经术，进退触籓羝。于世既不用，穷饿乃其宜。何堪伍群小，颠倒肆诋欺！"⑦当吴敬梓溘然长逝于扬州时，金兆燕驰书报艰，并抚榇亲送金

---

① 金兆燕撰《棕亭古文钞》卷首沈德潜序，清道光十六年赠云轩刻本。

② 吴烺《泰然斋集跋》，李汉秋点校《吴敬梓吴烺诗文合集》，黄山书社1993年版，第365页。

③ 金兆燕撰《棕亭诗钞》卷九《吴杉亭舍人侨居邗上余亦携儿作客即令移寓就婚共送归里礼筵之夕赋呈杉亭兼同社诸子八首》（其一），清嘉庆十二年赠云轩刻本。

④ 吴檠（吴敬梓堂兄，字青然，号岑华）母亲乃金榘姑母，金榘与吴敬梓是由堂表兄后来又是连襟关系，吴烺在《泰然斋集》后跋中自称姨侄，且问业于金兆燕父亲金榘。金兆燕之子台骏娶吴烺女为妻。

⑤ 金兆燕《棕亭古文钞》卷五《许月溪诗序》，清道光十六年赠云轩刻本。

⑥ 金兆燕撰《棕亭诗钞》卷三，清嘉庆十二年赠云轩刻本。

⑦ 金兆燕撰《棕亭诗钞》卷五《甲戌仲冬送吴文木先生旅榇于扬州城外登舟归金陵》，清嘉庆十二年赠云轩刻本。

陵，尽心料理后事。"涂殡匆匆谁料理？可怜犹剩典衣钱"①，吴敬梓晚年已经贫到彻骨，死后无钱安葬，"告转运使卢公，殓而归葬于江宁"②，其子吴烺友王又曾向两淮盐运使卢见曾求助，才得殓而归其殡于江宁。"燕也骨肉亲，能不摧肝脾！……"③金兆燕送榇江干，长歌哀挽当哭，今读此诗尤令人动容。金兆燕还是吴敬梓《儒林外史》的最早刊刻人，"是书为全椒金棕亭先生官扬州府教授时梓以行世，自后扬州书肆刻本非一"④。完成了吴敬梓生前未尽的心愿。金、吴两家由世交积淀形成了近乎亲人般的情感。

（一）挣扎在悟性与奴性之间，或叛逆或驯服

明清两代知识分子处境恶劣，清代尤甚之。封建科举制度时代，世家举业的承继是封建孝子贤孙安身托命之所在，吴敬梓与金兆燕都曾挣扎于其中。对于在举业中求身份的读书人来说，认清依附，看到奴性不难，难在如何选择。

1. 举业世家的因袭负重

明、清时期，金、吴两姓家族依靠举业起家的经历十分相似。

吴敬梓高祖吴沛将八股文的写作经验总结为《题神六秘说》、《作法六秘说》⑤ 两篇文章，以十二字对审题、立意等写作技巧加以概括，希望子孙在举业上有所收获。金榘的父亲则总结出《塾训》⑥ 一文，传授给他的子孙。

举业上，吴沛孜孜以求，其《临去留题（辛未闰十有一月廿六日以手画授而逝）》诗云："一堆黄土盖文章，五十年来志未偿。忠孝纲常千古事，后人努力肯相将。"⑦ 吴沛虽仅以秀才终其一生，但他将五个儿子

① 程晋芳撰《勉行堂诗集》卷九《拜书亭稿·哭吴敏轩》，清嘉庆二十五年冀兰泰、吴鸣捷刻本。

② 程晋芳撰《勉行堂文集》卷六《文木先生传》，清嘉庆二十五年冀兰泰、吴鸣捷刻本。

③ 金兆燕撰《棕亭诗钞》卷五《甲戌仲冬送吴文木先生旅榇于扬州城外登舟归金陵》，清嘉庆十二年赠云轩刻本。

④ 金和《儒林外史跋》，转引自李汉秋《儒林外史研究资料》，上海古籍出版社1984年版，第129—130页。

⑤ 吴沛：《西墅草堂遗集》卷三，清康熙十二年吴国对刻本。

⑥ 金兆燕撰《棕亭古文钞》卷十，清道光十六年赠云轩刻本。

⑦ 吴沛：《西墅草堂遗集》卷一，清康熙十二年吴国对刻本。

中的四个培养成进士，成就了举业兴家之路。从此以后，"家声科第从来美"①，举业有成便成为吴氏子弟的一份责任。张大受《吴晟墓志铭》记载：

> （吴晟）② 滞场屋者二十年。辛亥给事君殁，君哀毁特甚。乙卯试毕南还，道闻得中式，呜咽流涕，伤给事君不及见也。明年，举进士。③

吴敬梓的身上也发生着这样的悲喜剧：

> 无何阿翁苦病剧，侍医白下心如惔。会当学使试童子，翁命尔且将芹探；试出仓皇奉翁返，文字工拙不复谙。翁倏弃养捷音至，夜台闻知应乐耽。青衫未得承欢笑，麻衣如雪发鬖鬖。④

吴国缙在《题神六秘》和《作法六秘》文后申述其父吴沛对于吴氏家族的不朽之功，称"十二字固炳炳也"。金兆燕在其祖父《塾训》跋中也说：

> 此先君子少时祖父自京中所寄谕也。兆燕初读书，先君子即以此付之，至台骏十岁，兆燕又以此授，后台骏授之珊，丙午秋珊殁，检其箧笥，则此纸完然，与所读经书同袠。……今仍命台骏装池弆之，他日我祖我父在天之灵使如顾况之再得飞熊，而恭衍此训于无斁，岂非大幸也欤。⑤

---

① 吴敬梓：《吴敬梓诗文集·乳燕飞》，李汉秋辑校，人民文学出版社 2002 年版，第 63页。

② 吴晟，吴敬梓叔曾祖吴国龙子。

③ 清李桓辑《国朝耆献类征初编》卷二二一，储欣撰《吴晟墓表》，台北：明文书局，1985 年版。

④ 金榘撰《泰然斋诗文集》卷二附金两铭《和（吴檠）作》，清道光二十六年刻本。

⑤ 金兆燕《棕亭古文钞》卷一〇《赠君公塾训跋》，清道光十六年赠云轩刻本。

何泽翰先生说："现在还找出了一篇他父亲所作的等于'举业金针'一样的妙文，是他父亲写给金榘的；榘传给儿子兆燕，兆燕又传给儿子台骏（敬梓的孙女婿），台骏传给儿子珽（敬梓的曾外孙）。通过这篇文字，我们可以了解到反对八股最激烈的吴敬梓的周围环境，连他最直接的戚友和亲属，也都避免不了八股的毒害和侵蚀。相反地也更可认识到吴敬梓与八股社会进行斗争时的顽强的精神和自信力了。"① 在这些家族中，科举所发挥的作用以及它所释放的能量尤其大，它给吴敬梓的《儒林外史》创作提供了充足的营养。

金兆燕的父亲金榘举业坎壈，五十四岁生日时作《生日自叹》诗，满腹心酸地回忆举业生涯：二十岁时考取秀才，乡试十多次铩羽而归，"明年又文战，据鞍拟再试"② 几乎变成他生活的旋律。

八股举业决定着读书人的命运，维系着他们一生的悲欢。六十二岁时，金榘才得以廪贡生的资格出任安徽休宁县训导。在这两个家族中，金榘的举业遭际具有相当的普遍性。吴敬梓父亲吴霖起于康熙丙寅年成为拔贡以后，候选二十八年，直到1714年才入选江苏赣榆县教谕；更多人则久困场屋，终老科场，吴敬梓的舅父便是一个"弱冠为诸生，六十犹逡遭"③ 的悲剧性人物。

尽管金、吴两家子弟对于祖训都怀着虔诚的敬意，这两个家族却因举业无成而渐趋衰败下来。但是，他们对于举业的认识并没有同步。

2. 吴敬梓：从依附中体悟出奴性的卑微，转而任情"麋鹿之性"。

"功名富贵无凭据"④，明清两代知识分子的恶劣处境逼出一批看得透的知识分子，吴敬梓乃此中一流之人物！

吴敬梓生长于累代科甲的门阀世家，"少治毛诗"⑤，"涉猎群经诸史

① 何泽翰：《儒林外史人物本事考略》，上海古籍出版社1985年版，第94页。

② 金榘撰《泰然斋诗文集》卷一，清道光二十六年刻本。

③ 吴敬梓著，李汉秋辑校《吴敬梓诗文集》，人民文学出版社2002年版，第44页。

④ 吴敬梓：《儒林外史》，第一回"说楔子敷陈大义　借名流隐括全文"，人民文学出版社1977年版，第1页。

⑤ 沈大成《学福斋集》卷五《全椒吴征君诗集序》，据清乾隆三十九年刻本。

函"①，"穿穴文史窥秘函"②；成年后，"抱义怀仁，被服名教"③。作为长房的嫡传子孙，中年以前的吴敬梓恪守家族传统，担起举业世家振兴之责。当侍奉病重的父亲和参加秀才考试发生冲突时，他最终选择了秀才试；当瞻仰高祖修建的西墅草堂即作歌咏叹"明月空传天子诏"④；雍正七年滁州的科考，因担心被黜落，自负甚高的吴敬梓竟向主考官"匍匐乞收"⑤。这时的吴敬梓还在诚心实意地做着科举兴家的梦，然而，"株守残编，落魄诸生十二年"⑥，数次乡试的失败使他失落；中年之时祸不单行，父死、家难、妻子的早逝等使他陷入迷惘中。⑦曾祖吴国对探花及第，在"遗园"中建书楼以藏福临赐书，往昔的辉煌已成回忆；现实则是家族举业的式微，吴敬梓多希望"白雪按新歌"⑧，以振兴祖辈的举业成就。⑨

作为举业中挣扎的读书人，吴敬梓深谙其中苦痛：友人李岑淼"扶病驱驰"应试，最后客死京城⑩；滁人冯粹中，晚年考中举人，不久即在京病逝⑪；高祖吴沛一生举业坎壈，志不得伸；舅氏老大多病，为赴举业试而沾露冲烟、夜宿荒店，却始终"射策不见收"⑫；郁郁寡欢的父亲一

① 金榘撰《泰然斋诗文集》卷二附吴檠《为敏轩三十初度作》，清道光二十六年重刻本。

② 金榘著《泰然斋诗文集》卷二《次半园（吴檠）韵为敏轩三十初度同仲弟两铭作》，清道光二十六年重刊本。

③ 程廷祚撰，宋效永校点《青溪集·青溪文集》，《青溪文集续编》卷六《与吴敏轩书》，黄山书社 2004 年版，第 377 页。

④ 吴敬梓著《吴敬梓诗文集》，李汉秋辑校，人民文学出版社 2002 年版，第 13 页。

⑤ 金榘撰《泰然斋诗文集》卷二附金两铭《和（吴檠）作》，清道光二十六年刻本。

⑥ 吴敬梓著《吴敬梓诗文集·减字木兰花（庚戌除夕客中）》，李汉秋辑校，人民文学出版社 2002 年版，第 55—57 页。

⑦《遗园四首》即是他这一时期思想的反映。吴敬梓著，李汉秋辑校《吴敬梓诗文集》，人民文学出版社 2002 年版，第 14 页。

⑧ 吴敬梓：《吴敬梓诗文集·遗园四首》（其二），李汉秋辑校，人民文学出版社 2002 年版，第 14 页。

⑨《丙辰除夕述怀》等词也多抒写此种心境。吴敬梓著《吴敬梓诗文集》，李汉秋辑校，人民文学出版社 2002 年版，第 28 页。

⑩ 吴敬梓：《吴敬梓诗文集》，李汉秋辑校，人民文学出版社 2002 年版，第 34 页。

⑪ 吴烺在二十年后甲申年（1764）作诗《归里杂感十首》（其四）记其事，以示感激怀念之情。

⑫ 吴敬梓著，李汉秋辑校《吴敬梓诗文集·哭舅氏》，人民文学出版社 2002 年版，第 44 页。

生的挣扎所换得的无果的悲剧。这些科举制度下一个个鲜活的悲剧逼着吴敬梓反思，《儒林外史》描写了善于"揣摩"八股的另一类人：

> 施御史在旁道："这些异路功名，弄来弄去，始终有限。有操守的，到底要从科甲出身。"迟衡山道："上年他来敝地，小弟看他着实在举业上讲究的，不想这些年还是个秀才出身，可见这举业二字原是个无凭的。"高翰林道："迟先生，你这话就差了。我朝二百年来，只有这一桩事是丝毫不走的，摩元得元，摩魁得魁。那马纯上讲的举业，只算得些门面话，其实，此中的奥妙，他全然不知。他就做三百年的秀才，考二百个案首，进了大场总是没用的。"武正字道："难道大场里同学道是两样看法不成？"高翰林道："怎么不是两样！凡学道考得起的，是大场里再也不会中的；所以小弟未曾侥幸之先，只一心去揣摩大场，学道那里，时常考个三等也罢了。"万中书道："老先生的元作，敝省的人，个个都揣摩烂了。"高翰林道："老先生，'揣摩'二字，就是这举业的金针了。小弟乡试的那三篇拙作，没有一句话是杜撰，字字都是有来历的，所以才得侥幸。若是不知道揣摩，就是圣人也是不中的。那马先生讲了半生，讲的都是些不中的举业。他要晓得'揣摩'二字，如今也不知做到甚么官了！"万中书道："老先生的话，真是后辈的津梁。但这马二哥却要算一位老学。小弟在扬州敝友家，见他著的《春秋》，倒也甚有条理。"①

科考得意的高翰林以自己的经验大谈举业成功的秘诀，即要善于"揣摩"，并嘲笑于这一道路上落魄的马二先生不懂得"揣摩"的真谛。吴敬梓对于高翰林的"揣摩"实在没有丝毫的好感，作者极尽嬉笑怒骂加以嘲讽和批判。在高氏这里，揣摩不仅是考八股的秘诀，也是他的为官之道、处世之则，将八股"要揣摩圣贤语气"发挥到极致，小说第三十四回作者描写了高翰林一番赤裸裸的语言道白：

---

① 吴敬梓：《儒林外史》，第四十九回"翰林高谈龙虎榜　中书冒占凤凰池"，人民文学出版社1977年版，第563—564页。

到了他家殿元公，发达了去，虽做了几十年官，却不会寻一个钱来家。到他父亲，还有本事中个进士，做一任太守——已经是个呆子了。做官的时候，全不晓得敬重上司，只是一味希图着百姓说好；又逐日讲那些"敦孝弟，劝农桑"的呆话。这些话是教养题目文章里的词藻，他竟拿着当了真，惹的上司不喜欢，把个官弄掉了。①

在高氏看来，杜少卿父亲不懂得揣摩上司的旨意而丢了官实在是呆得很，在他们眼里，人生无外乎"揣摩"二字尽可囊括，举业、为官、功名富贵皆离不了它，有此足矣！其实质是市侩和奴性思想的甚嚣尘上，并且已深入他们之流骨髓中。张静斋是个举人，在他心上始终有一个明确的准则，那就是"你我做官的人，只知有皇上，那知有教亲"②。为什么"只知有皇上"呢？因为官是皇帝给的，皇帝不给官做，士人便同三教九流地位相等；又因何不要"教亲"？教亲，说白了就是老百姓，他们对"做官"毫无一点影响。"做主子时以一切别人为奴才，则有了主子，一定以奴才自命：这是天经地义，无可动摇的。"③ 如王惠之流，对穷苦的周进充满鄙视，没有丝毫的尊敬，作为乡绅的严贡生对官僚想着法地巴结，对百姓则变着法地欺凌。吴敬梓小说中借杜少卿之口"朱文公解经，自立一说，也是要后人与诸儒参看。而今丢了诸儒，只依朱注，这是后人固陋，与朱子不相干"④，以此否定高氏的"揣摩"哲学。吴敬梓务要说出前人不曾说过的话，冲破"泥定"朱学的文化专制主义，从学术上说，他是在提倡学术中的知性主体精神，具有学术启蒙的意义，而且也要通过独立的学术，培育独立的人格，这是他追求人格独立、精神解放的一个组成部分。

① 吴敬梓：《儒林外史》，第三十四回"议礼乐名流访友　备弓旌天子招贤"，人民文学出版社 1977 年版，第 398 页。
② 吴敬梓：《儒林外史》，第四回"荐亡斋和尚契官司　打秋风乡绅遭横事"，人民文学出版社 1977 年版，第 59 页。
③ 鲁迅《鲁迅全集》第四卷《南腔北调集·谚语》，人民文学出版社 2005 年版，第 557 页。
④ 吴敬梓：《儒林外史》，第三十四回"议礼乐名流访友　备弓旌天子招贤"，人民文学出版社 1977 年版，第 400 页。

　　这一时期诗词如《减字木兰花》八首①、《买陂塘》二首②、《乳燕飞·甲寅除夕》③ 等记载着他的心路之旅，而应鸿博试而中途退却在吴敬梓的思想发展中最有典型性。④

　　孟醒仁先生认为吴敬梓辞却"博学鸿词"是他一生中重要的三件大事之一。⑤ 封建社会能够被荐举参加博学鸿词科考试，对读书人具有相当的吸引力，毋庸讳言，吴敬梓也不例外：家道中落，多年蹭蹬场屋，长期的贫困生活，既有族人的鄙视，又有士绅的冷遇等，他迫切地希望改变这种现状；作为科举家族的长子贤孙，他希望走祖辈们行之见效的科举发家的道路。经郑筱谷推荐，赵国麟"将论荐焉"，吴敬梓参加了廷试之前的各种预备考试，此番经历又勾起作者许多痛苦的回忆，几年前的科考"匍匐乞收遭虓虎"还如在目前，崇尚举业要个人自觉地将自己人格、精神丧失，并依附之，逼着人养成奴性，成为举业的附庸，这与吴敬梓"一事差堪喜，侯门未曳裾"⑥ 的秉性实在冲突得厉害，最终辞去了京城的鸿博试。当然，这之后，吴敬梓也多少生出一些悔疚之意，在他的诗文及小说《儒林外史》中都有所反映。小说中杜少卿推辞李大人的举荐时，李大人对他说："世家子弟，怎说得不肯做官？""杜少卿就不敢再说了。"⑦"不敢再说"多半也因李大人的话正中要害。举业功名如游丝在他的脑海里未曾扯断，去留之间的选择是艰难的。

---

　　① 吴敬梓：《吴敬梓诗文集》，李汉秋辑校，人民文学出版社 2002 年版，第 55—57 页。

　　② 同上书，第 59—60 页。

　　③ 同上书，第 63 页。

　　④ 吴敬梓与博学鸿词科考的情况，最早可见的比较典型的材料有：江宁县学训导唐时琳为《文木山房集》作序所云："相国泰安赵公方巡抚安徽，考取全椒诸生吴敬梓敏轩；侍读钱塘郑公督学于上江，交口称不置。……将论荐焉，而敏轩病不能就道。……非托为病辞者"，程廷祚为《文木山房集》序，言及鸿博事："曾与荐鸿博，以病未赴，论者惜之。"程晋芳《勉行堂文集·文木先生传》中论及此事云"安徽巡抚赵公国麟闻其名，招之试，才之，以博学鸿词荐，竟不赴廷试"等。

　　⑤ 孟醒仁：《吴敬梓评传》，中州古籍出版社 1987 年版，第 81 页。

　　⑥ 吴敬梓：《吴敬梓诗文集》卷二《春兴八首》（其五），李汉秋辑校，人民文学出版社 2002 年版，第 20 页。

　　⑦ 吴敬梓：《儒林外史》，第三十三回"杜少卿夫妇游山　迟衡山朋友议礼"，人民文学出版社 1977 年版，第 391 页。

　　作为一个思想者，吴敬梓认清了八股功名的本性，"功名富贵无凭据"①，荣身之路正是奴役之路，"功名富贵"变成奴役人性的工具。对于博学鸿词科试，取舍犹豫之间透露出吴敬梓对举业还有所追恋和向往，胡适说："丁巳以前，先生还有穷秀才气；丁巳以后，先生觉悟了，便是《儒林外史》的作者吴敬梓了。试看他宁可作自由解佩的汉皋神女，不愿作那红氍毹上的吴宫舞腰：这便是大觉悟的表示了。"② 丁巳年，《美女篇》确实表明吴敬梓思想的飞跃，诗以美人比兴寄托，作者说要做一个自由的汉皋神女！这以后作家的思想不断发展，尽管难免还会出现波折，但主线是明晰的。吴敬梓认清了社会，所谓的"走出去做不出甚么事业，徒惹高人一笑，所以宁可不出去的好"；认清了靠举业维系的科举家族的本性，是将个体变成家族宗派的附庸，成为媚举业、媚俗而平庸的家族的附属品；也认清了自己，即"麋鹿之性，草野惯了"③ 的自由的天性不能被侵夺，借小说中杜少卿口说："好了！我做秀才，有了这一场结局，将来乡试也不应，科、岁也不考，逍遥自在，做些自己的事罢！"④

　　从对举业的依附中吴敬梓切身体悟到奴性与悟性之间挣扎的形神心态，而后来的辞博学鸿词科试正是这种挣扎的典型反映。举业家族的束缚与个体的觉醒、叛逆始终伴随着吴敬梓的思想发展，从"无端拟献金门赋"⑤ 到"亦有却聘人，灌园葆贞素"⑥ 构成他追求人格独立、精神解放历程中一个重要阶段，从这方面来看，强调士人群体的人格独立是《儒林外史》的重要内容，也是他创作小说《儒林外史》的思想基础。"吴敬梓是惊觉中国传统文化的深重危机的智者……是百年后龚自珍的'精神

---

　　① 吴敬梓：《儒林外史》第一回"说楔子敷陈大义　借名流隐括全文"，人民文学出版社 1977 年版，第 1 页。

　　② 胡适《吴敬梓年谱》见于《胡适文存》二集卷四，亚东图书馆 1921 年版。

　　③ 吴敬梓：《儒林外史》，第三十三回"杜少卿夫妇游山　迟衡山朋友议礼"，人民文学出版社 1977 年版，第 391、393 页。

　　④ 同上书，第 396 页。

　　⑤ 吴敬梓：《吴敬梓诗文集》卷二，李汉秋辑校，人民文学出版社 2002 年版，第 27 页。

　　⑥ 吴敬梓：《吴敬梓诗文集》卷二《左伯桃墓》，李汉秋辑校，人民文学出版社 2002 年版，第 36 页。

前身'"①，这类认识乃可作吴敬梓《儒林外史》的知音。

3. 金兆燕：背负举业家族的重负，因依附养成奴性而驯服并麻木。

金氏家族以金榘、金兆燕父子为代表，与吴敬梓走着完全不同的道路。金兆燕的父亲金榘一直沿着举业功名的道路十分执着地走下去，其五十四岁时写有《生日自叹》一诗：

> 昔人有至言，此身须早致，少年倏老大，伤悲复何企。我谓豪杰士，惟在坚初志，初志苟不隳，何遽不足畏，虽云失东隅，桑榆或可冀。翁子负薪歌，五十乃富贵，亦有孟贞曜，既艾始登第，末路诚不同，晚达实无异。我今马齿长，半百更余四，瓠落竟无成，拊髀伤往事：忆自成童年，帖括习经义；駊弛爱涉猎，举业等儿戏。弱冠入乡校，旋获食廪饩。铅刀偶一割，错认发硎利。举止遂跋扈，意气弥踔厉。自谓一蜚鸣，青云可立至。讵料宦锦坊，花样每数易！毛锥扫尽秃，铁砚磨欲敝。弹指卅载余，何止书十说！操瑟妄叩门，抱璞徒陨涕。年年打面檛，未饮心先醉！马上新郎君，向余鸣得意。顿令鸡盘茶，惭忿难回避。客岁贡成均，老生符年例。亲知不余谅，殷勤相勉慰："广文亦官人，升斗足生计。"那知我心伤，有如利刃割！不思受书时，始愿固不訾。明年又文战，据鞍拟再试。长鸣望伯乐，悲哉伏枥骥！②

金榘在举业的道路上屡战屡败，二十岁时考取秀才，乡试十多次都铩羽而归，直到六十二岁时才以廪贡生的资格出任安徽休宁县训导，在《己巳元旦和二弟寄怀韵》（其二）中谆谆教导其弟"晚达莫嫌迟"③，举业维系金榘一生的悲欢离合，也决定了他命运的悲苦沉沦。吴敬梓早已十分悲凉地看透了这种悲剧的过程和结局，在为金榘五十岁生日所作《千秋岁（四月初一日，金其旋表兄五十初度寄祝）》词中即说："伯玉知非后，翁子穷经久。人渐老，愁依旧。弹琴看鬓影，泼墨盈怀袖。"

---

①　何满子《伟大也要有人懂》，《中华读书报》2002 年 3 月 27 日。
②　金榘撰《泰然斋诗文集》卷一，清道光二十六年刻本。
③　金榘撰《泰然斋诗文集》卷二，清道光二十六年刻本。

金兆燕对于科举的执着态度及矢志不渝的行为，很大程度上也缘于其父金榘的教育和影响，从他的《告广文公文》文中我们能够看出父子相承，笃志于举业的思想渊源所在：

去冬省觐，见大人气血俱亏，精神全耗，乃定计闭户作乡里塾师，以谋菽水，大人曰："汝且应此次会试，倘得一第，即归养吾老可也。"讵知不孝暄曛京华之日即大人呻吟床第之时乎？六月至扬州，犹未知大人四月已病甚也。方拟暂停征辔，少谋脩脯，至八月然后言归。七月七日接大人手谕，始知抱恙已久，急欲一见。不孝神魂失措，忧惧交加，星夜奔驰，入门拜大人于床下，相对掩泣，未尝不痛自切责，深悔此番北行之大误也。是时昼不能行，夜不能眠者，盖已四阅月矣。所幸饮食尚未甚减，药饵尚可频进，不孝已私誓跬步不离左右，而大人知家无担石，难以久居，中秋之夜犹促不孝出门。①

金兆燕归省见老父"气血俱亏，精神全耗"，便欲闭户作乡里塾师，其父则曰："汝且应此次会试，倘得一第，即归养吾老可也。"金兆燕第六次赴京应考，"乱头粗服吾何有，欲贡卮言惭钝口。儌禄江淮信可招，羊何山泽谁堪友。明发驱车又各天，冲寒直北路三千。"②便是在乃父经常如此督促，自己又不得已而赴试的一种典型心境的写照，"中秋之夜犹促不孝出门"大概可以视为金榘给金兆燕举业常设的极富代表的典型情境。八股举业决定着金氏父子的命运，也维系着他们一生的悲欢离合。

大人数年来固常常病，不孝未获一尝汤药，独至今岁，不孝归而侍疾，竟不克延。不孝即捐糜顶踵，从大人于地下，亦不足赎不孝之罪也已。大人最爱两孙，虽衰病犹以课孙为务。……不孝拙于逢时，半通尺组，自知无分。然即幸叨寸进，滥邀一官，亦不过饱妻子，豢奴仆耳。其犹能坐大人于堂上而进一觞、尝一脔哉？③

---

① 金兆燕撰《棕亭古文钞》卷一〇，清道光十六年赠云轩刻本。
② 金兆燕撰《棕亭诗钞》卷八《呈卢雅雨都转》，清嘉庆十二年赠云轩刻本。
③ 金兆燕撰《棕亭古文钞》卷一〇《告广文公文》，清道光十六年赠云轩刻本。

全椒的金家始终未能从举业梦中清醒过来。吴敬梓与金榘的思想发展有过并行相交阶段，金榘说："讵料宫锦坊，花样每数易！"（《生日自叹》）吴敬梓也将舅氏的悲剧归为"有司操尺度，所持何其坚"（《哭舅氏》），但是，一生都在举业上挣扎的金榘已经变得十分麻木与驯服，而甘心成为举业世家的附庸，将自己变成它的奴隶，并且以此不断地教化他的子孙。金兆燕的成长一直笼罩在乃父的影响之下，"以慈兼母，以严兼师，鞠育恩勤，靡所不至"①，举业途中八应会试的坎坷经历，首先缘于家族期望的深切，当其归省见老父"气血俱亏，精神全耗"时，便欲闭户作乡里塾师，金榘则曰："汝且应此次会试，倘得一第，即归养吾老可也。"金兆燕第六次应试，"中秋之夜犹促不孝出门"②，"乱头粗服吾何有，欲贡卮言惭钝口"③，为承父命，又不得已而赴京。

对八股功名的认识，金兆燕并不糊涂，在《任领从〈尔雅注疏笺补〉序》文中说："今人之不如古者其端有二：一在攻举业者耗其精于揣摩之文，一在谈风雅者溺其志于浮华之学，二者臧谷之亡羊，一也。"④　然而，金兆燕一直孜孜于八股举业中。在《题宋瑞屏磨蚁图小照》，反复言说举业追求及坎壈经历留给自己的伤痛：

> 我生半世轮蹄中，壮年转徙随飞蓬。八上燕京三入越，齿落面皱成衰翁。年过五十忽繫枙，卑官偃伏江之氾。罗雀门庭一事无，反锁衡门饥欲死。忆昔结客少年场，司马衣裘陆贾装。岂知垂白如干蠹，肉生两髀雷鸣肠。我有片疑为君献，莫听杜宇枝头劝。天涯虽未金绕身，故里更无人裹饭。君不见长安道上人如梭，朝朝驖马更铃骡。劳人莫怨磨上蚁，书生肯作笼中鹅。⑤

在《同程筠榭送其令子中之入仪征署县试》文中说："三十年前忆畴昔……既壮方获乡里举，公车七上霜侵髯。年垂五十博一第，弃置仍作泥

---

① 金兆燕撰《棕亭古文钞》卷一〇《告广文公文》，清道光十六年赠云轩刻本。
② 金兆燕撰《棕亭古文钞》卷一〇，清道光十六年赠云轩刻本。
③ 金兆燕撰《棕亭诗钞》卷八《呈卢雅雨都转》，清嘉庆十二年赠云轩刻本。
④ 金兆燕撰《棕亭古文钞》卷四，清道光十六年赠云轩刻本。
⑤ 金兆燕撰《棕亭诗钞》卷一二，清嘉庆十二年赠云轩刻本。

中潜。"① 束身名教之中的金兆燕却未能有所依违。

　　明清时期，士人生存环境恶劣，乾隆说："朕以汝文学尚优，故使领四库书馆，实不过以倡优蓄之。"② 金兆燕"官博士时曾派入四库馆分校"③，兼四库馆缮书处分校官，分任校对之事，正是"以倡优蓄之"中的一分子。艰难时世中，士人对人格的卑微体味尤深。未中进士前，金兆燕屡次投书卢见曾，希望从卢处谋得一个位置，后得以与程廷祚同入卢的幕府。对幕主经济上的依赖、思想上的屈从曾使他备受煎熬，而由此所形成的人身依附及奴性，金兆燕感悟尤深。在《程绵庄先生〈莲花岛传奇〉序》中他敞开心扉，一泄其悲愤屈辱之情："兆燕少无学殖，日抱牍为诸侯客，以餬其口。戊寅冬与先生同客两淮都转之幕，先生居上客右，操椠著书。而兆燕不自知耻，为新声、作浑剧，依阿俳谐，以适主人意。主人意所不可，虽缪宫商、拍度以顺之不恤。甚则主人奋笔涂抹，自为创语，亦委曲迁就。盖是时，老亲在堂，鲜无储粟，非是则无以为生，故湎涊含垢，强为人欢。然每与先生一灯相对，辨质经史，纵论古人，因各诉其生平之轥轲阨塞，未尝不慷慨悲怀，终夜而不寐也。"④ 对照其诗中所抒发的"誓不腼颜依人，碌碌作蒯缑之客"⑤、"半生踪迹只依人"⑥、"以我沉迷簿领劳，为人装点冠裳色"⑦ 等确是发自肺腑之深哀沉痛语。吴敬梓曾多次到扬州，拜访过卢见曾，吴敬梓希望得到卢的资助，可惜没有得到特别的眷顾，也许贫困的吴敬梓还遭受了冷淡，但吴敬梓的个性注定他不是做帮闲的材料。

　　社会诱使他们去依附、受奴役，又压迫他们精神，阉割他们思想。然而，维系这个社会的却正是既依附这个社会又受这个社会压迫的难脱奴性的知识分子。

────────────

① 金兆燕撰《棕亭诗钞》卷九，清嘉庆十二年赠云轩刻本。

② 黄鸿寿：《清史纪事本末》卷三四，上海书店 1986 年版，第？页。

③ 金兆燕撰《棕亭诗钞》卷一八《朱桐村以张南华题杨子鹤寒窗读书图卷子索题即步原韵五首》，清道光十六年赠云轩刻本。

④ 金兆燕撰《棕亭古文钞》卷六，清道光十六年赠云轩刻本。

⑤ 金兆燕撰《棕亭古文钞》卷一〇，清道光十六年赠云轩刻本。

⑥ 金兆燕撰《棕亭诗钞》卷八《昭文官署寄卢雅雨都转四首》，清道光十六年赠云轩刻本。

⑦ 金兆燕撰《棕亭诗钞》卷八《题翁东如小照》，清道光十六年赠云轩刻本。

金榘做了举业虔诚的信徒，并教化他的子孙，"大人最爱两孙，虽衰病犹以课孙为务"①。金兆燕承继乃父思想，在《以诗代书示琎》中说："晚归自学舍，灯下毋怠斁。明年采泮芹，勇先跃三百。便为汝娶妇，三代庆俦匹。一砚便汝传，守此慎勿失。"② 教化中带着诱惑，金家隔代的举业灌输何其相似。金琎"年少能文，好学不倦，克家之器也，乃年甫逾冠仅以诸生食气，四年而亡"③，做了八股的牺牲品。金氏子弟终未能跳脱举业世家的宿命。

家族意识即如中国文化之基因，金榘、吴敬梓所选择的道路泾渭分明。金兆燕与吴烺的思想也形成极鲜明的对照，中举以后，金兆燕进京会试屡次落第，从1752年第三次应会试起，直到第八次进士及第，大都寓居吴烺处。对于举业功名，吴烺也如乃父吴敬梓似的，总在若即若离之间，没有十分执着的投入，他的举业道路并不顺利，直到乾隆十六年，皇帝首次南巡，吴烺与友人迎銮献诗赋，召试后被钦赐举人并授内阁中书闲职。姚鼐说吴烺"无意进取"④，一起在京任职的同僚都先后参加京都的会试，纷纷中了进士，吴烺却没有参加这近在咫尺的进士考试。

基于乃父吴敬梓的影响，加之自身的秉性与多年人生苦难的体验、金兆燕的举业艰辛等都给了吴烺极鲜活的认识，在《摸鱼子（送棕亭南还次韵）》中说："人间事，得失塞翁都误。"⑤ 1766年金兆燕八应会试，终于如愿进士及第，吴烺作《送棕亭南还二首》⑥："大药有方难换骨"，"何异春明下第人"。吴烺看到依附及奴性与人格与精神的健全之间的冲突，看透做举业家族孝子贤孙的本性。如果说吴敬梓的叛逆开启了这个家族"举业遗传"变异之大门，使吴家与科举渐行渐远，吴烺则开始践行其父的思想，《儒林外史》第三十二回借娄焕文之口说：

① 金兆燕撰《棕亭古文钞》卷一〇《告广文公文》，清道光十六年赠云轩刻本。
② 金兆燕撰《棕亭诗钞》卷一五，清道光十六年赠云轩刻本。
③ 金兆燕《棕亭古文钞》卷十《赠君公塾训跋》，清道光十六年赠云轩刻本。
④ 姚鼐：《惜抱轩全集》，中国书店1991年版，第33页。
⑤ 吴敬梓、吴烺撰，李汉秋点校《吴敬梓吴烺诗文合集》，吴烺诗《题李晴洲天际归舟图》，黄山书社1993年版，第327—328页。
⑥ 吴敬梓、吴烺撰，李汉秋点校《吴敬梓吴烺诗文合集》，黄山书社1993年版，第275页。

"你生的个小儿子，尤其不同，将来好好教训他成个正经人物。"① 除了著有《杉亭集》外，吴烺对音韵及算学也深有研究，而且还是"经学名儒"②，吴烺通过独立的学术，力图保持独立的人格，便带有乃父追求人格独立、精神解放的深重的影子。可是，独醒的吴烺却无力唤醒金兆燕。

（二）镜像关系：主体精神与文学形象建构中的互动

在奴性与悟性之间挣扎的吴敬梓由自省到反省，文化省思是小说《儒林外史》的重要主旨方面，吴敬梓企图重建已经萎缩了的人文精神。而作为举业世家的孝子贤孙，金兆燕却未能开出反省的道路，一生奔走于举业道路中，背负着它，成为奴隶而不觉。在妇女观上，吴敬梓与金兆燕表现出极大的不同，追根溯源，即本于此。以新安烈妇汪氏殉夫这一事件为例尤其能够说明。

《儒林外史》第48回"徽州府烈妇殉夫，泰伯祠遗贤感旧"，塑造了"烈妇"王三姑娘的形象。何泽翰先生考证："《儒林外史》所写的鼓励女儿自杀殉夫的王玉辉这一形象……现在根据金兆燕的诗文，知道作者是摄取汪洽闻和他的女儿的事作为题材的基础的。"③ 金兆燕诗文是指《古诗为新安烈妇汪氏作》④ 一诗，该诗记述发生在新安（徽州）女子绝食殉夫的真实事件。

徽州文化的核心之一是程朱理学，在宗法制度和封建礼俗笼罩之下，徽州文化呈现出复杂的特征。对于妇女的教化，清代强调贞节观念，十分推崇"节妇"（从20岁开始守寡达30年以上）、"烈妇"（已婚妇女夫死殉死）、"烈女"（未嫁女子夫死殉夫）行为，除却历史传统的延续，官府以表彰、树贞节牌坊、免除家庭赋役等引诱，还有士绅阶层对理学的倡导，加之施以宋儒道德秩序的具体维护措施，尚节烈观念已深入妇女之心，甚至内化成为她们的自觉行为，以致许多女子为贞节而自愿或被迫赴死。

---

① 吴敬梓：《儒林外史》，人民文学出版社1977年版，第383页。

② 平步青《霞外攟屑》卷六增补常熟张问月撰《经学名儒记》补录吴烺为安徽的"名儒"，民国六年刻香雪崦丛书本。

③ 何泽翰：《儒林外史人物本事考略》，上海古籍出版社1985年版，第96页。

④ 金兆燕撰《棕亭诗钞》卷四，清道光十六年赠云轩刻本。

　　金兆燕诗中说称烈妇汪氏父汪洽闻①为"古君子也"，"赋性璞且惇"。汪洽闻以"古诫"、"敦伦"的封建理学教化子女，其女"早岁能诗书，手缋列女传"，汪氏丈夫病逝后，她能以血肉践行乃父的理学教化，以死殉夫。所谓的"自古产大贤"、"理学炳千载"，金兆燕称赏汪洽闻对女儿的理学教化，已内化为她们行为的自觉，并礼赞汪氏妇殉夫是理学之"真信徒"行为。《儒林外史》中王女殉夫的描写暴露得十分深刻，当王三姑娘殉夫而死，族人立刻给她冠上"为伦纪生色"的美名，并在明伦堂大摆筵席，作者并没有简单地嘲讽王玉辉，而是尊重事实，充满同情。礼教惨无人道、吃人之本质，良心与礼教的冲突在王玉辉内心深处的波澜，吴敬梓能始终以审视及批判的眼力来描述这一事件，剥蚀它的本质，并启悟读者去思索，一个青春女子被礼教活埋了，使我们嗅出了明伦堂"人肉的筵席"的血腥味。

　　毋庸讳言，在妇女问题上，吴敬梓不可能完全脱离他的时代，他的亲姐姐二十二岁出嫁，二十八岁便守寡。一直到四十七岁去世。吴敬梓为了表彰守节孝谨的姐姐，特意请程廷祚写了一篇《金孺人墓志铭》。吴敬梓主观上并不反对表彰节烈，在小说中，虞博士为了照顾家计窘迫的杜少卿，请杜少卿写一篇表彰烈女的碑文，杜少卿很感激地接受了。写出守节、殉节之惨，客观上固然有暴露礼教冷酷、不合人性的积极效果，但这并不一定要说作者主观上已有否定礼教的认识。再如有关纳妾的问题，小说中杜慎卿称自己纳妾"为嗣族大计，无可奈何"，作者借杜少卿口一方面将娶妾视作"最伤天理"的事，而另一方面又称："小弟为朝廷立法：人生须四十无子，方许娶一妾；此妾如不生子，便遣别嫁。是这等样，天下无妻子的人或者也少几个。也是培补元气之一端。"②表面看来杜少卿比杜慎卿更尊重妇女，但实质上却也逃不过将妇女看作生育机器之嫌疑。小说中另一人物沈琼枝也如此，细辨之，她的行为是在权衡"做妻"不成将"做妾"后所采取的激烈反应。当然，沈琼枝有极强的自我意识，不甘心命运的安排，吴敬梓也着意写到这一方面："杜少卿道：'盐商富

---

　　①　金兆燕的《国子先生全集》中共有三处写到汪洽闻，另两处分别在《汪阆洲七十寿序》（《棕亭古文钞》卷八）及《沁园春（匏樽为汪洽闻赋）》（《棕亭词钞》卷二）中。

　　②　吴敬梓：《儒林外史》，第三十四回"议礼乐名流访友　备弓旌天子招贤"，人民文学出版社1977年版，第401页。

贵奢华，多少士大夫见了就销魂夺魄。你一个弱女子，视如土芥，这就可敬的极了！'"① 这话语已足够新人耳目了。② 知其人，论其世，我们不应将吴敬梓及其小说置于封建主义范畴的对立面去考察，那样会丧失应有的历史性，更何况爱情还不是《儒林外史》描写的核心。前文已及《儒林外史》中的诸多形象是基于吴敬梓人生经历的再创造，融入其晚年的人生见解，吴敬梓的创作大于吴敬梓，作者在创作中使自己"渣滓日去"，是个不争的事实。

吴敬梓尊重女性，小说热情描写夫妇同游的愉悦，"《溱洧》之诗，也只是夫妇同游，并非淫乱"③。小说通过一系列女性形象的塑造，虽然她们人数有限，但这群经过作者挑选的女性形象在中国十八世纪女性生活中具有相当的典型性。严监生的妻妾、王玉辉的女儿、蘧公孙的妻子、鲍廷玺后娶的王太太等一个个都刻画得栩栩如生，活灵活现，即便是卖身于来宾楼和丰家巷的各色妓女的活泼描写也让人感叹吴敬梓对社会现实和心理现实把握的老道，"《金瓶梅》中没有一个妓女能够像她们一样在她们所处的现实环境中得到如此生动的描绘和表现"。再看第二十六至第二十七回所描写的王太太的故事，作者对于家族琐碎生活的描写所展现思想活力确实让人叹服，更值得一提的是王太太虽然是个声名狼藉的女人，后又嫁给了贫穷的戏子鲍廷玺，但她对于个人幸福的追求却是严肃的，④ 还有匡超人之妻郑氏悲惨的死、严监生妾赵氏的抗争、聘娘的遭遇、王三姑娘殉夫等，吴敬梓对习已惯见的妇女悲惨人生并不麻木，小说此类描写所具有的真实感反映了中国封建社会妇女生活的真实状况和精神面貌，吴敬梓尊重事实，充满同情，并集中笔力去暴露，这便难能可贵。

相对吴敬梓的清醒和沉痛，金兆燕则表现得十分麻木，金兆燕的妇女观体现出他思想的保守性和封建性方面。在《汪母程太宜人传》中，金兆

① 吴敬梓：《儒林外史》，第四十一回"庄濯江话旧秦淮河　沈琼枝押解江都县"，人民文学出版社 1977 年版，第 480 页。

② 吴敬梓是以沈琼枝对待富贵奢华的态度以及她的才华来肯定她的反抗，而不是从个性解放、婚姻自由的角度来肯定她的价值。

③ 吴敬梓：《儒林外史》，第三十四回"议礼乐名流访友　备弓旌天子招贤"，人民文学出版社 1977 年版，第 401 页。

④ 参见夏志清《中国古典小说史论》（江西人民出版社 2001 年版）第 249—251 页相关论述。

燕说："今余为扬州学官，尝欲裒集一郡之贞节轶事，著《广陵淑女编》以为风化之助。"① 他为"贞女"、"节妇"作传，认为能够起到矫励末俗的作用。或夫死而守寡、或毁身而守节，他简直以为烈女之死是礼教和理学的胜利，要以此来宣扬礼教，叫别人做理学的信徒。其诗文中歌颂烈女，褒扬节妇，鼓吹贞女、节妇行为占据相当的比重。如《古诗为新安烈妇汪氏作》《为华亭周贞女赋二首》《过贞孝成大姑墓》《贞烈王仲姑诗》《题五烈祠司徒庙十二韵》《张佩文继聘妻巴孺人贞节诗》《节母张孺人传》② 等无不体现了这方面思想。金兆燕褒扬"守志几欲截其鼻，疗亲不惜夷其股"为"奇女"之"卓绝迈今古"的操行，赏叹其"独携贞孝归黄土"（《过贞孝成大姑墓》）；王贞姑未婚即守节，并以自虐而残忍的方式去求死殉夫，金兆燕以为王贞姑应该"大书勒贞石"（《贞烈王贞姑诗》）。事实上，这些空洞的赞语，不过是将她们判作礼教祭坛上可怜的牺牲品而已。可以想象，金兆燕十分愿意成为明伦堂筵席上的座客，因为他还懂得教化的来头，恐怕将被奉为上宾，承担"宗庙之事"的司仪。

以虔诚之心来宣扬这一活人求死的人间惨剧，将愚忠愚孝蛊惑下所发生的自残暴虐行为美化为"义行"，无疑是将这人间的活地狱粉饰成了天堂，其要害处在于金兆燕使这一事件始终不脱离忠贞节烈！在金兆燕看来，这些惨苦的殉节行为显示出宇宙间正大光明之气，至于行为方式本身之惨烈，只能说明实行礼教、付诸实践的艰难性。金兆燕没有看到良心与礼教的冲突，更不可能认识到礼教不合人性之处。从对八股的崇尚到对封建礼教的推崇，金兆燕的思想表现出麻木的一面。③ 无论是有意或无意，不管它们被粉饰以"国粹"的面目，还是变换为"新文明"，从精神实质上看，金

---

　　① 金兆燕撰《棕亭古文钞》卷三，清道光十六年赠云轩刻本。

　　② 以上诗文分别见于金兆燕撰《棕亭诗钞》卷四、卷九、卷十、卷十一、卷十八及《棕亭古文钞》卷二，清道光十六年赠云轩刻本。

　　③ 当然，应该说金兆燕的封建节烈观对烈女殉夫的野蛮行为表示赞扬，是当时一般封建士大夫的态度。对女子的看法，金兆燕的思想也有着模糊甚至矛盾之处，显示出复杂的一面，如他在《张淑华闺秀〈绿秋书屋吟稿〉序》中认为"鄙学瞀儒反有泥'无攸遂，在中馈'之说，而谓泓颖之事非闺中所宜者，则尤怐愗之见也"。称赞淑华夫人"于诗无所不工"，"他日《文苑传》中三人同垂不朽"。而在《亡室晋孺人传》中又十分欣赏亡妻的观念，即"孙玭童幼能诗，友人有女年相若，亦读书辄吟咏，欲以俪之，孺人曰：'娶妇娴女工、在中馈，足矣。闺房之中朝夕唱和，男子则学业荒，女子则家政废，甚不可也。'"

兆燕做了"八股"和"礼教"的俘虏，表现出十足的盲从的奴性。

任何事物，一旦对它产生盲目性，便会背负着它成为奴隶而无所悟。世家举业的承继已经成为金兆燕安身托命之所在，封建制度及其礼教文化等已经融入其血液中。所谓的贞节、忠孝等在此时此境中已徒有躯壳，丧失了精神，完全成为一种虚伪的形式。金兆燕误将愚昧认作忠贞，卑贱认作崇高，这就缺乏了独立的人格，而且还要将其当作资本去出卖，要真心做它的鼓吹手，更养成精神的奴隶，甚至无意间还做了他们的帮凶。

吴敬梓看到一种文化制度对人的精神的戕害，它使中国士人阶层驯服而养成奴性，进而导致整个社会人文精神的萎缩。实际上，《儒林外史》是一部文化反思小说，人的精神解放的重要性与迫切性是小说《儒林外史》的重要思想方面，吴敬梓以独特的小说话语体系探索中国文化的出路，笔锋所向是士阶层所担当，所安身立命的文化弊病，启悟人们克服奴性、塑造独立人格精神。就这一方面论，《儒林外史》的深刻性是任何一部中国古典文学作品所无法比拟的。

三　文本内外：从《儒林外史》看文本与现实的双向建构

（一）神话　家族

泰伯是西周太王的长子，"青宫冢嗣而潜逃避位"①至于吴地，将王位让与季历。《论语·泰伯》曰："泰伯其可谓至德也已矣。三以天下让。"②传说中的泰伯是周太王的长子（弟兄三人，二弟仲雍，三弟季历），但有关泰伯的历史叙述，语焉不详，泰伯的神话故事给后世留下了许多想象。司马迁在泰伯、仲雍出走荆蛮（吴地）事件的基础上，描写更为详尽："吴太伯，太伯弟仲雍，皆周太王之子，而王季历之兄也。季历贤，而有圣子昌，太王欲立季历以及昌，于是太伯、仲雍二人乃奔荆蛮，文身断发，示不可用，以避季历。季历果立，是为王季，而昌为文

---

① 吴敬梓著，李汉秋辑校《儒林外史会校会评本》第三十七回"天二评"，上海古籍出版社 1999 年版，第 466 页。泰伯是王位的当然继承人，但得知周太王欲将王位传给三弟季历之子姬昌时，泰伯便与二弟仲雍一起逃往吴地。

② 程树德撰《论语集释》："泰伯，其可谓至德也已矣。三以天下让，民无得而称焉。"中华书局 1990 年版，第 507 页。

王。太伯之奔荆蛮，自号句吴，荆蛮义之，从而归之千余家，立为吴太伯。太伯卒，无子，弟仲雍立，是为吴仲雍。……"① 其主题在后世的叙述中因阐释的多样性而存在多重变奏。虽然历来悖论及歧义不断，但自孔子赞扬泰伯三让天下，泰伯便受到儒家的高度推崇②，郑玄将孔子"三让"之说更加具体化，其注云："泰伯，周太王之长子。次子仲雍，次子季历。太王见季历贤，又生文王，有圣人表，故欲立之而未命。太王疾，太伯因适吴、越采药，太王殁而不返，季历为丧主，一让也。季历赴之，不来奔丧，二让也。免丧之后，遂断发文身，三让也。三让之美，皆隐蔽不著，故人无得而称焉。"③

民国《全椒县志》记载：

> 江宁雨花台有先贤祠，祀吴泰伯以下五百余人，祠圮久。吴敬梓倡捐复其旧，赀罄则鬻江北老屋成之。④

金和《儒林外史跋》云：

> 先生又鸠同志诸君，筑先贤祠于雨花山之麓，祀泰伯以下名贤凡二百三十余人，宇宦极宏丽，工费甚巨，先生售所居屋以成之。⑤

全椒吴敬梓家族与泰伯的渊源久远，以吴敬梓为代表的家族子

---

① 司马迁：《史记》卷三一（《吴太伯世家》列"世家"之首），中华书局1959年版，第1445—1446页。

② 同时伴随着官方的运作，北宋元祐年间，朝廷赐额泰伯庙"至德"，康熙四十四年，皇帝南巡至苏州，为显示对泰伯的敬仰和推崇，题"至德无名"于苏州泰伯庙中，乾隆南巡为泰伯祠题"三让高踪"之匾。

③ 刘宝楠《诸子集成（论语正义）》，上海：世界书局民国二十四年十二月，第154页。

④ 张其濬修，江克让、汪文鼎纂民国《全椒县志》卷一〇，《中国地方志集成·安徽府县志辑（35）》，江苏古籍出版社1998年版。金和《儒林外史跋》及顾云《盋山志》卷四也有相关记载。泰伯专祠不在南京，而是在无锡梅里。

⑤ 李汉秋辑《儒林外史研究资料》，金和《儒林外史跋》，上海古籍出版社1984年版，第128页。

弟尤其看重，吴敬梓为修祠不惜卖掉全椒祖上老屋，心底里似乎还是为了祖上。所著《儒林外史》将祭祀五百人的南京先贤祠改写为独尊泰伯的专祠透露了消息，吴家是认泰伯为远祖的。吴敬梓十分敬重泰伯，在《移家赋》中说："我之宗周贵裔，久发轫于东浙。（按族谱，高祖为仲雍九十九世孙。）"① 将吴姓的家族史追溯到与泰伯一起逃至吴中的仲雍处，称高祖吴沛是仲雍之九十九世孙。② 其子吴烺也云"千秋让德仰姬宗"③ 皆道出吴家是认泰伯为远祖并崇尚泰伯之心结。

《儒林外史》中泰伯祠祭祀大典居于小说结构的顶点，算是全书中作者最用力的一次写作，从吴氏家族发展史来看，吴敬梓借泰伯故事将世德祖风蕴含其中，并寄托自己的精神，它构成吴敬梓思想大厦的根基。

1. 泰伯祠祭祀：吴敬梓精神安顿处

明清时期吴氏家族在全椒的崛起成为一方著名的人文现象，这个家族肇始于移居全椒的始祖吴聪，二世祖吴凤始躬耕务农，三世祖吴谦行医，家业稍丰后让四世祖吴沛专攻儒业。吴沛一生科场蹭蹬，对于子辈举业培养十分用功，除第二子遵父命任家政外，五子中四人皆成进士。④ 举业给这个家族带去无上的荣耀，⑤ 也激活了吴氏子弟的家族本体意识，夫源远者流长，根深者枝茂，吴氏家族历史悠久，它的成长曾有过荣光的历程，门第的自豪感也因之伴随着一代代吴氏子弟，为他们提供精神的支持。

---

① 吴敬梓：《吴敬梓诗文集·移家赋》，李汉秋辑校，人民文学出版社 2002 年版，第 8 页。

② 所谓泰伯后裔实际上就是仲雍的后人，后来又分为两支，周章封于吴，周章之弟封于虞，是为虞仲，所以有了吴、虞二姓。

③ 吴敬梓、吴烺撰，李汉秋点校《吴敬梓吴烺诗文合集》，黄山书社 1993 年版，第 233 页。

④ 王士禛《池北偶谈》卷一"全椒吴氏兄弟"写到全椒吴家科举兴旺时也带着极称羡的口吻。中华书局 1982 年版，第 9 页。

⑤ 全椒吴氏家族"一门两鼎甲，四代七进士"，指四世祖吴国鼎兄弟四人，五世祖吴晟、吴昺，七世祖吴檠皆进士及第，其中吴国对、吴昺分别高中探花，榜眼，至于举人、贡生则不可胜数，取得了科举史上的极辉煌的成就，成为一方著名的科举世家。

吴国对纂修《全椒县志》，颂扬其曾祖吴凤"高淡让袭"①，吴敬梓《移家赋》云："有明靖难，用宣力于南都。（远祖以永乐时从龙。）赐千户之实封，邑六合而剖符。迨转弟而让袭，历数叶而迁居。（始祖讳转弟公，自六合迁全椒。）"乾隆二十八年吴烺在无锡瞻仰泰伯庙并写下"千秋让德仰姬宗"②诗句，推崇泰伯"让德"品质，认祖归宗，指示吴氏与周王室的血缘关系。通过以上材料，我们对全椒吴氏家族之前身有了大致的轮廓，但争论与怀疑从来没有停歇过。同时，上述材料的信息也使我们能够想到明代有关的史料记载。

《中国明朝档案总汇》中《武职选簿》③是记载明代京内外各卫所职官袭替补选情况的登记簿，④《武职选簿》中"吴珊"条有关吴氏军功受封并世袭情况记载详细，⑤与《移家赋》中"以永乐时从龙"及"千户之实封"、《吴凤传》中"家世骁骑卫户爵"、《清礼科掌印给事中吴公墓表》等材料一一照应，可以确定《武职选簿》中这些材料正是有关全椒吴氏家族的，它是研究吴敬梓家世的第一手新材料，追根溯源，这个家族的前身是以军功而有所壮大的。我们以此能够勾勒出全椒吴氏家族的前身轮廓，这个家族的远祖并非贵族，发展壮大来之不易，吴氏子弟对祖先"让袭"事大加礼赞，吴敬梓所谓"从龙"、"让袭"并非溢美夸大之辞，

---

①　康熙《全椒县志》卷十《吴凤传》："吴凤，号古泉，家世骁骑卫户爵，以志趣高淡让袭，卜居邑之西墅。性好施予，生平多隐德，子姓甚蕃，谆谆教以善让，毋与人争。"卷一六李霨《清礼科掌印给事中吴公墓表》记述：先世居东瓯，高祖聪，迁江宁之六合，又迁全椒，遂为全椒人。曾祖凤，祖谦，父沛，以公贵，赠如其官。

②　吴烺诗《过惠山寺憩听松庵同蒙泉爱棠作》，李汉秋点校《吴敬梓吴烺诗文合集》，合肥：黄山书社 1993 年 7 月，第 233 页。

③　中国第一历史档案馆、辽宁省档案馆编《中国明朝档案总汇》册五四，桂林：广西师范大学出版社 2001 年版，第 183—184 页。张金奎在《明代卫所军户研究》也提及这则材料。（张金奎《明代卫所军户研究》，北京：线装书局，第 45—46 页。）参见田胜林《吴敬梓家世"从龙"与"让袭"考》（《〈儒林外史〉研究新世纪》上海交通大学出版社 2013 年版）。

④　明代实行武官世袭制度，武职的铨选即"武选"是由兵部武选清吏司负责主持，通过对武职继承人的资格进行严格审查，合格者方准袭替其相应的武职。《武职选薄》就是这种武选结果的记录总汇。同时，选簿还是选武时审查继承人资格所必须参照的重要依据之一。

⑤　中国第一历史档案馆、辽宁省档案馆编《中国明朝档案总汇》册五四，桂林：广西师范大学出版社 2001 年版，第 183—184 页。张金奎在《明代卫所军户研究》也提及这则材料。（张金奎《明代卫所军户研究》，北京：线装书局，第 45—46 页。）

它是吴氏家族精神之源头，构成吴敬梓思想的星星之火。由此，全椒吴氏的家族精神本源明晰，"泰伯三让"与"吴凤让袭"之间精神相通，吴敬梓运用泰伯神话将祖先崇拜的思想蕴含其中，也以此表达对泰伯"让德"的最虔诚的敬意。在高祖吴沛精神笼罩之下，由名门望族出身、家族荣誉感等所产生的门阀意识使吴敬梓无比自豪①，吴敬梓推崇自己的世家身份，门第的自豪感伴随他一生。在《儒林外史》中吴敬梓以祭祀泰伯祠之礼，发乎心并安于心，将世家门阀意识的深意寓于其中。科举制度从原则上说是超阶级的，"朝为田舍郎，暮登天子堂"，其进步性也由此显现，历代帝王为防范贵族官僚窃取权力，也常认真维护科举制度的超阶级性，但是，科举制度在帮助皇权压抑了贵族势力的同时，却也由此促成了中国封建社会的极端专制性。明清封建专制风气尤甚，士人生存环境恶劣，乾隆所云"朕以汝文学尚优，故使领四库书馆，实不过以倡优蓄之"②再形象不过。科举出身的官僚们依靠的是以皇帝名义召集的科举考试给了他们合法而有效的出身，却也造成了士人对专制君权产生出天然的依附与畏惧，结果，八股科举之下培养出一群人的信条："你我做官的人，只知有皇上，那知有教亲？"③荣身之路正是奴役之途，王公大臣们只能颤抖卑微地俯伏在皇帝脚下。相较而言，中国前期封建社会贵族士人倒更自由、独立，一般士大夫知识分子在人格精神上显得比其他时代更为清高超越，他们较少依附皇权，有更多的锐气与魄力，君不见《世说新语》中有太多魏晋世族名士言谈风貌、精神人格的描写，实际上吴敬梓的门阀意识所表现的本质精神正与此相接续④，他推崇自己的世家身份，用门第世家的

---

① 《移家赋》中的大半文字都是陈家风、述世德的，《儒林外史》中有很多文字都描写出身世家门阀的这种优越感。参见《吴敬梓诗文集·移家赋》，李汉秋辑校，北京：人民文学出版社，2002年，第8、9页；《儒林外史》第三十回、三十一回，人民文学出版社1977年版，第353、357、371页。

② 黄鸿寿著《清史纪事本末》卷三四，上海书店，1986年版。

③ 吴敬梓著《儒林外史》第四回"荐亡斋和尚契官司 打秋风乡绅遭横事"，人民文学出版社1977年版，第59页。

④ 吴敬梓对于魏晋文化精神有极强的认同感，可参看李汉秋《吴敬梓与竹林名士》（《江淮论坛》1981年第5期）及《吴敬梓与魏晋风度》（安徽人民出版社《儒林外史研究论文集》）与陈美林《魏晋六朝风尚和文学对吴敬梓的影响》及《隆礼与崇孝》（陈美林《儒林外史研究》）。

高贵精神去对抗"功名富贵",并构建自己赖以生存的精神世界。《儒林外史》笔锋所向是使士人阶层驯服而养成奴性并导致整个社会人文精神萎缩的八股文化制度,吴敬梓要以小说启悟人们克服奴性、塑造独立人格精神。

2. 泰伯情结与西墅草堂精神:全椒吴敬梓家族生生不息之源泉

《儒林外史》以浓墨重彩铺写泰伯大祭之典①,追根溯源,吴沛及其西墅草堂精神实为滥觞,实际上,西墅草堂已成为《儒林外史》中泰伯祠的有机部分。

古代儒家讲"礼",历来都强调"让","让,礼之主也"②,"君子恭敬撙节退让以明礼"③,泰伯以克己的懿行而闻名,孔子推崇泰伯"三以天下让"之"让德"是"至德",自此泰伯被称为礼让的典范。不过,泰伯不但"让"而且"立"。《史记·吴太伯世家》载:"太伯之奔荆蛮,自号句吴,荆蛮义之,从而归之千余家,立为吴太伯。"④ 吴地大约相当于今天的浙江、江苏及安徽的一些地区,从中原的历史发展看,吴地的文化起源并不发达,到了吴泰伯时代,这一带仍被认为是蛮荒之地,自泰伯窜居后风气日开,文明渐著,司马迁将泰伯的贤人身份与他创建勾吴国的角色联系了起来,重新阐释了孔子对泰伯的赞美。尽管泰伯没有积极仕进,但他的确改变了周围人们野蛮落后的生活方式,"江左僻处荆蛮,自泰伯窜居而后风气日开,文明渐著"⑤,泰伯将文明带给了"野蛮"人,作为开创者的吴泰伯,对吴地之经营,其筚路蓝缕之功显著。这个故事遂成为吴氏子弟建构自己家族成长史的原点故事。

簪缨世家往往"五世而斩",因其所维系的命脉大抵是政治经济转化

---

① 《儒林外史》以明确的思想内容来统驭全篇各个自成起讫的故事,有上升、顶点、下降的完整过程,泰伯祠大祭居于小说结构的顶点,如卧评所云:"本书至此卷,是一大结束。……譬之作乐,盖八音繁会之时,以后则慢声变调而已。"(吴敬梓著,李汉秋辑校《儒林外史会校会评本》,上海古籍出版社 1999 年版,第 465 页。)

② 李学勤主编《春秋左传正义(卷三十二)·襄十三年》,北京大学出版社 1999 年版,第909 页。

③ 李学勤主编《礼记正义(卷一)·曲礼上第一》,北京大学出版社 1999 年版,第 15 页。

④ 司马迁:《史记》卷三一,中华书局 1959 年,第 1445—1446 页。

⑤ 蓝应袭、何梦篆、程廷祚撰修《上元县志》卷一一程京萼《金陵祀典议》,江苏广陵古籍刻印社据清乾隆十六年刻本影印。

的物态因素。对有志于家业振兴的吴氏祖先来说，远祖因"从龙"建功受赐千户之封，朝廷的封赏无疑为能跻身封建社会更高阶层奠定了一块基石，也激活了壮大家族的意识。吴敬梓在《移家赋》中说："迨转弟而让袭，历数叶而迁居。"① 康熙《全椒县志·吴凤传》② 记载吴氏远祖"从龙"受封后又"让袭"以及《中国明朝档案总汇》中《武职选簿》"吴珊"条记载，都能够说明吴敬梓所引以为荣光的家族礼让故事并非虚构。吴家因封邑六合而举家迁居，承袭几代后"志趣高淡让袭"，因为"让袭"的缘故，便从六合迁往相距并不遥远的全椒，尽管未能在六合发达，但家族本体意识已在吴家子弟思想中生根发芽。对吴氏来说，这是前西墅草堂时代家族史的"立"与"让"故事。

吴家卜居于全椒程家市之西墅后躬耕务农，跌入到社会的底层，直到四世祖吴沛开始专攻儒业，并用心于举业，情况才有所改变。吴家希望通过科举以实现兴家望族的理想，当然，这不仅是吴氏一族的事，康熙年间汪琬写《重修泰伯庙碑记》说："文者礼之迹也，让者礼之基也，伯之用文教治吴也，盖实以三让为之本。"③ 从西周到明清，历史几经沧桑，文化结构也不断变化，举业已成为士子的独木桥，"原点故事"的主题也会随之变化，泰伯"三让天下"至是被悄然转换为"文教治吴"之"本"。

吴沛举业道路坎坷，当年关骧的好心反使吴沛失去中举的机会，吴沛说，"是定当发元，迟三年耳"，此为吴沛之"让"；然而吴沛科场蹭蹬，一生落拓不偶，"嗣六战未获，辄咄咄曰：'我不做，儿子辈必做也！'"④ 将毕生揣摩八股的经验归为"题神六秘"、"作法六秘"十二字精髓⑤，尽心教导子辈，遂使五子四成进士。吴氏由布衣人家而改换门庭，走举业兴家道路是关键⑥，这便是吴沛的"立"。当然这不仅是吴氏一族的事，从西周到明清，历史几经沧桑，文化结构也不断变化，举业已成为士子的

---

① 吴敬梓：《吴敬梓诗文集·移家赋》，李汉秋辑校，人民文学出版社 2002 年版，第 8 页。

② 蓝学鉴、吴国对纂修，清康熙十二年《全椒县志》卷十。

③ 汪琬：《尧峰文钞》卷十，四部丛刊本。

④ 吴沛《西墅草堂遗集》卷首吴国鼎撰《先君逸稿小引》，清康熙十二年吴国对刻本。

⑤ 吴沛《西墅草堂遗集》卷三，清康熙十二年吴国对刻本。

⑥ 吴沛举业一再受挫，但牢牢抓住举业兴家之命脉，《西墅草堂遗集》卷首吴国鼎撰《先君逸稿小引》说其父"嗣六战未获，辄咄咄曰：'我不做，儿子辈必做也。'"其《醉题》诗中云："可知汗血在群儿"，《泉水山房寄子》诗中云："心期诸子成模样"。

独木桥，而"原点故事"的主题不能不有所改变，并不断延续，吴沛设帐西墅草堂使五人四成进士，将吴家举业推向辉煌的顶点，草堂和书斋各有一副门联：

函盖要撑持，须向澹宁求魄力；生平憎诡故，聊将粗懒适形神。
君子蒙养作圣功，须向此中求建白；秀才天下为己任，还期不朽着勋名。①

冯元飇序中赞曰："兄东头，弟西头，书声满墅，文思积薪，翁然自为师友，出树千秋，赋诗报国。"② 走向宦途的吴氏俊杰们以"治国、平天下"为己任，从吴国鼎兄弟辈的制策、疏文、奏记、书札中，我们看到他们在政治上也多有建树③，对吴沛来说，此又成其"立"事。吴氏家族发展的历史不断演绎着这个"让"与"立"的故事，日久而弥新。

家族意识即如中国文化之基因，"让"、"立"之间，薪尽火传，吴沛将兴家的火种牢牢扎根于子辈的头脑里。吴氏子弟尤其钟情于吴沛家业开创之艰辛与成就，吴敬梓所称"高祖为仲雍九十九世孙"④ 即礼赞高祖吴沛直承泰伯之精神，并与泰伯创建勾吴国相关联。

在全椒吴氏家族史上，吴沛开创之功备受吴氏子弟推崇而成为泰伯式的精神魂灵，西墅草堂遂成为吴氏家族的发祥地，也成为本家族的象征而蕴含无限生气，我们称其为"西墅草堂精神"，它沾溉无数吴氏子弟。吴国鼎进士后治蔼园，吴国对探花及第后，在城外襄河岸建"遗园"⑤，吴国龙在城内襄河边建"远园"⑥，它们都在西墅草堂养分下滋乳生生。吴氏子弟每每以最崇敬之情反复咏叹之，吴国龙《中夏西墅》诗云："夏深稼事好，此地事殊非"⑦，吴国对重刻乃父《西墅草堂遗集》时说："为

---

① 吴沛《西墅草堂遗集》卷四，清康熙十二年吴国对刻本。

② 吴沛《西墅草堂遗集》卷首冯元飇撰《西墅草堂遗集序》，清康熙十二年吴国对刻本。

③ 参见康熙版《全椒县志》、王士禛《池北偶谈》卷一"起居注"、《清实录》之《圣祖实录》卷九等相关内容。

④ 吴敬梓：《吴敬梓诗文集·移家赋》，李汉秋辑校，人民文学出版社 2002 年版，第 8 页。

⑤ 吴国对探花及第后顺治皇帝曾赐予书籍，吴国对在"遗园"中建藏书楼以贮藏。

⑥ 远园在全椒民间俗称"榜眼府"，因吴国龙五子吴晟榜眼及第而得名。

⑦ （清）姚佺辑《诗源初集》，四库禁毁书丛刊集部第 002 册。

子若孙者能什袭善藏，勿再散失，以思衍先泽永永也哉！"① 西墅草堂是吴敬梓心中的圣洁之地，吴沛思想所给予的营养，吴敬梓吸收尤多，其《西墅草堂歌》以最崇敬之心抒发对高祖吴沛的无限景仰之情：

> 先人结庐深山中，布衣蔬食一亩官。青山层迭列画障，绿树槎枒映帘栊。门迎流水蓼花湾，牧唱樵歌竞往还，琴樽无恙尘嚣静，指点深林暮霭间。……明月空传天子诏，（西墅"一轮明月，高拟鹿门"，庄烈皇帝敕书中语）岁时瞻仰付村翁。②

小说《儒林外史》里时有西墅草堂的精灵之气幽栖其中，吴敬梓以自己为原型的杜少卿的故居便使人感到西墅草堂的影子若隐其中③。当吴氏家业式微，吴沛和他的"西墅草堂"又总能带给吴氏子弟心灵的慰藉，吴敬梓《遗园四首》④、吴檠《忆远园杂诗十二首》⑤、吴烺《题先侍读默岩公手迹后并序》⑥ 皆发抒深情，表达对这个堪称家族象征的泰伯式人物人格的景仰与精神的继承。吴氏子弟或因家族曾经的荣光而自豪，或在昔日辉煌与今日颓败的对照中而吟哦伤怀，这些情感又无不与西墅草堂息息相关。

傲岸不羁的吴敬梓满是失落的心境下却总有对故乡最温馨的记忆：

> 从厅后一个走巷内，曲曲折折走进去，才到一个花园。那花园一进朝东的三间。左边一个楼，便是殿元公的赐书楼。楼前一个大院落，一座牡丹台，一座芍药台。两树极大的桂花，正开的好。合面又是三间敞榭，横头朝南三间书房后，一个大荷花池。池上搭了一条

---

① 《西墅草堂遗集》，吴国对《先太史遗集重刻引言》。
② 吴敬梓：《吴敬梓诗文集》，李汉秋辑校，人民文学出版社 2002 年版，第 13 页。
③ 吴敬梓：《儒林外史》，第三十一回"天长县同访豪杰　赐书楼大醉高朋"，人民文学出版社 1977 年版，第 365 页。
④ 吴敬梓：《吴敬梓诗文集·遗园四首》（其二），李汉秋辑校，人民文学出版社 2002 年版，第 14 页。
⑤ 北京大学文学研究所编《文学研究集刊》（第四册），人民文学出版社 1956 年版，第 295 页。吴檠为吴国龙曾孙，因远园面对半边河街，故吴檠号曰"半园"。
⑥ 吴敬梓、吴烺撰，李汉秋点校《吴敬梓吴烺诗文合集》，黄山书社 1993 年版，第 173—174 页。

桥。过去又是三间密屋，乃杜少卿自己读书之处。①

这是吴敬梓以自己为原型的杜少卿的故居，这个鲜花点缀，曲径通幽，书香诱人之所却使人感到西墅草堂的精灵之气幽栖其中，处处散发着雅趣，令人向往，它蕴含着吴敬梓对故乡最美好的记忆及最温柔的情感寄托。吴敬梓以泰伯祠祭礼事件为核心建构他的小说结构及思想体系，以浓墨重彩铺写泰伯大祭之典②，追根溯源，吴沛及其西墅草堂精神实为滥觞。

3. 移家南京：重建精神家园

《儒林外史》中写五河县的衰风颓俗，小说第四十七回借余大先生之口说："表弟，我们县里'礼义廉耻'一总都灭绝了!"③　虞华轩的愤世嫉俗，包含着吴敬梓青年时期叛逆的影子，天目山樵以为"盖世运愈衰而贤者亦不免与化推移也"④。吴敬梓怀着对故乡恶俗的激愤而移家，"至于眷念乡人，与为游处，似以冰而致蝇，若以狸而致鼠，见几而作，逝将去汝"，循着吴敬梓本人的足迹，《儒林外史》中杜少卿离开了家乡，来到南京。实际上，大环境下，南京与全椒一样，照旧到处都充斥着虚伪、市侩和丑陋，但是，南京的好处实在很多，《移家赋》中说："久从吾之所好，岂有慕于彼都"，吸引吴敬梓移家的不是南京城的繁华富贵，"楼外花明，帘前日丽，竹院风清，纸窗雪霁。常扪虱而自如，乃送鸿而高视。吊六代之英才，忽怆焉而陨涕!"南京的风土人物使他情有独钟。吴敬梓来到南京，要为自己创立一个家园，《移家赋》中说：

　　　　乃有青钱学士，白衣尚书，私拟七子，相推六儒，既长吟而短

---

① 吴敬梓：《儒林外史》，第三十一回"天长县同访豪杰　赐书楼大醉高朋"，人民文学出版社 1977 年版，第 365 页。

② 《儒林外史》以明确的思想内容来统驭全篇各个自成起讫的故事，有上升、顶点、下降的完整过程，泰伯祠大祭居于小说结构的顶点，如卧评所云："本书至此卷，是一大结束。……譬之作乐，盖八音繁会之时，以后则慢声变调而已。"（吴敬梓著，李汉秋辑校《儒林外史会校会评本》，上海古籍出版社 1999 年版，第 465 页。）

③ 吴敬梓：《儒林外史》，第四十七回"虞秀才重修元武阁　方盐商大闹节孝祠"，人民文学出版社 1977 年版，第 547 页。

④ 吴敬梓著，李汉秋辑校《儒林外史会校会评本》，上海古籍出版社 1999 年版，第 572 页。

啸，亦西抹而东涂，咸能振翼于云汉，俱夸龙跃于天衢。谁解投分之交，惧诵绝交之书。①

联结这个家园的不是血缘纽带，而是个体之间本着共同追求而生发的亲和力。南京有不少与吴敬梓志同道合的友人，如吴蒙泉、程廷祚、程晋芳、王溯山等，他们惺惺相惜，为吴敬梓遮挡外部世界的嘈杂，也为他提供心灵的澄彻与安宁，使他能够从个人的坎坷和不幸中解脱出来，去思考整个知识分子阶层的生存状况。吴敬梓在小说中以兴建泰伯祠这一事件为核心，以泰伯祠大祭为纽带所构建的文人群体，超越了吴敬梓深感失望的宗法制家族色彩及官方权力话语体系，虽然其中不乏志趣相异的人物，②但它的内部处于一种欣悦自在的和谐状态，它为那些寻找归属的文人赋予一个对抗俗世浊流的精神家园，以安顿他们流离的人生。这是一个理想国，小说第四十六回，当杜少卿与即将离开南京的虞博士挥泪而别，一句"小侄从今无所依归"③说尽了这个家园在吴敬梓心中的位置，而虞博士的离去也意味着这个群体故老零落凋散，杜少卿觉得自己成了一个无所依靠的孤儿。

清代大量文学作品都表现出对八股取士之科举的失望与批判，前期的经典小说《聊斋志异》《儒林外史》及《红楼梦》无不痛心疾首言之，④

---

① 吴敬梓著，李汉秋辑校《吴敬梓诗文集·移家赋》，人民文学出版社2002年版，第11—12页。

② 这显示出吴敬梓对这个集体能够带来新手的自信，也表明他已从早年源于叛逆而多矫激之行中渐趋走向成熟，胸怀更加容宽大。

③ 吴敬梓：《儒林外史》，人民文学出版社1977年版，第531页。

④ 蒲松龄一生都在科场中挣扎，由此而对科考制度有了深刻的体验，《聊斋志异》中我们看到，历经苦难和不幸的主人公常被安排一个金榜题名的虚幻结局，源于作者自己的白日梦，一生处身科场的挣扎而消磨汨没，抱着终天之恨一边哭骂，一边赶考，哭得深切，考得执着。《红楼梦》中贾宝玉向来嘲笑八股文章及与其联系的仕途经济，"凡读书上进的人"都被他加上"禄蠹"的外号（第十九回），"更有时文八股一道，因平素深恶此道，原非圣贤之制撰，焉能阐发圣贤之微奥？不过作后人饵名钓禄之阶。"后四十回虽自高鹗续写，但仍基本保持了与原作一致的悲剧精神，宝玉中了举人，但在应试之后出家做了和尚，以八股文做收结，足以表明作者对于八股举业的绝望，也代表了曹雪芹对八股的思想认识。

但"古来荣禄开而文行薄，岂特八股为然？"① 唯有《儒林外史》于批判的同时，对科举制度认真地做了正面的思考，"闲居日对钟山坐，赢得《儒林外史》详"②，吴敬梓在"完成了一项具有象征意义的儒教活动并为之牺牲了他祖上遗留的财产，而且最终放弃了进行官场角逐的全部奢望，他现在得以有时间以一种超拔的精神和自我消遣的态度来考察他周围的读书人"③，实际上，如世界文坛上大多严肃的讽刺作家一样，吴敬梓也是个保守主义者。他自己从事过类似的修复泰伯祠之举，这些都确实表明作者认真地相信古礼乐的教化作用，想回到原点，并弘扬泰伯精神，以"礼"、以"德"来挽回世道人心，培育"真儒"以助政教。出于这一"公心"④ 目的，吴敬梓在《儒林外史》中精心建构了南京泰伯祠祭祀大典，并赋予全新的意义。

《儒林外史》建构的泰伯祭礼颠覆了官方秩序⑤，它是在野者主持的仪式，主要参与者多为八股举业的失败者、失意者，在官方礼仪场合他们不可能成为其中的角色。现实中由君主权贵控制的特权，在小说《儒林外史》中，却成为举业失意之文人的"消遣"。显然，在单调的礼仪表演背后吴敬梓寄寓着深意。小说中泰伯祠大祭可视为某一文人群体自我更新的礼仪，其《移家赋》云："乃有青钱学士，白衣尚书，私拟七子，相推六儒"⑥ 这个以泰伯祠大祭为纽带所关联的文人群体，便是吴敬梓的属意所在，而小说第三十三回迟衡山说"而今读书的朋友，只不过讲个举业，

---

① 吴敬梓著，李汉秋辑校《儒林外史会校会评本》"天二评"，上海古籍出版社 1999 年版，第 13 页。

② 吴敬梓吴烺撰，李汉秋点校《吴敬梓吴烺诗文合集》附录王又曾《书吴征君敏轩先生文木山房诗集后》（有序），合肥：黄山书社 1993 年 7 月，第 413 页。

③ 夏志清：《中国古典小说史论》，南昌：江西人民出版社 2001 年版，第 216、244—245 页。

④ 鲁迅《鲁迅全集》第九卷《中国小说史略》，人民文学出版社 2005 年版，第 228 页。吴敬梓的家族曾经有数代的科举制度得益者，曾祖五人四成进士，吴家一门有记载的共七个进士。

⑤ 《大清通礼》把礼仪参与者分为两类：第一类是行礼者；第二类是执事者。皇帝是最主要的行礼者，他和参加典礼的王公贵族及朝廷官员代表一起接受执事者的指导。撇开世袭的王公贵族，实际上站在方墙外的朝廷官员成为大祀行礼者的主要队伍。这个主要队伍多为科举出身的成功者。

⑥ 吴敬梓著，李汉秋辑校《吴敬梓诗文集·移家赋》，人民文学出版社 2002 年版，第 11—12 页。

若会做两句诗赋，就算雅极的了，放着经史上礼、乐、兵、农的事，全然不问"，所以想要在南京与友人"春秋两仲，用古礼古乐致祭，借此大家习学礼乐，成就出些人才，也可以助一助政教"，① 这些想法便是小说深意之所在。

　　主持祭典的三个主要人物：主祭虞博士、亚献庄征君、三献马二先生，象征文士的三个不同的思想境界。被塑造成"上上人物"的虞育德即被看作当代的吴泰伯。虞育德的"让"，是淡泊名利，不论出处；虞育德的"立"，是树立了"真儒"的形象。据何泽翰考证，虞育德的形象是以吴培源（号蒙泉）为原型②，虞育德曾与吴敬梓、程廷祚等人重修南京雨花台先贤祠③。《无锡金匮县志》卷二五载："吴培源少孤露，章采（其母舅）抚而教之，后成进士"④；《明清进士题名碑录》载吴蒙泉乾隆二年（1737）丁巳恩科三甲进士，并授职江宁府上元县学教谕。暮年登第的吴蒙泉正思苦尽甘来时，却以进士身份授职县学教谕这个七品以下微官闲职，其《释褐后得教职感赋》诗两首便是他此时心境的反映。从"腐儒通籍犹如故，只合生涯在砚田"、"老尝蔗境甘犹少，春到梅边暖不多"、"相逢强相悦，悠悠谁可言"等叹老嗟卑诗句看，⑤ 他的胸中充满抑郁牢骚，乾隆十七年吴培源告老辞职隐居故里无锡，未必不带有这种情绪。到南京后，吴蒙泉以学官的身份与地方文人建立起了关系，这其中便有吴敬梓。同为吴姓，吴敬梓也感到十分亲切，其《赠家广文蒙泉先生》⑥ 诗盛赞吴培源的才学，期待着他能让风气丕变，金和说"（吴敬梓）生平所至敬服者，惟江宁府学教授吴蒙泉先生一人，故书中表为上

---

　　① 吴敬梓：《儒林外史》，第三十三回"杜少卿夫妇游山　迟衡山朋友议礼"，人民文学出版社 1977 年版，第 393—394 页。

　　② 仲雍死后葬于常熟虞山，此墓至今尚存，故《左传》称其为虞仲，小说中虞育德生于常熟，并冠以虞姓，意尤在此。

　　③ 参见李汉秋辑《儒林外史研究资料》，金和《儒林外史跋》，上海古籍出版社 1984 年版，第 128 页。也见于顾云《盋山志》卷四及张其濬修，江克让、汪文鼎纂民国《全椒县志》卷一〇。泰伯专祠不在南京，而是在无锡梅里。

　　④ 裴大中、倪咸生撰《无锡金匮县志》卷二五"行义"，清光绪七年刻本。

　　⑤ 顾光旭辑《梁溪诗钞》卷三四及卷四，转引自何泽翰著《儒林外史人物本事考略》第 48 页。

　　⑥ 吴敬梓：《吴敬梓诗文集》，李汉秋辑校，人民文学出版社 2002 年版，第 46 页。

上人物"①。《儒林外史》中的虞博士淡泊名利，不以宠辱介怀，当他中进士只补个国子监博士，他还"欢喜道：'南京好地方，有山有水，又和我家乡相近。我此番去，把妻儿老小接在一处，团圞着，强如做个穷翰林。'"② 下面这段对话尤能见虞博士的"真"：

> 尤资深道："而今朝廷大典，门生意思要求康大人荐了老师去。"虞博士笑道："这征辟之事，我也不敢当。况大人要荐人但凭大人的主意。我们若去求他，这就不是品行了。"尤资深道："老师就是不愿，等他荐到皇上面前去，老师或是见皇上，或是不见皇上，辞了官爵回来，更见得老师的高处。"虞博士道："你这话又说错了。我又求他荐我，荐我到皇上面前，我又辞了官不做。这便求他荐不是真心，辞官又不是真心。这叫做甚么？"说罢，哈哈大笑。③

陈美林教授评曰："无论其出或处，均是一副安详闲淡态度，既不以辞官为高，又不以出仕为耻，令人可亲可敬，实不负'第一人'之誉。"④这种"淡定"是对原型的提升，既可见作者的追求，也可见作者反对的不是科举出仕本身，而是经选官后被异化为官迷的普遍现象。⑤ 与"真儒"相比，庄征士未免落第二义，他只是一个知礼守节的儒者，恪守君臣之礼而未敢逾越，当太保公罗致不成而进谗天子，天子允令还山，庄征

---

① 金和《儒林外史跋》，见于李汉秋辑《儒林外史研究资料》，第 128 页。
② 吴敬梓：《儒林外史》，第三十六回"常熟县真儒降生　泰伯祠名贤主祭"，人民文学出版社 1977 年版，第 422 页。
③ 同上。
④ 吴敬梓原著；陈美林评注《清凉布褐批评〈儒林外史〉》，新世界出版社 2001 年版，第 404—405 页。
⑤ 吴敬梓于此寄慨遥深，小说中多处着笔，以抒孤愤。第一回王母临终叮嘱王冕说："不要出去作官。我死了口眼也闭。"第八回蘧太守儿子景玉早逝，"小儿亡化了，越觉得胸怀冰冷。细想来，只怕还是做官的报应。"第四十六回虞育德与杜少卿作别，说到儿子云："我教他学个医，可以糊口。我要做这官怎的？"小说中以金榘为原型的余大先生的形象塑造也是如此，吴敬梓剔除其渴求富贵显达之心，而突出其襟怀冲淡的品质。

君由此悟道："看来我道不行了！"因而决心"辞爵还家"①，他能拒绝被权贵收为门生，且清廉行善，何况"道不行则卷"也是合"礼"的，是为二献。至三献马二先生，其沉浸于八股制艺中，难免追名逐利，则等而下之。马二是极看重"礼"的，迂阔中尚能心存忠厚，时或济人危难，在当时受八股气浓烈熏染的士人中已属难得。然而，"那个给你官做？"没有官做，"孔子的道也就不行了"，八股制度使马二真诚地以为做官就是为了行夫子之道，相较王德、王仁及范进们，马二也将朝廷视为道德与政治权威的来源，参加八股考试，"代圣人立言"，却从来没有兑现政治资本及经济利益的欲望与恶行。尽管举业一再受挫，马二却从不怀疑八股是"极好的法则"。但是，这"极好的法则"却没能使马二走上合法的"荣身之路"，他为之献身的八股举业没有能让他如范进、周进式的"中了"，他的遭际具有喜剧的冲突和悲剧的意义，叫人在笑时不免又为他心酸与难过，并不禁要怀疑这"极好的法则"了？吴敬梓对于马二先生偏狭浅陋的学识和教养予以直率嘲弄的同时②，十分珍重他作为一个人的纯正的品质。然而，这种品质在八股流风之下却又极易变成"慈母和爱人误进的毒药"③，马二极力要叫人认识八股的价值，诚恳地将它献给这条道路上的后来者如匡超人、蘧公孙者流便是最好的例证，那一点仁慈宽厚则又成了他精神世界卑琐的写照。在士林中处身下层的马二先生们是阮元所云之"中等之人"④，他们无疑是举业这个庞大群体的主体、也是士林中的大多数，他们的存在和他们跟着八股亦步亦趋的生活使得这一时代的科举制度得以最完美地自我延展出它的本相，包括它的意旨和内涵。马二的命运是八股举业制度优劣的最直观的标本，吴敬梓写出了八股举业如酶和催化剂，叫马二从一个本来可以是有价值的人成为实际上已无价值的人的转化，没有比这更能说明问题

①　吴敬梓：《儒林外史》，第三十五回"圣天子求贤问道　庄征君辞爵还家"，人民文学出版社 1977 年版，第 411 页。

②　文人的文化教养可能因为治学途径的影响而有严重的缺陷，马二即以为读书和做学问等同于为官方的制度、功令进行诠释、宣扬和鼓吹，而与人的精神价值存在无关。《儒林外史》第四十九回吴敬梓通过迟衡山之口说："讲学问的只讲学问，不必问功名；讲功名的只讲功名，不必问学问。若是两样都要讲，弄到后来，一样也做不成。"

③　鲁迅《鲁迅全集》第三卷《华盖集·杂感》，人民文学出版社 2005 年版，第 51 页。

④　梁章钜《制义丛话》，上海：世纪出版集团，上海书店出版社 2001 年版，第 20 页。

了。马二代表了举业制度的正宗的产品，也代表了制艺的精神，对于八股制度来说，这些"中等之人"的举业道路已经比制度本身更直接地助成中国社会的一道同风，吴敬梓对八股举业的解剖，自然不会忽视这个群体中的典型，故列为三献。① 不容忽视的还在于：其他参与者，包括看客，都是些被主流社会边缘化的人。②

　　以上种种，无疑是对历史与现存礼教秩序提出的挑战，是对主流的权力话语之颠覆。文本中泰伯祠的意象，是新的礼教秩序的构建，吴敬梓虔诚而执着地向往社会秩序中本来应该具有的合理主义，通过虚构，他以自己的方式阐释了世界，古老的泰伯故事也因此而获得诗学的意义。

　　八股举业使"选举无善法"的科举制度登峰造极，他们被囚禁在程朱注疏、八股章句的枷锁中，挣扎攀爬，使士人阶层驯服而养成奴性，根本丧失了唐宋以前知识分子阶层在政治生活中的魄力和自主精神。吴敬梓并不反对选用人才的科举制度，有鉴于明清八股举业的痼疾，吴敬梓着意于礼教与科举的嫁接。小说中一群真儒"用古礼古乐致祭，借此大家习学礼乐，成就出些人才，也可以助一助政教"，这可以看作是吴敬梓借小说对式微的传统中国社会的一种广泛的完整的幻想，吴敬梓以礼的原理作为建构《儒林外史》整个情节的核心与枢纽，书中虞育德、庄绍光们都忠敬于泰伯，杜少卿鼎力相助，举办和谐而神圣的泰伯祠祭

---

　　① 宋明理学的人格主义对吴敬梓的影响深刻，马二先生代表着现实中可以改良的大批人物的典型，他们的"性"被八股举业蒙蔽，只要克己尽私欲意意，而顺乎本心良知，在好的文化政策及制度下，同样能够成就自己。在这一方面，吴敬梓的思想多少与王阳明心学思想产生关联，小说第五十五回中所写的市井奇人，在他们身上作者渲染的是文人生活中渐趋失去的纯真素朴，吴敬梓似乎又回过头来求助于心学了。颜元思想对吴敬梓的影响显著，这一方面陈美林及李汉秋皆有相关论述。《儒林外史》中迟衡山的话"而今读书的朋友……放着经史上礼、乐、兵、农的事，全然不问！"这番议论是和颜李学派思想吻合的，与此相联系，第四十回写萧云仙理政青枫城的礼乐兵农实践，寄寓着吴敬梓的理想。尽管颜元反对明代理学，但他的立场与王阳明的一些思想并不能截然分开。

　　② 尽管小说在泰伯祠大祭这一回写观者盛赞为几十年所未见，并用欢声雷动来形容当时场景的热闹，但小说最后写泰伯祠因多年无人照看而沦为废墟，一群孩子在坍塌的泰伯祠门前空地上踢球玩耍，他们不知道泰伯是谁，也不在乎是谁，乡间的老妪则在大殿的石阶上挑荠菜，反映出群体大众的漠不关心。

仪，连嘉靖皇帝也被说成十分在意礼仪①。与此呼应，小说终尾，万历皇帝也认识朝政未能进用贤才来建立儒家的礼仪制度的疏失，"夫欲迪康兆姓，首先进用人才。昔秦穆公不能用周礼，诗人刺之，此'蒹葭苍苍'之篇所由作也。今岂有贤智之士处于下欤？不然，何以不能臻于三代之隆也。"②礼教观支配着小说的道德观，也代表着这些真儒们的梦想：用仪式及行动来恢复礼仪的教育，以改造受到八股影响而颓废堕落的科举。

　　与上述相应，《儒林外史》不但有破，还有立。吴敬梓生活在回光返照的封建末世，所谓的康乾盛世乃清朝最强盛最繁荣时期，这一时期，外国列强尤其是西方文化的侵略尚处在将来时，在儒学氛围下成长的吴敬梓对传统文化还没有失去信心。③吴敬梓在小说中精心建构泰伯祠祭祀大典，并赋予其全新的意义，小说开篇便借王冕之口说："这个法却定的不好！将来读书人有此一条荣身之路，把那文行出处都看得轻了。"④第三十三回迟衡山说："而今读书的朋友，只不过讲个举业，若会做两句诗赋，就算雅极的了，放着经史上礼、乐、兵、农的事，全然不问"，所以想在南京要与友人"春秋两仲，用古礼古乐致祭，借此大家习学礼乐，成就出些人才，也可以助一助政教"⑤，这些想法正是吴敬梓构建《儒林外史》中泰伯祠大祭的又一深意所在，是承继高祖吴沛"雕虫不豪，我辈寄之耳"之思想并发扬光大。若将泰伯祭典与最

---

　　①　小说第三十五回神宗召见庄征君时说："朕在位三十五年，幸托天地祖宗，海宇昇平，边疆无事。只是百姓未尽温饱，士大夫亦未见能行礼乐。这教养之事，何者为先？所以特将先生起自田间，望先生悉心为朕筹画，不必有所隐讳。"

　　②　吴敬梓著，李汉秋辑校《儒林外史会校会评本》，第五十六回"神宗帝下诏旌贤　刘尚书奉旨承祭"，上海古籍出版社1999年版，第677页。

　　③　从十四世纪到十九世纪，世界文明由彼此隔绝走向联系融汇并发生质变性的变化，明清八股科举制度阻碍着中国知识阶级睁开眼去看世界，不可能产生类似西方"文艺复兴"的激荡，我们不必苛求吴敬梓。其子吴烺对历算等颇多研究成为名家，并与八股相疏离，他们"父子相师友"（吴湘皋语），《儒林外史》第三十二回借娄太爷之口对杜少卿说："你生的个小儿子，尤其不同，将来好好教训他成个正经人物。"代表了吴敬梓的认识。

　　④　吴敬梓：《儒林外史》，第一回"说楔子敷陈大义　借名流隐括全文"，人民文学出版社1977年版，第15页。

　　⑤　吴敬梓：《儒林外史》，第三十三回"杜少卿夫妇游山　迟衡山朋友议礼"，人民文学出版社1977年版，第393—394页。

后一回"神宗帝下诏旌贤 刘尚书奉旨承祭"合读，便可发现作者意图建构的不止是南京泰伯祠之类的"小气候"，在单飏言的奏疏和刘进贤的祝文中都承认了本朝八股举业制度的缺陷甚至失败："奏为请旌沉抑之人才，以昭圣治，以光泉壤事。……夫三代之用人，不拘资格……至于后世，始立资格以限制之。……我朝太祖高皇帝定天下，开乡会制科……然一榜进士及第，数年之后乃有不能举其姓字者，则其中侥幸亦不免焉。夫萃天下之人才而限制于资格，则得之者少，失之者多。其不得者，抱其沉冤抑塞之气……亦不得谓非资格之限制有以激之使然也"，"资格因人，贤豪同叹"①，单、刘二人以朝廷命官的身份，陈述的是"限制于资格"和"资格困人"的举业现实。吴敬梓欲借皇帝之手"下诏旌贤"，革新"选举无善法"的科举制度，广开取士途径，或以品行择用，或以一技而取，不使贤德才能之人在野，改变"萃天下之人才而限制于资格，则得之者少，失之者多"的局面，挽回世道人心，企盼、呼唤"用人不拘资格"时代的到来。所以"赐及第"名单中，不但有泰伯祭典中的虞育德诸人，还有被目为市井奇人的"四客"，他们或卖火纸筒子，或开茶馆，非儒士而咸列榜中。吴敬梓对这些人寄予大希望，他们是开篇"楔子"出现的群星②，"天上纷纷有百十个小星，都坠向东南角去了"，王冕叹道："天可怜见，降下这一伙星君去维持文运，我们是不及见了。"③ 这几句话正是"幽榜的张本"④，"维持文运"四字道出吴敬梓的苦心，其实这也是士林普遍关心的问题。《儒林外史》以祭泰伯为中心，表现"星君"维持文运的努力，它与《聊斋志

---

　　① 吴敬梓著，李汉秋辑校《儒林外史会校会评本》，第五十六回"神宗帝下诏旌贤　刘尚书奉旨承祭"，上海古籍出版社 1999 年版，第 677—678、684 页。这里单飏言又有"善扬言"，刘进贤又有"进用贤人"的双关用意。

　　② 吴敬梓：《儒林外史》，第一回"说楔子敷陈大义　借名流隐括全文"，人民文学出版社 1977 年版，第 16 页。徐又良《短篇其表，长篇其理——〈儒林外史〉结构新探》（《社会科学研究》1998 年第 1 期）认为小说以文昌星为一以贯之的主人公，文昌星变相为数十百个维持文运的小星，以这些文人为中心构成一个个小故事，这是小说的外在结构，这种结构使得小说主题的表达充分畅达。

　　③ 吴敬梓：《儒林外史》，第一回"说楔子敷陈大义　借名流隐括全文"，北京：人民文学出版社 1977 年版，第 16 页。

　　④ 赵景深著《中国小说丛考》，齐鲁书社 1983 年版，第 428 页。

异》《红楼梦》等大量抨击桎梏人才政策的文学作品，以及其他非文学作品汇为一个深厚的"文化文本"①，不断催人觉醒，犹如地火运行，随时在寻找突破口。

　　然而，尽管小说在泰伯祠大祭一回写观者盛赞为几十年所未见，并用欢声雷动来形容当时场景的热闹，可是，这早就不是一个崇尚泰伯的时代，吴敬梓试图通过宣扬泰伯祠祭礼来扭转日益颓弊的社会风气，最终却只能消解在一个个看客所聚成的喧闹之中。小说临近结束时作者悲情满怀：

　　　　泰伯祠的大殿，屋山头倒了半边。来到门前，五六个小孩子在那里踢球，两扇大门倒了一扇，睡在地下。两人走进去，三四个乡间的老妇人在那丹墀里挑荠菜，大殿上槅子都没了。又到后边，五间楼直桶桶的，楼板都没有一片。②

　　这里泰伯祠已沦为废墟，一群孩子在坍塌的泰伯祠门前空地上踢球玩耍，他们不知道泰伯是谁，也不在乎是谁，乡间的老妪则在大殿的石阶上挑荠菜。

　　吴敬梓以重建象征儒家思想的泰伯礼为顶点建构他的小说，同时，作者并不回避礼的实践的困惑，如小说一边说"余家弟兄两个，品行文章是从古没有的"，一边又写了余大为筹钱给父亲办久拖的葬礼而坦然接受贿赂，而余二也帮他隐瞒真相，③ 夏志清评论说："只有惟孝敬是重而排斥一切其他德行的狂热的儒教信奉者才会对他的行动表示首肯。"④ 实际上，这是吴敬梓对自己倡导的礼的主张及实践所面临的困境的如实的表白，小说中余大、余二兄弟，郭孝子，王玉辉等礼的行动无不包含这方面

---

　　① 经典的确立是一个相对漫长的历史筛选过程。文学中所谓经典，一方面它们反映民族的某种审美诉求和价值取向，同时，它们反过来影响民族文化，使之形成相对牢固的审美习惯和价值取向，并以此激活着民族认同感和凝聚力。

　　② 吴敬梓：《儒林外史》，第五十五回"添四客述往思来　弹一曲高山流水"，人民文学出版社 1977 年版，第 627 页。

　　③ 参看吴敬梓《儒林外史》，第四十五、四十五两回，人民文学出版社 1977 年版。

　　④ 夏志清：《中国古典小说史论》，江西人民出版社 2001 年版，第 247 页。

的思考，作者写出他所倾心推崇的"礼"之事业与"八股举业"的现实交错下的苦思和迷惘，揭示出儒家经典在现实中所表现的无效性以及吴敬梓内心对于那些经典所规范的理想的执着。这已不是崇尚泰伯的时代，吴敬梓不可能摆脱八股科举所造成的整个社会的文化氛围①。小说在泰伯祠大祭一回写观者盛赞为几十年所未见，至小说尾声时泰伯祠已沦为废墟，② 这些无疑表明作者倾力所为泰伯礼的徒劳无功和群体大众的麻木，吴敬梓意识到救治社会沉疴痼疾的艰难。《西墅草堂歌》中同样吟着哀婉低沉的曲调：

> 　　先人结庐深山中，布衣蔬食一亩宫。青山层迭列画障，绿树槎枒映帘栊。门迎流水蓼花湾，牧唱樵歌竞往还，琴樽无恙尘嚣静，指点深林暮霭间。有明末运干戈里，黄巾赤眉纷如蚁，淮南十家九家空，眼看城郭生荆杞。先人仓皇走避兵，茅屋倾欹茂草生，污莱满目牛羊下，野水争流禽鸟鸣。五十年来成幻梦，斜阳废墅少人行。吾先君子长太息，欲将旧宅重经营。手持钱帛告田父，昔吾先人此环堵，多年侵夺勿复言，梁燕飞来知故主。茅茨重葺土重筑，酾酒诸昆共挥麈，竹苞松茂好相期，莫忘先人庆宁宇。只今摇落又西风，一带枫林绕屋红。明月空传天子诏，（西墅"一轮明月，高拟鹿门"，庄烈皇帝敕书中语）岁时瞻仰付村翁。③

当吴敬梓来到西墅瞻仰高祖修建的西墅草堂时，追念祖辈功业，缅怀先人创业之艰辛而无限感怀。面对式微的现实，吴敬梓为高祖吴沛，也为自己在唱着挽歌。果不其然，先生逝世八十五年后，龚自珍《己亥杂诗》爆出天摇地动的一声吼："九州生气恃风雷，万马齐喑究可哀。我劝天公重抖擞，不拘一格降人才。"④ 伴随着西方的坚船利炮，外患内忧交织，清王朝乃至整个

---

① 有清一代，封建社会政治上常见的弊端，如皇帝的严重失德，权臣、外戚、宦官的专权乱政，文官党争，藩镇割据等等，都被压缩到最小的程度，唯独八股科举的痼疾却不能克服。

② 吴敬梓：《儒林外史》，第五十五回"添四客述往思来　弹一曲高山流水"，人民文学出版社1977年版，第627页。

③ 吴敬梓：《吴敬梓诗文集》，李汉秋辑校，人民文学出版社2002年版，第13页。

④ 龚自珍：《龚自珍全集》，上海人民出版社1975年版，第521页。

封建官僚体制，至是已濒临总崩溃，而泰伯祠的幻梦也随之如烟消逝①。

吴敬梓的探索代表了封建社会有良知的知识分子的担当，《儒林外史》笔锋所向是使士人阶层驯服而养成奴性并导致整个社会人文精神萎缩的八股文化制度，吴敬梓要以小说启悟人们克服奴性、塑造独立人格精神，它直接启蒙了身后无数的仁人志士而堪称"精神前身"②。

．（二）节孝祠的喧嚣

《儒林外史》第四十八回"徽州府烈妇殉夫，泰伯祠遗贤感旧"以王玉辉女儿王三姑娘故事为主线，其本事源于金兆燕长诗《古诗为新安烈妇汪氏作》③，诗记述的是发生在新安（徽州）女子绝食殉夫的真实事件，诗中称说烈妇汪氏父汪洽闻④为"古君子也"，"赋性璞且惇"，他以"古诚"、"敦伦"教化子女，女儿"早岁能诗书，手缮列女传"，丈夫病逝后，又能践行乃父的教化，女儿以死殉夫，金兆燕因而称赏汪洽闻理学教化的成就，"自古产大贤"、"理学炳千载"，并礼赞汪氏妇殉夫是笃信好学、守死善道的理学"真信徒"之行为。在汪氏妇殉身这一事件的描述中，金兆燕将惨烈的悲剧讲述成感动人心的道德剧，并归于父亲汪洽闻的家教有方，汪洽闻才是诗之主角。

《儒林外史》本回开头吴敬梓即告诉我们王玉辉是一个老秀才，他既未涉足仕途，又拒绝教书设馆，却费尽心血几十年编写礼书、字书和乡

---

① 科举制度是使儒家制度化的核心，也因此使儒家的文化价值一直得以维系，从某种意义上说，中国科举制度的设立及经营，在明清八股之前的发展趋势都相当接近于近代社会的价值取向。十九世纪，当欧美西方国家纷纷仿效文官制度时，中国的先进人士却在为废除科举制度而奔走，这是历史对于八股科举所造成的中国畸形文化的嘲弄，而以废除科举为前导的晚清改革在一定程度上是对儒家制度体系的否定。国家不幸文学幸，若无此，这样一部对中国文化反思的伟大的《儒林外史》就不会诞生。

② 何满子：《伟大也要有人懂》，《中华读书报》2002 年 3 月 27 日。梁启超曾言："晚清思想之解放，自珍确与有功焉。光绪间所谓新学家者，大率人人皆经过崇拜龚氏之一时期。初读《定庵文集》，若受电然"，则龚自珍于中国近代思想史上的启蒙地位可知。

③ 金兆燕撰《棕亭诗钞》卷四，清道光十六年赠云轩刻本。何泽翰先生考证，"现在根据金兆燕的诗文，知道作者是摄取汪洽闻和他的女儿的事作为题材的基础的。"何泽翰著《儒林外史人物本事考略》，上海古籍出版社 1985 年版，第 96 页。

④ 金兆燕：《国子先生全集》中共有三处写到汪洽闻，另两处分别在《棕亭古文钞》卷八《汪阆洲七十寿序》及《棕亭词钞》卷二《沁园春（匏樽为汪洽闻赋）》。

约，"要纂三部书嘉惠来学"①，几十年只是不停地要修那三部书，别人借教养里的辞藻干禄荣身，王玉辉却要当作一个不同凡响的道德实践的契机。吴敬梓重写了这个故事，金诗中"阿爷向汝言，汝志既坚决，所悲颓龄叟，顿使肝肠裂"，父亲以自己不能承受之重，要打动女儿赴死的决心；小说中，女儿体谅父亲贫寒的家境，"而今我又死了丈夫，难道又要父亲养活不成？"女儿虽要赴死，却也不乏踌躇的心意，可是王玉辉没有劝阻，却顺着女儿的意思去引诱她说出心中懵懂而糊涂的心事："你如今要怎样？"冰冷言辞的背后是再清楚不过的意思，父亲未给女儿预留下一丁点儿退步的空间。当女儿说出她的决定后，王玉辉立刻说道："自古'心去意难留'"，并对亲家说："我这小女要殉节的真切"，王玉辉强化了女儿的角色，还迫不及待地预演了女儿故事的结局，向女儿道："我儿，你既如此，这是青史上留名的事，我难道反拦阻你？你竟是这样做罢。"吴敬梓借母亲之口禁不住说道："女儿要死，你该劝他，怎么倒叫他死？""叫他死"并没有冤枉了王玉辉，这场谈话，女儿和父亲各说各的，女儿担心的是父亲要养活守寡女儿的艰难，父亲却迷恋着"将来不能像他这一个好题目死"的人生好归宿，② 父女二人咫尺天涯，徒有对话的语言而不见交流的心声。王玉辉鼓动女儿殉身，以女儿的血肉之躯去实践他所鼓吹的道德信仰（证教），送女儿上了祭坛。

当女儿真的死了后，"通学人要请了王先生来上坐，说他生这样好女儿，为伦纪生色。王玉辉到了此时，转觉心伤，辞了不肯来"。吴敬梓又让我们看到王玉辉心理的创痛和灾难，"悲悼女儿，凄凄惶惶"，"见船上一个少年穿白的妇人，他又想起女儿，心里哽咽，那热泪直滚出来"。③ 如果用"以礼杀人"、"良心与礼教之冲突"等来概括吴敬梓叙写的这个事件，则多少遮蔽了小说故事主题的丰富性。

在封建礼俗和宗法制度笼罩之下，程朱理学成为徽州文化的核心，尤其强调妇女贞节思想，推崇守寡的"节妇"、殉夫的"烈妇""烈女"行为，加之官方及民间推行各种具体的维护措施，包括宗法制度、氏族关系

---

① 吴敬梓：《儒林外史》，第四十八回"徽州府烈妇殉夫　泰伯祠遗贤感旧"，人民文学出版社1977年版，第551页。

② 同上书，第553—554页。

③ 同上书，第555—556页。

以及在此基础上形成的地方社会的共谋，以致许多女子为贞节而自愿或被
迫赴死。《儒林外史》中王三姑娘的殉节被人们赞美成"为伦纪生色"而
送入节孝祠。贞节牌坊上题有御笔或府官空洞而冰冷的赞词，成为王家光
宗耀祖之大事件，牌坊下却躺着多少如王三姑娘般无助的少女或妇人的白
骨，无数个王三姑娘滋养了徽州乃至整个社会的节烈观。

　　基于个人遭际及家族事故，吴敬梓在观念及情感上都不可能完全认可
宗法体制下的礼教及妇女节烈观，甚至十分反感过，小说有关王三姑娘的
描写，写出守节、殉节之惨，客观上固然有暴露礼教冷酷、不合人性的积
极效果，但这并不表示吴敬梓完全脱离他的时代的影响。吴敬梓的亲姐姐
二十二岁出嫁，二十八岁便守寡，一直到四十七岁去世，而吴敬梓对守节
孝谨的姐姐充满了由衷的敬意，因为"后虽得旌，尚未有日"的缘故，
故要请程廷祚先写了一篇《金孺人墓志铭》。①　主观上，吴敬梓并不反对
表彰节烈②，姐姐受尽苦难，守寡而终，在他看来，若门有旌表，便死得
其所，这墓志铭的背后便存在难以消除的杂音。《儒林外史》中虞育德及
泰伯大典的组织者，他们对孝子烈女何尝不是推崇备至！第三十六回中，
虞育德说："前日中山王府里说，他家有个烈女，托我作一篇碑文"③，虞
育德接受别人委托，要为一位烈女撰写碑文，为了照顾家计窘迫的杜少
卿，虞育德请杜少卿代写，杜少卿则很感激地接受了。

　　事实上，王三姑娘进入节孝祠所需要的贞节和孝行，小说并未给予，
三姑娘没有说要为死去的丈夫表达忠诚，她的死使公婆悲不自禁，使母亲
悲伤而病倒。节孝所代表的德行声望已经变味，礼仪、贞节被觊觎和操

---

　　①　程廷祚：《青溪文集续编》卷八《金孺人墓志铭》："综孺人生平，于世间守节妇最为坎
壈。嗣子为菊，以某月某日葬孺人于某山。弟敬梓，持所为《传》诣余，泣而言曰：'吾鲜兄
弟，姊又无子，后虽得旌，尚未有日，子其志焉！'"

　　②　再如有关纳妾的问题，小说中杜慎卿称自己纳妾"为嗣族大计，无可奈何"，作者借杜
少卿口一方面将娶妾视作"最伤天理"的事，而另一方面又称："小弟是朝廷立法：人生须四十
无子，方许娶一妾；此妾如不生子，便遣别嫁。是这等样，天下无妻子的人或者也少几个。也是
培补元气之一端。"表面看来杜少卿比杜慎卿更尊重妇女，但实质上却也是将妇女看作生育的机
器。小说中另一人物沈琼枝也如此，细辨之，她的行为是在权衡"做妻"不成将"做妾"后所
采取的激烈反应。

　　③　吴敬梓：《儒林外史》，第三十六回"常熟县真儒降生　泰伯祠名贤主祭"，人民文学出
版社1977年版，第426页。

纵，服务于各种不同的目的。同样，第三十六回写虞育德上任伊始，即让府学出资为世家出身的国子监生武书母亲申报旌表节孝，虞育德并不在意武书母亲有无旌表的德行，^① 而就入祠条件上说，武书的母亲也未必一定比方盐商家老太太强。第四十七回写乡绅家族祭祀本族被封为节妇的先祖仪式，方盐商"又是乡绅，又是盐典，又同府县官相与的极好"^②，因此方盐商家的仪式热闹非凡，他的后面紧跟着的是地方乡绅，身着官服的举人、进士，贡生、监生等，他们匆忙赶路，唯恐落伍，而虞余两家兄弟发现他们的族人宁愿去参加方盐商祖母的入祠仪式。历来《儒林外史》的各个评家即不断提醒读者："泰伯祠礼乐彬彬之度，又有此回节孝祠俗尘扰扰之状以形之。极笔墨之状以形之。极笔墨互相掩映之妙。""写得一样，特与大闹节孝祠对看，然不可为训，故虽殉夫，只可入《儒林外史》。""写烈妇入祠一段，特特与五河县对照。"^③ 吴敬梓看到在集体的喧嚣鼓噪与裹挟之下的整个群体的异化，小说索性将庄严圣洁的节孝祠祭礼之主角拱手让给了炙手可热的方盐商：

> 方六老爷行了一回礼，拘束狠了，宽去了纱帽圆领，换了方巾便服，在阁上廊沿间徘徊徘徊。便有一个卖花牙婆，姓权，大着一双脚，走上阁来，哈哈笑道："我来看老太太入祠！"方六老爷笑容可掬，同他站在一处，伏在栏杆上看执事。方六老爷拿手一宗一宗的指着说与他听。权卖婆一手扶着栏杆，一手拉开裤腰捉虱子，捉着，一个一个往嘴里送。^④

吴敬梓从切身的遭际及对现实的敏感中觉察到了封建社会末世的种种征兆，"入节孝祠一段，作者虽以谑语出之，其实处处皆泪痕也。薄俗浇

　　① 吴敬梓：《儒林外史》，第三十六回"常熟县真儒降生　泰伯祠名贤主祭"，人民文学出版社 1977 年版，第 424 页。

　　② 吴敬梓：《儒林外史》，第四十六回"三山门贤人饯别　五河县势利熏心"，人民文学出版社 1977 年版，第 535 页。

　　③ 吴敬梓著，李汉秋辑校《儒林外史会校会评本》，上海古籍出版社 1984 年版，第 583、588、593 页。

　　④ 吴敬梓：《儒林外史》，第四十七回"虞秀才重修元武阁　方盐商大闹节孝祠"，人民文学出版社 1977 年版。

漓，人情冷暖，乌衣子弟触目伤心"①。小说以荒诞的笔调将丑行与猥亵写进方家老太太的入祠仪式中，随之成为一场大闹剧，神圣高雅变成庸俗猥贱，小说中对造成这种风气的始作俑者给以最大的憎恨和蔑视，"尊经阁上有卖花婆，千古奇谈，所谓'大闹'矣"②。其产生的亵渎神明的效果，是吴敬梓对此类僭越的诅咒，吴敬梓欲以此消解心中愤世之情。《儒林外史》第三十三回，杜少卿携妻子游园：

> 这日杜少卿大醉了，竟携着娘子的手，出了园门，一手拿着金杯，大笑着，在清凉山冈子上走了一里多路。背后三四个妇女嘻嘻笑笑跟着，两边看的人目眩神摇，不敢仰视。杜少卿夫妇两个上了轿子去了。③

杜少卿以炫耀的姿态挑战世俗社会的常规，以发抒自己的快意，表达自己的蔑视。他的冒犯绝非无视他者的存在，女仆人的"嘻嘻笑笑"亦如卖花牙婆的"哈哈笑"，杜少卿无力消除周围的杂音，只能无可奈何地忽略它们或者干脆假装听不见，吴敬梓的叙述在深切地哀悼着他所面对的现实世界中真名教的式微。

三姑娘的死而为王家挣得的荣光并不能解决王玉辉内心深层的困扰，在众人狂欢④的喧嚣中，王玉辉突然被悲伤攫住，他所苦苦支撑的道德信念始终要面对沮丧与幻灭。王玉辉的内心迫切需要找到一个新的依靠来支撑他几近绝望的精神世界。带着徽州府学训导余有达⑤的书信，王玉辉开

---

①　吴敬梓著，李汉秋辑校《儒林外史会校会评本》，上海古籍出版社 1984 年版，第 583 页。

②　同上书，第 580 页。

③　吴敬梓：《儒林外史》，第三十三回"杜少卿夫妇游山　迟衡山朋友议礼"，人民文学出版社 1977 年版，第 388—389 页。

④　"为伦纪生色"及"好题目"此时成为大家狂欢的借口。

⑤　余大先生对王玉辉的温情与敬重是出自内心的。当王玉辉向余有达说出自己的编书计划后，便赢得了余的赞赏，评价尤高，"这一部书该颁于学宫，通行天下"；王三姑娘的死讯传来，"余大先生知道，大惊，不胜惨然"，"立刻传书办备文书请旌烈妇"，"到了入祠那日，余大先生邀请知县，摆齐了执事，送烈女入祠"，他绝无利用王三姑娘的鲜血作为自己仕途的手段，在世人竞相争名夺利之时，王玉辉的悲情在他的心上唤起了共鸣。

始了他的寻访泰伯祠之行。他来到南京，朋友都已四散而去，"来会这里几位朋友，不想一个也会不着"①。在南京，王玉辉如一个孤独的舞者，孑然一身，形影相吊，所谓"泰伯祠遗贤感旧"正表达此番意蕴。如同他节孝祠遭际的投影，王玉辉依然是被遗弃的角色，节孝祠与泰伯祠标志着王玉辉精神磨难历程的起点和终点，他用不屈的意志坚守着一个无法实现的蓝图，吴敬梓在《儒林外史》中以泰伯祠残存的支柱和房梁似乎在暗示着王玉辉这一生的悲剧。

在去南京的途中，王玉辉顺道要去拜访一个故交知己，当他找着那朋友家里时，朋友却已悄然过世，"还不曾尽七"，他"买了一副香纸牲醴，把自己的书一同摆在灵枢前祭奠"②，可惜王玉辉的布道之书又失去了一位衷心的读者。这一幕极富象征意，当年吴敬梓寓居扬州，希冀能将"十年辛苦不寻常"的《儒林外史》刻印出来，但是，这一心愿始终无果，金兆燕诗中追叙说："峨峨琼花台，郁郁冬青枝，与君攀寒条，泪下如连丝。"③吴敬梓不得已又要离开扬州。《儒林外史》中作者用笔画着王玉辉的悲情，吴敬梓写王玉辉似乎是在写自己的父亲，吴霖起与王玉辉的思想有一脉相承处，那就是执着或曰呆，作者将王玉辉作为父辈一代的典型，两辈之间的代沟使他可以间离，从而"审父"；吴敬梓又何尝不是在写着自己的哀伤，他们都是真名教，王玉辉循规蹈矩符合真名教，杜少卿以其叛逆维护着真名教。从某种意义上说，杜少卿是在目睹了王玉辉的悲剧后才转换了他的思路；吴敬梓的人生也当作如是观，二十三岁时父亲撒手人寰是吴敬梓人生道路上的一个坎儿，"弱冠父终天，患难从兹始"④，他同样是在亲见父亲悲剧后才得以重启他的人生的。

（三）少卿慎卿之合一

《儒林外史》中杜少卿、杜慎卿分别是以吴敬梓及其堂兄吴檠为原

① 吴敬梓：《儒林外史》，第四十八回"徽州府烈妇殉夫 泰伯祠遗贤感旧"，人民文学出版社1977年版，第558页。

② 同上书，第557页。

③ 金兆燕撰《棕亭诗钞》卷五《甲戌仲冬送吴文木先生旅榇于扬州城外登舟归金陵》，清嘉庆十二年赠云轩刻本。

④ 吴敬梓著，李汉秋辑校《吴敬梓诗文集》卷三《赠真州僧宏明》，人民文学出版社2002年版，第43页。

型而创作，前人早已指出这种渊源，如金和在《儒林外史》的跋中说："书中杜少卿乃先生自况，杜慎卿为青然先生。"① 小说中这两个人物每每互相对照，相互补充。第三十一回中说："他家兄弟虽有六七十个，只有这两个人（指杜慎卿和杜少卿）招接四方宾客；其余的都闭了门在家，守着田园做举业。"② 第三十二回中借娄焕文之口说"你平生最相好的是你家慎卿相公"③ 即指示二人密切的关系。第五十三回徐九公子说道，"十几年来我常在京，却不知道家乡有这几位贤人君子"是指以杜少卿为中心的一群君子，"闻的向日有一位天长杜先生在这莫愁湖大会梨园子弟"④ 则是赞赏吴檠才子风流；第五十五回作者以叙述人身份化身小说中另作议论："花坛酒社，都没有那些才俊之人；礼乐文章，也不见那些贤人讲究"⑤，感叹莫愁湖及泰伯祠才俊贤人风流逸事不再；第四十六回庄征君等人相约作登高会，虞育德、杜少卿都来了，席间演戏，特意邀请了杜慎卿所定梨园榜上的名角，虞育德等听闻杜慎卿"风流事"开心大笑。⑥

　　吴檠与吴敬梓是一对性格及思想先同后异的人物。金榘《寄怀吴半园外弟》写他们少年时期的交往："二三同人日过从，科跣箕踞互长啸。或斗采戏或手谈，或书赫蹄发墨妙。君家惠连尤不羁，酒酣耳热每狂叫。"⑦ 青年时期，他们为着各自的理想而选择了相异的人生道路，但这并不影响他们交谊，尤其是当吴敬梓的个性不能为全椒乡绅及族人所容而

---

　　① 李汉秋辑《儒林外史研究资料》，金和《儒林外史跋》，上海古籍出版社 1984 年版，第 129 页。

　　② 吴敬梓：《儒林外史》第三十一回"天长县同访豪杰　赐书楼大醉高朋"，人民文学出版社 1977 年版，第 364 页。

　　③ 吴敬梓：《儒林外史》第三十二回"杜少卿平居豪举　娄焕文临去遗言"，人民文学出版社 1977 年版，第 383 页。

　　④ 吴敬梓：《儒林外史》第五十三回"国公府雪夜留宾来宾楼灯花惊梦"，人民文学出版社 1977 年版，第 599—600 页。

　　⑤ 吴敬梓：《儒林外史》第五十五回"添四客述往思来 弹一曲高山流水"，人民文学出版社 1977 年版，第 620 页。

　　⑥ 吴敬梓：《儒林外史》，第四十六回"三山门贤人饯别　五河县势利熏心"，人民文学出版社 1977 年版，第 531 页。

　　⑦ 金榘：《泰然斋诗文集》卷四，清道光二十六年重刊本。

"乡里传为子弟戒"① 时，吴檠却能写下《为敏轩三十初度作》诗②，满含 "世人皆欲杀，我独怜其才" 的深情，表达对吴敬梓处境之理解与同情，困境之中吴敬梓也写下《贺新凉·青然兄生日》③ 诗向从兄倾诉衷肠。移家南京后，吴檠思念从弟而作《怀从弟客长干》④ 诗；重阳思亲，吴敬梓作《九日约同从兄青然登高不至》⑤。吴檠赴博学鸿词科试，吴敬梓又写下《百字令：天宁寺僧舍见青然兄题壁诗》⑥ 祝福从兄；吴檠无果而终，吴敬梓写下《酬青然兄》和《贫女行》⑦ 劝慰并告诫从兄。吴檠去世后，吴烺睹物思人，《归里杂感十首》（之八及十）⑧ 情深一叙。青年时期他们的思想及人生道路确实开始分化，吴檠走举业人生道路，吴敬梓则与举业决绝。实质上这两个人物分别代表着科举制度下士人人生的不同方面，他们各自具有独特的风神韵貌。《儒林外史》中杜少卿与杜慎卿都是有血肉的人物，他们的行动具有多重的维度，吴敬梓并不以单一的概念去刻画他们，两人也 "若两峰对峙双水分流，各极其妙"⑨，体现了吴敬梓对于人生道路思考的广度与深度，寄寓着他的人生思想。

1. 分之相对，相互参照

《儒林外史》中，少卿与慎卿两人始终未曾谋面，仿佛一对疏远的堂兄弟，但是，他们又关系密切，彼此了解，吴敬梓不时将他们暴露在对方的视野中，让读者看到他们本人看不到或不愿看到的那一部分真相。

杜少卿的故事以移家南京为界限，与吴敬梓移家南京前的生活对应。前一部分写他在家乡的 "平居豪举"，族人围绕财产的纷争使他厌

---

① 吴敬梓、吴烺撰，李汉秋点校《吴敬梓吴烺诗文合集》，黄山书社 1993 年版，第 53 页。

② 金榘著《泰然斋诗文集》卷二附吴檠《为敏轩三十初度作》诗，清道光二十六年重刊本。

③ 吴敬梓著，李汉秋辑校《吴敬梓诗文集》，人民文学出版社 2002 年版，第 58 页。

④ 北京大学文学研究所编《文学研究集刊》（第四册），人民文学出版社 1956 年版，第 294 页。

⑤ 吴敬梓著，李汉秋辑校《吴敬梓诗文集》，人民文学出版社 2002 年版，第 22 页。

⑥ 同上书，第 67 页。

⑦ 同上书，第 33—34 页。

⑧ 吴敬梓、吴烺撰，李汉秋点校《吴敬梓吴烺诗文合集》，黄山书社 1993 年版，第 258 页。

⑨ 俞平伯：《红楼梦研究》，人民文学出版社 1988 年版，第 75 页。

倦和鄙视，杜少卿刻意与自己的家族保持着距离；身为秀才的杜少卿，却无心通过举人的考试走上仕途，拒绝进入官方世界。于是，杜少卿索性在家乡扮起大老官，以自己的叛逆与世俗社会相抗衡，显示出生活放荡的一面，"一朝愤激谋作达，左駷史妠恣荒耽。明月满堂腰鼓闹，花光冉冉柳鬖鬖。秃衿醉拥妖童卧，泥沙一掷金一担。老子于此兴不浅，往往缠头脱两骖"①；对于那些各怀鬼胎的上门哭穷之人，杜少卿挥金如土，以高翰林的视角来看，"他这儿子就更胡说，混穿混吃，和尚、道士、工匠、花子都拉着相与，却不肯相与一个正经人。不到十年内，把六七万银子弄的精光"②。杜慎卿说："他做大老官是要独做，自照顾人，并不要人帮着照顾。"③ 实际上，杜慎卿所指正是少卿内心挣扎处。杜少卿自认是向世俗宣战的，他与"功名富贵"的斗争，已经异化为靠着挥霍家财来发泄对世俗的不满，高翰林辈眼中，杜少卿不过是世家大族的浪荡公子，是举业家庭中败家子而已。实际上，慎卿最懂少卿，他说少卿家的管家王胡子"是个坏不过的奴才"，可少卿"偏生听信他"④，此类话语含义丰富，具有十分严肃的批判性，吴敬梓通过杜慎卿的视角，以别一样手法写出他自己心中孤高嫉俗的愤慨之情。小说中杜少卿可以一面笑骂臧三爷："你这匪类，下流无耻极矣！"⑤ 一面却也"听信他"。因"盐商富贵奢华，多少士大夫见了就销魂夺魄。你一个弱女子，视如土芥，这就可敬的极了！"⑥ 杜少卿便十分赞美沈琼枝，而也因鲍文卿"一个梨园中的人，却有思念父亲、孝敬母亲的念，这就

---

① 金榘：《泰然斋诗文集》卷二附吴檠《为敏轩三十初度作》诗，清道光二十六年重刊本。

② 吴敬梓：《儒林外史》，第三十四回"议礼乐名流访友　备弓旌天子招贤"，人民文学出版社 1977 年版，第 398—399 页。

③ 吴敬梓：《儒林外史》，第三十一回"天长县同访豪杰　赐书楼大醉高朋"，人民文学出版社 1977 年版，第 363 页。

④ 同上。

⑤ 吴敬梓：《儒林外史》第三十二回"杜少卿平居豪举　娄焕文临去遗言"，人民文学出版社 1977 年版，第 378 页。

⑥ 吴敬梓：《儒林外史》，第四十一回"庄濯江话旧秦淮河　沈琼枝押解江都县"，人民文学出版社 1977 年版，第 480 页。

可敬的狠了。我怎么不帮你?"① 殊不知,鲍是在王胡子的指引下,精心建构故事以成其坑蒙拐骗之能事,鱼目混珠,泥沙俱下,而杜少卿皆等而视之,遂贤愚不分。杜少卿真糊涂乎?评家便指出:"臧三下流无耻已非一日,少卿何以与之相狎?"② 张文虎也怀疑说:"全书于人情世故,纤微曲折无不周到。而金跋以为即杜少卿者自作,书中所言,少卿竟是呆串不知世事之人,或人多疑之。"很多时候,杜少卿凑热闹似的半推半就地任凭事态的发展,一个反对社会恶俗的人又要沉入媚俗的泥潭当中,"予谓此敏轩形容语,聊以自托"③。杜少卿在镜子里虚构了自己的日月山川,不断给自己创造一个自在满足的瞬时幻觉,从而获得了短暂适性的快意。"偏生听信他"点到少卿软肋处,少卿也做了套中人。

相较杜少卿的特立独行,充满叛逆,杜慎卿则适性任情,常有意与其周遭保持距离,划清界限。在他身上体现出敏感、品位、率性、自我放纵,虽然萎靡无力,但却充满魔力。太阳底下杜慎卿看见自己的影子,会徘徊半日。④ 他极讲雅趣,拒绝俗套的吟诗作赋,"小弟看来,觉得雅的这样俗,还是清谈为妙"⑤。金东崖向他请教,金走后他是鼻子里冷笑了一声,"一个当书办的人,都跑了回来讲究《四书》,圣贤可是这样人讲的!"⑥ 世家门阀意识之下毫不掩饰自己对市侩的极端蔑视之情。至于杜慎卿对于妇女的意见,他说:"妇人那有一个好的?小弟性情,是和妇人隔着三间屋就闻见他的臭气"⑦,这是基于其男风之癖的一种反应,吴敬梓避亲者讳而写得十分隐曲。这方面的内容下面章节再作详述。

---

①　吴敬梓:《儒林外史》,第三十二回"杜少卿平居豪举　娄焕文临去遗言",人民文学出版社 1977 年版,第 382 页。

②　吴敬梓著,李汉秋辑校《儒林外史会校会评本》,上海古籍出版社 1984 年版,第 398 页。

③　同上书,第 696 页。

④　吴敬梓:《儒林外史》,第二十九回"诸葛佑僧寮遇友　杜慎卿江郡纳姬",人民文学出版社 1977 年版,第 348 页。

⑤　同上书,第 346 页。

⑥　吴敬梓:《儒林外史》,第三十回"爱少俊访友神乐观　逞风流高会莫愁湖",人民文学出版社 1977 年版,第 357 页。

⑦　吴敬梓:《儒林外史》,第三十回"爱少俊访友神乐观　逞风流高会莫愁湖",人民文学出版社 1977 年版,第 352—353 页。

世俗社会中，杜慎卿没有知音，连能够与他分庭抗礼的谈话都无法进行，筵席上"杜慎卿勉强吃了一块板鸭，登时就呕吐起来"①，他的精致品位被粗暴侮辱，小说以象征手法对杜慎卿所处的世界作出了暗示。

2. 合之双美：泰伯祠祭祀大礼与莫愁湖定梨园榜有同一旨归处

基于八股取士制度的腐朽而导致整个士阶层不断走向庸俗化，《儒林外史》笔锋所向乃在士一阶层，吴敬梓欲以独特的小说话语体系来提示知识分子的魂灵并探索其人生及出路。

小说第三十回"逞风流高会莫愁湖"与第三十七回"祭先圣南京修礼"以南京城为主要背景，吴敬梓摄取这座城市厚重的内涵与幽雅的情趣来表达自己的洞见与深情，尤其表现在杜少卿与杜慎卿这两个人物形象的塑造上。对于传统文化精神有极强认同感的吴敬梓将其士观念蕴育其中，祭泰伯祠与定梨园榜即代表名士内涵的重要方面。

《儒林外史》中大祭泰伯祠成为全书的高潮，杜少卿拒绝官方的推荐后，也坚定地拒绝了他所鄙视的市俗世界，在南京与一群志同道合的友人"春秋两仲，用古礼古乐致祭，借此大家习学礼乐，成就出些人才，也可以助一助政教"②，体现出严肃的士人担当责任，是士人德性的表现。德性之外便是才情，吴敬梓同样赏识之，杜慎卿第一次出场，"这人是有子建之才，潘安之貌，江南数一数二的才子"③，对诗歌品评则"绝妙谈吐，此真深于诗词者！"④加之任放的个性，才情与个性叠加之下的杜慎卿是以一个名士的形象出现，小说中的杜慎卿并非否定的形象。

与杜少卿执着于道德理想相对照，杜慎卿缺乏这种主动性，大多时候他不得不随遇而安，以消解与外部世界发生的无味的悲剧性冲突。轰动一

---

① 吴敬梓：《儒林外史》，第二十九回"诸葛佑僧寮遇友　杜慎卿江郡纳姬"，人民文学出版社 1977 年版，第 348 页。

② 吴敬梓：《儒林外史》，第三十三回"杜少卿夫妇游山　迟衡山朋友议礼"，人民文学出版社 1977 年版，第 393—394 页。

③ 吴敬梓：《儒林外史》，第二十九回"诸葛佑僧寮遇友　杜慎卿江郡纳姬"，人民文学出版社 1977 年版，第 344 页。

④ 吴敬梓著，李汉秋辑校《儒林外史会校会评本》齐省堂本评语，上海古籍出版社 1984 年版，第 398 页。

时的"逞风流高会莫愁湖"在他的眼中是"做一个胜会"①，所谓的"逞
风流"无法崇高，也无法伟大，但也不至于庸俗和下流，其结果"传遍
了水西门，闹动了淮清桥，这位杜十七老爷名震江南"②，这是名士风流。

杜慎卿与南京的关系是暂时的，北京是他开启人生的下一段旅程。不
久，慎卿即往北京参加殿试。南京的梨园榜与北京的宦途毕竟不同，杜慎
卿以"玩"的态度定梨园榜，但为官则不同。吴敬梓基于从兄吴檠的个
性、文学素养等特征来写杜慎卿，乾隆十年吴檠进士及第，官刑部主事，
《儒林外史》第四十回杜慎卿"铨选部郎"与之相应。吴檠的人生并不平
坦，乾隆元年参加博学鸿词科试而遭黜落，入直隶督学刘公幕，乾隆六年
中举人，后得中进士而官刑部主事，乾隆十五年（1750 年）夏卒于任
上③，这期间又历家庭变故，博学鸿词科试"遭按剑"④，宦途"未竟其
才用"⑤，但其官况却颇有贤声，沈德潜称其"官刑部主事。青然举鸿博
不遇，放归，后官西曹，决大狱，能不阿大吏意，众论许其守官"⑥。金
兆燕《寄怀吴岑华先生六首》（之二）⑦也赞赏有加。应该说吴檠对仕宦
的态度相当认真。

杜少卿执着于自己的道德理想，志在救世，但现实告诉他"走出去
做不出甚么事业，徒惹高人一笑，所以宁可不出去的好"⑧，小说第三
十四回杜少卿主动辞去征辟就是如此描写。对于志在救世的少卿来说，
托病拒考存在着问题与缺陷，甚卿也十分明白地指出："他又有个毛病，

　　① 吴敬梓：《儒林外史》，第三十回"爱少俊访友神乐观　逞风流高会莫愁湖"，人民文学
出版社 1977 年版，第 358 页。

　　② 同上书，第 361 页。

　　③ 金兆燕《跋吴岑华先生集后》"辛酉（1741）冬计偕北上，乙丑（1745）登第，官西
曹……先生遂于庚午（1750）夏捐馆舍"金兆燕撰《棕亭古文钞》卷九，清道光十六年赠云轩
刻本。民国《全椒县志》卷十二、《明清进士题名录索引》也可参照。

　　④ 金兆燕撰《棕亭诗钞》卷二《闻吴岑华先生凶耗口号绝句十六首》之十四，诗下注曰：
"先生应鸿博不第，有惜其迂愆致遭按剑者，先生笑谓余曰：'他日志吾墓云尔。'"

　　⑤ 张其濬《全椒县志》卷一〇，《中国地方志集成·安徽府县志辑（35）》，江苏古籍出版
社 1998 年版。

　　⑥ 沈德潜编《清诗别裁集》卷二九，中华书局 1975 年版，第 526 页。

　　⑦ 金兆燕撰《棕亭诗钞》卷一，清道光十六年赠云轩刻本。

　　⑧ 吴敬梓：《儒林外史》，第三十三回"杜少卿夫妇游山　迟衡山朋友议礼"，人民文学
出版社 1977 年版，第 393 页。

不喜欢人在他跟前说人做官，说人有钱。"① 少卿最恨与当官的及有钱的来往，也不喜欢他们成为别人的话题，但他只要一有机会就会说到他们，并将他们变成侮辱的对象②，这成为少卿找到自我的方式。面对社会式微，他无法阻挡当官的、有钱的不断获得社会地位与声望，只能依恃家族传统与文化来克服自己的沮丧。但是，他所仰仗的家族传统实实在在是在他的手上败掉的，他引以为傲的祖先也是通过科举考试起家的。杜少卿代表了另一场对抗世俗的孤军奋战，显然，他也失掉了信心。当杜少卿推辞李大人的举荐时，李大人对他说："世家子弟，怎说得不肯做官？""杜少卿就不敢再说了。"③ "不敢再说"虽然是出于礼貌，但多半也是因为李大人的话说到少卿软肋处，吴敬梓通过文本叙事，表达自己的心理矛盾及自我反省。而在这一层面上，吴敬梓所描绘的杜慎卿形象也是对少卿形象的补充，体现出他的思考。

　　除此之外，通过这一段叙述，吴敬梓还将自己匍匐乞收的故事以别样风貌写进小说的情节④，从而将过去置于一段距离之外加以审视、反省⑤，重构了当年在他身上所发生的一些事件。同样，中年之前的吴敬梓故为矫激之行为与贵家公子声色犬马生活形式上并无不同，吴檠诗中所叙是同情理解⑥，不理解的人则视其为败家子，"乡里传为子弟戒"⑦；小说中杜少卿没有这样的经历，高翰林对少卿攻击何其恶

---

①　吴敬梓：《儒林外史》，第三十一回"天长县同访豪杰　赐书楼大醉高朋"，人民文学出版社1977年版，第364页。

②　如第三十一回"天长县同访豪杰　赐书楼大醉高朋"，杜少卿对王知县。

③　吴敬梓：《儒林外史》，第三十三回"杜少卿夫妇游山　迟衡山朋友议礼"，人民文学出版社1977年版，第391页。

④　吴敬梓将乡试经历的诸多情形以小说中的细节表现，体现出一种真实。小说中最初推荐杜少卿的是巡抚李大人，吴敬梓乡试中"使者怜才破常格"的是安徽学使李凤翥；李凤翥破格录取吴敬梓之后不久即离任，小说中写有杜少卿专程前往安庆拜访李大人，李大人托邓知县去问候杜少卿，后来李大人调任福建巡抚，举荐征辟事便无果而终。

⑤　杜少卿辞征聘中"跪"这一瞬间动作，吴敬梓将乡试中向考官跪拜求情，结果遭到大声斥责之事融进其中，"文章大好人大怪，匍匐乞收遭魃魁。"也蕴含着作者心底抹不去的创痛以及潜意识下需要疗救而得以慰藉的渴望。

⑥　金榘：《泰然斋诗文集》卷二附吴檠《为敏轩三十初度作》诗，清道光二十六年重刊本。

⑦　吴敬梓、吴烺撰，李汉秋点校《吴敬梓吴烺诗文合集》，黄山书社1993年版，第53页。

毒，但"杜家第一个败类"①却与上述声色犬马生活并无关联。《儒林外史》中虞华轩、季遐年同杜少卿一样愤而有激，小说中写了他们似颠如狂的行为，尽管吴敬梓理解他们的行为，对他们的肯定却是有限的，小说没有把他们置于虞博士、庄征君相同的高度给予褒扬。杜少卿的形象是基于吴敬梓人生经历的再创造，融入其晚年的人生见解，他高于吴敬梓本人。

（四）文本中的"真我"：文本　幻象　现实

1. "教养题目文章里的辞藻"

人物之间的关系总是互动的，程晋芳《文木先生传》中说：

> （吴敬梓）独嫉时文士如仇，其尤工者，则尤嫉之。余恒以为过，然莫之能禁。缘此，所遇益穷。②

《儒林外史》中杜少卿向来不以高翰林辈为然，高翰林便视杜少卿为仇雠，总是抓住各种机会行造谣、谩骂与污蔑之能事，发泄对杜少卿的最大的不满。杜家从兴旺到衰败，高翰林再熟悉不过，以高翰林的理解，其始作俑者是将"教养题目文章里的词藻，他竟拿着当了真"的杜少卿的父亲③。但是，《移家赋》中吴敬梓却以最多最美的文字写自己的父亲，"暮年黉舍，远在海滨，时矩世范，律物正身。时游历于缁帷，天将以为木铎。系马堂阶，衣冠万覈。鲑菜萧然，引觞徐酌。春夏教以诗书，秋冬教以羽龠，鸟革翚飞，云蔓连阁，见横舍之既修，歌泮水而思乐（先君为赣榆教谕，捐资破产修学宫）。"颂扬他的品性："时矩世范，律物正身"，"凛朽索之驭马，每求信于尺蠖，守规矩与绳墨，实方圆而柄凿"；悲叹他的命运："微子之叹蓬飞，仲尼之感桑落，归

---

① 吴敬梓：《儒林外史》，第三十四回"议礼乐名流访友　备弓旌天子招贤"，人民文学出版社 1977 年版，第 398 页。

② 程晋芳撰《勉行堂文集》卷六《文木先生传》，清嘉庆二十五年冀兰泰、吴鸣捷刻本。

③ 吴霖起在教谕任上经过九年的清苦生涯。在社会风气败坏的时代，只会规矩做人，而不知阿谀逢迎，在社会上便很难立身下去。生性正直的吴霖起反被罢除了县学教谕，回到故乡全椒后的第二年便郁郁而终，吴敬梓将父亲的这段经历也写到小说中。

耕颍上之田，永赴遂初之约。"① 吴敬梓将父亲吴霖起的这段经历也写到小说中，高翰林说：

> 到他父亲，还有本事中个进士，做一任太守，已经是个呆子了。做官的时候，全不晓得敬重上司，只是一味希图着百姓说好，又逐日讲那些"敦孝弟，劝农桑"的呆话。这些话是教养题目文章里的词藻，他竟拿着当了真，惹的上司不喜欢，把个官弄掉了。②

第四十九回中，高翰林"高谈龙虎榜"，吹嘘"揣摩"之功，并讥讽于这一道路上落魄的马二先生不懂得"揣摩"的真谛，"那马先生讲了半生，讲的都是些不中的举业。他要晓得'揣摩'二字，如今也不知做到甚么官了！"③

文本从前所含有的规范功能同早已不复存在实践机制的错位、断裂，使得悲剧故事成为典范文本。马纯上说得再明白不过："举业二字是从古及今人人必要做的。就如孔子生在春秋时候，那时用'言扬行举'做官，故孔子只讲得个'言寡尤，行寡悔，禄在其中'，这便是孔子的举业。……到本朝用文章取上，这是极好的法则，就是夫子在而今，也要念文章、做举业，断不讲那'言寡尤，行寡悔'的话。何也？就日日讲究'言寡尤，行寡悔'，那个给你官做？孔子的道也就不行了。"④ 钱玄同为《儒林外史》作序说："我平日爱看这书，觉得其中描写那班圣人口吻，真能道破我们心事，妙不可言。"⑤ 马二先生这段举业理论，自有妙不可言处，从本质上说，科举制度为中国社会的选官而设立，起初一些方面体现出其优越性。马二先生所言有其合理性方面，但仕宦之目的究竟如何？

---

① 吴敬梓著，李汉秋辑校《吴敬梓诗文集·移家赋》，人民文学出版社 2002 年版，第 10 页。

② 吴敬梓：《儒林外史》，第三十四回"议礼乐名流访友　备弓旌天子招贤"，人民文学出版社 1977 年版，第 398 页。

③ 吴敬梓：《儒林外史》，第四十九回"翰林高谈龙虎榜　中书冒占凤凰池"，人民文学出版社 1977 年版，第 564 页。

④ 吴敬梓：《儒林外史》，第三十三回"杜少卿夫妇游山　迟衡山朋友议礼"，人民文学出版社 1977 年版，第 167 页。

⑤ 李汉秋辑《儒林外史研究资料》钱玄同《〈儒林外史〉新叙》，上海古籍出版社 1984 年版，第 147 页。

兼济天下或独善其身向来是儒家人格理想的两种表现方式，士人致用而能得君行道，儒学风貌便由此显现，科举制度的推行正与此配合，并给了士人无限机会，本质上而言，无论八股文抑或唐人诗赋，形式并不重要。但是，更多的是另一些人，他们从来就没把"教养题目文章里的辞藻"当真过，在这些人眼中，文本与现实，儒家经典文本、言说与行动之间的分裂和离，连孔子、圣贤等也无不如此。只有娄公子和其他几个人物不这么想，也不这么做，小说中娄氏兄弟将自己读进文本，将过去文本读到自己生活中，以范例指导自己行动。杜少卿父亲自是其中痴迷一分子，并因此成为高翰林嘲笑的对象，高翰林不仅瞧不起杜少卿父亲的呆处，而且指出此一方面正是天长杜家式微的根本原因所在。他们总以为真正能够起作用的机制所在是历史以文本的规范性对现实发生的效用，从而使理想的秩序能够转化为现实，他们混淆了文本与现实的区别。事实上，如果那种假想的、具有普遍的规范性真的存在，那么，如杜少卿父亲们的失败与挫折或属意外，不足为训，他们虽败犹荣。但是，现实是他们只能被看作理想主义者，傲世独立，他们的命运早已注定，不仅失败，而且成为闹剧和所有人嘲笑的对象。显然，他们又不是失败的英雄，因为他们的事业后继无人。吴敬梓写出了现实的荒诞、断裂以及在他的心理上所造成的冲击力，历史与现实、过去与当下表现出不可弥合的"断层"，即如作者笔下的范进，面对飞来的中举喜讯，这种突然对于一个没有多少意志力，思想贫瘠而又缺乏内心精神资源的人来说，要维系他的精神系统的连续性又何其难矣！吴敬梓也经受着这样的痛苦，在范进发疯的描述中，包含着这个社会带给他的悸动、突转、断裂及由此所带来的焦虑，吴敬梓心理抑郁并渴望抒解，而其后小说出现了张铁臂戏耍"人头会"，吴敬梓既嘲笑了小说的读者，也嘲笑了小说里张铁臂说故事时的忠实听众娄氏二兄弟。

马二所云一心只为做官的士人举业说明功名富贵的追求已占据了文人精英的全部生活和梦想，"正身之士"堕落为"干禄之士"，儒学致用的灵魂丧失殆尽，儒家的理想制度体例则如马二在他的"举业论"中所阐发的那样，已经沦落为权力运作和利益博弈的工具，科举制度随之也蜕变为权力与利益角逐的场域。《儒林外史》前 31 回中，人物的行动和事件基本上以官方体制所蛊惑的欲望为直接的动力，而正是他们操控着现实世界。若用履行责任来证明文人仕进的正当性，这又给了他们一个合法的借口来争夺地位和权力,《儒林外史》中我们看到儒家制度基本上丧失了对现实体制的批判性和约束力。杜少卿对构成文人身份的学位、官职和社会角色已感到厌倦和幻灭,吴敬梓通过小说的文本叙事客观地揭示出儒家经典在现实中所表现的无效性,但是其内心忠实于那些经典所规范的理想的固执却也暴露无遗,在小说的正反叙事中,吴敬梓同时也表达出自己情绪的紧张,高翰林骂杜少卿父亲"已经是个呆子了",杜慎卿也说少卿"是个呆子",二者因外在形式的统一,而具有了十足的反讽意蕴。父亲的遭际在吴敬梓的心灵投下了巨大的阴影,吴敬梓将之寓于杜少卿的故事中不断地倾诉,作者只能借杜慎卿之口说一句"我那伯父是个清官"来慰藉父亲的亡灵,吴敬梓仍然要固执于自己过时的理想。

2. 重建礼教秩序

吴敬梓高祖吴沛举业坎坷,却将毕生揣摩八股的经验尽心教导子辈,遂使五子四成进士。吴氏由布衣人家而改换门庭,走举业兴家道路是关键①,当然这不仅是吴氏一族的事,康熙年间汪琬写《重修泰伯庙碑记》说:"文者礼之迹也,让者礼之基也,伯之用文教治吴也,盖实以三让为之本。"② 从西周到明清,历史几经沧桑,文化结构也不断变化,举业已成为士子的独木桥,泰伯"三让天下"被悄然转换为"文教治吴"之"本"。透过字面,事实是:在新形势下,"礼"的内涵也要被修正,历史上的"礼"与当下的科举相嫁接,重构了"礼"的意义。③

儒家的"礼"涉及了社会、政治和道德实践等诸多领域,史华兹对于儒家礼仪秩序双重结构的阐释也许有助于我们理解这种重构以及吴敬梓的作为。一方面,礼的世界是一个规范秩序,人们依据角色、身份、等级以及地位而相互联系在一起,在社会中完好地扮演自己的角色,其内部缘于每个个体尽好自己的本份而获得整体的和谐,"君君臣臣父父子子"各安其位,社会便安定;另一方面,礼的世界又同时是一个社会政治秩序,

---

① 吴沛举业一再受挫,但牢牢抓住举业兴家之命脉,《西墅草堂遗集》卷首吴国鼎撰《先君逸稿小引》说其父"嗣六战未获,辄咄咄曰:'我不做,儿子辈必做也。'"其《醉题》诗中云:"可知汗血在群儿",《泉水山房寄子》诗中云:"心期诸子成模样"。

② 汪琬:《尧峰文钞》卷十,四部丛刊本。

③ 吴敬梓对于儒家"礼"的思想参照林顺夫、李汉秋、陈美林的相关文章以及商伟著《礼与十八世纪的文化转折》的相关论述。

它根据权威、权力和财富的不同，将人划分为不同的阶层，"君要臣死、臣不得不死；父要子亡，子不得不亡"便是体现。基于这两方面的特征，现实中就必然会有礼与社会交换、社会协商以及礼与政治经济资源的控制和分配之间关系发生，结果是礼既是基于神圣道德律令的规范制度，又是社会政治交换和操纵的工具，从而形成礼的二重性特征。① 在社会实践中，由礼规定的理想秩序与它在社会政治领域的实际体现之间，总是存在着无法避免的冲突，于是，"礼至则不争"，"揖让而治天下"，② 提倡"礼让"便成为消解统治阶层内部争权夺利的有效宣传。1705 年康熙南巡江浙曾亲笔书写"至德无名"于苏州泰伯庙，1751 年乾隆巡幸江浙亦御书泰伯祠曰"三让高宗"，八股制度下，皇帝调和仕途奔竞乃至争权夺利矛盾的意图十分明显。对儒士而言，"礼"的内核是"仁"，故《论语》有云："人而不仁，如礼何？"③ 又云："克己复礼为仁。一日克己复礼，天下归仁焉"④，"修己以安人"⑤。中国的经书及注疏传统一再强调的是，礼的作用就在于教育人们在社会中扮演各自的角色，每个人都按照他在更大的整体中所应该做的那样去履行职责。当然，儒士"礼让"目的还在乎"治国平天下"，对此儒士们是"当仁不让"的。不过，叫儒士们尴尬的是，这只是一厢情愿，还要看当权者买不买账。明清的在位者通过八股举业将儒士们囚禁在程朱注疏、八股章句的枷锁中，迫使他们在童生、秀才到举人、进士的层层阶梯上不断挣扎攀爬。如果儒礼同时维系规范性秩序和社会政治秩序，那么上述个体的具体行为是基于礼的规范，还是出于个人的算计，就成为一个问题。吴敬梓开篇便借王冕之口说："这个法却

　　① 　本杰明·史华兹著，程钢译《古代中国的思想世界》，江苏人民出版社 2008 年版，第 87—98 页。

　　② 　李学勤主编《礼记正义（卷三七）·乐记第十九》，北京大学出版社 1999 年版，第 1086 页。

　　③ 　李学勤主编《论语注疏（卷三）·八佾第三》，北京大学出版社 1999 年版，第 30 页。

　　④ 　李学勤主编《论语注疏（卷一二）·颜渊第十二》，北京大学出版社 1999 年版，第 157 页。

　　⑤ 　李学勤主编《论语注疏（卷一四）·宪问第十四》，北京大学出版社 1999 年版，第 204 页。

定的不好！将来读书人有此一条荣身之路，把那文行出处都看得轻了。"①
本来科举制度的根本观念是不论门第身份，而以实力选拔人才参政，如果
按其原则实施是不错的。然而，王冕所说的"这个法"即考试第一主义
也催生出诸多问题，终使这一制度本身蜕化至八股的形式，进而日趋堕
落、没落，所以诸如范进式的愚昧之人能侥幸中榜加入到统治者的行列而
屡见不鲜，这显然十分荒谬。在吴敬梓看来，科举制度应该回到原来的观
念上，唯如此，范进之流才无路参政，而如庄征君这些有识之士通过举业
走向仕途便会使社会良好运转。如果现实中推行这种主张，社会政治就能
回到如尧舜、孔子主张那样等级有序而获得整体的和谐（统治的一方和
被统治的一方截然分明），这是儒家所倡导的规范的秩序，也是吴敬梓的
理想——他一心向往社会秩序中本来具有的合理主义。然而，事实是现实
的社会秩序正如小说《儒林外史》中所嘲讽的，人们各不安其位而混乱
不堪。② 更糟糕的是，现实中对当权者的依赖自然很快就演变为对权贵的
依附、攀援、巴结，乃至丧失人格与理想，这使儒士们根本丧失了士人阶
层在政治生活中的魄力和自主精神。《儒林外史》塑造了大量的负面镜
像，"礼有经，也有权"③，王德、王仁及范进等一方面将朝廷视为道德与
政治权威的来源，将礼仪秩序认同于世俗秩序，参加八股考试，"代圣人
立言"，如同王冕所指出的那样获得了合法的"荣身之路"；另一方面，
他们又将自己转化成儒家道德准则的代言人，并因此拥有了道德权威，从
而兑现政治资本及经济利益。这前后已大不同，不仅是衰颓，而且是
异相。

　　《儒林外史》中士子们自欺欺人的自我讲述，将那揣摩八股的功夫由
代圣人说话而变为对圣人的冒充，抓住种种机会为自己寻找关系并获得名
望。高翰林身居高位，自诩风流，而正是他们在操控现实世界的规则和运
作方式。唱戏的钱麻子遵着高翰林的教唆，极尽揣摩之能事，讨得高翰林

---

① 吴敬梓：《儒林外史》，第一回"说楔子敷陈大义　借名流隐括全文"，人民文学出版社
1977 年版，第 15 页。

② 《儒林外史》通过鲍文卿及钱麻子两戏子一正一反形象塑造，吴敬梓直接而鲜明地表明
自己对于礼所规范的社会秩序的欣赏态度。

③ 吴敬梓：《儒林外史》第四回"荐亡斋和尚契官司　打秋风乡绅遭横事"，人民文学出
版社 1977 年版，第 55 页。

格外喜欢，诸般场合拉此辈同坐以为雅趣。钱麻子当真将戏唱到生活中来，平日的装扮是"头戴高帽，身穿宝蓝缎直裰，脚下粉底皂靴，独自坐在那里吃茶"，"是那一位翰林、科、道老爷"，假做斯文地扮出一幅士大夫的模样，甚至敢于大胆轻视贫寒的读书人，"南京这些乡绅人家寿诞或是喜事，我们只拿一副蜡烛去，他就要留我们坐着一桌吃饭。凭他甚么大官，他也只坐在下面。若遇同席有几个学里酸子，我眼角里还不曾看见他哩！"他俨然以为生活不过如唱戏，将自己当成了戏中所扮演的人物，从而找到了一条混迹上层社会的捷径。高翰林的行径与钱麻子异形同构，本质上没有区别。作为士大夫阶层的高翰林不仅没有担起移风易俗的责任，而且渑泥扬波，鼓动着坏的风气，高翰林实难咎其责。①

"儒者之说，其精者为道德，其粗者为礼乐刑政。"② 在儒家思想体系里，"礼"与"德"不可割裂，所以君子们注重"礼"所蕴含的"德"的内涵，注重个体的道德修养以维护自尊；同时，儒家也讲究"礼"所要发挥的政治功能，中国传统的政治制度正是儒家意识形态的具体化。吴敬梓提倡的正是这种"礼"③，并企图以此来挽救科举的时弊。

科举本是官僚政体实现人才纵向流动，打破贵族垄断的有效手段，对于科举的认识吴敬梓是清醒的。帝王以科举的公平为士人造平等，有此平等，举子士人才可能脱出世间的层层不平等，吴敬梓家族的成长也正受益于此，对于祖辈的举业道路吴敬梓也是认可的，"家声科第从来美"④，《移家赋》中称赞其祖父吴国对举业上的"揣摩"之功："常发愤而揣摩，

---

① 公子陈木南说："自从杜先生一番品题之后，这些缙绅士大夫家筵席间，定要几个梨园中人，杂坐衣冠队中，说长道短，这个成何体统！看起来，那杜先生也不得辞其过。"这是杜慎卿定梨园榜的副产品，是对高翰林之流的旁敲侧击。

② 戴表元：《剡源集》卷八《大学中庸孝经诸书集解音释序》，商务印书馆1935年版。

③ 在这一方面，高祖吴沛对吴敬梓思想有着最重要的影响。薛寀说："酒酣浩歌，长啸天地，何心问世上得失？抑玉铉兄弟异日之业，具在横槊点笔，各有胜概，夫区区以一第为重者，真井蛙之见也。"吴沛"道德文学为东南学者宗师"（陈廷敬语），《西墅草堂初夏》诗云："高低五男儿，暇即与讨论。千古在目前，绝学垂宪言。浮荣何足慕，潜心味义根"，"日进玉铉兄弟励清节，攻苦业，曰：'雕虫不豪，我辈寄之耳。'"（薛寀《西野草堂遗集》"引言"）吴敬梓《西墅草堂歌》诗也充分表现了这一思想。

④ 吴敬梓著，李汉秋辑校《吴敬梓诗文集（〈乳燕飞·甲寅除夕〉）》，人民文学出版社2002年版，第63页。

遂遵道而得路。三殿胪传，九重温语，宫烛宵分，花砖月午"①。但至明清时期，由君权主导的科举制度在限制世族势家的同时，也助长了君权的集中，使君权周遭没有扶翼而高高在上，士人不能不依附于君权。于是，科举通过僵化的八股制艺成为批量生产奴才的机制，吴敬梓对此是明白的，《儒林外史》中描写了另一类善于"揣摩"八股的人：②

　　　　高翰林道："老先生，'揣摩'二字，就是这举业的金针了。……若是不知道揣摩，就是圣人也是不中的。那马先生讲了半生，讲的都是些不中的举业。他要晓得'揣摩'二字，如今也不知做到甚么官了！"③

以"试"为选由诗赋而变为经义，再统归于《四书》，后再推演为八股制艺，这种知识标准的"进化"，明显表现为愈益狭隘和拘禁而走向反面，它使得举子们既不能自主地思考，也不能自主地表达，遂形成了一种最开放的选官制度与一种最不开放的思想环境共存的悖谬。实际上，吴敬梓并不反对科举（选举），其批判锋芒所向不是科举，是八股选官。吴敬梓否定的是八股科举的形式，而不是整个地否定科举制度。在《哭舅氏》中为其舅举业的悲苦而感叹："有司操尺度，所持何其坚！士人进身难，底用事丹铅？"④ 虽出于个人感慨系之，反照的则是科举制度下的世相，吴敬梓还说过："如何父师训，专制储举才"⑤，上引《儒林外史》借编选"乡会墨程"（即中式举人进士的范文）的马二先生之口说的一段仿佛

---

　　① 吴敬梓著，李汉秋辑校《吴敬梓诗文集·移家赋》，人民文学出版社 2002 年版，第 9 页。

　　② 在吴沛的时代，对于举业的重视及对八股文的研习揣摩不可缺少，但吴沛对举业八股认识清晰，"男子事不止此"，"雕虫不豪，我辈寄之耳"实在不算是落后的思想。学而优则仕，走向宦途的吴氏俊杰们的眼光聚焦处投向了"治国、平天下"，这在走入政坛的吴国鼎弟辈的制策、疏文、奏记、书札以及政治作为中，我们看到国家兴亡、百姓疾苦成为从政的吴氏子弟关注的主要内容。在高氏这里，"揣摩"不仅是考八股的秘诀，也将此运用于他的为官之道、处世之则。

　　③ 吴敬梓：《儒林外史》，第四十九回"翰林高谈龙虎榜　中书冒占凤凰池"，人民文学出版社 1977 年版，第 563—564 页。

　　④ 吴敬梓著，李汉秋辑校《吴敬梓诗文集》，人民文学出版社 2002 年版，第 44 页。

　　⑤ 吴敬梓、吴烺《吴敬梓吴烺诗文合集》附录王又曾《书吴征君敏轩先生文木山房诗集后（有序）》，李汉秋点校，黄山书社 1993 年版，第 412—413 页。

漫画化了的"儒士出仕流变史"①，与儒家的政治理性中，做官是为治国、平天下，实现三王之治的理想，实现特定的精神价值相违背，"八股举业"化的结果，或者说它的社会影响的重要方面便是传播了官僚意识，如杜少卿所言，使士人"横了一个做官的念头在心里"②，书中范进、匡超人衮衮诸公莫不如是。如果有人当真出仕只为济世，便会为人所笑。吴敬梓的父亲吴霖起在赣榆县教谕任上经过九年的清苦生涯，只会规矩做人，而不知阿谀逢迎，生性正直反被罢除了县学教谕，回到故乡全椒后的第二年便郁郁而终。吴敬梓将父亲的这段经历也写到小说中，高翰林评杜少卿的父亲说："到他父亲，还有本事中个进士，做一任太守，已经是个呆子了。做官的时候，全不晓得敬重上司，只是一味希图着百姓说好，又逐日讲那些'敦孝弟，劝农桑'的呆话。这些话是教养题目文章里的辞藻，他竟拿着当了真，惹的上司不喜欢，把个官弄掉了。"③ 高翰林"此等说话，竟可大庭广众言之，时文取士之流弊，乃至于此！"④ 可见做官与行道济世、"敦孝弟，劝农桑"竟成水火；庄征君的个案似乎意味着尽管一个笃守儒教的贤士愿意出仕，可是他仍会遭到环境和命运的排斥，世道变得如此糟糕。

八股取士导致实用主义儒家史之畅行，它使儒士丢掉理想走向反面，加之专制强权导致士人人格的分裂，结果催生出一群人的信条："你我做官的人，只知有皇上，那知有教亲？"⑤ 也培养出一群从科场至仕途无不得意的狼奔豕突之士，他们一遇时机便放弃道德，道德政治化的负面功能得以释放，这势必造成道德的妥协和解体。这正是《儒林外

① 吴敬梓：《儒林外史》，第十三回"蘧駪夫求贤问业　马纯上仗义疏财"，人民文学出版社 1977 年版，第 167—168 页。吴敬梓小说中的这一段话也是有所本的，《警世通言》第十八卷《老门生三世报恩》中说："如今是个科目的世界，假如孔夫子不得科第，谁说他胸中才学？"不过吴敬梓的用意与冯梦龙显然不同。

② 吴敬梓：《儒林外史》，第三十四回"议礼乐名流访友　备弓旌天子招贤"，人民文学出版社 1977 年版，第 401 页。

③ 同上书，第 398 页。

④ 吴敬梓著，李汉秋辑校《儒林外史会校会评本》"齐评"，上海古籍出版社 1999 年版，第 430 页。

⑤ 吴敬梓：《儒林外史》第四回"荐亡斋和尚契官司　打秋风乡绅遭横事"，人民文学出版社 1977 年版，第 59 页。

史》文本所面对的，也是吴敬梓苦心思考的，他欲以新的礼教秩序改造科举、成就人才。"闲居日对钟山坐，赢得《儒林外史》详"①，吴敬梓在"完成了一项具有象征意义的儒教活动并为之牺牲了他祖上遗留的财产，而且最终放弃了进行官场角逐的全部奢望，他现在得以有时间以一种超拔的精神和自我消遣的态度来考察他周围的读书人"②，如世界文坛上大多严肃的讽刺作家一样，吴敬梓也是个保守主义者，他自己从事过类似的修复泰伯祠之举，这些都确实表明作者认真地相信古礼乐的教化作用，想回到原点，并弘扬泰伯精神，以"礼"、以"德"来挽回世道人心，培育"真儒"以助政教。出于这一"公心"③目的，吴敬梓在《儒林外史》中精心建构了南京泰伯祠祭祀大典，并赋予其全新的意义。

3. 八股举业的反思

清代大量文学作品都表现出对八股取士之科举的失望与批判，前期的经典小说《聊斋志异》、《儒林外史》及《红楼梦》无不痛心疾首言之，④但"古来荣禄开而文行簿，岂特八股为然？"⑤唯有《儒林外史》于批判的同时，对科举制度认真地做了正面的思考。

---

① 吴敬梓、吴烺撰，李汉秋点校《吴敬梓吴烺诗文合集》附录王又曾《书吴征君敏轩先生文木山房诗集后（有序）》，黄山书社 1993 年版，第 413 页。

② 夏志清：《中国古典小说史论》，江西人民出版社 2001 年版，第 216、244—245 页。

③ 鲁迅：《鲁迅全集》第九卷《中国小说史略》，人民文学出版社 2005 年版，第 228 页。吴敬梓的家族曾经有数代的科举制度得益者，曾祖五人四成进士，吴家一门有记载的共七个进士。

④ 蒲松龄一生都在科场中挣扎，由此而对科考制度有了深刻的体验，《聊斋志异》中我们看到，历经苦难和不幸的主人公常被安排一个金榜题名的虚幻结局，源于作者自己的白日梦，一生处身科场的挣扎而消靡泪没，抱着终天之恨一边哭骂，一边赴考，哭得深切，考得执着。《红楼梦》中贾宝玉向来嘲笑八股文章及与其联系的仕途经济，"凡读书上进的人"都被他加上"禄蠹"的外号（第十九回），"更有时文八股一道，因平素深恶，说这原非圣贤之制撰，焉能阐发圣贤之奥？不过是后人饵名钓禄之阶。"后四十回虽自高鹗续写，但仍基本保持了与原作一致的悲剧精神，宝玉中了举人，但在应试之后出家做了和尚，以八股文做收结，足以表明作者对于八股举业的绝望，也代表了曹雪芹对八股的思想认识。

⑤ 吴敬梓著，李汉秋辑校《儒林外史会校会评本》"天二评"，上海古籍出版社 1999 年版，第 13 页。

《儒林外史》建构的泰伯祭礼颠覆了官方秩序①，它是在野者主持的仪式，主要参与者多为八股举业的失败者、失意者，在官方礼仪场合他们不可能成为其中的角色。现实中由君主权贵控制的特权，在小说《儒林外史》中却成为举业失意之文人的"消遣"。显然，在单调的礼仪表演背后吴敬梓寄寓着深意。小说中泰伯祠大祭可视为某一文人群体自我更新的礼仪，吴敬梓超越其深感失望的官方权力话语体系，在小说中以修建泰伯祠为中心，建构他的理想国，赋予寻找归属的文人一个对抗俗世浊流的精神家园，其《移家赋》云："乃有青钱学士，白衣尚书，私拟七子，相推六儒，既长吟而短啸，亦西抹而东涂，咸能振翼于云汉，俱夸龙跃于天衢。"② 这个以泰伯祠大祭为纽带所关联的文人群体，便是吴敬梓的属意所在，而小说第三十三回迟衡山说"而今读书的朋友，只不过讲个举业，若会做两句诗赋，就算雅极的了，放着经史上礼、乐、兵、农的事，全然不问"，所以想要在南京与友人"春秋两仲，用古礼古乐致祭，借此大家习学礼乐，成就出些人才，也可以助一助政教"，③ 这些想法便是小说深意之所在。

主持祭典的三个主要人物：主祭虞博士、亚献庄征君、三献马二先生，象征文士的三种不同的思想境界。被塑造成"上上人物"的虞育德即被看作当代的吴泰伯。虞育德的"让"，是淡泊名利，不论出处；虞育德的"立"，是树立了"真儒"的形象。据何泽翰考证，虞育德的形象是以吴培源（号蒙泉）为原型④，虞育德曾与吴敬梓、程廷祚等人重修南京

---

① 《大清通礼》把礼仪参与者分为两类：第一类是行礼者；第二类是执事者。皇帝是最主要的行礼者，他和参加典礼的王公贵族及朝廷官员代表一起接受执事者的指导。撇开世袭的王公贵族，实际上站在方墭外的朝廷官员成为大祀行礼者的主要队伍。这个主要队伍多为科举出身的成功者。

② 吴敬梓著，李汉秋辑校《吴敬梓诗文集·移家赋》，北京：人民文学出版社2002年版，第11—12页。

③ 吴敬梓：《儒林外史》，第三十三回"杜少卿夫妇游山　迟衡山朋友议礼"，人民文学出版社1977年版，第393—394页。

④ 仲雍死后葬于常熟虞山，此墓至今尚存，故《左传》称其为虞仲，小说中虞育德生于常熟，并冠以虞姓，意尤在此。

雨花台先贤祠①。《无锡金匮县志》卷二五载："吴培源少孤露，章采（其母舅）抚而教之，后成进士"②；《明清进士题名碑录》载吴蒙泉乾隆二年（1737）丁巳恩科三甲进士，并授职江宁府上元县学教谕。暮年登第的吴蒙泉正思苦尽甘来时，却以进士身份授职县学教谕这个七品以下微官闲职，其《释褐后得教职感赋》诗两首便是他此时心境的反映。从"腐儒通籍犹如故，只合生涯在砚田"、"老尝蔗境甘犹少，春到梅边暖不多"、"相逢强相悦，悠悠谁可言"等叹老嗟卑诗句看，③他的胸中充满抑郁牢骚，乾隆十七年吴培源告老辞职隐居故里无锡，未必不带有这种情绪。到南京后，吴蒙泉以学官的身份与地方文人建立起了关系，这其中便有吴敬梓。同为吴姓，吴敬梓也感到十分亲切，其《赠家广文蒙泉先生》④诗盛赞吴培源的才学，期待着他能让风气丕变，金和说"（吴敬梓）生平所至敬服者，惟江宁府学教授吴蒙泉先生一人，故书中表为上上人物"⑤。《儒林外史》中的虞博士淡泊名利，不以宠辱介怀，当他中进士只补个国子监博士，他还"欢喜道：'南京好地方，有山有水，又和我家乡相近。我此番去，把妻儿老小接在一处，团圞着，强如做个穷翰林。'"⑥下面这段对话尤能见虞博士的"真"：

　　尤资深道："而今朝廷大典，门生意思要求康大人荐了老师去。"虞博士笑道："这征辟之事，我也不敢当。况大人要荐人但凭大人的主意。我们若去求他，这就不是品行了。"尤资深道："老师就是不愿，等他荐到皇上面前去，老师或是见皇上，或是不见皇上，辞了官爵回来，更见得老师的高处。"虞博士道："你这话又说错了。我又求他荐我，荐我到皇上面前，我又辞了官不做。这便求他荐不是真

　　①　参见李汉秋辑《儒林外史研究资料》，金和《儒林外史跋》，上海古籍出版社1984年版，第128页。也见于顾云《盋山志》卷四及张其濬修，江克让、汪文鼎纂民国《全椒县志》卷一○。泰伯专祠不在南京，而是在无锡梅里。
　　②　裴大中、倪咸生撰《无锡金匮县志》卷二五"行义"，清光绪七年刻本。
　　③　顾光旭辑《梁溪诗钞》卷三四及卷四，转引自何泽翰著《儒林外史人物本事考略》第48页。
　　④　吴敬梓著，李汉秋辑校《吴敬梓诗文集》，人民文学出版社2002年版，第46页。
　　⑤　金和：《儒林外史跋》，见于李汉秋辑《儒林外史研究资料》，第128页。
　　⑥　吴敬梓：《儒林外史》，第三十六回"常熟县真儒降生　泰伯祠名贤主祭"，人民文学出版社1977年版，第422页。

心，辞官又不是真心。这叫做甚么？"说罢，哈哈大笑。①

陈美林教授评曰："无论其出或处，均是一副安详闲淡态度，既不以辞官为高，又不以出仕为耻，令人可亲可敬，实不负'第一人'之誉。"② 这种"淡定"是对原型的提升。作为小说，《儒林外史》的文本功能并不单一，它的文本叙事功能使小说中的人物塑造表现出有意味的形式；伴随着小说的传播，文本的规范功能和实践机制也会再度生成，它包含吴敬梓的期待，文人们的自我期待及相互期待。《儒林外史》中泰伯祠主祭地位尤高，吴敬梓小说的文本叙事之中暗示了他对吴蒙泉的期待。乾隆二十八年吴烺游无锡，拜访父执吴蒙泉以及同乡同宗吴爱棠，并同去惠山寺瞻仰泰伯庙，吴烺写下《过惠山寺憩听松庵同蒙泉爱棠作》③ 一诗，诗下自注说吴爱棠在无锡惠山寺内修建泰伯庙，《无锡金匮县志》卷一二记载，"至德祠在惠山寺右。乾隆三十年，知县吴钺暨裔孙培源等购炼石阁基址，奉檄特建，并祀仲雍、季札"④。吴蒙泉退职归乡，修建泰伯庙并致祭礼，此时距离吴敬梓辞世已经近十年之久，小说的文本叙事指引了吴蒙泉的未来行动，吴蒙泉开始了行动的实践。吴敬梓将身边人物写进小说的情节中，通过文本内部的关联而生发出新的意义，自然也使小说的文本叙事创造出新的生命力，在吴敬梓的身后实现了文本与现实之间的对话，这不是一般意义的文本叙事所能完成，从一个方面也说明《儒林外史》的不寻常。

虞博士形象的塑造，既可见作者的追求，也可见作者反对的不是科举出仕本身，而是经选官后被异化为官迷的普遍现象。⑤ 与"真儒"相比，

---

① 吴敬梓：《儒林外史》，第三十六回"常熟县真儒降生 泰伯祠名贤主祭"，人民文学出版社 1977 年版，第 422 页。

② 吴敬梓原著；陈美林评注《清凉布褐批评〈儒林外史〉》，新世界出版社 2001 年版，第 404—405 页。

③ 吴敬梓吴烺撰，李汉秋点校《吴敬梓吴烺诗文合集》，黄山书社 1993 年版，第 233 页。

④ 裴大中、倪咸生撰《无锡金匮县志》卷一二"祠祀"，清光绪七年刻本。

⑤ 吴敬梓于此寄慨遥深，小说中多处着笔，以抒孤愤。第一回王母临终叮嘱王冕说："不要出去作官。我死了口眼也闭。"第八回蘧太守儿子景玉早逝，"小儿亡化了，越觉得胸怀冰冷。细想来，只怕还是做官的报应。"第四十六回虞育德与杜少卿作别，说到儿子云："我教他学个医，可以糊口。我要做这官怎的？"小说中以金榘为原型的余大先生的形象塑造也是如此，吴敬梓剔除其渴求富贵显达之心，而突出其襟怀冲淡的品质。

庄征士未免落第二义，他只是一个知礼守节的儒者，恪守君臣之礼而未敢逾越，当太保公罗致不成而进谗天子，天子允令还山，庄征君由此悟道："看来我道不行了！"因而决心"辞爵还家"①，他能拒绝被权贵收为门生，且清廉行善，何况"道不行则卷"也是合"礼"的，是为二献。至三献马二先生，其沉浸于八股制艺中，难免追名逐利，则等而下之。马二是极看重"礼"的，迂阔中尚能心存忠厚，时或济人危难，在当时受八股气浓烈熏染的士人中已属难得。然而，"那个给你官做？"没有官做，"孔子的道也就不行了"，八股制度使马二真诚地以为做官就是为了行夫子之道，相较王德、王仁及范进们，马二也将朝廷视为道德与政治权威的来源，参加八股考试，"代圣人立言"，却从来没有兑现政治资本及经济利益的欲望与恶行。尽管举业一再受挫，马二却从不怀疑八股是"极好的法则"。但是，这"极好的法则"却没能使马二走上合法的"荣身之路"，他为之献身的八股举业没有能让他如范进、周进式的"中了"，他的遭际具有喜剧的冲突和悲剧的意义，叫人在笑时不免又为他心酸与难过，并不禁要怀疑这"极好的法则"了。吴敬梓对于马二先生褊狭浅陋的学识和教养予以直率嘲弄的同时②，十分珍重他作为一个人的纯正的品质。然而，这种品质在八股流风之下却又极易变成"慈母和爱人误进的毒药"③，马二极力要叫人认识八股的价值，诚恳地将它献给这条道路上的后来者如匡超人、蘧公孙之流便是最好的例证，那一点仁慈宽厚则又成了他精神世界卑琐的写照。在士林中处身下层的马二先生们是阮元所云之"中等之人"④，他们无疑是举业这个庞大群体的主体，也是士林中的大多数，他们的存在和他们跟着八股亦步亦趋的生活使得这一时代的科举制度得以最完美地自我延展出它的本相，包括它的意旨和内涵。马二的命运是八股举业制度优劣的最直观的标本，吴敬梓写出了八股举业如酶和催化

---

　　① 吴敬梓：《儒林外史》，第三十五回"圣天子求贤问道　庄征君辞爵还家"，人民文学出版社 1977 年版，第 411 页。

　　② 文人的文化教养可能因为治学途径的影响而有严重的缺陷，马二即以为读书和做学问等同于为官方的制度、功令进行诠释、宣扬和鼓吹，而与人的精神价值存在无关。《儒林外史》第四十九回吴敬梓通过迟衡山之口说："讲学问的只讲学问，不必问功名；讲功名的只讲功名，不必问学问。若是两样都要讲，弄到后来，一样也做不成。"

　　③ 鲁迅：《鲁迅全集》第三卷《华盖集·杂感》，人民文学出版社 2005 年版，第 51 页。

　　④ 梁章钜：《制义丛话》，世纪出版集团，上海书店 2001 年版，第 20 页。

剂，叫马二从一个本来可以是有价值的人成为实际上已成为无价值的人的转化，没有比这更能说明问题了。马二代表了举业制度的正宗的产品，也代表了制艺的精神，对于八股制度来说，这些"中等之人"的举业道路已经比制度本身更直接地助成中国社会的一道同风，吴敬梓对八股举业的解剖，自然不会忽视这个群体中的典型，故列为三献。① 不容忽视的还在于：其他参与者，包括看客，都是些被主流社会边缘化的人。②

以上种种，无疑是对历史与现存礼教秩序提出的挑战，是对主流的权力话语之颠覆。文本中泰伯祠的意象，是新的礼教秩序的构建，吴敬梓虔诚而执着地向往社会秩序中本来应该具有的合理主义，通过虚构，他以自己的方式阐释了世界，古老的泰伯故事也因此而获得诗学的意义。

八股举业使"选举无善法"的科举制度登峰造极，他们被囚禁在程朱注疏、八股章句的枷锁中，挣扎攀爬，使士人阶层驯服而养成奴性，根本丧失了唐宋以前知识分子阶层在政治生活中的魄力和自主精神。吴敬梓并不反对选用人才的科举制度，有鉴于明清八股举业的痼疾，吴敬梓着意于礼教与科举的嫁接。小说中一群真儒"用古礼古乐致祭，借此大家习学礼乐，成就出些人才，也可以助一助政教"，这可以看作是吴敬梓借小说对式微的传统中国社会的一种广泛的完整的幻想，吴敬梓以礼的原理作为建构《儒林外史》整个情节的核心与枢纽，书中虞育德、庄绍光们都忠敬于泰伯，杜少卿鼎力相助，举办和谐而神圣的泰伯祠祭

---

① 宋明理学的人格主义对吴敬梓的影响深刻，马二先生代表着现实中可以改良的大批人物的典型，他们的"性"被八股举业蒙蔽，只要克己尽私欲私意，而顺乎本心良知，在好的文化政策及制度下，同样能够成就自己。在这一方面，吴敬梓的思想多少与王阳明心学思想产生关联，小说第五十五回中所写的市井奇人，在他们身上作者渲染的是文人生活中渐趋失去的纯真素朴，吴敬梓似乎又回过头来求助于心学了。颜元思想对吴敬梓的影响显著，这一方面陈美林及李汉秋皆有相关论述。《儒林外史》中迟衡山的话"而今读书的朋友……放着经史上礼、乐、兵、农的事，全然不问！"这番议论是和颜李学派思想吻合的，与此相联系，第四十回写萧云仙理政青枫城的礼乐兵农实践，寄寓着吴敬梓的理想。尽管颜元反对明代理学，但他的立场与王阳明的一些思想并不能截然分开。

② 尽管小说在泰伯祠大祭这一回写观者盛赞为几十年所未见，并用欢声雷动来形容当时场景的热闹，但小说最后写泰伯祠因多年无人照看而沦为废墟，一群孩子在坍塌的泰伯祠门前空地上踢球玩耍，他们不知道泰伯是谁，也不在乎是谁，乡间的老妪则在大殿的石阶上挑荠菜，反映出群体大众的漠不关心。

仪，连嘉靖皇帝也被说成十分在意礼仪①。与此呼应，小说终尾，万历皇帝也认识朝政未能进用贤才来建立儒家的礼仪制度的疏失，"夫欲迪康兆姓，首先进用人才。昔秦穆公不能用周礼，诗人刺之、此'蒹葭苍苍'之篇所由作也。今岂有贤智之士处于下欤？不然，何以不能臻于三代之隆也"②。礼教观支配着小说的道德观，也代表着这些真儒们的梦想：用仪式及行动来恢复礼仪的教育，以改造受到八股影响而颓废堕落的科举。然后，变革社会。

吴敬梓生活在回光返照的封建末世，所谓的康乾盛世乃清朝最强盛最繁荣时期，这一时期，外国列强尤其是西方文化的侵略尚处在将来时，在儒学氛围下成长的吴敬梓对传统文化还没有失去信心。③ 但是，面对由科举出身的官员所统治的世界的一幅灰暗的图画，《儒林外史》寄寓了作者的忧心，小说具有了精神启蒙的意义。现在礼已经消失了，那些被当作礼的支持者与典范的举业出身的官员们一味地追求功名富贵而无耻堕落，不断受着现实刺激的吴敬梓希望有所作为。实际上，礼成为《儒林外史》的核心，体现着吴敬梓的世界观和《儒林外史》完整的艺术构思。林顺夫基于这一方面指出礼（《儒林外史》道德观念的核心）是小说的主题，而且它在结构上将小说中分散的内容构成一个较大的集中的部分，又将这些较大的部分组成一部完整的小说。④ 吴敬梓将"礼"作为小说情节的动力与结构的原则，以"礼"来统驭全篇各个自成起讫的故事，有上升、顶点、下降的完整过程，泰伯祠大祭居于小说结构的顶点，如卧评所云：

---

① 小说第三十五回神宗召见庄征君时说："朕在位三十五年，幸托天地祖宗，海宇昇平，边疆无事。只是百姓未尽温饱，士大夫亦未见能行礼乐。这教养之事，何者为先？所以特将先生起自田间，望先生悉心为朕筹画，不必有所隐讳。"

② 吴敬梓著，李汉秋辑校《儒林外史会校会评本》，第五十六回"神宗帝下诏旌贤　刘尚书奉旨承祭"，上海古籍出版社 1999 年版，第 677 页。

③ 从十四世纪到十九世纪，世界文明由彼此隔绝走向联系融汇并发生质变性的变化，明清八股科举制度阻碍着中国知识阶级睁开眼去看世界，不可能产生类似西方"文艺复兴"的激荡，我们不必苛求吴敬梓。其子吴烺对历算等颇多研究成为名家，并与八股相疏离，他们"父子相师友"（吴湘皋语），《儒林外史》第三十二回借娄太爷之口对杜少卿说："你生的个小儿子，尤其不同，将来好好教训他成个正经人物。"代表了吴敬梓的认识。

④ 参见林顺夫《〈儒林外史〉的礼及其叙事体结构》，希春译，《文献》1982 年第 2 期。"五四"时期，"礼教"在当时是受到很多作家（包括胡适、鲁迅）严厉抨击，但并没有发生对《儒林外史》这一方面的围攻与批评。

"本书至此卷，是一大结束。……譬之作乐，盖八音繁会之时，以后则慢声变调而已。"① 礼成为这部描述文人世界的《儒林外史》的中心。

《儒林外史》不但有破，还有立；有讽刺，也有勉励。小说在批判八股科举的同时，也对科举制度认真地做了正面的思考；对士林及他所生活的社会诸多方面进行讽刺的同时，也褒扬真儒贤人。② 吴敬梓以重建象征儒家思想的泰伯礼为顶点建构他的小说，同时，作者并不回避礼的实践的困惑，如小说一边说"余家弟兄两个，品行文章是从古没有的"，一边又写了余大为筹钱给父亲办久拖的葬礼而坦然接受贿赂，而余二也帮他隐瞒真相，③ 夏志清评论说："只有惟孝敬是重而排斥一切其他德行的狂热的儒教信奉者才会对他的行动表示首肯。"④ 实际上，这是吴敬梓对自己倡导的礼的主张及实践所面临的困境的如实的表白，小说中余大、余二兄弟，郭孝子，王玉辉等礼的行动无不包含这方面的思考，作者写出他所倾心推崇的"礼"之事业与"八股举业"的现实交错下的苦思和迷惘，揭示出儒家经典在现实中所表现的无效性以及吴敬梓内心对于那些经典所规范的理想的执着。这已不是崇尚泰伯的时代，吴敬梓不可能摆脱八股科举所造成的整个社会的文化氛围⑤。小说在泰伯祠大祭一回写观者盛赞为几十年所未见，至小说尾声时泰伯祠已沦为废墟，⑥ 这些无疑表明作者倾力所为泰伯礼的徒劳无功和群体大众的麻木，吴敬梓意识到救治社会沉疴痼疾的艰难，他的探索代表了封建社会有良知的知识分子的担当，直接启蒙

---

① 吴敬梓著，李汉秋辑校《儒林外史会校会评本》，上海古籍出版社 1999 年版，第 465 页。

② 针对鲁迅说《儒林外史》是"中国讽刺小说的最高峰"，中野美代子则认为《儒林外史》"缺乏讽刺精神"，"吴敬梓撕掉别人的假面具却暴露了自己的真面目"。《儒林外史》肯定不仅仅是讽刺，鲁迅以"讽刺小说"来定性，虽然尚不足以概括小说的全部内容，但至少是抓住了某一方面特质。实际上，黄小田在评点中早就提醒读者："读者切须玩味，勿谓小说惟以讥讽诙谐为事，庶不负作者著书本意。"（《儒林外史会校会评本》第 214 页。）

③ 参看吴敬梓《儒林外史》，第四十五、四十五两回，人民文学出版社 1977 年版。

④ 夏志清：《中国古典小说史论》，江西人民出版社 2001 年版，第 247 页。

⑤ 有清一代，封建社会政治上常见的弊端，如皇帝的严重失德，权臣、外戚、宦官的专权乱政，文官党争，藩镇割据等等，都被压缩到最小的程度，唯独八股科举的痼疾却不能克服。

⑥ 吴敬梓：《儒林外史》，第五十五回"添四客述往思来　弹一曲高山流水"，人民文学出版社 1977 年版，第 627 页。

了他身后无数的仁人志士而堪称"精神前身"①。

我们只要将泰伯祭典与最后一回"神宗帝下诏旌贤　刘尚书奉旨承祭"合读，便可发现作者意图建构的不止是南京泰伯祠之类的"小气候"，在单飏言的奏疏和刘进贤的祝文中都承认了本朝八股举业制度的缺陷甚至失败："奏为请旌沉抑之人才，以昭圣治，以光泉壤事。……夫三代之用人，不拘资格……至于后世，始立资格以限制之。……我朝太祖高皇帝定天下，开乡会制科……然一榜进士及第，数年之后乃有不能举其姓字者，则其中侥幸亦不免焉。夫萃天下之人才而限制于资格，则得之者少，失之者多。其不得者，抱其沉冤抑塞之气……亦不得谓非资格之限制有以激之使然也"，"资格困人，贤豪同叹"②，单、刘二人以朝廷命官的身份，陈述的是"限制于资格"和"资格困人"的举业现实。吴敬梓欲借皇帝之手"下诏旌贤"，革新"选举无善法"的科举制度，广开取士途径，或以品行择用，或以一技而取，不使贤德才能之人在野，改变"萃天下之人才而限制于资格，则得之者少，失之者多"的局面，挽回世道人心，企盼、呼唤"用人不拘资格"时代的到来。所以"赐及第"名单中，不但有泰伯祭典中的虞育德诸人，还有被目为市井奇人的"四客"，他们或卖火纸筒子，或开茶馆，非儒士而咸列榜中。吴敬梓对这些人寄予大希望，他们是开篇"楔子"出现的群星："天上纷纷有百十个小星，都坠向东南角去了"，王冕叹道："天可怜见，降下这一伙星君去维持文运，我们是不及见了。"③ 这几句话正是"幽榜的张本"④，"维持文运"四字道出吴敬梓的苦心，其实这也是士林普遍关心的问题。《儒林外史》以祭泰伯为中心，表现"星君"维持文运的努力，它与《聊斋志异》、《红楼梦》等大量抨击桎梏人才政策的文学作品，以及其他非文学作品汇为一个深厚的

---

① 何满子《伟大也要有人懂》，《中华读书报》，2002 年 3 月 27 日。梁启超曾言："晚清思想之解放，自珍确与有功焉。光绪间所谓新学家者，大率人人皆经过崇拜龚氏之一时期。初读《定庵文集》，若受电然"，则龚自珍于中国近代思想史上的启蒙地位可知。

② 吴敬梓著，李汉秋辑校《儒林外史会校会评本》，第五十六回"神宗帝下诏旌贤　刘尚书奉旨承祭"，上海古籍出版社 1999 年版，第 677—678、684 页。这里单飏言又有"善扬言"，刘进贤又有"进用贤人"的双关用意。

③ 吴敬梓：《儒林外史》，第一回"说楔子敷陈大义　借名流隐括全文"，人民文学出版社 1977 年版，第 16 页。

④ 赵景深：《中国小说丛考》，齐鲁书社 1983 年版，第 428 页。

"文化文本"①，不断催人觉醒，犹如地火运行，随时在寻找突破口。果然，吴敬梓逝世八十五年后，龚自珍《己亥杂诗》爆出天摇地动的一声吼："九州生气恃风雷，万马齐暗究可哀。我劝天公重抖擞，不拘一格降人才。"② 伴随着西方的坚船利炮，外患内忧交织，清王朝乃至整个封建官僚体制，至是已濒临总崩溃，而泰伯祠的幻梦也随之如烟消逝③。

四　《儒林外史》的叙事方式

作家的思想倾要用艺术来表达，应当"从场面和情节中自然而然地流露出来，而不应当特别把它指点出来"④，吴敬梓是个极有创作个性的小说家，何满子先生称其"更带有思想家的气质"⑤。作者表达意旨的自觉意识与驱使作品的强烈欲望使小说的视角叙事极富特色，表面上作者退到了幕后，事实上小说总的叙事视角完全统摄于作为全知叙事的作者视角之下，作者化身文本之中，比照事件本身的逻辑分别用不同的视角聚焦故事，通过动态的操作，或让情节本身说话，或通过对话，借用人物之口取代叙述者直接叙述，或运用人物视角，完成事件和人物评论。通过这些视角的流动变化来分担作者的叙事任务，由此完成小说的叙事主旨。

一部《儒林外史》的内容建构就是一个"博喻"大体系，许多人物都是其"中心"的比喻性人物，作者运用整个叙述结构的要素和文本叙事的技巧，通过情节的自然流露，形成文本客观化的叙事效果，其中作家主体感受的发挥也达到最大化的效果，唯如此，作家才能在更深层次上表

---

① 经典的确立是一个相对漫长的历史筛选过程。文学中所谓经典，一方面它们反映民族的某种审美诉求和价值取向，同时，它们反过来影响民族文化，使之形成相对牢固的审美习惯和价值取向，并以此激活着民族认同感和凝聚力。

② 龚自珍：《龚自珍全集》，上海人民出版社 1975 年版，第 521 页。

③ 科举制度是使儒家制度化的核心，也因此使儒家的文化价值一直得以维系，从某种意义上说，中国科举制度的设立及经营，在明清八股之前的发展趋势都相当接近于近代社会的价值取向。十九世纪，当欧美西方国家纷纷仿效文官制度时，中国的先进人士却在为废除科举制度而奔走，这是历史对于八股科举所造成的中国畸形文化的嘲弄，而以废除科举为前导的晚清改革在一定程度上是对儒家制度体系的否定。国家不幸文学幸，若无此，这样一部对中国文化反思的伟大的《儒林外史》就不会诞生。

④ 《马克思恩格斯全集》（第三十六卷）恩格斯《致敏·考茨基》，人民出版社 1974 年版，第 385 页。

⑤ 安徽版《儒林外史研究论文集》，安徽人民出版社 1982 年版，第 21—22 页。

达自己的思想。

　　聚焦《儒林外史》的叙事视角研究则能够进一步把握小说的创作动机及更深层次探索作家的思想，而且这种研究的好处还在于从叙事主语（叙事视角）的角度来研究小说，我们看到叙事主语的不同有时会造成小说结构的变化，这样就将结构的研究转化成叙事研究，这种转化有益于对小说作者的研究以及对小说结构的理解。

　　（一）回目叙事

　　章回小说的叙事程式有回目，有特定的开头及结尾。这种结构显示的文本叙事含义表现为叙述者站在故事之外操纵文本叙述，这是叙述者视角叙事的表现。

　　《儒林外史》整体结构在大处着眼，从开头"嵚崎磊落"① 的高隐之士王冕到追逐"功名富贵"② 的儒林众生与追求"礼乐化俗"③ 众贤人以及"述往思来"④ 的四奇士，从高隐立意始，终以奇士作结，从善始，以善终。第一回通过"楔子"以"敷陈大义"，"隐括全文"，然后又以最后一回"幽榜"回映"楔子"，首尾呼应，浑然一体。作者以自己的亲身经历和生活经验，思考百年知识分子的厄运，以此为线索把"片断的叙述"贯穿在一起，构成了《儒林外史》的整体结构，这种匠心寄寓了作者的社会理想。

　　《儒林外史》的回目情感特征表现鲜明，对于小说中的人物、事件，作者毫不隐晦自己的倾向性。全书回目中与少卿有关的章节文木老人几乎都直接表白自己的态度和情感，如第三十一回"天长县同访豪杰，赐书

---

　　① 吴敬梓：《儒林外史》，第一回"说楔子敷陈大义　借名流隐括全文"，人民文学出版社1977年版，第1页。

　　② 《儒林外史》闲斋老人序云："其书以功名富贵为一篇之骨：有心艳功名富贵而媚人下人者；有倚仗功名富贵而骄人傲人者；有假托无意功名富贵而自以为高，被人看破耻笑者；终仍以辞却功名富贵，品地最上一层为中流砥柱。"（吴敬梓著，李汉秋辑校《儒林外史会校会评本》，上海古籍出版社1999年版，第687页。）《儒林外史》第三十四回"议礼乐名流访友　备弓旌天子招贤"中杜慎卿评《诗经·女曰鸡鸣》一篇说："你看这夫妇两个，绝无一点心想到功名富贵上去，弹琴饮酒，知命乐天。这便是三代以上修身齐家之君子。"

　　③ 《儒林外史》第三十三回"杜少卿夫妇游山　迟衡山朋友议礼"迟衡山说"小弟意思要约些朋友，各捐几何，盖一所泰伯祠，春秋两仲，用古礼古乐致祭。借此大家习学礼乐，成就出些人才，也可以助一助政教。"

　　④ 《儒林外史》第五十五回回目为"添四客述往思来　弹一曲高山流水"。

楼大醉高朋"，第三十二回"杜少卿平居豪举"，三十三回"杜少卿夫妇游山，迟衡山朋友议礼"，第三十四回"议礼乐名流访友"，第三十七回"祭先圣南京修礼"，第四十六回"三山门贤人饯别"，杜少卿之所为、杜少卿之豪杰心性，小说都明示赞赏有加的爱戴之情。如果将回目的用词情况作个统计，可以看到几乎每一回目都饱含清晰的褒贬之意，如第六回"乡绅发病闹船家，寡妇含冤控大伯"，严贡生的无赖行径作者用"发病"，而对赵氏之弱者被欺则用"含冤"，倾向性一目了然，褒贬之意立显；第七回"范学道视学报师恩　王员外立朝敦友谊"，王惠教唆苟玫匿丧不报，本是丑事，回目以"王员外立朝敦友谊"讽之，作者在关节处，愈不露声色，愈显露这群八股名士本来面目；第三十回回目"爱少俊访友神乐观，逞风流高会莫愁湖"，用"爱"、"风流"将杜慎卿亲狎戏子，赏玩男风之行为以曲笔写出。故卧闲草堂评"直书其事，不加断语，其是非自见也"[①]。

　　小说的回目实如全书的眼睛，作者在借鉴、吸收古代诗词、话本、长篇小说等优秀传统的基础上进行开拓和创新，就回目的叙事特征而言，作者的视角叙事仍然是小说叙事的基本形式。

　　（二）运用小说人物的名、字及号的含义逗引小说叙事内容

　　沿用传统的叙事技巧，利用谐音寓意，是作者介入文本叙事的又一表现。谐音寓意让人依稀看懂，却又隐晦曲折，暗含着作者的主观评介，与"隐身"的叙述者身份契合。《儒林外史》的谐音寓意主要表现为用谐音取名，让人物一出场便身带各自标识，在读者前面一一登台表演。

　　王德、王仁典型地体现了作者的这种构思模式。王德字于据，王仁字于依，语出《论语·述尔》："子曰：'志于道，据于德，依于仁，游于艺。'"朱熹释为"据者，执守之意"；"依者，不违之谓"。于据、于依要求的是执守于德和仁，"王"与"亡"谐音，亡者无也，小说对于这两兄弟的塑造是在此意蕴的基础上吴敬梓采用反讽的笔法，这也是作者的真正用意处。二王打着三纲五常大旗，却无处不在为满足一己之龌龊私欲。王德、王仁的亲妹妹是严监生

---

①　吴敬梓著，李汉秋辑校《儒林外史会校会评本》，上海古籍出版社1999年版，第60页。

的正室，病重之时，严监生不待大夫人死去就急匆匆要将小妾赵氏扶正。古代宗法社会，严嫡庶之分，讲究名分是纲常名教的核心，正室未死就将侧室扶正是对纲常名教的大不敬，是为"篡逆"之大罪，严氏要能如愿，此中最要紧处是要得到严夫人亲党二王兄长的认可。商量之始，二王先是"把脸本丧着，不则一声"，没有表态，严监生请他们吃饭，饭后又到一间密室，答应要修岳父母的坟，还将王氏积攒的东西留于二位老舅做个遗念，并打开橱柜，拿出两封白花花的银子，每位一百两，这一番动作之后果然起了效果。

> 　　（严致和）回来见两位舅爷哭得眼红红的。王仁道："方才同家兄在这里说，舍妹真是女中丈夫，可谓王门有幸。方才这一番话，恐怕老妹丈胸中也没有这样道理，还要恍恍惚惚，疑惑不清，枉为男子。"王德道："你不知道，你这一位如夫人，关系你家三代。舍妹殁了，你若另娶一人，磨害死了我的外甥，老伯、老伯母在天不安，就是先父母也不安了。"王仁拍著桌子道："我们念书的人，全在纲常上做工夫。就是做文章，代孔子说话，也不过是这个理，你若不依，我们就不上门了！"严致和道："恐怕寒族多话。"两位道："有我两人作主。但这事须要大做，妹丈，你再出几两银子，明日只做我两人出的，备十几席，将三党亲戚都请到了，趁舍妹眼见，你两口子同拜天地祖宗，立为正室，谁人再敢放屁！"严致和又拿出五十两银子来，交与二位，义形于色的去了。①

银两到手之后，便厚着脸皮打着纲常的旗号，话也说得掷地有声，王仁称赞"舍妹真是女中丈夫"，批评"老妹丈""恍恍惚惚，疑惑不清，枉为男子！"这无疑坚定地站在了严监生扶正赵妾一边。王德也不示弱，从宗法家庭的嗣续大计上高谈阔论，主动为严氏扶赵妾为正找到孝义伦理上的依据。王德再次慷慨陈词，"拍着桌子"义正词严，从纲常天理和读

---

① 吴敬梓：《儒林外史》第五回"王秀才议立偏房　严监生疾终正寝"，人民文学出版社 1977 年版，第 69—70 页。

书人的神圣使命方面上纲上线万分赞成严监生扶正赵妾，并且还不顾亲妹妹的死活，要严氏"趁舍妹眼见，你两口子同拜天地祖宗，立为正室"，一味巴结能给银子的主顾。王德、王仁扶立赵氏，极尽讨好之能事，赵氏也死命地巴结两位哥哥，凡事都不忘馈赠，目的也是希望能有一个靠山，不被人欺负。赵氏也真是妇人之见，像二王这等德行连一点亲情都不顾，又岂肯仗义执言或救危济困？果不其然，当严贡生否认赵氏扶正的事实进而夺产的危急时刻，赵氏急请自己的靠山二王兄弟，他们却借故推脱，任凭严贡生挤兑赵氏，昔时的慷慨激昂，义气冲天已没有了丝毫的影子。在族亲会议上，他们本来可以为赵氏澄清事实，但他们"坐着就像泥塑木雕一般，总不置一个可否"。对于赵氏的遭遇不动恻隐之心，任凭严贡生的欺凌，他们都能无动于衷，并以"身在黉宫，片纸不入公门"的堂皇借口不肯列名作证。但读者不会忘记他们如何为妹丈出谋，如何包揽严大词讼等那些外仁内诈，巧舌如簧而行若狗彘的衣冠禽兽行为。打着仁义道德的幌子，装作于据于依的道学家模样，所为都是亡德亡仁事，吴敬梓的笔端触到人物心灵的最深处，一针见血地指出正是他们对仁义道德的亵渎最深巨。

宋为富取"为富不仁"之义，小说围绕此意展开故事，宋为富买沈琼枝如孙富买杜十娘，清代的商人已是市井中的重要角色，《外史》对他们则多所讥刺，吴敬梓对宋为富之流的商人实无些许好感。杨执中是"佯为执中"，权勿用是暂且无用，小说借船客胡子之口敷衍开来，"不想他（权勿用）又倒运，那年遇着湖州新市镇上盐店里一个伙计，姓杨的杨老头子（杨执中）来讨账，住在庙里，呆头呆脑，口里说甚么天文地理、经纶匡济的混话。他听见就像神附着的发了疯，从此不应考了，要做个高人"[①]，这段话语是《外史》围绕二人展开叙事的纲要。其他诸如匡（诓）超人、洪憨仙（哄憨钱）、卜诚（不诚）、卜信（不信）、木耐（莫耐）等莫不如此，情节或长或短，情境则极其逼真、生动，都一一展现在读者面前。正面角色也有不少用到此类叙事手法，如虞育德，字果行，源于《易经》："君子以果行育德。"作者以此为理念，塑造了一个敦厚淳

---

① 吴敬梓：《儒林外史》第十二回"名士大宴莺脰腹溯　侠客虚设人头会"，人民文学出版社1977年版，第153页。

朴，能实践儒家道德意志的古儒、真儒的形象。余特、余持两兄弟：特者，特立独行也；持者，守也，保持也，他们"守着祖宗的家训"，处于势利的社会中却能遵守古训，讲究品行，弟兄和睦，"闭户读书，不讲这些隔壁帐的势利"①。

此种叙事方式的好处在于作者将自己的主观情志与小说人物的性格性情相融合，读者在阅读小说中能够比较容易进入作者设置的阅读情境之中，与作者心相契合。

（三）作者以虚拟的叙事人身份直接进入文本叙事

长篇章回小说来源于宋元话本，在小说叙事中多少会留下一些话本小说的叙事特征，如话本中常有说书人的评论，《儒林外史》中这种叙事功能表现在小说作者直接进入文本中，形成一种居高临下的道德评判。

小说开篇即是一首词，作者就词的意旨发表议论，在以词和评论点明小说的主旨后，然后接以王冕的故事。作为全书序幕的第一回，将"嶔崎磊落"的"名流"王冕作为自己聚焦的所在，在回目中作者明言"说楔子敷陈大义，借名流隐括全文"，显然并不讳言自己在使用如话本类的入话、楔子的方式和功能，其意义十分深刻。当王冕接过秦老带来的"邸抄"看到"礼部议定取士之法：三年一科，用《五经》、《四书》八股文"，便对秦老说："这个法却定的不好！将来读书人既有此一条荣身之路，把那文行出处都看得轻了。"并预言"一代文人有厄"。② 相比较以前的小说，吴敬梓的诠释、评判多融于客观叙事之中，或拓展其内容，或开掘叙事的深度，或加重其色泽。钱玄同先生说："我以为《水浒》、《儒林外史》和《红楼梦》三书，就作者的见解、理想和描写的艺术上论，彼此都有很高的价值，不能轩轾于其间；但就青年学生良好的读物方面着想，则《水浒》和《红楼梦》还有小小地方不尽适宜，唯独《儒林外史》，则有那两书之长而无其短。……《水浒》和《红楼梦》其文学虽好，但是也还有几处淫秽的。独有《儒林外史》最为干净，全书中不但

---

① 吴敬梓：《儒林外史》第四十四回"汤总镇成功归故乡　余明经把酒问葬事"人民文学出版社 1977 年版，第 510 页。

② 吴敬梓：《儒林外史》，第一回"说楔子敷陈大义　借名流隐括全文"，人民文学出版社 1977 年版，第 15—16 页。

没有一句描写淫秽之语，并且没有那些中国文人照例要说的肉麻话。"①
如鲍文卿作为一个戏子却能极敬重斯文，恪守封建伦常，故极得作者赞
许，每以赞赏之笔写出，第二十四回钱麻子、黄老爹鲜廉寡耻的言行使作
者怀着极端的义愤，忍不住要发出声来，"那老畜生……"，以如此不雅
洁之词的直白，在《儒林外史》中极少见，恰好也流露出他真实的情感
所在，吴敬梓对于那些不甘以卑贱者自居而要与士大夫抗礼的伶人颇为愤
怒。"以叙事论，则句句干净，无有儒词；迥非风云月露之词章家所能望
其肩背也。"②作者以最直接的方式进入文本，从而影响着读者的阅读鉴
赏态度，使作家主体感受的传播迅速蔓延。吴敬梓的时代，封建伦常、尊
卑秩序土崩瓦解，古风难存，作者则固守于一隅，在为数不多的几处议论
中，表现出契合作者对生活的审美观照及深刻思考。第四十四回到四十七
回写到五河县风俗人心的地方，作者就有几处禁不住出面发议论："五河
的风俗，说起那人有品行，他就歪着嘴笑；说起前几十年的世家大族，他
就鼻子里笑；说那个人会做诗赋古文，他就眉毛都会笑。……"运用排
比的句式，在重复中推进，作者把自己的观点直接以骂的方式表现出来：
"其风俗恶如此"，"总是这般见识"，"欣欣得意，不以为羞耻"，"生在
这恶俗地方"，强烈的爱憎是作者主体精神的映射。有时候作者的诠释、
评价除了能为小说文本提供必要的背景知识外，还特别蕴含着作者的灼见
和个性。第二回周进登场，六十多岁的周进是"小友"，而年纪轻轻的梅
玖却是"老友"，作者由此议论开来，"（姜）就到头发白了，还要唤做
'新娘'"，对于当世人情世故之恶劣及现实之荒谬的愤慨、不平、抨击借
此表达出来。有时候看似客观叙述的场面由于作者用极短又具评论色彩的
字眼，爱憎倾向便极分明。第三十三回少卿金杯携妻出游，豪放通脱，
"竟携着娘子的手"，"竟"是以叙述者话语赞赏杜少卿的高奇和俗人的不

---

①　李汉秋辑《儒林外史研究资料》钱玄同《〈儒林外史〉新叙》，上海古籍出版社1984年
版，第147、150页。艳情小说在明末大量出现，清朝前期则更有过之，在吴敬梓生活的清朝前
期，艳情小说更是大行其道，吴敬梓对淫秽情节却削而不录。金和在《儒林外史跋》中说："又
自言聘娘'丰若有肌，柔若无骨'二语而外，无一字稍涉亵狎，俾闺人亦可浏览，可知先生一
片婆心"，吴敬梓对于男女关系比较严肃，乃父吴霖起娶有侧室，吴敬梓则无，这从小说中杜少
卿对于妻妾的议论中也可看出。

②　蒋瑞藻编《小说考证附续编拾遗·缺名笔记》，古典文艺出版社1957年版，第561页。

解，表面上的否定，实是作者由衷的褒扬，同时也讽刺了庸众。这几处的写法在全书里都是很特殊的。

（四）在景物描写中熔铸作者的感情与思想

吴敬梓企慕六朝人物的真性情，魏晋名士的"山水之好"影响着他，沈大成《全椒吴征君诗集序》中说他"生平淡于名利，每闻佳山水，则搴裳从之。"① 小说《儒林外史》中有不少精彩的景色描写，同宋元话本小说中的景物描写相比，话本小说的语言大多缺少小说人物自身的感受。《儒林外史》自然景物的描绘摒弃了说书人常用程式化的骈体语言，吴敬梓在小说中把描述性的文字和叙述性文字统一起来，将叙述者的评判功能熔铸于小说景物的刻画之中，这些描写实际上是经过作者的视角过滤，成为作者思想性情的延伸。如楔子写王冕眼中的七泖湖：

> 那日，正是黄梅时候，天气烦躁。王冕放牛倦了，在绿草地上坐着。须臾，浓云密布，一阵大雨过了。那黑云边上镶著白云，渐渐散去，透出一派日光来，照耀得满湖通红。湖边上山，青一块，紫一块。树枝上都像水洗过一番的，尤其绿得可爱。湖里有十来枝荷花，苞子上清水滴滴，荷叶上水珠滚来滚去。②

这段描写初看上去似乎有点平常、陈旧，吴敬梓没有用诗词骈赋的语汇，而是将古文描写的风格融入小说中，精确而生动地描写出西湖的景象，这是一段田园诗般的景物描绘，情调清新脱俗，充满着诗情画意，这片远离尘俗、生气贯注的天地激发了王冕的情志与理想，也是王冕清逸高洁的人格写照。同样是西湖的景色，在马二眼中则了无意趣，只不过"一边是山，一边是湖，又有那山色一转围着"。马二先生原在杭州选书，终日书坊选文，游西湖"好顽"而已：

> 马二先生独自一个，带了几个钱，步出钱塘门。……望着湖沿上

---

① 沈大成：《学福斋集》卷五《全椒吴征君诗集序》，清乾隆三十九年刻本。

② 吴敬梓：《儒林外史》，第一回"说楔子敷陈大义　借名流隐括全文"，人民文学出版社1977年版，第3页。

接连着几个酒店，挂着透肥的羊肉，柜台上盘子里盛着滚热的蹄子、海参、糟鸭，鲜鱼，锅里煮着馄饨，蒸笼上蒸着极大的馒头。马二先生没有钱买了吃，喉咙里咽唾沫，只得走进一个面店，十六个钱吃了一碗面。

　　……那些富贵人家的女客，成群逐队，里里外外，来往不绝。都穿的是锦绣衣服，风吹起来，身上的香一阵阵的扑人鼻子。马二先生身子又长，戴一顶高方巾，一幅乌黑的脸，腆着个肚子，穿着一双厚底破靴，横着身子乱跑，只管在人窝子里撞。女人也不看他，他也不看女人……

沿着作者为他安排的路线，在因食物匮乏而生的旺盛的食欲和美色的诱惑中前行，在理学的禁锢和功名的泥坑中挣扎。

游西湖最欢喜的事情莫过于看到了自己编选的墨卷：

　　过了城隍庙，又是一个弯，又是一条小街，街上酒楼、面店都有，还有几个簇新的书店。店里贴着报单，上写："处州马纯上先生精选《三科程墨持运》于此发卖。"马二先生见了欢喜，走进书店坐坐，取过一本来看，问个价钱……①

《儒林外史》中写景文字，总会设身处地，各处情景、各人所见皆不同也。在作者看来，王冕乃一脱俗高人，领略湖光山水之趣自然不同于马二先生，只有王冕那样看淡功名富贵之心的人，才有消受大自然美的心灵。马二先生游西湖，与其所言西湖山水可以添文思，所行于真山真水之间却全无会心，终了无语可赞，仅以《中庸》数语赞美西湖之美，"马二先生叹道：真乃'载华岳而不重，振河海而不泄，万物载焉'！"湖山之"幽深"、"清雅"之处，并不见其游踪，他只拣店面热闹、人头攒动之处瞎撞而已。马二游西湖的兴致不过如此，吴敬梓并没有赋予马二这样的人以诗的情怀。

_____

　　①　吴敬梓：《儒林外史》第十四回"蘧公孙书坊送良友　马秀才山洞遇神仙"，人民文学出版社 1977 年版，第 179、181、183 页。

晚明一些著名的小品文作家对西湖总是情有独钟，他们对西湖的精美描写，承继着西湖诗文传统的文化，也随之融入其中而成为这种意蕴的一个部分，如在袁宏道、张岱等人的笔下，西湖成为他们雅趣及精神的投影，尤其是自由心境的写照，而马二先生游西湖与此形成对照。实际上，晚明时期带有个人主义思潮的时代氛围到了吴敬梓的时代已经消退，吴敬梓选择王冕这样一个超凡脱俗的完人作为他的理想人物，小说从王冕画西湖写到马二游西湖，再写到杭州西湖斗方诗人的聚会，吴敬梓以西湖为意象，将它的过去与当下对立起来，西湖所在的杭州也成了有意味的场域，并与南京相对照，南京代表了文人的品位和文化的永恒，而杭州则已经式微，这里充斥着世俗，"酸气逼人"①，到处是俗人和伪君子，难怪评家感叹是"西湖不幸"②。在王冕与西湖的描写中，吴敬梓张扬诗意，却没有借助于抒情诗的表现形式，这与历来章回小说的传统有了很大的不同，吴敬梓甚至有意让它凸显诗歌的缺席。杭州已经蜕变成一个失却灵魂的去处而支离破碎，它隐喻着吴敬梓诗意家园的幻灭。

吴敬梓并不经常引诗入小说，但他却乐意于将诗境融入小说之中，尤其是南京景色的描写，总表现出对这里风景有着家园般的眷恋。第二十四回第一次对南京的描写，便充满了浓浓的诗意：

　　　　城里一道河，东水关到西水关足有十里，便是秦淮河。水满的时候，画船箫鼓，昼夜不绝。城里城外，琳宫梵宇，碧瓦朱甍，在六朝时是四百八十寺；到如今何止四千八百寺！大街小巷，合共起来，大小酒楼有六七百座，茶社有一千余处。不论你走到一个僻巷里面，总有一个地方悬着灯笼卖茶，插着时鲜花朵，烹着上好的雨水，茶社里坐满了吃茶的人。到晚来，两边酒楼上明角灯，每条街上足有数千盏，照耀如同白日，走路人并不带灯笼。那秦淮到了有月色的时候，越是夜色已深，更有那细吹细唱的船来，凄清委婉，动人心魄。两边河房里住家的女郎，穿了轻纱衣服，头上簪了茉莉花，一齐卷起湘

---

① 吴敬梓著，李汉秋辑校《儒林外史会校会评本》，上海古籍出版社1999年版，第237页。

② 同上。

帘，凭栏静听。所以灯船鼓声一响，两边帘卷窗开，河房里焚的龙涎、沉、速，香雾一齐喷出来，和河里的月色烟光合成一片，望着如闻苑仙人，瑶宫仙女。还有那十六楼官妓，新妆袨服，招接四方游客。①

吴敬梓的叙述，如数家珍，娓娓道来，难怪小说批评家（张文虎）感叹说："写秦淮风景，百世之下犹令人神往。"② 第三十三回杜少卿与几位好友在船上品茶闲话，凭窗眺望江景，"太阳落了下去，返照照着几千根桅杆半截通红"。这与他去安庆参加博学鸿词科预试后回南京，途中所作《减字木兰花》词"万里连樯返照红"句描写的傍晚长江的景色如出一辙；第四十一回杜少卿留友在河房看新月，"那新月已从河底下斜挂一钩，渐渐的照过桥来"。这些看似不经意的笔墨明净而贴近自然趣味，散发着美文的韵味，满含了作者对杜少卿的赞美喜爱之情。而景物一旦同人物的心性联系起来，与人物性格相映衬，便透着别一番情趣。第二十一回二娄拜访杨执中终于如愿，谈到起更时候，"一庭月色，照满书窗，梅花一枝枝如画在上面相似，两公子留连不忍相别。……于是执手踏着月影，把两公子同蘧公孙送到船上"，疏疏几笔便勾出清幽景色。娄氏兄弟因为未能在举业功名上有所依附而满怀失志的牢骚并不得不超越，多少有一些不为稻粱谋的浪漫，他们转而追求摒弃功名的清雅境界，以上景物描写与失志二娄心向往之的境界又极吻合。作者将小说中景物的描写人格化，好恶不同，则雅俗各异。借助于景物描写，作者以有声无形的状态藏匿于小说文本之中，表达自己的主体感受。

（五）运用流动的视角完成作者的评价功能

《儒林外史》中有大量概述方式，大体可以归为叙述者概述和他人概述两种形式。小说中介绍人物的生平经历与故事背景等大都采用叙述者概述的方式，如第一回王冕、第十七回虞华轩的出场等。他人概述的方式多在人物对话的场景中出现，它提供相关人物的信息，如第四回范进媳妇否

①　吴敬梓：《儒林外史》第二十四回"牛浦郎牵连多讼事　鲍文卿整理旧生涯"，人民文学出版社 1977 年版，第 293—294 页。

②　吴敬梓著，李汉秋辑校《儒林外史会校会评本》，上海古籍出版社 1999 年版，第 306 页。

极泰来的变化由何之美浑家饭桌上说出，第三十一回杜少卿乐善滥施的性格见于杜慎卿婉拒鲍廷玺求助的托辞中。也有人物的自我介绍，如第十五回匡超人向马二陈述自己的遭际。比起作者的直接陈述，这种将自己隐蔽起来，利用小说中他人视角分担叙述责任，完成小说表达的意旨显得客观真实，其实质是全知视角使用他人限制视角的问题。它使作者的意见在情节的自然发展中流露出来，产生了客观化的效果，读者与小说人物之间的距离拉近了。《儒林外史》常用这种叙事模式。

利用书中正面角色作为作者代言人，完成小说的叙事评价功能。沈琼枝也是作者喜爱并呵护有加的角色，第四十一回"庄濯江话旧秦淮河，沈琼枝押解江都县"中作者借杜少卿之口，对她充溢着赞赏和敬佩："盐商富贵奢华，多少士大夫见了就销魂夺魄；你一个弱女子，视如土芥，这就可敬的极了！"卧贤草堂本评语曰："云仙之屈处于下僚，琼枝之陷身于伧父，境虽不同，而其歌泣之情怀则一。作者直欲收两副泪眼，而作同声之一哭矣。"① 萧云仙即体现了吴敬梓所提倡的颜李学派兵农振国的贤人政治学说理想，作者于这类人物身上寄寓着极大的期望，"像长兄有这样品貌材艺，又有这般义气肝胆，正该出来替朝廷效力"。超越功名富贵的引诱和束缚，具体的道路不多，要么隐了去，如王冕隐于山林，虞博士隐于宦海，庄征君隐于湖上，杜少卿隐于市井；要么就是闯进去，如沈琼枝与萧云仙。吴敬梓满含悲凉地写出萧云仙的悲剧结局，而对于沈琼枝则多出一份鼓励和期待。

利用对立双方的人物，借助于他们的视角评判人物。有矛盾的存在才会有张力的产生。在总体构思上，作者用正反两大人物阵营形成对照表现主题。严监生的对立面是严贡生，严老二对其兄颇有微词："家兄寸土也无，人口又多，过不得三天，一买就是五斤，还要白煮的稀烂；上顿吃完了，下顿又在门口赊鱼。当初分家，也是一样田地，白白都吃穷了。而今端了家里花梨椅子，悄悄开了后门，换肉心包子吃。你说这事如何是好！"严二以一己之吝啬叩议其兄奢侈，相得益彰，对严贡生人品的否定恰是作者主意。小说还以王德、王仁兄弟作为严贡生的对立面，"怎得会

---

① 吴敬梓著，李汉秋辑校《儒林外史会校会评本》，上海古籍出版社 1999 年版，第 503 页。

补起廪来的"，"从不曾见他家一杯酒"，"欠下厨子钱、屠户肉案子上的钱，至今也不肯还，过两个月在家吵一回"，这些则进一步强化了作者的上述评判。再如处于势利风俗极浓的五河县的余特、余持两兄弟能清操自爱，出淤泥而不染，是作者所首肯的人物，在叙写二余之后，又写另一对余氏兄弟余敷、余殷。两对嫡堂兄弟心性迥异，余特、余持不屑五河之势利恶俗，余敷、余殷对五河方、彭大家则极尽讨好之能事。彼二余实为作者衬托余特、余持弟兄恪守祖训而设也。作者通过余氏两对兄弟不同心性的刻画对五河浇薄之风俗一再予以抨击，以抒发自己的愤激之情。

通过人物言语、行动完成作者的评价功能。郭孝子劝导萧云仙说："而今是四海一家的时候……像长兄有这样品貌材艺，又有这般义气肝胆，正该出来替朝廷效力。"这确实也是作者的理想，而郭孝子本人却"二十年走遍天下"，寻找一个降顺宁王而畏罪潜逃的父亲，郭孝子只知孝顺父亲，却不认父亲是钦犯，他的行为否定了他对萧云仙的说教，这种矛盾也体现出作者思想的困惑与迷茫。

让否定性人物冠冕堂皇的言辞与卑鄙的行为形成对照，将深藏于他们心灵深处的卑污揭出来，完成作者的评判功能。

如上述借严监生之口，以严监生的吝啬反衬严贡生的奢侈，作者隐身事件之中不作评价而褒贬之意自现。范进中举前后胡屠户的表现堪称典型，由"现世宝"、"穷鬼"到"贤婿老爷"、"天上文曲星"，地位的变化是由秀才到举人的变化使然，这类描写寄寓着吴敬梓对世风日下的社会现实的深沉感慨，作者所经历的人生遭际使其对于这种成败论英雄的法则感触最深，第八回中将燕王和宁王的皇室斗争借娄四公子口指出不过成则为王，败则为寇而已，可谓一针见血、石破天惊之论，事件之本质于作者所设人物的大胆议论中直入本质。第四回严贡生正在吹嘘自己"为人率真，在乡里之间，从不晓得占人寸丝半粟的便宜"，小厮来报"早上关的那口猪，那人来讨了，在家里吵哩"，谎言立马揭穿；范进"遵制丁忧"，居丧尽礼，虔诚地讲究孝道的背后，是"在燕窝碗里拣了一个大虾元子送在嘴里"，谎言被击得粉碎。让人物自我否定是作者要传达的最彻底的批判，无须评判，作者褒贬之意立现，笔墨极简约而效果却极鲜明，这是我国文学在表现手法上的传统准则，吴敬梓深谙此道，用这种"皮里阳秋"的手笔，口则无所臧否而心有褒贬。

　　就小说结构来说，从小说故事单元的内部或者故事单元之间的映照关系上，甚至在每一人物、事件的描述中都存在着以对比关系结构小说的特征，或正对、或反对，这种关系成为小说故事单元连接的叙事技巧，这也是《儒林外史》在块状连缀的表层结构下，故事单元之内、之间褒贬对立的深层结构所体现的叙事主旨。

　　从一定意义上说，人物的语言品质最能体现他的文化品格。吴敬梓的描述视角聚焦于书中的种种士人聚会谈话的沙龙，而沙龙的主人就是处于故事外的小说作者，他居高临下，以一种隐身的鸟瞰的视角统御全局，作者对剧中人物的表演都一一过目，充满悲凉，并以此舒解着作家心中的孤愤。

　　另外小说中不少人物的议论与小说内容及情节发展关联不多，但往往与作者的思想十分契合，应视为作者有意为之，它是研究吴敬梓思想不可忽视的材料。第二十九回杜慎卿评述"靖难之役"，声称只要能够拯救民族的人就值得肯定，姚雪垠先生认为杜慎卿言语中流露的是强烈的民族思想，沉痛的爱国情绪，是吴敬梓民族思想的真实流露。[1] 第八回娄四公子将燕王和宁王视为一样货色，与杜慎卿说的"天下多少大事，讲那皋门、稚门怎么？"倒是十分合拍，讲什么正统不正统，还不是弱肉强食，不过成则为王，败则为寇而已，这多少包含作者的本意，也是作者历经沧桑语！而且这些思想大多借小说中非正面形象之口说出，正如姚雪垠先生所说，问题不在于议论是不是杜少卿所发，而在于这些议论是否和作者的思想一致或接近，就如莎士比亚的戏曲多借丑角的口批判现实一样。在吴敬梓生活的时代，敢于表达这些见解已经显示出作者非常的胆略，借这些人物代言是作者的一种策略。诸如小说中不止一次地提到永乐、建文帝也都具有某种影射的含义。[2]

　　假人物之口将作者话语变形，就文本叙述的整体层面而言，叙述者视角多处渗透，尤其是与第三人称视角相结合，使作者可以多角度、多时空叙述、评价人物和事件，表达自己的思想。

---

　　① 姚雪垠：《试论〈儒林外史〉的思想性》，《儒林外史研究论集》，作家出版社1955年版，第45页。

　　② 参见张国风《〈儒林外史〉试论》第二章《〈儒林外史〉的政治倾向》相关内容。

（六）预言叙事

所谓预言叙事，是在时间和事件发展状态的错位中，暗示某种预兆和机缘，预言叙事中的叙事主体往往承担着小说作者的诸多功能。

小说开篇用楔子将整个故事囊括，朝暮间，百代兴亡，使文本笼罩着一种氛围，从宏观层面将作者对历史和人生的透视感包容进去。

同其他章回小说一样，《外史》在每回结尾用一两句话串联故事，预言下回内容，作者对将要发生的故事的态度或情感，都寓含其中。如第三回以"因这一死，有分教：累年蹭蹬，忽然际会风云；终岁凄凉，竟得高悬月旦"作结，预示下一回周进考举人、中进士的故事发展，使小说情节的延续自然顺畅，而对于周进的不幸，作者也给予一些同情。第十一回结语"相府延宾，又聚几多英杰；名邦胜会，能消无限壮心"，语含讥刺，引出下回"名士聚会"，杨执中、权勿用、张铁臂等纷纷粉墨登场，将要导演一出奇形怪态的闹剧，是对扭曲的现状和扭曲的文化的反讽，它契合了作者内心的文化情绪。

此外，小说还沿用了占卜、梦境等预叙形式。神鬼能洞晓过去、预知未来，视角不受限制，是叙述者的最好替身。小说中江湖术士扶乩算命，请托神灵，儒生兼看风水等是这方面的典型。如第七回王惠与荀玫让陈和甫请仙，作者写来怪怪奇奇，似假又真，可谓称奇，关圣帝一首《西江月》词，后半阙尤不可解，而王惠的命运照着判词一步步应验成真，直到第八回这位江西的能员王道台降了宁王，《西江月》判词无一句不实现。对于为宦发财颇有雄心的王惠，小说以词命意，预言和现实之间扑朔迷离的错综充满着作者的嬉笑怒骂。

梦境描写承担着预言叙事的功能。小说第二回王惠梦到会试发榜，与其同年的竟是乡下小学生荀玫，自视极高的他鄙夷地一笑了之，到第七回荀玫省试高中第三名，王惠"须发皓白"，以"同年同乡王老爷"的身份来拜荀玫，亲切称荀玫"年长兄，我同你是'天作之合'"，从此便可以"多少事业都要同做"。作者还以造化弄人的思想构建情节，王惠因降了宁王，结果落得个无家可归，有亲不能认的悲惨结局。第五十三回一心要做太太的聘娘，梦见相好的四老爷赴杭州知府的任，自己则"凤冠霞帔"作起了太太，途中一老尼师父当头棒喝，聘娘惊醒过来，不过南柯一梦，合着五十四回瞎子算命的话，所梦所言都不幸成真，可怜这青楼女子心高命薄，最后连妓女也做不成，不得已出家了。这类描写以梦境主导人生，梦境的应验让人生充满了荒诞感，它寄寓着作者本人深刻的人生体验与慨叹。

另外作者还利用人物话语来预示情节的发展，如写匡超人最初有孝心，肯吃苦，到第十七回匡太公临终遗言，告诫其生活优裕之后不能生出势利之心，叮嘱其结亲必不可攀高结贵，句句勾着匡二心底，加之昔日老母之梦境，皆成后日之现实，句句效验，揭示了匡超人由善变恶的必然性，初遇上马纯上，再遇李本瑛，又遇景兰江，一次次使他煽惑起功名之心，其根源在于社会环境使然。作者无疑在明白地宣称：科举制度，功名之心侵蚀人心，有损孝道。

《儒林外史》中的预叙手法带着一种神秘性，却又让人生出些许悲凉之感和危机意识。作者将自己对于社会透彻的醒悟以预叙的方式表达，这浓浓的宿命色彩在吴敬梓的时代不也是现实人生的折射吗？中年以后的他参透了多少的人生苦难，而对无常人生的感触，又何尝不更寄寓着他悲天悯人的情怀呢！

（七）以小说主旨作为叙事大视角统揽全篇叙事结构

吴敬梓以与士人有关的科举、礼教为中心，广泛地描写了他所生活的社会各种弊端，小说始终围绕这样一条十分明确的思想线索将他所反映的纷繁复杂的社会生活内容统摄起来，《儒林外史》"不以书中的'主角'性格发展为依据，而是以作者对现实生活的艺术认识的发展为轨迹。可以说，吴敬梓不是企图塑造一两个主角，让他们带领读者去经历主角所生活的家庭和社会环境，让读者从主角的成长史中去认识社会、了解生活；而是以无所不知的作者身份，直接引导读者在《儒林外史》中去观察和探索他所认识的社会黑暗及其社会理想"①。小说没有采取贯穿全书的中心人物以及主干故事来追求结构的宏大和故事的完整，而是以十分明确的中心主旨来统领各个相对独立的自成起讫的故事单元。鲁迅于此也有过精要的概括：

---

① 陈美林：《吴敬梓研究·试论〈儒林外史〉的结构艺术》，南京师范大学出版社2006年版，第497页。

惟全书无主干，仅驱使各种人物，行列而来，事与其来俱起，亦与其去俱讫，虽云长篇，颇同短制；但如集诸碎锦，合为帖子，虽非巨幅，而时见珍异，因亦娱心，使人刮目矣。①

吴敬梓以明确的中心内容来组织小说，使之形成一个发展上升、臻于顶点、回旋下落的完整的结构体系。如闲斋老人所云：

其书以功名富贵为一篇之骨：有心艳功名富贵而媚人下人者；有倚仗功名富贵而骄人傲人者；有假托无意功名富贵而自以为高，被人看破耻笑者；终仍以辞却功名富贵，品地最上一层为中流砥柱。②

从小说第三十一回起一直到第三十七回，伴随着杜少卿的出场，小说开始描写"辞却功名富贵"者以及迟衡山、庄绍光、虞育德这些"真儒贤人"，这一部分在小说中是一个不断上升的过程，到了祭祀泰伯祠达到全书思想情感的最高峰，这一回也是小说结构的顶点，卧贤草堂评曰："本书至此卷，是一大结束。名之曰儒林，盖为文人学士而言。篇中之文人学士，不为少矣。前乎此，如莺脰湖一会，是一小结束；西湖上诗会，是又一小结束。至此如云亭、梁甫，而后臻于泰山。譬之作乐，盖八音繁会之时，以后则慢声变调而已。"③ 到达了顶点之后小说随之也就开始了下降的过程，小说三十七回以后，泰伯祠盛典的大音在小说的后半部分不断出现，如一个乐章的乐符，只是"慢声变调而已"，声音越来越微弱，也不再是颂歌的高亢和激愤，而是如哀歌般的婉转低回了。第四十六回"三山门贤人饯别　五河县势利熏心"，在秋风萧瑟的时节，杜少卿、庄征君诸贤人们洒泪饯别虞博士极具象征意蕴，杜少卿一句"老叔已去，小侄从今无所依归矣！"是带有强烈穿透力的男低音。吴敬梓所要表达的是一种极度的内心孤独感，想呼喊，但是却挣扎不出声音，这是先知者在被麻木和世俗蒙昧包围着所产生的一种无以言说的内心的苦痛，它是无家

---

① 鲁迅：《鲁迅全集》第九卷《中国小说史略》，人民文学出版社 2005 年版，第 229 页。
② 吴敬梓著，李汉秋辑校《儒林外史会校会评本》，上海古籍出版社 1999 年版，第 687 页。
③ 同上书，第 465 页。

可归、无路可行的精神流浪者发自心灵深处的悲音，如卧评所言"慢声变调"，到了第四十八回"徽州府烈妇殉夫　泰伯祠遗贤感旧"，邓质夫所叹"当年南京有虞博士在这里，名坛鼎盛，那泰伯祠大祭的事，天下皆闻。自从虞博士去了，这些贤人君子风流云散"已是哀情满怀了，"迟衡山贴的祭祀仪注单和派的执事单还在壁上。两人将袖子拂去尘灰看了。又走到楼上，见八张大柜关锁着乐器、祭器，王玉辉也要看。看祠的人回：'钥匙在迟府上。'只得罢了"。王玉辉所瞻拜的泰伯祠尘封多年，现出一派荒凉，"只得罢了"非一般含义，卧评曰："看泰伯祠一段，凄清婉转，无限凭吊，无限悲感。非此篇之结束，乃全部大书之结束。"① 再到第五十五回"添四客述往思来　弹一曲高山流水"中的情形，泰伯祠已是断壁颓垣，十二分的破败不堪了。房子都倒掉了，泰伯祠的大殿，屋山头倒了半边，两扇大门倒了一扇，睡在地下，三四个乡间的老妇人在那丹墀里挑荠菜，大殿上槅子都没了，后边五间楼楼板都没有一片，收古老样范的几张大柜而今连柜也不见了。盖宽叹息显得格外地沉郁悲凉："这样名胜的所在，而今破败至此，就没有一个人来修理。多少有钱的，拿着整千的银子去起盖僧房道院，那一个肯来修理圣贤的祠宇！"不由得逼出最后的叹息"不如回去罢！"收束了全篇。正如天二评曰："倒不如兴尽还家闲过遣。"② 对泰伯祠的瞻仰变成了凭吊。

《儒林外史》中大祭泰伯祠成为全书的高潮，居于小说结构中顶点的位置。小说前三十回主要描写"媚人下人者"、"骄人傲人者"及"自以为高，被人看破耻笑者"这几类人，功名富贵是他们人生活动的主心骨。作者花去了整个小说大半的篇幅是有所寄托的，吴敬梓于此写出了一个以儒家思想为立身的知识分子苦苦挣扎的心路历程。

　　　　如屈原怀疑国家、怀疑历史、怀疑社会，但从不怀疑自身。他的痛苦在某种意义上说是一种"自大"的痛苦，一种认定自己至美至善却不能"得其所"的痛苦。吴敬梓已失去这份自信，所以他求助

①　吴敬梓著，李汉秋辑校《儒林外史会校会评本》，上海古籍出版社 1999 年版，第 593 页。

②　同上书，第 671 页。

"返回"来化解自己的内心的焦虑和紧张，来给一个已陷入无序的社会缠绕上几缕礼乐情思，以期增大一点"秩序情结"，让人们"形神归位"，心神相安一些。大祭泰伯祠之所以成为全书的高潮，原因正在这里。但这种返回的努力最终落空了。①

　　相比较屈原的痛苦，吴敬梓在"求助返回"中又格外多出一层煎熬，面对"无序的社会"，吴敬梓似乎心有不甘，他在说服别人，更在说服自己要相信举行泰伯大祭，进行礼乐教育是多么的必要，作者信奉它才是疗旧这社会沉疴痼疾的灵丹药方，可惜作者看到了他理想的幻灭，小说以荆元"铿铿锵锵，声振林木"的琴音收结，"弹了一会，忽作变徵之音，凄清宛转。于老者听到深微之处，不觉凄然泪下"②。吴敬梓的努力伴随着他的人生的体验的结果，除了原先"失去这份自信"外更给他添上一份"心哀"。

　　由此，我们看到吴敬梓所采用的叙事方式极吻合小说的思想主题和创作意图，他所倾心构思的小说叙事模式由发展、上升到顶峰，然后下降的完整结构样式完成了小说所要反映的社会生活以及对它的评价。

五　《儒林外史》人物杜慎卿本事考补——兼论吴敬梓与吴檠之关系

　　杜慎卿是吴敬梓小说《儒林外史》中一个颇具个性的人物，我们阅读小说后总会对他留下深刻的印象。吴敬梓创造杜慎卿这一形象主要以其从兄吴檠为人物原型，前人早已指出这种渊源，如金和在《儒林外史》的跋中说："书中杜少卿乃先生自况，杜慎卿为青然先生。"③ 后世研究者在此基础上也多有阐释，研究这一形象的原型及与之相关的其他方面，对于研究吴敬梓的生活、思想与小说《儒林外史》的时代环境及创作特征都是极有意义的。

　　（一）吴檠的身世及交游

　　全祖望《公车征士小录》说："吴檠字青然，号岑华，行三。江南滁

---

① 胡益民、周月亮：《儒林外史与中国士文化》，安徽大学出版社2005年版，第168页。
② 吴敬梓：《儒林外史》，第五十五回"添四客述往思来　弹一曲高山流水"，人民文学出版社1977年版，第629页。
③ 李汉秋辑《儒林外史研究资料》，金和《儒林外史跋》，上海古籍出版社1984年版，第129页。

州全椒县人。康熙辛巳年六月十九日生，年三十六岁，治□经，增生。高祖沛……曾祖国龙……祖晟……父霁澍（县学生）。"① 吴檠与吴敬梓共高祖吴沛，他们之间是未出五服的从兄弟关系。小说《儒林外史》中杜慎卿说："赣州府的儿子是我第二十五个兄弟，他名叫做仪，号叫做少卿，只小得我两岁。"②《为敏轩三十初度作》"……康熙之末岁阉茂，僵塞予年二十三。汝时十八随父宦，往来江淮北复南。……汝今三十予加五"③，吴檠自言比吴敬梓大五岁。吴敬梓生于康熙辛巳年（1701），则吴檠生年为康熙丙子年（1696），我们以吴檠本人记载为是，《公车征士小录》所记时间有误，小说《儒林外史》中所说是作者的虚构。

全椒吴氏五世祖吴国对探花及第后，便与其孪生胞弟吴国龙兴土木、建园宅，国对在城外襄河岸的河湾街建"遗园"，国龙在城内西南角的襄河边建"远园"，远园在全椒民间也俗称"榜眼府"，因吴国龙五子吴昺榜眼及第而得名。吴檠为吴国龙曾孙，写有诗《远园题壁》及《忆远园杂诗十二首》，因远园面对半边河街，故吴檠号曰"半园"。《忆远园杂诗十二首》诗前有小序曰："先主政辟远园于城隅，课子弟读书其中。"④ 金椠代撰《吴母金孺人墓志铭》："（金椒吴母金孺人）及笄，归文学南湖吴君雷焕，盖主政公（吴晟）之仲子，给谏公国龙之次孙也。"⑤ 吴檠诗中的"先主政公"即吴晟，乃吴檠祖父。周骏富辑《清代传记丛刊》卷二二一收储欣撰《吴晟墓表》记载吴晟秉公办案得罪于上司，"大拂上官意，君图勇退，亲友襄之，援例捐升主事"⑥，后病故而未及任。同卷张大受《吴晟墓志铭》"举进士，归而筑园，城隅莳花竹、奉板舆，与子弟

　　① 全祖望撰《公车征士小录》，烟画东堂刻本。

　　② 吴敬梓：《儒林外史》，第三十一回"天长县同访豪杰　赐书楼大醉高朋"，人民文学出版社 1977 年版，第 363 页。

　　③ 金椠：《泰然斋诗文集》卷二附吴檠《为敏轩三十初度作》诗，清道光二十六年重刊本。

　　④ 北京大学文学研究所编《文学研究集刊（第四册）》，人民文学出版社 1956 年版，第 295 页。

　　⑤ 金椠：《泰然斋诗文集》卷二附，清道光二十六年重刊本。

　　⑥ 清李桓辑《国朝耆献类征初编》卷二二一储欣撰《吴晟墓表》，明文书局，1985 年版。

论难经书"① 即与吴檠诗中所序"辟园"事相合。吴烺《泰然斋集跋》说，"吾里金与吴世为婚媾"②，全椒金、吴两姓几乎同时崛起而成为一方望族，金、吴两姓联姻是早已有之的传统，自金九陛娶吴氏为妻，两姓互为婚媾，金榘《吴母金孺人墓志铭》："维康熙再壬寅（六十一年）之王正，金椒吴母金孺人即世，其子檠……走使二千里奉状来乞铭。……按孺人姓金氏，为椒巨族，曾祖少参公九陛，祖乐阳公光昊……父汉昌公钎中戊午乡试，宰楚岳之平江……母李孺人生三子二女，孺人得坤之初爻……及笄，归文学南湖吴君雷焕，盖主政公（吴晟）之仲子，给谏公国龙之次孙也。母金安人，即孺人之女叔，未三十，捐巾帨。南湖甫五龄，汉昌公才之，以孺人归焉。……孺人生二子，俱钟爱，值南湖季弟早亡，无子，序当立其次子，南湖固大义凛然，而孺人亦慷慨无难色。非识大体而能然也?"③ 吴国龙长子吴晟娶金光昊之女为妻，吴晟次子吴雷焕娶金光昊子金钎女儿为妻，金钎为金榘祖父，金榘与吴檠为表兄弟关系，金榘诗《寄怀吴半园外弟》④ 及金兆燕诗《饮吴岑华先生半园率赋奉呈六首》⑤ 皆可证。金氏兄弟与吴檠、吴敬梓交情甚好，留下不少诗歌唱和之作。吴烺《泰然斋集跋》："先生生而颖异，博学多才，少壮时与先伯父岑华比部暨先赠大夫交好契密，暇则相与剧谈古今，赋诗饮酒以为常。"⑥

何泽翰先生根据金榘代撰的《吴母金孺人墓志铭》说："吴雷焕有两个儿子：长子吴檠，次子出继了，文中虽然没有载出次子的名字，根据字形推测，很可能就是吴檗了，因为檠与檗，字形偏旁相同，这是他们三代弟兄命名的规律。"⑦ 陈美林先生对照《公车征士小录》中"（吴檠）父

　　① 清李桓辑《国朝耆献类征初编》卷二二一张大受《吴晟墓志铭》，明文书局，1985 年版。

　　② 吴敬梓、吴烺撰，李汉秋点校《吴敬梓吴烺诗文合集》，黄山书社 1993 年版，第365 页。

　　③ 金榘:《泰然斋诗文集》，清道光二十六年重刊本。

　　④ 金榘《泰然斋诗文集》卷四《寄怀吴半园外弟》，清道光二十六年刻本。

　　⑤ 金兆燕撰《棕亭诗钞》卷二，清嘉庆十二年赠云轩刻本。

　　⑥ 吴敬梓、吴烺撰，李汉秋点校《吴敬梓吴烺诗文合集》，黄山书社 1993 年版，第365 页。

　　⑦ 何泽翰:《儒林外史人物本事考略》，上海古籍出版社 1985 年版，第32 页。

雺澍"句进一步认为吴檠"过继给雺澍为嗣子"。① 目前关涉吴檠父亲的材料极少，如果单从字形上分析，那么全椒六世祖吴旦从兄弟辈及七世祖吴霖起从兄弟辈取名的字形都相似。何况雺澍又非雷焕季弟。② 杭世骏《词科掌录》收吴檠《元日忆妹》，诗中有"踽踽嗟胡依，栖栖空自伤。"③《诗·唐风·杕杜》："人无兄弟，胡不佽焉。"吴檠似无兄弟。杭世骏《词科余话》收吴檠《应召赴阙言怀八首》，第四首"半世孤儿母教殷，相依为命恨中分。魂归马鬣三年杳，恩负熊丸五夜勤。不获升轩娱白鬓，何心捧檄上青云。有司敦迫柴车发，回首松楸泪雨纷。"④ 吴檠诗中自称自己乃"孤儿"。秀水万光泰⑤有《送吴二檠归全椒》⑥ 诗，直呼其为"二檠"，应是按宗族兄弟排名来称呼。从目前所见的材料看，称吴檠的父亲为雺澍的说法最允当。

杭世骏《词科掌录》⑦ 记载吴檠被安徽巡抚都察院右副都御史王紘举荐，于乾隆丙辰年被荐参加博学鸿词科考试，后落选，民国《全椒县志》记"（吴檠）乾隆初应鸿博试，报罢"⑧，刘大櫆：《海峰文集》卷四也记此事："雍正十一年，天子有意久道人文之化，肇开博学鸿词之科……积四年之久，内外臣工，共所推荐，得二百人。……青然与余同被征召于京

---

① 陈美林著《吴敬梓研究》（上册）《略论吴敬梓应征辟问题》，南京师范大学出版社 2006年版，第 21 页。

② 储欣撰《吴晟墓表》："赠孺人，嫡长子曰霞举，贡监生；次雷焕，邑廪生；次雺澍，庠生，俱金孺人出。次霁清，次薄济，庠生，次存，次凝禧，君嫡庶子，凡七人女子五。"

③ 杭世骏辑《词科掌录》卷六，清乾隆道古堂刻本。

④ 杭世骏辑《词科余话》卷二，清乾隆道古堂刻本。

⑤ 万光泰（1712—1750），字循初，号柘坡，秀水人，著《柘坡居士集》。乾隆元年（1736）被荐博学鸿词科试败而归，同年乡试中举人，后游京、津，应梁诗正邀，主持编修《续文献通考》，卒于京，全祖望为其撰墓志。万光泰博学工诗文，"奇章秀句，出人意表"，为秀水诗派中坚，杭世骏称其"文章夺万夫"，全祖望称其"穿穴六艺，排比百家"。（以上所引见嘉兴市志编纂委员会编《嘉兴市志》（下），中国书籍出版社 1997 年版。）万光泰善画山水，精音韵之学，尤工算学，著有《方程管窥》《方程详说》《方程绪说》《算学新说》《转注绪言》《汉音存正》《遂初堂类音辨》等作。

⑥ 杭世骏辑《词科余话》卷三，清乾隆道古堂刻本。

⑦ 杭世骏辑《词科掌录·举目》，清乾隆道古堂刻本。

⑧ 张其濬：《全椒县志》卷一〇，《中国地方志集成·安徽府县志辑（35）》，江苏古籍出版社 1998 年版。

师相识也，既而同罹放黜，相怜因相善也。"① 金兆燕《棕亭古文钞》卷九《跋吴岑华先生集后》记"先生被荐入都，间隔数载已未归里"②。刘大櫆《吴青然诗集序》云："青然与王君同入督学顺天刘公之幕……（去年）刘公复督学江南，余偶遇其署，则青然已归全椒"③，参《全椒县志》"乾隆初应鸿博试，报罢，与桐城刘大櫆、叶酉相友善，同著名于时。客直隶督学刘公幕校士，后成进士，官刑部主事，未竟其才用。"④ 吴檠返全椒之前，入刘公幕做校士，并与刘大櫆、叶酉相往来。

将返全椒之际，朋友相送，《词科余话》卷三收武进刘鸣鹤《送吴檠青然返全椒》及秀水万光泰《送吴二擎归全椒》诗，诗中为吴檠高才而下第鸣不平，多宽慰之词。吴檠夫妻并无生育，金兆燕《棕亭诗钞》卷二《闻吴岑华先生凶耗口号绝句十六首》之五"几载秋曹白发新，于门萧瑟对残春。如何汉代张安世，偏嗣庭前磔鼠人"伤吴檠后嗣无人，之六"老树西风忽报秋，芝阶兰砌总浮沤。青箱几个能传业，勿效南城只泪流"则感叹其后代无人继承其青箱之业。⑤《儒林外史》第三十回季苇萧看到沈大脚为杜慎卿纳妾张罗，马上恭喜，杜慎卿则是愁着眉道："先生，这也为嗣续大计，无可奈何；不然，我做这样事怎的？"⑥ 金兆燕《跋吴岑华先生集后》云："是书处余箧凡数载，今其嗣子克读父书，传之不朽，心灯未熄，先生于此其凌云一笑也。"⑦ 金兆燕没有论及"嗣子"情形，《溪上草堂集》由金兆燕在乾隆丙子年（1756）刻成，且"是书处余箧凡数载"，这时大约到1760年左右，并云"今其嗣子克读父书"，"嗣子"有"克读父书"的能力大约二十岁应该够了，就此我们可以推算出吴檠的"嗣子"应该生在1740年左右，吴檠长吴敬梓五岁，而吴敬梓之子吴烺生于1719年，结合上述材

① 刘大櫆：《海峰文集》卷四，天津图书馆藏清刻本缥碧轩藏板。

② 金兆燕撰《棕亭古文钞》，清道光十六年赠云轩刻本。

③ 刘大櫆：《海峰文集》卷四，天津图书馆藏清刻本缥碧轩藏板。

④ 张其濬《全椒县志》卷一〇，《中国地方志集成·安徽府县志辑（35）》，江苏古籍出版社1998年版。

⑤ 金兆燕撰《棕亭诗钞》卷二，清嘉靖十二年赠云轩刻本。

⑥ 吴敬梓：《儒林外史》，第三十回"爱少俊访友神乐观 逞风流高会莫愁湖"，人民文学出版社1977年版，第352页。

⑦ 金兆燕撰《棕亭古文钞》卷九，清道光十六年赠云轩刻本。

料，有理由说这位"嗣子"①非吴檠亲生育，而是以兄弟或他人之子为后嗣。吴檠娶妾确实也有为"嗣续大计"考虑。

吴檠落第归全椒后，吴敬梓有诗《酬青然兄》及《贫女行二首》劝慰从兄②，吴敬梓移家南京后与吴檠仍有唱和之诗，《九日约同从兄青然登高不至》四首③，其三云："吾家才子推灵运，也向秦淮僦舍居"，吴檠此际也在南京，并与金榘等诗歌唱和，金榘作有《冬日邀兰溪、半园、敏轩小集，而兰溪以事不至；次日诗来，依韵酬之》④诗也可证。

金兆燕《跋吴岑华先生集后》"辛酉（1741）冬计偕北上，乙丑（1745）登第，官西曹"⑤。查民国《全椒县志》卷十二记吴檠于乾隆六年中举人，《明清进士题名录索引》记"吴檠江南全椒清乾隆 10/2/11"⑥，即乾隆乙丑年第二甲十一名进士及第。《清实录·乾隆实录》记"吴檠……俱着分部学习，照例试用"。吴檠为官任上并不如意，但其官刑部主事，颇有贤声。沈德潜《清诗别裁集》收吴檠诗二首，称其"官刑部主事。青然举鸿博不遇，放归，后官西曹，决大狱，能不阿大吏意，众论许其守官"⑦。金兆燕《寄怀吴岑华先生六首》之二云："都门盛冠盖，车骑填九陌。清时资黼黻，致身各有策。君子富经术，刑名本道德。秋官重平反，所急非刺贼。不见古庭坚，差肩稷与契。"⑧吴檠1750年夏卒于任上，金兆燕《跋吴岑华先生集后》有"先生遂于庚午（1750）夏捐馆舍"可证。从乾隆元年参加博学鸿词科考试黜落，入直隶督学刘公幕，乾隆六年中举人，乾隆十年进士及第，乾隆十五年辞世，这期间经历家庭变故，博学鸿词科考"遭按剑"⑨，宦途又"未竟其才用"，吴檠的

①　程廷祚《青溪文集续编》卷八《金孺人墓志铭》："综孺人生平，于世间守节妇最为坎壈。嗣子为鼐，以某月某日葬孺人于某山。弟敬梓，持所为《传》诣余，泣而言曰：'吾鲜兄弟，姊又无子，后虽得胜，尚未有日，子其志焉！'"这里的"嗣子"即为非亲生子之意。

②　吴敬梓著，李汉秋辑校《吴敬梓诗文集》，人民文学出版社2002年版，第33—34页。

③　同上书，第22页。

④　金榘著《泰然斋诗文集》卷三，清道光二十六年重刊本。

⑤　金兆燕撰《棕亭古文钞》卷九，清道光十六年赠云轩刻本。

⑥　朱宝炯编《明清进士题名录索引》，文海出版社，1981年版，第860页。

⑦　沈德潜编《清诗别裁集》卷二九，中华书局1975年版，第526页。

⑧　金兆燕撰《棕亭诗钞》卷一，清道光十六年赠云轩刻本。

⑨　金兆燕撰《棕亭诗钞》卷二《闻吴岑华先生凶耗口号绝句十六首》之十四，诗下注曰："先生应鸿博不第，有惜其迁懑致遭按剑者，先生笑谓余曰：'他日志吾墓云尔。'"

经历十分坎坷，如金兆燕诗云："终身坎壈向谁论，才子其如赋命屯。一事旁人聊慰藉，差赢及第赐孤魂。"①

（二）吴檠与吴敬梓的关系

吴烺在《泰然斋文集跋》中说："（金榘）少壮时与先伯父岑华比部暨先赠大夫交好契密，暇则相与剧谈古今，赋诗饮酒以为常。"②金榘《寄怀吴半园外弟》忆青少年时期的交往："二三同人日过从，科跣箕踞互长啸。或斗采戏或手谈，或书赫蹏发墨妙。君家惠连（指吴敬梓）尤不羁，酒酣耳热每狂叫。"③吴敬梓三十岁生日，吴檠有《为敏轩三十初度作》诗，诗中直呼吴敬梓为"阿连"。处境艰难之时吴敬梓写有《贺新凉（青然兄生日）》④向从兄倾诉衷肠。移家南京后，吴檠写有《怀从弟客长干》⑤诗，饱含着对吴敬梓的思念之情。友善的从兄在吴敬梓的童年、少年及青壮年时期一直给予慰勉和鼓励，尤其是那场家难中的关心和支持，"他人入室考钟鼓，怪鸮恶声封狼贪。刘翁为人好心事，谯儇与我忧如惔。外患既平家日削，豪奴狎客相钩探"⑥，诗中饱含着对从弟的关爱与同情之心，这些吴敬梓应该不会忘记。异乡思亲，吴敬梓有《九日约同从兄青然登高不至》诗四首希望能与从兄重阳登高以解孤子无亲之情。吴檠赴京参加博学鸿词科试，吴敬梓游天宁寺有《百字令：天宁寺僧舍见青然兄题壁诗》⑦，真心祝福从兄。从兄铩羽而归，吴敬梓写有《酬青然兄》和《贫女行》两首，诗中多同情、劝慰之语。对于从弟起于激愤的过激行为，诗中说"弟也跳荡纨袴习，权衡什一百不谙"，也是十分中肯的批评，从中也可看出吴檠的品质并不

---

① 金兆燕撰《棕亭诗钞》卷二《闻吴岑华先生凶耗口号绝句十六首》之十，清嘉庆十二年赠云轩刻本。

② 吴敬梓、吴烺撰，李汉秋点校《吴敬梓吴烺诗文合集》，黄山书社1993年版，第365页。

③ 金榘：《泰然斋诗文集》卷四，清道光二十六年重刊本。

④ 吴敬梓著，李汉秋辑校《吴敬梓诗文集》，人民文学出版社2002年版，第58页。

⑤ 北京大学文学研究所编《文学研究集刊》（第四册），人民文学出版社1956年版，第294页。

⑥ 金榘：《泰然斋诗文集》卷二附吴檠《为敏轩三十初度作》诗，清道光二十六年重刊本。

⑦ 吴敬梓著，李汉秋辑校《吴敬梓诗文集》，人民文学出版社2002年版，第67页。

恶劣。

胡适《吴敬梓年谱》中以为吴敬梓《酬青然兄》和《贫女行》是 "杜少卿不满意于杜慎卿的口气" 及 "是嘲玩杜慎卿的口气"①，何泽翰 先生认为作者在小说里面把杜慎卿作为否定人物来处理的。② 吴敬梓、吴 檠之间的兄弟情谊是一直存在的，今存四卷本的《文木山房集》多为作 者四十岁以前的作品，从两人的诗词唱和看，友爱、称赏、思念及引为知 己同道是为主线。

吴烺《家岑华生先斋前双桐》诗十分推崇伯父吴檠的学问和人品：

> 东家开筵闹腰鼓，西家博塞罗膻荤。先生著书独闭户，手持一卷
> 玉笈文。桐花未落春已暮，吹衣取次南风熏。诘朝步趾向庭圃，滴残
> 晓露余清芳。嘉树有材待鸾凤，安能屈节栖鸦群。一时猝遇班匠顾，
> 伐为琴瑟挥神斤。乃知此物得所托，讵同李木依河濆。人生有情系感
> 慨，他时追忆如乡枌。③

吴檠辞世以后，吴烺《归里杂感十首》第八及第十首④两首为悼念伯 父吴檠而作：

> 身后虚名定无益，生前精力竟何如。偶从饼肆闲披检，认得岑华
> 手注书。（先岑华伯父身后书籍多半为人窃去。）
> 玉门养炬忆前游，期望难将坐席酬。今日木樨花满树，西风准倚
> 枕山楼。（先庭旅伯父所居，号枕山楼。）

吴烺故里之行睹物思人，伯父吴檠所存遗物已大都丢失，故里仅有的 些许让吴烺感慨万千，满含深情地回忆伯父吴檠的往事，物是人非而情不 能堪。

---

① 胡适：《胡适论中国古典小说》，长江文艺出版社 1987 年版，第 348 页。
② 何泽翰：《儒林外史人物本事考略》，上海古籍出版社 1985 年版，第 34 页。
③ 吴敬梓、吴烺撰，李汉秋点校《吴敬梓吴烺诗文合集》，黄山书社 1993 年版，第 125 页。
④ 同上书，第 258 页。

吴敬梓和吴檠的亲情加友情的关系有牢固的基础，惜吴檠的诗文与吴敬梓四十岁以后的诗文大都流失，而小说《儒林外史》创作于吴敬梓辞世前的十年左右的时光里，小说中杜慎卿的形象是以吴檠为原型的，对照小说中杜慎卿的形象特征，联系相关的诗文材料可以说明这种关系的进展。

吴檠极赋文学才能，著述丰富，有《清耳珠谈》①《溪上草堂集》《衢谣集》②《呭闻斋诗钞》③ 及《阳曲词钞》④，可惜作品散佚严重，致使其名不扬，但就仅存的一些零星材料也可以管窥其文学的造诣及影响。吴檠与吴敬梓在当时已被同时代人誉为南朝的大小谢，他们之间也乐于以此互称。当时吴檠在名气上（不仅在年岁上）比吴敬梓要大些。吴檠确实有真才学，金兆燕《许月溪诗序》说："吾乡三十年前，以风雅自任，力追古人者，惟比部吴岑华先生。"⑤ 刘大櫆说："青然世家滁之全椒，少即工诗……其有无聊不适，悲愁愤叹，一托于诗。然哀而不伤，怨而不怒，中声清越，犁然其均当于人之心而迥然其独惬于己之志，以是进而列于天子之乐官固宜。……青然曰：'我生平经历，单敝于诗，非子无以知我，子其为我序之。'……夫青然之诗，人皆共之其必传于后，何待余言？"⑥ 程廷祚说："（吴敬梓）兄青然，与余为同门友，余所畏也。敏轩少攻声律之文，与青然相师资，而奇情勃发，时角立不相下，遂齐名。"⑦ 吴檠博学鸿词科试黜落归来，刘鸣鹤《送吴檠青然返全椒》称赞吴檠"风雅吾所师，卓荦谁与俦"⑧。万光泰《送吴二檠归全椒》⑨ 云："名家吴季久知名，偶赋

---

①　张其濬修，江克让、汪文鼎纂民国《全椒县志》卷一五，《中国地方志集成·安徽府县志辑（35）》，江苏古籍出版社1998年版。

②　同上。

③　李灵年、杨忠主编《清人别集总目》（上），安徽教育出版社2000年版，第861页；柯愈春《清人诗文集总目提要》第572页也收录。

④　张其濬修，江克让、汪文鼎纂民国《全椒县志》卷一六，《中国地方志集成·安徽府县志辑（35）》，江苏古籍出版社1998年版。

⑤　金兆燕撰《棕亭古文钞》卷五，清道光十六年赠云轩刻本。

⑥　刘大櫆：《海峰文集》卷四《吴青然诗集序》，天津图书馆藏清刻本缥碧轩藏板。

⑦　吴敬梓：《文木山房集》卷首程廷祚《文木山房集序》，乾隆刻本。

⑧　杭世骏辑《词科余话》卷三，清乾隆道古堂刻本。

⑨　同上。

长杨谒上京。凤举鱼潜皆宿命，敢将落纸诮云卿。"孟醒仁先生认为
吴檠的落第与程廷祚一样是拒绝权贵的拉拢，未尝不符合当时的情
境。①　小说《儒林外史》中吴敬梓对于杜慎卿的文学才能也是真心称
赏，杜慎卿第一次出场，"这人是有子建之才，潘安之貌，江南数一
数二的才子"②，器宇非凡，给人留下深刻的印象，吴敬梓主要基于现
实生活中的吴檠塑造了杜慎卿这一形象。小说中萧金铉说："先生尊
府，江南王谢风流，各郡无不钦仰。先生大才，又是尊府'白眉'"，
奉承中满含着艳羡。杜慎卿是才子，萧金铉以自己乌龙潭春游之作向
他请教，杜慎卿的批评则语语中的，几句话把萧金铉说得透身冰冷。
齐省堂增订本评曰："绝妙谈吐，此真深于诗词者！"③　吴檠的批点也
给少年时期的吴烺留下极深的印象，多年以后吴烺还极有感触地说：
"余年十五岁作此诗，岑华伯父见面喜曰：'气味声调直入黄初。儿时
涉笔遂臻此境，觉孔北晦未是隽物，使我屐折！'"④　才情之下表现更
多的是自信，小说中的杜少卿可以说出"我就在这一两年内要中"⑤
之狂语，"竟视巍科乃我家故物"⑥，仿佛举业只他自家事也，而吴檠
于乾隆六年考中举人，乾隆十年考取进士，官刑部主事，《儒林外史》
第四十回杜慎卿"铨选部郎"等与此皆有对应。以上杜慎卿的形象刻
画，吴敬梓基于从兄吴檠的文学素养以及吴敬梓自己对于本家族科举
曾经辉煌的荣誉感，并非将杜慎卿作为否定的形象。

　　才情与个性也是紧密相连的，太阳底下杜慎卿看见自己的影子，
顾影自怜，会徘徊了半日。他极讲雅趣，萧金铉提议即席分韵，杜慎
卿便嘲笑"小弟看来，觉得雅的这样俗，还是清谈为妙"。世家的门

---

① 参见孟醒仁撰《吴敬梓评传》，中州古籍出版社 1987 年版，第 172 页。
② 吴敬梓：《儒林外史》，第二十九回"诸葛佑僧察遇友　杜慎卿江郡纳姬"，人民文
学出版社 1977 年版，第 344 页。
③ 吴敬梓著，李汉秋辑校《儒林外史会校会评本》，上海古籍出版社 1984 年版，第
398 页。
④ 吴敬梓、吴烺撰，李汉秋点校《吴敬梓吴烺诗文合集》，黄山书社 1993 年版，第
94 页。
⑤ 吴敬梓：《儒林外史》第三十一回"天长县同访豪杰　赐书楼大醉高朋"，人民文
学出版社 1977 年版，第 362 页。
⑥ 陈夔龙：《梦蕉亭杂记》卷二，中华书局 2007 年版，第 107 页。

阀意识又极强，金东崖将自己的书作拿来向他请教，金走后他是鼻子里冷笑了一声，"一个当书办的人，都跑了回来讲究《四书》，圣贤可是这样人讲的！"① 毫不掩饰自己对市侩的极端蔑视之情，杜慎卿生活在他们当中，自然会缺少那种分庭抗礼的乐趣和快感，于是我们也不难理解太阳底下看自己的影子也会徘徊了大半日。吴敬梓对于魏晋六朝文化精神有极强的认同感，基于八股取士的科举制度导致整个士阶层的庸俗化以及他自身的经历，使他产生了独特的名士观念。才情与个性叠加之下的杜慎卿即是以一个名士的形象出现，这其中除了含有吴檠的真实外，又未尝没有吴敬梓自己的影子，小说第三十一回中说"他家兄弟虽有六七十个，只有这两个人（按指杜慎卿和杜少卿）招接四方宾客；其余的都闭了门在家，守着田园做举业"② 也是不无褒意的。小说第三十二回中借娄焕文之口说"你平生最相好的是你家慎卿相公"③ 并非作者随意写出。至于婉拒鲍廷玺跪下来向他借钱的请求，而且杜慎卿怂恿他去杜少卿那里骗钱，这多为后世读者及研究者所诟病，吴敬梓也借小说中娄焕文之口给了棒喝。④ 一方面鲍廷玺绝不是憨厚人；另一方面，名士也是有软肋的，不必苛求，更不必求之过甚。何况，从另一角度来看，至少也说明，吴敬梓和吴檠在对待钱财的态度上，两人的价值观念并不相同。"作者笔下的慎卿不但远比严贡生和张静斋等高出许多倍，也远比范进和周进一类人物可爱，而且比参加祭泰伯祠大礼的季苇萧和金东崖之流也可爱得多。吴敬梓对于有些人物加以无情的讽刺，对于另一些人物则只给以温婉的嘲笑。杜慎卿是属于后边的一类。对于这类人物，吴敬梓不是单纯地嘲笑他们，也肯定他们的某些行为或见解。……杜慎卿在《儒林外史》中并

---

① 吴敬梓：《儒林外史》第三十回 "爱少俊访友神乐观　逞风流高会莫愁湖"，人民文学出版社 1977 年版，第 357 页。

② 吴敬梓：《儒林外史》第三十一回 "天长县同访豪杰　赐书楼大醉高朋"，人民文学出版社 1977 年版，第 364 页。

③ 吴敬梓：《儒林外史》第三十二回 "杜少卿平居豪举　娄焕文临去遗言"，人民文学出版社 1977 年版，第 383 页。

④ 同上。

非丑角，也非真正的讽刺对象。"① 是为中肯之论。

（三）吴檠的男风之癖

明清时期，男风十分流行，与此相联系，文学作品中出现了大量以男性同性恋为题材的小说、传奇。同性恋现象世界皆有，中国传之久远的要算汉哀帝与董贤共寝，"乃断袖而起"的故事，"断袖"遂成为中国古代男同性恋的代名词，此类尚有"龙阳"、"余桃"等，俗称之为"男风"。总体而言，男风在中国历史上会随地域不同及朝代变换而时有不同，但到了明代社会的晚期男风尤为兴盛，这与明代成化以后帝王的癖好关系极大，明武宗的"豹房"，明神宗的"十俊"，明熹宗的"长春院"皆与男色有染。帝王所好则天下咸相效仿，这种情形一直延续至清末，清人完全接受了前代遗留的风气，所涉人物遍及各个阶层，此后这种文化现象盛行不衰，由此，明清两代形成了中国古代男色之好的最高峰。明代中晚期，个性解放思潮涌动，重视个体，强调人欲是对宋代以来理学禁欲主义的反动，自有其合理性。然而由于过度强调"人欲"的重要性，导致整个社会弥漫着纵欲的不良风气，人文启蒙的负面影响便凸显出来。从禁欲到纵欲的巨变给整个社会带来了巨大的冲击力，性爱观随着社会道德观念的开放呈现出畸变的一面，出现以纵欲为尚，以放荡为快的不良风气，这是明清男风炽盛的重要渊源。另一方面，在汤显祖"至情"说及李贽"童心"说等影响下，晚明士人对"情"的领悟又有自己独到的见解，冯梦龙说："世固有癖好若此者，情岂独在内哉？"在《情史》中特立《情外类》，认为同性之恋，只要源自至情至爱，同样值得尊重。有清一代，情的内涵在继承的基础上又有新发展，以纯情为上，不以追求感官的刺激为要义，如这一时期，与优伶发生同性恋的现象并不少见，郑板桥与袁枚都有过这方面的行为，尽管郑板桥的思想极为正统，如在论述妻子才与德之关系及女人大脚、小脚的问题上甚至显得十分拘谨，然而对于同性恋者，他却毫不掩饰自己的爱慕与爱恋。袁枚对当时的京师名伶李郎、许云亭等情意缠绵。② 他们当

---

① 姚雪垠撰《试论〈儒林外史〉的思想性》，《儒林外史研究论集》，作家出版社1955 年版，第 46—47 页。

② 参见袁枚著，周本淳标校《小仓山房诗文集》卷二《赠歌者许云亭》、卷二一《李郎歌》、卷二三《赠李郎》（三首）、卷二六《景阳阁席上题扇赠歌者曹郎》（六首）、卷三一《袁郎诗为霞裳补作》，上海古籍出版社 1988 年版，第 24、500、546、667、857 页。

中，甚至有不乏认为同性之情比异性之情更易达到感情的纯粹深厚之高境界。吴敬梓对于理想人物的塑造所表现的人格内涵在继承传统儒家人格思想的基础上，也不乏新变而与时代的进步思潮相接续，封建末世人情愈益伪诈，"人益鄙而风益下矣！无怪其流弊至于今日，阳为道学，阴为富贵，被服儒雅，行若狗彘然也"①，明代中晚期的思想界兴起的主情尚真的进步思潮，提倡真情真性，吴敬梓的小说创作也继承了这一进步思潮，《儒林外史》中的虞博士淡泊名利，不以宠辱介怀，当他中进士只补个国子监博士，他还"欢喜道：'南京好地方，有山有水，又和我家乡相近。我此番去，把妻儿老小接在一处，团圞着，强如做个穷翰林。'"② 下面这段对话尤能见虞博士的"真"：

　　　　尤资深道："而今朝廷大典，门生意思要求康大人荐了老师去。"虞博士笑道："这征辟之事，我也不敢当。况大人要荐人但凭大人的主意。我们若去求他，这就不是品行了。"尤资深道："老师就是不愿，等他荐到皇上面前去，老师或是见皇上，或是不见皇上，辞了官爵回来，更见得老师的高处。"虞博士道："你这话又说错了。我又求他荐我，荐我到皇上面前，我又辞了官不做。这便求他荐不是真心，辞官又不是真心。这叫做甚么？"说罢，哈哈大笑。③

　　陈美林教授评曰："无论其出或处，均是一副安详闲淡态度，既不以辞官为高，又不以出仕为耻，令人可亲可敬，实不负'第一人'之誉。"④小说《儒林外史》中对杜慎卿的性情描写也是基于这一"真"的方面：

　　　　杜慎卿微醉上来，不觉长叹了一口气道："莘兄，自古及今，人

　　① 李贽著，张建业、张岚注《续焚书注》卷二《三教归儒说》，社会科学文献出版社2010年版，第223页。
　　② 吴敬梓：《儒林外史》，第三十六回"常熟县真儒降生　泰伯祠名贤主祭"，人民文学出版社1977年版，第422页。
　　③ 同上。
　　④ 吴敬梓原著；陈美林评注《清凉布褐批评〈儒林外史〉》，新世界出版社2001年版，第404—405页。

都打不破的是个'情'字！"季苇萧道："人情无过男女，方才吾兄说非是所好。"杜慎卿笑道："长兄，难道人情只有男女么？朋友之情，更胜于男女！你不看别的，只说鄂君绣被的故事。据小弟看来，千古只有一个汉哀帝要禅天下与董贤，这个独得情之正；便尧舜揖让，也不过如此，可惜无人能解。"季苇萧道："是了，吾兄生平可曾遇着一个知心情人么？"杜慎卿道："假使天下有这样一个人，又与我同生同死，小弟也不得这样多愁善病！只为缘悭分浅，遇不着一个知己，所以对月伤怀，临风洒泪！"季苇萧道："要这一个，还当梨园中求之。"杜慎卿道："苇兄，你这话更外行了。比如要在梨园中求，便是爱女色的要于青楼中求一个情种，岂不大错？这事要相遇于心腹之间，相感于形骸之外，方是天下第一等人。"又拍膝嗟叹道："天下终无此一人，老天就肯辜负我杜慎卿万斛愁肠，一身侠骨！"说着，掉下泪来。①

　　杜慎卿公然宣称发自至情的同性之情更胜异性，只要至性，就当尊重，小说明白地写出杜慎卿的男风之好。考察吴檠的生活经历，确实能够找到这种对应关系。金兆燕《谢吴岑华先生赠收批迦陵词启》注曰："云郎迦陵歌童小影藏先生家"②，金兆燕所说的"云郎小影"是指《紫云出浴图》画，张次谿辑《清代燕都梨园史料续编》记"《云郎出浴图》……雍正间为吴青原（案：此处误，应为青然）所得，后以赠金棕亭"③。陆心源《穰梨馆过眼录》卷四十《陈五琅紫云出浴图卷》记曹忍菴言"此卷吴公得诸市中，装辑成卷，持赠金棕亭教授，金棕亭转以赠余"④。徐釚《词苑丛谈》载："广陵冒巢民家青童紫云，儇巧善歌，与阳羡陈其年狎，其年为画云郎小照，遍索题句。"⑤ 徐紫云字九青，号曼

①　吴敬梓：《儒林外史》第三十回"爱少俊访友神乐观　逞风流高会莫愁湖"，人民文学出版社1977年版，第353—354页。

②　金兆燕撰《棕亭骈体文钞》卷五，清道光十六年赠云轩刻本。

③　张次谿编纂《清代燕都梨园史料》（正续编），中国戏剧出版社，1988年，第964页。

④　陆心源撰《穰梨馆过眼录》，清光绪十七年吴兴陆氏家塾刻本。金兆燕《棕亭古文钞》卷六有《曹忍菴诗钞序》。

⑤　徐釚撰，唐圭璋校注《词苑丛谈》，上海古籍出版社1981年版，第204页。

殊，人称云郎，冒襄水绘园中歌僮。顺治十五年，陈维崧（迦陵）以故交之子的身份投靠冒襄，在冒家见到优伶徐紫云便倾心于他，朝夕过从，断袖之情维系了十七年之久，直到紫云亡故。迦陵曾请陈鹄画《紫云出浴图》，并携之在友朋间流传，索得76人为该图题咏。吴檠偶然在市中购得这幅图画，并作《题九青图》诗，诗前有序。录如下：

题九青图并序

　　九青图者，阳羡陈其年先生为徐郎所画小照也，徐郎名紫云，为如皋冒辟疆歌儿，先生负才落魄，冒尝馆之，幸舍居小三吾进声伎以娱之。紫云儇巧明媚，吹箫度曲，分刌入神，先生嬖之，为画其小影，携之出入，遍索名人题句其后。云竟从先生归，云丝，先生睹物辄照，若不自胜者。尤悔庵、徐电发储同人诸集皆载其事，风流放达，彷佛晋人之遗。余读其诗若词，未尝不慨然想见其为人。先生后举鸿博，官检讨，康熙壬戌卒于京师，今且五十年矣。忽有贾人子持此图售诸市，余购得之。图横一尺五寸纵七寸，云郎可三寸许，着水碧衫，支颐坐石上，右置洞箫一，遗髡鬖鬖然，脸际轻红，似新浴、似薄醉，星眸慵睇，神情驰荡，若有所思，洵尤物也。画者为五琅陈鹄，题咏凡七十六人，诗一百六十首，词一首，而尤太史悔庵、王考功西樵司寇阮亭诸绝尤妙，乃装潢而藏之，复为诗一章，书于卷末。时雍正辛亥夏五月也。

　　陈髯风雅蔼孤骞，东京钩党之子孙。运丁百六市朝换，野雀荒寒翟尉门。天教才大罹忧谴，飘零湖海违乡县。世上何人拥八驺，陈平讵合长贫贱。被洒颠狂一座惊，南朝北里旧知名。夜月李蓦偷撇笛，秋风谢尚笑弹筝。如皋大夫爱结客，后堂丝管罗裙屐。怜才独诧髯绝伦，留髡灭烛闻芗泽。水绘图中洗钵池，小部樽前舞柘枝。此际花开春冉冉，此时月上夜迟迟。浓蛾秀髻诸郎丽，中有吴儿尤绝世。狂言不减杜分司，凝睇紫云宜见惠。紫云吹罢紫鸾箫，脸波横处晕红潮，眉语目成伴刌曲，几年雨暮与云朝。朝朝暮暮心相注，乌丝题遍销魂句。（其年有乌丝词）不信男欢不散轩，愿为共枕罗浮树。断袖分桃无事无，缠头一曲千明珠。吴绡三尺寻周昉，杀粉调铅画子都。画就琼枝羞粉黛，名流题咏倾当代。漫道钟情我辈痴，可怜作达文人态。

一自髯公归道山，此卷沈埋天地间。何意忽落贾人手，遂使画里生愁颜。乞金倍举始购得，重付装池加锦饰。想象风流前辈人，把卷晴窗三太息。彩毫往往遭坎坷，一饭千金意不磨。伶儿恖子关何事，能使英雄热泪多。云仝髯始霑□禄〔按：据中国戏剧出版社1988年版《清代燕都梨园史料（正续编）》该缺字处为"微"字〕，中宵怆旧吹横竹。空留金枕泣陈思，难寻瑶草归徐福。阳羡香词十载新，云郎云郎尔传人。秀靥明眸神采活，披图我欲唤真真。（鄫湖①吴檠 吴檠私印白文 青然氏朱文）②

《紫云出浴图》上题咏者七十四人，题诗计一百五十三首，词一首，所题如"莫怪君王勤割袖，漫同罗倚浣春纱"，"无言凝睇总情痴，心事茫茫当告谁？"等颇多缠绵诗句。虽然这些题咏者未必皆是同性恋者，却普遍对这种情感抱有欣赏的态度，而且这其中很多是清初活跃的高层文人，如王士禛、尤桐等，还有如文人兼盐商的江昉也曾借观，金兆燕《沁园春（江橙里借观云郎卷子，一年后重加装潢以归，赋此志谢）》词即有记载，由此也可约略知道男风之癖好在当时文人间的流行，吴檠也不例外。③吴氏对于迦陵云郎的交情熟悉并十分推崇，"秀靥明眸神采活，披图我欲唤真真"是吴檠一种本能的亲近、共鸣。以为陈、徐之情"风流放达，彷佛晋人之遗"，"想象风流前辈人，把卷晴窗三太息"，吴檠以之为风度并心向往之。迦陵云郎故事起自冒家，如皋冒氏与全椒吴氏为世交，冒襄、陈维崧与吴国对交游甚早，关系不浅，他们诗文唱和留下不少

---

①　蓝学鉴、吴国对纂修，清康熙十二年《全椒县志》卷三"湖滩"条记载："鄫湖西北三十里。源出三山尖，过破山口，通芦陂涧至鄫湖，自寨子涧入滁河。"卷一四"艺文志"收录邑令杨道臣《鄫湖课艺序》。金兆燕撰《棕亭古文钞》卷首沈德潜序称："全椒，滁州首邑也，山有神山卧龙，水有迷沟鄫湖"。郭浚《虹暎堂诗集》卷十一有《与姜同水畴生弟咸六侄坐清和院水阁和玉随韵》诗云："坐照鄫湖月，行携丰岭霞。"

②　陆心源撰《穰梨馆过眼录》卷四〇，清光绪十七年吴兴陆氏家塾刻本。

③　《儒林外史》第二十八回"季苇萧扬州入赘　萧金铉白下选书"也有影射："那人（宗姬）道：贱字穆庵，敝处湖广。一向在京，同谢茂秦先生馆于赵王家里。因返舍走走，在这里路过，闻知大名，特来进谒。有一个小照行乐，求大笔一题。将来还要带到南京去，遍请诸名公题咏。"这也与第三十回杜慎卿在南京"逞风流高会莫愁湖"活动相照应。

这方面的印迹，如陈维崧写有《赠吴默岩先生》①诗，吴国对《壬寅秋过访辟疆年兄于水绘庵呈赠》《放生池歌》②，冒襄《答和吴玉随太史过访四首》③等，影响所及一直延伸到吴烺这一辈身上，如吴烺如皋之行，瞻仰水绘园，凭吊先人遗迹时，对水绘园中曾经发生的迦陵云郎之爱也深有感触，《杉亭集》中诗《黄瘦石招集观剧酒酣踏月归隐玉斋作四首》④（其三）及词《贺新郎（棕亭为鹤龄娶妇，用迦陵送紫云郎合卺韵赠之）》⑤皆以此为发端。生理的本能、社会的风尚以及世交的亲切都会让吴檠对于起自冒氏家屋的这段断袖之癖兴趣不浅。

　　吴敬梓的生活极其坎坷，但吴檠的生活也决算不得平坦。金兆燕《跋吴岑华先生集后》言其为吴檠刻成《溪上草堂集》，"海内名流与先生或相知或不相知靡不取而共读，有为之长喟唏嘘者，盖诚知先生之才而悲其命也。"⑥刘大櫆《吴青然诗集序》中"（青然）居室人伦之间独遭其变……中夜酒酣，相与语青然家庭之变有人之所难为者，余为感愤至泣涕交横不自禁……余与王君共处一月之间，未尝不言及青然，然而相为叹息者久之……"⑦一篇之中三致叹矣！吴檠的家庭确实发生过大的变故，并且给了他很大的打击，金兆燕说："昔先生病中，余寄书促其哀订授梓，先生答以'栖心白下，万念灰冷；副墨名山，无非泡幻。'"⑧但这种变故缘何发生，金兆燕和刘大櫆都语焉不详。

　　何泽翰先生据金兆燕悼吴檠的诗句"怊怅哀辞剧可怜，朝云春草易成烟。妒津未必通银汉，休向天孙负聘钱"及刘大櫆《吴青然诗集序》言"（青然）居室人伦之间，独遭其变"，认为是吴檠"纳妾以后，悍妻

---

① 陈维崧《陈迦陵诗文词全集·湖海楼诗集（卷三）》，四部丛刊初编集部。

② 冒襄辑《同人集（十二卷）》卷六，北京师范大学图书馆藏清康熙冒氏水绘庵刻本，"四库全书存目丛书"集部第三八五册，齐鲁书社1997年版。

③ 冒襄撰《巢民诗集》卷三，清康熙刻本。

④ 吴敬梓、吴烺撰，李汉秋点校《吴敬梓吴烺诗文合集》，黄山书社1993年版，第263页。

⑤ 同上书，第349页。

⑥ 金兆燕撰《棕亭古文钞》卷九《跋吴岑华先生集后》，清道光十六年赠云轩刻本。

⑦ 刘大櫆：《海峰文集》卷四，天津图书馆藏清刻本缥碧轩藏板。

⑧ 金兆燕撰《棕亭古文钞》卷九《跋吴岑华先生集后》，清道光十六年赠云轩刻本。

争风吃醋，因此家庭破裂，闹出惨剧来了"①，这其实只说到问题的一个方面。明代谢肇淛《五杂俎》记述：

> 男色之兴，自《伊训》有比顽童之戒，则知上古已然矣。安陵龙阳见于传册，佞幸之篇史不绝书，至晋而大盛。《世说》之所称述，强半以容貌举止定衡鉴矣。史谓咸宁、太康之后，男宠大兴，甚于女色，士大夫莫不尚之，海内仿效，至于夫妇离绝，动生怨旷。沈约《忏悔文》谓："淇水上宫，诚云无几；分桃断袖，亦足称多。"吁！可怪也。宋人道学，此风似少衰止，今复稍雄张矣，大率东南人较西北为甚也。②

经历了晚明纵欲与重情的重新组合，情的内涵有了更深层次的发展。迦陵与云郎的断袖之爱是发自至情的同性之情，清代政府禁官妓，一些士宦为避免触犯朝廷禁令不得不在男性身上寻找替代性出路以淫靡享乐，迦陵与云郎之情与此有本质不同。从《题九青图》序及诗中看出吴檠对于迦陵与云郎的断袖之情崇尚至极，他极其看重这种情感，也企望拥有一个"知心情人"③，拥有这份在他看来纯粹深正的情感，小说借韦四太爷口说："慎卿虽是雅人，我还嫌他带着些姑娘气"④，显然，这已经影响了他的家庭生活，导致了他的家庭发生了很大的变故，"妒津未必通银汉，休向天孙负聘钱"⑤，吴檠夫妻无生育，为生嗣而娶妾，《儒林外史》中写杜慎卿娶王留歌之姊作妾，"次日便去看定了妾，下了插定，择三日内过门"，"也不曾备席，不曾奉请"⑥，齐评曰："不受贺，不请客，则河房

---

① 何泽翰：《儒林外史人物本事考略》，上海古籍出版社 1985 年版，第 34 页。

② 谢肇淛撰《五杂俎》，上海书店出版社 2001 年版，第 145—146 页。

③ 吴敬梓：《儒林外史》，第三十回"爱少俊访友神乐观　逞风流高会莫愁湖"，人民文学出版社 1977 年版，第 354 页。

④ 吴敬梓：《儒林外史》，第三十一回"天长县同访豪杰　赐书楼大醉高朋"，人民文学出版社 1977 年版，第 364 页。

⑤ 金兆燕撰《棕亭诗钞》卷二《闻吴岑华先生凶耗口号绝句十六首》之七，清嘉靖十二年赠云轩刻本。

⑥ 吴敬梓：《儒林外史》，第三十回"爱少俊访友神乐观　逞风流高会莫愁湖"，人民文学出版社 1977 年版，第 357 页。

中之避喧取静燕尔新婚者，岂专为以嗣以续之计也哉！"① 杜慎卿"避喧
取静"何尝不也表明其娶妾之肉体情欲的快乐根本不敌为生嗣计的伦理
大计的无可奈何，故而我们看到杜慎卿在娶妾事中所表现的热心却又伴着
不少冷淡情绪的矛盾，这与吴檠的心理也极相合。吴敬梓对于吴檠为生嗣
而娶妾并无多少反感，金兆燕《甲戌仲冬送吴文木先生旅榇于扬州城外
登舟归金陵》诗中"金屋戏新妇，碧观寻髹缁；饱唉'肉笑靥'，酣引
'玉练槌'"诗下注曰："吴一山纳妾，招同饮"②，吴楷字一山，仪征人，
与吴烺、金兆燕交好，乾隆十六年首次南巡，吴烺召试赐举人，吴楷榜列
二等。③ 吴楷因年老无子而续娶一妾，吴敬梓对于此事并不反感，与金兆
燕应邀赴宴。小说第三十四回"议礼乐名流访友　备弓旌天子招贤"借
杜少卿之口说"小弟为朝廷立法：人生须四十无子，方许娶一妾"④ 也是
对于吴檠娶妾事的接受。为嗣续大计而娶妾，古来这是常理，妻子不必为
之妒，实际上是吴檠的断袖之情使得"夫妇离绝，动生怨患"，产生了家
庭的变故，在他的心上造成了伤害，以至对于女性在原先本能排斥的基础
上又产生出极大的偏见，金兆燕说"磨镜何人冀一卮"⑤，以女风之"磨
镜"暗示吴檠之男风癖，并饱含同情之笔，小说中杜慎卿所言"妇人那
有一个好的？小弟性情，是和妇人隔着三间屋就闻见他的臭气"⑥ 实是一
种映射。

对于从兄的断袖之癖，吴敬梓在小说中写得十分隐曲。杜慎卿"江
郡纳姬"，当沈大脚为他娶王姑娘为妾作媒时投其所好，特意向杜慎卿说
起王姑娘的弟弟王留歌"不要说姑娘标致，这姑娘有个兄弟，小他一岁，

---

　　① 吴敬梓著，李汉秋辑校《儒林外史会校会评本》，上海古籍出版社 1999 年版，第 378
页。

　　② 金兆燕撰《棕亭诗钞》卷五，清嘉庆十二年赠云轩刻本。

　　③ 参见孟醒仁著《吴敬梓评传》，中州古籍出版社 1987 年版，第 323—324 页。

　　④ 吴敬梓：《儒林外史》，第三十四回"议礼乐名流访友　备弓旌天子招贤"，人民文学出
版社 1977 年版，第 401 页。

　　⑤ 金兆燕：《棕亭诗钞》卷二《闻吴岑华先生凶耗口号绝句十六首》之十一，清嘉庆十二
年赠云轩刻本。

　　⑥ 吴敬梓：《儒林外史》，第三十回"爱少俊访友神乐观　逞风流高会莫愁湖"，人民文学
出版社 1977 年版，第 352—353 页。

若是妆扮起来，淮清桥有十班的小旦，也没有一个赛的过他！"① 小说后来写季苇萧顺着慎卿的意思将长着"一副油晃晃的黑脸"② 道士来霞士说成是风流飘逸的妙品向他推荐，慎卿为了见到心仪的"男美"立即招呼大小厮道："明日早去回一声沈大脚，明日不得闲到花牌楼去看那家女儿，要到后日才去。明早叫轿夫，我要到神乐观去看朋友。"③ 搁下娶妾之事，一早起来，虔诚而又恭敬地洗脸，擦肥皂，换了一套新衣服，遍身多熏了香，季苇萧开了一个何其大雅的玩笑，小说用曲笔写之，以此算是了结了吴檠的这段情缘，这其实是吴敬梓避亲者讳。

第二节　诗人情怀

一　人生而有情

吴敬梓的情感是丰富的，也是复杂的。

吴敬梓十分看重亲情，十三岁时母亲亡故，二十三岁时父亲去世，二十九岁时妻子又撒手人寰，这些不幸都给他极大的打击，使他常常不能释怀。在《乳燕飞·甲寅除夕》词中说："令节穷愁里，念先人、生儿不孝"，《减字木兰花·甲寅除夕》中说："哀哀吾父，九载乘箕天上去。弓冶箕裘，手捧遗经血泪流。劬劳慈母，野屋荒棺抛露久。未卜牛眠，何日泷冈共一阡。"④ 他的夫人陶氏二十九岁便撒手人寰，《念奴娇·枕》即是他的感怀之作：

　　薤纹冰簟，早横陈玉体，宝钗斜坠。酒醒夜阑纤手按，剩有助娇花蕊。腻发丝牵，凝脂香染，脸晕回身未？旧家放处，思量怎地能睡。却笑古陌邯郸，卢郎高卧，尝尽愁滋味。洛水一篇《思旧赋》，此物赚人流涕。半世孤眠，三更新梦，惟尔知憔悴。今宵无赖，化为

---

① 吴敬梓：《儒林外史》，第三十回"爱少俊访友神乐观　逞风流高会莫愁湖"，人民文学出版社 1977 年版，第 352 页。

② 同上书，第 356 页。

③ 同上书，第 355 页。

④ 吴敬梓著，李汉秋辑校《吴敬梓诗文集》，人民文学出版社 2002 年版，第 56—57 页。

蝴蝶相戏。①

　　陶氏的身影常会在他的脑际闪现，物是人非，旧枕依旧，吴敬梓因见旧物而触景生情。曹植思念甄后作《洛神赋》，吴敬梓祈求化蝶聊以消解对妻子的相思深情。

　　移家南京后，吴敬梓与族人的交往几乎断绝，亲情、友情都会失去许多，他十分珍视仅有不多的这些情感，包括与其子吴烺深厚的父子之情、与至交友人的深厚友情等。

　　缘于家境的贫穷，年未弱冠的吴烺就要为生计而奔波在外，作为父亲的吴敬梓心里颇觉不安，他挂念远在异乡漂泊的儿子，关心他的饮食起居，前引《病中忆儿烺》及《除夕宁国旅店忆儿烺》②，抒写慈父病中挂念担心远行的儿子少寒衣、宿何处。除夕之时，羁留异地的诗人思念同样远在他乡异县的儿子，"屠苏今夜酒，谁付汝先尝"包含了对"已自力于衣食"的儿子的怜爱之情。

　　吴烺二十岁前便独自谋生，家境贫困，父亲并不能给他多少经济的帮助，阅世不多的他经常处于生活的困境之中，甚至不能保证温饱，心中难免生出一些叹息与牢骚。如吴烺作《从江宁返全椒作四首》及《村中感述》诗所写：

　　　　从江宁返全椒作四首（其四）
　　　饥鸟飞去复飞回，苦忆慈颜在夜台。荒冢一抔春雨后，白杨萧瑟野棠开。③
　　　　村中感述
　　　男儿可怜虫，出门苦憔悴。寄身于荒村，有如栖古寺。麦饭不得泡，绳床不得寐。地脉走火龙，旱魃太恣睢。草木如惔焚，仆夫悲况瘁。水田多黄沙，彼稷不成穗。里胥来催租，农夫心惴惴。茅屋两三椽，白日客如醉。羡彼邻家翁，厘莛成山积。嗟余七尺躯，竟为贫贱

①　吴敬梓著，李汉秋辑校《吴敬梓诗文集》，人民文学出版社2002年版，第54页。
②　同上书，第40—41、52页。
③　吴敬梓、吴烺撰，李汉秋点校《吴敬梓吴烺诗文合集》，黄山书社1993年版，第95页。

累。四顾何茫茫，掩袖拭清泪。①

吴烺的迷茫和怨愤在吴敬梓的心中起了波澜，吴敬梓体察到儿子思想的波动，并作诗以示子：

夏日读书正觉庵示儿烺

仲夏草木莽，离愁郁长鞠。凉台不可得，仁祠映林麓。呼儿移卧具，来就老尊宿。板榻欹云眠，草裳离尘服。炎光大火灼，惟期就汤沐。忽然玉虎鸣，但觉金鸡伏。奋铎振天关，冲孔回地轴。顿忘瘴暑心，愿言被雾縠。始知转眼间，世事多翻覆。贫贱安足悲，篝灯向西塾。②

吴敬梓诗中以自己半生的阅历去开导吴烺：现实中的诸多事情难免反复，贫贱和富贵都不必太在意，与其在现实中怨尤叹息，还不如"篝灯向西塾"，振作起来，安心读书，有所作为。他很关心吴烺的发展，或者为谋生，或者立身的学问，吴敬梓并不反对儿子走科举的道路，但绝不是为了功名富贵，"莫诧时名著"是对儿子的谆谆告诫。吴湘皋在《文木山房集序》中说：

令子烺，年未弱冠，手钞十三经注疏，较订字义，精严不少懈疏。趋庭之下，相为唱和，今都为一集。韩愈曰："莫为之前，虽美弗彰；莫为之后，虽盛弗传。"君子于此观世德矣。使敏轩以其攻诗古文之心思，效世人周闭藏积，亦何至如是？然敏轩以其攻诗古文之心，思效世之周闭藏积，心将有什伯无算者，大过其所为，而何止不至如是？虽然，丰于此者，必啬于彼，敏轩又何以能承文物声华之后，父子相师友，名于当世，而至于如是也哉！此其所以不以彼易此也。③

① 吴敬梓、吴烺撰，李汉秋点校《吴敬梓吴烺诗文合集》，黄山书社1993年版，第96页。
② 吴敬梓著，李汉秋辑校《吴敬梓诗文集》卷三，人民文学出版社2002年版，第41页。
③ 吴敬梓：《文木山房集》卷首吴湘皋撰《文木山房集序》，乾隆刻本。

"年未弱冠，手钞十三经注疏"的锻炼就不是要为了将儿子培养成为只会八股的腐儒，"趋庭之下，相为唱和"，"父子相师友"的父子关系也不是封建礼教所鼓吹的。小说《儒林外史》第三十二回借娄太爷之口对杜少卿说："你生的个小儿子，尤其不同，将来好好教训他成个正经人物。"①"小儿子"所指即是吴烺，吴烺被称为当时的"经学名儒"②，在音韵和算学方面都有很高的造诣，而"正经人物"的背后绝不是仅仅孜孜于举业。

"父子相师友"，吴敬梓常用自己并不庸俗的思想去启发吴烺安守贫贱，刻苦读书。封建社会中君臣、父子、夫妻的等级关系分明，儒家的伦理道德要求作为人子对于父亲的服从关系，吴敬梓将其置于平等观念之中，这是充满着浓厚亲情，洋溢着温柔情感和民主观念的吴敬梓的思想。

经济的衰败已经使吴家贫到彻骨，生活境况并不因吴烺的努力而改变多少，诸多困扰郁结在吴烺心头，其《杂诗四首》（选其中三首）：

> 孟冬多悲风，严霜下我庭。俯仰岁将暮，摄衣步前楹。流水日以浅，鸿雁时哀鸣。百忧从中来，恻怆不能平。盈盈堤上花，郁郁池中草。人生天地间，悲伤以终老。
>
> 驱车陟高冈，延望郭北路。萧萧起悲风，窈窈蔽广野。美人在西方，道远限关梁。思之不得见，泣下沾衣裳。
>
> 明月生东南，高楼临广陌。美人理红妆，俯仰长叹息。中心一何悲，但感生离别。素丝织为罗，上有双飞翼。岂知裁作衾，彼此相隔绝。举翮欲奋飞，徘徊在君侧。③

---

① 吴敬梓：《儒林外史》，人民文学出版社 1977 年版，第 383 页。

② 平步青：《霞外攟屑》卷六增补常熟张问月撰《经学名儒记》补录吴烺为安徽的"名儒"，民国六年刻香雪崦丛书本。

③ 吴敬梓、吴烺撰，李汉秋点校《吴敬梓吴烺诗文合集》，黄山书社 1993 年版，第 121—122 页。《杉亭集》的编排情况应该不止一次。《春华小草》中《杂诗三首》（页 93）和《杂诗四首》（页 103）中的"明月生东南"首和"我行北堂上"首编排时颠倒错乱，后编《杉亭集》中《杂诗三首》（页 121）时加以整理，因为《春华小草》中的《杂诗三首》前两首开头分别是"霜风"、"寒日"（《杉亭集》中改作"秋日"），第三首《春华小草》是"我行北堂上"，显然不相对称，而《杉亭集》中则为"明月"开头，极吻合，此首即是《春华小草》之《杂诗四首》中"明月生东南"篇。另外《杉亭集》中有《杂诗三首》但并无《杂诗四首》诗。

因为人生的遭际、生活的穷困，吴烺心中的痛楚一直未得消解，"往事寻思百感纷，黔娄身世不堪云"①，面对家世的衰败，亲人相继因穷病而消逝的悲剧，吴烺的痛苦可以想见。从吴氏父子一生的遭际尤其是才不得伸的命运来看，他们同为天涯沦落人，具有相同的悲剧命运。

据何泽翰先生《儒林外史人物本事考》，小说中虞博士是以吴蒙泉为原型，吴敬梓在小说中以深挚的情感描写杜少卿和虞博士的情谊：

> 南京饯别虞博士的，也不下千余家。虞博士应酬烦了，凡要到船中送别的，都辞了不劳。那日叫了一只小船，在水西门起行，只有杜少卿送在船上。杜少卿拜别道："老叔已去，小侄从今无所依归矣！"②

虞博士在小说《儒林外史》中被塑造成"上上人物"，吴敬梓认吴蒙泉为同宗一家，吴蒙泉曾邀吴敬梓除夕守夜，并作《满江红·除夕（和敏轩韵）》，吴敬梓有《赠家广文蒙泉先生》诗：

> 吾宗宜硕大，分派衍梁溪。名字标黄阁，纶音降紫泥。清才堪禁近，课士且卑栖。系马春风暖，衔杯月影低。槐阴看蝉集，柳外听乌啼。钟阜邀词藻，秦淮净品题。微吟惊候吏，奏绩付诗奚。大雅将沦落，斯文赖整齐。昔年贤使相（谓嵇相国），投分几招携。岂合甘萧散，应难得久稽。声称盈玉殿，依旧赴金闱。③

当杜少卿（吴敬梓）与虞博士挥泪而别，杜少卿倾诉着"小侄从今无所依归"的深切悲痛时，这种情感尤其动人，对虞博士，杜少卿充满着尊重和敬爱，情真而意切。《儒林外史》第三十六回写虞博士与杜少卿

---

① 吴敬梓、吴烺撰，李汉秋点校《吴敬梓吴烺诗文合集》，吴烺诗《悼亡三首》（其二），黄山书社 1993 年版，第 178 页。

② 吴敬梓：《儒林外史》，第四十六回"三山门贤人饯别　五河县势利熏心"，人民文学出版社 1977 年版，第 531 页。

③ 吴敬梓著，李汉秋辑校《吴敬梓诗文集》，人民文学出版社 2002 年版，第 46 页。

关系："虞博士便到河房去拜杜少卿，杜少卿会着。说起当初杜府殿元公
（暗指吴国对）在常熟过，曾收虞博士的祖父为门生。殿元乃少卿曾祖，
所以少卿称虞博士为世叔。"① 实际上，这种亲近也源于乃父吴霖起的教
谕生涯，吴蒙泉一直担任上元县的教谕，这与吴敬梓父亲的人生便有了某
种同构性，小说中杜少卿称虞博士为"老叔"，情同父子，吴敬梓通过如
此描写，借以抒发对父亲的怀念和敬仰。因为虞博士的离去，杜少卿仿佛
成为一个弃儿，甚至失去了要将人生道路继续下去的信心。

异乡客居，能够从情感上亲近，思想上接近的人并不多，一旦有了这
亲人似的至交知己，他们父子都特别珍惜，依恋。吴烺写有《送家广文
先生俸满入都谒选》一诗：

> 清江帆重秋烟起，君今北上长安市。长安卿相交口称，卓鲁龚黄
> 执鞭篷。君行何匆匆，别意临西风，邮亭一祖送，感激心忪忡。金陵
> 八载欢相聚，诗筒酒盏无朝暮，桃叶轻荫泛小船，梅花香霭吟新句。
> 君之爱才久益坚，有如铁网罗深渊，独惭小子苦癯羸，何幸大臣亲陶
> 甄。人皆贱我虞翻骨，惟君顾之神发越；人皆笑我原宪贫，惟君姁之
> 回阴春。人生之己不易得，何况情深骨肉同天亲。歌亦不能长，泪亦
> 不能堕，梦魂相随千里遥，云山万迭愁中过。君不见，邻家失母儿，
> 暂时不见涕交颐，亦知后会应不远，无奈尊前离别悲。从今踯躅官墙
> 外，忍见墙头桃李枝！②

诗以"失母儿"形容自己与吴蒙泉的分别，"人皆贱我虞翻骨，惟君
顾之神发越；人皆笑我原宪贫，惟君姁之回阴春。"吴氏父子对于吴蒙泉
精神上的亲近，吴烺说："何况情深骨肉同天亲"，他认同并看重这种感
情，乾隆二十八年（1763），吴烺在无锡与告老归乡的吴蒙泉相见，写下
《家爱棠锡山官舍喜晤蒙泉先生八首》，第一首写道：

　　① 吴敬梓：《儒林外史》，第三十六回"常熟县真儒降生　泰伯祠名贤主祭"，人民文学出
版社 1977 年版，第 424 页。

　　② 吴敬梓、吴烺撰，李汉秋点校《吴敬梓吴烺诗文合集》，黄山书社 1993 年版，第 148
页。

官斋如梦烛火红，枚履重亲白发翁。喜极欲教双泪落，八年离别太匆匆。①

这似亲人久别重逢的真情，吴烺借着诗极其真切地抒发出来。

吴敬梓、吴烺父子皆深于情者，吴敬梓对于家乡的感情真挚而深刻，自从移家南京后，绵绵乡思之情从未断绝，他的诗文著述中饱含这种情感，吴敬梓思想的产生、发展和成熟以及小说《儒林外史》的创作都从这种情感中获得丰富的营养，也只有这种深沉的情感充溢胸中，才能叫历经磨难的吴敬梓仍不失一颗赤诚之心，去关注社会，关注与他同类的士人命运。

二　乡关之思：吴敬梓文学作品中的思乡主题

以吴敬梓一生的行迹来看，全椒、南京及扬州三地占据着重要的位置，这三地的生活对他的思想产生了十分重要的影响。

少年时期的吴敬梓已经开始了远游，"十四随父宦，海上一千里"。在其父吴霖起获得江苏赣榆县县学教谕这一教职后，便带着吴敬梓前往赣榆任所。尽管这一时期母亲的离世给他幼小的心灵带去了极大的伤痛，"昔余十三龄，丧母失所恃"，但从全椒到赣榆，变化了环境，多少减轻了他丧母的痛苦，也让他自少年起便开阔了眼界，这期间在家乡全椒及赣榆之间的来往，"往来江淮北复南"② 增加了他的阅历，也增长了他的见识，对他以后的生活及文学创作都产生了影响。也许这一时期的远游已经暗示了吴敬梓一生漂泊的命运。

昔余十三龄，丧母失所恃，十四从父宦，海上一千里。弱冠父终天，患难从兹始。穷途久奔驰，携家复转徙，吁嗟骨肉亲，音问疏桑梓。③

---

① 吴敬梓、吴烺撰，李汉秋点校《吴敬梓吴烺诗文合集》，黄山书社 1993 年版，第 233 页。

② 金榘《泰然斋诗文集》卷二附吴檠《为敏轩三十初度作》，清道光二十六年重刻本。

③ 吴敬梓著，李汉秋辑校《吴敬梓诗文集》卷三《赠真州僧宏明》，人民文学出版社 2002 年版，第 43—44 页。

　　二十三岁的吴敬梓在父亲吴霖起病故后，紧跟其后的是一场家难、乡试的落第及妻子陶氏的离世，一次次的打击都让势单力薄的吴敬梓感到了痛苦和迷茫。故乡全椒的环境让他欲住而不能，对他的嘲笑、指责、攻击来自于各方，有他的族人，也有全椒那个社会的乡绅士族和官宦。"行吟憔悴久，灵氛告：须历吉日将行。拟向洞庭北渚，湘沅南征。见重华协帝，陈词敷衽"，起于落魄中的逃避，也是为着寻找出路，三十九岁作《内家娇》词即是此种心理的反映。回顾吴敬梓走过来的道路，当时他可以与世俗妥协[①]，面前的道路并非只有一条，他甚至可以攀结长老、依附权贵，在当地的上层中争得一席之地，做个有头脸的人物；或者继续走科第功名的老路，虽然乡试失败，但他完全可以总结经验，不断地等待和创造机会，去猎取功名；或者寄希望于儿子，以图振兴发达；或者凭着祖辈的积累，敛财致富做一个不愁衣食的寄生者。……如此等等都可以使他过上悠游自在的生活。但是，吴敬梓的性格决定了他不是那种甘于平庸生活和命运摆弄的人，这一年的除夕，他客居南京，《减字木兰花·庚戌除夕客中》一词（八首）所描写的正是在这种困境中他内心情感所引起的激烈的波动，"秦淮十里，欲买数椽常寄此"[②]，吴敬梓已动了移家南京的念头。

　　（一）"势利熏心"[③] 的家乡环境：当时社会之写照

　　大约因为吴敬梓在《移家赋》和小说《儒林外史》中对于家乡全椒社会环境的描写，历来以为全椒的世风人情是极其恶劣的。

　　吴敬梓在《移家赋》中说：

　　　　彼互郎与列肆，乃贩脂而削脯，既到处而辙留，能额瞬而目语。鱼盐漆丝，齿革毛羽，涩矗荣缪，驵侩枝梧，漉沙搆白，熬波出素，积雪中春，飞霜暑路。迁其地而仍良，皆杂处于吾土。山猱人面，穷

---

①　《移家赋》中"似以冰而致蝇，若以貍而致鼠"应该是作者希望努力调和而无果的感叹。

②　吴敬梓、吴烺撰，李汉秋点校《吴敬梓吴烺诗文合集》，黄山书社 1993 年版，第 55 页。

③　吴敬梓：《儒林外史》第四十六回"三山门贤人饯别　五河县势利熏心"，人民文学出版社 1977 年版，第 528 页。

奇锯牙，细斿广厦，锦幄香车，马首之金匼匝，腰间之玉辟邪。春风则乘醉而倚，秋月则倍明于家。昔之列戟鸣珂，加以紫标黄榜，莫不低其颜色，增以凄怆，口嗫嚅而不前，足盘辟而欲往。念世祚之悠悠，遇斯人面怏怏。

……

竟有造请而不报，或至对宾而杖仆。谁为倒屣之迎，空有溺庐之辱。拨寒炉之夜灰，向屠门而嚼肉。①

吴敬梓的经历和遭遇，全椒人都将他看作是败家子，甚至投以嘲讽鄙视的目光，并夹以肆意的攻击，《移家赋》中吴敬梓写出了他对于全椒社会人情冷暖的感受，并对这种恶俗的风气给以淋漓的抨击。而小说《儒林外史》也有不少的篇幅借写五河县的衰风颓俗来影射家乡全椒的风气，小说有几回内容都与五河县相关涉，其中第四十六回在回目中就直接点明"五河县势利熏心"。

此时五河县发了一个姓彭的人家，中了几个进士，选了两个翰林。五河县人眼界小，便阖县人同去奉承他。又有一家，是徽州人，姓方，在五河开典当行盐，就冒了籍，要同本地人作姻亲。……这两家出了几个没廉耻的不才的人，贪图方家赔赠，娶了他家女儿，彼此做起亲来。……这两家不顾祖宗脸面的有两种人……那些呆而无耻的人……那些奸滑的……只是嘴里扯谎吓人……常时请他来吃杯酒，要他在席上说这些话吓同席吃酒的人。其风俗恶赖如此。②

五河的风俗是个个人都要同雇的大脚婆娘睡觉的。不怕正经敞厅里摆着酒，大家说起这件事，都要笑的眼睛没缝，欣欣得意，不以为羞耻的。③

---

① 吴敬梓著，李汉秋辑校《吴敬梓诗文集·移家赋》，人民文学出版社 2002 年版，第 10—11 页。

② 吴敬梓：《儒林外史》，第四十四回"汤总镇成功归故乡 余明经把酒问葬事"，人民文学出版社 1977 年版，第 510 页。

③ 吴敬梓：《儒林外史》，第四十五回"敦友谊代兄受过 讲堪舆回家葬亲"，人民文学出版社 1977 年版，第 526 页。

五河的风俗，说起那人有品行，他就歪着嘴笑；说起前几十年的世家大族，他就鼻子里笑；说那个人会做诗赋古文，他就眉毛都会笑。问五河县有甚么山川风景，是有个彭乡绅；问五河县有甚么出产希奇之物，是有个彭乡绅；问五河县那个有品望，是奉承彭乡绅；问那个有德行，是奉承彭乡绅；问那个有才情，是专会奉承彭乡绅。却另外有一件事，人也还怕，是同徽州方家做亲家；还有一件事，人也还亲热，就是大捧的银子拿出来买田。

……余大先生道：　"表弟，我们县里，礼义廉耻一总都灭绝了！"①

吴敬梓对于"五河的风俗"十分的厌恶和轻蔑，怀着满腔的愤怒，借小说中余大先生之口说："表弟，我们县里，礼义廉耻，一总都灭绝了！"有时候作者借小说中人物来与"五河的风俗"恶斗，虞华轩在五河县的愤世嫉俗便含有吴敬梓青年时期叛逆的影子，天目山樵评曰："穷而在下，又嫉于薄俗，故为矫激之行，不及诸君之深厚。盖世运愈衰而贤者亦不免与化推移也"②，虞华轩的行为中虽然带有过激的成分，但实在是恶俗所逼的缘故。③ 作者在小说中有时候甚至忍不住直接跳出来加以斥骂："其风俗恶赖如此"。桑梓故交的郭肇鐄是吴敬梓的知音，对于被恶俗笼罩的故乡的环境感同身受，他在《赠吴聘君敬梓》诗中说：

决计辞乡县，江村绕白沙。君原工卜宅，我近欲移家。桑梓清流贱，鱼盐小市哗，秦淮春涨后，消息问灵槎。④

---

① 吴敬梓：《儒林外史》，第四十七回"虞秀才重修元武阁　方盐商大闹节孝祠"，人民文学出版社 1977 年版，第 539—547 页。

② 吴敬梓著，李汉秋辑校《儒林外史会校会评本》，上海古籍出版社 1999 年版，第 572 页。

③ 对于余华轩及季遐年等人，小说写他们蔑视权贵，嫉恶如仇，但作者并未因此夸大他们的作用，刚肠疾恶，调侃流俗，有时却容易成为品质败坏者恣纵的借口，反而有害于风俗的净化。

④ 郭肇鐄《佛香阁诗存》，乾隆丁亥刻本。转引自李汉秋辑《儒林外史研究资料》第 334 页。

其中的"桑梓清流贱，鱼盐小市哗"与吴敬梓在《移家赋》中所表达的感受不是一样的吗？缘于这样的遭遇，吴敬梓特别喜欢自比于魏晋时期的吴质，吴质在魏文帝征召之前沉沦下僚，"少游邀贵戚之间，盖不与乡里相沉浮。……太和中，入朝，质自以不为本郡所饶，谓司徒董昭曰：'我欲溺乡里耳。'"（裴松之注《三国志·魏书·王粲传》）乡人对于吴质没有多少好感，使他的心中对于乡人满是愤激，以至要倾泻"欲溺乡里"的愤慨，这与吴敬梓的遭遇何其相似。吴敬梓也乐意将吴质视为同道，《沁园春》词中说："工愁吴质，益用增劳"①，《玉巢诗草序》中说："浣满手之蔷薇，友非吴质"。② 他的朋友也常以他们互比，王又曾称吴敬梓"重觅秦淮十年梦，因看吴质一编诗"③，但是，如果我们仅仅停留在这个层面去理解吴敬梓对于家乡全椒的印象，则未免看低了他和他的作品，鲁迅说吴敬梓的小说"秉持公心，指摘时弊"，而对于家乡恶俗风气的认识和批判吴敬梓也有同样的胸怀，家乡全椒的经历对吴敬梓的影响尤深，"落魄诸生十二年"之科场蹭蹬，使他看清了科举取士的弊端；父亲死后族人侵夺他的家产，使他从近亲脸上看到贪婪残暴；从"兄弟参商，宗族诟谇"、"贩鬻祖曾，窃赀皂隶"中认识到"宗周贵胄"的堕落和祖风世德的败坏；而"谁为倒屣之迎，空有溺庐之辱"的世态炎凉及"鬼嗤谋利之刘龙，人笑苦吟之周朴"④ 世风恶俗更是无处不在。透过作者所描写的卑鄙龌龊的各种景象，即便他的笔没有触及全椒的官僚机构以及作为它赖以生存的地主、士绅阶级等，但我们已经能够感受到封建社会的腐朽和溃烂，在这些恶俗及市侩的背后无不隐身着封建权力机构与它们的代表，是它们左右社会，影响甚至主宰着社会，将全椒的社会变得衰败和堕落。吴敬梓的时代，适逢封建社会末期，它的精神道德和文化教育已经腐朽，官场黑暗，士风颓堕，宗法家庭中争产夺权的故事不断上演，到处都散发出霉烂腐臭的气息。而全椒只是当时的封建社会大环境下的一个缩微

---

① 吴敬梓著，李汉秋辑校《吴敬梓诗文集》，人民文学出版社 2002 年版，第 60—61 页。

② 同上书，第 76 页。

③ 王又曾《丁辛老屋集》卷十二《书吴征君文木山房诗集后》，乾隆丙申新安曹自鉴序刻本。（转引自李汉秋主编《儒林外史研究资料》，上海古籍出版社 1984 年版，第 17 页。）

④ 吴敬梓著，李汉秋辑校《吴敬梓诗文集·移家赋》，人民文学出版社 2002 年版，第 7 页。

的图画，吴敬梓笔锋所指是那个制度，那个社会，而决不仅仅是他所生活的全椒的小社会及那些官僚、士绅、族人等。

明清时期的封建社会行将走完它的历史进程，经济的发展始终没有产生出具有独立体格的资产阶级，金钱势力加速了社会道德的沦丧，顾炎武《华阴王氏宗祠记》一文对于社会风气的描述与吴敬梓所描写的全椒社会的恶俗便十分相似：

> 呜呼！至于今日而先王之所以为教，贤者之所以为俗，殆渐灭而无徐突！列在给绅而家无主拓，非寒食野条则不复荐其先人；期功之惨，遂不制服，而父母之丧，多留任而不去；同姓通宗而不限于奴仆，女嫁，死而无出，则责偿其所遣之财，婚媾异类而胁持其乡里。利之所在，则不爱其亲而爱他人，于是机诈之变日深，而廉耻道尽。其不至于率兽食人而人相食者几希矣。①

吴敬梓从他的切身的遭际及对现实的敏感中觉察到了封建社会末世的这种征兆，在小说中对造成这种风气的封建官僚士绅们给以最大的憎恨和蔑视，在五河的风俗描写中，对盐商暴发户，以及丢掉自己的出身去谄媚盐商的世家子弟给以最尖刻的嘲弄。大环境之下，全椒确实变了，社会已经不是先前的社会，家族也不是先前的家族。又何止全椒变了呢？整个社会到处都是奸诈横行，商贾与官宦士绅狼狈为奸，如《移家赋》中所写，这些势力既能“额瞬而目语”，又能“积雪中春，飞霜暑路”，“山猱人面，穷奇锯牙”，混淆是非，助纣为虐。吴敬梓的友人程廷祚在写给程晋芳的信中就表达出与其相似的体验和郁愤：“观宋明之季，忠义廉节盛于前古，其关系之故可知也。近日置此事于不问，故贤否混淆，日流于顽钝无耻而不自知。……夫以人心昏蔽于利欲，风俗驰突于巧诈，若此之甚也。”② 吴敬梓在作品中嘲讽了这种恶赖的风俗，五河县所盛行的热衷功名、趋炎附势的颓风败俗不过是当时整个封建社会的一个缩影，小说描写

① 顾炎武：《顾亭林诗文集》，中华书局1959年版，第108页。

② 程廷祚撰，宋效永校点《青溪集·青溪文集续编》卷八《与家鱼门》，黄山书社2004年版。参照张国风《〈儒林外史〉试论》相关内容。

的意旨在于揭露和谴责造成这种极端恶劣的社会风气的原因所在。明乎此，我们才不会因为五河风俗的描写误解了吴敬梓对于故乡全椒的情感。

（二）从"逝将去汝"到"春原无处不消魂"情感历程

对照吴敬梓诗文的描述去体察、感悟，我们会发现他对故乡，对乡音乡亲的那份难以割舍的真挚的情感。全椒社会不乏许多淳朴憨厚的父老乡亲，他们毕竟处于社会的下层，做不了社会的支配力量，但他们善良可敬。吴敬梓热爱故乡的土地、故乡的"北叟南邻"。在《西墅草堂歌》中，尽管乡邻父老或许为生活所迫，对吴氏的祖居地有所侵占，他却给予理解和宽容，"欲将旧宅重经营，手持钱帛告田父，昔吾先人此环堵，多年侵夺勿复言"，堂上有明末崇祯皇帝诏语："明月空传天子诏（西墅："一轮明月，高拟鹿门"，庄烈皇帝敕书中语），岁时瞻仰付村翁。"吴敬梓深以此为荣，并愿付村翁以瞻仰，对与祖辈生活在一方水土之下乡邻村翁生出一种发自内心的亲切感。吴氏祖祖辈辈的基业与全椒的联系密不可分，多年来吴氏家族对这方水土生出的情感经多年的积淀，已经流入吴氏子弟的血液之中，由此形成的情感不是一朝一夕即能割舍掉。吴敬梓的心中也藏有这份情感，他漂泊流浪的岁月里所生出的种种旅愁，在他的诗词中多有表现。如《小桥旅夜》一诗：

> 客路今宵始，茅檐梦不成。蟾光云外落，萤火水边明。早岁艰危集，穷途涕泪横。苍茫去乡国，无事不伤情。①

这是他移家南京前的一次远游，生活的困境太多，回思逝去的岁月，"早岁艰危集，穷途涕泪横"，为有所改变，又下了决心要离乡，"客路今宵始"，大概诗人已经准备着移家南京的计划了，生活的困境太多，为有所改变要移家，而背井离乡的生活毕竟多少令人生出畏惧之心，作者的心里充满纠葛和斗争，进退两难的境地表现出作者心里的矛盾，"苍茫去乡国，无事不伤情"，家未移而愁和苦已满怀，唯有对故乡有所依恋，才会产生出这样的情感。对于全椒，吴敬梓有着难以割舍的眷念，他说自己流浪的生涯

---

① 吴敬梓：《吴敬梓诗文集·小桥旅夜》，李汉秋辑校，人民文学出版社2002年版，第15页。

是"往事随流水，吾生类转蓬"，在外游子始终不肯丢掉亲切的乡音，以致"相逢湖海客，乡语尽难通"①，《残春僧舍》② 诗中明明说"客久无乡梦"，又偏偏道"愁深有病魔"，是无尽的乡思而觉"良夜永"，而生出"病魔"，真是欲不语而何其难矣。

当其年少旅愁，东下西游，向临邛以作客，过邺下而登楼。马鸣驿路，鸡唱星邮，严霜点鬓，酸风射眸。鼠窥灯而破梦，鸟啼树而生愁，月晓则深林寂寂，叶落而古道飕飕。风力酒冰，寒威绵折，行道迟迟，忧心惙惙。日薄西山，乍明乍灭，有迷津而莫问，无幽事之可悦。乐莫乐兮新相知，悲莫悲兮生离别！看山光而黯淡，听水声而呜咽。③

真的要告别家乡，踏上征程时，作者的心情尤其矛盾和痛苦。《移家赋》写于移居南京之后，"逝将去汝"却又不忍分离的心境是对故乡缅怀、留恋，却又不得不离开的心理激烈冲突的表现，也使他的心情十分凄暗、抑郁。作者在赋中化用王粲《登楼赋》"虽信美而非吾土兮，曾何足以少留"也说"士云信美，客终畏人"，表达对家乡难以割舍的眷念，就在移家南京仅一年的时间，作者便已觉得"失计辞乡土"了，而随着时间的推移，思乡之情在作者的心中愈见浓郁。请看他的《满江红》词：

岂合在，他乡住？岂合被，虚名误。盼故山榛莽，先人丘墓。已负耦耕邻父约，漫思弹铗侯门遇。再休言、得意荐相如，凌云赋。④

"田庐尽卖"在乡人眼中已是一个败家子，而流落异乡，抛先人墓茔于故乡全椒山中的榛莽草木之中，就更让讲究孝道的吴敬梓深感辜负了祖辈家传的孝道、孝思而惶恐，在《乳燕飞（甲寅除夕）》词中说："令节

---

① 吴敬梓著，李汉秋辑校《吴敬梓诗文集·风雨渡扬子江》，人民文学出版社 2002 年版，第 16 页。

② 吴敬梓著，李汉秋辑校《吴敬梓诗文集·残春僧舍》，人民文学出版社 2002 年版，第 16 页。

③ 吴敬梓著，李汉秋辑校《吴敬梓诗文集·移家赋》，人民文学出版社 2002 年版，第 11 页。

④ 吴敬梓著，李汉秋辑校《吴敬梓诗文集》，人民文学出版社 2002 年版，第 62—63 页。

穷愁里，念先人、生儿不孝，他乡留滞"①，每忆及此，吴敬梓都如坐针毡，这也是他对故乡魂牵梦绕的一个重要原因。

家乡还有那么多可亲可敬的父老，因漂泊"已负耦耕邻父约"，怀乡之情味已愈见浓郁，在《琐窗寒·忆山居》中写道：

薜荔墙边，藤萝石上，自然潇洒。长松百尺，绝似虬龙高挂。叹三年柴扉未开，蛛丝网遍茅檐罅。只晚驱黄犊，霜枫红映，夕阳西下。寒夜从容话。枉眷恋秦淮、水亭月榭。撇却家山，紫翠丹青如画。想泼醅春酒正浓，绿杨村店鸡豚社。几多时，北叟南邻，定盼余归也。②

词中描写全椒故乡的景物，情景交融，饱含着作者对故乡一草一木真挚的思念之情，唯思乡之深才能写出此情真意切的"有我之境"，即如在扬州将游平山堂遇风雪而未成行，面对着漫天大雪，吴敬梓"却忆故山风雪里，摧残手植老梅花"③，想到全椒遗园中亲手种植的梅树，恐怕也同样正遭受着风雪的摧残，这是因乡思而生出的一份感伤，任何与故乡有关的情景都会触发起作家的思乡意绪，引起他的心灵的悸动。真州偶遇故乡籍的僧人宏明，两人同为客居落魄，同处天涯沦落，这情境便引起吴敬梓情感的共鸣，"哽咽语夜阑"，"穷途久奔驰，携家复转徙，呀嗟骨肉亲，音问疏桑梓"④，深厚却无处寄托的情感令吴敬梓痛苦，而珍藏在他内心的眷眷思乡之情同样也无遗。如上引词中所写"北叟南邻，定盼余归也"，作者透过一层，从家乡父老乡亲角度写来，对家乡的眷念之情便如在目前，其情之深、思之切也不言自明。

对于年龄尚小，已在异乡自谋衣食的儿子吴烺，吴敬梓更是多了一份牵挂。《除夕宁国旅店忆儿烺》自注云："儿年最幼，已自力于衣食。其

---

① 吴敬梓著，李汉秋辑校《吴敬梓诗文集〈乳燕飞·甲寅除夕〉》，人民文学出版社 2002 年版，第 63 页。

② 吴敬梓著，李汉秋辑校《吴敬梓诗文集》，人民文学出版社 2002 年版，第 63 页。

③ 吴敬梓著，李汉秋辑校《吴敬梓诗文集·将往平山堂，风雪不果》，人民文学出版社 2002 年版，第 25 页。

④ 吴敬梓著，李汉秋辑校《吴敬梓诗文集》卷三《赠真州僧宏明》，人民文学出版社 2002 年版，第 43 页。

东道主皆长者也，故篇末及之。"

> 旅馆宵无寐，思儿在异乡。高斋绵雨雪，岐路饱风霜。莫诧时名著，应知客思伤。屠苏今夜酒，谁付汝先尝？①

吴敬梓关心儿子的日用起居，"屠苏今夜酒，谁付汝先尝"，他深知流落异乡的悲苦，对于年龄尚小即不得不为生计而奔波的儿子关爱中也带着自己的歉疚，"应知客思伤"，这种客中思客的情境十分感人，让我们在感慨父子情深的同时，也体验着他们流落异乡的苦痛和不幸。

移家南京以后，吴敬梓诗文中诸多思乡词语频频出现，如"客游"、"客思"、"客怀"、"旅人"、"旅况"、"乡梦"、"乡土"、"故山"、"转蓬"等都集中体现出他对故乡的恋恋之情和割舍不断的绵绵情思。

积郁在心中的感情总是要释放出来，回到常萦思梦绕的久别的故乡则是化解思乡情的最好的途径，《全椒道上口占六首》诗：

> 山凹晓日上三竿，兰渚停舆露未干。乍暖已教衣搋絮，那知江店尚春寒。
>
> 乌犍稳卧闭柴门，千树桃花又一村。翻恨阳禽声聒耳，春原无处不消魂。
>
> 海燕初来塞雁归，杨花风满杏花飞。几年白社疏行迹，老树今成四十围。
>
> 榆甲雨过春水平，村原无复桔槔声。年来料得多丰稔，墙角先看荠菜生。
>
> 湔裙村女集方塘，钗焰波光间日光。为听窃脂枝上语，相邀同赛马头娘。
>
> 旧水何堪饮社翁，兼旬兀坐雨声中。因过村舍知春尽，渐见含桃火齐红。②

---

① 吴敬梓著，李汉秋辑校《吴敬梓诗文集》，人民文学出版社 2002 年版，第 52 页。
② 同上书，第 30 页。

全椒途中的"山凹晓日"、"兰渚停舆"是他熟悉的，柴门前躺着健壮的耕牛，空中翻飞的海燕，村中满是盛开的桃花，墙角的荠菜，田野嫩绿的芥菜，溪头喧嚷着村女的欢笑，触景处作者皆能生情。对着雁归燕来的情境，吴敬梓终于踏上了故乡的土地。旧时的老树，今已壮大成四十围，"树犹如此，人何以堪"，作者该要生发出多少感慨。故乡熟悉的人事让他倍感亲切，故乡农村生机勃勃的景象让他喜悦，"春原无处不消魂"，乐观的情绪激发他的思绪，使他浮想联翩，看到墙角生出的荠菜便想出"年来料得多丰稔"，几年来客居异地的孤寂愁苦，仿佛一下子从心底被冲刷干净。

全椒古称南谯，吴烺有《南谯道中四首》：

> 欸乃扁舟破晚烟，相风竿影镇相连。樱红笋碧堤边路，肠断江南三月天。

> 遥岚一桁郁嵯峨，风卷轻鸥掠远波。螺髻蒙茸青未减，春山回首暮云多。

> 明霞薄衬夕阳红，小艇蒲帆挂晚风。两岸月生村市散，呼牛声在柳阴中。

> 半亩桑阴野岸昏，喂蚕天气最销魄。杨花风里翩翩燕，掠水将泥过别村。①

将两篇对照来看，父子两人所描写的情境和抒发的情感十分相似，流落异地的父子二人对故乡都有着难以割舍的真情。

吴敬梓在《伯兄自山中来，夜话山居之胜，因忆去秋省兄，未及十日而别，诗以志感，得二十韵》一诗中回忆故乡山中的景象，"薜荔依门巷，蒹葭变水滨。圆沙知雁聚，曲港见鸥驯。蟹籪缘溪富，鱼罾冒树均。嘉肴仍速舅，肥牡定娱宾。"② 因为伯兄的来访一下子触动了他的记忆，门临蒹葭，户挂薜荔，雁聚鸥驯的清幽环境，留在作者心头的是安静而平

---

① 吴敬梓、吴烺撰，李汉秋点校《吴敬梓吴烺诗文合集》，黄山书社1993年版，第124页。

② 吴敬梓著，李汉秋辑校《吴敬梓诗文集》，人民文学出版社2002年版，第45页。

和的农村风光以及纯朴而憨厚的野老村翁，伯兄这里如世外桃源式的"武陵人"的生活环境是吴敬梓心向往之的，这也是他移家后周遭环境所不曾有过的。乾隆十八年（1753），吴敬梓五十三岁，再次回到故乡，这已是他的暮年之秋，与家乡一些故交相聚，现今记载能够看到的是郭肇鐄韵清《答吴聘君》诗一首：

> 昨年雨散山城阻，短衣匹马看君去。今年花落春江开，青帘白舫逢君来。丈夫离合宁有数，社燕秋鸿等闲度。冷官寂寞昼闭门，纷纷残客谁相存。故心恃有斯人在，赠我骊珠光百琲。诗坛杰峙如长城，目中无乃刘长卿。念尔苦才更多思，我亦闻歌知雅意。腐史何当牛马走，贤良讵解盐铁议。把君袂，吟君诗，儿童项领不足道，千秋跋扈君能为。安得飞鸣如两鸟，四方上下无参差。①

诗中说吴敬梓"昨年"离开全椒，"今年""花落春江开"之际再度回到故乡，郭在诗中表达了对吴敬梓才能的赞美和人格的景仰。晚年数次家乡之行多少可以抒解中年以后的吴敬梓的怀乡之痛。

（三）"算计只有归来是"

吴敬梓前半生三十年家乡全椒的生活，主要处在宗族、邻里、友朋之间，这一时期生活的感受和体验大大激发了他以后创作的灵感，也培育了他的文学才能，是他创作的根基，后来小说《儒林外史》中有很多故乡的人物和事件的描写，从这些描写中我们能够感受到吴敬梓寄寓其中的情感。小说中秦老对王冕母子赤诚相待，表现出的纯朴厚道，尤其小说第二十一回围绕着牛浦的婚事描写，作品歌颂了生活在底层的卜老爹和牛老儿的纯朴和善良的品性，他们在困境当中互相帮扶、赤诚相待，读来十分感人。

> 牛老道："却是那里有这一头亲事？"卜老道："我先前有一个小女嫁在运漕贾家，不幸我小女病故了，女婿又出外经商，遗下一个外

---

① 郭肇鐄：《佛香阁诗存》，乾隆丁亥刻本。转引自李汉秋辑《儒林外史研究资料》第335页。

甥女，是我领来养在家里，倒大令孙一岁，今年十九岁了，你若不弃嫌，就把与你做个孙媳妇。你我爱亲做亲，我不争你的财礼，你也不争我的装奁，只要做几件布草衣服。况且一墙之隔，打开一个门就挽了过来，行人钱都可以省得的。"牛老听罢，大喜道："极承老哥相爱，明日就央媒到府上来求。"卜老道："这个又不是了。又不是我的孙女儿，我和你这些客套做甚么！如今主亲也是我，媒人也是我，只费得你两个帖子。我那里把庚帖送过来，你请先生择一个好日子，就把这事完成了。"①

应该说以上诸种场景的描写大多源于吴敬梓在故乡全椒乡居的见闻和体验，移居南京后，如此环境并不多。全椒乡亲的真情、善心、美德在他的心上留下深刻的印记，让他在苦难和挫折中会不自觉地想起家乡，回味这些情事，能够给心灵带来慰藉，使他那颗历经沧桑的心暖和起来。如果没有对家乡父老真挚的热爱之心以及对他们生活中的苦难发自内心的深切同情和爱怜，又如何能够写得出来如此真切动人的文字。这种相濡以沫的真情在吴敬梓后来流落他乡异地的生活当中又何曾能够得遇呢？

对于故乡全椒的这块土地，吴敬梓怀着深深的眷念。祖辈从一介平民而跻身官宦，使吴家成为名门望族的兴家历史始终让他无比的自豪，这种门第的自豪感伴随着吴敬梓一生，是他在艰难困苦中赖以生存和抵御外界各种恶和丑的精神力量。吴敬梓在自己的作品中不断地述家风，陈祖德，不忘吴家的根本，追根溯源，是全椒这方乡土给了吴氏科举家族曾经旺盛的活力。祖辈们在全椒辛勤地耕耘并结出累累果实，而如今他们的肉体和精神都皈依此处，吴敬梓又如何能够忘怀。幼年的他在这里成长，这方水土给了他充足的养分，熟悉的朋友、亲近的族人、善良朴素的乡亲都不时会在脑海浮现。《儒林外史》在塑造人物情貌、神态、动作、语言时，尤其以全椒方言为多，也最为传神。后世的评论者总是以吴敬梓在小说中对五河县恶俗的嬉笑怒骂来说明他对故乡全椒的厌恶之情。这种看法未免片

① 吴敬梓：《儒林外史》，第二十一回"冒姓字小子求名　念亲戚老夫卧病"，人民文学出版社 1977 年版，第 255 页。

面，小说所描写的恶和丑确有不少源于作者家乡全椒发生的本事，前文已述，作者所刻画的不过是一个极具典型性的中国封建社会人情世态的缩影，五河也好，天长也罢，都会发生着，但决不仅仅只有全椒才会发生。

怀着对全椒社会恶俗的厌恶而移家南京，《移家赋》却也记录下吴敬梓对故乡的缅怀、留恋而又不得不离开的心理冲突。吴敬梓的心里堆积了很多的矛盾，故乡的印象始终藏在心底，随着时间的流逝，他渐趋淡漠了势利的"乡人"（包括自己的族人）曾经带给自己的伤害，他的诗文中有憎恨及愤慨的内容：

> 贵为乡人畏，贱受乡人怜。寄言名利者，致身须壮年。（《哭舅氏》）
>
> 田庐尽卖，乡里传为子弟戒。年少何人，肥马轻裘笑我贫。（《减字木兰花：庚戌除夕客中》）
>
> 偶然买宅秦淮岸，殊觉胜于乡里。（《买陂塘》）

更多的则是对故乡的眷恋。离开全椒后的吴敬梓，总以一个漂泊者的身份自居，说自己是"秦淮寓客"[①]。作者甚至将他后半生的不如意与远离故乡联系起来，并因此而生出对移家的不少悔意：

> 苍茫去乡国，无事不伤情。（《小桥旅夜》）
>
> 失计辞乡土，论文乐友朋。为应蓬直直，聊比木从绳。挥麈清风聚，开樽皎月澄。回思年少日，流浪太无凭。（《春兴八首》）
>
> 岂合在，他乡住？（《满江红》）
>
> 往事随流水，吾生类转蓬。相逢湖海客，乡语尽难通。（《风雨渡扬子江》）
>
> 嗟余辞乡久，终岁不一至。（《挽外舅叶草牕翁》）
>
> 三春青鬓改，一院绿阴多。客久无乡梦，愁深有病魔。（《残春僧舍》）
>
> 旅馆宵无寐，思儿在异乡。（《除夕宁国旅店忆儿烺》）

---

① 吴敬梓的二十三首《金陵景物图诗》和为江昱撰《尚书私学序》都署名"秦淮寓客"。

令节穷愁里，念先人、生儿不孝，他乡留滞。(《乳燕飞：甲寅除夕》)

吴敬梓对故乡的依恋无时不在，或在梦中，或在对故乡熟悉的情事回忆中。

残灯高枕夜，梦里故山遥。《春兴八首（之八）》

却忆故山风雪里，摧残手植老梅花。(《将往平山堂风雪不果二首》)

红树酣荒店，黄花辞故岑。(《雪夜怀王溯山山居二十韵》)

故国茱萸从插遍，登高作赋已全虚。(《九日约同从兄青然登高不至四首》)

昨秋过故里，留我住弥旬。薜荔依门巷，蒹葭变水滨。圆沙知雁聚，曲港见鸥驯。蟹螯缘溪富，鱼罾胃树均。(《伯兄自山中来夜话山居之胜因忆去秋省兄未及十日而别诗以志感得二十韵》)

盼故山榛莽，先人丘墓。(《满江红》)

行年三十九，悬弧日、酌酒泪同倾。叹故国几年，草荒先垄，寄居百里，烟暗台城。[《内家娇（生日作）》]

这种情感又是复杂的，乡思的浓浓深情中包含着对故乡曾经生活的怀念。这里有乡亲、亲情，也有因漂泊异乡，无所作为而生出的愧疚之情；有追忆，有向往，也有因辜负先辈的期望而不安。吴敬梓不止一次地意识到，他一直刻意逃离的故乡，其实一直就萦绕在心头。经历了岁月的沉淀，故乡全椒已是吴敬梓布满伤痕的心灵最温馨的寄居地，对故乡和族人他开始有了别样的情感。

"我们几年京华尘土中，那得见这样幽雅景致？宋人词说得好：'算计只有归来是'。果然！果然！"①

---

① 吴敬梓：《儒林外史》，第八回"王观察穷途逢世好　娄公子故里遇贫交"，人民文学出版社 1977 年版，第 113 页。

小说中吴敬梓借娄家兄弟之口抒发出他乡游子普遍的恋乡之情，这是吴敬梓内心深处对于故乡全椒真挚的情感流露，在对归乡者羡慕之中聊以寄托他对于故乡深深的眷恋之情。吴敬梓傲岸不羁的个性中、满是失落的心境下却总有对故乡最温馨的记忆：

> 从厅后一个走巷内，曲曲折折走进去，才到一个花园。那花园一进朝东的三间。左边一个楼，便是殿元公的赐书楼。楼前一个大院落，一座牡丹台，一座芍药台。两树极大的桂花，正开的好。合面又是三间敞榭，横头朝南三间书房后，一个大荷花池。池上搭了一条桥。过去又是三间密屋，乃杜少卿自己读书之处。①

这是以他自己为原型的杜少卿的故居，这里鲜花点缀，书香诱人，曲径通幽，充满雅趣，作者写来兴趣盎然，它蕴含着吴敬梓对故乡最美好的记忆及最温柔的情感寄托。

如果说《儒林外史》是一株擎天巨树，那么它的根就深深地扎在全椒的泥土里，全椒泥土充足的养分使它枝叶婆娑，树干高耸而直入云霄。尽管南京的凄风苦雨不断，但它的树干始终傲然耸立于秦淮河畔，满树绿叶在江南雨雾中潇洒，枝杈延伸而至扬州平山堂畔。伴着运河的桨声、湖面的涟漪、大江的浪影，这棵大树一直郁郁葱葱，泽被后人无数。

（四）吴敬梓诗文思乡的主题及其表达

《文木山房集》中以羁愁旅思为主题的诗歌占有相当篇幅，这些诗文大都写于吴敬梓离开故乡后，因客居异乡而生的情感酿成诸多诗味，成为诗歌重要的主题，这类题材抒发了作为一个漂泊者的吴敬梓，他所经历的诸多艰辛不幸以及心灵深处的寂寞凄清，情感的表达是通过一些有意味的形式，包括其诗歌中一些特定的意象及语词的使用。由此，进一步理解吴敬梓对于故乡的深情。

_____

① 吴敬梓：《儒林外史》，第三十一回"天长县同访豪杰　赐书楼大醉高朋"，人民文学出版社 1977 年版，第 365 页。

1. 意象的使用："蓬"、"雁"

风雨渡扬子江

几日秣陵住，扁舟东复东。浓云千树合，骤雨一江空。往事随流水，吾生类转蓬。相逢湖海客，乡语尽难通。①

真州客舍

七年羁建业，两度客真州。细雨僧庐晚，寒花江岸秋。奇文同刻楮，阅世少安辀。秉烛更阑坐，飘蓬愧素侯。②

故乡是心灵的栖息地，它赋予个人生存以坚实的根基，"转蓬离本根，飘飘随长风。"（曹植《杂诗》）蓬随风转，命运不定，离家漂泊正如飘蓬断梗浑无定。写第一首诗时吴敬梓尚未移家，只是偶尔一次的外出，因渡江遇雨而触景生情，他便觉得自己如漂浮在水面上的小船，任凭流水拍打而漂泊不定；后一首诗的写作，作者移家南京已七年，"七年羁建业"却依然没有找到归宿感，故在南京而曰"羁"，而曰"秦淮寓客"。

与蓬意象相似，作者诗中还多次写到雁。作为一种候鸟，雁"以北方为居"，南来北往的雁的迁徙习性与人的思乡怀旧情愫相契合，最逗人思乡之情感，文学作品中常以雁喻羁旅孤苦之情，雁的秋去春来，劳苦奔波，成了古人羁旅情思的对应物，自《诗经·小雅·鸿雁》："鸿雁于飞，肃肃其羽"始，这种情感的抒发便绵绵不绝。

仲秋之月，鸿雁南飞。（《礼记·月会》）

草虫鸣何悲，孤雁独南翔。郁郁多悲思，绵绵思故乡。（曹丕《杂诗》）

鸿雁远飞光不度，鱼龙潜跃水成文。昨夜闲潭梦落花，可怜春半不还家。（张若虚《春江花月夜》）

乡书何处达，归雁洛阳边。（王湾《次北固山下》）

夜闻归雁生乡思，病入新年感物华。（欧阳修《戏答元珍》）

---

① 吴敬梓著，李汉秋辑校《吴敬梓诗文集》，人民文学出版社 2002 年版，第 45 页。
② 同上书，第 42 页。

塞下秋来风景异，衡阳雁去无留意。（范仲淹《渔家傲》）

雁南归与人无归的对照中，反衬出人的愁苦情思，这是古诗词中常用的表现手法。离乡背井，有家而不能归，吴敬梓有很多难言之隐，科举落第，士绅们的冷嘲和鄙视，一场由族人挑起的家难以及当时社会市侩之风的盛行，吴敬梓以自己叛逆性格和激进的思想去对抗泛滥于故乡中的腐朽与堕落，"至于眷念乡人，与为游处，似以冰而致蝇，若以狸而致鼠，见几而作，逝将去汝"①。有时不免持有片面和偏颇的思想，而真的移家别居后，生活的不如意，由恨到恋的情感转变是他在思想渐趋冷静，并反思自己生活所经的历程后的变化，于是，移家才一年吴敬梓便生出了"失计辞乡土"②的意思了，这也使得他诗文中情感的抒发质朴深沉，呈现内敛的风格并泛着理性的光彩。

飘零身世同秋雁，寂莫郊坰狎野宾。（《寄李啸村四首（之一）》）

步櫩徙倚，残星数点，两行哀雁。（《疏帘淡月》）

试问雁来霜后，几度小阶巡历。（《惜红衣：紫茉莉用白石词韵》）

当风怕看来宾雁，苦雨愁闻逐妇鸠。（《秋病四首》）

吴敬梓客居他乡，经历诸多的不顺和苦难的磨炼后，浓郁的怀乡之情，乡思乡愁成为他对故乡的主要情愫。他的诗词中雁意象不多，但内涵十分丰富，凡羁旅愁苦无不与客居乡愁关联。

鸿雁鸣邕邕，白露凄以坠。大夫用为贽，德与长者配。或谓之舸鹅，南游青春背。况乃上虞县，民力遂可废。春衔拔草根，秋啄除其

---

①　吴敬梓著，李汉秋辑校《吴敬梓诗文集·移家赋》，人民文学出版社 2002 年版，第 10 页。

②　吴敬梓著，李汉秋辑校《吴敬梓诗文集》（《春兴》八首其三），人民文学出版社 2002 年版，第 19 页。

秒。怅焉忽单飞，孤鸣中肠碎。伤彼水中鸠，关关和其喙。①

　　大夫以雁为贽，《周礼·春官》云："大宗伯之职，以禽作六贽，以等诸臣；孤执皮帛，卿执羔，大夫执雁，士执雉，庶人执鹜，工商执鸡。"不同品级的臣民以不同的禽类（泛指禽兽）为贽，它是身份地位的标志，也是道德修养的形象化准则。《礼记·曲礼》注云："取其知时，且飞有行列也。"② 大夫以雁为贽，意在说明为大夫者要像鸿雁那样，有"长幼之礼"，"先后之随"，"行列之治"。移家南京后，周围的环境照旧充斥着虚伪、市侩和丑陋，与家乡几无分别。"怅焉忽单飞，孤鸣中肠碎"，作者借雁的孤鸣抒发自己对现实乱象的感慨和悲哀。

　　　穷海累臣，上林天子，镜芴亭畔伤心事。霜空木落雁衔书，归期回首初春是。碧草颓垣，紫苔唐肆，濒江吊古堪流涕。祇缘身未到边关，不知洪皓含悲地（郝经元臣，元世祖使经来宋告即位，贾似道留于真州十五年，至元将灭宋始还。经在真州时，以雁系帛书，又常游镜芴亭，作记。宋金华诗曰：木落霜空悉所如，归期回首是春初。上林天子援弓缴，穷海累臣有帛书）。③

　　诗以郝经与洪皓两人的处境和遭际为对比：元世祖遣人入宋交涉才使郝经被放归，帝王"锡燕大庭"；洪皓从金归来又遭秦桧忌恨，最后病死

---

　　① 吴敬梓著，李汉秋辑校《吴敬梓诗文集》（《杂诗》），人民文学出版社 2002 年版，第 14 页。

　　② 《春秋繁露·执贽》云："雁乃有类于长者，长者在民上，必施然有先后之随，必淑然有行列之治，故大夫以为贽。"《说苑·修文篇》云："雁者行列有长幼之礼，故大夫以为贽。"

　　③ 吴敬梓著，李汉秋辑校《吴敬梓诗文集》（《踏莎行·镜芴亭》），人民文学出版社 2002 年版，第 69 页。镜芴亭是真州的名胜，这里原是元朝郝经游览之处，据《元史·郝经传》记载，元世祖即位后，任郝经为翰林院侍读学士，充任国使与南宋议和，内遭同朝王文统的忌恨，出使被贾似道软禁在真州长达十六年之久，才得以回归。郝经为人尚气节，在他被拘禁真州时，曾经系帛于雁足，上有题诗："霜落风高悉所如，归期回首是春初。上林天子援弓缴，穷海累臣有帛书。"诗后又附有识语："至元五年（1268）九月一日放雁，获者勿杀，国信大使郝经书于真州忠勇军营葬新馆。"洪澔，宋徽宗时进士，高宗建炎三年奉命出使金朝，被扣留十余年，屡次派人潜回南方，报告金朝虚实，绍兴十二年（1142）才回到宋，但又被秦桧迫害，贬官外地，病死于南雄州。（参见陈美林《儒林外史研究》）

贬居处所。吴敬梓以"穷海累臣"自喻，抒写怨嗟之情。从诗的自注中知道逗引起作者伤感的"镜芗亭畔伤心事"是与"归期回首"的故土之思及归期无望的惆怅之情紧密联系的。

雁鸣凄切，易引人悲感，游子闻雁而情愈伤，杜甫《孤雁》诗："孤雁不饮啄，飞鸿声念群。谁念一片影，相失万重云，望尽似犹见，哀多如更闻。野鸦无意绪，鸣噪自纷纷。"① 叹孤雁离群幽独之苦，借雁声渲染苍凉清冷之情境，抒发作者心境之凄悲，吴敬梓诗中也多用这种手法抒情表意。

> 落日寒江上，吴舟挂短篷。荻花连岸白，烛影傍人红。大泽眠鸥鹭，晴天响雁鸿。焚香祝奇相，愿借一帆风。(《石城晚泊》)
> 盲风乍满篱角，黄雀雨惊寒雁阵。(《惜秋华：寓斋菊花红叶为积雨所败伤之》)
> 舟系危矶畔，登高瞰大荒。雁声来浦溆，鸟影下帆樯。桧柏虚笼月，菰芦远受霜。客游惊岁暮，无计理归装。(《仙人矶晚眺》)

流落他乡，亲朋离散，幽独悲苦的念群孤雁是诗人形象的写照，无论晴雨，也无论朝夕，大雁总会触发吴敬梓的游子之思。

> 金石同交谊，相思涕泪流。如何三载别，不遣一宵留。候馆迎征雁，津亭闻暮鸠。独怜江上月，双照故人愁。(《沈五自中都来白下旋复别去怅然有作》)

"鱼传尺素，雁托锦书"，对朋友的相思之情自是题中之意，诗意在此基础上又宕开去，"独怜江上月，双照故人愁"，这愁的产生还缘于作者异乡做客，客中思友，客中伤别。回思流浪生涯，人生诸般不如意的境况，不由得顾影自怜起来，那挥不去的充满感伤意绪的乡愁总是无时无刻不在撩拨着作者的思绪。

吴敬梓如一只哀哀孤鸣，四处漂泊的鸿雁，向人们娓娓诉说着离乡失

---

① 杜甫著，仇兆鳌整注《杜诗详注》，中华书局 1979 年版，第 1530 页。

群的愁苦和悲伤。

2. 意境的创造：客况与穷愁

吴敬梓诗词中多以"客"和"旅"来表达自己离开故乡后的种种意绪。移家前，比如三十岁出游南京时，吴敬梓写有《小桥旅夜》诗：

> 客路今宵始，茅檐梦不成。蟾光云外落，萤火水边明。早岁艰危集，穷途涕泪横。苍茫去乡国，无事不伤情。

诗题称"旅夜"，诗中说"客路"，"旅"与"客"在诗中所表达的意蕴并无特别的不同。而移家南京后，如将这两个字眼的使用作一个对比的话，我们发现使用"旅"字时，多与他离开客居的寓所有关，即离开南京而游历其他地方时，吴敬梓多以"旅"字来表达这种情形。

> 旅病那堪花入梦，暮寒不厌酒沾唇。遥思二月秦淮柳，蘸露拖烟委曲尘。(《滁州旅思》)
>
> 丽景方如许，如何作旅人。薰梅红渐减，擘柳绿初匀。古庙春烟湿，荒村社火新。昼眠知有禁（月令：是日禁昼眠），宴宴笑言亲。(《二月三日舟发通济河同李薲门作》)
>
> 旅况无聊，为作迎神、送神之曲，令巫觋歌焉。(《神弦曲并序》)
>
> 不因逢胜赏，谁解旅怀孤。(《雨夜杨江亭斋中看菊》)
>
> 入门携酒铛，慰余羁旅情。(《方靖民杨巨源携樽过余寓斋小饮》)[①]
>
> 旅馆宵无寐，思儿在异乡。(《除夕宁国旅店忆儿烺》)
>
> 端阳节近旅愁牵，孤负秦淮箫鼓拥灯船。(《虞美人（贵池客舍晤管绍姬周怀臣汪荆门姚川怀）》)
>
> 旅鬓迎秋，断魂惊梦，曲阑凭遍。怅才晴又雨，重阳近也，留不住、辞巢燕。……北固山明，南泠水美，客怀聊遣。谢多情老衲，军

---

① 孟醒仁认为此诗是吴敬梓"客居真州"所作，孟醒仁著《吴敬梓评传》，中州古籍出版社1987年版，第216页。

持净洗，把黄华荐。①（《水龙吟》）

这类题材的诗中，因花入梦而不堪，故生出旅病，误了秦淮箫鼓灯船生出旅愁，对丽景而生出旅人之怀以及因旅况无聊遂作曲、饮酒、赏菊以消解旅愁等，旅愁的产生只是作者暂时离开寓居之地（非故乡全椒），动作指向性明确，诗中所抒发的愁也多是闲愁，淡淡的，在作者的心上没有生出多少跌宕的情绪。相比较"旅"字，他的诗中"客"字的使用，内涵深厚很多，指向性则直接与吴敬梓背井离乡的意绪关联。

　　　篋舆芳径草痕斑，明庶风来渗客颜。（《秣陵关》）
　　　念客里风光不恶。又斗茶时候，红莎绿蒻。何日丹炉鍜灶，结庐林薄。终南太华都休问，只思寻深洞岩壑。几行沙鸟，几双社燕，几声风鹤。（《桂枝香·望九华》）
　　　娉婷市近苧萝西，倦客探幽叩碧闺。（《闲情四首》）
　　　几年同作金陵客，古渡寻桃叶。今年作客在池州，买得鲥鱼沽酒共勾留。丝丝梅雨维初夏，煮茗消闲话。端阳节近旅愁牵，孤负秦淮箫鼓拥灯船。（《虞美人（贵池客舍晤管绍姬周怀臣汪荆门姚川怀）》）
　　　旅鬓迎秋，断魂惊梦，曲阑凭遍。怅才晴又雨，重阳近也，留不住、辞巢燕。……北固山明，南泠水美，客怀聊遣。（《水龙吟》）

异乡漂泊，"相逢湖海客，乡语尽难通。"（《风雨渡扬子江》）不闻乡音，不见故乡之人，凄凉孤寂之心，挚真怀乡之情常常萦绕在他左右，"青帝将乘权，玄冥又如客。寄居秦淮上，五载星霜易。"《丙辰除夕述怀》）"七年羁建业，两度客真州。"（《真州客舍》）由五载到七年，不论是在金陵，还是在真州、扬州；定居也好，游历也罢，诗人对他乡终究无法产生认同感，吴敬梓始终认为自己是一个漂泊的"客"的身份，在异乡总找不到心灵的归宿。"一船离恨斜阳外……终宵眠，亦未稳。……偏

────────────────

① 孟醒仁认为此诗是吴敬梓游镇江所作，孟醒仁著《吴敬梓评传》，中州古籍出版社1987年版，第210页。

我羁愁千里。心惊不已。"（《如此江山》）诗中反复诉说这种客居的况味，
而心底里抹不去的是对故乡深情的依恋。

　　　　旷渺情何限，风尘客转惭。良宵难再得，挂颊听清谈。（《邰村
　　同司徒左文赵寿民司徒孔文司徒际周话旧》）
　　　　今年除夕，风雪漫天人作客。（《减字木兰花：庚戌除夕客中》）
　　　　买山而隐，魂梦不随溪谷稳。又到江南，客况穷愁两不堪。
　　（《减字木兰花：庚戌除夕客中》）
　　　　正客子凄凉满眼，待香醪自煮，绿蚁浮盏。（《疏帘淡月》）
　　　　怊怅孤客凄清，听瑟瑟萧萧，夜膔声苦。（《燕山亭：芜湖雨夜
　　过朱草衣旧宅》）
　　　　舍舟入衢国，风疾客衣寒。（《雪后过采石矶》）
　　　　客子远行迈，都忘换时节。江上北风多，江岸芦花折。（《江上
　　曲》）

　　以哀景写哀情，诗人早已厌倦这种流浪的生涯，一句"流浪太无凭"①
实在是吴敬梓的沧桑语。诗人不敢眺望故乡，害怕触动自己的思乡之痛，
面对"客况穷愁"的流浪生涯，吴敬梓的心中该有多少无奈之情啊。

　　　　客久无乡梦，愁深有病魔。（《残春僧舍》）
　　　　却羡春暄美，都忘客思淹。（《钱图南斋中夜坐》）
　　　　春光自明媚，客思转萧条。柱按鹍弦剧，杯倾鹊脑消。残灯高枕
　　夜，梦里故山遥。（《春兴八首》）
　　　　客中眠未稳，漏鼓听愈真。（《不寐》）

　　故乡可以常入梦中，梦里不知身是客，梦里可以不再漂泊流浪，梦里
也可以回到故乡，姑且一解思乡之痛，可惜这样的梦境也因离家太久而模
糊了，甚至故乡已经不能入到自己的梦中，即便偶尔梦到，梦里的故乡又

---

　　① 吴敬梓著，李汉秋辑校《吴敬梓诗文集》卷二《春兴》八首其三，人民文学出版社2002
年版，第19页。

是遥不可至的。实际上，南京距离全椒的路程很近，诗人却说："客游惊岁暮，无计理归装。"（《仙人矶晚眺》）吴敬梓厌倦了流浪的生涯，因为自己的个性，加之故乡的环境，也为生计，他却不能回到故乡。无法消解的客居乡愁常使他百感中来，万端交集，"春光自明媚，客思转萧条"，面对春光明媚，寂寞之心愈发难以言表，丽景悲情，这实在又是伤心人语。"从今谢逋客，留待竹平安。"（《初夏惠隐寺花屿山房食笋分韵得竿字》）作者分明是说自己要下定了决心不再做"逋客"（漂泊流亡的人），可惜吴敬梓的后半生一直未能脱去"逋客"的身份。而越到后来，处境愈糟糕，甚至身历绝境：

> 我今客游二百里，真州僧舍掩松关。……老夫顾此情怀恶，客居幸得半日闲。呼童邻家赊美酒，箕踞一醉气疏顽。明晨冲泥问杨子，妻儿待米何时还。（《雨》）

客游真州，吴敬梓本是为了向朋友求助，谁知在寄寓的僧舍中遇上"翻盆三日不复止"的暴雨，而远在秦淮水亭中嗷嗷待哺的妻子儿女的饭食尚都不能解决，这样穷困潦倒的经历实在太悲苦。缘于此，吴敬梓对于漂泊异乡，自谋衣食的儿子吴烺格外的挂念，"莫诧时名著，应知客思伤"（《除夕宁国旅店忆儿烺》），这是吴敬梓发自肺腑的沉痛语，也是绚烂之极的平淡语，说其沉痛是因为异乡流浪的太多遭际，说其平淡是因为一生的坎坷和失意才叫他真正看透了功名富贵。

三　此心不安处，非吾乡

（一）《移家赋》研究

1733 年，吴敬梓移家南京，是年或第二年写成此赋①。该赋是吴敬梓最重要的著述之一，对于研究吴敬梓的家世生平以及他早期的思想，包括小说《儒林外史》的创作背景乃至他后来的思想的变化都有十分重要的

---

① 孟醒仁认为"是年（1733），先生开始写作《移家赋》，长达三千多字，次年完稿"。（见于孟醒仁作《吴敬梓年谱》，第 44 页）陈美林认为"大约也是在三十四岁时，传主吴敬梓移家南京已经一年……创作了一篇长达三千余言的极为卓特的《移家赋》"。（见于陈美林《吴敬梓研究》（下册），第 1451 页。）

参考价值，胡适说："先生又作《移家赋》：序五百七十二字，赋二千五百二十九字，可说是他文集中的第一巨作。"①"第一巨作"之评，不仅因其篇幅长，尤其强调《移家赋》在吴敬梓整个著述中有不容忽视的价值。

1. 精神苦难历程的启航

吴敬梓生活的时代，正值康乾盛世，"家本膏华，性耽挥霍，生值承平之世，本无播迁之忧"，本是世家望族的子弟，诸多交往的亲戚、朋友，以及对于家乡故土的情感，生于斯而长于斯，如果没有更好的发展，一般人都不愿抛开故土，流落他乡。"士云信美，客终畏人"，他乡并不易居。移家南京的途中，作者思绪万千：

> 百里驾此艋艇，一日达于白下。士云信美，客终畏人。阮籍之哭穷途，肆彼猖狂；杨朱之泣岐路，悲其南北。
> 昔陆士衡之入洛，卫叔宝之过江，俱以国常，非由得已。②

陆机、卫玠因亡国而离开故土，自己生于承平之世却要流落异地他乡，对比之下，吴敬梓心生感慨，他的诗中这种心理也多有反映，如《小桥旅夜》：

> 客路今宵始，茅檐梦不成。蟾光云外落，萤火水边明。早岁艰危集，穷途涕泪横。苍茫去乡国，无事不伤情。③

前文已述，在遭受一系列人生的变故，吴敬梓既不愿屈从权贵，更不愿与他们同流合污，以至同家乡族人及士绅的势力达到水火不容的境地。他的举业一直止步于秀才，全椒的士绅以及他的族人甚至投以嘲讽鄙视的目光，并夹以肆意的攻击，小说《儒林外史》描写他所遭遇的情形：

---

① 胡适：《吴敬梓年谱》，见于《胡适文存》二集卷四，亚东图书馆1921年版。
② 吴敬梓著，李汉秋辑校《吴敬梓诗文集·移家赋》，人民文学出版社2002年版，第7页。
③ 孟醒仁认为此诗作于1732年。（参见孟醒仁著《吴敬梓年谱》第40页。）陈美林认为写于移家后"在若干年后再行出门，回想起往年情事，还不禁悲从中来，极其沉痛而又无限伤感地写下了《小桥旅夜》五律一首"。（陈美林著《吴敬梓研究》（下册）第1416页。）

迟衡山听罢，红了脸道："近日朝廷征辟他，他都不就。"高老先生冷笑道："先生，你这话又错了。他果然肚里通，就该中了去！"又笑道："征辟难道算得正途出身么？"萧柏泉道："老先生说的是。"向众人道："我们后生晚辈，都该以老先生之言为法。"①

胡适说："全椒人只晓得他是一个败子，不认得他是一个名士。"② 吴敬梓的身心受了极大的伤害。

闭户而学书空，叩门而拙言辞。至于眷念乡人，与为游处，似以冰而致蝇，若以狸而致鼠。

……

竟有造请而不报，或至对宾而杖仆。谁为倒屣之迎，空有溺庐之辱。拨寒炉之夜灰，向屠门而嚼肉。③

"郁伊既久，薪罍成疾"。移家之前他有过犹豫，"晏婴爽垲，先君所置；烧杵掘金，任其易主"，当要变卖祖产以作移家之资时，心中还是有所不忍，但为着脱离全椒恶劣的环境，顺着自己率性自然的天性，吴敬梓最终下了决心，甚至不惜"田庐尽卖，乡里传为子弟戒"④ 而移家金陵。小说《儒林外史》中也有这方面的描述：

杜少卿在家又住了半年多，银子用的差不多了，思量把自己住的房子并与本家，要到南京去住，和娘子商议，娘子依了。人劝着他，总不肯听。足足闹了半年，房子归并妥了。除还债赎当，还落了有千把多银子，和娘子说道："我先到南京会过卢家表侄，寻定了房子，

① 吴敬梓：《儒林外史》，第三十四回"议礼乐名流访友　备弓旌天子招贤"，人民文学出版社 1977 年版，第 399 页。

② 胡适：《吴敬梓年谱》，见于《胡适文存》二集卷四，亚东图书馆 1921 年版。

③ 吴敬梓著，李汉秋辑校《吴敬梓诗文集·移家赋》，人民文学出版社 2002 年版，第 10—11 页。

④ 吴敬梓、吴烺撰，李汉秋点校《吴敬梓吴烺诗文合集》，黄山书社 1993 年版，第 53 页。

再来接你。"①

对于移家以后的困难，吴敬梓也有所预料，"枭将东徙，浑未解于更鸣"，如同枭虽东移，还会引得别人的厌恶，并未因此改掉鸣叫的声音，吴敬梓说自己坚决不与世俗同流，鄙视功名之心不会改变。"谦以称物而平施，忍以含容而成德。石火电光，终于此灭，取富贵以何时，嗟韶年之转迫。"尽管道路崎岖，生活清贫，但他要安贫乐道，不改初衷。

> 且夫消息盈虚，天道在焉。余家世于淮南，乃流播于江关，枯鱼穷鸟，不可问天。布衣韦带，虚此盛齿，寄恨无穷，端忧讵止？忆风景之通华，写哀思于侧理，妙曲唱于旗亭，绝调歌于郢市，正如雍门之琴，闻而泪落无休，素女之瑟，听则悲生不已！②

南京的生活虽然前程未卜，为着自己的理想，从迈出移家的第一步起，吴敬梓已经做好了长期流浪生活的心理准备，哪怕这样的生活即同枯鱼穷鸟无所依归也无怨无悔。经济状况每况愈下，布衣之贫穷生活还要长期延续下去，精神上的苦恼会不断袭来，他都会勇敢地迎上去。吴敬梓所踏上的是精神涅磐的征程，在曲折的、布满荆棘的道路上，诗人将勇敢地直面自己惨淡的人生。

虽然后来吴敬梓的思想出现过波折，心里的愤懑也郁积难平，但这些都没有让他退缩。"枭将东徙，浑未解于更鸣"，这是勇者庄严而悲壮的承诺，吴敬梓以后的道路也向我们展示了他在不断地践行他的诺言。

2. "心妍面丑"③：吴敬梓的人格范式

生于望族世家的富贵子弟，难免会有纨绔不羁的特性。青年时代，大约从父亲去世到他三十岁以前的这一时期，吴敬梓曾经历了一段放浪形骸

---

① 吴敬梓：《儒林外史》，第三十三回"杜少卿夫妇游山　迟衡山朋友议礼"，人民文学出版社 1977 年版，第 384 页。

② 吴敬梓著，李汉秋辑校《吴敬梓诗文集·移家赋》，人民文学出版社 2002 年版，第 12 页。

③ 吴敬梓著，李汉秋辑校《吴敬梓诗文集》卷一《移家赋》，人民文学出版社 2002 年版，第 7 页。

的生活，在他的一些至亲好友的诗文中都有记述。从兄吴檠诗《为敏轩三十初度作》中描述了他的这段生活：

> 外患既平家日削，豪奴钾客相钩探。弟也跳荡纨袴习，权衡什一百不谙。一朝愤激谋作达，左驂史娜恣荒耽。明月满堂腰鼓闹，花光冉冉柳鬖鬖。秃衿醉拥妖童卧，泥沙一掷金一担。老子于此兴不浅，往往缠头脱两骖。香词唱满吴儿口，旗亭法曲传江潭。以兹重困弟不悔，闭门嗟唶长醲酣。国乐争歌康老子，经过北里嘲颠憨。去年卖田今卖宅，长老苦口讥喃喃；弟也叉手谢长老，两眉如戟声如魁。男儿快意贫亦好，何人郑白兼彭聃？安能瑟缩如新妇，钩较斋盐手馈盒。①

金两铭《和（吴檠）作》中也说："迩来愤激恣豪侈，千金一掷买醉酣。老伶小蛮共卧起，放达不羁如痴憨。"这些描写大致包含着亲朋对他这一时期的放荡生活的看法，其中不乏中肯的批评。胡适说："吴敬梓的财产是他在秦淮河上嫖了掉的"②，胡适的说法未免有些夸张，但这种概括不是没有依据。程晋芳、吴湘皋、顾云对于吴敬梓这一时期的行为也有评述：

> 袭父祖业有二万余金；素不习治生，性复豪上，遇贫即施，偕文士辈往还，饮酒歌呼，穷日夜，不数年而产尽矣。③
>
> （吴敬梓）性闲逸自恣，既以土苴流辈矣；至所施予又多以意气出之，不择其人，家故稍稍落。④
>
> 敏轩承家世文物声华烜赫之后、风流酝酿，力洗纨绮习气。生性豁达，急朋友之急，不琐琐于周闭藏积，至于今而家乏担石之储矣。⑤

---

① 金榘著《泰然斋诗文集》卷二附吴檠《为敏轩三十初度作》诗，清道光二十六年重刊本。

② 胡适《吴敬梓年谱》见于《胡适文存》二集卷四，亚东图书馆1921年版。

③ 程晋芳撰《勉行堂文集》卷六《文木先生传》，清嘉庆二十五年冀兰泰吴鸣捷刻本。

④ 顾云《盋山志》卷四，沈云龙主编《中国名山胜迹志丛刊》第4辑，台北：文海出版社1975年版，第80页。

⑤ 吴敬梓：《文木山房集》卷首吴湘皋《文木山房集序》，乾隆刻本。

　　吴敬梓家产不全是因挟声妓、纵酒作乐而耗尽，急人所急，周济朋友以及有些钱财被骗也是事实。放浪形骸并非他的本性。当吴敬梓年轻时，不幸就接踵而至，尤其是面对封建家族内部的倾轧，加之外部的社会环境，包括全椒的恶俗，吴敬梓凭着个人弱小的力量而以强烈的叛逆心态为手段、为武器去对抗，注定要付出惨烈的代价，有时候甚至以一种近似畸形的自戕方式进行：或流连于伶人教坊，或变卖田宅挥金如土，并一发而不可收。这些方式也许能够给对方刺激，使自己获得些许复仇的快意，然而却也让自己遍体鳞伤，甚至引起朋友的误解，遭受不怀好意者的污蔑。高翰林之流的天长士绅阶层是吴敬梓生活的最具体环境中的代表，也是全椒社会恶俗的典型。吴敬梓在小说中借杜少卿的遭际，写出自己当年的处境：

　　　　高老先生道："……这少卿是他杜家第一个败类！他家祖上几十代行医，广积阴德，家里也挣了许多田产。……他这儿子（杜少卿）就更胡说，混穿混吃，和尚、道士、工匠、花子都拉着相与，却不肯相与一个正经人！不到十年内，把六七万银子弄的精光。天长县站不住，搬在南京城里，日日携着乃眷上酒馆吃酒，手里拿着一个铜盏子，就像讨饭的一般。不想他家竟出了这样子弟！学生在家里，往常教子侄们读书，就以他为戒。每人读书的桌子上写一纸条贴着，上面写道：'不可学天长杜仪。'"①

　　吴敬梓经历了这样的过程，一个人的斗争使他感受到孤独、无助和无奈，挣扎中难免有沉沦，吴敬梓说自己"心妍面丑"，但不是耽于享乐而沉湎于声色荒淫之中，而是出于"迩来愤激恣豪侈"的孤愤，带有强烈的叛逆色彩，"灌夫骂坐之气，庄叟物外之思，壮士欻兮绝天维，北斗戾兮太山夷"②，他的行为表现出狂放不羁的一面。吴敬梓说："阮籍之哭穷途，肆彼猖狂"③，小说中写萧云仙无辜得罪而登广武山凭吊阮公祠，悲

---

　　① 吴敬梓：《儒林外史》，第三十四回"议礼乐名流访友　备弓旌天子招贤"，人民文学出版社 1977 年版，第 398—399 页。

　　② 吴敬梓著，李汉秋辑校《吴敬梓诗文集·移家赋》，人民文学出版社 2002 年版，第 11 页。

　　③ 同上书，第 7 页。

从中来，对着祠里的题诗"读了又读，读过几遍，不觉凄然泪下"①，阮籍"尝登广武，观楚汉战处，叹曰：'时无英雄，使竖子成名！'"② 金兆燕说他"有时倒著白接䍦，秦淮酒家杯独持。乡里小儿或见之，皆言狂疾不可治。"③《儒林外史》塑造了虞华轩、季遐年等形象，虞华轩视五河县的恶俗如仇雠：

> 虞华轩生在这恶俗地方，又守着几亩田园，跑不到别处去，因此就激而为怒。他父亲太守公是个清官，当初在任上时，过些清苦日子。虞华轩在家，省吃俭用，积起几两银子。此时太守公告老在家，不管家务。虞华轩每年苦积下几两银子，便叫兴贩田地的人家来，说要买田、买房子。讲的差不多，又臭骂那些人一顿，不买，以此开心。一县的人都说他有些痰气，到底贪图他几两银子，所以来亲热他。④

如黄评所云："惟有此法。'痰气'者，正佯狂玩世也。"⑤ 还有一个会写字的季遐年，施乡绅要请他写字：

> 施家一个小厮走到天界寺来，看见季遐年，问道："有个写字的姓季的可在这里？"季遐年道："问他怎的？"小厮道："我家老爷叫他明日去写字。"季遐年听了，也不回他，说道："罢了。他今日不在家，我明日叫他来就是了。"次日，走到下浮桥施家门口，要进去。门上人拦住道："你是甚么人，混往里边跑！"季遐年道："我是来写字的。"那小厮从门房里走出来看见，道："原来就是你！你也会写字？"带他走到敞厅上，小厮进去回了。施御史的孙子刚刚走出

---

① 吴敬梓：《儒林外史》第四十回"萧云仙广武山赏雪　沈琼枝利涉桥卖文"，人民文学出版社1977年版，第467页。

② 房玄龄等撰《晋书·阮籍传（列传第十九）》，中华书局1974年版，第1361页。

③ 金兆燕撰《棕亭诗钞》卷三《寄吴文木先生》，清嘉庆十二年赠云轩刻本。

④ 吴敬梓：《儒林外史》，第四十七回"虞秀才重修元武阁　方盐商大闹节孝祠"，人民文学出版社1977年版，第540页。

⑤ 吴敬梓著，李汉秋辑校《儒林外史会校会评本》，上海古籍出版社1999年版，第573页。

屏风，季遐年迎着脸大骂道："你是何等之人，敢来叫我写字！我又不贪你的钱，又不慕你的势，又不借你的光，你敢叫我写起字来！"一顿大嚷大叫，把施乡绅骂的闭口无言，低着头进去了。那季遐年又骂了一会，依旧回到天界寺里去了。①

黄评曰："此一奇也。"② 虞华轩及季遐年的行为都暗含着吴敬梓的影子，黄评所谓的"佯狂"与"一奇"是对他们痛苦而愤激的行为的理解。吴敬梓慷慨任性，以此发泄一腔愤懑，实际上是他痛苦愤激而反抗的一种变形，所谓的"左驂史妠恣荒耽"、"秃衿醉拥妖童卧"（吴檠诗《为敏轩三十初度作》）及"老伶小蛮共卧起，放达不羁如痴憨"③，所谓的放浪形骸并非与堕落腐朽直接互为表里，反而与他的文学所好及个性有着诸多的联系。金两铭说他"生小心情爱吟弄，红牙学歌类薛谭。旗亭胜事可再见，新诗出口鸡舌含。三河少年真皎皎，'风流'两字酷嗜贪"〔金两铭《和（吴檠）作》〕，吴檠说他"香词唱满吴儿口，旗亭法曲传江潭。以兹重困弟不悔，闭门嘊喍长醹酤"（吴檠诗《为敏轩三十初度作》），沈大成说他"博学喜谈艺"④，吴敬梓自己也说过"妙曲唱于旗亭，绝调歌于郢市"（《移家赋》），吴敬梓是以歌舞场中的伶工舞女为知己的，他的《闲情》诗四首（选其一）：

> 香熏透骨有谁知，谪向尘凡冰雪姿。昼永春残人乍别，态浓意远泪偷垂。曾闻名士多寥落，何事佳人亦仳离？安得与卿登玉版，大罗天上看书碑。⑤

作者歌颂这些歌儿舞女的纯洁，将她们与名士同看，并倾心礼赞。他

---

① 吴敬梓：《儒林外史》，第五十五回"添四客述往思来 弹一曲高山流水"，人民文学出版社 1977 年版，第 622 页。

② 吴敬梓著，李汉秋辑校《儒林外史会校会评本》，上海古籍出版社 1999 年版，第 667 页。

③ 李汉秋辑《儒林外史研究资料》，金两铭《和（吴檠）作》，上海古籍出版社 1984 年版，第 5 页。

④ 沈大成《学福斋集》卷五，据清乾隆三十九年刻本。

⑤ 吴敬梓、吴烺撰，李汉秋点校《吴敬梓吴烺诗文合集》，黄山书社 1993 年版，第 31 页。

的《老伶行》诗充满同情地描写了老伶王宁仲的不幸，并引为知音，① 不仅在艺术上有共同的语言，而且情感上也十分相通，《儒林外史》中吴敬梓以娴熟的笔法写了鲍文卿父子的戏班活动，也正是基于这一方面。

可以这样说，吴敬梓的浪子行径不是他堕落的表现，而是他叛逆的发端。不过，由此却也要背负起别人的误解、丑化甚至咒骂，这是吴敬梓个人的悲哀，也是社会的悲哀。吴敬梓后来在他的诗里也反思过这段生活：

> 今年除夕，风雪漫天人作客。三十年来，那得双眉时暂开。不婚不宦，嗜欲人生应减半。鲍子知余，满酌屠苏醉拥炉。
>
> 昔年游冶，淮水钟山朝复夜。金尽床头，壮士逢人面带羞。王家昙首，伎识歌声春载酒。白板桥西，赢得才名曲部知。
>
> 田庐尽卖，乡里传为子弟戒。年少何人，肥马轻裘笑我贫。买山而隐，魂梦不随溪谷稳。又到江南，客况穷愁两不堪。②

在客居的除夕，三十岁以前的一连串遭际所带来的苦痛一齐涌上心头，吴敬梓抒写了自己的沉痛，也表达了自己的忏悔。作者也将这段经历写进了小说中：

> 杜慎卿道："莫慌，你听我说。我家共是七大房，这做礼部尚书的太老爷是我五房的，七房的太老爷是中过状元的。后来一位大老爷，做江西赣州府知府，这是我的伯父。赣州府的儿子是我第二十五个兄弟，他名叫做仪，号叫做少卿，只小得我两岁，也是一个秀才。我那伯父是个清官，家里还是祖宗丢下的些田地。伯父去世之后，他不上一万银子家私，他是个呆子，自己就像十几万的。纹银九七他都认不得，又最好做大老官。听见人向他说些苦，他就大捧出来给人家用。而今你在这里帮我些时，到秋凉些，我送你些盘缠投奔他去，包你这千把银子手到拿来。"

---

① 李汉秋辑《儒林外史研究资料》收王又曾诗《书吴征君敏轩先生文木山房诗集后》："一首《老伶》吴祭酒，几篇乐府白尚书。人间具眼定能辨，论属盖棺非面誉。"

② 吴敬梓、吴烺撰，李汉秋点校《吴敬梓吴烺诗文合集》，黄山书社 1993 年版，第 53 页。

韦四太爷道："杜公子虽则年少，实算在我们这边的豪杰。"张俊民道："少爷为人好极，只是手太松些，不管甚么人求着他，大捧的银与人用。"鲍廷玺道："便是门下从不曾见过像杜少爷这大方举动的人。"①

《儒林外史》重构了当年发生在他身上的一些事件，作者剔除了自己曾经经历的那段缘于抗争而带着放荡色彩的生活，小说中只写到自己贤愚不分的施舍及挥霍滥用，它表明吴敬梓对于这段生活的反思。吴敬梓将过去置于一段距离之外加以审视、反省，《儒林外史》中虞华轩、季遐年同杜少卿一样愤而有激，小说中写了他们似颠如狂的行为，尽管吴敬梓理解他们的行为，但对他们的肯定却是有限的，没有将他们置于虞博士、庄征君相同的高度给予褒扬。"敏轩承家世文物声华烜赫之后、风流酝酿，力洗纨绮习气。"② 移家之初作者已不讳言，说自己"心妍面丑"。忧愤无端而狂放不羁，对身处恶劣环境下弱小的个体吴敬梓来说，除了"面丑"的抗争形式外，他还能采取什么样的方式呢？

吴敬梓激而为怒、愤世嫉俗，以致纵情背礼，即鲜明地染上了魏晋的时代色彩。鲁迅说魏晋时代是个"篡夺时代"③，但篡权杀人者却要打着礼教的旗号"巧取豪夺"，"魏晋时代，崇奉礼教的看来似乎很不错，而实在是毁坏礼教，不信礼教的"。阮籍、嵇康等一边"不谈礼教，不信礼教，甚至于反对礼教"。他们"指礼法为流俗，目纵诞以清高"④，一边又"不平之极，无计可施"。"其实不过是态度，至于他们的本心，恐怕倒是相信礼教，当作宝贝，比曹操司马懿们要迂执得多。""表面上毁坏礼教者，实则倒是承认礼教，太相信礼教。"⑤ 中年以后的吴敬梓随着阅历的丰富、视野的开阔以及思想的深邃，内省自己，静观外物，已经"力洗纨

---

① 吴敬梓：《儒林外史》，第三十一回"天长县同访豪杰　赐书楼大醉高朋"，人民文学出版社 1977 年版，第 362—363、369 页。

② 吴敬梓：《文木山房集》卷首吴湘皋撰《文木山房集序》，乾隆刻本。

③ 鲁迅：《鲁迅全集》第九卷《中国小说的历史的变迁》，人民文学出版社 2005 年版，第 320 页。

④ 房玄龄等撰《晋书·儒林传序》，中华书局 1974 年版，第 2346 页。

⑤ 鲁迅：《鲁迅全集》第三卷《而已集·魏晋风度及文章与药及酒之关系》，人民文学出版社 2005 年版，第 535 页。

绮习气"（吴湘皋《文木山房集序》），并从功名进取中觉醒过来，眼界遂大，从生活在他周围的一群读书人中，吴敬梓看到了知识分子的悲剧命运，遂有《儒林外史》的诞生。小说中，既塑造了离经叛道的杜少卿，也塑造了"真儒"虞育德、迟衡山等，杜少卿将"真儒"引为同道知己，这些都表现出作者对礼乐仁政的依恋。

3. 认识人生及社会

在吴敬梓的人生道路上，有两个人物对其影响尤其深远，分别是他的高祖吴沛和父亲吴霖起。就吴敬梓一生的发展来看，《移家赋》及《儒林外史》的创作又是吴敬梓思想发展的两个重要的阶段。《移家赋》的创作时期，吴敬梓的思想正处于幼稚走向成熟的过渡时期，赋中他以自己三十年的人生体验写出对于社会、人生的看法，从这一角度上看，《移家赋》是作者前期思想的一个总结，又是后来小说《儒林外史》创作的启蒙和激发。《儒林外史》从创作到完成这个时期，吴敬梓的思想已经渐趋成熟，而这一时期的思想认识正是在前一时期思想的影响之下不断发展、深化的结果。《移家赋》中对于以高祖及父亲为代表的家族子弟的描写用心良多。

（1）从高祖吴沛的坎坷经历中体察举业之艰难与创业之艰辛

《移家赋》中，吴敬梓说：

信作善之必昌，乃诞降于高祖。自束发而能文，及胜衣而稽古。绍绝学于关闽，问心源于邹鲁。梦丹篆而能吞，假采毫而不与，清丽芊绵，疏越朱弦，风行水上，繁星丽天。初奋发于制举，仍追逐于前贤，仲舒无窥园之日，公美无出墅之年。遭息翮而垂翅，遽点额而迍邅。夜珠之光按剑，泣玉之泪如泉。暖风晴日，张乐花前。望龙门而不见，烧虎尾而茫然！席帽随身，番毡盖骨，躬耕而田病硗确，转徙而财难薜越。贫居有等身之书，干时无通名之谒（宁国太守关骥以书召，谢不往。）时呵壁而问天，遂举觞而喝月；种白杨于萧斋，感黄槐于林樾。垄上乌飞，花间莺歇，流水潺湲，寒山碑矶，无不伤迟暮于美人，白盈颠之华发。乃守先而待后，开讲堂而雍诵，历阳百里，诸生游从。鸟啼花影，马嘶香鞯。①

吴沛专心举业学习，却在科举中屡遭挫折，举业坎壈的吴敬梓极易从高祖的遭际中找到共鸣。"夜珠之光按剑，泣玉之泪如泉"，吴敬梓为高祖志不获伸的命运叹息、鸣不平，他写有《哭舅氏》一诗②，描述了举业对舅氏的肉体及精神的摧残，写舅氏一生孜孜于科举功名，以至于"垂老守残编"，而最终以"抱恨归重泉"为结局。吴敬梓说："有司操尺度，所持何其坚"，他感慨的是如高祖及舅氏一般士人的进身之难。再到后来与这位舅父有着同样命运的人物也进入他的诗中，如《伤李秀才并序》：

> 丙辰三月，余应博学鸿词科，与桐城江若度、宣城梅淑伊，宁国李岑淼同受知于赵大中丞。余以病辞，而三君入都。李君试毕，卒于都下。赋此伤之。
> 扶病驱驰京辇游，依然名未上瀛洲。报罗不是人间使，天上应难赋玉楼。③

李岑淼为应试"博学鸿词"而赴京城，结果功名化为泡影，并且丢了性命，这实在是个体人生在举业追求上所发生的大悲剧，吴敬梓从他们的悲剧中逐渐明白了"功名富贵无凭据"④的道理。这时期吴敬梓对于举业的认识，他的思想已经和小说《儒林外史》的思想接上了。

对于高祖吴沛在本家族发展中所担当的创业者的身份及作用，吴敬梓极在意和最崇敬，"守先而待后，开讲堂而雒诵，历阳百里，诸生游从"，对于子辈怀着坚定的信念与热切期盼："嗣六战未获，辄咄咄曰：'我不做，儿子辈必做也'"，最终促成全椒吴家第五代吴国鼎兄弟辈的举业有成，使吴氏科举家族走上了举业辉煌的顶峰。前文已有详述，兹不赘。

（2）由吴氏家族的举业辉煌而生出门第自豪感及门阀意识

---

① 吴敬梓著，李汉秋辑校《吴敬梓诗文集》，人民文学出版社 2002 年版，第 8—9 页。
② 吴敬梓著，李汉秋辑校《吴敬梓诗文集》卷三，人民文学出版社 2002 年版，第 46 页。
③ 吴敬梓著，李汉秋辑校《吴敬梓诗文集》卷四，人民文学出版社 2002 年版，第 34 页。
④ 吴敬梓《儒林外史》第一回"说楔子敷陈大义　借名流隐括全文"，人民文学出版社 1977 年版，第 1 页。

全椒五世祖吴国鼎兄弟五人四成进士，吴国对且是探花及第，伴随着科举的成功，吴氏子弟也渐次登上了清代的政治舞台。吴敬梓特别以自家的门第出身而自豪，对先人的功名、吴家的门第都表现出由衷的赞美与自豪。《移家赋》中吴敬梓反复地陈家风、述世德，"我之宗周贵裔"，"伯则遨游薇省，叔则栖迟槐署，季抗疏于乌台，受两朝之眷顾"，"张珊网于海隅，悬藻鉴于畿辅，诏分玉局之书，渴饮金茎之露"，"五十年中，家门鼎盛……故物唯存于簪笏，旧业不系于貂珰"① 吴敬梓推崇自己的世家身份，夸耀自家的门第，表现出强烈的门阀观念意识。

纵观吴敬梓的一生，他始终保持着名门望族的自豪感，并以门第世家的高贵精神去蔑视权贵、金钱和世俗。《移家赋》中，他痛斥那些败坏家风、趋炎附势以使祖宗含羞、门风受辱的行为。

> 假荫而带狐令，卖婚而缔鸡肆，求援得援，求系得系。侯景以儿女作奴，王源之姻好唯利。贩鬻祖曾，窃赀皂隶，若敖之鬼馁而，广平之风衰矣！彼互郎与列肆，乃贩脂而削脯，既到处而辙留，能额瞬而目语。鱼盐漆丝，齿革毛羽，涩矗棠猭，驵侩枝梧，漉沙搆白，熬波出素，积雪中春，飞霜暑路。迁其地而仍良，皆杂处于吾土。山獏人面，穷奇锯牙，细梦广厦，锦幄香车，马首之金匼匝，腰间之玉辟邪。春风则乘醉而倚，秋月则倍明于家。昔之列戟鸣珂，加以紫标黄榜，莫不低其颜色，增以凄怆，口嗫嚅而不前，足盘辟而欲往。念世祚之悠悠，遇斯人面怏怏。②

作为一个中道衰落的世家子弟，有感于封建秩序的瓦解和世道人心的日趋衰颓，吴敬梓特别怀念过去门阀世家之家学家风，对趋炎附势的族中人、凭借金钱势败坏社会风气的商人、劣绅总给以辛辣讽刺、无情的鞭笞甚至诅咒。

吴敬梓的一生都怀抱这种门阀意识的高贵感，《儒林外史》中也不乏

---

① 吴敬梓著，李汉秋辑校《吴敬梓诗文集·移家赋》，人民文学出版社 2002 年版，第8—9页。

② 同上书，第10页。

这些思想的表达，其精神则与《移家赋》一脉相承。

> 郭铁笔走进来作揖，道了许多仰慕的话，说道："尊府是一门三鼎甲，四代六尚书，门生故吏，天下都散满了。督、抚、司、道，在外头做，不计其数。管家们出去，做的是九品杂职官。……"①

> 杜少卿道："象这拜知县做老师的事，只好让三哥你们做。不要说先曾祖、先祖，就先君在日，这样知县不知见过多少。他果然仰慕我，他为甚么不先来拜我，倒叫我拜他？况且倒运做秀才，见了本处知县就要称他老师；王家这一宗灰堆里的进士，他拜我做老师我还不要，我会他怎的？所以北门汪家今日请我去陪他，我也不去。"②

吴敬梓思想中表现的门阀优越感并非虚幻的自大。吴敬梓生活的时代，市侩和恶俗的风气到处盛行，他的性格与此格格不入，而他又从不屈服，于是，生活的境遇每况愈下，尤其是晚年的生活竟至连一餐一饭都难以为继，一个世家子弟沦落到"日惟闭门种菜，偕佣保杂作"，"白门三日雨，灶冷囊无钱。逝将乞食去，亦且赁舂焉"③，甚至穷到死无葬身之钱的地步，正是这种世家精神支撑着他的生存与创作。

一方面，在高祖吴沛精神笼罩之下，由名门望族出身、家族荣誉感等所产生的门阀意识使吴敬梓无比自豪④，吴敬梓极力推崇他的世家精神。科举制度从原则上说是超阶级的，"朝为田舍郎，暮登天子堂"，其进步

---

① 吴敬梓：《儒林外史》，第三十回"爱少俊访友神乐观　逞风流高会莫愁湖"，人民文学出版社1977年版，第353页。

② 吴敬梓：《儒林外史》第三十一回"天长县同访豪杰　赐书楼大醉高朋"，人民文学出版社1977年版，第371页。

③ 程晋芳撰《勉行堂诗集》卷二《春帆集》之《怀人诗十八首》，清嘉庆二十三年刻本。

④ 《移家赋》中的大半文字都是陈家风、述世德的，《儒林外史》中有很多文字都描写出身世家门阀的这种优越感。参见李汉秋辑校，《吴敬梓诗文集·移家赋》，人民文学出版社2002年版，第8—9页；《儒林外史》第三十回、三十一回，人民文学出版社1977年版，第353、357、371页。

性也由此显现，历代帝王为防范贵族官僚窃取权力，也常认真维护科举制度的超阶级性，但是，科举制度在帮助皇权压抑了贵族势力的同时，却也由此促成了中国封建社会的极端专制性。明清封建专制风气尤甚，士人生存环境恶劣，乾隆所云"朕以汝文学尚优，故使领四库书馆，实不过以倡优蓄之"①再形象不过。科举出身的官僚们依靠的是以皇帝名义召集的科举考试给了他们合法而有效的出身，却也造成了士人对专制君权产生出天然的依附与畏惧，结果，八股科举之下培养出一群人的信条："你我做官的人，只知有皇上，那知有教亲？"②荣身之路正是奴役之途，王公大臣们只能颤抖卑微地俯伏在皇帝脚下。相较而言，中国前期封建社会贵族士人倒更自由、独立，一般士大夫知识分子在人格精神上显得比其他时代更为清高超越，他们较少依附皇权，有更多的锐气与魄力，君不见《世说新语》中有太多魏晋世族名士言谈风貌、精神人格的描写，实际上吴敬梓的门阀意识所表现的本质精神正与此相接续③，他推崇自己的世家身份，用门第世家的高贵精神去对抗"功名富贵"，《儒林外史》笔锋所向是使士人阶层驯服而养成奴性并导致整个社会人文精神萎缩的八股文化制度，吴敬梓要以小说启悟人们克服奴性、塑造独立人格精神。门第世家的自尊、自信给了吴敬梓精神的支柱和寄托，加之"德行若好，就没有饭吃也不妨"④的品行修养，使吴敬梓能够有勇气和决心直面苦难的人生，这是血肉之躯对生存意义的严肃的自我选择，它也不断激励和鞭策吴敬梓完成小说《儒林外史》的创作。

另一方面，毋庸讳言，吴敬梓在小说描写中不少地方都表现了他思想中相当浓厚的等级秩序观念，如第二十四回：

---

① 黄鸿寿：《清史纪事本末》卷三四，上海书店1986年版。

② 吴敬梓：《儒林外史》第四回"荐亡斋和尚契官司　打秋风乡绅遭横事"，人民文学出版社1977年版，第59页。

③ 吴敬梓对于魏晋文化精神有极强的认同感，可参看李汉秋《吴敬梓与竹林名士》（《江淮论坛》1981年第5期）及《吴敬梓与魏晋风度》（安徽人民出版社《儒林外史研究论文集》）与陈美林《魏晋六朝风尚和文学对吴敬梓的影响》及《隆礼与崇孝》（陈美林《儒林外史研究》）。

④ 吴敬梓：《儒林外史》，第三十二回"杜少卿平居豪举　娄焕文临去遗言"，人民文学出版社1977年版，第383页。

鲍文卿青衣小帽，走进宅门，双膝跪下，便叩老爷的头，跪在地下请老爷的安。向知县双手来扶，要同他叙礼。他道："小的何等人，敢与老爷施礼！"向知县道："你是上司衙门里的人，况且与我有恩，怎么拘这个礼？快请起来，好让我拜谢！"他再三不肯。向知县拉他坐，他断然不敢坐。向知县急了，说："崔大老爷送了你来，我若这般待你，崔大老爷知道不便。"鲍文卿道："虽是老爷要格外抬举小的，但这个关系朝廷体统，小的断然不敢。"立着垂手回了几句话，退到廊下去了。向知县托家里亲戚出来陪，他也断不敢当；落后叫管家出来陪，他才欢喜了，坐在管家房里有说有笑。

次日，向知县备了席，摆在书房里，自己出来陪，斟酒来奉。他跪在地下，断不敢接酒；叫他坐，也到底不坐。向知县没奈何，只得把酒席发了下去，叫管家陪他吃了。他还上来谢赏。向知县写了谢按察司的禀帖，封了五百两银子谢他。他一厘也不敢受，说道："这是朝廷颁与老爷们的俸银，小的乃是贱人，怎敢用朝廷的银子？小的若领了这项银子去养家口，一定折死小的。大老爷天恩，留小的一条狗命。"

鲍文卿道："兄弟，不是这样说。像这衣服、靴子，不是我们行事的人可以穿得的。你穿这样衣裳，叫那读书的人穿甚么？"钱麻子道："而今事，那是二十年前的讲究了！南京这些乡绅人家寿诞或是喜事，我们只拿一副蜡烛去，他就要留我们坐着一桌吃饭。凭他甚么大官，他也只坐在下面。若遇同席有几个学里酸子，我眼角里还不曾看见他哩！"鲍文卿道："兄弟你说这样不安本分的话，岂但来生还做戏子，连变驴变马都是该的！"钱麻子笑着打了他一下。①

鲍文卿恪守等级名分，严守尊卑秩序的行为，吴敬梓十分欣赏，并给予了最真诚的礼赞，对于"不守本分"的钱麻子和黄老爹之流，吴敬梓则毫不掩饰自己的厌恶之情。这种等级观念的形成某种程度上也源于他的门第观，对他笔下的人物形象多少产生了一些消极的作用。当然，这只是

① 吴敬梓：《儒林外史》第二十四回"牛浦郎牵连多讼事　鲍文卿整理旧生涯"，人民文学出版社1977年版，第292、295页。

问题的一个方面。不容忽视的是，吴敬梓小说中这类描写有更为深广的内含与寄托。前文已述，吴敬梓一心向往社会秩序中本来具有的合理主义。然而，事实是现实的社会秩序正如小说《儒林外史》中所嘲讽的混乱不堪，小说塑造了钱麻子和鲍文卿两个戏子艺人形象，吴敬梓于此表明了自己对于礼所规范的社会秩序的欣赏态度。他极力主张在现实中推行儒家所倡导的规范的秩序，希望社会政治由此能够回到如尧舜及孔子所主张那样等级有序而和谐，这代表着吴敬梓的理想。

（3）从父亲的遭际中认识社会与人生

《移家赋》中吴敬梓以最多最美的文字颂扬自己的父亲。

> 暮年黉舍，远在海滨，时矩世范，律物正身。时游历于缃帷，天将以为木铎。系马堂阶，衣冠万覆。鲑菜萧然，引觞徐酌。春夏教以诗书，秋冬教以羽籥，鸟革翚飞，云蔓连阁，见横舍之既修，歌泮水而思乐（先君为赣榆教谕，捐资破产修学宫）。凛朽索之驭马，每求信于尺蠖，守规矩与绳墨，实方圆而枘凿。微子之叹蓬飞，仲尼之感桑落，归耕颍上之田，永赴遂初之约（先君于壬寅年去官，次年辞世）。①

吴霖起奉儒守业，举业功名不高，但却是一个十分正派的读书人。成为拔贡以后，在候选长达二十八年后才被选任为江苏赣榆县县学教谕。教谕任上，吴霖起为人正派，九年任上的清苦生涯里尽心尽责，不为营私而钻营，不随世俗浮沉；他安贫乐道，捐资修学宫，自己却甘愿过清闲平淡的生活。吴敬梓自十四岁起即随同父亲前往赣榆，父亲的率先垂范及言传身教给吴敬梓以熏陶，这一段经历给吴敬梓的成长及人格形成留下深刻的印记。

在社会风气败坏的时代，只会规矩做人，而不知阿谀逢迎，生性正直的吴霖起反被罢免了县学教谕职，回到故乡全椒后的第二年便郁郁而终。吴敬梓将父亲的这段经历写到小说中：

---

① 吴敬梓著，李汉秋辑校《吴敬梓诗文集·移家赋》，人民文学出版社 2002 年版，第 10 页。

到他父亲，还有本事中个进士，做一任太守，已经是个呆子了。做官的时候，全不晓得敬重上司，只是一味希图着百姓说好，又逐日讲那些"敦孝弟，劝农桑"的呆话。这些话是教养题目文章里的词藻，他竟拿着当了真，惹的上司不喜欢，把个官弄掉了。①

父亲的人生悲剧在吴敬梓的心中生出波澜，给即将走向社会的吴敬梓上了第一堂实践课。父亲的离世逼着社会阅历并不丰富的吴敬梓走入社会，在坎坷的人生道路上颠簸前行。紧随其后的一系列不幸和打击将吴敬梓一次次带入至他的人生困境中，所谓"苦其心志，劳其筋骨，饿其体肤，空乏其身，行拂乱其所为"，吴敬梓于苦难中直面现实，认识社会，净化灵魂，升华思想，最终从个人悲苦中跳脱出来。

（4）"久从吾之所好，岂有慕于彼都"②

《移家赋》中，吴敬梓直言移家的缘由：

> 梓家本膏华，性耽挥霍，生值承平之世，本无播迁之忧；乃以郁伊既久，薪罍成疾；
>
> 至于眷念乡人，与为游处，似以冰而致蝇，若以狸而致鼠，见机而作，逝将去汝。③

作者毫不掩饰自己对故乡及族人的好恶之情。乡居的痛苦，举业的失败，士绅的嘲讽，族人的责难等使吴敬梓在故乡几乎寸步难行。

> 且夫消息盈虚，天道在焉。余家世于淮南，乃流播于江关，枯鱼

---

① 吴敬梓：《儒林外史》第三十四回"议礼乐名流访友　备弓旌天子招贤"，人民文学出版社1977年版，第398页。

② 吴敬梓著，李汉秋辑校《吴敬梓诗文集·移家赋》，人民文学出版社2002年版，第11页。

③ 同上书，第7、11页。

穷鸟，不可问天。布衣韦带，虚此盛齿，寄恨无穷，端忧讵止？①

　　吴敬梓渴望走出人生的困境。多年以来他一直上下求索，"当其年少旅愁，东下西游，向临邛以作客，过邺下而登楼。马鸣驿路，鸡唱星邮，严霜点鬓，酸风射眸。"而当他真的下定决心，"见机而作，逝将去汝"时，其实南京早已是作者心中"适彼乐土"的理想移家居所。对于历经苦难考验的吴敬梓来说，他的心理已渐趋成熟，"飘瓦而恔心不怨，虚舟而惼心不怒"，在不得已而移家的凄凉中，吴敬梓的心中又充满着憧憬，他期盼着一直遭遇挫折的人生会因移家而发生改变，自此会逐渐透出光明。殊不知日后南京所受的苦难要远超出他的预料之外。
　　南京的好处实在很多，吴敬梓在《移家赋》中说：

　　　金陵佳丽，黄旗紫气，虎踞龙盘，川流山峙，桂桨兰舟，药栏花砌，歌吹沸天，绮罗扑地，实历代之帝都，多昔人之旅寄。爰买数椽而居，遂有终焉之志。②

　　古都繁华、权贵汇集等，都不能吸引吴敬梓，"久从吾之所好，岂有慕于彼都"③。吸引吴敬梓移家南京的是因为这里有他心仪的"吾之所好"，一方面南京有不少志同道合的友人，如程廷祚、程晋芳、王溯山等，《移家赋》中说：

　　　乃有青钱学士，白衣尚书，私拟七子，相推六儒，既长吟而短啸，亦西抹而东涂，咸能振翼于云汉，俱夸龙跃于天衢。谁解投分之交，惧诵绝交之书。④

　　移家南京使他结识了这些思想走在时代前列的学者文人，能够开阔他

---

　　① 吴敬梓著，李汉秋辑校《吴敬梓诗文集·移家赋》，人民文学出版社2002年版，第12页。
　　② 同上书，第11页。
　　③ 同上。
　　④ 同上书，第11—12页。

的心胸，拓展他的眼界；另一方面，南京有悠久的文化积淀，《移家赋》中说：

> 楼外花明，帘前日丽，竹院风清，纸窗雪霁。常扪虱而自如，乃送鸿而高视。吊六代之英才，忽怆焉而陨涕！①

金和说：

> （吴敬梓）尝客金陵，为山水所痼，遂移家焉。②

程廷祚在为《文木山房集》所撰的序中也说：

> 金陵大都会，人文之盛，自昔艳称之，考之于古，顾陆谢王，皆自他郡徙居，所谓"避地衣冠尽向南"者，其所致良有由哉。全椒吴子敏轩，慨然卜筑而居。③

魏晋风尚、六朝风情都深深地吸引着吴敬梓，吴敬梓与它们在精神上相契合，这使他对于南京城情有独钟。程晋芳《寄怀严东有》诗中写道：

> 敏轩生近世，而抱六代情。风雅慕建安，斋栗怀昭明。囊无一钱守，腹作乾雷鸣。时时坐书牖，发咏惊鹍庚。阿郎虽得官，职此贫更增。近闻典衣尽，灶突无烟青。频蜡雨中屐，晨夕追良朋，孤棹驶烟水，杂花拗芬馨。惟君与独厚，过从欣频仍。酌酒破愁海，觅句镂寒冰。西窗应念我，余话秋灯青。④

---

① 吴敬梓著，李汉秋辑校《吴敬梓诗文集·移家赋》，人民文学出版社 2002 年版，第 11 页。

② 李汉秋辑《儒林外史研究资料》，金和《儒林外史跋》，上海古籍出版社 1984 年版，第 128 页。

③ 吴敬梓：《文木山房集》卷首程廷祚《文木山房集序》，乾隆刻本。

④ 程晋芳撰《勉行堂诗集》卷五《寄怀严东有》，清嘉庆二十五年冀兰泰、吴鸣捷刻本。

　　考察吴敬梓的一生，魏晋的风尚及思想深刻地影响着他，在他的人格形成中发挥着重要的作用，小说《儒林外史》的创作也留下了诸多印迹。

　　移家南京前吴敬梓所遭受的一系列的不幸极大地刺激着他。科场蹭蹬而"落魄诸生十二年"使他认清科举取士的弊端和本质；父亲死后族人的侵夺，使他看到了藏在亲情背后的贪婪残暴。温文尔雅的封建家族与道貌岸然的全椒士绅社会，包裹的是自私和冷酷。《儒林外史》写五河县"礼义廉耻一总都灭绝了！"①"虞华轩生在这恶俗地方……跑不到别处去，因此就激而为怒。"②虞华轩的行为方式及性格形成与吴敬梓的生活环境形成照应，天目山樵说："盖世运愈衰而贤者亦不免与化推移也"③，吴敬梓苦于找不到出路，因此激而为怒、愤世嫉俗。虞华轩的愤世嫉俗，带着吴敬梓青年时期叛逆的影子。《移家赋》中吴敬梓说自己有"灌夫骂坐之气，庄叟物外之思，壮士歘兮绝天维，北斗戾兮太山夷"④。吴敬梓感于激愤而纵情恣意，生活中放诞之行并不少见。

　　　　二三同人日过从，科跣箕踞互长啸。或斗采戏或手谈，或书赫蹏发墨妙。君家惠连尤不羁，酒酣耳热每狂叫。（金榘《寄怀吴半园外弟》）

　　　　一朝愤激谋作达，左騑史娹恣荒耽。……秃衿醉拥妖童卧，泥沙一掷金一担。老子于此兴不浅，往往缠头脱两骖。……以兹重困弟不悔，闭门嘤喑长醵酣。国乐争歌康老子，经过北里啁颠憨。去年卖田今卖宅，长老苦口讥喃喃；弟也叉手谢长老，两眉如戟声如虺。（吴檠《为敏轩三十初度作》）

---

　　①　吴敬梓：《儒林外史》，第四十七回"虞秀才重修元武阁　方盐商大闹节孝祠"，人民文学出版社 1977 年版，第 547 页。

　　②　同上书，第 540 页。

　　③　吴敬梓著，李汉秋辑校《儒林外史会校会评本》，上海古籍出版社 1999 年版，第572 页。

　　④　吴敬梓著，李汉秋辑校《吴敬梓诗文集·移家赋》，人民文学出版社 2002 年版，第 11 页。

　　迩来愤激恣豪侈，千金一掷买醉酣。老伶小蛮共卧起，放达不羁如痴憨。[金两铭《和（吴檠）作》]

　　愤来揎短袂，作达靡不为。（金兆燕《甲戌仲冬送吴文木先生旅榇于扬州城外登舟归金陵》）

　　文木先生何嵚崎！行年五十仍书痴。……有时倒著白接䍦，秦淮酒家杯独持。乡里小儿或见之，皆言狂疾不可治。（金兆燕《寄吴文木先生》）

　　言行与思想之间相互激荡，吴敬梓将自己的愤世嫉俗，恣情任性寓于诗文创作中，寄托在他的小说诸多人物形象的塑造上。不论是诗、文、赋，还是小说，魏晋的文学体裁，吴敬梓无一不能，而且在作品中大量化用这一时期的典故，成为他的作品的显著特色。如《移家赋》：

　　常扪虱而自如，乃送鸿而高视。吊六代之英才，忽怆焉而陨涕。
　　不工封禅之书，聊作美人之赋。
　　识沈约梦中之路，销江淹别后之魂。
　　具崔洪之癖，不言货财；读潘尼之诗，易遗尺璧。
　　氾腾财散，聊自适于琴书。①

　　吴敬梓感于自己的命运遭际，仰慕前人的文采风流，常以他们自比并引之为同道。三十三岁从全椒移家南京，吴敬梓说自己"阮籍之哭穷途，肆彼猖狂"。吴敬梓毫不掩饰对他们的仰慕之情，在诗文中反复咏叹，"常扪虱而自如，乃送鸿而高视"②、"佯狂忆步兵"③、"身将隐矣，召阮

---

① 吴敬梓著，李汉秋辑校《吴敬梓诗文集·移家赋》，人民文学出版社2002年版，第11—12、7页。
② 吴敬梓著，李汉秋辑校《吴敬梓诗文集·移家赋》，人民文学出版社2002年版，第11页。
③ 吴敬梓著，李汉秋辑校《吴敬梓诗文集·辛酉正月上弦与敏轩联句》，人民文学出版社2002年版，第81页。

籍嵇康，披襟箕踞，把酒共沉醉"①、"有如在罗网，无由振羽翮"②、"耆酒稽中散"③、"后先两酒人，千秋动欣慕"④。对于吴质，吴敬梓也是怀着特别的欣慕而情有独钟：

> 工愁吴质，益用增劳。⑤
> 工愁吴季重，深情王伯舆。抗志慕贤达，悠悠千载余。⑥
> 浣满手之蔷薇，友非吴质。⑦
> 重觅秦淮十年梦，因看吴质一编诗。⑧

　　小说《儒林外史》中的王冕、季遐年、荆元等形象塑造，也都留下了魏晋时期人物思想影响的痕迹。
　　吴敬梓推崇魏晋风尚，继承发展了魏晋名士的叛逆精神，并形成自己的人格精神和思想。

> 移居金陵城东之大中桥，环堵萧然，拥故书数千卷，日夕自娱。窘极则以书易米。或冬日苦寒，无酒食，邀同好汪京门、樊圣谟辈五六人，乘月出城南门，绕城堞行数十里，歌吟啸呼，相与应和，逮明，入水西门，各大笑散去，夜夜如是，谓之，"暖足"。……方秋，霖潦三四日，族祖告诸子曰："此日城中米奇贵，不知敏轩作何状。

---

　　① 吴敬梓著，李汉秋辑校《吴敬梓诗文集·买陂塘》，人民文学出版社 2002 年版，第 60 页。

　　② 阮籍：《咏怀》诗："天网弥四野，六翮掩不舒。"

　　③ 吴敬梓著，李汉秋辑校《吴敬梓诗文集》卷二《春兴八首（其五）》，人民文学出版社 2002 年版，第 20 页。

　　④ 吴敬梓诗下小序云："凤凰台以李白之诗而名……又台下有阮籍墓。"

　　⑤ 吴敬梓著，李汉秋辑校《吴敬梓诗文集》卷四《沁园春》，人民文学出版社 2002 年版，第 60—61 页。

　　⑥ 吴敬梓著，李汉秋辑校《吴敬梓诗文集》卷二《登周处台同王溯山作》，人民文学出版社 2002 年版，第 19 页。

　　⑦ 吴敬梓著，李汉秋辑校《吴敬梓诗文集·玉巢诗草序》，人民文学出版社 2002 年版，第 76 页。

　　⑧ 王又曾：《丁辛老屋集》卷十二《书吴征君文木山房诗集后》，乾隆丙申新安曹自鉴序刻本。（转引自李汉秋主编《儒林外史研究资料》，上海古籍出版社 1984 年版，第 17 页。）

可持米三斗，钱二千，往视之。"至，则不食二日矣。然先生得钱，则饮酒歌呶，未尝为来日计。

……

余平生交友，莫贫于敏轩。抵淮访余，检其橐，笔砚都无。余曰："此吾辈所倚以生，可暂离耶？"敏轩笑曰："吾胸中自有笔墨，不烦是也。"①

吴敬梓在《移家赋》中说："泛腾财散，聊自适于琴书。……具崔洪之癖，不言货财，读潘尼之诗，易遗尺璧。"生于世家望族的吴敬梓即便在家族衰颓以后也"袭父祖业，有二万余金"，但他"性复豪上，遇贫即施"，"不数年而产尽"，他能既不藉藉于富贵，也不戚戚于贫贱，正如吴湘皋在《文木山房集序》中说：

敏轩承家世文物声华烜赫之后、风流酝酿，力洗纨绮习气。生性豁达，急朋友之急，不琐琐于周闭藏积，至于今而家乏担石之储矣。大凡贫而乍富者，其志卑而琐；富而乍贫者其志卑而馁；世富贵而乍贫者尤甚：皆不足与议学问之事。周旋之久、知敏轩之心眼不为世俗所蒙翳，本于志气之清明振作，故可畏也。②

卖祖屋而修先贤祠，"环堵萧然"中拥书自娱，"窘极，以书易米"，无以御寒而"暖足"，穷得笔墨都无却说："吾胸中自有笔墨"，将"一事差堪喜，侯门未曳裾"③ 引以为自豪，小说《儒林外史》中"杜少卿平居豪举"，"施恩不望报"，这些正是吴敬梓人生态度和人格精神的体现。"乌衣门第俱依旧，止见阮氏判北南。"④ 富贵也好，贫困也罢，吴敬梓具有这种超脱的人生态度。

中年以后，持续恶化的生存环境不断磨炼着吴敬梓的意志，而个人阅

---

① 程晋芳撰《勉行堂文集》卷六《文木先生传》，清嘉庆二十五年冀兰泰、吴鸣捷刻本。

② 吴敬梓：《文木山房集》卷首吴湘皋《文木山房集序》，乾隆刻本。

③ 吴敬梓著，李汉秋辑校《吴敬梓诗文集·春兴八首（其五）》，人民文学出版社 2002 年版，第 20 页。

④ 金榘：《泰然斋诗文集》卷二附金两铭《和（吴檠）作》，清道光二十六年刻本。

历的增加以及同周围进步学者的交往等深化了他的思想，使他的愤世嫉俗
趋向理性而更加深沉。可以这样说，正是他的叛逆激发并培养了他的批判
精神，而这种精神里又不乏浓厚的社会批判色彩。在《美女篇》中说：
"夷光与修明，艳色天下殊。……歌舞君不顾，低头独长吁。遂疑入宫
嫉，毋乃此言诬？"① 孟醒仁认为诗中表达了吴敬梓"对统治阶级不抱幻
想"②，胡适说："丁巳以前，先生还有穷秀才气；丁巳以后，先生觉悟
了，便是《儒林外史》的作者吴敬梓了。试看他宁可作自由解珮的汉皋
神女，不愿作那红氍毹上的吴宫舞腰：这便是大觉悟的表示了。"③ 小说
《儒林外史》中庄绍光受到天子征召的荣宠，却辞爵还家；杜少卿所说：
"走出去做不出甚么事业，徒惹高人一笑，所以宁可不出去的好"④，王冕
母亲的临终遗嘱："不要出去作官。我死了口眼也闭"⑤，蓬太守以为其子
蓬景玉的短寿夭折是缘于"做官的报应"⑥ ……作者以最醒世的言语发抒
最沉痛的感触。这种清醒、沉痛和深刻也使他能从个人的穷达荣辱中跳出
来，看到整个士人阶层乃至社会的痼疾。吴敬梓已与本阶级渐行渐远，最
终从自己所隶属的阶层中蜕化出来。

（二）"南京这地方是可以饿的死人的"⑦

除故乡全椒以外，江苏尤其是南京和扬州是吴敬梓活动最多的地方，
特别是移家定居的南京。吴敬梓对于南京的感情极为复杂，在他的著述中
也多有涉及。爱恨交织，这是他对于南京的真实的感受。

全椒吴家从四世祖（吴敬梓的曾祖辈）开始已常来往于南京，

---

① 吴敬梓著，李汉秋辑校《吴敬梓诗文集》，人民文学出版社 2002 年版，第 35 页。

② 孟醒仁：《吴敬梓评传》，中州古籍出版社 1987 年版，第 173 页。

③ 胡适《吴敬梓年谱》见于《胡适文存》二集卷四，亚东图书馆 1921 年版。

④ 吴敬梓：《儒林外史》，第三十三回"杜少卿夫妇游山　迟衡山朋友议礼"，人民文学出版社 1977 年版，第 393 页。

⑤ 吴敬梓：《儒林外史》，第一回"说楔子敷陈大义　借名流隐括全文"，人民文学出版社 1977 年版，第 12—13 页。

⑥ 吴敬梓：《儒林外史》，第八回"王观察穷途逢世好　娄公子故里遇贫交"，人民文学出版社 1977 年版，第 110 页。

⑦ 《儒林外史》第二十八回"季苇萧扬州入赘　萧金铉白下选书"人民文学出版社 1977 年版，第 334 页。

明季末叶，因"流寇告惊"，吴国鼎曾"奉母避地白下"①，吴国缙考取进士后，曾任"江宁郡学博之命"，目睹府学荒败，念"庙貌弗饬，文教何兴"，积极倡议修复，"乞募，不足则捐俸；捐俸不足，则从江北运田谷佐之"，②吴敬梓在《过丛霄道院》诗中说："康熙丙子岁，先君子读书其中"③。先辈在南京留下的印记使吴敬梓对南京产生良好的印象。移家之前，吴敬梓已到过南京多次，他的诗词中记载着他青少年时期来到南京的情形："少年时、青溪九曲，画船曾记游冶。绋纚维处闻箫管，多在柳堤月树。朝复夜。费蜀锦吴绫，那惜缠头价。"④因父亲生病，吴敬梓还曾侍医白下："无何阿翁苦病剧，侍医白下心如惔。"⑤

就人生发展阶段来看，自二十三岁起是吴敬梓从青年走向中年的重要时期，这期间吴敬梓却接连遭遇着极大的痛苦和不幸。康熙六十一年，吴敬梓父亲吴霖起罢官回里，郁郁寡欢到雍正元年父亲去世；雍正二年的一场家难，近房争夺财产；雍正六年，岳母去世；雍正七年，乡试落第，妻子陶氏病逝，吴敬梓在遭受诸多打击与不顺时，便有了移家南京的念头。庚戌除夕客居南京时写下《减字木兰花·庚戌除夕客中》云："秦淮十里，欲买数椽常寄此。"⑥三年后真的移家南京，"癸丑二月，自全椒移家，寄居秦淮水亭"⑦。南京毗邻全椒，两地距离极近，"百里驾此艋艇，一日达于白下。"⑧这些年在家乡经受的挫折阴影，因为移家而终于可以

---

① 蓝学鉴、吴国对纂修，清康熙十二年《全椒县志》卷七"吴国鼎传"，全椒县地方志编纂委员会 1993 年标点校勘本。

② 同上。

③ 丛霄道院在南京城西北之虎踞关旁，陈诏绂《石城山志》："内有阁，奉吕祖，道士设坛扶鸾于此，门外修竹万竿，绿荫成海。春时款客辄以笋以供，谓之玉版筵。"转引自陈云发《〈儒林外史〉作者对我说》第 22 页。

④ 吴敬梓著，李汉秋辑校《吴敬梓诗文集·买陂塘》，人民文学出版社 2002 年版，第 59 页。

⑤ 金榘《泰然斋诗文集》卷二附金两铭《和（吴檠）作》，清道光二十六年刻本。

⑥ 吴敬梓、吴烺撰，李汉秋点校《吴敬梓吴烺诗文合集》，黄山书社 1993 年版，第 55 页。

⑦ 吴敬梓著，李汉秋辑校《吴敬梓诗文集》，人民文学出版社 2002 年版，第 59 页。

⑧ 吴敬梓著，李汉秋辑校《吴敬梓诗文集·移家赋》，人民文学出版社 2002 年版，第 7 页。

摆脱，那种庆幸、如释重负之感便油然而生。《移家赋》中写道："金陵佳丽，黄旗紫气，虎踞龙盘，川流山峙，桂桨兰舟，药栏花砌，歌吹沸天，绮罗扑地，实历代之帝都，多昔人之旅寄。爰买数椽而居，遂有终焉之志。"① 南京给吴敬梓对未来的憧憬以无穷的吸引力和想象力，"久从吾之所好，岂有慕于彼都"②，这是吴敬梓的肺腑之言。《儒林外史》中，吴敬梓用了不少的笔墨来描绘南京，如写南京城的气势不凡：

城里几十条大街，几百条小巷，都是人烟凑集，金粉楼台。

大街小巷，合共起来，大小酒楼有六七百座，茶社有一千余处。……到晚来，两边酒楼上明角灯，每条街上足有数千盏，照耀如同白日，走路人并不带灯笼。

写秦淮河的景色：

城里一道河，东水关到西水关足有十里，便是秦淮河。水满的时候，画船箫鼓，昼夜不绝。城旦城外，琳宫梵宇，碧瓦朱甍，在六朝时是四百八十寺；到如今何止四千八百寺！那秦淮到了有月色的时候，越是夜色已深，更有那细吹细唱的船来，凄清委婉，动人心魄。两边河房里住家的女郎，穿了轻纱衣服，头上簪了茉莉花，一齐卷起湘帘，凭栏静听。所以灯船鼓声一响，两边帘卷窗开，河房里焚的龙涎、沉、速，香雾一齐喷出来，和河里的月色烟光合成一片，望着如阆苑仙人，瑶宫仙女。还有那十六楼官妓，新妆袨服，招接四方游客。真乃朝朝寒食，夜夜元宵！③

转眼长夏已过又是新秋，清风戒寒，那秦淮河另是一番景致。满城的人都叫了船，请了大和尚在船上悬挂佛像，铺设经坛，从西水关起一路施食到进香河，十里之内，降真香烧的有如烟雾溟

---

① 吴敬梓著，李汉秋辑校《吴敬梓诗文集·移家赋》，人民文学出版社 2002 年版，第 11 页。

② 同上。

③ 吴敬梓：《儒林外史》，第二十四回"牛浦郎牵连多讼事　鲍文卿整理旧生涯"，人民文学出版社 1977 年版，第 293—294 页。

蒙，那鼓钹梵呗之声，不绝于耳。到晚，做的极精致的莲花灯，
点起来浮在水面上。又有极大的法船，照依佛家中元地狱赦罪之
说，超度这些孤魂升天，把一个南京秦淮河，变做西域天竺
国。……这一夜，南京人各家门户都搭起两张桌子来，两枝通宵
风烛，一座香斗，从大中桥到清凉山，一条街有七八里路，点得
像一条银龙，一夜的亮，香烟不绝，大风也吹不熄。倾城士女都
出来烧香看会。①

作者笔下的秦淮河景色别有一番韵味，以至于小说批评家（张文虎）
也不能不感叹说："写秦淮风景，百世之下犹令人神往。"②
南京的人文底蕴深厚，即便生活在底层的酒佣杂保之流也有不俗的
雅兴：

坐了半日，日色已经西斜，只见两个挑粪捅的，挑了两担空桶歇
在山上。这一个拍那一个肩头道："兄弟，今日的货已经卖完了，我
和你到永宁泉吃一壶水，回来再到雨花台看看落照。"杜慎卿笑道：
"真乃菜佣酒保都有六朝烟水气，一点也不差。"③

无怪乎黄小田感慨说："东坡诗云：'佣奴贩妇皆冰玉'，实有
此景。"④

---

① 吴敬梓：《儒林外史》，第四十一回"庄濯江话旧秦淮河　沈琼枝押解江都县"，人
民文学出版社 1977 年版，第 477 页。这些节俗在吴烺的心中也留下了极深的印记，李斗
《扬州画舫录》卷六引吴烺诗《感旧十三首》（其十一）云："都土地庙例于中元祀之，先
期赛会，至期迎神于城隍行宫，追城隍会回宫。迎神于画舫。几座屏风，幡幢伞盖，报事
刑具，威仪法度，如城隍例。选僧为瑜珈焰口，造盂兰盆，放荷花灯；中夜开船，张灯如
元夕，谓之盂兰会。盖江南中元节，每多妇女买舟作盂兰放焰口，然灯水面，以赌胜负，
秦淮最盛。吴杉亭诗云：'青溪北接进香河，七月盂兰赛会多。齐异金仙临画舫，红灯千点
落微波。'"
② 吴敬梓著，李汉秋辑校《儒林外史会校会评本》，上海古籍出版社 1999 年版，第 306
页。
③ 吴敬梓：《儒林外史》，第二十九回"诸葛佑僧寮遇友　杜慎卿江郡纳姬"，人民文学出
版社 1977 年版，第 349 页。
④ 吴敬梓著，李汉秋辑校《儒林外史会校会评本》，上海古籍出版社 1999 年版，第 364 页

移家南京前，为排解各种纷繁的困扰，吴敬梓曾数次远游，可惜内心的创伤并未因此而平复。

当其年少旅愁，东下西游，向临邛以作客，过邺下而登楼。……鬼嗤谋利之刘龙，人笑苦吟之周朴。竟有造请而不报，或至对宾而杖仆。谁为倒屣之迎，空有溺庐之辱。①

故而又生移家之计划。雍正十一年吴敬梓移家南京，写下《移家赋》，心情愤激而悲凉；乾隆元年，吴敬梓辞却博学鸿词科试，从此放弃诸生籍而不应乡试。这一时期的苦难的历练给他的心理蒙上了阴影，却也使他的思想日渐成熟。小说《儒林外史》第三十二回，娄太爷临终时嘱咐杜少卿说："南京是个大邦，你的才情到那里去，或者还遇着个知己，做出些事业来。"② 借娄太爷之口说出吴敬梓移家南京的期待。"买丝五色，绣作平原君；有酒一杯，唯浇赵州土。"③ 他期望在南京能够遇上好客如平原君样的人物，能够借移家走出自己这些年来的诸多人生困境，在南京城涤荡掉家乡所蒙受的精神苦恼，在新的环境中开始生活，获取新生。可惜这只是吴敬梓的一厢情愿。

移家南京之时，对于日后的困境他有所预料，但是南京的困境却远出乎他的预料，移家仅一年，吴敬梓的心里已经生出后悔之意。

失计辞乡土，论文乐友朋。为应蓬自直，聊比木从绳。挥麈清风聚，开樽皎月澄。回思年少日，流浪太无凭。④

---

① 吴敬梓著，李汉秋辑校《吴敬梓诗文集·移家赋》，人民文学出版社 2002 年版，第 11 页。

② 吴敬梓：《儒林外史》，第三十二回"杜少卿平居豪举　娄焕文临去遗言"，人民文学出版社 1977 年版，第 383 页。

③ 吴敬梓著，李汉秋辑校《吴敬梓诗文集·移家赋》，人民文学出版社 2002 年版，第 10 页。

④ 吴敬梓著，李汉秋辑校《吴敬梓诗文集》（《春兴》八首其三），人民文学出版社 2002 年版，第 19 页。

　　移家之前，吴敬梓感觉南京比全椒好，"爱买数椽而居，遂有终焉之志"①，他用变卖全椒祖产购得一处住屋，"偶然买宅秦淮岸，殊觉胜于乡里"②，吴敬梓精心挑选住所的地方，《移家赋》有"诛茅江令之宅"③，在《买陂塘》词前的小序中说："癸丑二月，自全椒移家，寄居秦淮水亭"④，十分适意，在《洞仙歌》词中说："我亦有、闲庭两三间，在笛步青溪板桥西衅"⑤，在《青溪》诗小序中说："过大中桥而北为青溪。……其流九曲，达于秦淮。……入濠而绝，所谓青溪一曲也。秦淮水亭相连，笙歌灯火称极盛"⑥。但移居异乡的生活难免会遇到许多难言的苦况，吴敬梓在《移家赋》序中说："烟寒土锉，仲蔚之居尽蓬蒿；月冷绳床，陈平之门惟敝席。心妍面丑，力薄才绵，紫萱岂疗愁之花，丹棘非忘忧之草。"凄凉的处境，冷落的门庭，思想上忧郁烦闷和孤寂渐渐冲淡了移家之初的兴奋。

　　六朝古都的金陵对于吴敬梓是吝啬的，它留给吴敬梓的是太多的苦难和煎熬，"言归在何日，乞我辟寒金"⑦，"缠头当日价，乞食近年诗"⑧，生活日益窘困，及至温饱都不能自足，生活条件在不断地恶化，到了后来竟至沦落到以诗乞食的地步。一贯生性高傲、桀骜不驯的吴敬梓有时候也长吁短叹，感慨人生的艰难了。

　　　　丙辰除夕述怀
　　　　岁序倏云暮，群动日以迫。青帝将乘权，玄冥又如客。寄居秦淮

　　① 吴敬梓著，李汉秋辑校《吴敬梓诗文集·移家赋》，人民文学出版社 2002 年版，第 11 页。

　　② 吴敬梓著，李汉秋辑校《吴敬梓诗文集·买陂塘》，人民文学出版社 2002 年版，第 60 页。

　　③ 秦淮水亭在六朝陈朝江总宅第的遗址附近，江令宅在秦淮、青溪两水交汇处淮青桥附近。

　　④ 吴敬梓著，李汉秋辑校《吴敬梓诗文集》，人民文学出版社 2002 年版，第 59 页。

　　⑤ 同上书，第 60 页。

　　⑥ 同上书，第 87 页。

　　⑦ 吴敬梓著，李汉秋辑校《吴敬梓诗文集·雪夜怀王溯山山居二十韵》，人民文学出版社 2002 年版，第 28 页。

　　⑧ 吴敬梓著，李汉秋辑校《吴敬梓诗文集》（《春兴》八首其四），人民文学出版社 2002 年版，第 19 页。

上，五载星霜易。令节空坐愁，北风吹窗隙。霸子俱跳荡，莱妻只羸瘠。商陆火添红，屠苏酒浮碧。唯有虎宜画，那无鸡可磔。指困复何人，助予呼将伯。堪笑谢仁祖，转向修龄索。（王溯山馈米。）入夜醉司命，陈辞多自责。回思一年事，栖栖为形役。相如《封禅书》，仲舒天人策。夫何采薪忧？遽为连茹厄。人生不得意，万事皆愿愿。有如在网罗，无由振羽翮。严霜覆我檐，木介声械械。短歌与长叹，搔首以终夕。①

随后，南京的境况并没有得到改善，甚至除夕无米为炊，幸得友人帮助才度过除夕，这种窘迫一直延续着。

> 雨
> 皇天不雨五阅月，谁鞭阴石向很山。我今客游二百里，真州僧舍掩松关。……老夫顾此情怀恶，客居幸得半日闲。呼童邻家赊美酒，箕踞一醉气疏顽。明晨冲泥问杨子，妻儿待米何时还。②

吴敬梓为生活所迫，不得已客游真州去寻求友人的帮助。在真州偏逢连日阴雨，吴敬梓想到远在南京家中的妻小儿女衣食尚无着落，只能硬着头皮向友人杨凯索取了。

伴随着南京生活的穷困，特别是经济的窘迫，周围人对他的态度也会改变。小说《儒林外史》第三十六回写道：

> 杜少卿吃完了酒，告别了去。那两人还坐着，虞博士进来陪他。伊昭问道："老师与杜少卿是甚么的相与？"虞博士道："他是我们世交，是个极有才情的。"伊昭道："门生也不好说。南京人都知道他本来是个有钱的人，而今弄穷了，在南京躲着，专好扯谎骗钱。他最没有品行！"虞博士道："他有甚么没品行？"伊昭道："他时常同乃

---

① 吴敬梓著，李汉秋辑校《吴敬梓诗文集》，人民文学出版社 2002 年版，第 28 页。
② 同上书，第 43 页。

眷上酒馆吃酒，所以人都笑他。①

　　虞博士接济杜少卿的生活，伊昭却朝着杜少卿投去匕首和毒箭，甚至诬蔑与攻击，在南京，这是吴敬梓真实处境。程晋芳《文木先生传》中说：

　　　　（吴敬梓）独嫉时文士如仇，其尤工者，则尤嫉之。余恒以为过，然莫之能禁。缘此，所遇益穷。

　　如同阮籍为"礼法之士，疾之若仇"②，吴敬梓的个性是不合当时的主流的。

　　　　本宣流寓金陵二十年，诗简唱和，积案盈箱，其中绝无敏轩之作，或疑其懒且傲。既见敏轩所存，大抵皆纪事言怀，登临吊古，述往思来，百端交集，苟无关系者不作焉，庶几步趋乎古人。毋怪乎见时贤之分题角胜，则惴惴乎谢不敏也。③

　　吴敬梓决不从俗，对看不惯的人从不去敷衍，他也不去赶"时贤"的"分题角胜"的热闹，而是"惴惴乎谢不敏"，这种脾性使他在当时的文人圈中并不得势，而且也在无意之间得罪了一些人物，比如袁枚。④ 还有周围来自暗处不可胜防的冷枪暗箭，这或许也是他经济上不断贫困的一个重要因素。在如此艰难处境之下，他还卖去了全椒江北唯一的老屋，集资修建先贤祠，"年四十而产尽"⑤，吴敬梓不得不再次迁居。

---

　　① 吴敬梓：《儒林外史》，第三十六回"常熟县真儒降生　泰伯祠名贤主祭"，人民文学出版社 1977 年版，第 427 页。

　　② 房玄龄等撰《晋书·阮籍传（列传第十九）》，中华书局 1974 年版，第 1361 页。

　　③ 吴敬梓：《文木山房集》卷首李本宣撰《文木山房集序》，乾隆刻本。

　　④ 吴敬梓与袁枚的关系可参照孟醒仁著《吴敬梓评传》第 230—231 页；王进驹发表于《明清小说研究》2001 年第 4 期《"茸城女士"非"松江张宛玉"辨——兼及吴敬梓与袁枚关系问题》。

　　⑤ 张其濬修，江克让、汪文鼎纂民国《全椒县志》卷一〇，《中国地方志集成·安徽府县志辑（35）》，江苏古籍出版社 1998 年版。

乃移居江东之大中桥，环堵萧然，拥故书数十册，日夕自娱。窘极，则以书易米。或冬日苦寒，无酒食，邀同好汪京门、樊圣谟辈五六人，乘月出城南门，绕城堞行数十里，歌吟啸呼，相与应和，逮明，入水西门，各大笑散去，夜夜如是，谓之，"暖足"。余族伯祖丽山先生与有姻连，时周之。方秋，霖潦三四日，族祖告诸子曰："此日城中米奇贵，不知敏轩作何状。可持米三斗，钱二千，往视之。"至，则不食二日矣。①

饥寒之苦，加上疾病缠身之痛，吴敬梓身心俱受摧残。顾云《盍山志》卷四说："（吴敬梓）日惟闭门种菜，偕佣保杂作，人不知故向者贵公子也。"② 程晋芳《怀人诗》云："白门三日雨，灶冷囊无钱。逝将乞食去，亦且赁舂焉。"③ 吴敬梓的生活已到赤贫如洗、贫到彻骨的境地。一个世家的子弟，一个满腹才华的文人竟然为生计而不得已去乞食，去出卖体力为人舂米来养家糊口，这是社会的悲剧，还是吴敬梓个人的不幸？吴敬梓对于自己的文学才华充满自信，《移家赋》中说："千户之侯，百工之技，天不予梓也，而独文梓焉。"④ 对照他在南京的境况，让人无限感慨。晚年之际，吴敬梓在扬州与已落入破产境地的程晋芳相遇：

知余益贫，执余手以泣曰："子亦到我地位，此境不易处也，奈何！"⑤

小说第四十四回"汤总镇成功归故乡　余明经把酒问葬事"中余大（余有达）从无为州返回家乡路过南京时，想起表弟杜少卿便前去杜家

① 程晋芳著《勉行堂文集》卷六《文木先生传》，清嘉庆二十三年刻本。

② 沈云龙主编《中国名山胜迹志丛刊》第 4 辑顾云《盍山志》卷四，台北：文海出版社1975 年版，第 80 页。

③ 程晋芳撰《勉行堂诗集》卷二《春帆集》之《怀人诗十八首》，清嘉庆二十三年刻本。

④ 吴敬梓著，李汉秋辑校《吴敬梓诗文集·移家赋》，人民文学出版社 2002 年版，第 8页。

⑤ 程晋芳：《勉行堂文集》卷六《文木先生传》，清嘉庆二十三年刻本。

拜访：

> （余大）因走南京过，想起："天长杜少卿住在南京利涉桥河房
> 里，是我表弟，何不顺便去看看他？"便进城来到杜少卿家。杜少卿
> 出来接着，一见表兄，心里欢喜，行礼坐下，说这十几年阔别的话。
> 余大先生叹道："老弟，你这些上好的基业，可惜弃了。你一个做大
> 老官的人，而今卖文为活，怎么弄的惯！"杜少卿道："我而今在这
> 里，有山川朋友之乐，倒也住惯了。不瞒表兄说，我愚弟也无甚么嗜
> 好，夫妻们带着几个儿子，布衣蔬食，心里淡然。那从前的事，也追
> 悔不来了。"①

吴敬梓看到程晋芳也在受穷，含泪向程晋芳言："子亦到我地位，此
境不易处也"，杜少卿秦淮卖文的生活愈发艰辛艰难，"也追悔不来了"
的意义何如？他对余大所云"山川朋友之乐"和"夫妻们带着几个儿子，
布衣蔬食"之天伦自然不会是遁辞，但是却很难产生一种发自内心的愉
悦，即如吴敬梓的性情，虽然始终不肯违拗自己的本心，行其愿之所行，
但是对于生存要不断挣扎，经受痛苦和煎熬，却又是如他们般的士人无论
如何也逃脱不了的悲剧。吴敬梓于此中有无从言说的痛苦，杜少卿一句
"那从前的事，也追悔不来了"实在是吴敬梓的切身沉痛之语。

吴敬梓在《满江红》词中写道：

> 岂合在，他乡住？岂合被，虚名误。盼故山榛莽，先人丘墓。已
> 负耦耕邻父约，漫思弹铗侯门遇。再休言、得意荐相如，凌云赋。②

移家南京后，既没有遇见平原君类的知遇之人，也没有遇见如杨得意
式的引荐之人，士不遇的情节在吴敬梓的心上不知留下多少无奈和创伤，
它带给吴敬梓的必然是心理上一步步的失落和痛苦，南京的困境给他留下

---

① 吴敬梓：《儒林外史》，第四十四回"汤总镇成功归故乡　余明经把酒问葬事"人民文
学出版社 1977 年版，第 512 页。
② 吴敬梓著，李汉秋辑校《吴敬梓诗文集》，人民文学出版社 2002 年版，第 62—63 页。

太多的失望和沮丧。《儒林外史》中，吴敬梓借季苇萧之口说："姑老爷到南京，千万寻到状元境，劝我那朋友季恬逸回去。南京这地方是可以饿的死人的，万不可久住！"这是作家发自肺腑的言语，切身的无比沉痛的体会，齐评说："颇有阅历之言。"黄评说："观后文，也差不多要饿死了。"① 洵为知己之言。吴烺的诗使我们体会到吴家生活究竟贫困到何种地步：

> 往事寻思百感纷，黔娄身世不堪云。厨空永昼赊胡饼，（余家贫断炊，每赊饼而食。）荐冷残冬债布裙。（深冬无卧茵，孺人以絮裙代之。）素帙青灯依小阁，绿窗金线对斜曛。重泉一恸人何在，十载勤劳竟负君！②

金兆燕的诗中记录了吴敬梓离世之日吴家的悲惨境况：

> 幼子哭床头，痛若遭鞭笞。作书与两兄，血泪纷淋漓。仲兄其速来，待汝视楄柎。伯兄闻赴奔，何日发京师？擗踊如坏墙，见者为酸嘶。燕也骨肉亲，能不摧肝脾！忆昔丸髻年，残烛同裁诗。每言雏凤声，定不侪伏雌。岁月何飘忽，逝景不可追。蹭蹬一无成，干时钝如锤。负米无长策，高堂艰晨炊。四海诚茫茫，举足皆贼隥。奔走困饥寒，惭彼壹宿鹪。③

今之读者诵之犹令人恻然。移家南京后吴敬梓遭遇了多少的困苦和艰难，"阿郎虽得官，职此贫更增"④。吴烺虽为乾隆钦赐举人并授予内阁中书职，但吴家的贫困丝毫没有因此而改变，定居南京后，吴敬梓的亲人一

---

① 吴敬梓著，李汉秋辑校《儒林外史会校会评本》，上海古籍出版社 1999 年版，第 349页。

② 吴敬梓、吴烺撰，李汉秋点校《吴敬梓吴烺诗文合集》，吴烺诗《悼亡三首》（其二），黄山书社 1993 年版，第 178 页。

③ 金兆燕撰《棕亭诗钞》卷五《甲戌仲冬送吴文木先生旅榇于扬州城外登舟归金陵》，清嘉庆十二年赠云轩刻本。

④ 程晋芳撰《勉行堂诗集》卷五《寄怀严东有》（三首之二），清嘉庆二十五年冀兰泰、吴鸣捷刻本。

个又一个被贫穷、疾病所吞噬，程媪、藜叔、妻子叶氏、长媳都未能逃脱
这悲惨的命运，"往事寻思百感纷，黔娄身世不堪云"①，吴烺的心中积痛
太深，吴敬梓的心上何尝不如此！程晋芳记录下晚年逝前贫到彻骨的状
况："余平生交友，莫贫于敏轩。抵淮访余，检其橐，笔砚都无"②，"涂
殡匆匆谁料理？可怜犹剩典衣钱！"③吴敬梓猝然离世，身上唯有典衣所
剩不多的一点儿钱，死后无钱安葬，吴烺的同年王又曾"告转运使卢公，
殓而归其殡于江宁"④。

　　"南京这地方是可以饿的死人的"，吴敬梓实在不是随便说出，它浓
缩了作者多少沉痛的经历和伤心的回忆。小说中吴敬梓笔下的南京城有时
候很美，但美丽的南京城与吴敬梓之间却又有一层厚厚的隔膜；家乡全
椒，尽管吴敬梓厌恶鄙弃它的恶俗的风气，但在畅快淋漓的骂中却也包裹
着吴敬梓火一样的热情，吴敬梓又如何能割舍掉从祖辈们那里就已经沉积
下来的深情。当初移家南京时的幻想早已破碎，在小说中借杜少卿口，吴
敬梓做了沉痛的了断："这征辟的事，小弟已是辞了。正为走出去做不出
甚么事业，徒惹高人一笑，所以宁可不出去的好。"⑤在移居南京漫长的
岁月中，吴敬梓始终以"秦淮寓客"自称，南京只不过是吴敬梓流落的
一个寓所，一个"寓"字包蕴着他内心的多少沉痛啊！南京没有善待我
们这位伟大的文学家。

　　乾隆十八年，当吴烺带着女儿赴职京城，其弟吴燉也正漂泊外乡艰难
地谋生计时；吴敬梓情何以堪，家何以求？南京留给他太多痛苦的经历，
乾隆十九年，当吴敬梓带着自己尚不能独立谋生的幼子，离开南京前往扬
州时，他已决定要与这座给他一生深哀巨痛的南京城告别了，他准备寓居
扬州，也许对扬州，吴敬梓尚怀着些许的期待。如果说从南京到扬州是吴
敬梓又一次移家的话，这时的吴敬梓早已没有任何的财产，相较全椒移家

---

①　吴敬梓、吴烺撰，李汉秋点校《吴敬梓吴烺诗文合集》，黄山书社1993年版，第178
页。

②　程晋芳撰《勉行堂文集》卷六《文木先生传》，清嘉庆二十五年冀兰泰、吴鸣捷刻本。

③　程晋芳撰《勉行堂诗集》卷九《拜书亭稿·哭吴敏轩》，清嘉庆二十五年冀兰泰、吴鸣
捷刻本。

④　程晋芳撰《勉行堂文集》卷六《文木先生传》，清嘉庆二十五年冀兰泰、吴鸣捷刻本。

⑤　吴敬梓：《儒林外史》，第三十三回"杜少卿夫妇游山　迟衡山朋友议礼"，人民文学出
版社1977年版，第393页。

南京，这一次实在是为生活所迫，他几乎没有选择的余地，因为在南京，生存已经是一个很大的问题了。如小说《儒林外史》所云"那南京的名士都已渐渐销磨尽了"①，吴敬梓已经从朝气蓬勃的青壮年衰老下去，南京已经将吴敬梓"刻薄"到风烛残年，而谁又能想到孤苦飘零的吴敬梓，人生只给他留下了不到一年的时光。程晋芳说吴敬梓"生耽白下残烟景，死恋扬州好墓田"②，南京给吴敬梓留下的或者说作者所钟情的是"残烟"之景，是伤心人的别有怀抱。小说《儒林外史》开篇"一代文人有厄"③何尝不是吴敬梓后半生所居住的南京深切而痛苦的体验，也是他痛深苦深的总结呢？《儒林外史》"让读者窥视到一个群体生存的大悲剧——一批知识分子的永无休止的褴褛的流浪"④。

　　历史的长河中，无数文人都身经坎坷，他们生不逢时，命运多舛，如张国风先生所感慨："如果他（吴敬梓）通过博学鸿词的考试，被皇上'大用'，而他在官场的染缸里依然保持着自己的清白，充其量是乾隆时期多了个循吏，一个清官；但中国古代小说的损失就太大了。如果吴敬梓没有那么坎坷的经历，那么，'家声科第从来美'，难免要继承科举世家的传统继续地走下去。父亲对吴敬梓的教育是四书五经、传统的'修身齐家、治国、平天下'那一套。"⑤ 但是，人生是不能假设的。就人的发展来说，所谓诗人不幸文坛幸，对于作家个体而言是痛苦甚至不人道的，寿数有尽而苦难无穷，他们短暂曲折的人生遭际常会使人唏嘘感叹，生出无限怅惘之情。

---

① 吴敬梓：《儒林外史》，第五十五回"添四客述往思来　弹一曲高山流水"，人民文学出版社 1977 年版，第 620 页。

② 程晋芳撰《勉行堂诗集》卷九《拜书亭诗稿·哭吴敏轩》，清嘉庆二十五年冀兰泰、吴鸣捷刻本。

③ 吴敬梓：《儒林外史》，第一回"说楔子敷陈大义　借名流隐括全文"，人民文学出版社 1977 年版，第 16 页。

④ 乐蘅军著《古典小说散论》之《世纪的漂泊者·论〈儒林外史〉群像》，台北：纯文学出版社，1984 年 12 月初版，第 151 页。实际上，我们看到南京集中了一群经历过各种失败的人，吴敬梓将南京作为小说中历经挫折失败后的大多数人物的暂时栖息地，这种安排是基于吴敬梓切身的遭际和思想，并非随意处置。不妨说作者将南京染上了颜色，使之具有某种象征意义。与南京对应，当时的都城北京则象征着发达、发迹变泰，相较之下，南京更多失落、迷茫和痛苦。

⑤ 张国风：《漫说儒林外史》，人民文学出版社 2005 年版，第 3—4 页。

第四章　吴烺研究

　　从全椒四世祖吴沛投身举业开始到九世祖吴烺一代历经六世，吴氏家族众多子弟承继着吴沛开创的读书、科举、入仕的道路使这个举业世家的发展得以延续，这其中不乏辉煌，但更多坎壈挫折。伴随着举业的成败与否，吴氏子弟或如意、或落魄，经历了各式的悲欢离合。实际上，全椒吴氏家族后期的发展一直处于风雨飘摇之中，昔日举业仕宦的辉煌早已明日黄花，科举衰败的颓势也催生出这个家族的变异，预示着吴氏举业家族渐趋走向文学发展的新变。吴敬梓、吴烺父子是吴氏家族新变的最富代表性人物，吴烺则堪称吴氏举业家族变异的典型。

第一节　"将为君子儒"① ——全椒吴氏家族之悲歌

　　全椒吴氏家族对于儒学历来抱有虔诚与恭敬之心，自四世祖吴沛开始以儒为业，攻读四书五经，致力于孔孟、程朱之学，这种传统在吴家一直代有所传。

一　维系奉儒守家传统之艰难

　　吴烺（1719—1782），字荀叔，号杉亭，清代著名学者，吴敬梓长子，安徽全椒县人。吴烺在深厚的家学传统熏陶下成长，他的思想带有儒学深刻的印记。先辈奉儒守业的思想传统，吴烺十分崇敬，其《张氏藏

---

　　① 吴敬梓、吴烺撰，李汉秋点校《吴敬梓吴烺诗文合集》，吴烺《感寓五首》诗，黄山书社 1993 年版，第 271 页。

书歌》①《题先侍读默岩公手迹后并序》② 等诗歌于赞赏中流露出对于祖辈奉儒守业以及因之而创下不朽功业的自豪和深深的眷念之情，对于儒学的崇尚成为其思想的主要特征。吴湘皋《文木山房集序》中说：

> 令子烺，年未弱冠，手钞十三经注疏，较订字义，精严不少懈疏。趋庭之下，相为唱和，今都为一集。③

少年吴烺年未弱冠而"手钞十三经注疏"，并且"精严不少懈疏"，这主要基于其父吴敬梓的严格要求、督促和指导，父子之间经常切磋学问，吴敬梓的诗文中也多有记载，如《夏日读书正觉庵示儿烺》一诗：

> 仲夏草木莽，离愁郁长鞠。凉台不可得，仁祠映林麓。呼儿移卧具，来就老尊宿。板榻敧云眠，草裳离尘服。炎光大火灼，惟期就汤沐。忽然玉虎鸣，但觉金鸡伏。奋铎振天关，冲孔回地轴。顿忘瘅暑心，愿言被雾縠。始知转眼间，世事多翻覆。贫贱安足悲，篝灯向西塾。④

"呼儿移卧具，来就老尊宿"，在家世陵夷的遭际中吴敬梓一直未曾动摇"治生儒者事，谋道古人心"⑤ 的信念。吴敬梓悲叹命运无常，却能以豁达的心态激励儿子"贫贱安足悲，篝灯向西塾"，去读书探究学问。吴烺除了诗文不俗的《杉亭集》外，还被称为当时的"经学名儒"⑥，在音韵和算学方面都有很高的造诣，著有《学宋斋词韵》《五音反切图说》

①　吴敬梓、吴烺撰，李汉秋点校《吴敬梓吴烺诗文合集》，吴烺《感寓五首》诗，黄山书社 1993 年版，第 173 页。

②　吴敬梓、吴烺撰，李汉秋点校《吴敬梓吴烺诗文合集》，黄山书社 1993 年版，第 173—174 页。

③　吴敬梓：《文木山房集》卷首吴湘皋撰《文木山房集序》，乾隆刻本。

④　吴敬梓：《吴敬梓诗文集》卷三，李汉秋辑校，人民文学出版社 2002 年版，第 41 页。

⑤　吴敬梓：《吴敬梓诗文集·遗园四首（其二）》，李汉秋辑校，人民文学出版社 2002 年版，第 14 页。

⑥　平步青：《霞外攟屑》卷六增补常熟张问月撰《经学名儒记》补录吴烺为安徽的"名儒"，民国六年刻香雪崦丛书本。

及《勾股算法》《周髀算经图注》，这些著述绝非偶然能成之，它足以说明吴敬梓培养儿子并非缘于功名富贵的诱惑。吴烺也不是八股举业的痴迷者，在深厚的家学传统环境中，加之父亲深刻的影响，吴烺承继家风，以"有道而能文"①而自励，刻苦攻读，他的品性和学养等方面也颇有起色，其《杂诗三首》自注曰："余年十五岁作此诗，岑华伯父见面喜曰：'气味声调直入黄初。儿时涉笔遂臻其境，觉孔北海未是隽物，使我屡折。'"②十五岁写诗而受到伯父吴檠的激赏，已见其文学的才华。小说《儒林外史》第三十二回娄太爷说："你生的个小儿子，尤其不同，将来好好教训他成个正经人物。"③这里所指即吴烺。

吴烺有志于继承祖辈儒学兴家的传统，并将此上升为他的自觉意识。十八岁作《野渡庵》，诗中颂扬为民办事而赢得政声的欧阳修，对后人不能继承欧阳修勤政为民的贤良而叹息："嗟乎当年贤太守，偶尔题诗成不朽。荒碑残碣寻遗踪，风流消歇今何有？"④丙戌年（1766），已是人生暮年的吴烺作《感寓五首》，他的思想依然耿耿于此而未释怀。

感寓五首

　　束发就家塾，昕夕攻诗书。问君何所为？将为君子儒。朝廷设科目，海内群贤趋。一朝登仕版，名姓光乡闾。如何清华品，乃厌承明庐。汲汲求置置，快若鸟脱笯。一身耽醉饱，何暇惜廉隅。廉隅一以丧，祸患与之俱。不见赭衣子，银铛充若卢。

　　朝有百执事，诏禄分等衰。司农计经费，不为贫宦施。嗟嗟七品

---

① 吴敬梓、吴烺撰，李汉秋点校《吴敬梓吴烺诗文合集》，吴烺《泰然斋集跋》文，黄山书社1993年版，第365页。

② 吴敬梓、吴烺撰，李汉秋点校《吴敬梓吴烺诗文合集》，黄山书社1993年版，第121—122页。《杉亭集》的编排情况应该不止一次。《春华小草》中《杂诗三首》（页93）和《杂诗四首》（页103）中的"明月生东南"首和"我行北堂上"首编排时颠倒错乱，后编《杉亭集》中《杂诗三首》（页121）时加以整理，因为《春华小草》中的《杂诗三首》前两首开头分别是"霜风"、"寒日"（《杉亭集》中改作"秋日"），第三首《春华小草》是"我行北堂上"，显然不相对称，而《杉亭集》中则为"明月"开头，极吻合，此首即是《春华小草》之《杂诗四首》中"明月生东南"篇。另外《杉亭集》中有《杂诗三首》但并无《杂诗四首》诗。

③ 吴敬梓：《儒林外史》，人民文学出版社1977年版，第383页。

④ 吴敬梓、吴烺撰，李汉秋点校《吴敬梓吴烺诗文合集》，黄山书社1993年版，第129页。

官，张皇徒兰为。轻裘锦绣段，轩车溢路逵。便娟列仆从，骄马当风嘶。其身且云乐，其心良已悲。盗钟自掩耳，眯目非糠秕。一朝五技穷，信义弃如泥。不贪以为宝，毋为识者嗤。

寒儒作冷官，龊龊煎百虑。仓无五斗米，机无一尺素。黄金无术成，白首栖郎署。闻有谒选官，豪华肝胆露。挥金舞榭朝，取醉歌楼暮。相逢结知己，中情托幽素。拂我南轩尘，治我中厨具。惠然竟肯来，欢笑恣屡饫。愿言略势分，直欲同肺腑。庶几形骸忘，得毋将伯助。朝过寓庐门，寂然无仆御。叩环人不应，苍黄却回顾。邻翁含笑言，昨已驱车去。

寒士久不遇，乃作京华游。平生青云志，啸傲凌王侯。路旁见显贵，肩舆叱前驺。一刺竟通谒，从此缔绸缪。投诗与温卷，岂敢自含羞。华堂宴宾从，丝管声啁啾。醵金尽同辈，献寿称觥筹。谁怜坐上客，典却青绮裘。

我有一村僮，穷苦所无托。相携至京邸，聊以充役作。日饱太仓米，颇觉此间乐。不向可之骂，讵事王褒约。三年刷羽翰，大异羊公鹤。翻然改初心，云悔从前错。人皆餍膏粱，主独甘藜藿；人皆善奔走，主独惜腰脚，双鬓已星星，严霜陨秋箨。我闻识时者，如锥处囊橐。且随县尹去，排衙听呼诺。聆之发微笑，尔去当踊跃。他日尔归来，仍栖旧帷幕。①

这组诗是吴烺一生经历的回顾总结与思想反思。诗中或叙述，或议论，或自嘲，或愤慨，有困惑彷徨，有幽怨牢骚，但哀音满怀的背后皆有所寄托，融注了作者满腔的抑郁不平之气。"名姓光乡闾"，期望光大门庭，显耀乡闾也曾经是吴烺所热切期盼的，一生穷困而志不得伸的吴烺明白自身困境的原因在于"奇才不肯低颜色，何怪频年淹蹇"②，吴烺并未因处境的

---

① 吴敬梓、吴烺撰，李汉秋点校《吴敬梓吴烺诗文合集》，黄山书社1993年版，第271—272页。

② 吴敬梓、吴烺撰，李汉秋点校《吴敬梓吴烺诗文合集》，吴烺词《摸鱼儿》，黄山书社1993年版，第313页。

艰难而改变自己坚持的操守，困境贫穷中"于事虽无补，于心诚不欺"① 是自我安慰，"将为君子儒"② 是自我激励，贫贱而不移。吴烺十分看重士人之行藏出处，在诗中用自问自答、主客问答等方式表明自己以直道立身，"人皆餍膏粱，主独甘藜藿；人皆善奔走，主独惜腰脚"，强调士人要有廉耻之心，不做功名仕宦的投机者。其《为韦约轩编修题其尊甫铁夫先生授经图》诗则借赞美韦铁夫先生（韦谦恒之父）③ 的品质来表明自己崇奉儒家思想的志向：

> 古人守一经，宝贵在所授。匪惟精训诂，将以善宇宙。去圣日以远，鄙儒先讨究。遂使经世辞，区区辨句读。卓哉韦先生，德与才兼茂。掇拾煨烬余，犹农务耕耨。条条肉贯弗，浮浮气蒸馏。岂樗里智囊，寔康成经袖。中年秉木铎，设教泗宾右。期地遭荡潏，田畴久沉覆。奸民乐兼并，里胥技将售。先生适司事，利弊洞然透。大吏采其言，一一九阊奏。捐复七千余，求为民藏富。精心卫名教，攘臂杜私窦。挥斥暮夜金，和平异矫揉。平生羁微官，健翮未云篝。不以己力绵，而使吾心疚。嗟嗟真经师，是为名实副。以兹衍家学，佳郎复名宿。凤池抽彩毫，銮坡纤华绶。况有文孙贤，峥嵘早肯构。纷纷颂达人，于焉昌厥后。④

"嗟嗟真经师，是为名实副"，"德与才兼茂"，"精心卫名教"都是吴烺十分看重的，对照前贤之行为，"不以己力绵，而使吾心疚"，检讨自己仕宦的碌碌无为，这显示出吴烺儒学追求的自觉意识和真诚精神。乃父吴敬梓"贫贱安足悲，篝灯向西塾"的谆谆教导在他的成长中起了作

---

① 吴敬梓、吴烺撰，李汉秋点校《吴敬梓吴烺诗文合集》，吴烺《杉亭集》诗十《读晋书》，黄山书社 1993 年版，第 273 页。

② 吴敬梓、吴烺撰，李汉秋点校《吴敬梓吴烺诗文合集》，吴烺《感寓五首》诗，黄山书社 1993 年版，第 271 页。

③ 韦谦恒，字药仙，一字药斋，芜湖人，赘婿全椒并寓居苦读，乾隆癸未年探花及第。因父母皆卒葬全椒，遂占椒籍。与吴烺有诗歌唱和，有《传经堂诗钞》存世。

④ 吴敬梓、吴烺撰，李汉秋点校《吴敬梓吴烺诗文合集》，黄山书社 1993 年版，第 273 页。

用，吴烺已从"嗟余七尺躯，竟为贫贱累。四顾何茫茫，掩袖拭清泪"①
的困惑迷惘中明白过来，他的思想认识已发展到"君子乃固穷，此意人
知否"②、"冷官寄啸傲"③ 的高度。不为庸俗所趋，不向世俗低头，吴烺
思想成长进步的印记十分明显。然而，一个曾经何等荣耀的诗礼之家一旦
衰败下去，它的颓势实在无法阻挡。吴烺希图复兴祖辈以儒学为宗，走读
书、举业兴家梦的破灭，它带给吴烺的是深深的失落和感伤。

二　"千秋让德仰姬宗"④：儒家思想在吴敬梓、吴烺父子间的承袭

泰伯是周太王的长子，弟兄三人，二弟仲雍，三弟季历。司马迁
《史记》将《吴太伯世家》列"世家"之首：

> 吴太伯，太伯弟仲雍，皆周太王之子，而王季历之兄也。季历
> 贤，而有圣子昌，太王欲立季历以及昌，于是太伯、仲雍二人乃奔荆
> 蛮，文身断发，示不可用，以避季历。季历果立，是为王季，而昌为
> 文王。太伯之奔荆蛮，自号句吴，荆蛮义之，从而归之千余家，立为
> 吴太伯。
>
> 太伯卒，无子，弟仲雍立，是为吴仲雍。……⑤

泰伯的谦让美德，受到儒家的高度推崇，孔子《论语·泰伯》云
"泰伯，其可谓至德也已矣。三以天下让，民无得而称焉。"⑥ 历代儒家都
以其为偶像。北宋元祐年间，朝廷赐额泰伯庙"至德"，康熙四十四年，
皇帝南巡至苏州，为显示对泰伯的敬仰和推崇，题"至德无名"于苏州

---

　　① 吴敬梓、吴烺撰，李汉秋点校《吴敬梓吴烺诗文合集》，吴烺《村中感述》诗，黄山书
社 1993 年版，第 95 页。

　　② 吴敬梓、吴烺撰，李汉秋点校《吴敬梓吴烺诗文合集》，吴烺《冬日信宿山庄感寓用庸
人韵十首》（其四），黄山书社 1993 年版，第 194 页。

　　③ 吴敬梓、吴烺撰，李汉秋点校《吴敬梓吴烺诗文合集》，吴烺《送宁枥山广文》诗，黄
山书社 1993 年版，第 174 页。

　　④ 吴敬梓、吴烺撰，李汉秋点校《吴敬梓吴烺诗文合集》，黄山书社 1993 年版，第 233
页。

　　⑤ 司马迁著《史记》卷三一，中华书局 1959 年版，第 1445—1446 页。

　　⑥ 程树德撰《论语集释》，中华书局 1990 年版，第 507 页。

泰伯庙中，乾隆南巡为泰伯祠题"三让高踪"之匾。

吴敬梓认泰伯为远祖，在《移家赋》中不无自豪地说："我之宗周贵裔，久发轫于东浙（按族谱：高祖为仲雍九十九世孙）①，有明靖难，用宣力于南都（远祖以永乐时从龙）。赐千户之实封，邑六合而剖符。迨转弟而让袭，历数叶而迁居。"② 不少研究者认为吴敬梓所谓的"从龙"、"让袭"皆溢美夸大之辞，实际上，这关涉到吴敬梓所看重的家族精神本源的认识，它是吴敬梓思想的重要组成及构建其精神家园的根基。前文已述，全椒吴敬梓家族的远祖并非贵族，发展壮大来之不易，所谓的"从龙"、"让袭"皆有实据，康熙《全椒县志·吴凤传》③ 记载吴氏远祖"从龙"受封后又"让袭"，《中国明朝档案总汇》中《武职选簿》"吴珊"条记载④也能够说明吴敬梓所引以为荣光的家族礼让故事并非虚构。全椒吴氏的家族精神也因此本源明晰，然后正本澄源之意可得而知矣，此后泰伯故事遂成为吴敬梓建构自己家族成长史的原点故事和思想导源。

吴敬梓十分敬重泰伯，在南京曾与一群志同道合的朋友一起重修雨花台的先贤祠，以表达自己敬仰泰伯之情，顾云《盋山志·吴敬梓传》、金和《儒林外史跋》及民国《全椒县志》均有记载，⑤《儒林外史》中这个故事则成为儒家丰富思想的象征，吴敬梓以泰伯祠祭礼事件为核心建构他的小说结构及思想体系，寄托他复兴儒教的理想，表达出他的思想皈依。《儒林外史》第三十三回"杜少卿夫妇游山迟衡山朋友议礼"中写道：

① 认泰伯为宗，这种远溯，恐怕很难证明，所谓的陈家风，述世德，一方面表现了吴敬梓门第意识，更重要的吴敬梓着意于道德精神层面。

② 吴敬梓：《吴敬梓诗文集·移家赋》，李汉秋辑校，人民文学出版社 2002 年版，第 8 页。

③ 蓝学鉴、吴国对纂修，清康熙十二年《全椒县志》卷十。

④ 中国第一历史档案馆、辽宁省档案馆编《中国明朝档案总汇》册五四，广西师范大学出版社 2001 年版，第 183—184 页。张金奎在《明代卫所军户研究》也提及这则材料。（张金奎《明代卫所军户研究》，线装书局，第 45—46 页。）参见田胜林《吴敬梓家世"从龙"与"让袭"考》（《〈儒林外史〉研究新世纪》，上海交通大学出版社 2013 年版）。

⑤ 分别见顾云《盋山志》卷四，沈云龙主编《中国名山胜迹志丛刊》第 4 辑，台北文海出版社，1975 年版，第 80 页；李汉秋辑《儒林外史研究资料》，金和《儒林外史跋》，上海古籍出版社 1984 年版，第 128 页；张其濬修，江克让、汪文鼎纂民国《全椒县志》卷一〇，《中国地方志集成·安徽府县志辑（35）》，江苏古籍出版社 1998 年版。

迟衡山道:"我们这南京,古今第一个贤人是吴泰伯,却并不曾有个专祠。那文昌殿、关帝庙,到处都有。小弟意思要约些朋友,各捐几何,盖一所泰伯祠,春秋两仲,用古礼古乐致祭。借此大家习学礼乐,成就出些人才,也可以助一助政教。"①

吴敬梓的意图十分明了,第三十七回"祭先圣南京修礼"是全书结构的顶点,泰伯祠大祭也成为小说安排的第一盛事,作者极力渲染祭祀泰伯祠的过程,不厌其烦地叙写泰伯祠大祭的种种礼乐仪式,在稍显烦琐累赘的仪式背后饱含着礼乐庄重的形式和吴敬梓对此信仰的真诚,表达对泰伯"让德"的最虔诚的敬意,由此而显示出吴敬梓对于儒家礼乐教化思想的崇尚,吴敬梓看重这种品德,纵观这个家族的发展历史,"让"之美德确是这个家族文化之精髓而世代相传。

吴烺深受乃父吴敬梓的影响,诸多方面继承了父亲的思想,② 父子之间的思想的传承十分明显。吴敬梓说:"羡延陵之君子"③,吴烺在《延陵季子墓》诗中也表明同样的思想:

季子今何在,高名动客思。让贤辞故国,观乐辨风诗。宿草空林暗,残阳暮霭迟。古碑苔鲜蚀,秋晚露华滋。④

吴敬梓的知己故交,诸如程廷祚、吴蒙泉、吴爱棠的交往也给了吴烺深刻的影响,他们都是吴烺爱戴和尊敬的长者,如父辈们花朝日集会,吴烺常随父亲叨陪末座,在吴烺的《杉亭集》中也多有记载。

---

① 吴敬梓:《儒林外史》,第三十三回"杜少卿夫妇游山 迟衡山朋友议礼",人民文学出版社 1977 年版,第 393—394 页。

② 吴烺的童年时期,吴家已经衰败下来,他的成长自然也失却了父亲童年时期所拥有的安逸生活和环境,随后不久偌大的祖业已被父亲花得快光了,吴敬梓并没有刻意延聘良师对吴烺进行正规的教育培养,他的学业及对于事理的明晰、社会的认识等很多都直接来自他的父亲的影响。

③ 吴敬梓:《吴敬梓诗文集·移家赋》,李汉秋辑校,人民文学出版社 2002 年版,第 9 页。

④ 吴敬梓、吴烺撰,李汉秋点校《吴敬梓吴烺诗文合集》,黄山书社 1993 年版,第 139 页。

乾隆八年吴烺参加了本年的花朝会，如他的诗《花朝宴集程丈丽山护兰斋中四首》（其四）：

> 洛社年年逸兴新，百壶花酒酹花神。香山九老风流在，记取花朝会里人。①

花朝集会的逸兴雅趣给青年时代的吴烺留下了深刻的印象，其中程廷祚、吴蒙泉便是"九老"中人，二十年后的乾隆二十八年吴烺游无锡，相会吴蒙泉，感慨之余又忆起昔日父辈们花朝节的盛景，写下了《家爱棠锡山官舍喜晤蒙泉先生八首》（其二与其七）：

> 忆昔秦淮泛画船，花朝嘉会旧因缘。而今老辈销磨尽，无复歌笙醉绮筵。
> 回呼旧游成昔梦，（谓台司马。）亭台竹树逐时新。名山合与名流赏，此是清时洛社人。②

程廷祚深受其父思想的熏陶，程廷祚的父亲程京萼在《金陵祀典议》一文中说：

> 夫国有淫祠而弗禁，与古先圣贤当祀而废弗举者，均失礼也。迩年以来，吾目所见，旱干、水溢、饥荒、凶札，民间所祷祠报赛者未必皆正其或当祀之神，而庙宇众多，一方以数十计则黩祀也……江左僻居荆蛮，自太伯窜居而后风气日开，文明渐著，万世之学，以孔子为宗；而孔氏之门，惟子游为吴人，志谓上元县东二十余里有子游里。大禹有平成天地之功，泰伯作君作师，子游以文学衍圣人之传，议祀典于金陵，舍二圣一贤，其谁先？③

---

① 吴敬梓、吴烺撰，李汉秋点校《吴敬梓吴烺诗文合集》，黄山书社 1993 年版，第 142 页。

② 同上书，第 233 页。

③ 蓝应袭、何梦篆、程廷祚撰修《上元县志》卷一一，扬州：江苏广陵古籍刻印社据清乾隆 16 年刻本影印。

程京萼主张为大禹、泰伯、子游等"圣贤"立祠祭祀，其思想也必然影响到程廷祚，程廷祚就称赞其父"持论宏当，识者韪之"①。吴蒙泉为无锡吴氏家族中人，自然十分敬仰本族中这位大贤人泰伯。吴敬梓将程廷祚和吴蒙泉都化身到小说《儒林外史》之中，小说中杜少卿、虞博士、庄绍光修建泰伯祠并大祭泰伯，正隐喻吴敬梓、吴蒙泉和程廷祚重修南京雨花台先贤祠祭祀吴泰伯的事情。

吴烺十分敬重吴蒙泉，《杉亭集》中以吴蒙泉为对象的唱和往来或抒发思念之情的作品不少，如《送家广文先生俸满入都谒选》《寒夜对月和家广文蒙泉先生韵》《过惠山寺憩听松庵同蒙泉爱棠作》《家鲁斋明府由广陵调任梁溪用赋长句以当折柳》《家爱棠锡山官舍喜晤蒙泉先生八首》等。吴蒙泉十分器重吴烺，用心教导和培养过他，在《送家广文先生俸满入都谒选》诗中写道："君之爱才久益坚，有如铁网罗深渊，独惭小子苦窳器，何幸大臣亲陶甄。人皆贱我虞翻骨，惟君顾之神发越；人皆笑我原宪贫，惟君姁之回阴春。……从今踯躅宫墙外，忍见墙头桃李枝。"吴烺心中充满感激，《家爱棠锡山官舍喜晤蒙泉先生八首》第一首所写："官斋如梦烛火红，杖履重亲白发翁。喜极欲教双泪落，八年离别太匆匆。"吴烺和吴蒙泉之间的情感情同骨肉般，一生奉儒行事的吴蒙泉对于吴烺的影响也深刻而长久。

吴爱棠与吴敬梓、吴烺父子既是同乡，又是同宗，吴烺《杉亭集》中有不少诗作与他唱和往来。爱棠在寺中建造泰伯祠，吴烺瞻仰后作《过惠山寺憩听松庵同蒙泉、爱棠作》表达自己对这位吴姓圣贤的敬仰之情。吴烺对于吴爱棠的品性也多有赞赏并视为同道，他写有《赠爱棠》诗：

　　放衙人散午烟青，山鸟山花下讼庭。茧纸松煤翻石拓，竹炉桑火订茶经。游扬寒素吹春律，坐卧云岚满画屏。比似庐陵赞太守，江梅

①　程廷祚撰，宋效永校点《青溪集》卷一二《先考被斋府君行状》，黄山书社2004年版，第288页。

手植醉翁亭。①

《全椒县志》载："吴钺，字爱棠，以知州借补无锡县邑。龙塘村民家悬有神轴，男女奔走报赛极盛。钺适以缉盗，至与神约二十日不得盗则当撤，届期不验，竟撤之。调吴县，擢邳州知州，吴人然香河干，走送者不绝。邹一桂为绘攀辕图。迁奉天同知，卒于官。"② 吴烺诗中将爱棠比作贤太守欧阳修而称赏之。

乾隆二十八年吴烺游无锡，拜访父执吴蒙泉以及同乡同宗吴爱棠，作《过惠山寺憩听松庵同蒙泉爱棠作》一诗：

> 到门先觉桂香浓，树杪微风送晚钟。三度时巡留睿藻，千秋让德仰姬宗。（爱棠新构泰伯庙于寺中。）人寻小径穿苍藓，僧煮寒泉泛紫茸。坐久忽闻涛韵细，夕阳楼外几株松。③

吴爱棠在无锡惠山寺内建造泰伯庙，并同吴烺一道前去瞻仰，吴烺推崇泰伯"让德"的品质。"千秋让德仰姬宗"正与乃父敬重泰伯，遵奉儒家精神的思想一脉相承。

程廷祚、吴蒙泉及吴爱棠等连同父亲吴敬梓对于泰伯的崇尚，吴烺自小在这样的环境熏陶下成长，加之全椒吴氏的家学传统以及他所接受的教育，吴烺对于儒家思想的接受以及形成这样的世界观也就势所必然了。明乎此，我们便能领会吴烺"千秋让德仰姬宗"与乃父吴敬梓《儒林外史》中所津津乐道的大祭泰伯情节之间的内在关联。吴敬梓、吴烺父子之间对于儒家思想的推崇一脉相承，并与祖辈奉儒守业思想相贯通，构成这个家族深厚的家学传统积淀的重要组成部分。

---

① 吴敬梓、吴烺撰，李汉秋点校《吴敬梓吴烺诗文合集》，黄山书社 1993 年版，第 233 页。

② 张其濬修，江克让、汪文鼎纂民国《全椒县志》卷一〇，《中国地方志集成·安徽府县志辑（35）》，江苏古籍出版社 1998 年版。

③ 吴敬梓、吴烺撰，李汉秋点校《吴敬梓吴烺诗文合集》，黄山书社 1993 年版，第 233 页。

三　水绘园中寄哀思：吴烺诗歌创作中的怀祖情结与衰门意绪

全椒吴氏家族举业兴家的发展道路上，吴敬梓高祖吴国对始终居于无可替代的重要位置。吴国对顺治八年拔贡，十一年顺天府举人，十五年进士，殿试一甲第三名探花及第。在吴沛的精心培养教育下，创造吴氏科举家族举业辉煌的第一代吴国鼎兄弟辈中，吴国对的功名最高，影响最大。吴国对及第后依例授翰林院编修，并深得顺治皇帝的赏识，顺治曾亲自赐给"玉局之书"①，吴国对于全椒城外襄河湾辟"遗园"②，建"赐书楼"、"探花第"。吴敬梓在《移家赋》中充满自豪地写道："三殿胪传，九重温语，宫烛宵分，花砖月舞。"③　康熙五年吴国对出任福建主考，次年升国子监司业、翰林院侍读，并提督顺天学政。④

吴国对探花及第的举业辉煌扩大了吴氏家族的影响，使吴氏家族转瞬之间名扬全国，其拓荒性及开创性之功而成为吴氏科举家族发展中的一个重大事件，在吴氏科举家族的发展史上具有了里程碑的意义。可惜吴国对的子辈即吴烺的曾祖辈吴旦、吴勖、吴昇，三人功名都不高，除吴昇为举人外，吴旦、吴勖只是一名秀才，由吴旦、吴霖起至吴敬梓，作为长房的吴国对这一支脉，其后人的举业功名已经江河日下，逐渐衰败下去。在吴氏家族中，吴国对也因之而成为一个最具象征意义的人物，他的经历总能触动吴氏后人敏感的神经，吴氏子弟特别是吴国对这一支每每提及这位先人，或因家族曾经的兴盛荣光而自豪，或在昔日的辉煌与今日的颓败所形成的鲜明对照中倍感愧疚伤怀，这些无不都与吴国对有着千丝万缕的联系。

名门望族的出身使吴敬梓无比自豪，他在《乳燕飞》词中便称说"家声科第从来美"，"探花第"里，"洛阳名园，辋川别墅，碧柳楼台，

---

① 吴敬梓：《吴敬梓诗文集·移家赋》，李汉秋辑校，人民文学出版社 2002 年版，第 9 页。
② 吴国对探花及第后顺治皇帝曾赐予书籍，吴国对在"遗园"中建藏书楼以贮藏。
③ 吴敬梓：《吴敬梓诗文集·移家赋》，李汉秋辑校，人民文学出版社 2002 年版，第 9 页。
④ 张其濬修，江克让、汪文鼎纂民国《全椒县志》卷一〇，《中国地方志集成·安徽府县志辑（35）》，江苏古籍出版社 1998 年版。

绿苔庭户，群莺乱飞，杂花生树"①，《儒林外史》中十分清楚地记载着坐落在全椒，象征着吴氏科举家族显赫与荣耀的探花第曾经的堂皇富丽：

> 从厅后一个走巷内，曲曲折折走进去，才到一个花园。那花园一进朝东的三间。左边一个楼，便是殿元公的赐书楼，楼前一个大院落，一座牡丹台，一座芍药台，两树极大的桂花，正开的好。合面又是三间敞榭，横头朝南三间书房后，一个大荷花池。池上搭了一条桥。过去又是三间密屋，乃杜少卿自己读书之处。②

当吴氏家族从望族世家的辉煌中衰败下来，家业凋敝给后世吴家子弟带去更多感伤和痛苦的体验，吴敬梓面对"君子之泽、斩于五世"③ 的残酷现实，"荒畦无客到，春日闭门居"，"风雨漂摇久，柴门挂薜萝"④，探花第的遗园已壁断垣颓，荒草萋萋，呈现出一派萧飒的景象，今昔对比的沧桑和由此引发的悲凉对于从少年时期就已经饱尝生活艰辛的吴烺来说也许没有乃父的情绪反应得激烈，但面对生活的诸多困境以及自己亲历的世家望族无可挽回的颓败，吴烺的痛苦与乃父同样深沉，请看他的诗《张氏藏书歌》：

> 我家昔年阜陵下，赐书万卷高楼居。饥驱出门不得意，蟫红蠹碧兼焚余。先人手泽已零落，有时执简增欷歔。君家藏弃独完好，手眂我欲同钞胥。百城南面足快意，带经且学儿宽鉏。⑤

① 吴敬梓：《吴敬梓诗文集·移家赋》，李汉秋辑校，人民文学出版社 2002 年版，第 11 页。

② 吴敬梓：《儒林外史》第三十一回"天长县同访豪杰　赐书楼大醉高朋"，人民文学出版社 1977 年版，第 365 页。

③ 吴敬梓著，李汉秋辑校《吴敬梓诗文集·移家赋》，人民文学出版社 2002 年版，第 10 页。

④ 吴敬梓：《吴敬梓诗文集·遗园四首（其二）》，李汉秋辑校，人民文学出版社 2002 年版，第 14 页。

⑤ 吴敬梓、吴烺撰，李汉秋点校《吴敬梓吴烺诗文合集》，黄山书社 1993 年版，第 173 页。

对于昔日高祖吴国对兴建探花第，藏书楼的盛况，吴烺也从心底生出无比自豪、荣耀之感，而现实的家世衰败也是无可逃避的悲哀。当这种埋在心底深处的情感在不经意之间因他前往如皋冒氏的水绘园游览而触发时，对高祖吴国对在自己心上所逗引出的复杂的情感便由此生发出来。作为一个已经没落的名门望族世家子弟，这种情感尤其表现在基于先辈们举业兴家的自豪及向往的怀祖情结与本家族衰败后重振无望的衰门意绪上。

（一）　怀祖情结

全椒吴氏与如皋冒氏的交游从吴国对和冒襄时代即已开始，二人相处甚得，交情颇深。如皋县和全椒县在明末同属南京直隶，乡试按规定都在金陵举行，吴国对和冒襄在应考过程中相识，崇祯十五年（1642）吴国对与冒襄一起中了乙榜[①]。明朝灭亡后，与全椒吴氏所选择的道路不同，如皋冒氏不再参加新朝的科举，没有步入仕途，但这并不影响他们之间的交情，加之吴国对的同年王士禛[②]又是冒家的世交，三人交游甚欢，"国朝吴编修默崖与名流唱和，有声于时。"[③]顺治十七年（1660），任翰林院编修的吴国对"以病假，流寓邗江"[④]。王士禛与吴国对相会于仪真，两人相见甚欢，《带经堂集》记载吴、王交游的诗有《玉随编修贻诗奉答三

---

① 冒襄辑《同人集（十二卷）》卷六《壬寅秋过访辟疆年兄于水绘庵呈赠》四首之四，北京师范大学图书馆藏清康熙冒氏水绘庵刻本，"四库全书存目丛书"集部第三八五册，齐鲁书社1997年版。

② 王士禛于顺治十七年（1660）三月赴扬州任，至康熙四年离任，五年间多次往来如皋冒氏水绘园，诗词唱和不断。其《渔洋诗话》卷上三二条，有关于王、吴二人初次见面时的生动记载："余（王渔洋）以顺治乙未举礼部，戊戌始赴廷对。一日期集礼部，新郎君皆在。全椒吴玉随（国对）大呼入曰：'此中何者为济南王郎乎？'众愕然。余方跂脚榻上，笑曰：'君自辨之。'吴直前捉余臂曰：'此即是也。'众为一笑。"吴氏科举家族中科名最高的是吴国对的侄子吴晸，与王士禛作主考不无关系，其《分甘馀话》云："其（吴国对）侄，辛未会试，余从落卷中得之，拔置第八名，廷对，鼎甲第二人及第。"福格《听雨丛谈》记述此次会试情况："（康熙）三十年辛未会试。总载：内阁张玉书，户书陈廷敬，兵侍李光地、王士禛（渔洋）。中试一百五十人。殿试初拟吴晸为第一，金山戴有祺第二，海宁杨中讷第三。上以鼎甲久无北人，遂拔大兴黄叔琳第三人，戴中状元，吴中榜眼。"方嶟《文木山房集序》中说"（吴国对）诗古文辞，与新城王阮亭先生齐名，学者翕然宗之。"

③ 金兆燕撰《棕亭古文钞》卷首沈德潜序，清道光十六年赠云轩刻本。

④ 吴敬梓、吴烺撰，李汉秋点校《吴敬梓吴烺诗文合集》，吴烺诗《默岩公手迹后并序》，黄山书社1993年版，第173页。

首》《为辟疆书事同玉随四首》《秋夜舟中和吴四玉随四首》《岁暮怀人绝句三十二首》《用韦寄全椒道士韵追赠全椒吴先生国器（国对二兄）》一首（有序），① 1662 年，吴国对探访冒襄，冒襄辑《同人集》收吴国对诗两题五首，即《壬寅秋过访辟疆年兄于水绘庵呈赠》和《放生池歌》一首②。冒氏五言律有《即事步王阮亭先生同吴玉随太史元韵》四首、《答和吴玉随太史过访四首》，七言律有《投赠王阮亭先生（有引）》二首、《客邗上候阮亭使君不至》一首。③ 高祖吴国对擅长书法，其书“兼右军（王羲之）、松雪（赵孟頫）所长，碑版存者，士人多拓之”④，从父辈之口以及与世交后代联谊中吴烺对于先辈交游的风流韵事不会陌生，在扬州逗留期间，1752 年吴烺于世交洪楚珍斋中亲眼目睹高祖吴国对墨迹后思绪万千，作诗《题先侍读默岩公手迹后（并序）》：

　　　先侍读公以顺治戊戌一甲第三人通籍词垣，日侍禁近，尝以病假归，流寓邗江，与洪敬修先生歌诗赠答，称莫逆交。距今九十余年。先生之孙楚珍复与烺寻世讲好，乃得于斋中敬观先侍读公手迹行书十七绝句，装池完好，墨彩烂然，于以见楚珍之不坠其先绪也。爰作长歌志之。

　　　浓香琥珀盈清樽，主人肃容张华轩。酒酣拂拭开锦赙，墨光奕奕悬漏痕。吾先太史工著作，百篇立就倾词源。八文六体古莫比，琳琅金薤相缤繙。昔年诗人王司李，銮江唱和如堂昆。（先侍读公与新城王尚书有《銮江唱和集》。）为署阮亭擘窠字，至今黄影留家园。（尚书乞先侍读公书“阮亭”二字。）平生文采耻自耀，独有神气于焉存。片鳞寸爪乍隐现，如从古鼎私扣扪。两家先人延世德，交情历久欣重论。吾宗秋竹雅好事，摩抄三复欲忘言。岂无云扃与翰薮，此卷

---

　　① 王士禛撰《带经堂集》卷七、卷一一、卷一二、卷一六，清康熙五十年程哲七略书堂刻本。

　　② 冒襄辑《同人集（十二卷）》卷六，北京师范大学图书馆藏清康熙冒氏水绘庵刻本，“四库全书存目丛书”集部第三八五册，齐鲁书社 1997 年版。

　　③ 以上诗分别见于冒襄撰《巢民诗集》卷三、卷四，清康熙刻本。

　　④ 张其濬修，江克让、汪文鼎纂民国《全椒县志》卷一〇“吴国对传”，《中国地方志集成·安徽府县志辑（35）》，江苏古籍出版社 1998 年版。

宝贵同瑶琨。慎毋载之书画舫，夜半恐有蛟龙吞。①

序中称扬"楚珍之不坠其先绪也。爰作长歌志之"。诗中也称赏高祖之诗"独有神气于焉存"，吴烺对祖辈兴家的辉煌怀着无比自豪和眷念之情，高祖的诗歌、书法的成就以及与王士禛②、洪敬修③之间交好所流传的文坛风流佳话都能触发他的敬仰之情。1764 年吴烺有如皋之行，这种情结在他的思想中表现得更加浓烈。

建于明代万历年间的冒氏别业水绘园，位于如皋县城东北隅，水绘园因冒襄及文人集会的诸多风流而蜚声海内外。《同人集》卷三中有阙名的《水绘园记》曰："水绘之义，绘者会也，为其亘涂水派惟余一而竹杠可通往来，南北东西皆水会其中，林峦葩卉，块圠掩映，若绘画然。"④ 李斗《扬州画舫录》卷十《虹桥录（上）》记载冒襄云：

> 冒襄，字辟疆，号巢民，如皋人。父宗起，崇祯末以吏部郎出镇郧、襄。襄以明经用为司李，不就。以气节尚，与陈定生、方以智、吴次尾善，称"四公子"。家有水绘园，园有逸园、梅塘、湘中阁、

---

① 吴敬梓、吴烺撰，李汉秋点校《吴敬梓吴烺诗文合集》，黄山书社 1993 年版，第 173—174 页。

② 顺治十七年，任翰林院编修的吴国对"以病假归，流寓邗江"。王士禛与之相会于仪真，两人相见甚欢，有《銮江唱和集》。《带经堂集》记载吴、王交游的诗有《玉随编修贻诗奉答三首》《为辟疆书事同玉随四首》《秋夜舟中和吴四玉随四首》《用韦寄全椒道士韵追贈全椒吴先生国器（国对二兄）》一首（有序）、《岁暮怀人绝句三十二首》，其末首为七绝："平山堂边修禊日，鸣嚧洞畔把杯时。南谯（全椒）病客嶔崎甚，为我挥豪醉不辞（吴编修国对）"。吴国对工书，为王书"阮亭"二字，擅诗，有汉魏古诗风。

③ 吴烺高祖吴国对与洪敬修交游，洪敬修后辈洪月航，初名声，后改元声，字宝田，月航是他的别号，仪征人，曾经任过径县县垂，武昌府通判（别驾）。著有《绿云堂诗》。阮元谓"宝田弱冠能诗，康熙乙酉（1705）召试京师，奉命值内廷，恭写金莲花赋，制纪恩诗进呈，泽州陈相国廷敬拨第一，上赐松花砚以示嘉赏。"在京师时，洪曾经参加校对《佩文韵府》。陈廷敬与吴国对是同年好友，陈与洪的交往大概与吴国对有关。吴敬梓有《赠洪别驾月航》诗相赠："诗学看前辈，骚坛久擅场。宦游戎马地，归及水云乡。五柳陶潜宅，千金陆贾装。琅函三万轴，流涕说仁皇。"吴烺与洪楚珍的交往是祖辈交好的延续。以上参见孟醒仁《吴敬梓评传》第 217 页相关内容。

④ 冒襄辑《同人集（十二卷）》卷三。《如皋冒氏宗谱》卷八陈维崧《水绘园记》与此篇内容基本相同，故此篇作者可能即是陈维崧。

洗钵池、玉带桥、寒碧堂、小三吾、小浯溪诸胜。乙巳春，文简有事如皋，与邵潜、陈维崧、许嗣隆、毛师桂修禊于是，歌儿紫云捧研于湘中阁，杜濬后至，不及会。①

吴烺高祖吴国对与陈维崧、冒襄之间的诗酒唱和，友情甚厚，陈维崧因之写有《赠吴默岩先生》诗：

> 我生偏侧不称意，角鹰失势鸣饿肠。江淮连岁苦奔走，跳跃只如马脱缰。南谯夫子今健者，与我相见平山堂。企脚不怒野夫野，捉鼻颇爱狂奴狂。君诗体格擅长句，舞衫酒壁都淋浪。有时使笔如拗铁，斗大波画森盘张。龙拏豹攫出险怪，韭花蚕尾摇光芒。别来忽复七八载，星星鸿爪难遗忘。今年燕市作佣保，三伏已退啼秋螀。谒公恰值张弧节，兴极不辞吞百觞。公家兄弟产同日，出与麟凤同祯祥。即今甍隐夹衢路，披垣馆阁争辉光。众宾杂沓牛酒贺，丝竹络绎东西厢。洒酣径拟骖白鹿，弦拓直欲追黄麾。君不见，长安秋雨十日大，崇文街上声砰硠。相逢不饮复谁待？况复话旧多感伤。如余饱饭穷亦得，坐看公等排天阊。②

吴国对作有《壬寅秋过访辟疆年兄于水绘庵呈赠》诗四首，兹录其一、二两首：

> 三年成一约，今日到君家。把酒便须醉，听歌何忍哗。秋灯惊度雁，曙雨恼啼鸦。顿使连宵失，由来尔汝赊。
> 开尊多令弟，折简又佳儿。敢曰嘉宾乐，相要古处期。父书争与读，祖德屡能追。爱此一堂饮，劳余小谢思（谓青若也）。③

高祖吴国对成就了吴氏子孙引以为荣的门第名望，祖辈创造出的勋业

---

① 李斗撰《扬州画舫录》，中华书局1960年版，第225页。
② 陈维崧：《陈迦陵诗文词全集·湖海楼诗集（卷三）》，四部丛刊初编集部。
③ 冒襄辑《同人集（十二卷）》卷六，北京师范大学图书馆藏清康熙冒氏水绘庵刻本，"四库全书存目丛书"集部第三八五册，齐鲁书社1997年版。

也成了吴氏后世子孙难以企及的成就。吴国对诗中称赞冒氏子弟能够继承冒家先辈的道德学问，一句"祖德屡能追"会让诵读此诗的包括吴烺在内的全椒吴氏后世子弟产生许多悲伤。忆祖辈交游之盛事历历如在吴烺眼前，缅怀先辈的风流往事，那一时期吴氏科举家族兴盛发达，举业仕宦皆有所成，而如今吴、冒两个曾经的世家望族都衰败下来，有些甚至沦落到衣食堪忧的境地。吴烺如皋之行，瞻仰水绘园，今昔对比，心中定会生出良多感慨，《杉亭集》中这一时期的诗词也表现出他的这种思想与情感。

满江红·玉隐斋①

　　不信今年，漂泊到如皋卒岁。还喜得虚斋隐玉，昔贤高致。旧馆尚留残石古，香名久逐浮云逝。路逶迟、一径到门深，藏幽寺。竹叶瘦，摇空翠。梅干老，含红蕊。爱冬偏晴暖，夕阳铺地。人步回廊钟韵远，烟浮秃树禽声碎。照东窗、擎出白莲花，荒池水。

　　他乡漂泊极易客愁满怀，"竹叶瘦"、"梅干老"、"烟浮秃树禽声碎"、"荒池水"，面对冬日残烟死水，万物凋零的景象，吴烺也有欣慰，隐玉斋中"昔贤高致"，作者想象到了高祖吴国对曾在此地留下多少的诗酒风流，这最能给他满是沧桑的心灵带来慰藉，竹叶虽瘦却能空翠摇，梅干虽老尚有红蕊含，冬日寒冷中却是"夕阳铺地"、晴暖天气，一泓荒池水中不乏白莲点缀，高祖辈们指点江山的仕宦有成，激扬文字的学术风流尽管已是遥远的过去，但毕竟是吴氏家族曾经真实的辉煌，就如这肃杀的冬的景致中因为绿竹、红梅、白莲的存在能给作者聊以慰藉。自幼接受儒家思想教育的吴烺入世之心不可谓无，如他的《旧剑》诗：

　　　　三尺寒泉挂秋碧，龙吟匣中空月白。邯郸少年不敢携，至今绣涩苔纹圻。古时豪客重报恩，曳裾羞向侯之门。此物由来不轻试，为君拂试苍苍痕。②

---

①　《吴敬梓吴烺诗文合集》第 354 页。冒氏水绘园内有洗钵池，宋代曾肇曾文昭公（曾巩之弟）随父至如皋城宦游，读书池畔即为隐玉斋。

②　吴敬梓、吴烺撰，李汉秋点校《吴敬梓吴烺诗文合集》，黄山书社 1993 年版，第 147页。

"提携玉龙为君死"的慷慨意气也是吴烺倾心向往的，衰败的家世以及自己惨淡人生的背景下，吴烺对于祖辈创造的辉煌自然会在心上产生无限留恋向往之情，由此也会生出对于先辈的无限敬仰之情，只不过吴烺这种怀祖情结的表达有时十分深沉和内敛，如他的诗《客雨香庵有怀鹤亭》①

　　　天马精神本绝踪，偶然对客语从容。滑稽风味工调侃，真挚心期贯始终。吟兴岂因忙里废，交情不在暂时浓。兼旬小别思颜色，卧听僧庐向晓钟。②

吴烺说自己不是没有"天马精神"及"滑稽风味工调侃"，并非仅仅停留在述及自己的个性特征，其意皆有所本，王士禛在《香祖笔记》中记载与吴国对交往，其中不乏描写吴国对的"天马精神"及"滑稽风味"：

　　　戊戌同年吴侍读默岩（国对），全椒人，榜眼及第，诗未入格，而颇有胜情。予官扬州时，常与其客仪真。一日过予，客园置酒；酒间作擘窠大字及便面数事，皆即事漫兴之语，令人解颐。尚记其一则云：少陵云"一洗万古凡马空"，东坡云"笔所未到气已吞"，才人须具此胸次，落笔自尔不凡，惟阮亭可以语此。顷之，予衣领上偶见一蚁，即又云：宰官衣领蓦上一蚁子，此正须耐烦，以为胜俗客耳。虽偶然游戏，皆有理趣。久之露坐，月色皎然，赋绝句云："如此青天如此月，两人须问大江秋。"予和之，得四首。"翰林兄弟皆名士，

---

① 水绘园包括水明楼、雨香庵两处建筑群。水明楼为 1758 年（清乾隆二十三）邑人汪之珩所建，其名取自杜甫"残夜水明楼"句，寓凭吊冒氏、缅怀古水绘园之意。雨香庵在其西部，为宋朝曾文昭公读书处——隐玉斋故址，清初重建，更名雨香庵。洗钵池原为唐代建造的中禅寺的放生池，位于中禅寺的左侧。宋代著名文学家曾巩的三弟曾肇，幼年曾随父亲来到如皋，在寺里读书，常在池中洗钵，因而得名洗钵池。后来曾肇考中进士，做了泰州知州，因怀念在如皋中禅寺读书的经历，特地镌刻"隐玉斋"三字石碑置于寺中。

② 吴敬梓、吴烺撰，李汉秋点校《吴敬梓吴烺诗文合集》，黄山书社 1993 年版，第 264 页。

廦屋三间分两头。及第红绫分饼日，闭门黄叶著书秋。"　"鸣嘘（园中小山名）斜日森碧篠，人影参差曲岸头。顷刻疾书两丸墨，山蝉堕地数声秋。"又二诗不具录，详《銮江倡和集》。①

吴烺在《题先侍读默岩公手迹后并序》一诗中也说及此事："昔年诗人王司李，銮江唱和如堂昆。（先侍读公与新城王尚书有《銮江唱和集》。）为署阮亭擘窠字，至今黄影留家园。（尚书乞先侍读公书"阮亭"二字。）"② 王士禛言吴国对"即事漫兴之语，令人解颐"与吴烺诗中的"天马精神"、"滑稽风味"实有所承，吴烺说自己"作达每从歌啸得，风流独见性情真。可知余亦疏狂者，一笑灯前意倍亲"③，吴烺的性格中也含有这种"家族的基因"。对于祖辈辉煌的骄傲，家族的荣誉感常勾起吴烺内心深处极深沉的怀祖情结，从祖辈基因中传承下来的"天马精神"、"滑稽风味"是这个家族发展过程中开朗、乐观向上精神状态的体现，这种精神状态原本也是自己性格的一个部分，只不过面对家族的式微，重振家业的希望又十分渺茫，现实的境况使作者常生悲凉之心，通达、乐观的精神不断受到抑制、打击，在吴烺的诗词中常常表现出一种悲愁抑郁的伤感情调，如其《黄瘦石招集观剧酒酣踏月归隐玉斋作四首》诗之四所写"仆本天涯落魄人，当歌对酒易伤神。吟余隐玉斋头卧，一枕霜钟夜向晨。"④ 这也正是没落世家衰败情绪的典型体现。

（二）　衰门意绪

对于吴氏子弟来说，祖宗辉煌显耀的历史毕竟如长江东逝水，早已成为过去，面对落拓不堪的现实处境，在他们敏感的心中会产生强烈的感叹与哀伤，甚至幻灭的思想及情感，即所谓的衰门意绪。

---

① 王士禛：《带经堂诗话》卷八，人民文学出版社 1963 年版，第 184—185 页。

② 吴敬梓、吴烺撰，李汉秋点校《吴敬梓吴烺诗文合集》，黄山书社 1993 年版，第 173—174 页。

③ 吴烺《杉亭集》诗八《赠方酌圃》，吴敬梓、吴烺撰，李汉秋点校《吴敬梓吴烺诗文合集》，黄山书社 1993 年版，第 237 页。

④ 吴敬梓、吴烺撰，李汉秋点校《吴敬梓吴烺诗文合集》，黄山书社 1993 年版，第 263 页。

前文已述，这种情绪在作为吴氏家族的精英人物那里，特别是吴敬梓的心上表现得尤其突出。吴敬梓在他的文学作品中常常回忆吴家"家声科第从来美"的辉煌，祖辈辉煌的骄傲，门阀意识，家族荣誉感都给予他极大的精神寄托，也带给他重振家业，再续新生的信心和动力，当振兴无望的式微现状不断困扰着他，使他一次次感到失望后，吴敬梓终究还是处在悲情笼罩的氛围中。

衰门意绪在吴烺的思想情感中得到普遍的回应，"先人旧宅荒，苍烟投老树"①，少年时期时期的吴烺便产生了这样的情感反应。相形之下，在羁旅飘零、仕途艰难或亲友老病多灾及生活贫困落拓的各式艰难环境下触发出来的此种意绪感慨尤深，1752 年吴烺于世交洪楚珍斋中得见高祖吴国对的墨迹，并赋诗《题先侍读默岩公手迹后（并序）》，诗言："慎毋载之书画舫，夜半恐有蛟龙吞"②，吴烺担心先人手迹散落于民间而消逝无闻，正是故家大族式微之后一种典型的心理体验，"片鳞寸爪乍隐现"，"片羽吉光堪郑重"③ 的心境，在吴氏家族衰落的背景下就多次触动吴烺敏感的心灵，吴国对的手迹最终也如吴烺所担心的那样散佚了。家世的衰败让吴烺生出无限伤怀之情，尤其是面对无力挽狂澜于既倒的这种颓势，他只有无助和无奈。他的诗文凡是对先辈功德、荣耀的追念往往与家族衰败所引发的伤心情绪交织在一起，多表现为一种自豪与失落、感伤相交融的复杂情绪，他的《归里杂感十首》（其八）也有十分深沉的表述：

> 身后虚名定无益，生前精力竟何如。偶从饼肆闲披检，认得岑华手注书。（先岑华伯父身后书籍多半为人窃去。）④

这种意绪表达的背后蕴含着浓厚的衰门意识。而吴烺与冒氏水绘园相联系的文学题材对这方面意绪的表达也极具代表性。且看他的诗词：

---

① 吴敬梓、吴烺撰，李汉秋点校《吴敬梓吴烺诗文合集》，黄山书社 1993 年版，第 93 页。

② 同上书，第 173—174 页。

③ 吴烺诗《江聿亭刻平安车图成招客同玩酒间赋四首》。吴敬梓、吴烺撰，李汉秋点校《吴敬梓吴烺诗文合集》，黄山书社 1993 年版，第 262 页。

④ 吴敬梓、吴烺撰，李汉秋点校《吴敬梓吴烺诗文合集》，黄山书社 1993 年版，第 258 页。

满江红·水绘庵

　　水绘庵园，剩一带斜阳荒墅。浑不见倚栏吟啸，当筵歌舞。月榭
云廊春复夏，渔汀鹤屿朝还暮。记尊前、容得少年狂，吟新句。废址
没，奔狐鼠。断瓦在，经风雨。倘先生尚在，吾宁羁旅？千载虚名陈
简册，五更残梦零钟鼓。拟明朝、班草奠椒浆，浇坟土。①

　　水绘园也曾是多少失意文人的精神家园，清初刘体仁《悲咤一篇书
水绘庵集后》中说："士之渡江而北，渡河而南者，无不以雉皋为归。"②
吴烺遥想当年水绘园中盛极一时的名士相聚情形，这其中也包括吴烺高祖
吴国对的身影。而如今进入诗人眼帘的尽是斜阳荒墅、废址、狐鼠、断
瓦，水绘园中呈现一派衰败景象，先辈的风流逸兴早已难觅踪迹，留在记
忆中的也只是"五更残梦"，断壁颓垣与本家族衰败而形成的独特的心境
共鸣，加之身世飘零、仕途艰难等现实处境的触发，词中回荡着深沉的哀
婉凄怨的色调。吴烺四海飘零之苦，知音难遇之悲都在瞻仰水绘园，凭吊
先人遗迹时生发出来，"倘先生尚在，吾宁羁旅？""拟明朝、班草奠椒
浆，浇坟土。"低沉哀怨的情调中，衰门意绪始终左右着吴烺的思绪。

　　在吴敬梓的诗文中，无论是有感于家族今昔盛衰的强烈对照，还是出
于应付时艰的需要，都会使他常追忆起祖先昔日荣耀的经历，这时候先辈
吴沛、吴国对等作为吴氏家族的象征，他们代表的进取、有为形象而体现
的激励作用也就凸显出来。但是，在吴烺的身上这种激励作用的表现并未
显现，相反，先辈们昔日的辉煌与本家族日渐衰败的颓势给他带去更多的
是幽怨和哀伤，"大药有方难换骨，还丹无术莫医贫"③，从吴烺心底流淌
出来的是由悲观情绪主导而促生的一种幻灭感，如他的词《沁园春·树
答》：

　　①　吴敬梓、吴烺撰，李汉秋点校《吴敬梓吴烺诗文合集》，黄山书社1993年版，第354
页。

　　②　冒襄辑《同人集（十二卷）》卷三，北京师范大学图书馆藏清康熙冒氏水绘庵刻本，
"四库全书存目丛书"集部第三八五册，齐鲁书社1997年版。

　　③　吴敬梓、吴烺撰，李汉秋点校《吴敬梓吴烺诗文合集》，吴烺《送棕亭南还二首》（其
一），黄山书社1993年版，第275页。

树岂能言，见客悲歌，徘徊意亲。叹不材拥肿，感君相赏，托根寂寞，结子为邻。摇落风霜，消沉岁月，送尽荣枯几辈人。甘输与、尽妖红治白，桃李阳春。不须惆帐留宾，愿去后、渔郎莫问津。笑江潭杨柳，攀条流涕，小山丛桂，招隐伤神。金谷烟销，玉津灰冷，何况沧溟易化尘。公真误，向槐安国里，了悟前因。①

《杉亭集》中的情感大致也以哀音满怀为基调，记下这个时代一个落魄文人的心态史，衰门意绪是这种情感的最集中体现，它在吴烺思想情感中表现得尤为沉痛和深刻，水绘园中景象总能触发吴烺的这种情思。

冬日挐舟访汪璞庄适值他出寓书留余如皋之雨香庵中偶成奉寄四首（二、四首）

射雉城边暂倚桡，霜天寒雁影迢迢。雨香庵刹多幽僻，水绘园亭总寂寥。何处笙歌寻北里，更无词赋艳南朝。钵池剩有荒凉月，不许羁人旅恨消。

此际翻成去住难，稻粱谋拙朔风寒。孤踪只合常为客，癖性从来定觌欢。京国云山天北极，故乡烟水梦南冠。此情只有霜钟解，一觉僧寮感万端。②

水绘园中今日衰败之景象勾起吴烺对先辈往昔繁华盛况的伤感回忆，面对几多堪忧的现实处境，作者心绪实在无由排解，感慨万千，愁肠百结。

冒氏水绘园内有洗钵池，冒襄《水绘庵六忆小记》云：

旧为先祖奉直公（梦龄）放生处，历四世数十年，烟鲦雨鲤，扬鬐吐沫，飞银跳玉，率数百万头。自己庚（顺治六、七年）邻人肆

---

① 吴敬梓、吴烺撰，李汉秋点校《吴敬梓吴烺诗文合集》，合肥：黄山书社 1993 年 7 月，第 318 页。

② 同上书，第 265 页。

用桔橰，每夏池身龟坼，网罟阑入，岁以为常。枯鱼过河泣，益复令人忾叹！①

放生寓博爱于自然，如今放生池中鱼死池坏，冒襄极善感多愁，其《逸园放生池歌（有引）》言：

> 己亥（顺治十六年）春，平地大凿，陂塘逶迤而出，竟设桔橰，人力如虎，声响成雷。数十年泓澄瀰漾不竭之泽，未一月而池身龟拆（坼）焉，鳞介之属，大者人立，小者丘积，邻人百十成群，挺叉负箸，讙呼取之，不遗鲲鲕。余目惨心伤，不敢问。即邑令君李公闻之，两过其地为之长太息而已。客自四方至与戚友来观者皆眦裂发指，叩余何以不言。嗟乎，余匪不能言，匪不敢言。念先人席极盛时，世以靡争，忘怨自处。改革后，余十七年来，垢唾到门及面，未常与人色忤。川之盈竭因时，物之死生有数，余瘖久矣，安能于事势情理之外，与人问诸水滨哉！然追念祖泽不能已，托之长歌以志今昔，海内好我者，咸望惠以一言。②

面对世人强加于一个个小生灵头上的无端灾难，冒襄心中悲伤可知。吴国对为此也写有《放生池歌》，诗前并有序：

> 朴巢居士先世有洗钵池，足用放生，后乃有变。尚白（施闰章）、訏士（邹祗谟）两君子为长歌纪其事，更属余作。日以病通疏笔砚，勉拈短偈，果能博众怒为喜乎？
>
> 四十年前，人鱼俱乐；四十年后，鱼苦人觉。巢民悲忍，泪如水落。悲忍奈何，何如转却。鱼转江湖，水转川墅。无些子事，是名解脱。③

---

① 冒襄撰《巢民文集》卷四，清康熙刻本。
② 冒襄撰《巢民诗集》卷二，清康熙刻本。
③ 冒襄辑《同人集（十二卷）》卷六，北京师范大学图书馆藏清康熙冒氏水绘庵刻本，"四库全书存目丛书"集部第三八五册，齐鲁书社 1997 年版。

吴国对以十分通达的眼光看事情,从冒襄极为伤感的情事中能够发现让人欣慰的方面,所谓的"鱼转江湖,水转川壑",以积极的态度去看,鱼和水也是获得了更大的自由。因此,吴国对说这也是一种"解脱"。当然,从吴国对当时所处的位置及志得意满的仕宦情形来看,他以这样的态度思考问题确属正常,何况这本来就是劝慰之作。百年之后吴烺的如皋之行,踏着先人的足迹,瞻仰水绘庵,游览放生池,作《满江红·洗钵池》词:

　　半亩沉潭,照多少寒烟衰柳。暗想象粼粼绿涨,好春时候。桥转弯环连仄径,汊深屈曲通清溜。向此中、添个钓鱼船,垂竿手。破岑寂,须携友。凭杰阁,堪呼酒。似枯荷折尽,镜窥中妇。鬓影衣香惆怅处,紫云一曲销魂久。对梅花、我吟百篇诗,人何有。(阮亭先生题紫云图诗云:"钵池秋水碧粼粼,忆听当筵一曲新。鬓影衣香都省记,不应唤作卷中人。")①

面对"寒烟衰柳"的萧索,洗钵池中昔日盛时景致早已难觅踪迹,吴烺任凭想象,怀着深情写出这里曾经的繁华,"粼粼绿涨,好春时候。桥转弯环连仄径,汊深屈曲通清溜",而逝去总归虚幻,"枯荷折尽,镜窥中妇"不也是吴烺心中生出的一种幻象吗?如果说吴国对《放生池歌》中劝慰冒襄之语如王士禛言其"漫兴之语,令人解颐",显现出其个性幽默风趣的一面,而《放生池歌》本身也有寓意存焉,其中不乏真意所在,王士禛在《与冒辟疆书》中说:"《放生池歌》极老气,中间便具陵谷沧桑之感,吟次三叹不能已。"② 吴烺词中所写"向此中、添个钓鱼船,垂竿手",这与放生池的本意极不合,似乎于此有着十分明显的冲突,实际上这与吴烺的衰门意绪紧密相连,隐含着吴烺内心的愤激之情,是他的悲鸣不平之音,这种表达

　　① 吴敬梓、吴烺撰,李汉秋点校《吴敬梓吴烺诗文合集》,黄山书社 1993 年版,第 355 页。

　　② 冒襄辑《同人集(十二卷)》卷四,北京师范大学图书馆藏清康熙冒氏水绘庵刻本,"四库全书存目丛书"集部第三八五册,齐鲁书社 1997 年版。

方式在吴烺的诗词中虽不多见，但也并非仅此一例，如他在《猛风行》中说"杜陵野老不解事，尚想寒士皆欢颜"，在《寓庐偶感》中说"狂如阮籍休耽酒，穷胜虞卿莫著书"，在《放歌赠俞楚江》中说"请君明日为我竟荷锸，假使一宵醉死何不真埋之"皆以反语表达胸中愤懑和不平之音，是相同的笔法。①

　　词的下阕说到了水绘园中徐紫云和陈其年的情事，迦陵云郎故事起自冒家，徐紫云乃冒襄水绘园中歌僮，顺治十五年，陈维崧（迦陵）以故交之子的身份投靠冒襄，在冒家见到优伶徐紫云便倾心于他，朝夕过从，断袖之情维系了十七年之久，直到紫云亡故。迦陵曾请陈鹄画《紫云出浴图》，并携之在朋友间流传，索得76人为该图题咏，吴烺伯父吴檠偶然在市中购得这幅图画，并作《题九青图》诗，诗前有序。② 这76人题咏中有署名"云间吴旦"一首，诗曰：

　　　　画里双瞳翦素秋，当年萧史若为俦。分明一片巫山月，飞入元龙百尺楼。难将飞燕比轻盈，别有神情画未成。吹罢笛中杨柳曲，断肠人已在无声。③

　　题为"云间吴旦"之人疑为吴国对之子，吴烺曾祖。全椒吴氏五世祖吴旦，字卿云，陈廷敬《翰林院侍读吴默岩墓志铭》有"君之子旦贤而有文"，"考授州同知"，④ 著有《月潭集》。《全椒县志》记其"从父官京师，父苦寒，旦身温衾以俟睡，早起取父衣先衣之，俟温然后扶父起"⑤。《同人集》中收吴国对《壬寅秋过访辟疆年兄于水绘庵呈赠》四

---

　　① 从另一角度来看，吴烺此词中"向此中、添个钓鱼船，垂竿手"也寄寓着他的隐逸意绪，如其诗《过刘翁隐居三首》（其一）："支枕闲听鸟，垂竿不羡鱼。"

　　② 参见拙文《〈儒林外史〉人物杜慎卿本事考略——兼论吴敬梓与吴檠之关系》，载《福州大学学报》2010年第5期。

　　③ 陆心源撰《穰梨馆过眼续录》卷四〇，清光绪十七年吴兴陆氏家塾刻本。

　　④ 康熙《全椒县志》卷七："由增广考授州同知"，即以增生援例考授州同知。民国《全椒县志》卷一一："旦，字卿云，增监生，授州同知"，《皇清书史》卷五："吴旦，字卿云，国对子，增监生，考授州同知。"

　　⑤ 张其濬修，江克让、汪文鼎纂民国《全椒县志》卷一一"吴旦传"，《中国地方志集成·安徽府县志辑（35）》，江苏古籍出版社1998年版。

首之四：

　　二十年前事，与君同苦辛（余与辟疆同列壬午乙榜）。难忘尚落魄，无恙作高人。玉树成诸子，卿云供老亲。自渐多病客，碌碌听风尘。①

诗中卿云虽有祥云之意，但与其子吴旦字号正相合，吴国对未必没有代指吴旦之意，从冒、吴两家的世交经历来看，吴旦对发生在冒襄水绘园中有关云郎情事不会陌生，从冒、吴两家的世交及吴旦所具有的文学禀赋方面来说，他都有可能参与《紫云出浴图》的题咏。吴烺的词中也有提及云郎之情事：

　　贺新郎（棕亭为鹤龄娶妇，用迦陵送紫云郎合卺韵赠之。）
　　客到斟佳酿。看今宵满庭喜色。露晞云漾。隔巷蓝舆催却扇，螺髻雀钗新上。似双燕，梁间还相。阳羡书生真绝倒，向鹅笼吐出人无量。费心缕，织罗帐。几年客馆同偎傍。最防闲，脱鞲一饱，翩然轻飏。他日封侯虽大异，休忘庚郎随唱。便做弄官人模样。山上有山娘莫问，辩雄雌、何处分瑜亮。笑此老，独悄怅。②

吴烺此词与其先辈吴旦及吴檠的诗都是从迦陵与云郎情事本身出发，歌咏真诚的感情。吴烺另有一首诗也与水绘园中紫云事相涉：

　　黄瘦石招集观剧酒酣踏月归隐玉斋作四首③（其三）
　　水绘园亭忆昔年，风流消歇剩寒烟。紫云老去杨枝死，又见清歌

　　①　冒襄辑《同人集（十二卷）》卷六。陈美林先生《吴敬梓评传》（下册）第1322页引吴国对诗《壬寅秋过访辟疆年兄于水绘庵呈赠》四首之四，诗中所注应为"余与辟疆同列壬午乙榜"。
　　②　吴敬梓、吴烺撰：《吴敬梓吴烺诗文合集》，李汉秋点校，黄山书社1993年版，第349页。
　　③　同上书，第263页。

上绮筵。①

　　诗中吴烺以吟咏爱情起兴，"风流消歇"、"紫云老去杨枝死"，一片衰飒之景，与衰门意绪结合，作者比兴寄托之意也多在此。紧随其后的第四首作者写道："仆本天涯落魄人，当歌对酒易伤神。吟余隐玉斋头卧，一枕霜钟夜向晨。"这也正是没落世家衰败情绪的典型体现。

　　面对家族衰颓之势，乃父吴敬梓挣扎过，但最终只能发出"叹颠狂、齐竽难合，胡琴空碎"②、"漫思弹铗侯门遇。再休言，得意荐相如，凌云赋"③ 的悲叹，而吴烺也无力收拾这破败的残局，《满江红·水绘庵》词中吴烺写道："倘先生尚在，吾宁羁旅？"在《冬日挐舟访汪璞庄适值他出寓书留余如皋之雨香庵中偶成奉寄四首》（之一）中吴烺说："赠策人皆夸太白，买丝我欲绣平原。"《赠严东有》中有"碎胡琴，赏音难遭"，士不遇的悲情在吴氏父子身上重复着。吴烺少年时代欲立志继承先辈儒业兴家的传统，可惜这种志向终被家世衰败与残酷的现实不断地消磨掉，衰门意识之下浓厚的感伤使他胸中不平之气也都渐趋消解下去，现实中吴烺更多的表现是逃避，《铁画歌和梁侍读山舟》中说"坐客闻言生百感，绝艺由来遭坎壈。君不见采石矶前太白楼，画壁云山空黯淡"，《送陶明府宰卢陵四首》中吴烺说"衣亭好句何人问，永夜寒声落小楼"，皆是他顾影自怜的写照。

　　吴国对与冒襄交游时期，如皋冒氏已经呈衰败之势，冒襄出生于一个世代仕宦之家，不愿仕于新朝而隐退，康熙年间，清廷开"博学鸿儒科"，下诏征"山林隐逸"，冒襄也属应征之列，但他视之如敝履，坚辞不赴。冒襄不善于料理家事，又有豪侠的性格，《清史稿·冒襄传》记载："家故有园池亭馆之胜，归益喜客，招致无虚日，家自此中落，怡然

----

　　① "杨枝"是冒氏家乐班中著名的歌童。《同人集》卷二王挺《祝冒辟疆社盟翁先生双寿序》中说："紫云善舞，杨枝善歌，秦箫隽爽，吐音激越，能度北曲，听者凄楚。"王士禛《渔洋山人精华录》卷二《杨枝紫云曲二首》之一："名园一树绿杨枝，眠起东风腕地垂。"皆指歌童杨枝。

　　② 吴敬梓，李汉秋辑校《吴敬梓诗文集（〈乳燕飞·甲寅除夕〉）》，人民文学出版社 2002 年版，第 63 页。

　　③ 吴敬梓著，李汉秋辑校《吴敬梓诗文集（〈满江红〉）》，人民文学出版社 2002 年版，第 63 页。

不悔也。"① 晚年的冒襄生活穷困潦倒，只能靠卖字度日。他自述：

> 献岁八十，十年来火焚刃接，惨极古今。十二世创守世业，高、曾、祖、父墓田丙舍，豪家尽踞，以致四世一堂不能团聚。两子罄竭，并不能供犬马之养。乃鬻宅移居陋巷独处，仍手不释卷，笑傲自娱。每夜灯下写蝇头数千，朝易米酒。家生十余童子，亲教歌曲成班，供人剧饮，岁可得一二百金谋食款客。今岁俭少宴会，经年坐食，主仆俱入枯鱼之肆矣。②

吴敬梓与冒襄都是从世家望族的行伍中跌落下来，沦落到卖字乞食的落拓的境地，他们一生的遭际十分相似，性格也大致相类，恃才自负，蔑视权贵，拒博学鸿词试，豪气交友，挥金如土。他们又都怀抱浓厚的儒学思想，留恋家世的高贵，诗中常常抒发他们愧对先辈的情感，冒襄说："先墓沿东郭，荒原倍惨辛。那堪萧瑟夜，独作乱离人。偪侧思前事，支离愧老亲"③，吴敬梓则写道："盼故山榛莽，先人丘墓"④，"令节穷愁里，念先人、生儿不孝，他乡留滞……数亩田园生计好，又把膏腴轻弃。应愧煞穀贻孙子。倘博将来椎牛祭，总难酬罔极恩深矣。"⑤ 吴敬梓一生所走的道路和冒襄的情形极相似，冒襄逝后八年吴敬梓出生，冒、吴两家又是世交，冒襄的事迹吴敬梓不会陌生，吴敬梓的人生道路多少留下冒襄影响的痕迹。当吴国对与冒襄如皋相会，家业兴旺、仕宦有成的吴氏家族正处于其发展的上升期，冒襄《答和吴玉随太史过访四首》（其三）：

> 岂不知无益，其如太有情。茫茫过岁月，恻恻送平生。笑我童心

① 赵尔巽等撰《清史稿》卷五百一，列传二百八十八，中华书局1977年版，第13851页。

② 冒襄辑《同人集（十二卷）》卷三《附书邵公木世兄见寿诗后》，北京师范大学图书馆藏清康熙冒氏水绘庵刻本，"四库全书存目丛书"集部第三八五册，齐鲁书社1997年版。

③ 冒襄撰《巢民诗集》卷三《答和吴玉随太史过访四首》（其四），清康熙刻本。

④ 吴敬梓著，李汉秋辑校《吴敬梓诗文集（〈满江红〉）》，人民文学出版社2002年版，第62—63页。

⑤ 吴敬梓著，李汉秋辑校《吴敬梓诗文集（〈乳燕飞·甲寅除夕〉）》，人民文学出版社2002年版，第63页。

惯，怜君苦口争。酒旗歌板地，从此谢浮名。①

　　冒襄诗中说吴国对规劝自己入世出仕，一片真心，情真意切，但自己的性情是无拘无束惯了，对于未来并没有太多的考虑，入世之心早已消磨，对吴国对的良苦用心也深以为谢，但一生拿定的主张再不动摇。

　　吴国对何曾料到兴旺的吴家在其后不久也如冒家，衰败之势不可阻挡，他的曾孙吴敬梓正重蹈着他曾经"苦口争"的好友冒襄的道路。

　　世事沧桑诚难料，这种痛苦唯有吴氏后辈子弟经历着并去品尝、咀嚼，"故宅空传庾信居，风流消歇十年余。而今门巷依然在，燕子春来认旧庐"②。吴烺目睹这种兴衰之变，心中涌起无限感慨，读他的诗《南还舟中述怀却寄都下诸子八首》（其八）：

　　　　潞河冰已泮，买棹始言归。恻怆思前事，艰难咏《式微》。云山千里隔，风雨寸心违。歌罢长天暮，春阴冷客衣。③

　　正如水绘园所经历沧桑之变在吴烺心上触发的兴衰之感一样，水绘园的兴衰浓缩了冒氏一生的经历，也成为吴氏子弟最可亲近的情感载体，吴烺诗文中以水绘园为吟咏对象，寄托着吴氏子弟最真切深沉的怀祖情结和衰门意绪。

第二节　　"入世多幽忧，壮心渐磨灭"④
——吴烺命运的悲剧性

　　钱大昕为吴烺所写《杉亭诗集序》开首便言："全椒吴杉亭以诗名湖

---

①　冒襄撰《巢民诗集》卷三，清康熙刻本。

②　吴敬梓、吴烺撰，李汉秋点校《吴敬梓吴烺诗文合集》，吴烺《感旧十三首》（其十三），黄山书社1993年版，第138页。

③　吴敬梓、吴烺撰，李汉秋点校《吴敬梓吴烺诗文合集》，黄山书社1993年版，第190页。

④　吴敬梓、吴烺撰，李汉秋点校《吴敬梓吴烺诗文合集》，吴烺诗《冬日信宿山庄感寓用庸人韵十首》（其三），黄山书社1993年版，第194页。

海者有年，家素贫，奔走四方。"① "家素贫"的状况从父亲吴敬梓的时代已经开始，"其先富而后贫者"② 经历了一个不断恶化过程，直至陷入到极度贫困之中。从金和《儒林外史跋》中说"用卖文为生活"③ 到顾云《盋山志》（卷四）所言"（吴敬梓）日惟闭门种菜，偕佣保杂作，人不知故向者贵公子也"④，再到程晋芳《怀人诗》云："白门三日雨，灶冷囊无钱。逝将乞食去，亦且赁春焉"⑤，甚至"近闻典衣尽，灶突无烟青"⑥，直到吴敬梓带着唯有典衣所剩不多的零钱猝然离世，"涂殡匆匆谁料理？可怜犹剩典衣钱！"⑦ 这位伟大的作家沦落到死后都无钱安葬的境地。《儒林外史》第四十四回余大（余有达）和杜慎卿有一段对话：

> 　　余大先生叹道："老弟，你这些上好的基业，可惜弃了。你一个做大老官的人，而今卖文为活，怎么弄的惯！"杜少卿道："……那从前的事，也追悔不来了。"⑧

　　家境的不断衰败，吴敬梓不会不产生忧虑焦心，一个伟大的作家也不会习惯于"卖文为活"的生计，只是他没有办法阻止这种颓势。而且，这种苦痛对这个家族来说远没有尽头。

---

① 吴敬梓、吴烺撰，李汉秋点校《吴敬梓吴烺诗文合集》，黄山书社 1993 年版，第 416 页。

② 李汉秋辑《儒林外史研究资料》，金和《儒林外史跋》，上海古籍出版社 1984 年版，第 128 页。

③ 李汉秋辑《儒林外史研究资料》，金和《儒林外史跋》，上海古籍出版社 1984 年版，第 129 页。

④ 沈云龙主编《中国名山胜迹志丛刊》第 4 辑顾云《盋山志》卷四，台北：文海出版社 1975 年版，第 80 页。

⑤ 程晋芳撰《勉行堂诗集》卷二《春帆集》之《怀人诗十八首》，清嘉庆二十三年刻本。

⑥ 程晋芳撰《勉行堂诗集》卷五《寄怀严东有》，清嘉庆二十五年冀兰泰、吴鸣捷刻本。

⑦ 程晋芳撰《勉行堂诗集》卷九《拜书亭稿·哭吴敏轩》，清嘉庆二十五年冀兰泰、吴鸣捷刻本。

⑧ 吴敬梓：《儒林外史》第四十四回"汤总镇成功归故乡 余明经把酒问葬事"，人民文学出版社 1977 年版，第 512 页。

一　"贫贱饥寒常苦悲"①

（一）一生为贫所困的吴烺

吴烺饱受如其父般贫苦的折磨，他的一生都没有脱离穷困，身备尝艰辛，心备受煎熬。

1. 为生计而奔波的少年

吴烺少年时期，家境的穷困已经在他的心上留下了阴影，《杉亭集》中《杂诗三首》写道：

> 霜风坠庭柯，旅雁过高楼。篱菊坼黄华，倏忽又季秋。人生不得意，其如时节流。少年不可再，胡为守穷愁。修羽既难振，何以为营求。及时一杯酒，聊可以消忧。
>
> 秋日晓凄凄，冷光窥我扉。橘叶满庭除，虚室生伊威。远水明高寝，严霜何濩澄。伤彼芝兰花，不能吐芳菲。时乎不可失，叹息泪沾衣。
>
> 明月生东南，高楼临广陌。美人理红妆，俯仰长叹息。中心一何悲，感念生离别。素丝织为罗，上有双飞翼。岂知裁作衾，彼此相隔绝。举翮欲奋发，徘徊在君侧。②

吴烺诗下自注中说："余十五岁作此诗，岑华伯父见而喜曰：'气味声调直入黄初。儿时涉笔，遂臻此境，觉孔北海未是隽物，

---

① 吴敬梓、吴烺撰，李汉秋点校《吴敬梓吴烺诗文合集》，吴烺《贫交行三首》（其三），黄山书社 1993 年版，第 149 页。

② 吴敬梓、吴烺撰，李汉秋点校《吴敬梓吴烺诗文合集》，黄山书社 1993 年版，第 121—122 页。吴烺二十二岁前有《春华小草》诗集，《靓妆词钞》词集附刻于乃父《文木山房集》后，1770 年订所著曰《杉亭集》，有诗十一卷 745 首，词 5 卷 148 首，诗集每卷都有纪年，词集无纪年。吴烺《杉亭集》应该不止一次编排。其《春华小草》中《杂诗三首》（页 93）和《杂诗四首》（页 103）中的"明月生东南"首和"我行北堂上"首编排时颠倒错乱，其后在编《杉亭集》中《杂诗三首》（页 121）时加以整理。《春华小草》中的《杂诗三首》前两首开头分别是"霜风"、"寒日"（《杉亭集》中改作"秋日"），第三首《春华小草》是"我行北堂上"，与前两首显然不相对称，而《杉亭集》中第三首则以"明月"开头，极吻合，此首即是《春华小草》之《杂诗四首》中"明月生东南"诗。另外《杉亭集》中并无《杂诗四首》。

使我展折！'"诗中情境苍老悲凉，与十四五岁孩子的心态十分不相符，这除了吴烺幼年所受的教育因素外，更多是缘于生活的坎坷已在他本来就十分敏感的心灵上刻下了印记，"少年怀抱谩与，曾记寒灯一点，细翻残谱。心是秋莲，抽尽愁思千缕"①。与乃父吴敬梓少年时期的诗作《观海》比较，我们看到贫穷困顿的生活对于少年心理的影响。

观海

浩荡天无极，潮声动地来。鹏溟流陇域，蜃市作楼台。齐鲁金泥没，乾坤玉阙开。少年多意气，高阁坐衔杯。②

吴敬梓的这首诗恰巧也是写在十五岁的少年时期，父亲吴霖起到赣榆县任上③，吴敬梓随行，这一时期，吴家经济尚承祖辈望族世家之余绪，吴敬梓所过的依然是珍馐锦衣的生活，少年未识愁滋味的吴敬梓登山临水，手持酒杯，高阁俯瞰，意气昂扬，风发胸臆，有天海无极的宽阔胸怀，对人生充满着自信，诗人俨然是这里的主人。

吴烺幼年时期就已经没有父亲小时候那样安逸的生活环境，少年时期为了生计而不得不在外奔波，这种苦难心迹记录在他的诗中：

客中书怀

屏影绿沉外，茶烟一缕斜。主人能爱客，游子只思家。冬衣欲装絮，秋兰尚著花。可怜残醉后，新月到窗纱。④

在《泊舟沧州醉后作》中吴烺回忆少年生活，满含辛酸：

---

① 吴敬梓、吴烺撰，李汉秋点校《吴敬梓吴烺诗文合集》，吴烺词《绮罗香·赠严东有》，黄山书社1993年版，第312页。

② 吴敬梓：《吴敬梓诗文集》，李汉秋辑校，人民文学出版社2002年版，第13页。

③ 孟醒仁：《吴敬梓年谱》，安徽人民出版社1981年版，第22页。

④ 吴敬梓、吴烺撰，李汉秋点校《吴敬梓吴烺诗文合集》，黄山书社1993年版，第135页。

……忆昔少年惯使酒，沉醉即向垆旁眠。春花秋月动高兴，典衣忍冻如枯禅。此情独有轩来共，白眼不受他人怜。乡里小儿恣姗笑，两人狂癖久益坚。光影转瞬瞥鸟影，头颅自顾非当年。低徊往事已成梦，渐觉尘虑胸中填。……①

作为父亲的吴敬梓对于儿子弱冠之年就担起生活重负，过着流浪漂泊的生活也充满愧疚和怜悯：

病中忆儿烺

自汝辞余去，身违心不违。有如别良友，独念少寒衣。病榻茶烟细，春宵花气微。邮亭宿何处，梦也到庭帏？

除夕宁国旅店忆儿烺

儿年最幼，已自力于衣食，其东道主皆长者也，故篇末及之。

旅馆宵无寐，思儿在异乡。高斋绵雨雪，歧路饱风霜。莫诧时名著，应知客思伤。屠苏今夜酒，谁付汝先尝？②

吴烺身历贫穷艰难之窘境，目击家世衰败之景象，诗文中多兴江关萧索之感，身世坎壈之悲，危苦之词尤多。贫寒的生活使他备尝辛酸，"贫贱饥寒常苦悲"③，"少壮几时嗟老大，樽前早觉鬓丝皤"④，心中多生悲苦之叹，吴烺十七岁时所写之诗：

从江宁返全椒作四首（其四）

饥鸟飞去复飞回，苦忆慈颜在夜台。荒冢一抔春雨后，白杨萧瑟

①　吴敬梓、吴烺撰，李汉秋点校《吴敬梓吴烺诗文合集》，黄山书社1993年版，第171—172页。

②　吴敬梓：《吴敬梓诗文集》，李汉秋辑校，人民文学出版社2002年版，第40—41、52页。

③　吴敬梓、吴烺撰，李汉秋点校《吴敬梓吴烺诗文合集》，吴烺《贫交行三首》（其三），黄山书社1993年版，第149页。

④　吴敬梓、吴烺撰，李汉秋点校《吴敬梓吴烺诗文合集》，吴烺《棕亭携令子冀良就婚于余寓邸成长句八章余亦抚今追昔怅然于怀作此奉答》诗，黄山书社1993年版，第256页。

野棠开。①

村中感述

　　男儿可怜虫，出门苦憔悴。寄身于荒村，有如栖古寺。麦饭不得泡，绳床不得寐。地脉走火龙，旱魃太恣睢。草木如惔焚，仆夫悲况瘁。水田多黄沙，彼稷不成穗。里胥来催租，农夫心惴惴。茅屋两三椽，白日客如醉。羡彼邻家翁，齑粞成山积。嗟余七尺躯，竟为贫贱累。四顾何茫茫，掩袖拭清泪。②

　　家境贫困，弱冠之年便要独自谋生，常常面对温饱甚至都无法保证的生活困境，其悲苦凄惨自可想见。《村中感述》诗写农夫生存的贫苦和悲惨，对他们寄寓同情的同时也勾起吴烺的情感共鸣，发抒出同病相怜之叹。吴烺何曾料到少年时期"出门苦憔悴"、"竟为贫贱累"的漂泊生涯、困顿景况才是他一生贫苦生活的开端，并将会伴随他终身，使他一直陷于其中而苦苦挣扎。

　　2. 入仕前的颠沛流离生活

　　除了生活，封建社会的读书人还要换得出身，为了前程，吴烺又不得不奔波于举业途中。现实对于这个饱受苦难的家庭十分残酷，一系列的不幸又接踵而来。家贫无医及生活穷困使胞弟蘩叔不幸早逝，其《梦与亡弟蘩叔共饮觉而有作》写道："剧伤踪迹如萍梗，偏有精魂觅我来。"③ 当梦见亡弟的伤痛与自己漂泊处境的悲苦叠加在一起，作者情何以堪啊！"客路依人惟有泪"④，这种痛楚在向三弟蘩叔倾诉时一往深情，愁绪之苦，涕泪堪流，今读此诗句也还若有悲苦之声萦绕耳畔。当祖母程媪离世的噩耗传来，吴烺满是伤痕的心上又多了一处深哀巨痛。为了生活及前程，吴烺一直汲汲于风尘之中时，在《哭程媪》诗序中说："媪独留里中，败屋三楹"，风烛残年的祖母也是在贫苦中挣扎。"烺幼失慈恃，养

---

　　① 吴敬梓、吴烺撰，李汉秋点校《吴敬梓吴烺诗文合集》，黄山书社 1993 年版，第 95 页。

　　② 同上书，第 96 页。

　　③ 吴敬梓、吴烺撰，李汉秋点校《吴敬梓吴烺诗文合集》，吴烺诗《梦与亡弟蘩叔共饮觉而有作》，黄山书社 1993 年版，第 158 页。

　　④ 吴敬梓、吴烺撰，李汉秋点校《吴敬梓吴烺诗文合集》，吴烺诗《忆三弟蘩叔》，黄山书社 1993 年版，第 158 页。

于媪，恩义最笃。……烺往来江上，每一相见，辄涕下交颐。"程媪希望这个家族艰难境况能有所改善，而她的这个希望就寄托在吴烺的身上。

哭程媪（其二、其四）

曾记春朝就道时，临风老泪尚丝丝。为言后会在何日，且属前途休去迟。深巷俯门添怅望，荒山策蹇动愁思。谁知此际匆匆别，便是平生永诀期。

报德难酬抚畜恩，此生饮恨竟何言。灯枯不作寒宵梦，幔卷空归永夜魂。故宅萧条看易主，前和潦草葬荒原。空箱点检遗留物，重见儿时犊鼻裈。[①]

故宅易主、物是人非的家族沧桑，前途依然渺茫的吴烺对祖母的养育之恩尚未及回报，而祖母已在穷困、悲苦中凄然离他而去，吴烺的心灵不断地受着这种苦痛的折磨。

贫穷的家境也使吴烺广泛接触到了底层社会，他的诗作中一些篇章描写了下层人民生活，如《邳州道中》诗：

沙岸牵船树杪行，村墟无复午鸡声。槿篱碍道悬空网，茅屋翻风有败楹。满日寒烟郯子国，连天秋水下邳城。捐租赐复新恩降，中泽哀鸿感圣明。[②]

农村凋敝情境以及百姓苦难的描写都有很强的现实性，寄寓着作者的同情，再如他的《贫家女》诗：

贫家儿女夜深绩，寒螀带露空阶泣。短檠挂壁余光微，秋窗月上清辉湿。问女何太苦，女心常自悲，非不惜手爪，其如寒与饥。终宵绩麻不盈筐，浪浪泪落沾衣裳。倡楼少妇娇且妒，罗如云霞縠如雾。

---

①　吴敬梓、吴烺撰，李汉秋点校《吴敬梓吴烺诗文合集》，黄山书社 1993 年版，第 159 页。

②　同上书，第 172 页。

君不见，东邻萧鼓喧未阑，更著罗裳舞翠盘。①

　　通过贫家女秋夜绩麻，描写其劳动的艰辛、生活的窘迫和内心的愁怨，尤其通过"倡楼少妇"和"东邻"富贵的生活相对照，诗人对贫家女寄寓着深深的同情，对贫富分化的社会现实表示愤慨。贫穷生活的切身体验是他创作这类题材诗歌的感情基础，十八岁时吴烺即写下《苕苕曲》，诗中也不乏这种思想情感的表达：

　　　　秦淮三月东风多，垂柳夹岸来莺棱，红阑十里湘帘卷，兰浆千双画舫过。风流六代繁华地，冶游何限销魂事，药房兰室赌棋枰，鸾笙象板徵歌吹。吴儿生小字苕苕，家住西邻白板桥，覆额青丝藏白皙，瞳人翦水含春潮。门前都种梨花树，苔痕印遍花间（树）路，苕苕娇嫩闭门居，梨花春雨闲庭暮。恨杀豪家轻薄郎，黄金意气最颠狂，强使樱桃成内宠，玉容消瘦减神光。邀笛步前风露冷，苕苕小立无人境，荀令衣裳歇旧熏，沈郎腰带宽新影。鹫峰禅寺会盂兰，影结歌台锦作栏，共爱苕苕柘枝舞，缠头十万等闲看。盛年一去如朝露，丹砂难遣朱颜驻，谁挽羲和御日轮，不使流光暗中度。太息重逢隔五年，苕苕憔悴已堪怜，春风小院飞花柳，秋雨横塘坠粉莲。雪肤花貌都何益，老大徒伤人弃掷，只有青溪江令祠，墙边流水年年碧。②

　　苕苕年轻时被豪家强纳为妾，当荣华衰损后即被人弃掷，从此孤苦伶仃。吴烺对苕苕的遭遇寄寓深切的同情并为她的悲苦命运鸣不平，对于依仗权势和金钱作恶的官僚、地主、豪绅，吴烺怀着极憎恶的感情，十八岁的少年吴烺心里已经播下了善恶分明的种子，多年以后苕苕的遭际依然使吴烺难以释怀，乾隆六年写下《感旧十三首》（其三），犹在为苕苕的不幸叹息：

　　① 吴敬梓、吴烺撰，李汉秋点校《吴敬梓吴烺诗文合集》，黄山书社 1993 年版，第 128 页。

　　② 同上书，第 127 页。

几剧娇歌绝妙词，檀奴儇巧系人思。子亭醉草清平调，肠断杨妃捧砚时。(谓苕苕也。)①

苦难的现实生活使吴烺少年识尽愁滋味，但对于现实，他没有麻木、冷漠，尽管吴烺诗集中反映现实的作品不多②，但这不应该成为衡量他的诗歌价值的唯一的尺度，从不多的这几首诗作中我们可以管窥他的这方面的思想与精神。"莫辞尊洒无珍味，剥白榆犹满近郊"③、"老翁持村醪，酌我东堂上。窗开深树间，布席亦幽敞"④、"草木如惔焚，仆夫悲况瘁。水田多黄沙，彼稷不成穗。里胥来催租，农夫心惴惴"⑤ 等都表达出他对农人辛劳生活的亲近与体贴，对他们苦难寄寓深深的同情。他的《耕》四图诗⑥，以极细腻的笔触写出农夫耕作的辛劳，歌颂劳动的光荣和农人收获的不易；《赠江宁官太守效柳柳州韦道安体》中以叙事体方式倾心赞赏勤政爱民的江宁太守："循良官太守，一郡称其慈。清慎本性成，勤劳志不衰。爱人如爱己，急公如急私。案前无留牍，敏捷推神奇。甘棠坐听讼，昼尽继燃脂。救焚必身往，奋勇不辞疲。以此德意浃，蕴为春风吹。"⑦ 身处贫苦之中的吴烺，能将一己之情感投入到那些生活在底层的歌女、农人身上，与他们惺惺相惜，应该说作者关注世风人情与百姓生活，并于诗中寄托自己的政治理想，这便难得。

吴烺的举业道路并不顺利，中举人之前要不断地参加科、岁考，奔波

---

① 吴敬梓、吴烺撰，李汉秋点校《吴敬梓吴烺诗文合集》，黄山书社 1993 年版，第 138 页。

② 李汉秋在《吴敬梓吴烺诗文合集》"前言"中认为吴烺的诗歌"只有很少一些篇什较深地反映了现实，流溢出时代的气息"。黄山书社 1993 年版，第 7 页。

③ 吴敬梓、吴烺撰，李汉秋点校《吴敬梓吴烺诗文合集》，吴烺诗《秋竹招饮指香堂丁香树下同镜南赋五首》，黄山书社 1993 年版，第 202 页。

④ 吴敬梓、吴烺撰，李汉秋点校《吴敬梓吴烺诗文合集》，吴烺诗《冬日信宿山庄感寓用唐人韵十首》，黄山书社 1993 年版，第 194 页。

⑤ 吴敬梓、吴烺撰，李汉秋点校《吴敬梓吴烺诗文合集》，吴烺诗《村中感述》，黄山书社 1993 年版，第 96 页。

⑥ 吴敬梓、吴烺撰，李汉秋点校《吴敬梓吴烺诗文合集》，黄山书社 1993 年版，第 195—196 页。

⑦ 吴敬梓、吴烺撰，李汉秋点校《吴敬梓吴烺诗文合集》，吴烺诗《秋竹招饮指香堂丁香树下同镜南赋五首》，黄山书社 1993 年版，第 144 页。

于南京、滁州两地，请看他的《归里杂感十首》（其一、其二、其四）：

广陵城边新月明，广陵城下暮潮生。相携稚齿上船出，肠断家人离别情。

独客无家空自回，亲朋洞谢总堪哀。巢由不得买山隐，猿鹤何须笑我来。

老辈难忘冯敬通，鞭驴挟策逐秋风。小船一叶当中坐，望见乌衣夕照红。（冯先生粹中寓钟山书院，每应岁科试，辄偕烺由浦子口至张家堡坐夜行船抵滁。先生举贤书卒于都下，今十三年矣。）①

吴烺每年都由寄寓在南京石钟山书院的滁州人冯粹中（小说《儒林外史》中马纯上原型）陪同，过浦子口至张家堡，再坐夜行船到滁州应试，遍尝赴考的奔波之苦。然而，科场蹭蹬的吴烺，直到乾隆十六年辛未（1751）一月，皇帝第一次南巡，已经三十二岁的吴烺才与王又曾、王鸣盛、钱大昕、王昶、谢墉等以迎銮献诗赋被钦赐举人，当年便往京城赴任内阁中书。②

3. 入仕后窘困惨淡的人生

吴烺迎銮献诗赋而得赐举人并往京城赴任，对家境每况愈下的这个家族来说不啻一件大事，就吴烺言，它为改变目下的困境提供了一次机会，其《御试赋得指佞草》等四首诗写因得到乾隆诏试后与同试者"剧饮达深宵"，"坐待朝阳红"，直至"绮霞布深院"，不仅对圣上感恩戴德，对

① 吴敬梓、吴烺撰，李汉秋点校《吴敬梓吴烺诗文合集》，黄山书社 1993 年版，第 258 页。

② 南巡期间，乾隆十分注意"培殖士类"，主要采取增加生员名额和考试敬献诗赋之士子。六次南巡，大约增加江苏、浙江、安徽三省生员名额 5664 名。即每次南巡增录的生员，相当于每三年一次录取的名额四分之一左右。考试敬献诗赋的士子，其试题均由乾隆亲出，第一次考试江苏、安徽、浙江进献诗赋的士子时，江南（江苏、安徽）取了一等 5 名，依名次顺序是蒋雍植、钱大昕、吴烺、褚寅亮、吴志鸿。浙江取中一等 3 名，即谢墉、陈鸿宝、王又曾，均特赐举人，授为内阁中书。以后五次南巡，每次取中的士子，名额又多了一些。

未来也生出一片光明之感。① 不幸的是吴烺自授职京都以来，职贱薪微，
程晋芳诗中云："阿郎虽得官，职此贫更增"②，仅得官后第二年即1752
年，吴烺便发出"炊金折桂坐艰难，两载京华恋一官"的哀怨和叹息。
京华两载，徒恋微职，饱尝生活之艰苦与窘迫，家中温饱问题犹不能解
决，吴烺美丽的梦幻很快就被残酷的现实击得粉碎，悲苦愁闷之情郁塞于
心，难怪悲辞苦语都从他的诗文中溢出，"茫茫愁绝百年身，万事真同束
湿薪。我亦天涯厌漂泊，那堪更作别离人"③，"笑余鹿鹿住京国，缁尘拂
拭犹沾翰。饥者歌食劳者事，草虫徒自鸣辛酸"④，缘于有所希冀而留恋
"京洛软红尘，频年苦行役"⑤，孰料现实却未有丝毫改变。其《漂母祠》
即伤心人的别一怀抱：

> 英雄贫困日，一饭亦艰难。带剑辱屠市，谋生凭钓竿。可怜诸母
> 漂，独向一人餐。多少穷途者，苍茫感百端。⑥

无疑，吴烺也是这"多少穷途者"中一分子，而且这种窘困一直未
能改变，家境状况每况愈下。"回思十载滞京洛，春衣湿尽东华尘。疲驴
蹀躞没堀埲，无由残梦归江干"⑦，当科举仕途已经沦为这个曾经辉煌的
全椒吴氏科举世家摆脱贫困的一种手段时，可以想见这个家族已经没落到

---

① 这四首诗分别是：《冬抄屡试于姑孰使院督学双公限晷催诗余每先成徘徊庭际余寒噤痒
之中当涂尉钮君辄以酒饷之赋此志谢》、《除夕同李啸村金纯一韦药仙金钟越兄周朋荐守岁姑孰
使院呈学使双公》、《御试赋得指佞草（得"忠"字五首八字）》、《恩赐御制石刻生秋诗恭纪》。
吴敬梓、吴烺撰，李汉秋点校《吴敬梓吴烺诗文合集》，黄山书社1993年版，第162—164页。
② 程晋芳撰《勉行堂诗集》卷五《寄怀严东有》（三首之二），清嘉庆二十五年冀兰泰、
吴鸣捷刻本。
③ 吴敬梓、吴烺撰，李汉秋点校《吴敬梓吴烺诗文合集》，吴烺诗《秋日乞假归觐毂原赋
诗赠行依韵留别八首》，黄山书社1993年版，第171页。
④ 吴敬梓、吴烺撰，李汉秋点校《吴敬梓吴烺诗文合集》，吴烺诗《姑孰使院晤韦药仙出
新诗见示因忆郭侍讲奉墀金孝廉钟越兼呈双祭酒有亭夫子》，黄山书社1993年版，第177页。
⑤ 吴敬梓、吴烺撰，李汉秋点校《吴敬梓吴烺诗文合集》，吴烺诗《移居和陶二首》（其
一），黄山书社1993年版，第193页。
⑥ 吴敬梓、吴烺撰，李汉秋点校《吴敬梓吴烺诗文合集》，黄山书社1993年版，第205
页。
⑦ 吴敬梓、吴烺撰，李汉秋点校《吴敬梓吴烺诗文合集》，吴烺诗《同程寿泉江云溪集程
豆田斋中听曹山人弹琴主人倚洞箫和之酒阑各赋七古一首》，黄山书社1993年版，第245页。

何等程度。吴烺的亲人也如一盏盏耗尽的油灯,不断地被贫穷、病魔熄灭了生命的火光,弟弟藜叔、祖母程媪都去了,妻子也离他而去,"厨空永昼赊胡饼,(余家贫断炊,每赊饼而食。)荐冷残冬债布裙。(深冬无卧茵,孺人以絮裙代之。)""零膏剩馥闭空箱,摒挡思君一断肠。可叹铜钗惜于玉,更无罗绮织流黄。难为不慨庐江妇,轻别羞称画省郎。"① 吴家已是贫到彻骨的光景,父亲吴敬梓也很快在贫病交加中走完了他的人生,竟至死后而无葬身钱。

南还舟中述怀却寄都下诸子八首

棕亭驱马去,言返阜陵间。复作维扬客,风尘损壮颜。寓书来邸舍,报我有家艰。(棕亭与先君子同客邗江,先君子一夕无疾而逝。)一痛肝肠绝,盈襟血泪斑。

我已悲风木,凄凉一鲜民。深惭乌鸟哺,只益蓼虫辛。道拙身偏懒,时清仕守贫。南云穿望眼,遗榇滞江滨。

潞河冰已泮,买棹始言归。恻怆思前事,艰难咏《式微》。云山千里隔,风雨寸心违。歌罢长天暮,春阴冷客衣。②

逝者已矣,痛苦唯有生者去咀嚼。社会对这个家庭太吝啬,太苛刻,让这个曾经何等辉煌的世家望族在衰败之中一次又一次濒临贫困的绝境,哪怕仅仅为了生存也要耗尽他们许多的肉体挣扎、精神苦痛。这种状况一直延续着,直至吴烺生命的最后阶段也没有改变。1768 年吴烺乞假南还,作《乞假南还卖书买舟尚余残帙纳敝篦中一夕船漏尽没于水乃就沙岸曝之感而赋此》:

归计帷凭数卷书,卖残不遣带经鉏。沉舟几使蛟龙得,出水空怜鼠蠹余。已分沾泥同落絮,可堪寄远付游鱼。沙头点检增惆怅,雨后甘蕉怯舒卷。③

---

① 吴敬梓、吴烺撰,李汉秋点校《吴敬梓吴烺诗文合集》,黄山书社 1993 年版,第 178 页。

② 同上书,第 190 页。

③ 同上书,第 278 页。

苦风凄雨度余生，吴烺面对的依然是彻骨的贫寒，读此诗时眼前出现似曾熟悉的情形：

> （吴敬梓）移居金陵城东之大中桥，环堵萧然，拥故书数千卷，日夕自娱。穷极则以书易米。①

命运的轮回让人生出良多感慨，三十年之间父子悲苦命运的历程何其相似，也许算作巧合，但思量之间又哪里是"巧合"二字可以说得清楚，从少年时期来看，父子都鱼贯而进这种宿命之中：

> 君家惠连（指吴敬梓）尤不羁，酒酣耳热每狂叫。尽教座上多号咷，那顾闺中有呵谯。②
>
> 文木先生何嵚崎！行年五十仍书痴。……有时倒著白接䍦，秦淮酒家杯独持。乡里小儿或见之，皆言狂疾不可治。③
>
> 忆君与余未弱冠，里中旦暮相因依。有时醉画酒家壁，有时卧占渔家矶。登山偶尔学狂叫，云霞千尺毫端挥。轩来钟越万人敌，往往睨壁眠赤微。放颠作达眼惯白，长老顾颔潜骂讥。光阴荏苒判好会，浮云踪迹伤乖违。④
>
> ……忆昔少年惯使酒，沉醉即向垆旁眠。春花秋月动高兴，典衣忍冻如枯禅。此情独有轩来共，白眼不受他人怜。乡里小儿恣姗笑，两人狂癖久益坚。光影转瞬瞥鸟影，头颅自顾非当年。低徊往事已成梦，渐觉尘虑胸中填。⑤

吴氏父子都怀揣一肚皮的不合时宜，他们无法逃避的悲剧人生向我们

---

① 程晋芳撰《勉行堂文集》卷六《文木先生传》，清嘉庆二十五年冀兰泰、吴鸣捷刻本。
② 金榘：《泰然斋诗文集》卷四《寄怀吴半园外弟》，清道光二十六年刻本。
③ 金兆燕撰《棕亭诗钞》卷三《寄吴文木先生》，清嘉庆十二年赠云轩刻本。
④ 吴敬梓、吴烺撰，李汉秋点校《吴敬梓吴烺诗文合集》，吴烺诗《燕台喜晤金麟洲作》，黄山书社1993年版，第168页。
⑤ 同上书，第171—172页。

展现了一个已经衰颓下来的科举家族凄惨的晚景。

（二）"哀乐中年感慨深"①

1. "穷胜虞卿莫著书"②：封建时代文人悲剧命运的永恒性

家族之发展亦如世间万物的兴衰交替，体现着某些规律法则。对望族世家而言，其盛衰兴亡有内因，有外缘。世家大族对于内因是在一个可以控制的地位，但若并不十分认识，也就不能有效控制；对外缘，是认识的，但根本不在一个控制的地位。结果，望族的兴废只能一任自然了。时和景泰，类聚配偶一类自然的道理能行使而无阻碍，大族便应运而生，否则，便和典章人物一样，都化作劫灰的一部分。③ 就全椒吴氏家族而言，伴随着封建社会的日趋没落，其衰败之势已非人力所能挽回，至于家族子弟不甘心本家族之式微，或有所奋斗与挣扎，但即如没落之社会，忽现改良的氛围，一两个精英式人物的出现也只是延缓了它衰亡的时间，如此而已。很不幸，吴敬梓、吴烺父子亲历了吴氏科举家族这座大厦哗啦啦地轰然倒塌，他们经受着这种悲剧所带来的深哀巨痛的煎熬，满目凄凉，也随之成为这个大悲剧里面最具鲜活性的两个标本。

面对困境，吴烺不止一次地自问、自责，"往事寻思百感纷，黔娄身世不堪云"④，"吾生宁多求，所欲亦纤细"⑤，自己对于生活并非贪求，为了生存，"其如八口饥，驱我四方行。吁嗟独憔悴，不如草木荣"⑥，吴烺不得不到处漂泊流浪，一次次濒临生活的绝境而备尝艰辛之苦。吴烺的心上充塞着痛苦和哀怨。

是怨自己"入世无长策"⑦？

---

① 吴敬梓、吴烺撰，李汉秋点校《吴敬梓吴烺诗文合集》，吴烺诗《送郭侍讲奉墀先生新纳姬人归里二首》（其二），黄山书社 1993 年版，第 180 页。

② 吴敬梓、吴烺撰，李汉秋点校《吴敬梓吴烺诗文合集》，吴烺诗《寓庐偶感》，黄山书社 1993 年版，第 295 页。

③ 参见潘光旦著《明清两代嘉兴的望族》，上海书店 1937 年版，第 136 页。

④ 吴敬梓、吴烺撰，李汉秋点校《吴敬梓吴烺诗文合集》，吴烺诗《悼亡三首》（其二），黄山书社 1993 年版，第 178 页。

⑤ 吴敬梓、吴烺撰，李汉秋点校《吴敬梓吴烺诗文合集》，吴烺诗《冬日信宿山庄感寓用庸人韵十首》（其七），黄山书社 1993 年版，第 194 页。

⑥ 同上书，第 195 页。

⑦ 同上书，第 189 页。

薄宦又三载，卜邻如一朝。典衣春索米，橐笔晓趋朝。寸禄难为养，归心不自聊。谢郎同此意，愁坐话寒宵。①

橐笔侍西清，寸禄代百亩。阘冗点朝班，迂疏愧僚友。……扑鹿软红中，羸马日奔走。思家望白云，心折江南柳。抱痛始言归，遗经在虚牖。我生胡不辰，白日宿南斗。君子乃固穷，此意人知否。②

寒儒作冷官，觑觑煎百虑。仓无五斗米，机无一尺素。黄金无术成，白首栖郎署。闻有谒选官，豪华肝胆露。挥金舞榭朝，取醉歌楼暮。相逢结知己，中情托幽素。拂我南轩尘，治我中厨具。惠然竟肯来，欢笑恣餍饫。愿言略势分，直欲同肺腑。庶几形骸忘，得毋将伯助。朝过寓庐门，寂然无仆御。叩环人不应，苍黄却回顾。邻翁含笑言，昨已驱车去。③

是怨父亲理家之乏术？

我已悲风木，凄凉一鲜民。深惭乌鸟哺，只益蓼虫辛。道拙身偏懒，时清仕守贫。南云穿望眼，遗榇滞江滨。④

父亲很快也在贫病交加中离他而去，待到父亲撒手人寰，却才明白父亲是自己多么重要的心理依赖，吴烺想要报答的孝思也随父亲的离世变成永久的遗憾，留给他的唯有深深的愧疚与怀念。

是怨"十载勤劳"的妻子？

荐冷残冬债布裙。（深冬无卧茵，孺人以絮裙代之。）素帙青灯依小阁，绿窗金线对斜曛。

---

① 吴敬梓、吴烺撰，李汉秋点校《吴敬梓吴烺诗文合集》，吴烺诗《冬日信宿山庄感寓用庸人韵十首》（其七），黄山书社 1993 年版，第 189 页。

② 吴敬梓、吴烺撰，李汉秋点校《吴敬梓吴烺诗文合集》，吴烺《冬日信宿山庄感寓用庸人韵十首》（其四），黄山书社 1993 年版，第 194 页。

③ 吴敬梓、吴烺撰，李汉秋点校《吴敬梓吴烺诗文合集》，吴烺诗《感寓五首》（其三），合肥：黄山书社 1993 年版，第 272 页。

④ 吴敬梓、吴烺撰，李汉秋点校《吴敬梓吴烺诗文合集》，吴烺诗《南还舟中述怀却寄都下诸子八首乙亥》（其七），黄山书社 1993 年版，第 190 页。

零膏剩馥闭空箱，拼挡思君一断肠。可叹铜钗惜于玉，更无罗绮织流黄。难为不慨庐江妇，轻别羞称画省郎。①

妻子耐得贫寒，吃得辛苦；妻子贤惠、本分，常年缺衣少食的生活却毫无怨言。"重泉一恸人何在，十载勤劳竟负君！"② 倒是自己实在愧对贤良的妻子。对于妻子，吴烺怀有深深的愧疚，即便在妻子离世十三载后的1764 年，吴烺作《题瘗云图》诗，依然情深意切，思念绵绵：

薄命真如夜向阑，摧残风月太无端。新歌有泪拈红豆，旧恨无心倚赤栏。桂叶眉峰妆阁闭，梨花梦雨墓门寒。可怜肠断何人识，传与人间画里看。③

他们似乎都不该成为吴烺的怨恨所指。

本质上，吴烺的人生悲剧同乃父吴敬梓一样，是吴氏家族发展过程中的一个必经阶段，只不过这个阶段居于整个发展过程的最末端，因而他们的命运最悲苦。

"廖落诗千首，萧条土一丘"④，吴烺与乃父的人生历程又是整个封建制度下文人命运悲剧的一个缩影，是吴氏封建举业家族子弟的宿命，造成他们悲剧命运的根源是如吴敬梓所说的"人生南北多歧路"的封建社会，是"功名富贵无凭据"⑤ 的八股举业制度，要怨的是它们。

---

① 吴敬梓、吴烺撰，李汉秋点校《吴敬梓吴烺诗文合集》，吴烺诗《悼亡三首》，黄山书社 1993 年版，第 178 页。

② 同上。

③ 吴敬梓吴烺撰，李汉秋点校《吴敬梓吴烺诗文合集》，合肥：黄山书社 1993 年 7 月，第262 页。金兆燕《棕亭词钞》卷二《薄倖》词下小序云："真州女子名奇云，色艺俱绝，嫁为贾人妾，妒妻逐之，抱恨而死。方竹楼为作瘗云图，索同人题咏。"吴烺《题瘗云图》诗与金兆燕的《薄倖》词有可能皆围绕这一事件而作。当然，吴烺在诗中所发抒的情感自然会有所寄托，特别是寄寓着对他妻子的思念与愧疚。

④ 吴敬梓、吴烺撰，李汉秋点校《吴敬梓吴烺诗文合集》，吴烺诗《赠戴明府兼呈遂堂先生四首》（其三），黄山书社 1993 年版，第 204 页。

⑤ ［清］吴敬梓《儒林外史》第一回"说楔子敷陈大义　借名流隐括全文"，人民文学出版社 1977 年版，第 1 页。

冬日挐舟访汪璞庄适值他出寓书留余如皋之雨香庵中偶成奉寄四首（其四）

此际翻成去住难，稻粱谋拙朔风寒。孤踪只合常为客，癖性从来定尠欢。京国云山天北极，故乡烟水梦南冠。此情只有霜钟解，一觉僧寮感万端。①

赠戴明府兼呈遂堂先生四首（其三）

斯人今不作，相对忆麟洲。（麟洲殇明府幕中。）寥落诗千首，萧条土一丘。招魂来北渚，流涕向西州。独抱千秋意，茫荡感昔游。②

寓庐偶感（其四）

碌碌长安梦一场，昔游回首竟芒芒。废园社后攀杨柳，古寺春朝看海棠。地下故人坟树拱，旧时年少鬓毛苍。冯唐莫叹郎潜久，潦倒才知岁月长。③

　　"和平尔雅不戾于风人之旨"④ 的《杉亭集》，在为统治者讳的封建道德下，吴烺讳言了。在经历了许多血泪甚至付出了许多生命的代价后，吴烺有了更加痛切的体悟！他的思想与乃父吴敬梓已经十分接近了。吴敬梓《秋病四首》（其四）说：

　　屯贱谁怜虞仲翔，那堪多病卧匡床。黄金市骏年来贵，换骨都无海上方。⑤

　　吴烺《寓庐偶感》（其一）也写道：

---

①　吴敬梓、吴烺撰，李汉秋点校《吴敬梓吴烺诗文合集》，黄山书社 1993 年版，第 265 页。

②　同上书，第 204 页。

③　同上书，第 295 页。

④　吴敬梓、吴烺撰，李汉秋点校《吴敬梓吴烺诗文合集》附录钱大昕作《杉亭诗集序》，黄山书社 1993 年版，第 416 页。

⑤　吴敬梓、吴烺撰，李汉秋点校《吴敬梓吴烺诗文合集》，黄山书社 1993 年版，第 24 页。

老屋三间自扫除，可知蜗亦爱蜗庐。狂如阮籍休耽酒，穷胜虞卿莫著书。客邸昵交能几辈，光阴逝水惜三余。明年手版匆匆日，得否萧闲似索居。①

虞翻字仲翔，三国时吴之贤才，其命运极不济，怀才而不遇。②吴烺曾为著书立说的生活陶然乐哉，在《病目》中说："又闻左丘明，著述在天壤。达人贵收视，争光羞魍魉。陶然乐吾天，一醉何慨慷！"③而"身世愁无定，文章泪未干"④的社会现实终究让他发出"穷胜虞卿莫著书"⑤的悲凉愤慨之辞，这实在是吴家子弟发自肺腑的沉痛语。

"回思京洛聚，顿觉旧情非"⑥，"阅历愈深人愈懒，觉昨非才晓今之是"⑦，面对进退维谷，动辄得咎的环境，二十年"京国徒悲行路难"⑧的宦途劳顿，"腰乏黄金肘生柳，风尘何地堪轩眉"⑨，经受多少苦痛的煎熬，吴烺才参透了其中的本质。读他十二年间两次泊舟沧州的诗作：

泊舟沧州醉后作

---

① 吴敬梓、吴烺撰，李汉秋点校《吴敬梓吴烺诗文合集》，黄山书社 1993 年版，第 295 页。

② 据《三国志》本传载，翻少好学，有高气，多见毁谤，韩愈诗云："久钦江总文才妙，自叹虞翻骨相屯。"

③ 吴敬梓、吴烺撰，李汉秋点校《吴敬梓吴烺诗文合集》，黄山书社 1993 年版，第 170 页。

④ 吴敬梓、吴烺撰，李汉秋点校《吴敬梓吴烺诗文合集》，吴烺诗《喜晤钟越》，黄山书社 1993 年版，第 136 页。

⑤ 吴敬梓、吴烺撰，李汉秋点校《吴敬梓吴烺诗文合集》，吴烺诗《寓庐偶感》，黄山书社 1993 年版，第 295 页。

⑥ 吴敬梓、吴烺撰，李汉秋点校《吴敬梓吴烺诗文合集》，吴烺诗《题李晴洲天际归舟图》，黄山书社 1993 年版，第 201 页。

⑦ 吴敬梓、吴烺撰，李汉秋点校《吴敬梓吴烺诗文合集》，吴烺词《金缕曲·和家苏圃》，黄山书社 1993 年版，第 326 页。

⑧ 吴敬梓、吴烺撰，李汉秋点校《吴敬梓吴烺诗文合集》，吴烺诗《棕亭携令子冀良就婚于余寓邸成长句八章余亦抚今追苦怅然于怀作此奉答》（其五），黄山书社 1993 年版，第 256 页。

⑨ 吴敬梓、吴烺撰，李汉秋点校《吴敬梓吴烺诗文合集》，吴烺诗《放歌赠俞楚江》，黄山书社 1993 年版，第 284 页。

秋容淡荡月在天，清风楼下波沦涟。长年觽棹夜未半，渴怀欲吸帆中泉。呼童提壶叩野店，倾囊尚有三百钱。麻姑酒味最清冽。微飙吹动红鳞鲜。棕亭（钟越别字）小户已辟易，船唇趺坐双眼揗。看余攘臂气吞虎，一斗立尽倾长川。忆昔少年惯使酒，沉醉即向垆旁眠。春花秋月动高兴，典衣忍冻如枯禅。此情独有轩来共，白眼不受他人怜。乡里小儿恣姗笑，两人狂癖久益坚。光影转瞬瞥鸟影，头颅自顾非当年。低徊往事已成梦，渐觉尘虑胸中填。有如天马受羁靮，驹龙其首加鞍鞯。人生行乐匪易事，六印宁如二顷田。片时疏放亦快意，此景与子须留连。他时追忆又陈迹，有酒不饮真徒然。①

　　　　壬申岁泊舟沧州醉后赋长句忽忽已十二年感而作此

泊舟浮阳郭，水烟淡将暮。垂杨竞柔绿，缕缕斗妍婗。云光射东波，夕阳在深树。归禽三两声，高城笼薄露。忆余昔经此，酒怀忽奔注。沉醉篷窗中，坚卧赋长句。回首十二年，壮心已非故。芳草青蒙茸，不见胡曾墓。诗人多寂寞，徘徊向歧路。西风吹微波，潮痕下鱼步。②

相隔十二年，旧地重游，物是人非，自己的境况非但没有转变，而且每况愈下，这大概也是出乎吴烺十二年前的希望的。十二年的沧桑，逃不脱命运的轮回，这是徘徊于社会中下层的如吴烺般穷苦知识分子的悲剧宿命。面对封建末世的诸多现状，吴烺看不到丝毫的乐观和希望，"芳草青蒙茸，不见胡曾墓"，胡曾③是以关心民生疾苦、针砭暴政权臣而著称的唐代诗人，他的墓如今野草丛生，踪迹也难寻了。

---

　　① 吴敬梓、吴烺撰，李汉秋点校《吴敬梓吴烺诗文合集》，黄山书社 1993 年版，第171—172 页。

　　② 同上书，第225—226 页。

　　③ 《唐才子传》称其"天分高爽，意度不凡"。初累举不第，曾在其《下第》诗中抱怨道："上林新桂年年发，不许平人折一枝"。咸通中，始中进士。尝为汉南节度从事。高骈镇蜀，辟为书记。曾居军幕，每览古今兴废陈迹，慷慨怀古，作咏史诗三卷。（《唐才子传》作一卷。此从《全唐诗》。）

"入世多幽忧，壮心渐磨灭。艰难历后深，意兴闲中发"①，伤心人吴烺别有怀抱，"风尘损壮颜"②的生活给吴烺留下的是太多的沉痛和哀伤，请看他的《冬日挐舟访汪璞庄适值他出寓书留余如皋之雨香庵中偶成奉寄四首》（其四）：

　　此际翻成去住难，稻粱谋拙朔风寒。孤踪只合常为客，癖性从来定尠欢。京国云山天北极，故乡烟水梦南冠。此情只有霜钟解，一觉僧寮感万端。③

身世飘零、仕途艰难、家世衰败等现实处境常触发吴烺哀时伤世之悲，请看他的《首夏同棕亭雨田寓法源寺僧舍二首》（其二）及《同周幔亭赋得佛灯》诗：

　　　　　首夏同棕亭雨田寓法源寺僧舍二首（其二）
　　古木阴阴台殿宽，暖风时送鸟声干。细分泉脉通金井，重叠苔痕上石栏。长日琴樽书馆静，暮天钟磬寺门寒。人间只此堪留恋，愁听劳歌行路难。④
　　　　　　　　同周幔亭赋得佛灯
　　不用红纱覆烛奴，诸天龙象护明珠。微风定后三更静，斜月沉时一点孤。欲借余光依法界，可能分影照昏衢。人间多少茫茫事，对此真令万念枯。⑤

　　① 吴敬梓、吴烺撰，李汉秋点校《吴敬梓吴烺诗文合集》，吴烺诗《冬日信宿山庄感寓用庸人韵十首》（其三），黄山书社 1993 年版，第 194 页。
　　② 吴敬梓、吴烺撰，李汉秋点校《吴敬梓吴烺诗文合集》，吴烺诗《南还舟中述怀却寄都下诸子八首》（其六），黄山书社 1993 年版，第 190 页。
　　③ 吴敬梓、吴烺撰，李汉秋点校《吴敬梓吴烺诗文合集》，黄山书社 1993 年版，第 265 页。
　　④ 同上书，第 206—207 页。
　　⑤ 同上书，第 154 页。

钱大昕言吴烺常"翛然有尘外之想"①，姚鼐说："荀叔负隽才而亦颓然有离世之志"②，"人生只此堪留恋，愁听劳歌行路难"，"人间多少茫茫事，对此真令万念枯"，吴烺所吟唱的不也正如王维"一生几许伤心事，不向空门何处销"之旋律吗？

《杉亭集》中吴烺以伤感哀怨的曲调为这个曾经辉煌的全椒吴氏举业家族低声吟唱着最后的挽歌。

2. "善言情者矣"③：吴烺诗词中深厚的情感意蕴

王鸣盛在《杉亭诗集序》中说：

予惟海内称诗者众矣，其诗或以风格胜，或以才华胜，予皆博爱而并取之。至于每一篇出，传钞讽诵出入怀袖至纸敝墨渝而犹不忍释手。甚且握管欲效其体，辄复彷徨太息以为不可及，未有如荀叔者。无他，风格才华凡为诗人者之所同，若夫情深而韵长则荀叔之所独也。引哀乐于无端，感顽艳于片语，登山临水辄复黯然，送别怀人俱堪泣下：兹非其情之所为乎！节虽短而味转永，辞虽近而意转遥，未成曲调已自移入，不案丝桐别留余响：兹非其韵之所为乎！故曰：诗有能为而为者，有不能不为而为者。能为而为者襞绩于言句，摹拟于分寸，研之以十年，炼之以一纪，比其成也，风格则已合矣，才华则已富矣，求其情韵之兼美或未之逮焉。乃若不能不为而为者，悟诣才锋，包罗郁塞，摇笔冲口，皆有可传，夫是之谓真诗。昔人之称君家梅村，以为"蓝田日暖良玉生烟"，有非可以学而致者，正此谓耳。自夫风雅道斁，且有中本无诗而强为之者，求其能为而为已不可多得矣。读荀叔之作抑亦可以缅然而返也夫！朋友相聚为生人之至乐，囊予始入京而去之，若是其速者，以为京华无诗人故耳。今既得情深韵长如荀叔者，而与之友，四方诗人入京，无不识荀叔，当无

① 吴敬梓、吴烺撰，李汉秋点校《吴敬梓吴烺诗文合集》附录钱大昕作《杉亭诗集序》，黄山书社1993年版，第416页。

② 姚鼐：《惜抱轩全集》，中国书店1991年版，第33页。

③ 吴敬梓、吴烺撰，李汉秋点校《吴敬梓吴烺诗文合集》附录钱大昕作《杉亭诗集序》，黄山书社1993年版，第416页。

不并识予。予又将乐之而缓予还山之志焉。有是哉，情与韵之足
感人如此乎！嗣是予交天下诗人皆当持此说以择之。

　　乾隆十九年甲戌九月王鸣盛撰，时寓净业湖南尤氏宅。①

　　感情的充沛是吴烺诗词所具有的突出的特征，相形之下，身世飘
零、怀才沦落、仕途艰难、家业凋零及亲友亡故等尤其触动他的心
灵，使他生出良多感慨，影响所及波及作家整个思想情志，正如王鸣
盛言"情深而韵长则荀叔之所独也"。如果说因人生艰难，家业衰败
等而产生的诸多情感常见诸于他们父子诗文中的话，吴敬梓则多从昔
日先辈创业辉煌中获得精神力量的支撑，获得嬉笑怒骂、嘲讽针砭丑
恶的勇气，而吴烺感受更多的则是伤感与彷徨，除去激愤和不平，更
多的则是无助的哀叹和忧伤。如怨如诉的低吟浅唱成为吴烺表达自己
思想情感常见的方式，在这种意绪主导下，弥漫在整个《杉亭集》中
的情感以低沉哀怨为基调。"斜阳身世空悠悠，富贵荣华难久留"②，
"古来盛名今何有，怕看浮云变苍狗"③，"碌碌长安梦一场，昔游回
首竟芒芒"④，吴烺的内心已促生出深深的幻灭感，哀生计之多艰，长
期的贫困压迫之下，深哀巨痛已铭刻在吴烺的心上，难怪谢垣读荀叔
之词遂有"听清啸而且可更作，闻悲歌而辄唤奈何"⑤之感。读吴烺
的诗，你的耳边总会萦绕着这种悲音，仿佛作者在以极悲凉沉痛之语
向你娓娓叙说着他的哀伤、他的不幸和他的无可奈何。

　　缘于吴烺的坎坷人生以及敏感的气质秉性，生活中的诸多困境及
遭际每每都会触引他的诗歌意绪，即如上引王鸣盛言《杉亭集》中诗

　　① 吴敬梓、吴烺撰，李汉秋点校《吴敬梓吴烺诗文合集》附录，黄山书社1993年版，第414—415页。

　　② 吴敬梓、吴烺撰，李汉秋点校《吴敬梓吴烺诗文合集》，吴烺诗《幽闺怨》，黄山书社1993年版，第158页。

　　③ 吴敬梓、吴烺撰，李汉秋点校《吴敬梓吴烺诗文合集》，吴烺诗《赠王瘦生》，黄山书社1993年版，第222页。

　　④ 吴敬梓、吴烺撰，李汉秋点校《吴敬梓吴烺诗文合集》，吴烺诗《寓庐偶感》，黄山书社1993年版，第295页。

　　⑤ 吴敬梓、吴烺撰，李汉秋点校《吴敬梓吴烺诗文合集》附录谢垣撰《杉亭词序》，黄山书社1993年版，第418页。

词多发自肺腑的"不能不为而为者"的"真诗",在《泰然斋集跋》中吴烺称赏金榘诗:"不拘一格,而绝去依傍之习,独抒情性之真。慨自风雅道弊,如有明末年,凡哀然而成集者,率皆拟古乐府数卷以冠篇省,非惟阅者不能解,即作者亦不自解,何其伪也!"① 吴烺慨然视"抒情性之真"为自己的师式与同调,姚鼐说:"余尝譬今之工诗者,如贵介达官相对,盛衣冠,谨趋武,信美矣寡情实;若荀叔之诗,则第如荀叔而已。荀叔闻是甚喜。"② 吴烺生平所为诗词皆有感而发,诗中多有丰富的情感蕴藉。

王鸣盛针对诗坛"风雅道敝"之弊端,称赏吴烺之诗,钱大昕在《杉亭诗集序》中说:"杉亭之诗其取材也雅,其托兴也深"③,从词史的发展角度来说,吴烺之词处在浙西词派的清空向常州派的比兴寄托说演进过程中的一个重要的发展阶段,"词则兼豪放婉约之胜"④,江炎在《杉亭词序》中说:"风雅之体,降而为词,穷极变化矣。本朝诸先辈如竹垞之雅艳,迦陵之豪宕,皆夸绝前代,直按宋元,词至今日乃为极盛。……自厉孝廉樊榭、王比部毂原归道山,此间之坛坫日就冷落……而杉亭舍人之词则于十余年前见之金孝廉棕亭寓庐,叹赏叫绝,恨不得识面。"⑤ 与乃父吴敬梓诗词的质朴风格相比,吴烺的诗词则多比兴寄托且华腴丰满,"取神韵、性灵、格律诸派之长而自成面貌"⑥。

(1)抒写家人骨肉亲情:将身世之悲打并入伤逝悼亡情感中

吴烺与乃父吴敬梓一样十分看重亲情,贫穷的家境使年未弱冠的

① 吴敬梓、吴烺撰,李汉秋点校《吴敬梓吴烺诗文合集》,黄山书社1993年版,第365页。

② 姚鼐:《惜抱轩全集》,中国书店1991年版,第33页。

③ 吴敬梓、吴烺撰,李汉秋点校《吴敬梓吴烺诗文合集》附录钱大昕撰《杉亭诗集序》,黄山书社1993年版,第416页。

④ 吴敬梓、吴烺撰,李汉秋点校《吴敬梓吴烺诗文合集》,李汉秋"前言",黄山书社1993年版,第6页。

⑤ 吴敬梓、吴烺撰,李汉秋点校《吴敬梓吴烺诗文合集》,黄山书社1993年版,第418页。

⑥ 吴敬梓、吴烺撰,李汉秋点校《吴敬梓吴烺诗文合集》李汉秋"前言",黄山书社1993年版,第6页。

吴烺就要为生计而奔波。自幼饱受颠沛流离之苦的吴烺格外珍视亲情，其诗文中以伤逝悼亡之作为代表，写得情深意厚，令人动容。当亲人一个个在凄苦中离他而去，吴烺面对家世衰颓、生活困顿、仕途偃蹇的境况，多种情感叠加下哀人感伤，触物悲心，在清激悲吟杂以怨慕的情调中融入自己的身世之悲，它们实在也是吴烺的自悼之词。

乾隆十三年（1748），吴烺寄居南京，先祖父侧室程氏过世，他奉父命回全椒料理丧葬，伤痛之余并作七律四首。

哭程媪四首并序

　　媪，先王父广文公侧室也。烺幼失慈恃，养于媪，恩义最笃。雍正癸丑，大人挈家迁金陵，媪独留里中，败屋三楹，长斋绣佛，如老尼师焉。烺往来江上，每一相见，辄涕下交颐。今年六十有一岁矣，倏无疾而逝。烺闻凶耗，仓卒归里，为营丧葬，而悲痛已无。用成长句，歌以当哭云尔。

　　苦节坚持三十春，岁寒始觉有松筠。繁华短梦萧凉境，贝叶寒香老病身。秋尽楼中霜月夜，恨长泉下白头人。一朝撒手悬崖畔，真向西来了净因。

　　曾记春朝就道时，临风老泪尚丝丝。为言后会在何日，且属前途休去迟。深巷俯门添怅望，荒山策蹇动愁思。谁知此际匆匆别，便是平生永诀期。

　　闻赴江皋心欲摧，片帆如马渡江来。一棺已了百年事，双泪难倾千古哀。尘暗虚堂饥鼠窜，苔深坏砌野花开。盈盈月照魂衣上，谁把椒浆奠一杯？

　　报德难酬抚畜恩，此生饮恨竟何言。灯枯不作寒宵梦，幔卷空归永夜魂。故宅萧条看易主，前和潦草葬荒原。空箱点检遗留物，重见儿时犊鼻裈。①

家世衰败之痛、身世凄凉之悲皆融入对祖母亡故的哀痛情感中。

---

①　吴敬梓、吴烺撰，李汉秋点校《吴敬梓吴烺诗文合集》，黄山书社1993年版，第159页。

诗中动人的细节刻画尤见出吴烺情感的细腻和丰富。与乃父吴敬梓一样，吴烺十分看重亲情，因程媪之丧而处于极大的悲痛中（可以推想吴敬梓对于这样有恩德于吴家的程氏的死也同样沉痛，可惜他四十岁以后的诗词大都散佚），在深情而伤感的回忆中，吴烺娓娓诉说着对程媪的不尽的怀念，"临风老泪"之送别，祖母已经灯枯油尽，在世时日日少，每一次送别也许即是诀别，祖母仍念念不忘叮咛"且属前途休去迟"，深巷俯门的怅望更是祖母对于吴烺深切的依恋及至爱之心的体现。当点检祖母遗物，看到空箱之中唯有祖母珍藏的自己儿时所着"犊鼻裈"，想到养育之恩尚不能报，而祖母已在穷困悲苦中凄然离去，吴烺的悲痛该何以克制！此情此景读来催人泪下。

　　相较世家望族的全盛时代，忽剌剌大厦的倾落何其彻底！"为营丧葬，而悲痛已无"，"故宅萧条看易主，前和潦草葬荒原"，家世衰败之下又遭逢亲人亡故之丧，此时吴家连安葬的费用都不能拿出。物是人非的沧桑巨变所引发的悲凉之感似乎使吴烺情感木讷了，实乃他的人生的大悲痛。吴烺对程媪的怀念之情一直珍藏在心底，当乾隆二十九年（1764），金兆燕携其子冀良就婚于扬州吴烺寓邸，吴烺写下《棕亭携令子冀良就婚于余寓邸成长句八章余亦抚今追昔怅然于怀作此奉答》（其五）诗：

　　　　萍叶蓬花命可叹，飘零到处即为安。故山空赋《思归引》，京国徒悲《行路难》。人去九原恩未报，泪枯千点梦初残。白杨衰草荒郊外，倩尔年年上冢看。（余少失母，养于庶祖母程，冢在全椒南山之陲，兴言及此，用属吾女焉。）①

　　吴烺念念不忘的是叮嘱女儿年年拜祭程氏塚墓，祭奠先人，以表达对祖母深切的怀念与不尽的哀思，非深情于此者不会有此等细心和真情。

　　家贫无医及生活穷困使胞弟藜叔不幸夭折，吴烺写下《梦与亡弟

---

　　① 吴敬梓、吴烺撰，李汉秋点校《吴敬梓吴烺诗文合集》，黄山书社1993年版，第256页。

黎叔共饮觉而有作》诗，以表达他对亡弟的哀思。

　　　　一恸鸰原百种哀，谁教抱恨向泉台？为言病骨经秋冷，强慰愁心借酒开。觉后泪痕珠颗颗，帘前霜气白皑皑。剧伤踪迹如萍梗，偏有精魂觅我来。①

"剧伤踪迹如萍梗，偏有精魂觅我来。"当现实的飘零生涯与梦中见到亡弟所勾起的沉痛叠加起来，吴烺的痛苦也因此增加放大了，伤悼黎叔，也是哀怜自己。

　　对于妻子，吴烺愧疚更多。乾隆十六年（1751）吴烺入京任内阁中书，第二年请假省亲，游历扬州时妻子病危的消息传来，吴烺便急归南京寓所。当吴烺回到南京的住所时，其妻已离世七日，悲痛之极吴烺写下《悼亡三首》寄托对妻子的哀思：

　　　　心急风帆更觉迟，入宫忽见繐帏披。（时余从扬州归，孺人没已七日矣。）烟凄素几香初断，灯闪孤旛影乍离。窗下空奁尘尽掩，衣边娇女泪双垂。年来久虑安仁痛，真受今宵刺骨悲。
　　　　往事寻思百感纷，黔娄身世不堪云。厨空永昼赊胡饼，（余家贫断炊，每赊饼而食。）荐冷残冬债布裙。（深冬无卧茵，孺人以絮裙代之。）素帙青灯依小阁，绿窗金线对斜曛。重泉一恸人何在，十载勤劳竟负君！
　　　　零膏剩馥闭空箱，摒挡思君一断肠。可叹铜钗惜于玉，更无罗绮织流黄。难为不慨庐江妇，轻别羞称画省郎。（余入都供职，孺人家母病遂沉重。）纵有鲛人千点泪，三丘愁绝海茫茫。②

吴烺入京为官后，吴家经济境况并无改观，"家贫断炊，每赊饼而食"，"深冬无卧茵，孺人以絮裙代之"，这些都表明这个家庭已经

------

① 吴敬梓、吴烺撰，李汉秋点校《吴敬梓吴烺诗文合集》，黄山书社 1993 年版，第158 页。
② 同上书，第 178 页。

极度贫困，连最基本的生活都难以为继了。吴烺在妻子逝去后的第二年犹言："其如八口饥，驱我四方行。吁嗟独憔悴，不如草木荣。"①吴烺和妻子长期分隔两地，面对缺衣少食的家境，巧妇也难为无米之炊，妻子却一直将这个家维持下来，从吴烺诗中自注"余入都供职，孺人家母病遂沉重"中约略知道妻子除了勤俭持家，处理繁重的家务外，还要操持娘家的事务。当妻子在贫病交加中凄然而去，吴烺泣血吞声写下《悼亡三首》，抒发了他对亡妻无尽的哀思与愧疚，"纵有鲛人千点泪，三丘愁绝海茫茫"，钱大昕在《杉亭诗集序》中说："洵乎！善言情者已"，缘于情切、痛深，悲伤才会如此。吴烺的亲人一个个在贫病交困中离开人世，他经受感情上一次次痛苦的折磨，十三年后吴烺再忆亡妻，情不能堪，写下《题殡云图》诗：

> 薄命真如夜向阑，摧残风月太无端。新歌有泪拈红豆，旧恨无心倚赤栏。桂叶眉峰妆阁闭，梨花梦雨墓门寒。可怜肠断何人识，传与人间画里看。②

万般愁苦，无人诉说，十三年的时光又倏忽逝去，岁月摧残之下，吴烺发出与妻子一样"薄命"之叹息，"可怜肠断何人识，传与人间画里看"，人生艰难、仕宦偃蹇，心中酸苦无以言说，心中多悲恨，悽然念坟塚，吴烺多想向亡妻一诉衷肠，想来唯有与他阴阳两隔的妻子才深谙自己的苦况吧。当长大的女儿与金兆燕子冀良成婚之时，吴烺心中生出无限感慨，"鸣环从此为新妇，酹酒真堪报昔人"③，儿女长大成人，即将成立自己的家庭，这算是自己对黄泉之下的妻子的一个交待，也算了却亡妻的遗愿，吴烺心中欣慰之情难以言

---

① 吴敬梓、吴烺撰，李汉秋点校《吴敬梓吴烺诗文合集》，吴烺诗《冬日信宿山庄感寓用庸人韵十首》（其十），黄山书社1993年版，第195页。

② 吴敬梓、吴烺撰，李汉秋点校《吴敬梓吴烺诗文合集》，黄山书社1993年版，第262页。

③ 吴敬梓、吴烺撰，李汉秋点校《吴敬梓吴烺诗文合集》，吴烺《棕亭携令子冀良就婚于余寓邸成长句八章余亦抚今追昔怅然于怀作此奉答》（其三），黄山书社1993年版，第256页。

表，他多希望在九泉之下的妻子也能听到这个消息而高兴。

《杉亭集》中直接描写吴敬梓、吴烺父子二人感情的文字并不多，作为父亲的吴敬梓对于儿子自小就为生计而奔波，心中怀着不安和愧疚，其《病中忆儿烺》、《除夕宁国旅店忆儿烺》等诗都是这方面情感的表达，吴敬梓将儿子吴烺作为自己志同道合的友朋看待，"有如别良友"①的思想在封建社会父子人伦关系中并不容易。大概缘于他们父子间这种亦父亦师亦友的关系，实际上，吴烺诗词中哀婉深情的作品，尤其是对于世事翻覆，命运多舛，家世衰败及怀才不遇等内容描写及情感抒发同乃父吴敬梓的文学表达具有某种相似性，使人体会到父子同悲的内涵，引人同情，叫人思索，从这方面来说，父子之间洵为知己。

社会对这个家庭太吝啬，太苛刻，让不幸一次次降临这里，父亲吴敬梓也很快在贫病交加中走完了他的人生，遭受生活诸多苦难的吴烺，面对弟弟、祖母、妻子一个个亲人都陆续离他而去，不断地给他一次次痛苦的冲击，太多的哀伤已经使吴烺不得不一次次将这些悲痛收敛，深藏内心以致显示出"悲痛已无"②的木讷。当父亲离世的消息传来，吴烺的悲苦情感同样无法言表。

南还舟中述怀却寄都下诸子八首

　　棕亭驱马去，言返阜陵间。复作维扬客，风尘损壮颜。寓书来邸舍，报我有家艰。（棕亭与先君子同客邗江，先君子一夕无疾而逝。）一痛肝肠绝，盈襟血泪斑。

　　我已悲风木，凄凉一鲜民。深惭乌鸟哺，只益蓼虫辛。道拙身偏懒，时清仕守贫。南云穿望眼，遗槾滞江滨。

　　潞河冰已泮，买棹始言归。恻怆思前事，艰难咏《式微》。

① 吴敬梓著，李汉秋辑校《吴敬梓诗文集·病中忆儿烺》，人民文学出版社 2002 年版，第 40 页。

② 吴敬梓、吴烺撰，李汉秋点校《吴敬梓吴烺诗文合集》，吴烺《哭程媼四首并序》，黄山书社 1993 年版，第 159 页。

云山千里隔，风雨寸心违。歌罢长天暮，春阴冷客衣。①

肝肠痛绝，血泪盈襟之悲是在为一生郁郁不得志的父亲的逝去而悲，也是为自己的一个同道知己的离去而悲；吴烺维扬作客，壮颜受损的凄苦是在诉说着自己多舛的命运，又何尝不是在诉说父亲吴敬梓的人生悲剧。"深惭乌鸟哺，只益蓼虫辛"，父亲和自己都如"处辛烈，食苦恶，不能知徙于葵菜，食甘美，终以困苦而癯瘦也"②的蓼虫，自己对父亲的养育之恩却一直体会不深，现在父亲猝然逝去，才感到自己已失去了心理上最牢固的依靠，也失去了报答这份孝心的机会，惭愧和哀伤交织下的沉痛已内敛得近乎木然，而此情境实在是吴烺的大悲怀。

（2）"诗人多寂寞，徘徊向歧路"③：吴烺的孤寂之心

吴烺生活的时代正是清朝盛世乾隆时期，吴烺和一大批文人一样有过梦想。1751年乾隆南巡，吴烺、王又曾、王鸣盛、钱大昕等迎銮献诗赋被召试行在，吴烺心里怀着兴奋，感恩戴德、歌功颂德之心自然也会产生：

> 除夕同李啸村金纯一韦药仙金钟越兄周朋荐守岁姑孰使院呈学使双公
>
> 踪迹联浮云，年光掣飞电。冉冉岁云除，椒花芬杯面。雪融见霁景，春气一以变。畴为冰筋吟，余寒落轻霰。诸君枚马俦，旌门荐芳馔。剧饮达深宵，欢情忘别怨。巨公独爱才，下逮缝掖贱。投分浑云泥，笑言足清晏。酣歌绛帐前，中行杂狂狷。千秋慕贤达，胜事传佳宴。东望慈姥山，庭闱一水间。遥知莫辛盘，中心增缱绻。丈夫贵努力，襄首岂容倦？况感知己恩，阳和越禽恋。明年迎翠华，锥颖囊中见。赓歌须庙廊，征逐耻乡县。伸纸

① 吴敬梓、吴烺撰，李汉秋点校《吴敬梓吴烺诗文合集》，黄山书社1993年版，第190页。

② 洪兴祖撰《楚辞补注》，中华书局1983年版，第244页。

③ 吴敬梓、吴烺撰，李汉秋点校《吴敬梓吴烺诗文合集》，吴烺诗《壬申岁泊舟沧州醉后赋长句忽忽已十二年感而作此》，黄山书社1993年版，第225—226页。

诗传观，平衡酒迭劝。坐待朝阳红，绮霞布深院。①

　　　　　　御试赋得指佞草（得"忠"字五言八韵）

　　　瑞草生庭际，嘉英植殿中。质坚能指佞，心直可旌忠。莫蓬差堪比，华苹未许同。招贤临邃馆，镜物傍深宫。霜雪留真性，灵奇见化工。有邪知抵触，无德岂包蒙。挺秀承天鉴，含芳赞圣功。盛朝歌喜起，奚用此芄葱。②

　　吴烺因受到乾隆召试而感恩戴德和欢呼雀跃，与同时应试者"剧饮达深宵"，"坐待朝阳红"，直至"绮霞布深院"，正是这种愉快心情的最直接的情绪反映。对于未来，吴烺满心希望，"脱令试鞍马，或未如余娴。暮春承明试，名姓点朝班。儌装诣京国，赁庑近市阛"③，心中生出天地一片光明之感。

　　不过，希望如同天空中的闪电般稍纵即逝，这种心境很快就被现实的残酷击得粉碎，"京洛软红尘，频年苦行役"④，入职京都后，吴烺似乎对京都的仕宦生涯无所适从，仅得官后第二年便发出"炊金折桂坐艰难，两载京华恋一官"⑤的哀怨叹息。从望族世家中衰败下来的吴烺比别人更快地清醒过来，在不到两年的时间里吴烺的情绪已发生了很大的转变，落魄的世家子弟对于封建社会"遍披华林"的"悲凉之雾"的体察和认识与它的本质更容易接近，姚鼐说"荀叔负隽才"，"工于诗，又通历象、章算、音律，所著书多古人意思所不到，

---

　　① 吴敬梓、吴烺撰，李汉秋点校《吴敬梓吴烺诗文合集》，黄山书社 1993 年版，第162—163 页。

　　② 吴敬梓、吴烺撰，李汉秋点校《吴敬梓吴烺诗文合集》，黄山书社 1993 年版，第164 页。据（清）法式善《槐厅载笔》卷七（嘉庆四年刻本）："乾隆十六年，召试江南诸生题目：蚕月条桑赋、赋得指任草得忠字五言八韵、理学真伪论。阅卷大臣：大学士总督江南南河河道兵部尚书高斌、兵部右侍郎汪由敦、刑部左侍郎钱陈群。"

　　③ 吴敬梓、吴烺撰，李汉秋点校《吴敬梓吴烺诗文合集》，吴烺诗《喜钟越兄至》，黄山书社 1993 年版，第169 页。

　　④ 吴敬梓、吴烺撰，李汉秋点校《吴敬梓吴烺诗文合集》，吴烺诗《移居和陶二首》（其一），黄山书社 1993 年版，第193 页。

　　⑤ 吴敬梓、吴烺撰，李汉秋点校《吴敬梓吴烺诗文合集》，吴烺诗《秋日乞假归覯毂原赋诗赠行依韵留别八首》（其四），黄山书社 1993 年版，第171 页。

是则余逊荀叔抑远矣！"① 姚鼐所言并非都是溢美之辞，吴烺即是名列《畴人传》的有成就的算学家。才高不遇是造成吴烺孤独心态的最为直接的因素，孤独也为他提供了观察社会的最佳情感储备。

吴烺的人生道路充满着坎坷和不幸。家世衰颓，母亲、弟弟、妻子、父亲等相继亡故不断给他精神的打击；颠沛流离日益穷困的生活让他生出无尽的感叹；仕宦偃塞功业无成的现实使他沮丧。生活中诸多困境在他敏感的心上留下了印记，"坐客闻言生百感，绝艺由来遭坎壈"②，坎坷和不幸使他不断感触着人生的寒意，却也叫他对社会的认识多了一份清醒，而这种清醒又让他陷入了更深的孤独之中，穷途失路的知识分子的人生体验大致若此。吴烺抒写着这种哀痛与苦闷，并融入他的理性的思索，还有对社会的认知和批判，这些又反过来促成他更深层的孤独寂寞，这是吴烺的真实的生命状态。

请看他的《赠戴明府兼呈遂堂先生四首》（其三）诗：

斯人今不作，相对忆麟洲。（麟洲殇明府幕中。）寥落诗千首，萧条土一丘。招魂来北渚，流涕向西州。独抱千秋意，茫荡感昔游。③

"寥落诗千首，萧条土一丘"，生命的悲感往往缘于理想的无由实现，它引发诗人内心的煎熬。吴烺悼友人又何尝不是在悲悼自己的命运，浸渍在诗中的多是这挥不去的孤独、寂寞，"日晚衔杯重惆怅，吾曹冷淡正相宜"④，"对此那能不饮，坐尽寒流暮鸦。莫怪斯游太早，吾曹冷淡生涯"⑤。这些孤独已成为吴烺诗词中一个特异的存在，"谁怜倾国倾城色，

① 姚鼐著《惜抱轩全集》，中国书店，1991年版，第33页。

② 吴敬梓、吴烺撰，李汉秋点校《吴敬梓吴烺诗文合集》，黄山书社1993年版，第209页。

③ 同上书，第204页。

④ 吴敬梓、吴烺撰，李汉秋点校《吴敬梓吴烺诗文合集》，吴烺诗《汪碧溪招同王光禄礼堂蒋舍人春农小集乔氏东园八首》（其六），黄山书社1993年版，第269页。

⑤ 吴敬梓、吴烺撰，李汉秋点校《吴敬梓吴烺诗文合集》，吴烺诗《同钱箨石先生谢金圃王礼堂钱辛相韦约轩王兰泉金甡来游王氏万泉庄园亭分赋各体得六言绝句八首》（其六），黄山书社1993年版，第214页。

却向墙阴伴野花"①，"少壮几时嗟老大，樽前早觉鬓丝皤"，才不得伸、老大无成的人生困境让诗人无可奈何，面对"京国徒悲行路难"②的失望，吴烺唯有沉重的叹息，请看他的《绮罗香·赠严东有》词：

> 花下填词，酒边寄恨，聊写半生情绪。坐冷江毫，惆怅好春迟暮。倚虚廊、满径新苔，掩重关、一帘微雨。又谁知、顾曲人来，拂笺吟我断肠句。少年怀抱谩与，曾记寒灯一点，细翻残谱。心是秋莲，抽尽愁思千缕。抚焦桐、绝调谁弹，碎胡琴、赏音难遭。拟何时、剪烛焚香，西窗深夜语。③

在《感寓五首》（其五）中吴烺以自嘲之笔写出自己困窘的处境和寂寞的心境：

> 人皆餍膏粱，主独甘藜藿；人皆善奔走，主独惜腰脚，双鬓已星星，严霜陨秋箨。我闻识时者，如锥处囊橐。且随县尹去，排衙听呼诺。聆之发微笑，尔去当踊跃。他日尔归来，仍栖旧帷幕。④

实际上，在正反对比中，吴烺将如他一般非"识时者"的读书人前程作了总结，"萧条向南路，辛苦稻粱谋"⑤，"此际翻成去住难，稻粱谋拙朔风寒"⑥。只是吴烺的不同在于他有不为稻粱谋的秉性，尽管没有完

---

① 吴敬梓、吴烺撰，李汉秋点校《吴敬梓吴烺诗文合集》，吴烺诗《咏斋前白秋海棠》，黄山书社 1993 年版，第 146 页。

② 吴敬梓、吴烺撰，李汉秋点校《吴敬梓吴烺诗文合集》，吴烺《棕亭携令子冀良就婚于余寓邸成长句八章余亦抚今追昔怅然于怀作此奉答》（其四、其五），黄山书社 1993 年版，第 256 页。

③ 吴敬梓、吴烺撰，李汉秋点校《吴敬梓吴烺诗文合集》，黄山书社 1993 年版，第 312 页。

④ 吴敬梓、吴烺撰，李汉秋点校《吴敬梓吴烺诗文合集》，吴烺诗《铁画歌和梁侍读山舟》，黄山书社 1993 年版，第 272 页。

⑤ 吴敬梓、吴烺撰，李汉秋点校《吴敬梓吴烺诗文合集》，吴烺诗《雁》，黄山书社 1993 年版，第 157 页。

⑥ 吴敬梓、吴烺撰，李汉秋点校《吴敬梓吴烺诗文合集》，吴烺诗《冬日挐舟访汪璞庄适值他出寓书留余如皋之雨香庵中偶成奉寄四首》（其四），黄山书社 1993 年版，第 265 页。

全摆脱对于封建政治经济的依附性，但至少吴烺看透了这种依附，最终不屑依附而实现人生境界的超越。"奇才不肯低颜色"所预示的"频年淹蹇"①，"吾曹冷淡"的结局自是一种必然，也早在吴烺意料之中，缘此，吴烺的悲苦之绝决不只是来自物质需要的贫乏，在他啼饥号寒的后面，包含一层更为深重的忧患。

论出处，不过得手的就是才能，失意的就是愚拙；论豪侠，不过有余的就会奢华，不足的就是萧索。凭你有李、杜的文章，颜、曾的品行，却是也没有一个人来问你。所以那些大户人家，冠、昏、丧、祭，乡绅堂里，坐着几个席头，无非讲的是些升、迁、调、降的官场；就是那贫贱儒生，又不过做的是些揣合逢迎的考校。②

与乃父吴敬梓的思想一致，高洁志趣引起寂寞之心。"平生青云志，啸傲凌王侯"③，"先生何为独深藏，企脚高卧向栩床"④，不与世俗沉浮的品性在父子二人身上也是相同的表现。吴烺说："于事虽无补，于心诚不欺"⑤，只要忠于本心，即便仕宦、事功无所成就也问心无愧，他多次以诗表明这种志向：

贫交行三首（其一）

君不见长松生在高山颠，枝柯夭矫凌苍烟。不知经历几岁月，风霜老尽虬龙骨。东皇来时百花开，夭桃繁杏如玫瑰。转眼封姨肆狂暴，但见纷纷委绿苔。长松长松岁寒心，与君结交为知音。⑥

---

① 吴敬梓、吴烺撰，李汉秋点校《吴敬梓吴烺诗文合集》，吴烺《杉亭集》词二《摸鱼儿》，黄山书社 1993 年版，第 313 页。

② 吴敬梓：《儒林外史》，人民文学出版社，1977 年版，第 620 页。

③ 吴敬梓、吴烺撰，李汉秋点校《吴敬梓吴烺诗文合集》，吴烺诗《感寓五首》（其四），黄山书社 1993 年版，第 272 页。

④ 金兆燕撰《棕亭诗钞》卷三《寄吴文木先生》，清嘉庆十二年赠云轩刻本。

⑤ 吴敬梓、吴烺撰，李汉秋点校《吴敬梓吴烺诗文合集》，吴烺诗《读晋书》，黄山书社 1993 年版，第 272 页。

⑥ 吴敬梓、吴烺撰，李汉秋点校《吴敬梓吴烺诗文合集》，黄山书社 1993 年版，第 149 页。

对未来，吴烺有时候难免要重拾幻想，"岂无明哲术，缄默以待时"①，毕竟还要有所希望。可惜吴烺希图入世而有所作为的努力都失败了，于是，身世飘零，凄清寡欢成为他的诗味，"孤踪只合常为客，癖性从来定趁欢"②，带着渺茫希望的幻想走向绝望更容易让人产生无限的空寂落寞，他的骨子眼里充满着悲观。古来贤人几个不寂寞，对于自己的悲剧命运，吴烺的体验不断深切，他的诗娓娓诉说着他心中的哀伤：

贫交行三首（其二）

陶公窗下无弦琴，陶公去后尘埃侵。古人相赏必有在，素心何必无千载！我有哀思为谁放？我有娇歌为谁唱？尘世悠悠能几人，高山流水空惆怅！③

吴敬梓在小说《儒林外史》第五十五回中写道：

荆元慢慢的和了弦，弹了起来，铿铿锵锵，声振林木，那些鸟雀闻之，都栖息枝间窃听。弹了一会，忽作变徵之音，凄清宛转。于老者听到深微之处，不觉凄然泪下。④

基于对人格的看重，吴敬梓、吴烺父子同声赞美阮籍，吴敬梓说："阮籍之哭穷途，肆彼猖狂"⑤，"召阮籍嵇康，披襟箕踞，把酒共沉

---

① 吴敬梓、吴烺撰，李汉秋点校《吴敬梓吴烺诗文合集》，吴烺诗《读晋书》，黄山书社1993年版，第272页。

② 吴敬梓、吴烺撰，李汉秋点校《吴敬梓吴烺诗文合集》，吴烺诗《冬日挐舟访汪璞庄适值他出寓书留余如皋之雨香庵中偶成奉寄四首》（其四），黄山书社1993年版，第265页。

③ 吴敬梓、吴烺撰，李汉秋点校《吴敬梓吴烺诗文合集》，黄山书社1993年版，第149页。

④ 吴敬梓：《儒林外史》，第五十五回"添四客述往思来　弹一曲高山流水"，人民文学出版社1977年版，第629页。

⑤ 吴敬梓著，李汉秋辑校《吴敬梓诗文集·移家赋》，人民文学出版社2002年版，第7页。

醉"①，"佯狂忆步兵"②；吴烺说："白眼谁怜阮籍狂"③，"吾思阮步兵，青白判俯仰"④。吴氏父子仰慕阮籍之独立人格，并引为同道知己，正源于相似的思想基础。然而，这个时代最不需要思想独立性的人物，思想的奴化、驯服是众多读书人不得不面临、接受并臣服的现实。封建社会需要人才，但它的前提是首先要甘心做奴才。如果生在这样的时代而要保持思想的独立性，那他们的人生就注定是一个悲剧，吴敬梓、吴烺父子就是生在这样的时代，却试图保持自己思想独立性的人物，"奇才不肯低颜色，何怪频年淹蹇"⑤，他们同处志不得伸、才不能展的悲凉境地，自然，志不能伸的悲剧便无可避免了。他们的悲剧是封建时代文人命运的缩影。

　　缘于吴烺所处的时代，他的批判终究因为胆力，因为缺乏理想之光的观照而显得迷茫颓唐，但这不应归咎吴烺个人。对吴烺诗歌的评价，李汉秋先生认为"只有很少一些篇什较深地反映了现实，流溢出时代的气息"⑥。没有广阔的社会内容，这固然是事实，但另一方面，透过吴烺好为苦语的表象，他的诗歌在啼饥号寒的背后，自有一种力度与质感。读他的《猛风行》，能够更好地理解他的这种心境：

猛风行

　　大声喧阗屋角来，老树槭槭枯枝颓。家人对面忽不见，眯目尽是沙与灰。屋瓦堕地纸窗裂，身上木棉裘已折。晓起却立如爰居，不恋布袭似寒铁。忆昔来往荒江上，日日推篷占五两。断芦折苇空港中，独坐沙头看骇浪。年来蹀躞东华尘，梦魂不到江之滨。孰知北地苦高

---

① 吴敬梓著，李汉秋辑校《吴敬梓诗文集·买陂塘》，人民文学出版社2002年版，第60页。

② 吴敬梓著，李汉秋辑校《吴敬梓诗文集·辛酉正月上弦与敏轩联句》，人民文学出版社2002年版，第81页。

③ 吴敬梓、吴烺撰，李汉秋点校《吴敬梓吴烺诗文合集》，吴烺诗《为友题照》，黄山书社1993年版，第285页。

④ 吴敬梓、吴烺撰，李汉秋点校《吴敬梓吴烺诗文合集》，吴烺诗《病目》，黄山书社1993年版，第170页。

⑤ 吴敬梓、吴烺撰，李汉秋点校《吴敬梓吴烺诗文合集》，吴烺词《摸鱼儿》，黄山书社1993年版，第313页。

⑥ 吴敬梓、吴烺撰，李汉秋点校《吴敬梓吴烺诗文合集》"前言"，黄山书社1993年版，第7页。

燥，此声聒耳何其频？初如战马脱羁勒，百万干戈逢劲敌。又如属镂冤魂恨未平，激起怒涛同壁立。将母拔大木，复恐吹倒山，掀天揭地无时闲。杜陵野老不解事，尚想寒士皆欢颜。莫以穷愁嗟瑟缩，犹有三楹白茅屋。骀荡和光定有时，明日推窗看朝旭。①

　　"杜陵野老不解事，尚想寒士皆欢颜"，诗人说一生怀抱济世情怀的杜甫想让寒士欢颜的理想太高太远，正如袁宏道"自从老杜得诗名，忧君爱国成儿戏"②，回答了他诗文创作中没有写"忧君爱国"的诘难，表明自己并非甘于沉默，但问题是即使抨击、诤谏，也于事无补，结果只能取法晋人阮籍的放浪形骸，作长日之醉。吴烺的诗也非随意写出，特别值得注意的是，诗中写到两种具有不同内涵的相异的景象，但它们又蕴含着融通互训的情感，这里"骀荡和光"、"朝旭"作为反衬，以宁静平和写躁动不安，就更能烘托出吴烺的哀恸。这不仅是一般的"恸"，而是诗人要寄情狂风以抒发郁勃，但终于难以忘怀现实的郁闷。"骀荡和光定有时，明日推窗看朝旭"，风雨过后的阳光和彩虹会有吗？大概这要算作吴烺的梦想；"世事渐谙人渐老，共谁剪烛话平生"③，吴烺的心真的会宁静下来吗？从诗中叙写"猛风"过时"拔大木"，"吹倒山"，"掀天揭地无时闲"来看，这摧枯拉朽之势带给诗人的是无比的痛快，作者似乎带着末世的情绪，在为这社会吟唱着一首挽歌，只不过挽歌的旋律十分激烈和悲壮。而曲终所奏的"骀荡和光"、"朝旭"之雅声，恐怕吴烺自己也会觉得是虚幻的另一世界。《猛风行》在《杉亭集》中又实在是诗人少有的充满力度和气势的痛快诗。没有广阔的社会内容的吴烺的诗却真实地记录着吴烺的情绪，反映着一种历史的真实。衰败的社会现实下，吴烺敏感地呼吸着末世的种种味道，他已不可能唱出盛世之音。乾隆三十五

　　① 吴敬梓、吴烺撰，李汉秋点校《吴敬梓吴烺诗文合集》，黄山书社 1993 年版，第 209 页。

　　② 袁宏道著，钱伯城笺校《袁宏道集笺校》卷一六《瓶花斋集》之四《显灵宫集诸公，以"城市山林"为韵》，上海古籍出版社 1981 年版，第 651 页。

　　③ 吴敬梓、吴烺撰，李汉秋点校《吴敬梓吴烺诗文合集》，吴烺诗《淮阴旅次》，黄山书社 1993 年版，第 295 页。

年，吴烺被召入京师，授山西宁武同知，署府掾。① 不满一年，即以疾归，此后便默默无闻，不知所终。

吴烺饱经忧患，历尽沧桑，从苍茫浩渺的历史中走来；他孤苦伶仃，寂寞无助，踽踽独行，蹒跚而去，渐渐消失在苍茫寂寥的天际，此又是一种大寂寞、大悲凉。

二　从入世到归隐：全椒吴氏子弟的心路历程

所谓的"个体自觉"，与西方文艺复兴时代人文主义者的"人格的觉醒"有某些相类乃至相通之处，又有着根本性的差异。二者都追求个体的精神自由，却有着截然不同的路径与归宿。在宗法官僚社会中，个体存在以等级与人伦为坐标。所谓"个体自觉"，也只能是将重心由"国"挪向"家"（家族）一边而作精神上之自由追求耳，并无抛弃现存秩序另建社会新秩序之行为。故群体自觉幻灭之后，党人解体，一部分有力者由名士而门阀，以家族利益为第一义；一部分则疏远朝廷，走上隐逸之路；更多的下层文士则成了无根之蓬草，在惶恐中游走。正是这些人首先将"个体自觉"表现为对生命意义的追问，对文学史有直接的影响。②

中国传统文化中一直提倡维护道统，积极进取的入世有为思想，"原道、征圣、宗经"成为读书人言行的准则。虽然孔子说："天下有道则见，无道则隐"，孟子说："穷则独善其身，达则兼济天下"，但是"隐"与"独善"也是暂时的，他们怀抱志向，修身养性以待时机，其隐逸思想从本质上说是入世的，是待时而动的一种手段，也是反抗无道现实社会的一种方式，并对后世的文人产生广泛的影响。

---

① 秦国经主编《清代官员履历档案全编》第十九册记"臣吴烺，安徽滁州全椒县举人，年肆拾陆岁，由现任内阁中书俸满，引见记名以同知用，今签升山西宁武府同知缺，敬缮履历，恭呈御览。谨奏。乾隆叁拾伍年贰月叁拾日"，华东师范大学出版社 1997 年版，第 655 页。

② 林继中：《文化建构文学史纲（魏晋—北宋）》，北京大学出版社 2005 年版，第 33—34页。就一个家族内部纵向发展来看，这种规律显现亦然。

从济世爱民的角度看，事功和有为进取固然是儒家所看重，但是从个人的人生境界来说，大儒们并不排斥隐逸，他们向往精神的自由，历来对隐者都持有比较欣赏的态度，夫子所谓"吾与点也"也含此意。显然，这种思想的好处在于使个体人生有为，同时又能不断地调节疲惫的身心，让人心灵及思想尽量保持纯洁。当然，封建时代士人阶层个体价值的实现是基于社会承认的通行标准，迨科举制度成熟后，读书人走科举、入仕的道路已经成为最常见的通途，即以功名的获取为前提，读书人要想有所作为，必须顺应这种程式。后世"家天下"思想益浓，儒家入世有为之道被统治者利用，将利诱、仕进变成悬在士阶层头上的一柄利器，他们用仕进去引诱、逼迫，收买、愚弄读书人，所谓"学成文武艺，货与帝王家"，士人若想进入其中必须收束自己的心性，迎合统治阶层的思想。"秦前是相对依附，秦后便是绝对依附了。绝对依附中的士子命运，总体上说，与男权社会中的女人是难姊难弟了"①，读书人的命运也便"百年苦乐由他人"了。显然，这种制度束缚和禁锢士人的精神，与士人所看重的精神的独立与自由相抵牾。毋须否认，旧时代的多少读书人游走于这根平衡木上跌跌撞撞、踉跄而行。

归隐心态及隐逸思想在全椒吴氏家族发展的不同阶段其表现不同，这个家族经过辉煌的顶点，然后又衰败下去，我们发现其发展过程中，吴氏子弟尤其表现在吴沛、吴敬梓、吴烺三人身上，归隐心态与隐逸思想显示出各自的特质，它是研究封建时代知识分子思想与精神史以及探究全椒吴氏家族兴衰过程的一个十分独特的视角。②

（一）吴沛："虚无陆沉，摧风败俗所关不小矣"③

吴沛的时代，全椒吴氏家族举业上还是一片空白。吴沛科举蹭蹬，人生挫折不断，但他有极强的入世作为之心志。《西墅草堂遗集》卷三"论部"《处身四五之间》一文是吴沛思想的集中表述，作者开宗明义提出人品之高下与其立身处世的原则密切相关，并决定了个体在社会中的种种实践行为，"立身者不能勉为一流人，而谬焉自处于中下，则其品不尊"，

---

① 胡益民、周月亮：《儒林外史与中国士文化》，安徽大学出版社 2005 年版，第 50 页。
② 实际上，前文第二章第三节在述及儒学在全椒吴氏科举家族发展中的地位和作用时，从吴氏子弟尤其以吴沛、吴敬梓、吴烺三人为典型，他们归隐心态及隐逸思想也是研究儒学在这个家族中如何作用的不错的视角。
③ 吴沛《西墅草堂遗集》卷三《处身四五之间》，清康熙十二年吴国对刻本。

志向高远的人立志必然远大。吴沛此文论说的缘起是陆喜对于薛莹的评价，陆喜以为高明的人应该隐藏光芒而行柔心顺意之道，并以此衡量薛莹，将其品列四五之间。① 吴沛以为评者必依一定标准，对于陆喜之品评薛莹，吴沛则深不以为然。陆喜将五类人物高低上下，而以能隐姓埋名而远离灾祸耻辱为上。

《晋书》本传记载，太康中，晋武帝下诏曰：

> 伪尚书陆喜等十五人，南士归称，并以贞洁不容皓朝，或忠而获罪，或退身修志，放在草野。主者可皆随本位就下拜除，敕所在以礼发遣，须到随才授用。

陆喜生于乱世，颇有全身之智。《晋书》撰者将陆机、陆云与陆喜列于同卷就不无对比之意，相较其从伯兄弟陆机、陆云，陆喜的"退身修志，放在草野"正与"沉默其体，潜而勿用"② 谋而合矣。卷末撰者赞曰：

> 夫贤之立身，以功名为本；士之居世，以富贵为先。然则荣利人之所贪，祸辱人之所恶，故居安保名，则君子处焉；冒危履贵，则哲士去焉。是知兰植中涂，必无经时之翠；桂生幽壑，终保弥年之丹。非兰怨而桂亲，岂涂害而壑利？而生灭有殊者，隐显之势异也。故曰，衔美非所，罕有常安；韬奇择居，故能全性。观机、云之行己也，智不逮言矣。③

显然，三人命运悬殊，皆因道所不同也，对比之下意旨显明。《明

---

① 据《三国志》卷五十三《薛综传》：薛莹，字道言。三国吴沛郡竹邑县（今安徽省濉溪县赵集孤山）人。薛珝弟，薛综次子。莹初为秘府中书郎，吴主孙休即位后任散骑中常侍，后以病去职。孙皓即位后，其为左执法，迁选曹尚书，领太子太傅。建衡三年，续作其父遗文，何定建议凿圣溪以通江淮，孙皓令薛莹前往督察，以多盘石而止，任武昌左部督。何定被诛，薛莹因受牵连，徙广州。不久召为左国史。天纪四年孙皓投降，降书为薛莹所写。入晋后为散骑常侍。《三国志》卷五十三，中华书局1959年版。

② 房玄龄等撰《晋书》卷五十四，列传第二十四，中华书局1974年版。

③ 房玄龄等撰《晋书》卷五十四，中华书局1974年版。

史》张廷玉赞曰：

> 庄烈帝在位仅十七年，辅相至五十余人。其克保令名者，数人而已，若标等是也。基命能推毂旧辅以定危难，震孟以风节显，德璟谙悉旧章。以陆喜之论薛莹者观之，所谓侃然体国，执正不惧，斟酌时宜，时献微益者乎。至于扶危定倾，殆非易言也。呜呼，国步方艰，人材亦与俱尽，其所由来者渐矣。①

张廷玉有感于明末的国势衰微，如成基命、文震孟、蒋得璟这些能臣，张廷玉也仅仅认为他们只是刚正为国，秉公处世而不畏惧，根据形势变化，时常进献细微好处之人，是陆喜所列三四流品第，故而慨叹国事艰难之时，扶持危殆，安定倾覆，力挽狂澜之人才实不易得。追寻历史的印迹，张廷玉感慨此种局面的出现，冰冻三尺非一日之寒也，即所谓"人材亦与俱尽，其所由来者渐矣"。小而言之是明代的社会环境使然，大言之，"天下有道则见，无道则隐"的全身避害观念也常为儒者所接受，并被作为儒家隐逸思想的先声，深刻地影响着后世的文人。

吴沛以为"天生君子，岂使自有余，而况士人一身未以质委，则随所自处可耳；一以身许国，则身非己之身，而国之身矣，安得择自便之地而处之也？"② 士之身对个体而言已非一己之身，而是不能"择自便"的"国之身"，吴沛指出陆喜品评人物之谬在于"独不思士者，任天下之事，而济天下之事者也"。陆喜并不看重甚至十分轻蔑这一方面。吴沛推重"有益于世"的社会责任感，"士生斯世，惟以之一身毫无益于世，处身之谓何？"③ 陆喜看重的则是有益于身，"沉默其体，潜而勿用"，"晦其明而履柔顺"，"远悔吝"。④ 吴沛说，"论人者不实见为何如人，而漫焉肆雌黄，逞月旦，则其品人者不当"，即是针对陆喜品评薛莹而言，吴沛毫不掩饰对薛莹的赞赏，"士者，任天下之事，而济天下之事者也"。以

---

①　《明史》卷二五一，中华书局 1974 年版。

②　吴沛《西墅草堂遗集》卷三《处身四五之间》，清康熙十二年吴国对刻本。

③　同上。

④　房玄龄等撰《晋书》卷五十四，中华书局 1974 年版。

为"吴士薛莹咸拟为第一"。① 由此，我们看到吴沛高扬进取有为，努力事功，而本篇对隐者的批评则从反面诠释了他的人生思想。

孔子的"天下有道则见，无道则隐"，以大道能否推行作为或仕或隐的选择，孟子的"穷则独善其身，达则兼济天下"，以个人的得志与否作为行动的指南。孔、孟思想体现出儒家在隐与仕的选择上一种比较通达自由的原则。吴沛以为"士人一以身许国"则"身非己之身，而国之身"，反对"得时则驾，不得时则蓬累而行；有道则见，无道则隐"的思想，他将"惟以之一身毫无益于世"斥之为"牺鸡自断其尾"②，神龟"曳尾泥中"③。吴沛以为"牺鸡自断其尾，身则全矣"，"曳尾泥中，逍遥自得，己则逸矣"，但它们的弊端实在不少：小而言之，对于个体本身来说，归隐不能"见吾才"，且"迹则晦"，隐"吾伐"，"古之人抱长才硕蕴，不得志而隐于湖海者，何可胜穷，弟未有得当耳"④；大而言之，则不能"忧人之忧"与"载人之难"，为国解难，替人君分忧，这与儒家入世有为的精神相违背。尤其是在国难当头，多事之秋，吴沛主张士人应当"捐躯许国，委身事君"，不该"介介乎以高尚吏隐之士为尊"，他将陆喜所尊称的这些"无益缓急之士"归为"恕"、"忍"⑤，毫不掩饰自己憎恶之态度，甚至以祸国殃民来痛斥其危害。

《世说新语》"轻诋第二十六"：

> 桓公入洛，过淮、泗，践北境，与诸僚属登平乘楼，眺瞩中原，

---

① 吴沛《西墅草堂遗集》卷三《处身四五之间》，清康熙十二年吴国对刻本。

② 《左传·昭公二十二年》"宾孟适郊，见雄鸡自断其尾。问之，侍者曰：'自惮其牺也。'"杜预注曰"畏其为牺牲奉宗庙，故自残毁。""鸡牺虽见宠饰，然卒当见杀。"（见于李学勤主编《春秋左传正义》卷五十，北京大学出版社1999年版，第1423页。）

③ 《庄子·秋水》："庄子钓于濮水，楚王使大夫二人往先焉，曰：'愿以境内累矣！'庄子持竿不顾，曰：'吾闻楚有神龟，死已三千岁矣，王巾笥而藏之庙堂之上。此龟者，宁其死为留骨而贵乎？宁其生而曳尾于涂中乎？'二大夫曰：'宁生而曳尾涂中。'庄子曰：'往矣！吾将曳尾于涂中。'"郭庆藩疏曰："庄子保高尚之遐志，贵山海之逸心，类泽雉之养性，同泥龟之曳尾，是以令使命之速往，庶全我之无为也。"（见于郭庆藩《庄子集释》，中华书局1961年版，第604页。）

④ 吴沛《西墅草堂遗集》卷四《晏理斋传》，清康熙十二年吴国对刻本。

⑤ 吴沛《西墅草堂遗集》卷三《处身四五之间》，清康熙十二年吴国对刻本。

慨然曰："遂使神州陆沉，百年丘墟，王夷甫诸人，不得不任其责！"①

吴沛说："两晋之士以宅心事外为高，以旷达清谈为贤。东山高望以养望，征辟屡辞以邀名，其后虚无陆沉，摧风败俗所关不小矣，未必非此论为之崇也。"② 吴沛以为国势衰微时期隐逸思想大畅其道，其弊端不可小觑，所谓的"摧风败俗"而至亡国亡家。

吴沛终生举业坎壈，但一生都没有放弃举业事功之念，其《五十岁自作》诗概括了他的不懈追求的艰辛和疲惫：

> 碌碌蜉蝣未计年，奔营分敢怨缘颠。鸡声频唤三更月，马首偏悬六腊天。半世头颅徒自笑，千秋事业向谁怜。而今偶悟黄粱梦，不信清闲不是仙。③

吴沛因功业无成而生出良多感慨，他说自己也向往清闲如仙的生活，这对性格刚强而倔强的吴沛而言，实在一种无奈的旷达，是特定时间段心理的真实写照。背负举业兴家的压力使他不"清闲"，隐逸情怀便有了存在的空间，《别友》中称赞友人："气爽龙为友，机忘鹤狎翁。"④《取松萝六安雨茗和入一罂》说："北莽蕨花香，南茗兰芽气。清圣与幽人，一破南北谜。"⑤《病中拟往湖上不果》中说"羡煞孤山林处士"⑥。诸如此类诗中对隐逸境界的向往，固然不乏诗意，但落实到吴沛的人生处，归隐思想偏离了吴沛的人格精神，充其量只悬于他的人生理想的某一层面，远不如儒家的有为精神那样让他执着于其中。吴沛也想做个功成身隐的高士，在《赋得何处难忘酒》诗中说"剑在摇星斗，庭空掩薜萝"⑦，无数文人都向往这样的境界，但得之

---

① 刘义庆著，余嘉锡笺疏《世说新语笺疏》"轻诋第二十六"，中华书局 2007 年版，第979 页。
② 吴沛《西墅草堂遗集》卷三《处身四五之间》，清康熙十二年吴国对刻本。
③ 吴沛《西墅草堂遗集》卷一，清康熙十二年吴国对刻本。
④ 同上。
⑤ 同上。
⑥ 吴沛《西墅草堂遗集》卷一《病中拟往湖上不果》，清康熙十二年吴国对刻本。
⑦ 吴沛《西墅草堂遗集》卷一，清康熙十二年吴国对刻本。

何其难!

这是全椒吴氏家族发展的上升时期,"祖来巢许是生涯,世业穰穰羡蒲车"①,吴沛怀抱为世所用的政治理想,以建功立业为一生目标并构成他人生理想的主导方面,吴沛的思想是吴氏家族的宝贵精神财富,也是促成了这个家族发展壮大的动力源泉。

(二) 吴敬梓:"寄闲情于丝竹,消壮怀于风尘"②

吴敬梓生活在康乾盛世,这个表面繁荣的王朝却潜伏着深刻的社会危机,盛世不过是封建末世的一段返照的回光。历史上,任何专制政权在其接近灭亡时,它的挣扎也总越发猖獗与疯狂,清代的统治者对于思想的控制,除了用仕进去利诱外,还用文字狱去威吓、镇压。历来的社会发展史也告诉我们,愈是强权专治的时代,在依附与独立之间游走的读书人愈是艰难,而高压之下此路简直不通!"博大和恶辣"③ 的政策在吴敬梓的心上留下重重阴影,其《丙辰除夕述怀》诗写道:"人生不得意,万事皆惄惄。有如在网罗。无由振羽翩"④,《村舍雀二首》(其一)说:"何事空村来啄粟,可知挟弹有王孙"⑤,《高阳台》诗也说:"关情只有辞巢燕,怕看他鸠化为鹰"⑥,吴敬梓意识到了这种危机,联系清代前期的酷烈的文字狱来看,吴敬梓的这种感受并非空穴来风。

有清一代,追求思想及人格的独立的读书人越来越稀少了。在《儒林外史》中作者借迟衡山之口说:

> 讲学问的只讲学问,不必问功名;讲功名的只讲功名,不必问学

---

① 吴沛《西墅草堂遗集》卷一《贺友人六十友隐于农乐善九月初度》,清康熙十二年吴国对刻本。

② 吴敬梓:《吴敬梓诗文集·移家赋》,李汉秋辑校,人民文学出版社 2002 年版,第 12 页。

③ 鲁迅:《鲁迅全集》第六卷《且介亭杂文·买〈小学大全〉记》,人民文学出版社 2005 年版,第 60 页。

④ 吴敬梓:《吴敬梓诗文集》,李汉秋辑校,人民文学出版社 2002 年版,第 28 页。

⑤ 同上书,第 39 页。

⑥ 吴敬梓、吴烺撰,李汉秋点校《吴敬梓吴烺诗文合集》,黄山书社 1993 年版,第 69 页。

问。若是两样都要讲，弄到后来，一样也做不成。①

　　吴敬梓希望用独立的学术来培育独立的人格，以此摆脱朝廷功令的羁绊，冲破文化专制主义，这是他追求人格独立、精神解放的一个组成部分。事实上，封建社会强权统治之下，个体价值的实现有时不得不以失去人格的独立与精神的自由为代价的，所谓的功业有成大都是人格独立与精神自由的障碍。读书人要跻身于统治阶层，首先必须放弃人格上的独立，思想上要臣服于这种奴化的统治。《儒林外史》中当杜少卿辞却李大人的举荐时，李大人对他说："世家子弟，怎说得不肯做官?""杜少卿就不敢再说了。"② 杜少卿的"不敢再说"虽然是出于尊敬与礼貌，但多半也是因为李大人的话正中要害。要说在这个家族的家世背景下成长的吴敬梓完全没有出仕的思想，恐怕是不符合实际的。小说中杜少卿在辞去征聘后，心里欢喜，"好了! 我做秀才，有了这一场结局，将来乡试也不应，科、岁也不考，逍遥自在，做些自己的事罢!"③ 这欢喜带着真诚和纯洁，体现着吴敬梓的境界，精神的自由与人格的独立是吴敬梓所看重的。杜少卿夫妇乐山乐水，庄征君玄武湖隐居，都是吴敬梓的人生情趣的映照，"襟怀冲淡，上而伯夷、柳下惠，下而陶靖节一流人物"④ 的虞育德正是他的人格理想的化身。

　　在现实世界里，吴敬梓的追求充满艰辛，"由于专制政体不把人当人，而把人非人化，所以要想做人，而不是做官，似乎就必须以隐为前提。'邦有道则显，邦无道则隐，(《论语》)，而专制、反智的政体，何尝一日有'道'过?"⑤ 于是吴敬梓以隐逸为崇高，在他的诗词中，隐逸情

---

　　① 吴敬梓:《儒林外史》，第四十九回"翰林高谈龙虎榜　中书冒占凤凰池"，人民文学出版社 1977 年版，第 564—565 页。

　　② 吴敬梓:《儒林外史》，第三十三回"杜少卿夫妇游山　迟衡山朋友议礼"，人民文学出版社 1977 年版，第 391 页。

　　③ 吴敬梓:《儒林外史》，第三十四回"议礼乐名流访友　备弓旌天子招贤"，人民文学出版社 1977 年版，第 396 页。

　　④ 吴敬梓:《儒林外史》，第三十六回"常熟县真儒降生　泰伯祠名贤主祭"，人民文学出版社 1977 年版，第 425 页。

　　⑤ 胡益民、周月亮:《儒林外史与中国士文化》，安徽大学出版社 2005 年版，第 221—222 页。

怀坦然流露，而且伴随着时间的流逝，情愈浓，思愈深。从移家南京之前的"买山而隐，魂梦不随溪谷稳"（1729 年作《减字木兰花》）到移家后的"寄闲情于丝竹，消壮怀于风尘，识沈约梦中之路，销江淹别后之魂"（1733 年作《移家赋》），而后"欲赋淮南《招隐》篇"（1733 年作《寄李啸村四首》之一），"身将隐矣。召阮籍嵇康，披襟箕踞，把酒共沉醉"（1733 年作《买陂塘》），"每将偕隐意，三复昔人言"（1734 年作《春兴八首》之七），"浮云富贵非所好，爱山成癖乐其真"（1736 年作《题王溯山左茅右蒋图》），"何日丹炉锻灶，结庐林薄。终南太华都休问，只思寻深洞岩壑。几行沙鸟，几双社燕，几声风鹤"（1736 年作《桂枝香》），1738 年拜谒左伯桃墓后吴敬梓说："良足敦友谊，胡乃急荣遇"，批评左伯桃汲汲于功名显达，而不无自豪地说："亦有却聘人，灌园葆贞素"①，吴敬梓要却聘灌园，保持贞素。晚年的吴敬梓即实践着自己"灌园葆贞素"的清贫生活，认真地隐居起来。"闲居日对钟山坐，赢得《儒林外史》详"②，一心创作小说《儒林外史》。

但是，对于现存制度与统治者而言，隐逸多少表明对制度与统治的否定，甚至隐逸是让他们畏惧的一种异己存在。《儒林外史》描写取得政权前的吴王（朱元璋）能够容忍王冕的孤高和退避，"孤是一个粗卤汉子，今得见先生儒者气像，不觉功利之见顿消"③。而一旦政权在握就规定"寰中士大夫不为君用，是自外其教者，诛其身而没其家"④，视"不为君用"之隐逸为仇雠。获得政权的"朱皇帝"不允许王冕继续"隐逸"下去，要王冕出来为他作官。王冕也早已料到新皇帝的这一手，当征聘他做官的消息传出，"王冕并不通知秦老，私自收拾，连夜逃往会稽山中"。朱元璋扑了一个空。王冕留下的"螟蛉满室，蓬蒿蔽径"⑤ 是吴敬梓思想

---

①　吴敬梓：《吴敬梓诗文集》卷二《左伯桃墓》，李汉秋辑校，人民文学出版社 2002 年版，第 36 页。

②　吴敬梓、吴烺撰，李汉秋点校《吴敬梓吴烺诗文合集》附录王又曾《书吴征君敏轩先生文木山房诗集后（有序）》，黄山书社 1993 年版，第 413 页。

③　吴敬梓：《儒林外史》，第一回"说楔子敷陈大义　借名流隐括全文"，人民文学出版社 1977 年版，第 14 页。

④　钱伯诚等编《全明文》，上海古籍出版社 1992 年版，第 706 页。

⑤　吴敬梓：《儒林外史》，第一回"说楔子敷陈大义　借名流隐括全文"，人民文学出版社 1977 年版，第 16—17 页。

深处的悲凉。坚辞不就的高启被朱元璋以"不为君用"的罪名腰斩于南京，《儒林外史》中卢信侯因"家藏《高青邱文集》乃是禁书，被人告发"①，何尝不包蕴着作者的一番苦心呢。小说中，几个老人临终遗言的描写是吴敬梓在以十分独特的方式阐明自己的思想：

> 我眼见得不济事了。但这几年来，人都在我耳根前说你的学问有了，该劝你出去做官。做官怕不是荣宗耀祖的事？我看见这些做官的都不得有甚好收场。况你的性情高傲，倘若弄出祸来，反为不美。我儿可听我的遗言，将来娶妻生子，守著我的坟墓，不要出去做官。我死了口眼也闭。(王冕之母临终遗言)②

> 我这病犯得拙了！眼见得望天的日子远，入地的日子近。我一生是个无用的人，一块土也不曾丢给你们，两间房子都没有了。第二的倪幸进了一个学，将来读读书，会上进一层也不可知，但功名到底是身外之物，德行是要紧的。我看你在孝弟上用心，极是难得，却又不可因后来日子略过的顺利些，就添出一肚子里的势利见识来，改变了小时的心事。我死之后，你一满了服，就急急的要寻一头亲事，总要穷人家的儿女，万不可贪图富贵，攀高结贵。(匡迥之父临终遗言)③

吴敬梓以自己丰富的阅历与切身的感受，借用"老人"的身份指出功名富贵会使读书人渐入歧途。小说中蘧太守说，"小儿亡化了，越觉得胸怀冰冷，细想来，只怕还是做官的报应"④，这实在是吴敬梓对现实的诅咒语。

对于读书人来说，要有所作为则无可避免要参与政治，结果难免甚至必然会同流合污，保持思想的独立性便无从谈起；想独善其身，远离政

---

① 吴敬梓：《儒林外史》，第三十五回"圣天子求贤问道　庄征君辞爵还家"，人民文学出版社 1977 年版，第 416 页。

② 吴敬梓：《儒林外史》，第一回"说楔子敷陈大义　借名流隐括全文"，人民文学出版社 1977 年版，第 12 页。

③ 吴敬梓：《儒林外史》，第十七回"匡秀才重游旧地　赵医生高踞诗坛"，人民文学出版社 1977 年版，第 209—210 页。

④ 吴敬梓：《儒林外史》，第八回"王观察穷途逢世好　娄公子故里遇贫交"，人民文学出版社 1977 年版，第 110 页。

治，则只能终老林下，一事无成。

　　论出处，不过得手的就是才能，失意的就是愚拙；论豪侠，不过有余的就会奢华，不足的就是萧索。凭你有李、杜的文章，颜、曾的品行，却是也没有一个人来问你。所以那些大户人家，冠、昏、丧、祭，乡绅堂里，坐着几个席头，无非讲的是些升、迁、调、降的官场；就是那贫贱儒生，又不过做的是些揣合逢迎的考校。①

　　英雄失路之悲在吴敬梓的身上表现尤其浓烈，但它绝非吴敬梓的个人悲剧所能概括，小说结尾吴敬梓写道："从今后，伴药炉经卷，自礼空王"②，可谓"吴旨遥深"。

　　（三）吴烺："缅怀高隐心常折"③

　　吴烺处身家族式微背景下，望族世家的血统曾激励他追求理想，现实处境之艰危又叫他不断为生存而挣扎，"一生襟抱未曾开"的吴烺，他的生活正如他的诗所描绘的：

将之都门留别邗江诸同好四首（其二）

　　栖迟倦客本无家，身似鹣鹣阅岁华。淹惯酒痕襟袖湿，簪来花朵帽檐斜。疏灯老树听春雨，小艇秋潮送落霞。懒慢自怜真得计，片时安稳是生涯。④

　　一方面"身似鹣鹣阅岁华"的人生让吴烺生出无限感伤，感到苦闷和失望；一方面现实的无望又叫他"懒慢自怜真得计"，而于饮酒簪花之中聊渡生涯。

---

　　①　吴敬梓：《儒林外史》，人民文学出版社 1977 年版，第 620 页。

　　②　吴敬梓：《儒林外史》，第五十五回"添四客述往思来　弹一曲高山流水"，人民文学出版社 1977 年版，第 630 页。

　　③　吴敬梓、吴烺撰，李汉秋点校《吴敬梓吴烺诗文合集》，吴烺诗《海西庵》，黄山书社 1993 年版，第 250 页。

　　④　吴敬梓、吴烺撰，李汉秋点校《吴敬梓吴烺诗文合集》，黄山书社 1993 年版，第 270 页。

1. "余性慕烟霞，轩裳非所悦"①——吴烺的隐逸思想

有清一代统治者实行的集权专制政策，思想上强化控制，文化上强硬压迫，这种制度束缚和禁锢人的精神尤甚，它与士人向来所看重的精神的独立与自由严重背离。士人群体面对现实的处境，游走在强权与自由之间而多有生存艰难之叹，为寻求解脱，他们多会以超逸尘外之想来寻求精神的慰藉与解脱，即便身不得隐，心仍能向往之，这又成为中国古代知识分子保持人格独立的一种独特方式。

对于吴烺来说，家世衰落，经济窘困，仕途偃蹇都使他心身俱创。父亲思想的影响以及父亲命运的悲剧都使吴烺更能看穿现实的本相，加之自己人生的遭际、生活中诸种苦痛的记忆，这些都使他对于人生不会抱有过多的幻想。19 岁时，吴烺的诗文中即多流露归隐之思，"只柔橹轻篙，鲈鱼菰饭，长老五湖畔"（《摸鱼子·莼》），"最羡湖中客，常读种鱼经"（《同郑松桥登鸡鸣寺望后湖庚中》）。姚鼐称"荀叔负隽才而亦颓然常有离世之志"②，钱大昕说："囊笔僄直之余，闭门却扫，轴帘下帷，与二三同志赋诗饮酒相羊其间，翛然有尘外之想。"③ 吴烺的诗反复诉说对于自由境界、隐者生活的向往与推崇，"心随去鸟翔寥阔，目送孤云入杳冥。此地由来堪避世，不因猿鹤恋山灵"（《焦山二首》其二），"微霜三径菊，秋雨半床书"（《题家竹屿秋江归兴图二首》），"永慕蒙庄子，濠梁寄所思"（《题客窗听雨图二首》），"境与心同清，仿佛羲皇上。惟有山中云，时时自来往，安能谢尘缘，此间寄幽赏"（《题成比部画》），"竭来栖隐处，始识野人尊"（《赠许月溪》），"莫是幽人，此中高隐，别有风光，尽堪栖息"（《醉蓬莱·葫芦》），"有茅屋三间，积篱一曲，与子共垂钩"（《摸鱼子·题斜月杏花屋图》）。田园生活也进入吴烺的视野，"我欲青门栖隐去，人间难得种瓜田"（《武清怀古四首》其四），"君今托足尘嚣间，襟怀且向图中闲。有田不归如江水，我亦栖栖念旧山"（《为友题照》），"有如天马受羁靮，驹龙其首加鞍鞯。人生行乐匪易事，六印宁如二顷田。片时疏放亦快意，此景

① 吴敬梓、吴烺撰，李汉秋点校《吴敬梓吴烺诗文合集》，吴烺《冬日信宿山庄感寓用庸人韵十首》（其三），黄山书社 1993 年版，第 194 页。

② 姚鼐：《惜抱轩全集》，中国书店，1991 年版，第 33 页。

③ 吴敬梓、吴烺撰，李汉秋点校《吴敬梓吴烺诗文合集》附录钱大昕作《杉亭诗集序》，黄山书社 1993 年版，第 416 页。

与子须留连"（《泊舟沧州醉后作》）。

在入世与归隐之间，吴烺说"余性慕烟霞，轩裳非所悦"（《冬日信宿山庄感寓用庸人韵十首》其三），他倾心向往着隐逸所带来的自由的身心与无拘束的生活，"幽人结网临湖壖，霜柳依依弄晴色。敞庐不闻车马声，缥囊湘帙盈百城。岂羡当时漆园吏，对此居然濠濮情"（《题结网图》），"余亦高兴发，归梦荒江滨。漱石石齿齿，弄波波粼粼。小船驾赤马，古刹寻青鸳。一枝筇竹杖，乐事难具陈。芳草遍驿路，萋萋怨王孙。君行非偶尔，悠然见天真"（《题家比部渔浦行乐图即送请急归里》），"赢来樱笋乡中味，抛却轩裳梦里缘。寄谢长安旧游侣，麻姑少别即千年"（《登舟》），"轩车辖辘长安道，争似舟人镇日闲"（《棹歌和李晴洲十首》），这些"幽人"、"舟人"、"野人"、"飞鸟"、"孤云"都为作者所衷情，"烟霞"、"高兴"、"天真"、"濠濮情"皆为作者志之所在。在《过刘翁隐居三首》诗中吴烺尽心抒写对隐逸情趣的向往，一往情深：

　　　主人真静者，别墅闭门居。支枕闲听鸟，垂竿不羡鱼。槿篱寒沼外，茶具小窗虚。不踏尘嚣地，相传廿载余。

　　　为怜修竹好，随意到园林。一径古苔色，断桥流水深。苍烟蔼嘉树，素壁挂鸣琴。众籁窈然寂，旷怀无古今。

　　　红尘京洛梦，回首定依依。倦翮几时返，闲云他处归。烟波江上棹，风雨故山薇。对比应惆怅，劳劳未息机。①

生命的悲感往往源于对前途的迷惘及理想的无由实现。吴烺以为仕宦已不能有所作为，而精神的追求却从未消歇，"万物皆乘化，至人宁我欺"（《移居和陶二首》），心怀《遂初》之愿的吴烺却总被风尘劳攘所困，"对比应惆怅，劳劳未息机"，吴烺处于这样的生存状态。同乡友人韦谦恒②说：

————————

① 吴敬梓、吴烺撰，李汉秋点校《吴敬梓吴烺诗文合集》，黄山书社1993年版，第269页。

② 韦谦恒，字药仙，一字药斋，芜湖人，赘婿全椒并寓居苦读，乾隆癸未年探花及第。因父母皆卒葬全椒，遂占椒籍。与吴烺有诗歌唱和，有《传经堂诗钞》存世。

　　　　身外浮云片片轻，肯将文字竞时名。次公酒醒狂仍在，中散眠多
懒易成。一局棋声当漏尽，半帘香气袭人清。冲泥不厌频相诣，况是
春融雨乍晴。①

　　阅尽人生沧桑后，吴烺要在精神的家园中努力寻觅一种安宁。

　　2. 欲隐而不能之悲

　　文人的精神自由与个性伸张大都是与政治的疏离相伴相生。清代
的统治者并没有以严刑酷法摧折众多隐逸的文人儒士，但士人拒绝仕
宦，显示出对专制与权威的冒犯，引起统治者的忌讳，对统治者多少
具有一些潜在的威胁。"士的外路狭隘、内路枯瘠，明初不及宋元，
清中叶以后尚不如明。……就连隐了去，也不是肥遁，而只是枯瘠之
遁。"② 清代的统治者不乏使用各种权数，逼迫士人驯服于他们的
统治。

　　吴敬梓在小说中以近乎空想的方式构建出士人理想的生存方式：王冕
是以画没骨花卉出名，别人"争着来买"，故而"渐渐不愁衣食"；③ 四
个市井奇人中裁缝荆元说："而今每日寻得六七分银子，吃饱了饭，要弹
琴，要写字，诸事都由得我；又不贪图人的富贵，又不伺候人的颜色，天
不收，地不管，倒不快活？"④；沈琼枝"自从来到南京，挂了招牌，也有
来求诗的，也有来买斗方的，也有来托刺绣的"⑤；蘧景玉说：

　　　　家君常说："宦海风波，实难久恋。"况做秀才的时候，原有几
　　亩薄产可供饘粥；先人敝庐，可蔽风雨；就是琴、樽、炉、几，药
　　栏、花榭，都也还有几处，可以消遣。所以在风尘劳攘的时候，每怀

---

　　① 韦谦恒：《传经堂诗钞》卷四《和杉亭四友诗·杉亭》，乾隆刻本。

　　② 胡益民、周月亮：《儒林外史与中国士文化》，安徽大学出版社 2005 年版，第 225
页。

　　③ 吴敬梓：《儒林外史》，第一回"说楔子敷陈大义　借名流隐括全文"，人民文学出版社
1977 年版，第 5 页。

　　④ 吴敬梓：《儒林外史》，第五十五回"添四客述往思来　弹一曲高山流水"，人民文学出
版社 1977 年版，第 628 页。

　　⑤ 吴敬梓：《儒林外史》，第四十一回"庄濯江话旧秦淮河　沈琼枝押解江都县"，人民文
学出版社 1977 年版，第 477 页。

长林丰草之思，而今却可赋《遂初》了。①

然而，这些并不代表那一时代的真实。吴烺微官薄宦，长贫煎熬，念离伤别，饱受生活之苦，在《过刘翁隐居三首》（其三）中写道：

> 红尘京洛梦，回首定依依。倦翮几时返，闲云他处归。烟波江上棹，风雨故山薇。对比应惆怅，劳劳未息机。②

吴烺渴望过上"息机"的生活，可是面对"其如八口饥，驱我四方行"③的现实困境，还能有什么维持生存的好办法呢？生活之艰难如他在诗中所说："长贫风味随缘过"④、"片时安稳是生涯"、"去住情怀同社燕，飘零身世类篷科"⑤。

清代统治者施行各种有影无形手段使读书人面临各种恶劣的生存状况和沉重的生活负担，为了生存，多少人只能入其彀中。套在吴烺身上的桎梏也叫他徒存"缅怀高隐心常折"⑥之愿望，欲隐而不能，这其中还包含无数的隐痛和忧伤，"欲向桑根问三隐，感恩未敢脱朝衣"⑦，在那个时代吴烺还不能明言。

现实留给他们的是太多的无奈何，"巢由不得买山隐，猿鹤何须笑我

①　吴敬梓：《儒林外史》，第八回"王观察穷途逢世好　娄公子故里遇贫交"，人民文学出版社 1977 年版，第 102—103 页。

②　吴敬梓、吴烺撰，李汉秋点校《吴敬梓吴烺诗文合集》，黄山书社 1993 年版，第 269页。

③　吴敬梓、吴烺撰，李汉秋点校《吴敬梓吴烺诗文合集》，吴烺诗《冬日信宿山庄感寓用庸人韵十首》（其十），黄山书社 1993 年版，第 195 页。

④　吴敬梓、吴烺撰，李汉秋点校《吴敬梓吴烺诗文合集》，吴烺诗《舟发潞河》，黄山书社 1993 年版，第 278 页。

⑤　吴敬梓、吴烺撰，李汉秋点校《吴敬梓吴烺诗文合集》，吴烺诗《将之都门留别邗江诸同好四首》（其二、四），黄山书社 1993 年版，第 270 页。

⑥　吴敬梓、吴烺撰，李汉秋点校《吴敬梓吴烺诗文合集》，吴烺诗《海西庵》，黄山书社 1993 年版，第 250 页。

⑦　吴敬梓、吴烺撰，李汉秋点校《吴敬梓吴烺诗文合集》，吴烺诗《秋日乞假归觐毂原赋诗赠行依韵留别八首》（其三），黄山书社 1993 年版，第 171 页。

来"① 即包含着吴烺无以言明的苦衷。"八口团圞谐吏隐"②，在亦官亦隐的生活中，尽管吴烺不情愿，尽管仕宦前景无望，却又实在脱离不了，因为那毕竟还是保持生存的最可怜的依靠。《儒林外史》中当了近四十年秀才的倪霜峰说："我从二十岁上进学，到而今做了三十七年的秀才。就坏在读了这几句死书，拿不得轻，负不的重，一日穷似一日，儿女又多，只得借这手艺糊口。原是没奈何的事。"③ 结果落到卖儿卖女的悲惨命运。倪霜峰尚有一门能使自己不致于饿死的修理乐器的手艺，要是如周进、范进那般人则情形更糟，只不过周进、范进后来侥幸地晚年得以及第，终于脱却贫困。然而，吴烺和周进、范进之流又绝非同类。前文已述，在吴烺成长的过程中，乃父吴敬梓并没有截断他的举业之途，甚至也教他八股文，不过，这些也仅是为吴烺的生存计，与功名富贵无关。吴烺的兴趣也不在此，他即被称为当时的"经学名儒"④，对音韵及算学也都深有研究，并著有《学宋斋词韵》、《五音反切图说》及《勾股算法》、《周髀算经图注》等。吴敬梓、吴烺的时代，这些学问又实在不是谋生的好手段，自然算不得是能够脱去贫困的好手艺，所以，他们要面对的是家庭极度贫困，甚至生存都成问题。

虽然明代中后期的社会现实使知识分子的精神常常充满矛盾，甚至具有两极组合的性格特征，但是，这个时代的士人思想中还不乏精神的独立与自由，表现出对封建思想权威叛逆的勇气和魄力，如汤显祖称自己"厌逢人世懒生天"⑤，徐渭说自己"半儒半释还半侠"⑥，袁宏道也在诗中描绘自己多重性格的重叠，说自己："是官不垂绅，

---

① 吴敬梓、吴烺撰，李汉秋点校《吴敬梓吴烺诗文合集》，吴烺诗《归里杂感十首》（其二），黄山书社 1993 年版，第 258 页。

② 吴敬梓、吴烺撰，李汉秋点校《吴敬梓吴烺诗文合集》，吴烺诗《送棕亭南还二首》（其二），黄山书社 1993 年版，第 275 页。

③ 吴敬梓：《儒林外史》，第二十五回 "鲍文卿南京遇旧　倪廷玺安庆招亲"，人民文学出版社 1977 年版，第 298—299 页。

④ 平步青：《霞外攟屑》卷六增补常熟张问月撰《经学名儒记》补录吴烺为安徽的 "名儒"，民国六年刻香雪崦丛书本。

⑤ 汤显祖：《汤显祖诗文集》卷一四《达公来自从姑过西山》，上海古籍出版社 1982 年版，第 529 页。

⑥ 徐渭：《徐渭集·徐文长三集》卷五《醉中赠张子先》，中华书局 1999 年版，第 122 页。

是农不秉耒。是儒不吾伊，是隐不蒿莱。是贵着荷芰，是贱宛冠佩，是静非杜门，是讲非教诲，是释长鬓须，是仙拥眉黛。"①而有清一代，特别是吴烺的时代，这种精神已经遭到极大的压制，士人大都已收起了这等气概去著书谋稻粱了。我们不妨再细细品味前引吴烺的这首诗：

将之都门留别邗江诸同好四首（其二）

栖迟倦客本无家，身似鹪鹩阅岁华。淹惯酒痕襟袖湿，簪来花朵帽檐斜。疏灯老树听春雨，小艇秋潮送落霞。懒慢自怜真得计，片时安稳是生涯。②

诗从头到尾，表现出一种"动观"，即对自我感情的反观，诗意也因之层层起伏。"真得计"并不是作者想要的生活，吴烺心里了然，却不能言之于口，当然是万分沉痛的事。而在吴烺笔下，竟然将这种嘲讽、沉痛与无可奈何、强为恬淡的情调融合起来，其悲慨自然就更深一层。整首诗就是表现了这种理想之美的虚幻的多变性，最终以美的幻灭而告终。诗人虽然在春雨簪花中获得过怡悦，但老树与落霞、涕泪与酒痕淋漓成一片，栖迟倦客之诗人形象也便突兀苍凉起来。

对吴烺来说，"懒慢自怜真得计"而于饮酒簪花之中聊渡生涯的隐逸生活，也只能成为一段偶尔精神奢侈的回忆而已，封建末世中穷途失路的知识分子能够赖以生存的手段何其少矣！生活的困境一如既往地紧随着他，使他欲隐而不得，读他的《冬日信宿山庄感寓用唐人韵十首》：

严冬日易暮，同云四山暝。独客投山庄，凄风夜长听。惊禽稍欲栖，绕树声未定。启户天忽明，瑶花覆樵径。

老翁持村醪，酌我东堂上。窗开深树间，布席亦幽敞。塍南古寺钟，

---

① 袁宏道著，钱伯城笺校《袁宏道集笺校》卷三三《潇碧堂集》之九《人日自笑》，上海古籍出版社 1981 年版，第 1058 页。

② 吴敬梓、吴烺撰，李汉秋点校《吴敬梓吴烺诗文合集》，黄山书社 1993 年版，第 270 页。

历历送清响。此间堪息机，伊谁共欣赏。愧我尘劳人，悠然结遐想。

余性慕烟霞，轩裳非所悦。入世多幽忧，壮心渐磨灭。艰难历后深，意兴闲中发。寒山杳相对，芳草已云歇。积雪浩漫漫，千里耿明月，岁暮独踟蹰，何以酬佳节？

橐笔侍西清，寸禄代百亩。阘冗点朝班，迂疏愧僚友。范子甑有尘，阮公厨无酒。扑鹿软红中，羸马日奔走。思家望白云，心折江南柳。抱痛始言归，遗经在虚牖。我生胡不辰，白日宿南斗。君子乃固穷，此意人知否？

茫茫倦飞鸟，振翼何所投？故乡已如客，萍梗同漂流。悲来填胸臆，泪下不能收。平生恃定力，超然与天游。

我有半亩田，归来拟种竹。生气观春荣，高致爱秋肃。娟娟凌云姿，素心抱幽独。与结岁寒盟，虚衷乃如谷。

滔风倏已敛，晓色弄晴霁。高低见远山，云云犹暿暿。言登东田阪，朝日衣上丽。冻鸟时一鸣，孤烟起天际。茅檐三两家，荆扉树根闭。乌犍眠屋角，童作挥肱势。穆然太古初，逍遥聊卒岁。吾生宁多求，所欲亦纤细。顾兹增感慨，朔风吹衣袂。伤彼南征鸿，霜天振清唳。

虞渊淡夕照，错落明诸峰。寒气忽凛冽，阴云向空浓。稚子原上牧，少妇林间春。行人去不息，关山知几重？一身此栖托，百虑今已慵。僵卧独不寐，冥冥闻远钟。诘朝揽青镜，毋乃成衰容。胡为率旷野，萧条寄吾踪？

野老强解事，相对夜深语。怜我宦游人，去家几寒暑。感此发长叹，虚名竟何许！我家蒋山下，淡泊无所营。闭门掩深巷，萧然远世情。窗中绿梧直，庭际苍苔生。春花篱落艳，秋虫阶砌鸣。其如八口饥，驱我四方行。吁嗟独憔悴，不如草木荣。①

这组诗作于乾隆二十年（1755）岁末，是吴烺人生带有总结性的诗篇。回想自乾隆十六年迎銮献诗赋被钦赐举人并赴京任内阁中书后，吴烺感慨自己如缀网之劳蛛，在奔波劳碌中始终挣不脱宿命的轮回，妻子亡故

---

① 吴敬梓、吴烺撰，李汉秋点校《吴敬梓吴烺诗文合集》，吴烺诗《冬日信宿山庄感寓用庸人韵十首》（其三），黄山书社 1993 年版，第 193—195 页。

的痛苦还没有消逝，父亲又溘然长逝，吴烺经历着人生一次次不幸的打击，遍尝穷途失路、进退维谷的窘境。

乾隆三十四年（1769），吴烺有晋园之游并写下《晋园春游作》一诗，这次山西之行也许与第二年的授职宁武同知有关，"今日花前暂解颜，不惜香泥没芒屦。九十韶华能几时，莫教清趣天公妒"①。诗人念念不能忘怀的依然是他一生心向往之而始终未能成行的归隐生活，在《寓庐偶感》（其一）中吴烺写道："明年手版匆匆日，得否萧闲似索居"②，对于自己将被召入京师授职一事，吴烺并没有太大的热情，在"萧闲似索居"的预感中隐隐透出作者的无望和灰心。乾隆三十五年，吴烺被召入京师，授山西宁武同知，署府掾。③ 不满一年，即以疾归，此后便默默无闻，不知所终。也许他就在这年或稍后辞世，那么，遗憾的是他比乃父更快地走完了悲剧的人生路程；也许吴烺以此种方式得以隐遁起来，真的实现了他的归隐梦想。

第三节　扬州是吴敬梓、吴烺父子人生的重要驿站

扬州以及源远流长的扬州文化曾泽被无数四方名士，"海内文士，半集维扬"④。扬州滋养着他们才情，启发了他们智慧；四方文人学士抒写赠答、交游唱和等也促进了扬州文化的发展与繁荣。

全椒吴氏家族与扬州关系密切，扬州的人文环境和吴家先辈的扬州经历使得吴氏子弟尤其钟情扬州。

一　"人生祗合扬州死"：贫病交加的吴敬梓在扬州猝然离世

全椒吴氏家族与扬州的关系自全椒五世祖吴国对辈已有记载，康熙

---

① 吴敬梓、吴烺撰，李汉秋点校《吴敬梓吴烺诗文合集》，黄山书社 1993 年版，第 292 页。

② 吴敬梓、吴烺撰，李汉秋点校《吴敬梓吴烺诗文合集》，吴烺诗《寓庐偶感》，黄山书社 1993 年版，第 295 页。

③ 秦国经主编《清代官员履历档案全编》第十九册记"臣吴烺，安徽滁州全椒县举人，年肆拾陆岁，由现任内阁中书俸满，引见记名以同知用，今签升山西宁武府同知缺，敬缮履历，恭呈御览。谨奏。乾隆叁拾伍年贰月叁拾日"，华东师范大学出版社 1997 年版，第 655 页。

④ 谢堃：《书画所见录》，清刊本。

《全椒县志》卷一六李霨《清礼科掌印给事中吴公墓表》记述："公（吴国龙）以假归，卒于维扬，康熙辛亥十月也，享年五十有六。"① 王士禛与吴国对会于仪真，《带经堂集》卷十二有《岁暮怀人绝句三十二首》之一："平山堂边修禊日，鸣嘘洞畔把杯时。南谯（全椒）病客巇崎甚，为我挥豪醉不辞。（吴编修国对）"② 大学士陈廷敬撰《午亭文编》卷四十五《翰林院侍读吴黙岩墓志铭》中说："君（吴国对）以庚申十一月一日卒于扬州寓舍。"③ 吴国龙从京都归乡，途经扬州并小住，后于辛亥（1671）卒于客邸。吴烺《题先侍读默岩公手迹后并序》诗序中说："先侍读公（吴国对）以顺治戊戌一甲第三人通籍词垣，日侍禁近，尝以病假归，流寓邗江。"④

程晋芳《文木先生传》中说：

　　　　岁甲戌，与余遇于扬州，知余益贫，执余手以泣曰："子亦到我地位，此境不易处也，奈何！"余返淮，将解缆，先生登船言别，指新月谓余曰："与子别，后会不可期。即景恨恨，欲构句相赠，而涩于思，当俟异日耳。"时十月七日也，又七日而先生殁矣。先数日，囊中余钱，召友朋酣饮。醉，辄诵樊川"人生祇合扬州死"之句，而竟如所言，异哉！⑤

曾祖吴国对、吴国龙皆终老于扬州，扬州地域便因之成为吴氏家族子弟情感的某种寄托所在，吴敬梓所诵"人生祇合扬州死"，

---

　　　① 蓝学鉴、吴国对纂修，清康熙十二年《全椒县志》卷一六李霨《清礼科掌印给事中吴公墓表》。

　　　② 王士禛撰《带经堂集》卷一二，清康熙五十年程哲七略书堂刻本。

　　　③ 陈廷敬：《午亭文编》卷四五《翰林院侍读吴黙岩墓志铭》。清李桓《国朝耆献类征初编》卷一一五收录，台北：明文书局，1985年版。

　　　④ 吴敬梓、吴烺撰，李汉秋点校《吴敬梓吴烺诗文合集》，黄山书社1993年版，第173页。

　　　⑤ 程晋芳撰《勉行堂文集》卷六《文木先生传》，清嘉庆二十五年冀兰泰、吴鸣捷刻本。唐诗人张祜的《纵游淮南》一诗："十里长街市井连，月明桥上看神仙。人生祇合扬州死，禅智山光好墓田。"后两句不期竟成谶语。

程晋芳感慨"生耽白下残烟景，死恋扬州好墓田"①都显示出吴敬梓对扬州的浓厚感情，而这种情感也很大程度上基于对祖辈人生道路的崇尚以及对吴氏世家望族曾经辉煌的留恋，孰料吴敬梓所诵竟成谶言。

以吴敬梓一生的行迹来看，除了全椒、南京以外，扬州也构成他人生历程的重要部分，沈大成在《全椒吴征君诗集序》中说："故征君全椒吴敏轩先生，自其乡移家白下，出游江淮间，留扬最久，以诗名东南，东南之人交口推先生，今犹然也。"②扬州城深刻影响着吴敬梓的思想和情感。

扬州交通方便，自隋代运河贯通南北，扬州便成为南北运河和东西长江的交汇，这里人文荟萃，商业繁盛，是著名的繁华都会，青少年时期的吴敬梓便常往来于扬州。缘于扬州的深厚文化积淀，当生活陷入困境之中，当文学要有所前进之时，吴敬梓总会来到扬州：这里有寓居的族亲如金榘金兆燕父子、扬州名士吴楷，有故交新朋如江昱③、僧人石庄上人④、安徽同乡怀宁人李葂⑤、真州⑥人团昇⑦、杨凯⑧、方嵋⑨、沈大成⑩等。扬州聚会，一觞一咏，足以畅叙友情，给自己受伤的心灵带去慰籍；尤其在他穷困潦倒的暮年，为生计，为小说《儒林外史》，他来到扬州，希望求

---

① 程晋芳撰《勉行堂诗集》卷九《拜书亭稿·哭吴敏轩》，清嘉庆二十五年冀兰泰、吴鸣捷刻本。

② 沈大成：《学福斋集》卷五《全椒吴征君诗集序》，据清乾隆三十九年刻本。

③ 江昱，字宾谷，扬州人，吴敬梓为其《尚书私学》作序。

④ 金兆燕诗《甲戌仲冬送吴文木先生旅榇于扬州城外登舟归金陵》有"碧观寻觅缁（石庄上人寓碧天观，屡同访之）"。

⑤ 李葂，字啸村，吴敬梓《文木山房集》中有关李葂的诗有几首，如《寄李啸村四首》、《沁园春·送别李啸村》、《庆清朝·李啸村留饮园亭》等。

⑥ 真州因曾是扬州的属邑，一向也被看作是扬州的一个部分。

⑦ 《文木山房集》卷四《高阳台》词下自注曰："真州客舍晤团冠霞，以江宾谷手书并新词见示，倚声奉答。"

⑧ 《文木山房集》有《赠杨督府江亭》及《雨夜杨江亭斋中看菊》、《雨》，《儒林外史》中汤镇台即部分以杨凯为原型。

⑨ 方嵋刊刻四卷本《文木山房集》，并为《文木山房集》作序。

⑩ 沈大成为《文木山房集》作序曰："癸未之夏，先生没十年矣。长公舍烺来广陵，出所编先生诗曰《文木山房集》者，属为序，逡巡未为。今舍人行有日矣，犹忆甲戌十月，余往先生所，泊先生来，俱不遇。未几，余去客运廨。而先生亦遂卒，自以为不获御李君，居恒怅惘！"

得亲友的资助，吴敬梓幻想着扬州能使自己走出南京的满怀失望的过去，给他一个崭新的开始，但是，吴敬梓何曾料到这次扬州之行又将是个充满辛酸的征程。

李本宣在《文木山房集序》中说：

> 本宣流寓金陵二十年，诗简唱和，积案盈箱，其中绝无敏轩之作，或疑其懒且傲。既见敏轩所存，大抵皆纪事言怀，登临吊古，述往思来，百端交集，苟无关系者不作焉，庶几步趋乎古人。毋怪乎见时贤之分题角胜，则惴惴乎谢不敏也。[①]

吴敬梓为人决不从俗，对于自己看不惯的人他从不敷衍，对"时贤"的"分题角胜"，他"惴惴乎谢不敏"，这种脾性使他在当时的文人圈中并不得势，如李斗《扬州画舫录》即对吴敬梓着墨甚少[②]。另一方面，扬州为吴敬梓小说创作提供了广阔的社会背景与内容，闲斋老人序云："慎勿读《儒林外史》，读竟乃觉日用酬酢之间，无往而非《儒林外史》。"[③]《儒林外史》中不少人物是以生活在扬州的人士为原型，扬州的"诗人骚客"又岂能看不出来？所以，以吴敬梓的文学大才，在号称文风盛行的扬州却举步维艰，而且在有意无意之间，吴敬梓的言行也得罪到了一些大人物[④]。袁枚在给程晋芳的信中说："我辈身逢盛世，非有大怪癖、大怪诞，当不受文人之厄。"[⑤] 当然，袁枚此信未必针对吴敬梓，但袁枚所未曾经历的"文人之厄"，吴敬梓则亲历着，而吴敬梓身上也确有如袁枚辈们所深为不满的"大怪癖、大怪诞"。

---

① 吴敬梓：《文木山房集》卷首李本宣撰《文木山房集序》，乾隆刻本。

② 李斗《扬州画舫录》卷一〇"吴烺"条下附带提到乃父吴敬梓："吴烺，字杉亭，一字笋叔，全椒人。父敏山征君，工诗，久居扬州，著《金木山房集》、《周髀算经补注》。烺幼称才子，召试授中书，与金兆燕齐名。"其中将"敏轩"误记成"敏山"，将《文木山房集》误记成《金木山房集》，《周髀算经图注》乃吴烺所作。

③ 吴敬梓著，李汉秋辑校《儒林外史会校会评本》，上海古籍出版社1999年版，第46页。

④ 吴敬梓与袁枚的关系可参照孟醒仁著《吴敬梓评传》第230—231页相关内容及王进驹发表于《明清小说研究》2001年第4期《"葺城女士"非"松江张宛玉"辨——兼及吴敬梓与袁枚关系问题》。

⑤ 袁枚《小仓山房尺牍》卷二《答鱼门》，《丛书集成三编》第七七册。

　　吴敬梓与卢见曾的关系也颇能说明吴敬梓的"不从俗，不敷衍"的个性。[①] 乾隆五年夏，倍受困苦煎熬的吴敬梓来到扬州，欲求助于两淮盐运使卢见曾，卢却因负谤获谴戍台。分别之际，卢座上宾高凤翰绘《雅雨山人出塞图》一幅（现藏故宫博物院），吴敬梓与郑燮、杨开鼎、马曰、闵华、李葂、程梦星等名流十余人亦题诗于图上，吴敬梓题赠为《奉题雅雨大公祖出塞图》，随后吴敬梓转道回到故乡全椒。乾隆十九年（1754），吴敬梓再次赴扬州，"吴敬梓年过五十岁之后，《外史》及《诗说》都早已脱稿了，形势证明，在南京刻印的希望比较渺茫。于是便想到扬州友人较多，且有大量演唱艺人，或有出书的门径，特别要刻印他'十年辛苦不寻常'的《外史》"[②]。吴敬梓此次扬州之行，特别希望能从已经复职的两淮盐运使卢见曾处获得帮助。[③]

　　卢见曾在扬州广纳名流，做文坛盟主，但对于文人，他的态度有时候并不十分礼敬。金兆燕[④]在《程绵庄先生〈莲花岛传奇〉序》中说：

　　　　绵庄先生今师伏也，昔年试鸿词不第，归益治经，后以经学举，复报罢，先生之遇可谓穷矣。然先生遇益穷而志益坚，自两居京辇后，未尝复屈有司。度《莲花岛》之作，盖自为立传，而与天下共白其欲表见于世者耳。兆燕少无学殖，日抱简牍为诸侯客，以餬其口，戊寅冬与先生同客两淮都转之幕，先生居上客右，操觚著书。而兆燕不自知耻，为新声、作浑剧，依阿俳谐，以适主人意。主人意所不可，虽缪宫商、亻价拍度以顺之不恤。甚则主人奋笔涂抹，自为创

　　①　有清一代，扬州诗文唱酬活动中有两人影响极大，一为王渔洋，一为卢见曾，卢后于数十年，所谓"复以风雅之称，归诸卢抱孙转运"。（《扬州画舫录》卷十《虹桥录上》）吴敬梓曾祖吴国对在扬州曾与王士禛诗酒唱和，王士禛的诗文集中即有记载。

　　②　孟醒仁著《吴敬梓评传》，中州古籍出版社1987年版，第318页。

　　③　卢见曾于"乾隆九年召还"（见卢文弨《卢公墓志铭》），"授滦州知州。擢守永平，旋升永定河道"、直到"十九年还任两淮盐运使"（见《两淮盐法志》卷一百三十七《名宦传上》）再度来扬州。

　　④　金兆燕，字钟樾，号棕亭，全椒人。全椒吴、金两家世代通婚，交谊极厚。金兆燕"工诗词，尤精元人散曲"，卢见曾"延之使署十年，凡园亭集联及大戏词曲，皆出其手。中年以举人为扬州校官，后成进士，选博士，入京供职，三年归扬州，遂馆于康山草堂"（《扬州画舫录》卷十）。金兆燕1766年中进士，1768—1779年任扬州府教授，后擢国子监博士，升监丞，分校四库馆书，1781年回南方，侨居扬州。

语，亦委曲迁就。盖是时老亲在堂，缾无储粟，非是则无以为生，故
湴涩含垢，强为人欢。然每与先生一灯相对，辨质经史，纵论古人，
因各诉其生平之坎坷阨塞，未尝不慷慨悲怀终夜而不寐也。①

乾隆二十三年（1758）冬，金兆燕与上元程廷祚（绵庄）同入两
淮盐运使卢见曾幕。金兆燕入卢幕是为生计所迫，"盖是时老亲在堂，
缾无储粟，非是则无以为生，故湴涩含垢，强为人欢"，不得已委曲
迁就；卢见邀金兆燕入署，缘于赏其知曲，能为卢谱写《旗亭记》等
以供清娱。"然在当时卢署中俊彦如云，能于中得一位置，远胜于终
年奔波，固兆燕所求之不得者，所谓此一时彼一时也。"②卢见曾的颐
指气使、专横跋扈让金兆燕生出"依阿俳谐"之感，深以人格受屈辱
为耻，事后反思，愤慨之情实在难抑。金兆燕作此序时，卢见曾已告
老归里，不久获罪，故序中金兆燕能将自己当年苦痛及压抑之情尽性
吐出，并深致不满，略无顾忌。读此序实若聆听落魄文士之最真切心
声也。

当时卢见曾府署中的知名学者文士为数甚多，与众多经常出入"大
公祖"幕中"宾客"相比，吴敬梓的地位并不突出，卢见曾没有特别看
重他，也未有特别的礼敬。另外，吴敬梓的某些"大怪诞"也许让卢见
曾十分不快，《儒林外史》中一些情节即以卢见曾为原型，其中不乏嘲讽
意味。③就《儒林外史》的创作方法来看，吴敬梓向来善于捕捉人物否定
性的特征进行加工特写，实际上吴敬梓的用意未必就是否定其原型人物，
如鲁迅所说"秉持公心，指摘时弊"④，所谓"独嫉时文士如仇"⑤正是
吴敬梓塑造人物时常寄寓其中的"公心"。小说中以卢见曾为原型的人物
荀玫因贪赃被拿问，多少会被认为是作者吴敬梓对卢见曾有所不敬，后来
卢见曾被朝廷召还，对应着小说中荀玫昭雪的情节，但作者未以显笔渲

---

①　金兆燕撰《棕亭古文钞》卷六，清道光十六年赠云轩刻本。

②　陈尊庭：《清代戏曲家丛考·金兆燕年表》，学林出版社1995年版，第145页。

③　何泽翰：《儒林外史人物本事考略》，上海古籍出版社1985年版，第28—30页。小说中
人物荀玫以卢见曾为原型，对这个人物吴敬梓贬多褒少。

④　鲁迅：《鲁迅全集》第九卷《中国小说史略》，人民文学出版社2005年版，第228页。

⑤　程晋芳撰《勉行堂文集》卷六《文木先生传》，清嘉庆二十五年冀兰泰、吴鸣捷刻本。

染，以上等等都会让卢见曾心生不快，吴敬梓被卢见曾冷落也就不足为怪了。

"麋鹿之性"① 总不耐于受拘束，憎恨受人羁绊。程晋芳在《文木先生传》中记载："延至余家，与研诗赋，相赠答，惬意无间。而性不耐久客，不数月，别去。"② 程晋芳是其至交好友，邀至家并诗酒唱和，吴敬梓尚"不耐久客"，更毋说看人眼色，过寄人篱下，去巴结、逢迎的日子，那更不是天生傲骨的吴敬梓所能接受的。自然，期望得到这位朝廷大员兼富绅的资助来刊刻文集，这个愿望肯定落空，吴敬梓不得已又要离开扬州。

金兆燕《甲戌仲冬送吴文木先生旅榇于扬州城外登舟归金陵》诗中说：

> 蕲蕲贾人子，广厦拥厚赀，牢盆牟国利，质库胈民脂；高楼明月中，笙歌如沸糜。谁识王明歊，斋钟愧阇黎？嗟哉末俗颓，满眼魍魉魑。执手渺万里，对面森九巇。丈夫抱经术，进退触藩羝。于世既不用，穷饿乃其宜。何堪伍群小，颠倒肆诋欺！先生豁达人，餔糟而啜醨。小事聊糊涂，大度乃滑稽。安所庸芥蒂，且可食蛤蜊。逝将买扁舟，卒岁归茅茨。梅花映南荣，曝背乐无涯。小子闻斯言，背面挥涕洟，未见理归装，已愁临路歧。谁知近死别，乃与悲生离。③

与《扬州画舫录》以诗情画意的笔调描绘扬州的繁华不同，吴敬梓聚焦于盐商的生活场景和故事，盐商骄奢淫侈的生活，吴敬梓十分厌恶，小说中万雪斋、宋为富、方六老爷诸多形象的刻画，吴敬梓以他的笔快意地解剖他们，一层层剥开这些纸醉金迷的商人们空洞的内心世界。这些正显示出吴敬梓的不从俗、"大怪诞处"，自然也会引起一些人的大不满，

---

① 《儒林外史》第三十三回"杜少卿夫妇游山　迟衡山朋友议礼"中杜少卿被先祖门生作巡抚的李大人举荐时，他回绝时说："大人垂爱，小侄岂不知？但小侄麋鹿之性，草野惯了，近又多病，还求大人另访。"

② 程晋芳撰《勉行堂文集》卷六《文木先生传》，清嘉庆二十五年冀兰泰、吴鸣捷刻本。

③ 金兆燕撰《棕亭诗钞》卷五，清嘉庆十二年赠云轩刻本。

给自己招惹了麻烦。

"丈夫抱经术，进退触藩羝。于世既不用，穷饿乃其宜"，晚年的吴敬梓已经贫到彻骨，"涂殡匆匆谁料理？可怜犹剩典衣钱"①，吴敬梓死后竟至无钱安葬，是其子吴烺友王又曾"告转运使卢公，殓而归葬于江宁"②，"燕也骨肉亲，能不摧肝脾！……"③金兆燕送樑江干，长歌哀挽当哭，今读此诗尤令人动容。金陵的鼎沸繁华，无从安置命运多舛的吴敬梓；"人生祇合扬州死"，吴敬梓生死相依的扬州也依然不能给困境中的吴敬梓以希望，却给了他一个溘然长逝的大悲剧作为人生的落幕。

二　"良朋当好会，感慨深平生"④：吴烺扬州所寄情深思长

扬州在吴烺的人生历程中占有十分重要的地位。祖辈兴家的自豪感与家业衰颓的悲伤，使吴烺情有所寄，思有所托；扬州的地域生活及其文化营养成就了吴烺文学、学术及思想等多方面的造诣。

吴烺扬州的交游与文学创作是其人生不容忽视的重要组成部分。自青少年时代起，吴烺已独自或随父亲吴敬梓数次来往于扬州。1751 年，吴烺迎銮献诗赋被钦赐举人并授内阁中书，随后入都供职，满怀希望的吴烺却不知他的薄宦生涯也将从此开始。缘于闲职，其后十几年吴烺能够经常回到南方，往来于京城、扬州及南京之间，在扬州滞留时间尤多，并与当时的学者多有交流。1752 年秋，吴烺"乞假归觐"⑤，顺至扬州寻踪访旧。这期间高祖友人洪敬修之孙洪楚珍复与烺交好，宴集华轩，吴烺得观读先高祖吴国对手迹，并题长歌《题先侍读默岩公手迹后并序》。吴烺还曾到真州姚雨亭斋中饮酒，直到 1753 年春，在扬州的吴烺得到妻子病重的消息，急忙赶回家中，妻子却已病逝七日，待办完丧事后，吴烺带着小

---

①　程晋芳撰《勉行堂诗集》卷九《拜书亭稿·哭吴敏轩》，清嘉庆二十五年冀兰泰、吴鸣捷刻本。

②　程晋芳撰《勉行堂文集》卷六《文木先生传》，清嘉庆二十五年冀兰泰、吴鸣捷刻本。

③　金兆燕撰《棕亭诗钞》卷五《甲戌仲冬送吴文木先生旅樑于扬州城外登舟归金陵》，清嘉庆十二年赠云轩刻本。

④　吴敬梓、吴烺撰，李汉秋点校《吴敬梓吴烺诗文合集》，吴烺诗《同春农饮周籧庵斋中对菊和陶二首》（其二），黄山书社 1993 年版，第 260 页。

⑤　吴敬梓、吴烺撰，李汉秋点校《吴敬梓吴烺诗文合集》，吴烺诗《秋日乞假归觐毂原赋诗赠行依韵留别八首》，黄山书社 1993 年版，第 171 页。

女儿入京；只隔一年时间，父亲吴敬梓又病逝扬州，金兆燕驰书报艰，1755 年春吴烺接信后立刻启程奔丧；1763 年春至 1765 年冬，他又"三年留滞广陵城"①。

钱大昕在《杉亭诗集序》中说：

> 全椒吴杉亭以诗名湖海者有年，家素贫，奔走四方，与贤士夫交游，所至揽环结珮无虚日，题襟载酒唱酬吟咏之作，既工且多。②

王鸣盛在《杉亭诗集序》中说：

> 若夫情深而韵长则荀叔之所独也。引哀乐于无端，感顽艳于片语，登山临水辄复黯然，送别怀人俱堪泣下……③

扬州的经历深刻影响着吴烺的思想与情感，这一时期也成为吴烺诗歌创作的多产期，他写下了许多纪行程、抒情感、写人生的诗词；扬州是吴烺积累学术与传播学问之场所，吴烺扬州交游及其相关诗文创作也充盈着浓郁的扬州文化气息，生动反映和折射出扬州地域的社会生活以及扬州文化的特征。

（一）与盐商友人的倾心交往

同乃父吴敬梓"（诗简唱和）绝无敏轩之作……见时贤之分题角胜，则惴惴乎谢不敏也"④ 相比，吴烺诗词中依韵唱酬的作品相当丰富，这似乎显示着一种变化。

基于吴敬梓本人的世界观，他对商人并无多少好感，尤其盐商，吴敬梓笔触所至大多是他们的丑陋与腐朽。《儒林外史》中写到扬州的盐商就有程明卿、万雪斋、宋为富、顾盐商、汪盐商等，他们大多成为小说的负

---

① 吴敬梓、吴烺撰，李汉秋点校《吴敬梓吴烺诗文合集》，吴烺诗《汪碧溪招同王光禄礼堂蒋含人春农小集乔氏东园八首》（其七），黄山书社 1993 年版，第 270 页。

② 吴敬梓、吴烺撰，李汉秋点校《吴敬梓吴烺诗文合集》，黄山书社 1993 年版，第 415—416 页。

③ 同上书，第 415 页。

④ 吴敬梓：《文木山房集》卷首李本宣撰《文木山房集序》，乾隆刻本。

面角色。早在《移家赋》中，吴敬梓已痛斥商人"假荫而带狐令，卖婚而缔鸡肆，求援得援，求系得系。侯景以儿女作奴，王源之姻好唯利。贩鬻祖曾，窃赀皂隶，若敖之鬼馁而，广平之风衰矣！……山獠人面，穷奇锯牙，细绤广厦，锦幄香车，马首之金匼匝，腰间之玉辟邪。春风则乘醉而倚，秋月则倍明于家"①。吴敬梓对商人这一群体的表现十分厌恶与鄙视。

盐商资本雄厚，富可敌国，然而在封建社会的传统中，他们身份不高，远不能获得与其财力相应的社会及政治地位，社会的轻视造成盐商们心理上的失衡，他们往往以生活上的极度奢侈来引起社会的注意，证明他们的存在。《儒林外史》中宋为富的一个别院便十分的讲究：

> 一个小圭门里进去，三间楠木厅，一个大院落，堆满了太湖石的山子。沿着那山石走到左边一条小巷，串入一个花园内，竹树交加，亭台轩敞，一个极宽的金鱼池，池子旁边，都是朱红栏杆，夹着一带走廊。走到廊尽头处，一个小小月洞，四扇金漆门。走将进去，便是三间屋，一间做房，铺设的齐齐整整，独自一个院落。②

宋为富家里开有药房，平常无以打发时光便"看着药匠弄人参"，"一年至少也娶七八个妾"③，万雪斋家"一个大高门楼，有七八个朝奉坐在板凳上，中间夹着一个奶妈，坐着说闲话"④。"因他第七位如夫人有病……药里要用一个雪虾蟆，在扬州出了几百银子也没处买，听见说苏州还寻的出来，他拿三百两银子托我去买。"⑤

与吴敬梓同时代的李斗在《扬州画舫录》中列举扬州盐商们的奢靡生活：

---

① 吴敬梓：《吴敬梓诗文集》，李汉秋辑校，人民文学出版社 2002 年版，第 10 页。

② 吴敬梓：《儒林外史》，第四十回"萧云仙广武山赏雪　沈琼枝利涉桥卖文"，人民文学出版社 1977 年版，第 471 页。

③ 同上。

④ 吴敬梓：《儒林外史》，第二十二回"认祖孙玉圃联宗　爱交游雪斋留客"，人民文学出版社 1977 年版，第 271 页。

⑤ 吴敬梓：《儒林外史》，第二十三回"发阴私诗人被打　叹老景寡妇寻夫"，人民文学出版社 1977 年版，第 277 页。

扬州盐务，竟尚奢丽，一婚嫁丧葬、堂室饮食、衣服舆马，动辄费数十万。有某姓者，每食，庖人备席十数类，临食时，夫妇并坐堂上，侍者抬席置于前；自茶面荤素等色，凡不食者摇其颐，侍者审色则更易其他类。或好马，蓄马数百，每马日费数十金，朝自内出城，暮自城外入，五花灿著，观者目炫。或好兰，自门以至于内室，置兰殆遍。或以木作裸体妇人，动以机关，置诸斋阁，往往座客为之惊避。其先以安绿村为最盛，其后起之家，更有足异者。有欲以万金一时费去者，门下客以金尽买金箔，载至金山塔上，向风扬之，顷刻而散，沿沿草树之间，不可收复。又有三千金尽买苏州不倒翁，流于水中，波为之塞。有喜美者，自司阍以至竈婢，皆选十数龄清秀之辈，或反之而极尽用奇丑者，自镜之以为不称，毁其面以酱敷之，暴于日中。有好大者，以铜为溺器，高五六尺，夜欲溺，起就之。一时争奇斗异，不可胜记。[1]

盐业的垄断性特征，使盐商乐于与官府结交，他们以钱财奉承巴结官府，官府也乐于示好而从中渔利，官商之间就此结交。《儒林外史》第三十一回，北门汪盐商家过生日，请的主客乃是王知县，第四十六回说道："仁昌、仁大方家这两个典铺。他又是乡绅，又是盐典，又同府县官相与的极好，所以无所不为，百姓敢怒而不敢言。""当辅戥子太重，剥削小民"事被揭发，知府遣派季苇萧查办，结果是"现有一个姓'吉'的'吉'相公下来访事，住在宝林寺僧官家。今日清早，就在仁昌典方老六家。方老六把彭老二也请了家去陪着。三个人进了书房门，讲了一天"[2]。

扬州文化总与盐商有着千丝万缕的联系，社会在此等风气冲击之下，愈益腐败溃烂，"传之京师及四方，成为风尚，奢风流行，以致乱世，扬州盐商有责焉"[3]。吴敬梓对于盐商总是极尽嘲讽之能事，小说中写起家奴仆而暴富的万雪斋：

---

① 李斗撰《扬州画舫录》卷六《城北录》，中华书局1960年版，第148—150页。

② 吴敬梓：《儒林外史》，第四十六回"三山门贤人钱别　五河县势利熏心"，人民文学出版社1977年版，第535、537页。

③ 邓之诚：《中华两千年史》卷五（下），中华书局1983年版，第443页。

　　　　他（万雪斋）做小司客的时候，极其停当，每年聚几两银子，
先带小货，后来就弄窝子。不想他时运好，那几年窝价陡长，他就寻
了四五万银子，便赎了身出来，买了这所房子，自己行盐，生意又
好，就发起十几万来。万有旗程家已经折了本钱，回徽州去了，所以
没人说他这件事。去年万家娶媳妇，他媳妇也是个翰林女儿，万家费
了几千两银子娶进来。那日大吹大打，执事灯笼就摆了半街，好不热
闹！到第三日，亲家要上门做朝，家里就唱戏、摆酒，不想他主子程
明卿清早上就一乘轿子抬了来，坐在他那厅房里。万家走了出来，就
由不的自己跪着，作了几个揖，当时兑了一万两银子出来，才糊的去
了，不曾破相。①

　　家资万贯的万雪斋不过是一个曾经的身世卑贱的奴仆，吴敬梓毫不遮
掩对暴发户的蔑视，对金钱势力的厌恶。小说第二十八回，借金寓刘的故
事作者同样在痛快淋漓中揭露：

　　　　前日不多时，河下方家来请我写一副对联，共是二十二个字。他
叫小厮送了八十两银子来谢我，我叫他小厮到跟前，吩咐他道："你
拜上你家老爷，说金老爷的字是在京师王爷府里品过价钱的：小字是
一两一个，大字十两一个。我这二十二个字，平买平卖，时价值二百
二十两银子。你若是二百一十九两九钱，也不必来取对联。"那小厮
回家去说了。方家这畜生卖弄有钱，竟坐了轿子到我下处来，把二百
二十两银子与我。我把对联递与他。他，他，两把把对联扯碎了，我
登时大怒，把这银子打开，一总都掼在街上，给那些挑盐的、拾粪的
去了！列位，你说这样小人，岂不可恶！②

　　与吴敬梓相比，吴烺的思想发生了一些变化，在扬州他与盐商江春等

----

　　① 吴敬梓：《儒林外史》，第二十三回"发阴私诗人被打　叹老景寡妇寻夫"，人民文学出
版社1977年版，第276页。
　　② 吴敬梓：《儒林外史》，第二十八回"季苇萧扬州入赘　萧金铉白下选书"，人民文学出
版社1977年版，第331页。

建立了十分深厚的友情。

江春（1721—1789），字颖长，别字鹤亭，歙县人。其家业世代治盐，自其祖父江演起从歙县侨居扬州。早年江春参加科举，举业无果后开始经营盐业，因其"练达多能，熟悉盐法，司盐政者，咸引重之"①，江春成为清代八大盐商之一。《扬州画舫录》专有记述：

> 江方伯名春，字颖长，号鹤亭，歙县人。初为仪征诸生，工制艺，精于诗，与齐次风、马秋玉齐名。先是论诗有南马北查之誉。迨秋玉下世，方伯遂为秋玉后一人。体貌丰泽，美须髯，为人含养圭角，风格高迈，遇事识大体。居南河下街，建随月读书楼，选时文付梓行世，名《随月读书楼时文》。于对门为秋声馆，饲养蟋蟀，所造制沉泥盆，与宣和金钱等。徐宁门外罥隙地以较射，人称为江家箭道。增构亭榭池沼，药栏花径，名曰"水南花墅"。乾隆己卯，芍药开并蒂一枝，庚辰开并蒂十二枝，枝皆五色。卢转使为之绘图征诗，钱尚书陈群为之题"袭香轩"扁。自著有《水南花墅吟稿》。东乡构别墅，谓之"深庄"，著《深庄秋咏》。北郊构别墅，即是园，有黄芍药种，马秋玉为之征诗。丁丑改为官园，上赐今名。移家观音堂，家与康山比邻，遂构康山草堂。郡城中有"三山不出头"之谚：三山谓巫山、倚山、康山是也。巫山在禹王庙，倚山在蒋家桥，今茶叶馆中康山，即为是地，或称为康对山读书处。又于重宁寺旁建东园，凡此皆称名胜。②

江春不是唯利是图的盐商，他的诗歌创作在当时颇受推重，凭借丰厚的财力，江春构筑了多处诗酒文会的场所，在吴烺的诗词中多能见到这些地方的印记。如乾隆二十二年北郊的别墅"江园"改为官园，乾隆帝亲赐"净香园"名；相传为明朝康海读书之处的扬州三山之一的康山重建而成的康山草堂；在重宁寺旁构筑的东园等。江春也乐于举办文会，乾隆三十一年十二月十九日，江春召集文人在寒香馆悬像赋诗纪念苏东坡七百

---

① 许承尧撰，李明回等校点《歙事闲谭》，黄山书社 2001 年版，第 618 页。
② 李斗撰《扬州画舫录》卷一二《桥东录》，中华书局 1960 年版，第 274 页。

岁诞辰，"一时文人学士如钱司寇陈群、曹学士仁虎、蒋编修士铨、金寿门农、陈授衣章、郑板桥燮、黄北垞裕、戴东原震、沈学士大成、江云溪立、吴杉亭烺、金櫻亭兆燕，或结缟纻，或致馆餐"①，吴烺词《大江东去（东坡生日同人集指香斋酿饮，忆甲申年在真州小聚，匆匆如昨日事也。）》② 也是因此类场景而作。

　　对于盐商，吴敬梓确实没有多少好感，我们没有必要因此而责备吴敬梓眼光的偏颇，实际上，吴敬梓平生最知交的程晋芳即为两淮富商，但程晋芳十分崇尚儒学，热衷读书，喜交文人。袁枚说："程氏尤豪侈，多畜声色狗马"③，"食口百人，延接宾客，宴集无虚日"④，尽管吴敬梓生平对盐商十分鄙视，对程晋芳却青睐有加。吴敬梓与程晋芳在乾隆六年（1741）相识，时程只有 24 岁，尚未考中进士，程晋芳的出现多少修订了吴敬梓对盐商的恶劣印象。吴敬梓十分赏识程晋芳的才华，经济窘困之时，程晋芳对其接济不少，吴烺也满怀感激之情在诗中写到这一方面："朝入枚皋里，雪霰纷以积。言寻长者居，遂出怀中刺。登堂接客仪，慰藉见真挚。伊余忝通门，历久敦交谊。指困米屡求，办装钱岁致。以此慷慨衷，不厌故人累。"⑤ 吴敬梓还曾在程家生活过一段时间，程晋芳《文木先生传》记载："辛酉、壬戌间，延至余家，与研诗赋，相赠答，惬意无间。而性不耐久客，不数月，别去"⑥，程晋芳是《儒林外史》最早的读者之一，《儒林外史》中的庄濯江的形象原型即是程晋芳族亲号洴江的程梦星⑦，或多或少也带有程晋芳的影子：

---

①　阮元辑《淮海英灵集·江春传》戊集卷四，丛书集成初编。

②　吴敬梓：《吴敬梓诗文集》，李汉秋辑校，人民文学出版社 2002 年版，第 362 页。

③　袁枚撰，王英志主编《袁枚全集·小仓山房文集》卷二十六之《翰林编修程鱼门墓志》，江苏古籍出版社 1993 年版，第 454 页。

④　钱仪吉编《碑传集》卷五〇，翁方纲撰《程晋芳墓志铭》，上海古籍出版社 1987 年版。

⑤　吴敬梓、吴烺撰，李汉秋点校《吴敬梓吴烺诗文合集》，吴烺诗《赠程二丈鱼门》，黄山书社 1993 年版，第 164—165 页。

⑥　程晋芳撰《勉行堂文集》卷六《文木先生传》，清嘉庆二十五年冀兰泰、吴鸣捷刻本。

⑦　何泽翰：《儒林外史人物本事考略》，上海古籍出版社 1985 年版，第 75—78 页。

　　杜少卿又在后湖会着庄绍光。庄绍光道："我这舍侄，亦非等闲之人。他四十年前在泗州同人合本开典当。那合本的人穷了，他就把他自己经营的两万金和典当拱手让了那人。自己一肩行李，跨一个疲驴，出了泗州城。这十数年来，往来楚越，转徙经营，又自致数万金，才置了产业，南京来住。平日极是好友敦伦，替他尊人治丧，不曾要同胞兄弟出过一个钱，俱是他一人独任；多少老朋友死了无所归的，他就殡葬他。又极遵先君当年的教训，最是敬重文人，流连古迹。现今拿着三四千银子在鸡鸣山修曹武惠王庙。等他修成了，少卿也约衡山兄来替他做一个大祭。"杜少卿听了，心里欢喜。说罢，辞别去了。[①]

　　庄濯江是个盐商，吴敬梓却看重他"好友敦伦"、"敬重文人，流连古迹"的品性，在吴敬梓来看，文人风流方显儒雅不群，这也是暴发户们难以企及世家旧族的地方，从这方面说，吴烺在扬州的交游，包括与江春的友谊同乃父吴敬梓的交游癖性实际上十分相似。江春以及其弟江昉都喜好文学，他们修建康山草堂、秋声馆等，延纳文人学士，并刊刻有《新安二江先生诗集》。相较乃父吴敬梓，吴烺在扬州的交游频繁，依韵唱酬的作品也十分丰富，其实吴烺的这种变化早在吴敬梓与程晋芳的交游中就已经露出端倪，在扬州，吴烺是踏着乃父的足迹走下去的。以吴烺与江春扬州交游为例，可以进一步阐释之。江春诗集中赠与吴烺的诗存有三首，分别如下：

　　　　吴杉亭舍人服阙如都以诗留别，邗上旧侣石沧徐子绘图相送，余悸赋诗矣。兹于舍人濒行复缀四十字以代折柳
　　　　昨为君题画，还看画送君。秋风别扬子，马首向燕云。名重丝纶阁，功收翰墨熏。欢持今夜酒，不用怅离群。
　　　　　　　送吴杉亭舍人之吴门
　　　　乍闻小别月初三，便觉依依绪不堪。剩有离愁生酒半，载将诗思过江南。凉吹雁写风前影，暑尽秋妍霁后岚。剪烛西窗休遽寝，宵长

---

　　①　吴敬梓：《儒林外史》，第四十一回"庄濯江话旧秦淮河　沈琼枝押解江都县"，人民文学出版社1977年版，第476页。

正好听清谈。

题画送吴杉亭舍人入都

　　三年此酬唱，一夕忽歌骊。柳色牵衣袂，荷香饯酒卮。别余鸥鹭侣，还尔凤凰池。得意春风后，裁书报故知。①

　　第一首诗，江春作于 1756 年岁末。对照吴烺的《杉亭集》，吴烺连续遭逢家世变故，1753 年，妻子病逝的伤痛还没有抚平，父亲又在 1754 年撒手人寰，重孝在身的吴烺，又为生活所迫将要赶往京城。"欢持今夜酒，不用怅离群"，江春的诗中满是安慰和鼓励，在依依惜别中劝慰吴烺人生虽聚散无常，却不必伤感，何况"名重丝纶阁，功收翰墨熏"的前程并不遥远，大可去掉悲观情绪，以积极的心态面对生活。1763 年吴烺将离扬州而往苏州、无锡一带，遂写下《将之吴门留别邗上诸子》一诗，此诗正可与上引江春《送吴杉亭舍人之吴门》诗参读：

将之吴门留别邗上诸子

　　浮踪如叶任飘萧，赖有良朋慰寂寥。卜宅已忘身是客，簪花却愧鬓先凋。新凉竹树东西屋，细雨烟波上下潮。此去吴门寻旧侣，淮南回首小山招。②

　　与吴烺的分别，江春充满着依依惜别之情，吴烺说："浮踪如叶任飘萧，赖有良朋慰寂寥"，也同样十分珍重这份友谊。江春诗中说"三年此酬唱"是指吴烺从 1762 年到 1765 年在扬州这段时间，三年中知交相得，对真挚友情的难舍留恋的惜别之情都十分真切地表现在他的诗中。吴烺诗《将之都门留别邗江诸同好四首》③对于这份友情也多有抒发："三年留滞广陵城，杯酒殷勤仗友生"，"一笑相知眼最青，诗坛酒社也曾经。万竿竹簌穿苔径，百顷荷香坐水亭"，"难忘好友离心切，易洒临歧泪点多"。吴烺的《杉亭集》中与江春唱和的诗词很多，如《初秋集兰雪堂听江鹤

----

　　① 转引自朱万曙《明清时期商人的文学创作》，《文学评论》2008 年第 3 期。

　　② 吴敬梓、吴烺撰，李汉秋点校《吴敬梓吴烺诗文合集》，黄山书社 1993 年版，第 232 页。

　　③ 同上书，第 270 页。

亭谈新安山水之胜》、《九日鹤亭同诸君铁佛寺登高余偕棕亭泛舟红桥不与次日用分得韵成诗》、《鹤亭重仿竹炉复绘图纪兴同人分赋得七言古》、《江鹤亭招游焦山》、《对雪怀鹤亭兼呈家荶田》、《鹤亭招集净香园观竞渡四首》、《周鹤亭广文家修亭司训招同岳水轩金棕亭俞墨岑江鹤汀冯昆阆朱昭平江曙华汪存南冯鹭宾集饮署斋逐登奎光楼眺望》、《客雨香庵有怀鹤亭》、《柬鹤亭》、《怀鹤亭》、《和鹤亭》、《积雨兼旬尚未得晤鹤亭独坐成诗索和》、《虞美人（人日集鹤亭斋中兼七言律诗一首）》、《浣溪沙（鹤亭饷元宵粉团赋谢）》等，这些绝非诗人流连光景的应酬之作，或寄情言心，或抒怀表意，诗歌皆有充实的内容，本质上与乃父吴敬梓的交游癖性相一致，而在思想继承的基础上进一步延伸。

（二）"片时安稳"① 的扬州是 "四海无家"② 的吴烺之精神家园

1. "唱酬吟咏之作，既工且多"③ 的吴烺与扬州文化的交融

扬州经济的繁荣源于扬州的盐业，扬州文化的繁荣也是盐业给他们提供了雄厚的物质基础。扬州文化与盐商存在着千丝万缕的联系，它的优点与瑕疵无不都打上两淮盐商的烙印。缘于盐商的各种动机，或爱好，或附庸风雅，或出于心理满足之需要等，他们往往罗致大批文士，甚至常年馆于其家，当然，众多文士之中除了饱学之士外，也不乏攀附巴结盐商的清客文人。毋庸讳言，这些盐商对扬州的文化发展起到了促进和推动的作用，为扬州的文坛增添了光彩。但是，吴敬梓看到更多的是盐商给扬州文化抹上的污垢，也因此看到扬州文化的更多的消极方面。吴烺则从父亲的阴影中走了出来，更多接触到扬州文化的长处和光明，同吴敬梓 "（诗简唱和）绝无敏轩之作……见时贤之分题角胜，则惴惴乎谢不敏也"④ 的个性相比，吴烺 "所至揽环结珮无虚日，题襟载酒唱酬吟咏之作，既工且多"⑤。这种变化在吴烺的身上发生了积极的反应。

---

① 吴烺：《将之都门留别邗江诸同好四首（其二）》，《吴敬梓吴烺诗文合集》第 270 页。

② 吴烺：《舟中九日》，《吴敬梓吴烺诗文合集》第 280 页。

③ 吴敬梓、吴烺撰，李汉秋点校《吴敬梓吴烺诗文合集》附录钱大昕作《杉亭诗集序》，黄山书社 1993 年版，第 416 页。

④ 吴敬梓：《文木山房集》卷首李本宣撰《文木山房集序》，乾隆刻本。

⑤ 吴敬梓、吴烺撰，李汉秋点校《吴敬梓吴烺诗文合集》附录钱大昕作《杉亭诗集序》，黄山书社 1993 年版，第 415—416 页。

　　扬州文人的雅集大多在私家园林场所，主要是盐商的园林别业，诸如程梦星的筱园、郑侠如的休园、江春的康山草堂、东园与净香园、江昉的紫玲珑阁、汪氏的十八峰草堂，还有泛舟红桥、登拂云亭等无不留下吴烺的足迹。在这些文人的"雅集"中，吴烺与他们一起吟诗写词，相互启发，既感悟自然的野趣，更抒发真切的情意，吴烺在《东坡生日同人绘图集饮用李委吹笛鹤南飞为韵余得吹字》诗中写道："东坡距今几百载，风流往往如见之。我曹风味亦不恶，举杯太息非同时。诸公慎勿自菲薄，古今相望皆如斯。安知他日非故事，后贤把酒来吟诗。"① 吴烺与盐商的交往并非清客的身份，更不带有依附的性质，同乃父趣味、品性一致，"人皆餍膏粱，主独甘藜藿；人皆善奔走，主独惜腰脚，双鬓已星星，严霜陨秋箨"②。同时，全国各地的文人学士纷至扬州，南北文化的诸多流派在此碰撞、交融，扬州文化也因此表现出学术空气的浓郁、开放、自由。扬州也因此培育出一批诸如"扬州学派"、"扬州画派"等在此中成长壮大，有自己思想、个性及情感，形成自己独特治学及创作方法的学者与艺术流派。吴烺于此也呼吸到了新鲜的空气，并融入其中，除了诗词创作外，对于自然科学及算学与音韵学也颇有研究，在《题沈沃田小照》中吴烺云：

　　　　古心与貌俱，斯人真倔强。读书追黄坟，好奇探网象。柱杖携一条，蜡屐穿几两。倦游罢津梁，著述引修缦。旋怀乐键户，客至即烹茗。堆案罗图书，留我共欣赏。偶爱九章术，欲侧三角影。四率别异同，两铭肖俯仰。方圆辨平立，黄赤识丁丙。小数先垛积，大法及少广。此学本孤行，今时益绝响。不辞心力殚，竟忘昼夜永。吾道有真趣，声华讵虚奖。寄语同心人，述庵王子昶。③

---

　　① 吴敬梓、吴烺撰，李汉秋点校《吴敬梓吴烺诗文合集》，黄山书社 1993 年版，第 241页。

　　② 吴敬梓、吴烺撰，李汉秋点校《吴敬梓吴烺诗文合集》，吴烺诗《感寓五首》（其五），黄山书社 1993 年版，第 272—273 页。

　　③ 吴敬梓、吴烺撰，李汉秋点校《吴敬梓吴烺诗文合集》，黄山书社 1993 年版，第 229页。

　　沈大成字学子，号沃田，江苏华亭人，晚游维扬，馆于江春家，吴敬梓卒后七年与吴烺订交，他们"有诗文往来，非一般友谊"①。沈大成还为吴烺《周髀算经图注》作序②，从这些诗文中能够看到吴烺与沈大成对于算学共同的兴趣，吴烺的算学、音韵学取得了令人瞩目的成就，对自然科学也产生了浓厚的兴趣，他在这一时期写有《自鸣钟歌次家蒲江韵》：

　　　　此钟制作出新意，叠轮辗转能自鸣。造玛得玛匠心苦，大浪山前泊丙午。地亦圆形取证明，冰海春融泻两股。巨鱼喷浪投木罌，咫尺迷离辨风雨。轴心动轮轮齿圆，三环四游象周天。大如瓮盎小如弹，位置可在琴书前。玻璃作窗金作纽。条丸乌兔回环走。禹鼎汤盘谐未工，雕镂屈曲蟠螭蟉。岁差天度行渐迟，周髀宣夜同瑰琦。古人不少覃精器，蚪箭铜龙解报时。③

　　吴烺对于诸如自鸣钟的原理及制作等都有极浓厚的兴趣，以科学的思维去观察、推想自鸣钟的原理及制作，其中自有真知灼见。应该说这些与扬州文化环境的熏染都有关联，也从另一方面昭示出吴氏科举家族的新变，吴家后世子弟在不断摆脱科举、仕宦羁绊的同时投身于文化及自然科学创造中。

　　吴烺与江昉④即共同辑有《学宋斋词韵》一卷⑤。江春、江昉兄弟，当时人称二江先生，江昉"家有紫玲珑馆，工词，著有《随月读书楼词钞》、《练湖渔唱》若干卷"⑥。江春之甥孙、学者阮元在江昉的挽诗中说："从今名士舟，不向扬州泊"⑦，江昉的别业紫玲珑阁也是四方名士觞咏之地。吴烺《杉亭集》中与其唱和之诗尤多，如《集筠槲斋中有怀江橙里新安道上》、《积雨韧霁橙里招集净香园》、《题江橙里集句杨柳枝词五首》、《怀橙里》、《怀江橙

①　孟醒仁：《吴敬梓年谱》，安徽人民出版社1981年版，第19页。
②　阮元编《畴人传》卷四十二，扬州阮氏琅嬛仙馆板，道光二十二年阮氏汇印本。
③　吴敬梓、吴烺撰，李汉秋点校《吴敬梓吴烺诗文合集》，黄山书社1993年版，第288页。
④　江昉（1727—1793），字旭东，号橙里，又号砚农，安徽歙县人。
⑤　吴烺、江昉、吴镗、程名世等辑《学宋斋词韵》，清乾隆刻本。
⑥　李斗撰《扬州画舫录》卷一二《桥东录》，中华书局1960年版，第275页。
⑦　阮元撰《广陵诗事》，广陵书社2005年版，第99—100页。

里在新安》、《案饮橙里斋中拟皮陆秋夕文宴得青韵》、《又（齐天乐）·别橙里》、《摸鱼子（抵寓，橙里携樽同寿泉、云溪过话，赋谢。)》、《绮罗香（集橙里书斋观雨中玉兰)》、《法曲献仙音·寿橙里》、《木兰花慢（午日题恽南田花果小幅同沃田、橙里、云溪、家鼙田叔作。)》、《霜花腴·橙里赋菊》、《水调歌头·送橙里归新安》、《台城路（王秋汀从蜀赴都，道过广陵，金棕亭留饮口口斋，同陈春渠、江橙里、汪雪礓、汪玉屏赋。)》、《疏影（雨中同沈沃田、江橙里、江云溪、集程筠榭斋中赋。)》、《集饮橙里斋中拟皮陆秋夕文宴得青韵》、《摸鱼子（抵寓，橙里携樽同寿泉、云溪过话，赋谢。)》、《绮罗香·集橙里书斋观雨中玉兰》、《木兰花慢（午日题恽南田花果小幅同沃田、橙里、云溪、家鼙田叔作。)》、《法曲献仙音·寿橙里》、《霜花腴·橙里赋菊》、《又（齐天乐）·别橙里》、《水调歌头·送橙里归新安》、《高阳台·绿蝴蝶和橙里》等诗词，这些作品也都包含十分充实的内容及真挚的情感，不妨录两首一看：

怀橙里

回首邗江一水滨，紫玲珑阁忆留宾。途穷欲下分离泪，交久才知淡远人。送我扁舟添别绪。临歧一语最伤神。平生潦倒谁怜惜，争似先生谊独真。[1]

怀江橙里在新安

今岁三春半风雨，光阴瞥眼如飞羽。一曲骊歌远送君，绿波春水浮南浦。送君迢递去新安，燕子桃花春未阑。屐齿遍游梅尉里，橹声摇过子陵滩。我本江湖一羁客，三年邗水掩萍迹。闲来动即到君家，斗奕衔杯永朝夕。一别风光百五过，佳辰良会竟蹉跎。遥知今夜团圞月，应照诗人捉搦歌。余亦年时厌尘鞅，京华北望增退想。只恐君归我复行，两地闲愁同怅惘。杨花作雪落纷纷，极目南天空白云。相思不断如春草，况复天涯正夕曛。[2]

---

①　吴敬梓、吴烺撰，李汉秋点校《吴敬梓吴烺诗文合集》，黄山书社 1993 年版，第 264 页。

②　同上书，第 293 页。

吴烺情深一叙，这种情感非知心之交恐怕不易产生，也无以倾诉，"只恐君归我复行，两地闲愁同怅惘"①深情厚谊绝非应酬之作能比。凭着共同的兴趣与情操，文学上的相知，人格上平等，经济上帮助，他们的友情实非一般交往可论。

吴烺的科学研究也颇见成就，除了诗文表现不俗的《杉亭集》，音韵学著作《学宋斋词韵》、《五音反切图说》，也是名列《畴人传》的有成就的算学家，胡适称吴烺是一个"大算学家"②，吴烺著有《勾股算法》、《周髀算经图注》③，而且还是"经学名儒"④。如果说"《儒林外史》所关注的，是知识分子的社会出路、历史命运"⑤，吴烺则已经开始探索并实践着如自己一样命运的知识分子的出路。基于自身的秉性与多年人生苦难的体验，加之乃父吴敬梓的影响，吴烺对于举业、仕宦表现出十分消极的态度，姚鼐在《杉亭集序》中说："荀叔虽无意进取，而工于诗，又通历象、章算、音律，所著书多古人意思所不到，是则余逊荀叔抑远矣！"⑥吴烺"无意进取"昭示着以科举闻名的吴氏家族的新变，以乃父吴敬梓肇其端，吴烺最终摆脱科举、仕宦的羁绊而投身到文化及自然科学中。无可否认，扬州的生活在吴烺的转变中起着十分关键的作用。

2. 扬州的客居生活是吴烺思想与情感发展的重要阶段

扬州也有许多志趣相同的朋友，包括其父执辈的学者文士如沈大成、王昶、蒋春农等，"同心三两人，昕夕相往还。高论破聋俗，欣赏复无言"⑦，缘于共同的爱好和志趣，吴烺与他们交游颇多并留下不少诗作，这一时期，吴烺思想与情感的发展渐趋成熟、稳定，凡珍重友情，伤离恨别等皆发抒笔端，饱含生命的厚度，在苦乐悲欢的抒写中透视出他对于人

---

① 吴敬梓、吴烺撰，李汉秋点校《吴敬梓吴烺诗文合集》，吴烺诗《怀江橙里在新安》，黄山书社 1993 年版，第 293 页。

② 胡适《吴敬梓年谱》，《胡适文存》（二集），上海：亚东图书馆，1921 年版，第 26 页。

③ （民国）《全椒县志》卷一〇。

④ 平步青撰《霞外攟屑》卷六，民国六年刻香雪崦丛书本。

⑤ 张国风：《〈儒林外史〉试论》，中华书局 2002 年版，第 60 页。

⑥ 吴敬梓、吴烺撰，李汉秋点校《吴敬梓吴烺诗文合集》，黄山书社 1993 年版，第 417 页。

⑦ 吴敬梓、吴烺撰，李汉秋点校《吴敬梓吴烺诗文合集》，吴烺诗《同春农饮周簠庵斋中对菊和陶二首》（其一），黄山书社 1993 年版，第 260 页。

生的思索，情感蕴含丰富。列举一二说明之：

王昶，字德甫，一字琴德，号兰泉，晚号述菴，江苏青浦（今属上海市）人，《清史稿》有传①。《扬州画舫录》载："王昶……进士，从大将军累建军功，以江西布政使司入为刑部侍郎……侍郎自未第及执政时，往来邗上最多。"② 王昶与吴烺知交，其所辑《湖海诗传》收吴烺诗八首，《琴画楼词钞》收吴烺词 74 首。③

吴烺十八岁曾作《苕苕曲》，苕苕豆蔻青春时被豪家强纳为妾，当荣华不驻时又复被弃，吴烺同情苕苕的遭遇，在诗中为苕苕的悲苦命运鸣不平，王昶有感吴烺此诗而作《怀全椒吴舍人荀叔》诗：

> 舍人家住青溪埭，花月新闻最怆怀。为忆苕苕旧时曲，一镫凉雨梦秦淮。④

对吴烺诗中的爱憎情感，王昶十分赏赞，并引以为同道。乾隆十九年，王昶将往济南有诗作《将往济南树澧先生饯于味经窝并示吴司业尊彝鼎戴上舍东原震吴舍人荀叔烺及揩升凤喈晓徵诸君》云：

> 忽忽襆被上轻车，折简来招再揽袪。失路长嘶嗟瘦马，过河欲泣念枯鱼。登筵频劝三升酒，授馆还叨一纸书。（吴运使凌云士功来聘先生之荐也。）话到宾朋皆雪涕，灯残赋别更踟蹰。⑤

----

① 《清史稿》卷三〇五列传九十二《王昶传》："王昶，字德甫，江苏青浦人。乾隆十九年进士。南巡，召试，授内阁中书，充军机章京。三迁刑部郎中。三十二年，察治两淮运盐提引，前盐运使卢见曾坐得罪，昶尝客授见曾所，至坐是漏言夺职。云贵总督阿桂帅师讨缅甸，疏请发军前自效。上命大学士傅恒出视师，嗣以理藩院尚书温福代阿桂，皆以昶佐幕府。温福移师讨金川，昶实从，疏请叙昶劳，授吏部主事。既，复从阿桂定两金川，再迁郎中。刑部侍郎袁守侗按事四川，上命察军中事，还奏言昶治军书有劳。四十一年，师凯还，擢昶鸿胪寺卿，仍充军机章京。三迁左副都御史，外授江西按察使。数月，以忧归。起直隶按察使，未上，移陕西按察使。"
② 李斗撰《扬州画舫录》卷十《虹桥录上》，中华书局 1960 年版，第 242—243 页。
③ 参见孟醒仁著《吴敬梓年谱》第 113 页及李汉秋点校《吴敬梓吴烺诗文合集》第 6 页"前言"中相关内容。
④ 王昶撰《春融堂集》卷五《（怀）全椒吴舍人荀叔》，清嘉庆十二年塾南书舍刻本。
⑤ 王昶撰《春融堂集》卷五，清嘉庆十二年塾南书舍刻本。

诗中满是苦语。本年王昶、钱大昕、王鸣盛三人同中进士，王鸣盛、钱大昕即被授予官职，王昶因诠选入第三等未得授官，后离京，王昶自叹"文章有命疑神鬼，台阁无缘负友生"①，吴烺写有《冬日寄王德甫》四首②：

> 孟冬风日凄，庭树脱残叶。揽衣步前楹，霜华覆阶湿。荏苒岁将暮，郁郁幽怀叠。所思天一方，道远关梁隔。矫首望飞鸿，徘徊空伫立。
>
> 凤凰集阿阁，梧桐生朝阳。造化钟灵异，蔚为家国祥。明珠荐玉敦，太庙陈五英。遇合贵有时，乃卜熙景昌。之子楩枏材，细理敷文章。班匠顾不用，弃掷委路旁。已矣复何道，叹息摧中肠。
>
> 朔风激尘鞅，九陌驰轩车。朝谒金张馆，暮窦许史庐。新知若胶漆，灼灼春华敷。昔时同盟友，穷贱趋路隅。高言讳姓字，目笑何其迂。所以扬子云，守玄惟著书。
>
> 我爱荣启期，带索朝鼓琴。悠然得三乐，举世无知心。高风一以邈，至今传济南。吾友远行客，永慕梁父吟。金函与玉蝶，窘窭勤追寻。嗟彼於陵子，毋乃避人深。因风托情愫，视我瑶华音。

对于王昶的人生追求，情志所衷，吴烺也同样以之为是并引为同道知己。诗中除了抒发对友人深挚的思念外，对王昶才不为用的遭际寄寓着深深的同情，吴烺联系自己的身世，同受天涯沦落之悲并产生深深的共鸣，缘于此，吴烺诗中的情感抒发也越发真诚感人。王昶《湖海诗传》收吴烺诗共八首，王昶十分推重吴烺寄寓于诗中的对知交故友所怀有的真情，落拓中的王昶从诗中得到不少慰籍和鼓励。吴烺在京做中书舍人期间，他们之间来往十分密切，《杉亭集》诗七有《同钱箨石先生谢金圃王礼堂钱辛楣韦约轩王兰泉金轩来游王氏万泉庄园亭分赋各体得六言绝句八首》诗：

---

① 王昶撰《春融堂集》卷五《凤嗜晓征诸君相送宣武门外》（其一），清嘉庆十二年塾南书舍刻本。

② 王昶《湖海诗传》所收吴烺《冬日寄王德甫》四首诗即《吴敬梓吴烺诗文合集》吴烺《寄王进士琴德四首》。吴敬梓、吴烺撰，李汉秋点校《吴敬梓吴烺诗文合集》，黄山书社1993年版，第185—186页。

　　六街残雪融尽，尚觉花信沉沉。有客招邀挈榼，丰宜门外追寻。

　　西庄学士嗜古（礼堂），手挽王郎钱韦。笑入道旁古寺，摩挱仆地残碑。

　　敧斜几行花援，横从一带水田。美人翠眉新画，西山不隔春烟。

　　登临腰脚独健（銮石），入门遍历林丘。却笑谢公后至，已输一刻佳游。

　　风潭何翅百顷，只少莲叶青青。萧散似袁家渴，位置如茶仙亭。

　　对此那能不饮，坐尽寒流暮鸦。莫怪斯游太早，吾曹冷淡生涯。

　　古藤自垂璎珞，暗户时胃蟏蛸。寻到回廊一折，看见游人过桥。

　　三子相期未至，（褚鹤侣、陈宝所、曹渔庵。）谢客各自关门。名园咫尺不赏，应被溪山笑人。①

　　这些志同道合之人，交游唱和相得，诗词中不乏他们欢快的身影。缘于共同的爱好和志趣，吴烺与王昶引为同道知交，如"吾道有真趣，声华讵虚奖。寄语同心人，述庵王子昶"②。这般的情谊诗中多有表述，在《台城路（题王兰泉三泖渔庄图）》词中，吴烺同样表达了他的这种心迹：

　　横云山下延缘路，微波渐通三泖。夜火虾帘，晚潮鱼步，中有诗人吟眺。沙裳短棹，看摇过芦汀，拂衣寒峭。战舰消沉，莫将往事寄凭吊。披图先动秋思，问鲈鱼莼菜，归兴多少？水国斜阳，烟村细雨，孤负年时襟抱。乡园梦杳，怕误却沙头、旧盟鸥鸟。天影微茫，凉蟾生树杪。③

---

　　① 吴敬梓、吴烺撰，李汉秋点校《吴敬梓吴烺诗文合集》，黄山书社 1993 年版，第 214 页。

　　② 吴敬梓、吴烺撰，李汉秋点校《吴敬梓吴烺诗文合集》，吴烺诗《题沈沃田》，黄山书社 1993 年版，第 229 页。

　　③ 吴敬梓、吴烺撰，李汉秋点校《吴敬梓吴烺诗文合集》，黄山书社 1993 年版，第 316 页。吴烺此词约乾隆二十四年在京城作官期间所作，钱大昕有《题王德甫三泖渔庄图》（收于王昶《湖海诗传》吴烺诗作后）可以对读。

抱负未展，志不得伸的遭际，归隐乡园的情思使他们的情感、志向常能旨归一处。在《寄德甫》诗中，吴烺将自己的心迹向友人娓娓叙来，情感哀婉动人：

> 征衫拂拭尘犹在，风雪重呼江上舟。辛苦可堪闻塞雁，飘零只合伴沙鸥。散庐种竹成虚响，古堠看花负胜游。骑省年来只鬓改，莫将青镜照烦忧。
>
> 长江东望雪廉纤，料得推蓬朔吹严。旧业凋残嗟道路，壮心磨灭为瓐盬。人如失侣投林鸟，事比沿流上竹鲇。又挂一帆京口去，西津潮落晚峰尖。
>
> 客路茫茫仗友生，王郎书尺定鸥盟。性因爱懒难言学，诗为多愁易不平。三泖湖波春草绿，九峰山色晚霞晴。何当与尔乘船去，手把渔竿变姓名。①

"相逢结知己，中情托幽素"②，也唯有交厚情深的"同心人"，吴烺才会这样情深一叙，诗中叙写生活的艰难，有流浪漂泊的孤寂，有才不得伸、志不能酬的愤懑，也有欲归隐而不得的惆怅与哀伤。凡此情感的抒发都极为浓郁，心声的吐露也十分真切。乾隆三十三年（1768）王昶经过良乡，吴烺胞弟吴鳖前来拜访，其《滇行日录》记载："乾隆三十三年戊子……七十里抵良乡固节站，止宿于永安堂……县令吴君鼇来见，杉亭舍人弟也。"③ 王昶以此为记，聊以寄托对吴烺的思念。

三　扬州见证吴、金两家子弟同作天涯沦落之人

金兆燕与吴烺同为全椒人，全椒吴、金两姓几乎同时在这一地区

---

①　王昶辑《湖海诗传》卷一四，清嘉庆八年三泖渔庄刻本。吴烺《杉亭集》中未收此组诗。

②　吴敬梓、吴烺撰，李汉秋点校《吴敬梓吴烺诗文合集》，吴烺诗《感寓五首》（其三），黄山书社1993年版，第272页。

③　参见何泽翰著《儒林外史人物本事考略》，上海古籍出版社1985年版，第168页；朱一玄等编《儒林外史资料汇编》，南开大学出版社1998年版，第149页。"鼇"为"鳖"之误。

崛起而成为一方望族，这两个家族之间世代婚媾①，就获科名之高，爵位之尊以及世家历时之久来说，在这一地区无人能与金、吴两家颉颃。吴烺扬州期间与金兆燕的交往十分密切。诗歌唱和不少，吴烺常于扬州、金陵与京城之间来往，金兆燕也为举业而常奔波于扬州、京城之间。吴、金两家由世交的情谊而积淀成的近乎亲人般的情感，这种情感在吴烺与金兆燕之间延续，尤以扬州和京城为中心的聚散离合中表现充分。

1764 年，金兆燕携其子台俊就婚于吴烺扬州寓居处，写下《吴杉亭舍人侨居邗上余亦携儿作客即令移寓就婚共送归里礼筵之夕赋呈杉亭兼同社诸子八首》：

> 宾鸿云路各将雏，漫学朱陈嫁娶图。何日耕田求白璧，但教傥舍作青庐。百年预计成翁媪，一局惊看又妇姑。辛苦半生肩未息，樽前且共捋髭须。

> 秋堂华烛艳黄昏，新月遥天碧一痕。乍可俟庭兼俟著，非关求系复求援。刑谭襟袂追先契，秦晋丁壬本世婚，稚齿远离休重念，明珠曾借掌中温。

> 彭泽痴儿学尚慵，高标且倚丈人峰。摛毫幸入阁公座，咏絮难追谢女踪。岂有遗金供舐犊，敢劳对玉许乘龙。伯鸾皋庑而今少，不向人家更赁春。

> 喜气今朝讶满庭，渔童也自耦樵青。（小奚亦于是日纳妇）水花并蒂明前渚，文翼双飞过远汀。召客饮宜谋十日，当筵光恰丽三星。不须绣段装檐额，满壁华笺灿锦屏。

> 归飞秋燕自呢喃，松菊荒斋径忆三。笑我名儿仍以客，知君爱女甚于男。吹箫讵引台前凤，作茧真如箔上蚕。火急粗将身事了，一灯弥勒便同龛。

---

① 全椒金、吴两家世代婚媾，吴敬梓与金榘是表兄弟兼连襟，吴烺曾受业于金榘，金兆燕是金榘之子，金兆燕之子金台骏为吴烺之婿。金兆燕"工诗词，尤精元人散曲"，卢见曾"延之使署十年，凡园亭集联及大戏词曲，皆出其手。中年以举人为扬州校官，后成进士，选博士，入京供职，三年归扬州，遂馆于康山草堂。"（《扬州画舫录》卷十）

桑根旧隐指家山①，计日扁舟共载还。机杼声中城郭小，剪刀池畔户庭闲。服劳好共修鸡栅，偕老应同守鹤关。莫似阿婆嗟命薄，年年明月盼刀环。

上车已落气犹豪，枣脯堆柈餍老饕。佐馔羹汤先作鲙，到家时节正题糕。飘香群羡瑶台桂，结子堪占露井桃。孝顺宜男吾愿足，人间富贵总鸿毛。

春风歌吹绿杨城，听遍高楼夜夜声。蓬转屡为弹铗客，萍居难作受廛氓。良朋合沓新诗就，远道苍茫别绪生。转首君归凤池上，看余五岳自孤征。②

金兆燕的诗使吴烺生出无限感触，随后吴烺写下《棕亭携令子冀良就婚于余寓邸成长句八章余亦抚今追昔怅然于怀作此奉答》诗以和③：

清秋星宿夜中分，纤月楼西尚巧云。百辆不须迎少女，六萌翻遣驾郎君。催妆诗句多名笔，赠嫁香奁只布裙。一任刊江人绝倒，先生牵犬是新闻。

蒹葭本是旧因缘，两小无猜自昔年。博议好同嘉婿订，尚书谁共乃翁传。泉台久已心相许，（亡内在日已有朱陈之约。）故里遥知眼更悬。失母乌雏今拂羽，谢公那得不偏怜。

当时遗挂独伤神，径寸惟留掌上珍。几载京华随薄宦，二年旅食寄通津。鸣环从此为新妇，酹酒真堪报昔人。料得登舻无限感，小妻执手话频频。

弟兄相对惜蹉跎，回首光阴一鸟过。上巳河边同祓禊，清明水面共飞堶。半窗风雨联吟夜，廿载云山寄远歌。少壮几时嗟老大，樽前

①　金家住在全椒城外桑根山下老宅，即常说的金家巷，自明代先祖九陛、光昊显达之后，城区便有园宅。参见孟醒仁《吴敬梓家世、生平补正——读吴烺手钞本〈杉亭集〉札记》，《江淮论坛》1981年第2期。

②　金兆燕撰《棕亭诗钞》卷九，清嘉庆十二年赠云轩刻本。

③　孟醒仁《吴敬梓家世、生平补正——读吴烺手钞本〈杉亭集〉札记》（《江淮论坛》1981年第2期）误以为此事发生于北京吴烺寓邸，李汉秋点校《吴敬梓吴烺诗文合集》"前言"说"回到扬州招赘金兆燕之子冀良与小女儿成亲"为是。

早觉鬓丝皤。

萍叶蓬花命可叹，飘零到处即为安。故山空赋《思归引》，京国徒悲《行路难》。人去九原恩未报，泪枯千点梦初残。白杨衰草荒郊外，倩尔年年上冢看。（余少失母，养于庶祖母程，冢在全椒南山之陲，兴言及此，用属吾女焉。）

百年身世总茫茫，喜色今宵一举觞。风日清佳宜燕乐，宾朋谈笑胜笙簧。全家久叹艰生计，半子何堪赘异乡。莫把焦桐弹别调，人间愁绝蔡中郎。

阜陵城外树扶疏，老屋依然古巷隅。①争羡佳郎如冠玉，可知爱女胜怀珠。绝无罗绮骄夫子，好取羹汤试小姑。说道长安应解忆，思亲定有泪痕濡。

水蓼江乡雁正飞，一帆江上送将归。惊心节物更新易，偻指平生故旧稀。五岳烟霞人未老，三冬文史愿多违。明年骑马东华去，又见红尘染素衣。②

　　吴烺、金兆燕的时代，吴、金这两个全椒曾经的世家望族已经彻底衰败下来。家族命运的遭际、世交情谊的积淀都使得他们在诗歌唱和中产生共鸣。儿女长大成人，成家立业自然欣慰，但是面对世家式微现状，总禁不住悲不自胜，诗中有对于家业衰落的哀伤、对世交情谊的珍惜、对儿女的疼爱怜惜、对彼此飘零身世的惺惺相惜、对故乡的深切思念，等等，以上种种情感从他们彼此饱含深情厚意的笔端发抒出来，见出这种情感的厚重和深沉。因事触发，吴烺情感实在难以放下，又写下《秋霁（九日棕亭携令子冀良同余平山堂登高，先成此解，倚声和之。）》一词：

　　远雁平林，办游屐来时、大好风日。客邸题糕，衰颜对玉，（冀良余女婿也。）空赢无限愁臆。小窗雨密。联吟尚记帘云湿。（记轩来棕亭与余九日联句，忽忽廿余年矣。）叹旧人零落，廿年回首竟陈

----

　　①　吴烺此处所指即是金家老宅金家巷。参见孟醒仁《吴敬梓家世、生平补正——读吴烺手钞本〈杉亭集〉札记》，《江淮论坛》1981 年第 2 期。
　　②　吴敬梓、吴烺撰，李汉秋点校《吴敬梓吴烺诗文合集》，黄山书社 1993 年版，第 256—257 页。

迹。红尘京洛，两袖霜华，送君河梁，遥指山色。又争知、此际相逢，鬓丝同照暮潭碧。往事沉沉君莫忆。有酒须饮，试看流水寒鸦，西风老柳，断魂谁识。①

　　缘于吴烺身世的坎坷及人生的遭际与家庭的诸多不幸，使他多愁善感的性格特征不断被强化，词中抒发的也多伤感和怅惘之情，这种情绪几乎与他终生相伴，使他一生不得开颜，这其实是吴烺生命的基调。

　　吴烺与金兆燕的交游非自扬州始，但扬州逗留期间正是吴烺人生的多事之秋，吴、金交游往来尤见深挚之情感。1752 年吴烺"乞假归觐"②，到扬州拜亲访友，妻子病重消息传来，便从扬州匆匆赶回，等到居所，妻子已去世七日，金兆燕写下《闻吴荀叔弟客中悼亡寄慰》诗；1754 年吴敬梓猝然卒于扬州，金兆燕抚榇亲送金陵，并写有《甲戌仲冬送吴文木先生旅榇于扬州城外登舟归金陵》诗，对吴敬梓的猝然离世无比痛心，为吴敬梓的坎坷命运鸣不平。对于吴烺所遭受的不幸，金兆燕感同身受，并写下《过吴杉亭舍人宅时杉亭将以忧归》③ 诗，给悲苦中的吴烺带去慰藉，以抚平吴烺受伤的心灵。

　　金兆燕的举业道路十分坎坷，自乾隆十二年丁卯（1747）举于乡，不断地来往于京城参加会试，无奈总是命悭，与进士无缘，直到乾隆三十年丙戌（1766）八应会试才中了进士，④ 其中甘苦辛酸良多，正如其诗《题宋瑞屏磨蚁图小照》所写：

　　　　我生半世轮蹄中，壮年转徙随飞蓬。八上燕京三入越，齿落面皱成衰翁。年过五十忽繫枙，卑官偃伏江之氾。罗雀门庭一事无，反锁衡门饥欲死。忆昔结客少年场，司马衣裘陆贾装。岂知垂白如干蛊，肉生两髀雷鸣肠。我有片疑为君献，莫听杜宇枝头劝。天涯虽未金绕

　　① 吴敬梓、吴烺撰，李汉秋点校《吴敬梓吴烺诗文合集》，黄山书社 1993 年版，第 335 页。

　　② 吴敬梓、吴烺撰，李汉秋点校《吴敬梓吴烺诗文合集》，吴烺诗《秋日乞假归觐縠原赋诗赠行依韵留别八首》，黄山书社 1993 年版，第 171 页。

　　③ 金兆燕撰《棕亭诗钞》卷七，清嘉庆十二年赠云轩刻本。

　　④ 参见陈蓂庭著《清代戏曲家丛考》之《金兆燕年表》，学林出版社 1995 年版。

身，故里更无人裹饭。君不见长安道上人如梭，朝朝籍马更铃骡。劳人莫怨磨上蚁，书生肯作笼中鹅。①

金兆燕八次京都应试大都借宿于吴烺的寓所中，京都的聚散离合，在吴烺《杉亭集》中都有十分清晰的记述，如 1752 年吴烺初入都城为官，见到赴京就试的金兆燕而作《喜钟越兄至》诗：

> 我昨梦见君，知君在途间。悠悠数千里，精气先相关。晨兴闻剥啄，窗射朝阳圜。俨然见君来，喜极泪潺湲。忆与君别时，飞雪满青山。……夫君真大药，一见破愚顽。沉疴霍然起，坐听鸟缗蛮。一笑谓金圃：吾兄岂等闲！②

深厚的感情、友情与真挚的思念洋溢于诗的字里行间，这是亲人久别相逢才会有的喜悦。吴烺与落第后的金兆燕同回南方，酒后作《泊舟沧州醉后作》以抒发胸中的抑郁之情。

> 棕亭（钟越别字）小户已辟易，船唇跌坐双眼擱。看余攘臂气吞虎，一斗立尽倾长川。……低徊往事已成梦，渐觉尘虑胸中填。……片时疏放亦快意，此景与子须留连。他时追忆又陈迹，有酒不饮真徒然。③

仕宦淹蹇，心情郁愤的吴烺向亲近似兄长又同样失意的金兆燕倾吐胸中块垒。再如《首夏同棕亭雨田寓法源寺僧舍二首》、《同棕亭阻雨宿真州三十里铺大悲庵》、《摸鱼子（送棕亭南还次韵）》、《送棕亭南还二首》等无不表现为知己间才有的情感的抒发与思想的流露。1765 年吴烺离开扬州前往京都时作《将之都门留别邗江诸同好四首》一诗：

---

① 金兆燕撰《棕亭诗钞》卷一二，清嘉庆十二年赠云轩刻本。

② 吴敬梓、吴烺撰，李汉秋点校《吴敬梓吴烺诗文合集》，黄山书社 1993 年版，第 169—170 页。

③ 吴敬梓、吴烺撰，李汉秋点校《吴敬梓吴烺诗文合集》，吴烺诗《泊舟沧州醉后作》，黄山书社 1993 年版，第 171—172 页。

　　三年寄迹广陵城，颇觉吴霜镜里生。对奕有人头信宿，看花到处得逢迎。短筇双屐登高兴，流水寒鸦吊古情。回首平山堂下路，饧箫吹过几清明。

　　栖迟倦客本无家，身似鹡鸰阅岁华。淹惯酒痕襟袖湿，簪来花朵帽檐斜。疏灯老树听春雨，小艇秋潮送落霞。懒慢自怜真得计，片时安稳是生涯。

　　一笑相知眼最青，诗坛酒社也曾经。万竿竹籁穿苔径，百顷荷香坐水亭。上客才华多绰约，名园风雨独伶俜。长安此去寒宵梦，犹逐烟霞到晚汀。

　　堂堂风景竟销磨，那不樽前唤奈何。去住情怀同社燕，飘零身世类蓬科。难忘好友离心切，易洒临歧泪点多。一醉登车人未醒，怕闻玉笛唱骊歌。[①]

金兆燕读后即写下《次韵送吴杉亭舍人入都四首》诗相和：

　　祖帐离筵傍古城，一杯愁对暮潮生。凉蟾东上依依送，宾雁南来欸欸迎。别路倍添羁客泪，遥山应触故乡情。茱萸湾畔分携处，目断清淮夜火明。

　　客里长淹便似家，凄其岁晏孰予华。授衣节近秋风早，载酒园空落日斜。未免寄巢甘短翮，枉将成绮盼余霞。鸠榆鹏海从今判，须信人生各有涯。

　　驿路三千岸柳青，一鞭归马昔曾经。残阳只堠仍双堠，秋雨长亭复短亭。闭户何时容偃蹇，倚楼终日自竛竮。耦耕倘遂他年约，鸥宅还应近鹤汀。

　　槃敦诗坛自不磨，良朋联袂尽阴何。吟残流水鸦千点，题遍名园竹几科。旧馆从知良会少，新篇定为别情多。凤城三月春如海，可忆江南子夜歌。[②]

① 吴敬梓、吴烺撰，李汉秋点校《吴敬梓吴烺诗文合集》，黄山书社 1993 年版，第 270页。

② 金兆燕撰《棕亭诗钞》卷九，清嘉庆十二年赠云轩刻本。

　　"三年寄迹广陵城"，对扬州，吴烺十分流连，无奈良宵苦短，前方充满着不可知，但大致是苦多乐少的前景，"一方面是'四海无家惭薄宦'，感叹'身似鹡鸰阅岁华'；一方面又'懒慢自怜真得计'沉湎于饮酒簪花度生涯"①。实际上吴烺哪里能够"懒得"，哪里能够"沉湎"？那不过是面对现实的无奈与悲哀的呈现，如他一样微官薄宦的知识分子不得已借"饮酒簪花"而聊以自我慰藉罢了。然而，脆弱的、多愁善感的吴烺又岂止是"饮酒簪花"就可以逃避得掉这种苦痛的煎熬，就能抚慰自己伤痕累累的心灵？

　　　　笙歌夹岸敞红楼，胜地何妨日日游。莫上半塘桥上望，断肠风景是中秋。(《山塘同台司马作六首》其四)
　　　　一醉登车人未醒，怕闻玉笛唱骊歌。(《将之都门留别邗江诸同好四首》其四)

　　吴烺无法逃避这种现实，也无法抹去这种悲哀。在浓浓的离愁别绪中，尽管金兆燕诗中故作轻快慰藉之辞，但苦辞哀音在不经意间便会流露出来。吴烺也好，金兆燕也罢，他们都无法挣脱这种悲剧命运，这是封建时代知识分子的宿命。

　　"三年又泛潞河归，为忆江南旧钓矶"②，对于南方，包括全椒、金陵、扬州，尤其是扬州，在京城"寸禄难为养"③ 的薄宦生涯让吴烺十分忧烦和厌倦，"长安此去寒宵梦"④，他总不忘南归，不断地买舟南还，"归心不自聊"⑤ 仿佛是吴烺生命的旋律。作客扬州阶段是吴烺诗歌创作多产的时期，《杉亭集》中不少诗都写于扬州，吴烺对于扬州怀有特别的情感，先辈们扬州的足迹使他对扬州生出一份天然的亲切与留恋，扬州的环境滋养着他的诗情，

---

　　① 吴敬梓、吴烺撰，李汉秋点校《吴敬梓吴烺诗文合集》"前言"，黄山书社1993年版，第5页。
　　② 吴敬梓、吴烺撰，李汉秋点校《吴敬梓吴烺诗文合集》，吴烺诗《舟发潞河》，黄山书社1993年版，第278页。
　　③ 吴敬梓、吴烺撰，李汉秋点校《吴敬梓吴烺诗文合集》，吴烺诗《南还舟中述怀却寄都下诸子八首》(其二)，黄山书社1993年版，第189页。
　　④ 同上书，第270页。
　　⑤ 同上书，第189页。

也启发了他的智慧，扬州的知交故友给他满是忧伤的心灵带去丝丝慰藉，从这些层面上不妨说扬州乃是吴烺人生与文学创作及文化学术研究的"温柔富贵乡"。可惜如乃父吴敬梓一样，吴烺却未能在扬州久居，因为"栖迟倦客本无家"①，扬州也只做得吴烺生命历程中的一处驿站。

第四节 吴烺"无意进取"② 论

明清时期全椒吴敬梓家族恃科举而崛起，这个家族从明末由浙江迁入全椒的始祖吴凤开始，至清乾隆时吴烺一代，绵延二百余年，期间科甲蝉联，堪称举业世家。③ 迨吴敬梓辞鸿博试并与科举决绝，其子吴烺得赐举人而不赴进士试，这个家族的性质便发生了变化，他们与祖辈举业兴家之路已渐行渐远。

一 吴烺迎銮献诗赋得赐举人

清代选拔士子，除了正常科考，即常科之外，还有制科。制科是由皇帝亲自下诏临时设置的考试科目，旨在选拔特殊异等之才，故又称特科。清代的博学鸿词科④及召试都属于制科范畴，有清一代共举博学鸿词三次，开科两次，即康熙己未词科及乾隆丙辰词科；召试，康、乾、嘉三朝皆有，康熙朝举行三次，乾隆、嘉庆朝分别举行了十三次和两次。

吴烺（1718—1770?）字荀叔，号杉亭，清代著名学者，吴敬梓长子，安徽全椒县人。读书人举业仕宦才是正途，要摆脱和绕过它而谋得安身立命之地实非易事，即便作为吴敬梓长子，吴烺还是参加了举业考试。

科举史上，举子因"乡试"之困而志不得伸者极多，清初蒲松龄19岁时中秀才第一，后乡试屡试不中而终身坎壈；吴烺的父亲吴敬梓也因乡试变故而踏上另一种人生道路。吴烺的举业道路并不顺利，乡试之前，每当科考之

①　吴敬梓、吴烺撰，李汉秋点校《吴敬梓吴烺诗文合集》，吴烺诗《将之都门留别邗江诸同好四首》（其二），黄山书社1993年版，第270页。

②　姚鼐著《惜抱轩全集》，中国书店，1991年版，第33页。

③　全椒吴氏五世祖吴国鼎兄弟四人，六世祖吴晟、吴昺，八世祖吴檠皆进士及第，其中吴国对、吴昺分别高中探花、榜眼。

④　原称"宏词"，因宏字音近乾隆庙讳，改称"鸿词"。鸿博为科举考试博学鸿词科的省称。

年，"饥鸟飞去复飞回"①，吴烺要不断地参加科岁考，奔波于南京、滁州两地，其《归里杂感》诗下自注曰："每应岁科试，（冯粹中）辄偕烺由浦子口至张家堡坐夜行船抵滁。"② 为赴考而遍尝奔波操劳之苦。"人皆贱我虞翻骨"，"人皆笑我原宪贫"③，周围市俗之人因吴烺功名无就，而嘲笑轻视他。

乾隆十六年二月，乾隆首次南巡，谕南巡途中"绅士以文字献颂者，载道接踵"④，自此，伴随皇帝巡幸而展开的颂圣行为便很快得以制度化。此次南巡乾隆命大学士傅恒等会同江苏、安徽、浙江总督、学政详议三省士子的考选办法，"（乾隆十六年二月下丙申）江苏、安徽进献诗赋之士子，经该学政取定者，俱令赴江宁一体考试"⑤。议定由三省学政先行预选，入选的士子，江苏、安徽两省赴江宁，浙江赴杭州，候帝驾临再命题考选，⑥ 吴烺遇到了他一生中十分难得的机会。乾隆十六年三月十一日浙江试毕：

> 此次考中之谢墉、陈鸿宝、王又曾，皆取其最精者，且人数亦不多，着加恩特赐举人，授为内阁中书学习行走，与考取候补人员一体补用，并仍准其会试。⑦

同年三月三十日，在江宁考选：

> 此次考中之蒋雍植、钱大昕、吴烺、褚寅亮、吴志鸿着照浙省之例特赐举人，授为内阁中书学习行走，与考取候补人员一体补用。其

---

① 吴敬梓、吴烺撰，李汉秋点校《吴敬梓吴烺诗文合集》，吴烺《从江宁返全椒作四首》，黄山书社 1993 年版，第 95 页。

② 吴敬梓、吴烺撰，李汉秋点校《吴敬梓吴烺诗文合集》，第 258 页。

③ 吴敬梓、吴烺撰，李汉秋点校《吴敬梓吴烺诗文合集》，吴烺诗《送家广文先生俸满入都谒选》，黄山书社 1993 年版，第 148 页。

④ 中国第一历史档案馆编：《乾隆朝上谕档》（第二册）乾隆十六年二月二十七日谕，中国档案出版社 1991 年版，第 516 页。

⑤ 《清实录》，中华书局 1986 年版，第 14 册第 65 页。

⑥ 南巡期间，乾隆十分注意"培殖士类"，主要采取增加生员名额和考试敬献诗赋之士子。六次南巡，大约增加江苏、浙江、安徽三省生员名额 5664 名。即每次南巡增录的生员，相当于每三年一次录取的名额四分之一左右。考试敬献诗赋的士子，其试题均由乾隆亲出。

⑦ 中国第一历史档案馆编：《乾隆朝上谕档》（第二册）乾隆十六年三月十一日谕，中国档案出版社 1991 年版，第 522 页。

进士孙梦逵，着授为内阁中书，遇缺补用。①

　　三十二岁的吴烺越过了艰难的"乡试"险阻，由皇帝特赐举人，任为内阁中书，当年便往京城赴任。内阁中书参加进士试具有得天独厚的优势，事实上吴烺的同年及同事也都先后参加了京都的会试，并相继中了进士②，而吴烺却没有参加这近在咫尺的考试，姚鼐说吴烺"无意进取"③，"无意进取"是吴烺诸多生活场景之一，但它所包蕴的内容却使我们能够触摸当时的社会风貌、历史图景、文化制度等，启发我们诸多思考。

二　父子之间心心相印：吴敬梓辞博学鸿词科试与吴烺"无意进取"

　　全椒吴氏家族至吴敬梓、吴烺父子已不再用心举业，这个家族便因举业无成而走向式微。吴烺人生深受乃父吴敬梓的影响，父子思想息息相通，吴敬梓辞博学鸿词科试及吴烺得赐举人而未参加进士试具有内在的关联，都是建立在试图否定和超越现存政治、权力和经济利益关系的基础之上，最终回避文人晋阶的既成途径。

　　（一）吴敬梓辞博学鸿词试："退让"的母题

　　辞博学鸿词试是吴敬梓思想发展过程中的重要事件，在吴氏家族举业发展史上极具象征意义，吴敬梓在他的诗与小说中反复叙说，吴烺的人生道路也笼罩在这一事件下。

　　与吴敬梓相关的乾隆丙辰年博学鸿词科考试，是清王朝的第二次。乾隆皇帝即位后，谕令京内大臣及各省督抚保举博学鸿词。经郑筼谷推荐，赵国麟"将论荐焉"④，吴敬梓参加了廷试之前的各种预备考试，最终却放弃了京城的考试，接着连诸生籍也不要，也不应乡试，从此便与科举

---

①　中国第一历史档案馆编：《乾隆朝上谕档》（第二册）乾隆十六年三月三十日谕，中国档案出版社1991年版，第528页。

②　据朱宝炯《明清进士题名录索引》：谢墉乾隆十七年（1752）年登第，成进士，钱大昕、王鸣盛、王昶、王又曾皆乾隆十九年（1754）登第，成进士，蒋雍植先为军机处行走，乾隆二十六年（1761）登第，成进士，改翰林院庶吉士，充平定准噶尔方略馆纂修。台北：文海出版社1981年版，第2723、2725、2726、2731页。蒋雍植的记载也可参见（清）法式善《槐厅载笔》卷7，嘉庆四年（1799）刻本。

③　姚鼐：《惜抱轩全集·吴荀叔杉亭集序》，中国书店1991年版，第33页。

④　吴敬梓：《文木山房集》卷首唐时琳《文木山房集序》，乾隆刻本。

决绝。

　　吴敬梓具有张扬的个性，不驯的性格，凭着吴敬梓的脾性，特别是在处理一些关键性的事情时，多率性而为，尤其为自己的性情左右。三十岁的生日，吴檠说他"去年卖田今卖宅，长老苦口讥喃喃；弟也叉手谢长老，两眉如戟声如虺"①。再如移家南京尚不满两年，其《满江红》、《春兴》（八首诗之三）、《琐窗寒：忆山居》② 等诗词抒发的尽是对移家南京的满是懊恼之情。当余大先生感慨杜少卿当下的遭际时，杜少卿道："……那从前的事，也追悔不来了"③，这"追悔"何尝不包括对辞鸿博试等诸多行为的省思而发。

　　前文已述，有关吴敬梓不赴廷试，历来争议不少。毋庸讳言，能够被荐举博学鸿词科试，对吴敬梓不乏相当的引力：家道中落，多年蹭蹬场屋，既有族人的鄙视，又有士绅的冷遇等，他迫切地希望改变这种现状；作为举业世家的长子贤孙，祖辈们荣光的科举道路要他来继承；而在举业中不断挣扎，吴敬梓深谙其中苦痛。另一方面，参加安庆与南京的预备考试已勾起作者许多痛苦的回忆：高祖吴沛一生举业坎壈，志不得伸；舅氏为了功名，"垂老守残编"，而终以秀才终老一生而"抱恨归重泉"④；父亲一生的挣扎换来的只是无果的悲剧。举业叫人做它的附庸，几年前的科考"匍匐乞收遭虒虺"⑤ 还如在目前，这与吴敬梓"一事差堪喜，侯门未

---

　　① 金榘：《泰然斋集》卷二附，清道光二十六年重刊本。金榘说："君家惠连尤不羁，酒酣耳热每狂叫。尽教座上多号呶，那顾闺中有呵谯"（金榘著《泰然斋诗文集·寄怀吴半园外弟》卷四），金兆燕说："嗟哉末俗颓，满眼魑魑魅魅。执手渺万里，对面森九巍。"（金兆燕撰《棕亭诗钞》卷五《甲戌仲冬送吴文木先生旅榇于扬州城外登舟归金陵》。）
　　② 吴敬梓：《吴敬梓诗文集》，李汉秋辑校，人民文学出版社 2002 年版，第 62—63、19、63 页。
　　③ 吴敬梓：《儒林外史》，第四十四回"汤总镇成功归故乡 余明经把酒问葬事"，人民文学出版社 1977 年版，第 512 页。
　　④ 吴敬梓著，李汉秋辑校《吴敬梓诗文集·哭舅氏》，人民文学出版社 2002 年版，第 44 页。
　　⑤ 金榘《泰然斋诗文集》卷二附金两铭《和（吴檠）作》，清道光二十六年刻本。杜少卿"拜在地下就不得起来"不难使人联想吴敬梓二十九岁前往滁州参加科岁试"文章大好人大怪，匍匐乞收遭虒虺"之事件，"匍匐乞收"的屈辱对吴敬梓来说不啻一次大的心理创伤，作者以重构的方式提及这段历史，最直接的效用是以此舒解从前心上的创痛。也多少暗示了辞博学鸿词科试与前期叛逆思想的联系。

曳裾"① 的秉性冲突得厉害。这些都逼着吴敬梓反思，《儒林外史》第三十四回"议礼乐名流访友　备弓旌天子招贤"中杜少卿主动辞征辟，即呼应了吴敬梓当年辞却博学宏词科事件，作者重笔勾勒这一事件：

> 小厮进来说："邓老爷来了，坐在河房里，定要会少爷。"杜少卿叫两个小厮搀扶着，做个十分有病的模样，路也走不全，出来拜谢知县，拜在地下就不得起来。知县慌忙扶了起来，坐下就道："朝廷大典，李大人专要借光。不想先生病得狼狈至此。不知几时可以勉强就道？"杜少卿道："治晚不幸大病，生死难保，这事断不能了！总求老父台代我恳辞。"袖子里取出一张呈子来递与知县。②

这一段叙述，吴敬梓重构了当年在他身上所发生的一些事件。小说在叙写了文人热衷于趋附官场和朝廷后，接以泰伯礼出现，三十四回以杜少卿辞征辟为滥觞，写文人对社会道德失范作出回应，纷纷退出官方世界，与朝廷保持着距离，杜少卿说："走出去做不出甚么事业，徒惹高人一笑，所以宁可不出去的好"，"好了！我做秀才，有了这一场结局，将来乡试也不应，科、岁也不考，逍遥自在，做些自己的事罢！"③ 小说在杜少卿辞了征辟后，继之以庄绍光辞爵还家，伴随着杜少卿与庄绍光辞让行为的描写，非官方身份构成了泰伯礼的必要前提，小说将祭泰伯礼的主旨带入《儒林外史》的叙事策略中，并使其充满着象征的寓意，小说叙事也清晰指向第三十七回大祭泰伯祠。在叙写杜少卿、庄绍光、虞育德故事时，吴敬梓以多重叙事的视角，不断审视这个母题，使杜少卿、庄征君的行为不断暗示着泰伯礼只能存在官方秩序之外的含义，这成为小说建构泰伯叙事的重要前奏。

庄绍光奉旨进京，出发之前已经打算好要"辞爵还家"，这便引发妻子对其京城之行的质疑，庄绍光回答说："我们与山林隐逸不同。既然奉

---

① 吴敬梓著，李汉秋辑校《吴敬梓诗文集·春兴八首（其五）》，人民文学出版社2002年版，第20页。

② 吴敬梓：《儒林外史》，人民文学出版社1977年版，第396页。

③ 吴敬梓：《儒林外史》，第三十四回"杜少卿夫妇游山　迟衡山朋友议礼"，人民文学出版社1977年版，第396页。

旨召我，君臣之礼是傲不得的。"显然，它暗含了对杜少卿辞征辟方式的批评，而庄征君京城之行后，不仅有皇上赏赐的元武湖，还赢得了极高声望，成为公众关注的焦点。紧随其后，小说以虞育德为叙述对象，尤其聚集他的言说，当学生建议先求康大人荐举，然后也模仿庄绍光的方式行动时，虞育德说："你这话又说错了。我又求他荐我，荐我到皇上面前，我又辞了官不做。这便求他荐不是真心，辞官又不是真心。这叫做甚么？"①虞育德此番言论照彻之下，庄绍光的辞爵与杜少卿的托病都不算尽善与尽美。杜少卿拒绝举荐显示出社会责任感的缺失，庄绍光辞让又面临为个人美名而行的拷问，吴敬梓用多视角的叙述，将否定修辞的意义隐含其中。

有关泰伯的故事，溯源最早可据的是孔子所说"泰伯其可谓至德也已矣。三以天下让"②。泰伯以各种借口"让"出王位，没有留下任何能够证明其德行的证据，孔子于是称泰伯为至德之人，这给后世留下疑问和多种阐释的可能，其主题在后世的叙述中便存在多重变奏，尤其明清时期庞杂的历史语境下，在复杂甚至矛盾的历史叙述中，有关泰伯让天下的故事甚至会被相互冲突的叙述扭曲成碎片，因而，试图以单一的意旨概括，实难结论。《儒林外史》没有对这个神话进行叙述，但是有关虞育德的故事，小说用整整一回的篇幅（36 回）叙述，因为虞育德被认为是当代的吴泰伯，吴敬梓的意图并不晦涩，他要将泰伯神话的意旨寄寓于这个当代泰伯虞育德的故事中，这个故事便也成为泰伯神话的新版本。它隐含着退出或退让的主题（母题），并成为《儒林外史》重要的叙事策略与修辞手段，由此构建出小说的主旨内容。如果因此将这方面的叙述归结为传统的仕隐命题，这种解读未免简单化，显然不能触及小说深刻及复杂的方面，它有更深广的内含。事实上，杜少卿"平居豪举"③后无所作为，庄绍光去了朝廷，同样看不到新希望，他们都存在着各自的缺陷。但虞育德不同，他不会去求荐，却也不谢绝别人的举荐，他于举荐事上毫无兴趣，因此能够免受角色选择问题的困扰，将自己生活在一个与别人不同的世界中。如评家所言：

---

　　① 吴敬梓：《儒林外史》，第三十六回"常熟县真儒降生　泰伯祠名贤主祭"，人民文学出版社 1977 年版，第 422 页。

　　② 程树德撰《论语集释》，中华书局 1990 年版，第 507 页。

　　③ 吴敬梓：《儒林外史》，第三十二回"杜少卿平居豪举　娄焕文临去遗言"，人民文学出版社 1977 年版，第 383 页。

"庄杜二人犹有'征辟'二字存于胸中，虞博士并不以为意，所以为第一人。"①《儒林外史》第 37 回大祭泰伯祠是全书的中心事件，祭礼是对吴泰伯与虞育德的礼赞，主持祭礼的虞育德即被视为当代的吴泰伯。

（二）"千秋让德仰姬宗"：吴烺思想发展之精神笼罩

吴烺深受乃父吴敬梓的影响，从幼时父亲对其"精严不少懈疏"到"父子相师友"②，吴烺诸多方面也继承了吴敬梓的思想。1733 年吴烺随父移家南京，由于吴敬梓不治生产，家境由富骤贫。吴烺少年时期为了生计而不得不自谋生活，其《客中书怀》、《泊舟沧州醉后作》、《从江宁返全椒作四首》、《村中感述》等诗中多有表述③，儿子弱冠之年就担起生活重负，流浪漂泊，作为父亲的吴敬梓充满愧疚和怜悯。思想上，吴敬梓也将儿子视为同道者，其诗《病中忆儿烺》、《除夕宁国旅店忆儿烺》都是这方面思想的表达，他希望儿子能安守贫贱，刻苦读书④。

吴烺的时代，全椒吴氏家族已完全衰败下来，父亲思想的影响以及父亲命运的悲剧都会使他独具清醒的认识，比别人更能看穿现实的本相。吴烺少年时期所作《杂诗三首》⑤，情境苍老悲凉，诗下自注中说："余十五岁作此诗，岑华伯父见而喜曰：'气味声调直入黄初。儿时涉笔，遂臻此境'"，缘于吴烺幼年所受的教育、生活的坎坷以及他敏感的心灵，促成少年吴烺的老气，与乃父吴敬梓十五岁所作《观海》诗⑥比较，吴敬梓登山临水，风发胸臆，而少年的吴烺已失去这份豪情，"少年怀抱谩与，曾记寒灯一点，绢翻残谱。心是秋莲，抽尽愁思千缕"⑦。钱大昕说："橐笔偬直之余，闭门却扫，轴帘下帷，与二三同志赋诗饮酒相羊其间，翛然有尘外之想。"⑧ 检视其诗文，19 岁

① 吴敬梓著，李汉秋辑校《儒林外史会校会评本》，上海古籍出版社 1999 年版，第 447 页。

② 吴敬梓：《文木山房集》卷首吴湘皋撰《文木山房集序》，乾隆刻本。

③ 吴敬梓、吴烺撰，李汉秋点校《吴敬梓吴烺诗文合集》，黄山书社 1993 年版，第 135、171—172、95、96 页。

④ 吴敬梓《夏日读书正觉庵示儿烺》，诗中吴敬梓以自己半生的阅历开导吴烺，"始知转眼间，世事多翻覆。贫贱安足悲，篝灯向西塾"，吴敬梓悲叹命运无常，却能以豁达的心态去启发吴烺。

⑤ 吴敬梓、吴烺撰，李汉秋点校《吴敬梓吴烺诗文合集》，黄山书社 1993 年版，第 121—122 页。

⑥ 吴敬梓：《吴敬梓诗文集》，李汉秋辑校，人民文学出版社 2002 年版，第 13 页。

⑦ 吴敬梓、吴烺撰，李汉秋点校《吴敬梓吴烺诗文合集》，吴烺词《绮罗香·赠严东有》，黄山书社 1993 年版，第 312 页。

⑧ 吴敬梓、吴烺撰，李汉秋点校《吴敬梓吴烺诗文合集》，黄山书社 1993 年版，第 416 页。

诗作即已流露出"尘外之想"①。自乾隆十六年迎銮献诗赋被钦赐举人并赴京任内阁中书后，吴烺如缀网劳蛛，微官薄宦，长贫煎熬，妻子亡故的痛苦还没有消逝，父亲又溘然长逝，在奔波劳碌中始终挣不脱苦难的折磨。

　　父执辈程廷祚、吴蒙泉等都是吴烺爱戴和尊敬的长者。吴烺常随父亲叨陪末座，如花朝日集会，程廷祚、吴蒙泉便是"九老"中人，在吴烺的《杉亭集》中也多有记载。花朝集会的逸兴雅趣给少年时期的吴烺以不俗的陶冶，在他的思想成长历程上留下深刻印记。②　程廷祚思想深受其父程京萼的影响，程京萼以"泰伯作君作师"为圣人③，程廷祚称赞"持论宏当，识者韪之"④，《儒林外史》中庄征君以他为原型而塑造；吴蒙泉是虞育德原型，吴蒙泉为无锡吴氏家族中人，吴氏父子都十分敬重吴蒙泉，《儒林外史》中杜少卿与虞博士挥泪而别，杜少卿说："老叔已去，小侄从今无所依归矣！"⑤　吴烺对吴蒙泉更是敬爱有加⑥，吴蒙泉也十分器重吴烺，曾用心教导和培养过他。乾隆九年，吴蒙泉上元县教谕任满赴京

---

　　①　如《摸鱼子·莼》《同郑松桥登鸡鸣寺望后湖庚中》《焦山二首》《题家竹屿秋江归兴图二首》等。

　　②　乾隆八年吴烺参加了本年的花朝会，写下《花朝宴集程丈丽山护兰斋中四首》；二十年后的乾隆二十八年吴烺游无锡，相会吴蒙泉，感慨之余又忆起昔日父辈们花朝节的盛景，写下了《家爱棠锡山官舍喜晤蒙泉先生八首》吴敬梓、吴烺撰，《吴敬梓吴烺诗文合集》第142、233页。

　　③　蓝应袭、何梦篆、程廷祚撰修《上元县志》卷一一《金陵祀典议》，扬州：江苏广陵古籍刻印社据清乾隆十六年刻本影印。

　　④　程廷祚撰，宋效永校点《青溪集》卷一二《先考祓斋府君行状》，黄山书社2004年版，第288页。

　　⑤　吴敬梓：《儒林外史》，第四十六回"三山门贤人饯别　五河县势利熏心"，北京：人民文学出版社，1977年版，第531页。金和说："（吴敬梓）生平所至敬服者，惟江宁府学教授吴蒙泉先生一人，故书中表为上上人物。"李汉秋辑《儒林外史研究资料》，金和《儒林外史跋》，上海：上海古籍出版社，1984年7月，第129页。吴蒙泉南京上任后与吴敬梓结为莫逆，吴敬梓在《赠家广文蒙泉先生》诗中说："吾宗宜硕大，分派衍梁溪"，吴培源也十分赏识吴敬梓的学识才华及人品修养，他们惺惺相惜，互相推许。乾隆六年（1741），吴蒙泉写下《辛酉正月上弦与敏轩联句》，七年，吴敬梓作《老伶行——赠八十七叟王宁仲》，吴蒙泉在其《题吴敏轩老伶行诗后》中称之为王之涣"黄河远上"之词；是年除夕，吴蒙泉邀吴敬梓守夜，并作《满江红？除夕（和敏轩韵）》

　　⑥　《杉亭集》中以吴蒙泉为对象的唱和往来或抒发思念之情的作品不少，如《送家广文先生俸满入都谒选》、《寒夜对月和家广文蒙泉先生韵》、《过惠山寺憩听松庵同蒙泉爱棠作》、《家鲁斋明府由广陵调任梁溪用赋长句以当折柳》、《家爱棠锡山官舍喜晤蒙泉先生八首》等

候职，吴烺写下《送家广文先生俸满入都谒选》："君之爱才久益坚，有如铁网罗深渊，独惭小子苦窳器，何幸大臣亲陶甄。人皆贱我虞翻骨，惟君顾之神发越；人皆笑我原宪贫，惟君姁之回阴春。……从今踽踽宫墙外，忍见墙头桃李枝"①，吴烺以"失母儿"比喻这次分别，抒发精神上对吴蒙泉的依恋。乾隆二十八年吴烺在无锡拜望吴蒙泉，同乡同宗吴爱棠在无锡惠山寺内建造泰伯庙，吴烺前去瞻仰并写下《过惠山寺憩听松庵同蒙泉爱棠作》一诗②，推崇泰伯"让德"的品质，称扬泰伯"千秋让德仰姬宗"。

　　吴烺"千秋让德仰姬宗"与乃父《儒林外史》中所津津乐道的大祭泰伯礼的精神一脉相承，吴敬梓辞鸿博试、杜少卿托病辞征辟、庄绍光辞爵还家、虞育德主祭泰伯祠，以吴敬梓、庄绍光、吴蒙泉为原型而塑造的故事便形成一个整体，围绕"退出"的主题叙事并形成一种合力，在吴烺的人生道路上发生着影响。

三　吴烺"无意进取"：士人与政治之疏离

姚鼐在《吴荀叔杉亭集序》中说：

　　余家桐城，吴君荀叔家全椒，相去仅三百里；在家未尝识，至京师乃相知。然余尝论：江淮间山川雄异，宜有伟人用世者出于时。余之庸暗无状，固不足比侪类；荀叔负隽才而亦颓然常有离世之志，然则所云伟人用世者，余与荀叔固皆非欤？

　　荀叔虽无意进取，而工于诗，又通历象、章算、音律，所著书多古人意思所不到，是则余逊荀叔抑远矣！余尝譬今之工诗者，如贵介达官相对，盛衣冠，谨趋武，信美矣寡情实；若荀叔之诗，则第如荀叔而已。荀叔闻是甚喜。夫余虽不足比荀叔，然谓荀叔之学余为不知也，其可乎？荀叔订所著曰杉亭集成，请余序之，遂不辞而为之说。

　　乾隆庚寅岁仲春，年愚弟姚鼐撰③

---

①　吴敬梓、吴烺撰，李汉秋点校《吴敬梓吴烺诗文合集》，合肥：黄山书社1993年7月，第148页。

②　同上书，第233页。

③　姚鼐著《惜抱轩全集》，北京：中国书店，1991年8月，第33页。

　　姚鼐说吴烺"无意进取",是基于自身的体认以及对吴烺的知己之识,并在序中有所发抒:"余之庸暗无状,固不足比侪类;荀叔负隽才而亦颓然常有离世之志,所云伟人用世者,余与荀叔固皆非欤?"姚鼐正话反说,意为只有他们这类读书人才具用世之才,才有用世之心,而官方世界和现实社会却容不得他们,话语中不乏激愤之情。随着宋代以来绝对君权的建立与官僚体制的完善,高度集权的统治体制所需要的不是"贤臣",而是"忠臣",士人群体已渐趋失去那种独当一面并且可以在相当范围内实现自己抱负的历史条件,走向仕途的文人在官僚化的政体中已经异化为国家机器的零件。明清两代知识分子处境恶劣,而清代尤甚,文治武功兼擅的满洲贵族入主中原,他们的文韬武略、统治权术等不仅令晚明以来已走向穷途的专制主义死灰复燃,并将它推向极致。一方面,清代初、中期的专制主义统治创造了相对安定的社会环境,为此一时期的社会发展、繁荣创造了必要的条件,而所谓的"盛世"由此产生;另一方面,入关以前,满族社会中奴隶制因素一直盛行,入关问鼎后清代帝王变数千年来的君臣关系为主奴关系,尤其强化对于士人的思想控制,不许他们有自己独立的意志。统治者将思想上的专制意识贯穿到文化事业的各方面,修明史和编纂《四库全书》等疏导策略确实弱化了不少知识分子的压抑感①,而以"文字狱"等为有效手段的专制文化令不少知识分子噤若寒蝉。乾隆皇帝尤其强化君主对权力的绝对拥有,"自朕论之,人君一日二日万几,庶司百职之事皆其事,非躬亲总揽,则柄或下移,其弊将无所底止,岂能稍自遐逸?"②对于举业中求身份的读书人来说,强权专治的时代,他们行走于依附与独立之间而求得平衡相当艰难,"一个把专制君主顶在头上,还需要各种封建势力来支撑场面的官僚社会,它如何能允许真正选贤任能的考试制度!"③王亚南的认识何其彻底。对照姚鼐的人生,二十岁考中举人后,直到乾隆二十八年,六应会试才中进士。虽然举业终成正果,但六应会试的经历,姚鼐对这种专制及奴役必有切肤之感。

---

　　① 康熙、雍正时期编《明史》、《古今图书集成》,乾隆时期编《四库全书》,康熙、乾隆数次南巡,并屡有召试之举。

　　② 《清实录》(第二十二册)卷一○六七《高宗实录》,中华书局1986年版,第278页。

　　③ 王亚南著《中国官僚政治研究》,商务印书馆2010年版,第109页。

　　对读书人来说，认清依附，看到奴性不难，难在如何选择。早期儒学推崇个人的自由意志，孔子说："三军可以夺帅也，匹夫不可夺志也。"孟子说："富贵不能淫，贫贱不能移，威武不能屈，此之谓大丈夫。"在权力面前，儒家要求士人要挺直腰杆，在为君主服务，对君主权力秩序服从尽礼的同时，也要求他们不能放弃人格尊严与精神价值的追求，以"圣人"自期，通过道德砥砺，在精神上超越君主及其他权力者。传统儒家理想的君臣关系是完整的良性互动关系，君事臣以礼，臣事君以忠，但是，专制权力与士人人格及精神的追求的矛盾总是极难调和，清代的建立与前其诸朝更不相同，在庞大的官僚专制体制面前，想要跻身于统治阶层，则必须放弃思想上、人格上的独立，臣服于这种奴化的制度，姚鼐笔下即不乏对科举"意不自得"、"绝不就试"者，对官场"绝意仕宦"、"自行其志"者的推崇①，这恰也显示出他的思想与品质。乾隆三十八年，清廷开四库全书馆，姚鼐被荐入馆充纂修官，"官至部郎，历资以进，当得御史。而道且大行，会有权要欲荐公，令出我门下，公以故毅然弃官以去。而四十余年依山泽以徜徉，盖宁使吾才韬晦不见，而不使吾身被污玷以毫芒。"② 当社会现实中道德权威与政治权威已经成为两条相向的道路时，道德通途的理想便沦为幻想，大学士于敏中、梁国治先后动以高官厚禄，均被姚鼐辞却。③ 姚鼐坚守士人操守与人格而不愿依附，遂辞官而去。吴敬梓的至交程廷祚参加了乾隆元年的博学鸿词科试，大学士张廷玉对其利诱、拉拢，程廷祚拒绝依附，并复《上宫保某公书》④ 正色回绝，在这封书信中，程廷祚傲世权贵，鄙视"士之不以道自重也久矣"之世风，誓言自己追求人格独立及操守坚贞的品格，结果落选。《儒林外史》第三十五

---

　　① 参见姚鼐著《惜抱轩诗文集》中所记，如《鲍君墓志铭并序》中的鲍君、《歙胡孝廉墓志铭并序》的胡受谷，《中宪大夫云南临安知府丹徒王君墓志铭并序》中的王文治。《惜抱轩诗文集》第196、210、345页。
　　② 管同：《公祭姚姬传先生文》，《因寄轩文初集》卷十，《续修四库全书》第1504册，第459页。
　　③ 参阅姚莹《姚先生鼐家状》（钱仪吉纂《碑传集》卷一百四十一，光绪十九年江苏书局刻本）以及姚鼐《复张君书》（《惜抱轩文集》卷六）。
　　④ 程廷祚撰，宋效永校点《青溪集·青溪文集续编》卷九，黄山书社2004年版，第202—203页。

回"圣天子求贤问道　庄征君辞爵还家"即以程廷祚的这段经历为原型[①]，太保公拉拢庄绍光不成，便伺机报复，在皇帝面前谗言进见而断了庄绍光的进身之路。程廷祚拒不前往，并在信中对于某公行为大胆讽刺；姚鼐乞养归里，不入仕途，对清廷，他们成为越来越具有离心倾向的疏离者。

《儒林外史》第一回王冕预言："这个法却定的不好！将来读书人既然有此一条荣身之路，把那文行出处都看得轻了。"[②] 小说中，我们看到的是对功名富贵的无尽的追逐，而这种追逐本身也变成了新动力，刺激并改造了置身其中的读书人，叫他们成为科举考试的奴隶，被耗干了精神和想象力，沦于思想贫瘠和道德破产的境地。《儒林外史》中泰伯礼的出现则是对社会道德失范的回应，"企脚高卧向棚床"[③] 的吴敬梓则为其中佼佼者。

当我们把封建时代的历史人物放在他所附丽的特定的文化语境范畴中去理解的时候，这种理解对于揭示某一个体的思想及文化心态也许可以更富于历史感。天秉"思想家的气质"[④] 的吴敬梓，在对待儿子的发展道路上，其内心是复杂的，尽管吴敬梓努力让自己远离权力中心，但个体永远无法真正地独立于政治文化或象征体系之外。小说《儒林外史》第三十二回娄太爷说："你生的个小儿子，尤其不同，将来好好教训他成个正经人物。"[⑤] "正经人物"与读书人以举业仕进为正途总有着脱不尽的关系。吴敬梓与举业决绝，但骨断筋连，实际上，他的人生与举业始终未曾脱开干系。无论如何，吴敬梓已经不反对儿子投身举业仕宦的道路[⑥]，而吴烺的人生也脱不开乃父人生的影响。

望族世家的血统曾激励着吴烺追求理想，在被召试及京都任职这个新世

---

①　参阅程晋芳《勉行堂文集》卷六《绵庄先生墓志铭》，清嘉庆二十三年刻本。《青溪集·青溪文集续编》卷九《上官保某公书》。

②　吴敬梓：《儒林外史》，人民文学出版社1977年版，第15页。

③　金兆燕撰《棕亭诗钞》卷三《寄吴文木先生》，清嘉庆十二年赠云轩刻本。

④　安徽版《儒林外史研究论文集》，安徽人民出版社1982年版，第22页。

⑤　吴敬梓：《儒林外史》，第三十二回"杜少卿平居豪举　娄焕文临去遗言"，人民文学出版社1977年版，第383页。

⑥　吴敬梓《金陵景物图诗》诗写成后，经他的挚友樊明征仿各种字体书写出来，而手书的首页有"乾隆丙辰荐举博学鸿词，癸酉敕封文林郎内阁中书，秦淮寓客吴敬梓撰"（《吴敬梓诗文集》第94页。）在诗之前冠以"乾隆丙辰荐举博学鸿词"的经历，以及因吴烺中举而"敕封"的"文林郎内阁中书"的号衔，小说幽榜一节折射他对朝廷的认可的矛盾心理，以及在仕进与退隐之间犹豫不定的挣扎。

界中有过兴奋，吴烺与同试者"剧饮达深宵"，"坐待朝阳红"，直至"绮霞布深院"，① 对未来怀着希望而欢欣雀跃，"脱令试鞍马，或未如余娴。暮春承明试，名姓点朝班。似装诣京国，赁庑近市阛"②。任职京都，内阁中书职位虽低，却能经常接触位高权重人物，仕宦前途广阔透亮，加之圣旨"仍准其会试"的诱惑，多少人都鱼贯而入，数不清的士子也因之沾禄欣喜。但兴奋也如昙花般短暂，仅得官后第二年便生出"炊金折桂坐艰难，两载京华恋一官"③ 之怨叹，周围热衷"进士"的氛围也未能使吴烺有所心动。

丙戌年（1766）吴烺作《感寓五首》④，这组诗是吴烺对自己人生的反思与总结，"人皆餍膏粱，主独甘藜藿；人皆善奔走，主独惜腰脚"，世运愈衰而吴烺不能与世化移，同世俗合流，难免堕入乃父吴敬梓相同的命运轮回中，"奇才不肯低颜色，何怪频年淹蹇"⑤ 的遭际是如他们父子般读书人无可逃避之宿命。面对"其如八口饥，驱我四方行"⑥ 的现实困境，吴烺只能"八口团圞谐吏隐"⑦，"缅怀高隐心常折"⑧，这其中有无数的隐痛和忧伤，"欲向桑根问三隐，感恩未敢脱朝衣"⑨，在那个时代却还不能明言。

金兆燕是吴烺的儿女亲家，其京都八应会试大都投在吴烺寓所⑩。

---

① 吴敬梓、吴烺撰，李汉秋点校《吴敬梓吴烺诗文合集》，吴烺诗《除夕同李啸村金纯一韦药仙金钟越兄周朋荐守岁姑孰执使院呈学使双公》，黄山书社 1993 年版，第 162—163 页。

② 吴敬梓、吴烺撰，李汉秋点校《吴敬梓吴烺诗文合集》，吴烺诗《喜钟越兄至》，黄山书社 1993 年版，第 169 页。

③ 吴敬梓、吴烺撰，李汉秋点校《吴敬梓吴烺诗文合集》，吴烺诗《秋日乞假归觐毂原赋诗赠行依韵留别八首》（其四），黄山书社 1993 年版，第 171 页。

④ 吴敬梓、吴烺撰，李汉秋点校《吴敬梓吴烺诗文合集》，黄山书社 1993 年版，第 271—272 页。

⑤ 吴敬梓、吴烺撰，李汉秋点校《吴敬梓吴烺诗文合集》，吴烺词《摸鱼儿》，黄山书社 1993 年版，第 313 页。

⑥ 吴敬梓、吴烺撰，李汉秋点校《吴敬梓吴烺诗文合集》，吴烺诗《冬日信宿山庄感寓用庸人韵十首》（其十），黄山书社 1993 年版，第 195 页。

⑦ 吴敬梓、吴烺撰，李汉秋点校《吴敬梓吴烺诗文合集》，吴烺诗《送棕亭南还二首》（其二），黄山书社 1993 年版，第 275 页。

⑧ 吴敬梓、吴烺撰，李汉秋点校《吴敬梓吴烺诗文合集》，吴烺诗《海西庵》，黄山书社 1993 年版，第 250 页。

⑨ 吴敬梓、吴烺撰，李汉秋点校《吴敬梓吴烺诗文合集》，吴烺诗《秋日乞假归觐毂原赋诗赠行依韵留别八首》（其三），黄山书社 1993 年版，第 171 页。

⑩ 金兆燕 1748 年京都应会试，此时吴烺尚未得赐举人于京都任职。参阅陈尊庭著《金兆燕年表》（《清代戏曲家丛考·金兆燕年表》，学林出版社 1995 年版）。

1766 年金兆燕终于在第八次会试中如愿及第进士，吴烺却说："大药有方难换骨"，"何异春明下第人"①。金兆燕对举业的痴迷，吴烺冷眼观看，在近乎麻木或颓废的情绪背后却蕴含着十分的清醒，从"嗟余七尺躯，竟为贫贱累"② 的怨嗟到"冷官寄啸傲"③、"君子乃固穷，此意人知否"④ 的洞明，吴烺是从父亲和自己一生志不得伸、才不能展的悲苦中得来。

1768 年吴烺乞假南还，作《乞假南还卖书买舟尚余残帙纳敝篦中一夕船漏尽没于水乃就沙岸曝之感而赋此》诗：

> 归计帷凭数卷书，卖残不遣带经鉏。沉舟几使蛟龙得，出水空怜鼠蠹余。已分沾泥同落絮，可堪寄远付游鱼。沙头点检增惆怅，雨后甘蕉怯舒卷。⑤

苦风凄雨度余生，吴烺面对的依然是彻骨的贫寒，读此诗时眼前跳出十分熟悉的情形：

> （吴敬梓）移居金陵城东之大中桥，环堵萧然，拥故书数千卷，日夕自娱。穷极则以书易米。⑥

三十年之间父子悲苦命运何其相似，"廖落诗千首，萧条土一丘"⑦，

---

①　吴敬梓、吴烺撰，李汉秋点校《吴敬梓吴烺诗文合集》，吴烺《送棕亭南还二首》，黄山书社 1993 年版，第 275 页。

②　吴敬梓、吴烺撰，李汉秋点校《吴敬梓吴烺诗文合集》，吴烺《村中感述》诗，黄山书社 1993 年版，第 95 页。

③　吴敬梓、吴烺撰，李汉秋点校《吴敬梓吴烺诗文合集》，吴烺《送宁栎山广文》诗，黄山书社 1993 年版，第 174 页。

④　吴敬梓、吴烺撰，李汉秋点校《吴敬梓吴烺诗文合集》，吴烺《冬日信宿山庄感寓用庸人韵十首》（其四），黄山书社 1993 年版，第 194 页。

⑤　吴敬梓、吴烺撰，李汉秋点校《吴敬梓吴烺诗文合集》，黄山书社 1993 年版，第 278 页。

⑥　程晋芳撰《勉行堂文集》卷六《文木先生传》，清嘉庆二十五年冀兰泰吴鸣捷刻本。

⑦　吴敬梓、吴烺撰，李汉秋点校《吴敬梓吴烺诗文合集》，吴烺诗《赠戴明府兼呈遂堂先生四首》（其三），黄山书社 1993 年版，第 204 页。

"从今后，伴药炉经卷，自礼空王"①，在经历了许多血泪的代价后，他的思想与乃父吴敬梓已经十分接近了。吴敬梓《秋病四首》（其四）：

> 屯贱谁怜虞仲翔，那堪多病卧匡床。黄金市骏年来贵，换骨都无海上方。②

吴烺《寓庐偶感》（其一）：

> 老屋三间自扫除，可知蜗亦爱蜗庐。狂如阮籍休耽酒，穷胜虞卿莫著书。客邸昵交能几辈，光阴逝水惜三余。明年手版匆匆日，得否萧闲似索居。③

"穷胜虞卿莫著书"是吴氏父子发自肺腑的沉痛语。如果说《儒林外史》中吴敬梓极少在小说中探究诗意，而多用小说话语揭示文人道德和文化危机，吴烺则用他的诗抒写制度化的道德堕落与价值失落，而他们的意旨又是多么的切近。

"一生襟抱未曾开"的吴烺，他的生活正如他的诗《将之都门留别邗江诸同好四首（其二）》④ 所描绘的：一方面"身似鹡鸰阅岁华"，一方面"片时安稳是生涯"，苦闷之余"淹惯酒痕襟袖湿，簪来花朵帽檐斜"，于饮酒簪花之中聊渡生涯。亦如乃父吴敬梓辞去博学鸿词试相似，吴烺已无心再去参加近在咫尺的京都的会试，断绝了"功名富贵"的念头。

吴烺所面对的亦如乃父吴敬梓的时代环境，当吴敬梓以大悲悯公心讽世时，那个社会的各个阶层的芸芸众生：秀才们、士绅们、官员们，等等，无不都依然在晕头转向、煞有介事地为功名、为浮名、为权位而"天下熙熙皆为利来，天下攘攘皆为利往"吗？社会在沉沦，在凌夷，却仍如常地运转着。在被麻木和世俗的蒙昧包围着的先知者往往会产生的一

---

① 吴敬梓：《儒林外史》，第五十五回"添四客述往思来　弹一曲高山流水"，人民文学出版社 1977 年版，第 630 页。

② 吴敬梓、吴烺撰，李汉秋点校《吴敬梓吴烺诗文合集》，黄山书社 1993 年版，第 24 页。

③ 同上书，第 295 页。

④ 同上书，第 270 页。

种无以言说的内心的苦痛，吴敬梓、吴烺父子反复咀嚼着这种苦痛。亦如乃父吴敬梓辞去博学鸿词试，吴烺已无心再去参加近在咫尺的京都的会试，断绝了"功名富贵"的念头。

吴氏父子的人生历程是封建时代知识分子行进中艰难悲苦的写照，吴烺"无意进取"是士人阶层对自身传统角色的疏离，从这一层面上说，吴敬梓、吴烺父子同是无家可归、无路可行的精神流浪者。

四　世交的全椒吴、金两家相异的举业征程

金兆燕对于举业的态度和热情与吴烺有着鲜明的不同。中举以后金兆燕进京会试屡次落第，1752 年金兆燕第三次应会试时①，吴烺已任中书舍人职而寓居京都，此后金兆燕赴京赶考大都投奔吴烺处，直到第八次进士及第，在他们彼此的诗歌唱和中都留下这方面的印记。1752 金兆燕进京，吴烺作《喜钟越兄至》诗，抒发故交重逢的喜悦，冬初落第后的金兆燕还里，与请假归觐的吴烺结伴而行，途中吴烺写有《泊舟沧州醉后作》："人生行乐匪易事，六印宁如二顷田。片时疏放亦快意，此景与子须留连"②，抒发他们沦落之悲。1753 年冬金兆燕进京准备参加来年春的第四次会试，写下《癸酉杪冬至都吴杉亭王穀原褚鹤侣钱辛楣四舍人谢金圃庶常李笠云明经酿饮为软脚会即席同赋八首》诗③，吴烺也作《金孝廉钟越兄至都下王穀原褚鹤侣钱辛楣三舍人谢金圃庶常李笠芸明经酿饮寓斋即席八首》诗④，诗中"尊酒寒灯相慰藉，依然同是去年人"、"名心与尔久成灰，休叹中郎爨下材"皆是苦语，"十丈红尘惨客颜，君须小住莫言还。牙生若遇钟期赏，何必烟波独放闲"犹是慨叹沦落之悲。1757 年初春，金兆燕入京五应会试，吴烺作《首夏同棕亭雨田寓法源寺僧舍二首》⑤。1760 年金兆燕六应会试，落第后夏日南归，写下《舟中赠同伴

---

①　参见陈尊庭著《清代戏曲家丛考·金兆燕年表》，学林出版社 1995 年版，第 142 页。

②　吴敬梓、吴烺撰，李汉秋点校《吴敬梓吴烺诗文合集》，吴烺诗《泊舟沧州醉后作》，黄山书社 1993 年版，第 172 页。

③　金兆燕撰《棕亭诗钞》卷五，清嘉庆十二年赠云轩刻本。

④　吴敬梓、吴烺撰，李汉秋点校《吴敬梓吴烺诗文合集》，黄山书社 1993 年，第 183 页。

⑤　同上书，第 206 页。

客》，金兆燕说"不信萧条下第身"①，对于举业他始终不愿放弃，但诗中所抒发的又多是这坎壈路上满腹苦痛与悲辛；在金兆燕赴京试一次次迎来送往中，吴烺对举业有了更加透彻的认识，《摸鱼子（送棕亭南还次韵）》词中说："人间事，得失塞翁都误"②，吴烺以为不论是金兆燕的举业，抑或自己的仕宦都难能作为。

1766 年金兆燕新年即出门北上，赴京八应会试，终于如愿进士及第，吴烺作《送棕亭南还二首》，兹录其第一首：

> 依旧疲驴驾两轮，征衣重拂软红尘。沉船病树身前感，蚁穴鹅笼梦里因。大药有方难换骨，还丹无术莫医贫。扁舟一叶攀山水，何异春明下第人。（棕亭上第需次教授。）③

"大药有方难换骨"，"何异春明下第人"，吴烺没有为金兆燕进士及第而庆贺，诗中所言似乎极煞风景，但道出的却是吴烺最真实的感受。历经科场蹭蹬的金兆燕同样没有多少喜悦之情，在《丙戌五月出都吴杉亭以诗赠别赋此詶之四首》诗中也十分悲凉地说："梦蝶光阴全是幻，凉蝉风味已堪思"，④ 此后金兆燕还写下《题宋瑞屏磨蚁图小照》一诗，反复言说漫长的举业历程留给自己的伤痛：

> 我生半世轮蹄中，壮年转徙随飞蓬。八上燕京三入越，齿落面皱成衰翁。年过五十忽繫枴，卑官偃伏江之氾。罗雀门庭一事无，反锁衡门饥欲死。忆昔结客少年场，司马衣裘陆贾装。岂知垂白如干蠹，肉生两髀雷鸣肠。我有片疑为君献，莫听杜宇枝头劝。天涯虽未金绕身，故里更无人裹饭。君不见长安道上人如梭，朝朝驖马更铃骡。劳

---

① 金兆燕撰《棕亭诗钞》卷八，清嘉庆十二年赠云轩刻本。

② 吴敬梓、吴烺撰，李汉秋点校《吴敬梓吴烺诗文合集》，吴烺诗《题李晴洲天际归舟图》，黄山书社 1993 年版，第 327—328 页。

③ 吴敬梓、吴烺撰，李汉秋点校《吴敬梓吴烺诗文合集》，合肥：黄山书社 1993 年 7 月，第 275 页。

④ 金兆燕撰《棕亭诗钞》卷九，清嘉庆十二年赠云轩刻本。

人莫怨磨上蚁，书生肯作笼中鹅。①

　　金家秉持举业兴家思想，金兆燕在痛苦煎熬中一直坚持着，八次应试和着血和泪，留给金兆燕无尽的痛楚。吴烺见证了金兆燕的苦难历程，上第人也好，下第人也罢，"大药有方难换骨，还丹无术莫医贫"，面对"人皆笑我原宪贫"② 的世情，如乃父小说所言"我道不行"③ 的环境，吴烺明白像原宪似的不能与世俗合流，生活上的"贫"、宦途上的"贫"，是无法改变而不得不面对的真实。

　　周围热衷"进士"的氛围并不能使吴烺有所心动，金兆燕对于举业的执着与痴迷，吴烺似乎冷眼旁观，没有赞成，也没有反对。全椒吴、金这两个同样以科举发达的世家望族几乎同时衰败下来，可是，他们对于举业的认识却并没有同步。金兆燕的父亲金榘对举业功名十分痴迷，其五十四岁时写有《生日自叹》一诗：

　　　　昔人有至言，此身须早致，少年倏老大，伤悲复何企。我谓豪杰士，惟在坚初志，初志苟不隳，何遽不足畏，虽云失东隅，桑榆或可冀。翁子负薪歌，五十乃富贵，亦有孟贞曜，既艾始登第，末路诚不同，晚达实无异。我今马齿长，半百更余四，瓠落竟无成，抚髀伤往事：忆自成童年，帖括习经义；跅弛爱涉猎，举业等儿戏。弱冠入乡校，旋获食廪饩。铅刀偶一割，错认发硎利。举止遂趺跛，意气弥踔厉。自谓一虿鸣，青云可立至。讵料宦锦坊，花样每数易！毛锥扫尽秃，铁砚磨欲破。弹指卅载余，何止书十说！操瑟妄叩门，抱璞徒陨涕。年年打鴋䴏，未饮心先醉！马上新郎君，向余鸣得意。顿令鸡盘茶，惭忿难回避。客岁贡成均，老生符年例。亲知不余谅，殷勤相勉慰："广文亦官人，升斗足生计。"那知我心伤，有如利刃割！不思受书时，始愿固不啻。明年又文战，据鞍拟再试。长鸣望伯乐，悲哉

　　① 金兆燕撰《棕亭诗钞》卷一二，清嘉庆十二年赠云轩刻本。
　　② 吴敬梓、吴烺撰，李汉秋点校《吴敬梓吴烺诗文合集》，吴烺诗《送家广文先生俸满入都谒选》，黄山书社 1993 年版，第 148 页。
　　③ 吴敬梓：《儒林外史》，第三十五回"圣天子求贤问道　庄征君辞爵还家"，人民文学出版社 1977 年版，第 411 页。

伏枥骥！①

　　金榘在举业的道路上屡战屡败，二十岁时考取秀才，乡试十多次都铩羽而归，直到六十二岁时才以廪贡生的资格出任安徽休宁县训导，在《己巳元旦和二弟寄怀韵》（其二）中谆谆告诫胞弟"晚达莫嫌迟"②。举业维系金榘一生的悲欢离合，也决定了他命运的悲苦沉沦。作为亲戚及挚友的吴敬梓鸟瞰这悲剧的过程和结局，心境悲凉，在为金榘五十岁生日所作《千秋岁（四月初一日，金其旋表兄五十初度寄祝。）》词中即说："伯玉知非后，翁子穷经久。人渐老，愁依旧。弹琴看鬓影，泼墨盈怀袖。"③在吴烺及金兆燕的人生道路上，父辈的影响是巨大的，吴烺受乃父吴敬梓的影响而看破科举功名，金兆燕则在其父的督促鞭策下，笃志举业道路，请看他的《告广文公文》：

　　　　去冬省觐，见大人气血俱亏，精神全耗，乃定计闭户作乡里塾师，以谋菽水，大人曰："汝且应此次会试，倘得一第，即归养吾老可也。"讵知不孝羁锁京华之日即大人呻吟床第之时乎？六月至扬州，犹未知大人四月已病甚也。方拟暂停征辔，少谋脩脯，至八月然后言归。七月七日接大人手谕，始知抱恙已久，急欲一见。不孝神魂失措，忧惧交加，星夜奔驰，入门拜大人于床下，相对掩泣，未尝不痛自切责，深悔此番北行之大误也。是时昼不能行，夜不能眠者，盖已四阅月矣。所幸饮食尚未甚减，药饵尚可频进，不孝已私誓跬步不离左右，而大人知家无担石，难以久居，中秋之夜犹促不孝出门。④

　　金兆燕归省见老父"气血俱亏，精神全耗"，便欲闭户作乡里塾师，其父则曰："汝且应此次会试，倘得一第，即归养吾老可也。"金兆燕第六次赴京应考，"乱头粗服吾何有，欲贡卮言惭钝口。徼禄江淮信可招，

---

①　金榘撰《泰然斋诗文集》卷一，清道光二十六年刻本。

②　金榘撰《泰然斋诗文集》卷二，清道光二十六年刻本。

③　吴敬梓著，李汉秋辑校《吴敬梓诗文集》，人民文学出版社 2002 年版，第 61 页。

④　金兆燕撰《棕亭古文钞》卷一〇，清道光十六年赠云轩刻本。

羊何山泽谁堪友。明发驱车又各天，冲寒直北路三千。"① 便是在乃父如此督促而迫不得已一次次赴京应试的典型心境写照，"中秋之夜犹促不孝出门" 大概可以视为金榘给金兆燕举业常设的极富代表性的情境，是举业世家式微后其子弟心理的另种类型。八股举业决定着金氏父子的命运，也维系着他们一生的悲欢离合。

> 　　大人数年来固常常病，不孝未获一尝汤药，独至今岁，不孝归而侍疾，竟不克延。不孝即捐糜顶踵，从大人于地下，亦不足赎不孝之罪也已。大人最爱两孙，虽衰病犹以课孙为务。……不孝拙于逢时，半通尺组，自知无分。然即幸叨寸进，滥邀一官，亦不过饱妻子，豢奴仆耳。其犹能坐大人于堂上而进一觞、尝一脔哉？②

金榘做了举业虔诚的信徒，并教化他的子孙，"大人最爱两孙，虽衰病犹以课孙为务"③。金兆燕承继乃父思想，在《以诗代书示琎》中说："晚归自学舍，灯下毋怠斁。明年采泮芹，勇先跃三百。便为汝娶妇，三代庆俦匹。一砚便汝传，守此慎勿失。"④ 教化中带着诱惑，金家隔代的举业灌输何其相似。金琎 "年少能文，好学不倦，克家之器也，乃年甫逾冠仅以诸生食气，四年而亡"⑤，不幸做了八股的牺牲品。

全椒的金家还未能如吴敬梓、吴烺父子那样从举业梦中清醒过来，六十二岁始获廪贡生资格出任训导的金榘与八应会试终于及第进士的金兆燕，这对父子对于举业兴家的理想虔诚信奉，他们怀揣梦想，心里装着希望，金氏子弟终未能跳脱举业世家的宿命。金兆燕的苦痛与煎熬使吴烺对于举业也多出一层极鲜活的认识。在吴烺看来，金兆燕对举业兴家的梦非他人所能说服，独醒的吴烺无力唤醒别人，而且在不断觉醒的过程中吴烺始终与痛苦相伴，从这一层面上说，吴氏父子同是无家可归的精神流浪者，通过他们的诗文作品我们听到这发自心灵深处的悲音。

---

① 金兆燕撰《棕亭诗钞》卷八《呈卢雅雨都转》，清嘉庆十二年赠云轩刻本。
② 金兆燕撰《棕亭古文钞》卷一〇《告广文公文》，清道光十六年赠云轩刻本。
③ 同上。
④ 金兆燕撰《棕亭诗钞》卷一五，清嘉庆十二年赠云轩刻本。
⑤ 金兆燕撰《棕亭古文钞》卷一〇《赠君公塾训跋》，清道光十六年赠云轩刻本。

吴烺胞弟吴煐，字蘅叔，号渭川。乾隆十八年举人，乾隆二十七年出任潮州普宁知县，赴任前来到兄长吴烺处相聚，吴烺作《送渭川弟宰普宁用东坡与子由别于郑州西门之外韵》：

> 丈夫不肯居如兀，青云高兴乘时发。头白扬生尚守玄，人生何苦甘寂寞。年来踪迹江天隔，音书望断孤鸿没。叩门惊见吾弟来，联袂共踏天街月。池塘梦醒乐复乐，剧谈身世转凄恻。一官从此更离别，榕树蛮烟绝飘忽。剪灯把酒忆畴昔，相送官桥水波瑟。知君讵是百里才，寸禄欣沾且供职。①

弟弟得官赴任，吴烺没有多少兴奋之情，诗中无一字关涉功名富贵，吴烺却将内心的孤寂、分别的离愁、家世的衰颓、生活的困窘、人生的落寞等向弟弟娓娓叙说，沉重、郁抑之情弥漫诗中。

乾隆三十五年，吴烺被召入京师，授山西宁武同知，②前此一年，吴烺有晋园之行并写下《晋园春游作》一诗，这次山西之行也许与第二年的授职有关，"今日花前暂解颜，不惜香泥没芒屦"③，对于被召授职，吴烺没有太大的热情，在"萧闲似索居"④的枯寂中，吴烺早已醒觉。不满一年，吴烺即以疾归，此后便默默无闻，不知所终，正如《儒林外史》直到结束也没有带来圆满和安顿。

吴敬梓辞博学鸿词试、吴烺"无意进取"只是吴氏父子人生诸多场景之一，但它所包蕴的社会风貌、历史图景、文化制度等无不让我们触摸到当时社会的脉搏，感受士人行进中的艰难悲苦。吴敬梓、吴烺父子的人生道路已经昭示着以科举闻名的吴氏家族的新变，这个家族在发展、嬗变过程中，有一些东西始终被这个家族所看重，一代代承袭、凝聚而形成全

---

① 吴敬梓、吴烺撰，李汉秋点校《吴敬梓吴烺诗文合集》，黄山书社 1993 年版，第 222—223 页。

② 秦国经主编《清代官员履历档案全编》第十九册记"臣吴烺，安徽滁州全椒县举人，年肆拾陆岁，由现任内阁中书俸满，引见记名以同知用，今签升山西宁武府同知缺，敬缮履历，恭呈御览。谨奏。乾隆叁拾伍年贰月叁拾日"，华东师范大学出版社 1997 年版，第 655 页。

③ 吴敬梓、吴烺撰，李汉秋点校《吴敬梓吴烺诗文合集》，黄山书社 1993 年版，第 292 页。

④ 同上书，第 295 页。

椒吴氏的家学家风和吴氏父子的精神禀性，吴氏父子疏离了精英阶层的传统社会角色之后，他们从这里获得了自我成就感与认同感，而全椒吴氏家族也因之完成了从科举世家向文化世家的转化。

五　文化世家之精神延续

"于是君子之泽，斩于五世"①，历史上，无数世家望族的衰颓都无可逃避这样的命运。就举业世家看，家族的文化传承最能代表这些家族的整体素养，是举业世家向文化世家转化之凭借，进而成为这些家族发展的内在特质，以世家之家风家学为代表，尤其表现在心态因素、精神因素方面，它们不会随家族举业、政治及社会地位等的式微而同步失落，不仅难斩"五世"，反而表现为积之弥深，续之尤远。

全椒吴家从吴沛立志举业兴家，中间经过吴氏子弟"一门两鼎甲，四代七进士"的荣光，到九世祖吴烺一代，举业世家的辉煌已经彻底褪去了光环。然而，如王铸所言："全椒以科第、文学世其家"②，吴氏家族自四世祖吴沛起，著述相继不断，他们广泛涉猎经学、史学、文学、策论等，并多有诗文创作③。仅以治经而言，吴沛著有《诗经心解》六卷，吴国鼎《诗经讲意》，吴国缙《诗韵正》五卷，吴国对《诗乘》④，吴敬梓有《诗说》⑤，吴晟《洪范辨证》、《周易心解》⑥，吴昺"生平所学深于三

---

① 吴敬梓著，李汉秋辑校《吴敬梓诗文集·移家赋》，人民文学出版社 2002 年版，第 10 页。

② 金兆燕撰《棕亭古文钞》卷首沈德潜序，清道光十六年赠云轩刻本。

③ 四世祖吴沛著有《西墅草堂集》，五世祖辈吴国鼎有《蔼园集》《唐代诗选》，吴国缙有《世书堂集》，吴国对有《赐书楼集》，吴国龙有《心远堂集》《吴给谏奏稿》，六世祖吴旦有《月潭集》，吴昺有《卓望山房集》《玉堂应奉集》《博议书后不分卷》和《宝稼堂集》，八世祖吴檠有《清耳珠谈》《溪上草堂集》《衢谣集》《咫闻斋诗钞》及《阳曲词钞》，吴敬梓有《文木山房诗文集》《儒林外史》《文木山房诗说》《史汉纪疑》（未成书），九世祖吴烺有《杉亭集》。吴国对既是八股的大家，同时又博学多艺，极善书法。

④ 陈廷敬《午亭文编》卷四五《翰林院侍读吴默岩墓志铭》说："君于古文研论最深，而工于骚赋之作，故独喜多为诗；其愁忧欢愉离合讽谕警戒之旨，恒发之于诗，名曰《诗乘》。"清李桓《国朝耆献类征初编》卷一一五收录，台北：明文书局 1985 年版。

⑤ 以上参民国《全椒县志》卷一五。

⑥ 清李桓《国朝耆献类征初编》卷二二一，张大受为吴晟撰"墓志铭"，台北：明文书局 1985 年版。

礼"①，即便布衣终生的吴国器也是"精邵子黄极诸书"②。

封建科举制度下，吴敬梓辞博学鸿词试，放弃诸生籍，吴烺于举业仕宦上的"无意进取"，这些都昭示着以科举闻名的吴氏家族的新变，也预示着这个以举业闻名的家族向文化世家的转化。如果说"《儒林外史》所关注的，是知识分子的社会出路、历史命运"③，吴烺则承继并开始实践着乃父的思想。

乾隆时期，汉学势力大张，经学研究已成为清代学术的重要思潮，"其研究范围，以经学为中心，而衍及小学、音韵、史学、天算、水地、典章制度、金石、校勘、辑逸等等"④。任职京城公务之余，包括在扬州，吴烺与一大批学者交游，他的经学、音韵学和历算数学的研究正是在这种时代思潮影响下，除了诗文不俗的《杉亭集》外，吴烺还是"经学名儒"⑤。音韵学方面的研究也成果丰硕，吴烺著有《学宋斋词韵》⑥、《五音反切图说》⑦，当时从文字、音韵入手，通过考察经学的源流演变以阐释儒家经典义理的研究路径，使小学得以发展，作为小学分支的音韵学也受到学者的重视，吴烺音韵学著作即是秉承这样的治学精神而结出的硕果。"杉亭舍人渊雅绩学，撰者甚富，所辑《五声反切正均》六篇，言简而义精，证博而旨远，实能发前人未发之秘。"⑧"学宋斋本，为世所重"⑨，在词学界有着极高的地位。吴烺的历算研究也颇有成就，经史中

---

① 民国《全椒县志》卷一〇。

② 民国《全椒县志》卷一一"吴国器传"。

③ 张国风：《〈儒林外史〉试论》，中华书局 2002 年版，第 60 页。

④ 梁启超撰《清代学术概论》，东方出版社 1996 年版，第 5 页。

⑤ 平步青：《霞外攟屑》卷六增补常熟张问月撰《经学名儒记》补录吴烺为安徽的"名儒"，民国六年刻香雪崦丛书本。

⑥ 吴烺、江昉、吴镕、程名世等辑《学宋斋词韵》，清乾隆刻本。

⑦ 张其濬修，江克让、汪文鼎纂民国《全椒县志》卷一〇，《中国地方志集成·安徽府县志辑（35）》，江苏古籍出版社 1998 年版。

⑧ 吴敬梓、吴烺撰，李汉秋点校《吴敬梓吴烺诗文合集》附录程名世《五声反切正均序》，黄山书社 1993 年版，第 420 页。

⑨（清）江顺诒辑《词学集成》，续修第 1735 册集部。有关吴烺音韵学研究的评论不少，如"当戈韵未出以前，词家奉为金科玉律者，莫如吴烺、程名世等所著之《学宋斋词韵》"（吴梅著《词学通论》第三章《论韵》，1932 年商务印书馆出版）；"迨吴烺之《学宋斋词韵》出，乾嘉词人尤多奉为规律"，（1981 年 7 月上海古籍出版社《词林正韵》之"出版说明"）。

往往包含历算知识，因而清代经学家很多兼通历算，并且有将历算之学作为研究经学的手段，如经学家阎若璩"通时宪及授时法，尝据算术以征古文《尚书》之伪"①，吴烺的历算研究也是如此，刘著（刘湘煃）被顾爆所诬入狱②，1734年出狱后，在南京居住了两年，"时同县山西宁武同知吴烺受梅文鼎学于刘湘煃，如兰因并习梅氏历算"。（《清史稿》）吴烺及其全椒同乡许如兰向他学习梅文鼎的历算之学，刘湘煃写有《答全椒吴荀叔历算十问书》一卷，吴烺的算学研究成就也十分突出，"（钱大昕）在中书任暇，与吴杉亭、褚鹤侣两同年讲习算术。得宣城梅氏书，读之寝食几废，因读历代史志，从容布算，得古今推步之理"③。胡适称吴烺是一个"大算学家"④，吴烺著有《勾股算法》、《周髀算经图注》⑤，沈大成在《周髀算经图注序》中说："杉亭精于九章，以是经之难明也，写之以笔，算而绘以图，皎若列眉，劃然若画井，昭昭然若揭日月而行，举千载之难明者一旦豁于目而洞于心，岂非愉快事哉！"⑥当金兆燕于他处得八线表，因吴烺作古而无知音赏识时，兆燕遂生感慨云："吴（杉亭）戴（东原）已死盛（秦川）远客，独抱此册将贻谁。"⑦

吴敬梓辞博学鸿词试、吴烺"无意进取"只是吴氏父子人生诸多场景之一，但它所包蕴的社会风貌、历史图景、文化制度等无不让我们触摸

①　阮元编《畴人传》卷四十二，扬州阮氏琅嬛仙馆板，道光二十二年阮氏汇印本。

②　康熙时，无锡顾祖禹撰《读史方舆纪要》一百二十卷，刘著得见其书，"爱其精博而微疵其纵横，著《读史方舆纪要订》"。（《郎潜纪闻》三笔卷五）三十卷，刘著"客江南九载，而为爆困，前后七年，父死家破，几至刑戮"（程廷祚《纪方舆纪要始末》，《青溪文集续编》卷三）。雍正六年（1728）十一月，刘著携《读史方舆纪要》往南京在程廷祚家坐馆。顾爆闻知其事，乃潜入其寓中窃去该书，并诬陷刘著"交匪类、藏禁书"。总制范时绎乃于雍正七年（1729）十二月十日发兵包围程廷祚宅第，"取其书以去"，刘著被下狱论罪，乾隆元年"得释，更名湘煃"。吴敬梓将刘著藏书被诬下狱的冤案写进小说《儒林外史》中，对应小说"要把本朝名人的文集"都收藏的卢信侯因收藏禁书《高青邱集诗话》为人告发，被收入狱，幸得庄绍光的营救化险为夷的内容。

③　钱大昕编，钱庆曾校注，《钱辛楣先生年谱》，钱大昕著，陈文和主编，《嘉定钱大昕全集》（第一册），江苏古籍出版社1997年版，第12页。

④　胡适：吴敬梓年谱，胡适文存（二集），亚东图书馆1921年版，第26页。

⑤　张其濬修，江克让、汪文鼎纂民国《全椒县志》卷一〇，《中国地方志集成·安徽府县志辑（35）》，江苏古籍出版社1998年版。

⑥　阮元编《畴人传》卷四十二，扬州阮氏琅嬛仙馆板，道光二十二年阮氏汇印本。

⑦　金兆燕撰《棕亭诗钞》卷一五《赠应叔雅八线表滕以诗》，清嘉庆十二年赠云轩刻本。

到当时社会的脉搏，感受中华民族行进中的艰难悲苦，"凭栏静听潇潇雨，故国人民有所思"，读他们，能够启发我们诸多思索。

基于自身的秉性与多年人生苦难的体验，加之乃父吴敬梓的影响，吴烺对于举业、仕宦表现出十分消极的态度。如果说吴敬梓用小说将士林群体作为自己聚焦的对象，并从中看到该群体被这个制度所牢笼和荼毒，进而导致整个群体的人格扭曲，最终造成社会文化深刻的危机，那么吴烺则是在父亲思想的启发下，沿着父亲的足迹向前迈进，"《儒林外史》所关注的，是知识分子的社会出路、历史命运，而不是知识分子如何摆脱礼教束缚的问题"①。吴烺则已经开始探索并实践着如自己一样命运的知识分子的出路。清初学者对于晚明时期宋明理学之空谈心性，远离经世致用特质，甚至曲解儒家经典多有不满，乾嘉时期，汉学的兴盛，学者多以汉代经学为正宗，注重求实的研究风气。乾隆朝汉学势力大张，经学研究已成为清代学术的重要思潮，"其研究范围，以经学为中心，而衍及小学、音韵、史学、天算、水地、典章制度、金石、校勘、辑逸等等"②，吴烺的经学、音韵学和数学的研究正是在这种时代思潮的影响之下。

伴随着时代的发展，全椒吴氏家族到九世祖吴烺一代，其举业兴家的传统已经完全褪掉了它的亮色。受到时代思潮的影响以及吴氏家族自身发展的兴衰变化，这个曾经无比辉煌的科举家族已经随着举业的萎缩而衰败下去。从吴沛举业兴吴家大业的确立，中间经过吴氏子弟"一门两鼎甲，四代七进士"的辉煌和继承，到吴敬梓的辞博学鸿词试、放弃诸生籍的抗争以及对于举业等诸多问题的反思而创作小说《儒林外史》，直至吴烺将自然科学、文化及经学作为自己研究的对象。

从全椒吴敬梓家族举业兴家的传统来看，吴敬梓、吴烺父子的转向使举业与吴氏家族渐行渐远，吴敬梓的叛逆开启了这个家族基因变异之大门，"无意进取"的吴烺则使举业与吴氏科举家族渐行更远，在这个漫长的家族发展史上，吴敬梓、吴烺父子的人生道路及文化选择昭示出这个科举家族的"变质"，也象征着这个以举业兴家而名闻当时的科举家族的破产，他们都是这个科举家族的"不孝子"；吴氏父子都怀揣一肚皮的不合

---

① 张国风：《〈儒林外史〉试论》，中华书局 2002 年版，第 60 页。
② 梁启超撰《清代学术概论》，东方出版社 1996 年版，第 5 页。

时宜，自然难逃悲剧宿命，然而正是他们最终成就了这个家族流芳百世的最厚重的文化积淀。

全椒吴氏家族的兴衰变化已成往事，个人命运的悲欢也好，家族兴衰的沧桑也罢，由这个家族发展的种种情状追溯他们所面对的客观的世界，他们所钟情的人生、情感，我们能够发现蕴含深刻意蕴的历史与现实发展的形态各异的多种层面，也激发起我们对于诸多历史现象的深思。

余　论

一

　　全椒吴氏家族是明末清初著名的科举世家，从明末由浙江迁入全椒的始祖吴凤开始，至清乾隆时吴烺一代，绵延二百余年，共历八世，期间科甲蝉联，成为典型的科举世家。吴国鼎兄弟五人四成进士，其中吴国对探花及第，自此吴家门第显贵，族望大开，吴晟、吴旲、吴檠都是进士出身，吴旲且是榜眼及第。这个家族的子弟一直走读书、科举、入仕的道路，不仅中举人，中进士，仕宦人数众多，产生过吴国龙、吴国对这样的朝廷大臣，而且吴氏子弟还广泛涉猎经学、史学、文学、策论等，并多有诗文创作，以吴沛、吴国对、吴檠、吴敬梓、吴烺等为代表的文化名人使全椒吴氏家族不愧文化世家的称号，也使这个家族形成十分厚重的家学家风之文化积淀以及独特的家族文化传统，堪称这一地区文化发展、文学繁荣的一个代表。

　　全椒吴氏家族强烈的家族本体意识是推动吴氏子弟前进的原动力。四世祖吴沛是全椒吴氏家族的灵魂人物，浓厚的家族观念在吴沛的思想体系中处于第一要位。吴沛怀有强烈的家族振兴愿望并付以十分执着的行动，在开创吴氏科举家族之大业中建有筚路蓝缕之功。在吴沛引领之下吴氏家族由平民之家向科举家族的转化迈出了坚实的一大步。吴沛的家族意识观念对于吴氏后代影响深远，表现在吴氏子弟为继承家族荣耀在举业与仕宦上的努力及因家族荣誉感而产生的门阀意识，以及当这个家族衰败之时在家族子弟心上所产生的衰门意绪和怀祖情节。

　　全椒吴氏家族的兴衰沉浮与举业紧密相联，这个家族在角色转换之始就抓住科举这一命脉，出自寒门的全椒吴氏子弟将举业变成改变本家族命运的一个利器，他们承继四世祖吴沛开创的读书、科举、入仕的家学家风，埋头苦读，期间科甲蝉联，由通经入仕而至跻身士流，家族也遂发展壮大而为世家望族。以吴氏家族为代表，全椒人创建了内涵丰富的"儒林文化"，其核心是科举文化，以吴氏子弟为代表的全椒士子对科举的理解和追求给"儒林文化"的内含以丰富表现，小说《儒林外史》的描写堪称典型。全椒吴氏家族以奉儒守孝为家教传统，儒学是其举业兴家的思想根本和动力之源，在家族发展的不同时期，儒学的地位与作用表现各异。家族发展之初，对儒学的推崇是与举业兴家的目标相结合，从而使之附着浓厚家族观念的底色；伴随着家族子弟举业有成、仕宦有功，家族社会地位不断上升，儒学在本家族中的地位遂得以提升，当吴国鼎兄弟辈四成进士而走向政治舞台时，儒学已不再是举业的附庸，并由内圣向外王扩张，走向宦途的吴氏俊杰们眼光聚焦处则为"治国平天下"，他们要努力在仕途上有所建树，儒学在家族中的地位也随之上升而终成为家学之宗。而当这个封建大家族盛极而败时，盛衰转化之间，家庭子弟尚能奉儒守业，坚守儒学思想的教导。一旦这个家族走向没落颓败时，诗礼之家的儒学之风也随之式微下去，儒学在家族中的地位则每况愈下，最终又退回到修身、齐家的方面，以维系这个家族的生存，抑或成为家族未来继续发展的基本动力要素的方面。甚至以儒学为中心的祖风世德在一些子弟的身上已经了无踪迹，尽管故家大族之德厚源远，其族中贤良子弟希冀能自振于式微之后，但这些家族最终的衰败总是不可阻挡，以诗礼传家的吴氏家族亦终究未能逃脱这种宿命。

　　家族乃儒学寄身托命之所在，儒学借由血统传承生发出易于接受的渠道，它的终极目标指向乃是"治国平天下"之所在。然而，封建社会科举制度下，唯有社会向上时期，举业才会发挥它的进步的方面，儒学也才能脱离家族的附庸，从家族的狭小的天地中解放出来，释放其巨大的能量，可惜明清非其时也！

　　全椒吴氏家族的发展，以举业起家，文学始终相伴，在科举与文学此消彼长的发展过程中，这个家族的变化潮起潮落，吴沛与吴敬梓是立在涛头搏击风浪的弄潮儿。吴沛一生孜孜于家业的振兴，促成了吴氏家族走向举业的巅峰，而吴敬梓为后世所景仰推崇的文学创作使得本家族因之而不朽，吴沛与吴敬梓成为这个举业家族发展史上两座高耸的极富特征的标识。

以吴敬梓、吴烺父子为代表的人生道路及文化选择使得吴沛以来开辟的家族发展走向式微，这个家族的性质遂发生了根本性的改变，导致这种变异发生的原因是多方面的，自然，吴敬梓开启了这个家族基因变异之大门，是这个举业家族的叛逆者，也是推进这种变异的最重要的人物，"安徽的第一大文豪"① 的吴敬梓最终战胜了科举家族"举业遗传"的基因，"无意进取"的吴烺则显示着这个科举家族的大变迁。实际上，文化的传承和积累也是全椒吴氏家族保持兴旺发达的最重要因素。如果将这个家族文学之发展比作一棵成长的大树，从四世祖至九世祖文学著述彬彬之盛，吴沛源也、根也，枝在国鼎兄弟辈，往上枝繁叶茂，吴檠、吴敬梓、吴烺都是这棵大树上结出的累累果实，吴敬梓尤其是一颗奇葩，他的文学功业最终成就了这个家族流芳百世的最厚重的文化积淀，吴烺则成为这个家族文学发展的殿军。

全椒吴氏家族近二百年人物、事件的衍生中，一代代文人之间思想、精神的传承，我们看到他们如何用一生的热情乃至放弃世俗意义上的成功与快乐来建立维护这一精神传统的生长，并且无不都在道德与人性、独立与依附、卑微与崇高的冲突与纠缠中扮演各自的角色，在人生旅途中低徊于自己的内心世界，或苦苦追寻而不得，或以身而殉道。以吴沛、吴敬梓、吴烺为代表的吴氏家族子弟各类著述记录下这个家族成长、发展的过程，清晰地展示了他们复杂的情感经历，记录下以儒家思想为立身处命的知识分子苦苦挣扎的心路历程，也使我们能够由此管窥那个时代如他们一类的知识分子所历经的种种苦难与不幸的道路。吴烺的人生道路选择是对于乃父的继承，其最终放弃对于举业功名的进一步追求，而将文学、经学、自然科学等诸多方面作为自己的人生追求目标，并于此见出十分丰硕的成果，却没有逃脱人生的悲剧命运；吴烺的人生悲剧是乃父吴敬梓的延续，父子同为天涯沦落人，他们的悲苦命运是吴氏科举家族发展过程中的一个阶段，而这个阶段居于整个家族发展

① 胡适在《吴敬梓传》中说："我们安徽的第一个大文豪，不是方苞，不是刘大櫆，也不是姚鼐，是全椒县的吴敬梓。"（胡适著《胡适文存》初集卷四，亚东图书馆 1921 年版，第 225 页。）

过程的最末端，因而他们的命运最悲苦。从少年时期来看，父子都鱼贯似的进入到这种宿命之中，尽管吴氏父子最终从这个科举家族对举业崇尚中脱胎出来转向文学、文化艺术等的追求，却依然跳不脱这种宿命，这也是封建社会讲究出处行藏的正直的知识分子无可逃脱的悲剧命运。

二

中国士阶层的独立从来没有绝对性，"士之仕也"乃是他们赖以生存的基本手段，但社会从来没有为每一个读书人都天然地留有准备好的位置，于是，在封建社会集权统治的挤压之下，士阶层对于权势的恭敬甚至屈服也便在所难免。统治阶级也向来以为士阶层必须要依附、臣服于他们，统治者大都会玩弄各种手段想法设法去威逼利诱士人驯服于他们，而这何其多的手段中科举制度的建立最为有效。当然，科举制度并非全是弊端，在一定时期它发挥着相当积极的作用，如唐和宋时期，宋代尤其重视，它最大程度地吸引着社会各阶层"寒窗苦读"，由此也深刻地影响着当时社会风尚的转变，而且统治者也可以通过此种途径为自己选拔大批优秀的人才，从而实现"以文治国"的方略。可惜明清非其时也！明清科举制度将衡量士阶层价值的标准极其简单化和教条化，"以俳优之道，抉圣贤之心"，统治者将其变为牢笼、驱策士人的专制工具，科举制度下士人的心态成为专制制度影响下的一个缩影。正如小说《儒林外史》中闲斋老人序所言："有心艳功名富贵而媚人下人者；有倚仗功名富贵而骄人傲人者；有假托无意功名富贵自以为高，被人看破耻笑者；终乃以辞却功名富贵，品地最上一层为中流砥柱。"在权势的挤压之下，士阶层的独立性已极大地削弱，士人想要成为纱帽群体中的秋风客就必须绝对臣服于权力之下。如小说中王惠亲切称荀玫"年长兄，我同你是'天作之合'"，从此便可以"多少事业都要同做"，他们因获得体制内之身份而弹冠相庆。当然，毋庸讳言，并非全部的士人都甘心于统治者的"长策"驱使而"尽白头"，做他们的侏儒，比仕进更重要的还有精神和人格的独立，当二者发生冲突时，在讲究出处行藏的一批士人群体中，他们十分看重这精神与人格，他们宁可自尊、自爱，不再"进取"，（也无法"进取"）其结果却是不得不直面"不仕"背后的落魄和贫病。无疑，生在集权的时代而要追求人格及精神的独立则要付出十分惨重的代价。吴敬梓、吴烺父子便是他们当中的典型，生在那样的时代，却偏偏十分看重知识分子独立的社会角色和文化职能，拒绝统治者的牢笼和荼毒，并始终保持自己思想的独立性，对于从科举家族中走出来的吴敬梓、吴烺父子则尤显难能可贵。自尊、自爱即意味着放弃仕宦，脱身于肉食者的统治阶层，并与他们分道扬镳，对于这个科举世家的子弟来说，这是一个十分艰难的选择，它需要有直面惨淡人生的勇气，去面对一生的志不得伸并常与落魄、贫病相始终的悲苦境况，明清两代知识分子的恶劣处境也逼出一批看得透的士人群体，吴敬梓乃此中一流人物！他以最醒世的言语发抒自己最沉痛的感触，这种清醒、沉痛和深刻也使他能从个人的穷达荣辱中跳出来，看到整个社会的病症所在。令人悲哀的是吴氏科举家族的兴衰变化恰恰与吴敬梓小说所描写的内容同向。吴沛、吴敬梓、吴烺是在用他们的诗文著述演绎知识分子的命运，也是在演绎他们自己苦难的心路历程。吴敬梓能够认清自己时代统治者所推行的包括八股科举制度在内的种种制度、政策对于知识分子之羁縻与愚弄的实质，抵制在位者放出的种种诱惑，当无数读书人还在皓首穷经，在八股举业中孜孜以求时，作为科举家族子弟一员的吴敬梓于此中已经了无牵挂。可惜社会供他们选择的现实的人生道路何其少也！吴烺亦如其父吴敬梓似的，被麻木和世俗蒙昧包围着的先知者常会生出一种无以言说的内心的苦痛。在专制、集权的社会，读书人要想成为正身之士，恐怕只有归隐一途，绝非"此中大有嘉处"的终南捷径之"肥遁"，即使身无法隐，心也得隐。吴敬梓、吴烺父子身上归隐情结、崇尚隐逸的思想和行为方式便表现得日趋浓烈。孔子反复陈述士要安贫乐道也是强调士之精神与人格，以抗衡权势对于士阶层精神的挤压。但是，士人的处境随着封建社会的发展，愈往下则愈狭隘和枯瘠，明代初年尚不及宋元，清代中叶以后更不如明代，社会并没有给这些正身之士人留有哪怕仅仅能够维持生计的最基本的生存空间，却叫他们为了生存而挣扎，并倍受肉体和精神的煎熬，吴敬梓、吴烺父子的人生又是漂泊者的一曲悲歌。士人生在那样的时代，而要试图保持自己思想的独立性，则注定人生要是一个悲剧，吴氏父子的悲剧命运折射出封建时代文人悲剧命运的普遍性和永恒性。

全椒吴氏家族的兴衰成败都已成为过去，但是，一个家族的文化精神不会因为家势的变迁而汰除殆尽，相反，它作为一种家族文化潜在的"因子"，像血液一样在家族间世代流传，成为这个家族深厚的积淀，也成为后世文化精神的某种积淀。何满子先生强调要细辨历史的传承关系，如此才能深入把握吴敬梓小说的艺术的现实，才能深刻领悟小说艺术力量的历时性，这正是鲁迅先生感慨"自从留学生漫天塞地以来，《儒林外史》好像也不伟大了"的真正含义。（《儒林外史与中国士文化》序）如果将全椒吴氏家族的兴衰作为一个整体来看，那么，与吴敬梓小说的历时性的价值相似，它的历时性同样值得重视，随着时间的推移而越久弥新。

　　虽然全椒吴氏家族的兴衰不能涵括中国文化的诸多本质，但是，它至少可以反映中国文化的一些特点，聚焦这个家族及其文学方面的研究，在他们所描述的艺术世界中徜徉的同时，我们从中也可以管窥那个时代如他们一类的知识分子所经历的道路，能够启发起我们对于诸多历史现象的深思，包括它的社会图景、它的历史风貌和它的社会制度。如果说传统是一面镜子，它所照彻的也正是我们希望探究的，我希望从这面镜子中能够看到读书人曾经的模样，能够对照我们现在的或将来的模样，使我们能够更清醒地思考究竟是什么力量阻碍了这些传统文化成为现代意义上的知识分子。

附录1：明清时期全椒吴敬梓家族世系表

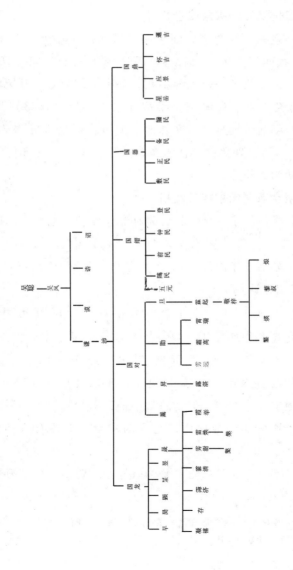

明清时期全椒吴氏家族一世祖：

吴聪于明末由浙江迁居江苏六合。

明清时期全椒吴氏家族二世祖：

吴凤，号古泉，卜居全椒西南程家市之西墅。

明清时期全椒吴氏家族三世祖：

吴诏、吴诰、吴谟缺考。

吴谦，号体泉，弃农学医，兄三人。

明清时期全椒吴氏家族四世祖：

吴沛，字宗一，号海若，晚年又号樗园。生于万历丁丑五年（1577），卒于明崇祯四年辛未（1613）。万历丙午三十四年（1606）参加乡试，房师关骧力荐其第一，主考不允。七次乡试未果，万历戊午四十六年（1618）补廪生，往历阳教书。崇祯癸未十六年（1643）吴国鼎、吴国龙同中进士，朝廷敕赠吴沛为文林郎。吴沛著有《西墅草堂集》十二卷、《诗经心解》六卷。现存世《西墅草堂遗集》五卷，吏部侍郎姜曰广、滁州太仆冯元飚为之作序。

明清时期全椒吴氏家族五世祖：

吴国鼎，吴沛长子，字玉铉，号朴斋。年六十七而卒。明崇祯庚午三年（1630）中举，崇祯癸未十六年（1643）中进士，授中书科中书舍人。入清后，顺治三年丙戌（1646）丁母忧，著有《诗经讲意》、《蒇园集》，编有《唐代诗选》。

吴国器，吴沛次子，字玉质，号懒翁。生于万历甲辰三十二年（1601），卒于康熙甲辰三年（1661），[①] 生平好老子术。

吴国缙，吴沛第三子，字玉林，号崎侯。崇祯己卯十二年（1639）举人，清顺治己丑六年（1649）进士，壬辰九年（1652）殿试授文林郎，以其才望本应入馆选，但为忌者中伤，谢归二十年，后应江宁郡学博之命，以进士资格而坐冷衙门，七十四岁卒。著述有《诗韵正》五卷、《世书堂集》四十卷。

吴国对，字玉随，号默岩，是吴敬梓的亲曾祖。生于万历丙辰四十四

---

① 有关吴国器生卒年参阅郑志良《吴敬梓家世新探》。李汉秋主编《〈儒林外史〉研究新世纪》，上海交通大学出版社 2013 年版，第 129 页。

年（1616），卒于康熙十九年庚申（1680），陈廷敬为其撰《翰林院侍读吴默岩墓志铭》（《午亭文编》卷四十五）。吴国对于崇祯十五年（1642）中副车，明朝覆亡后，以副举进入清朝。顺治十五年（1658）戊戌科一甲第三名探花及第，授翰林院编修，因不习满文，未获更高任用，顺治十六年"以病去"，乡居六年，康熙五年（1666）复出，任福建乡试主考官。六年升国子监司业，翰林院侍读。又乞迁葬，去居八年，补侍读，提督顺天学政，事竣，又以病去。

吴国龙，字玉骝，号亦岩，生于万历四十四年丙辰（1616），卒于康熙十年辛亥（1671）。明崇祯壬午十五年（1642）考中举人，次年癸未科又与长兄吴国鼎同榜进士，授户部主事，后以丁母忧归乡。入清以后，顺治丁酉十四年（1657），福临诏求隐逸，漕抚蔡士英特疏举荐，吴国龙赴京途中因病返回故里。次年国对以探花及第，福临召见国对并问及家世，乃谕国龙病痊速赴京都，顺治庚子十七年（1660），国龙以前明崇祯十六年进士赴陛前，被任为工科都给事中，不久转为工科右给事中，又改授河南道监察御史，旋回任兵科给事中。康熙丙午五年（1666）出任山东主考，后又转礼科掌印给事中。吴国龙著有《心远堂集》、《吴给谏奏稿》。

明清时期全椒吴氏家族六世祖：

吴国鼎子辈：

吴暹吉，字惕思，廪生，为吴国鼎继妻姜氏所生。《吴沛墓碑表》中所记暹集疑与暹吉为同一人。

吴怀吉，附生。《吴沛墓碑表》中所记怀旻疑与怀吉为同一人。

吴应景、吴星岳，据《吴沛墓碑表》中记载，缺考。

吴国鼎女，据康熙《全椒县志》卷一一"姜氏传"记载"婿，秀才彭来仪"。

吴国器子辈：

吴牖民、吴备民、吴正民、吴敷民，据《吴沛墓碑表》中记载，缺考。

吴国缙子辈：

吴登民，字自崇，庠生。据民国《全椒县志》卷一一记载："吴登民，字自崇，庠生，教授国缙长子也。善事继母，待诸弟友爱。幼聪颖，亦苦学，淬厉致疾，将革，犹持手录诸帙不释。"康熙《全椒县志》卷十："吴登民，字自崇。庠生。国缙长子。事继母至孝，友爱诸弟。幼聪颖绝伦，勤苦力学，淬厉致疾。将革，犹持手录诸帙不释。早赴修文，士林悼之。"吴登民二十六岁时去世，据《世书堂稿》卷二十三《吊亡儿》（其二）注"儿廿有六，予五十有二。"（转引自郑志良《吴敬梓家世新探》。李汉秋主编《〈儒林外史〉研究新世纪》，上海交通大学出版社2013年版，第126页。）

吴钟明、吴隰民，据《吴国缙墓碑表》及《汪待孺人墓碑表》中记载，缺考。

吴前民，字弥抑，十一岁入泮。康熙《全椒县志》卷十："吴前民，字弥抑。国缙三子。读书数行下，十一龄入泮，有文誉，应廪而卒。"民国《全椒县志》卷十三"旌恤表"有："吴谢氏，痒生吴前民妻。"

"五儿"，吴国缙《世书堂稿》卷六有《吊五儿三岁殇》诗。

吴国对子辈：

吴旦，字卿云，又字东观，以增生援例考授州同知，著有《月潭集》。

吴勖，字晨观，又字大力，贡监，以增贡考授州同知。

吴昇，字允升，又字晓奏，由邑庠，贡监。康熙十七年戊午（1642）举人。

吴胥，缺考。《吴沛墓碑表》中记吴国对这一支中有吴胥，而陈廷敬撰《翰林院侍读吴默岩墓志铭》及《全椒县志》均未记载。

吴国对女二人，陈廷敬《翰林院侍读吴默岩墓志铭》言："女子二人皆适世家子。"

吴国龙子辈：

吴晟，生于明崇祯乙亥八年（1635 年），卒于康熙乙亥三十四年（1695 年），康熙十四年乙卯（1675）举人，康熙十五年（1676）进士及第，康熙丙寅二十五年（1686 年）出任福建汀州宁化县令，后捐资"援例捐升主事"，病故而未及任。著述有《洪范辨证》、《周易心解》等。

吴昱，字心启，贡监，由邑庠。

吴昤，字永昭，贡监。

吴顕，字千里，贡监。河南永城县教谕。另据《吴沛墓碑表》吴国龙一支尚记有吴曑，而李霨撰《吴国龙墓表》中则未见记载，疑早卒或为吴颢的更名。

吴昺，字永年，号颍山。生于顺治四年（1647），卒于康熙五十一年（1712）。（参见柯愈春著《清人诗文集总目提要》第 319 页。）康熙二十九年庚午（1690）中举人，康熙三十年辛未科会试进士榜眼及第，康熙三十五年丙子（1696 年）任广西乡试主考，康熙四十四年乙酉（1705）任宋金元明四朝诗选掌局官；次年四十五年丙戌（1706）"分校礼闱"；康熙四十九年庚寅（1710）出任湖广学政，在湖广学政任上"按试荆州"时，康熙书"勉子修名"四字赐其母张氏。著有《卓望山房集》、《玉堂应奉集》和《宝稼堂集》。

吴早，附生，康熙四十一年（1702）"壬午北榜山西临县知县"。

明清时期全椒吴氏家族七世祖：

据《汪待孺人墓表》记载，吴国缙孙辈中有吴霆锐、吴霜威、吴雪艳三人，而《吴沛墓表》中除记载霜威外，尚有吴雲、吴震，疑为国缙孙辈中同名或更名，雪艳则疑为国缙孙女。

吴旦子辈：

吴霖起，附生，吴霖起于康熙丙寅年（1668）成为拔贡以后，候选二十八年，1714 年才入选江苏赣榆县教谕，卒于雍正元年癸卯（1723年）。

吴勖子辈：

吴霄瑞，待考，后发现的《吴沛墓碑表》中无此人，或疑为《吴沛墓碑表》中云或震的更名。

吴霜高，据陈廷敬作《翰林院侍读吴默岩墓志铭》记载，缺考。

吴雩远，附生。陈廷敬《午亭文编》卷四十五《翰林院侍读吴默岩墓志铭》记："孙男五人，长霖起，旦出，次霄瑞，次霜高，次雩远，俱勖出；次露湛昇出。孙女六人。"

吴昇子辈：

吴露湛，缺考。

吴国对孙女辈六人，据陈廷敬《翰林院侍读吴默岩墓志铭》记载云："（吴国对）孙女六人。"

吴晟子辈：

吴霞举，贡监生。

吴雷焕，邑廪生。

吴雩澍，庠生。

吴霨清，庠生。

吴薄济，庠生。

吴存、吴凝禧，储欣《吴晟墓表》记载，功名缺考。

储欣《吴晟墓表》记载吴晟嫡庶子共七人，《吴沛墓表》及《吴国龙墓表》记载吴国龙孙辈计八人，除霞举、雷焕、雩澍，薄济与《吴晟墓表》相合，另尚有吴霈恩、吴雩晖、吴霍远、吴□孚，或为国龙其余子所出，缺考。

吴国龙孙女辈五人，缺考。

明清时期全椒吴氏家族八世祖：

吴霖起子辈：

吴敬梓，字敏轩，一字文木，号粒民，自称"文木老人"，秦淮寓客，生于康熙辛巳年（1701），卒于乾隆甲戌年（1754）。康熙五十七年（1718）考取秀才，雍正十一年癸丑（1733）移家南京，乾隆元年丙辰（1736）荐举博学鸿词科试辞不就，年四十而产尽，卖去全椒江北唯一老屋集资修建先贤祠，乾隆十八年癸酉（1753）敕封文林郎内阁中书。著有《文木山房诗文集》、《儒林外史》、《文木山房诗说》、《史汉记疑》（未成书）等。

吴霖起女一人，"自幼以文学雯延之女，子于从父赣榆县教谕霖起"，嫁滁州金绍曾秀才，金绍曾字谷嗣，又作縠似，号衣亭。乾隆五年七月初九日卒，年四十七，程廷祚应吴敬梓之请为其作《金孺人墓志铭》。

吴雷焕子辈：

吴棨，字碧波，康熙二十八年己巳（1689年）生，康熙五十八年七月由廪生捐贡，十月考取正红旗教习，期满后候选知县，雍正四年补授直隶宝坻知县，因保堤有功，补授山西大同知府。不久被革职。

吴雩澍子辈：

吴棨，字青然，号岑华、半园，康熙丙子年（1696）生，卒于乾隆十五年庚午（1750）夏，安徽巡抚都察院右副都御史王𬭊举荐，于乾隆丙辰年被荐参加博学鸿词科考试，后落选，乾隆六年辛酉（1741）中举人，乾隆十年乙丑（1745）第二甲十一名进士及第。官刑部主事，颇有贤声，卒于任上。著有《青耳珠谈》、《溪上草堂集》、《衢谣集》、《咫闻斋诗钞》及《阳曲词钞》。

明清时期全椒吴氏家族九世祖：

吴敬梓子辈：

吴烺（1719—1782），字荀叔，号杉亭，乾隆十六年辛未迎銮召试，乾隆召试赐举人，授内阁中书，乾隆三十五年庚寅（1770）任山西宁武府同知，后以疾归，又数年而殁。著有《周髀算经图注》，《勾股算法》、《五音反切图说》、《春华小草》、《靓妆词钞》、《杉亭集》。吴烺女儿嫁金台骏为妻。金台骏，字冀良，金兆燕子。

藜叔，号珠朗，卒于1748年前。

吴煐，又名文熊，字蘅叔，号渭川。生于雍正五年丁未（1727），乾隆十八年癸酉（1753）举人，乾隆二十七年壬午（1762）任潮州普宁知县。

吴鳌，廪贡，乾隆十年由玉田县丞升良乡县令、乾隆三十六年任大兴知县，乾隆四十二年（1777）升任遵化知州，乾隆四十三年卒于任上。

注：本表制作参考了胡适、陈汝衡、孟醒仁、陈美林的研究成果及全椒县吴敬梓纪念馆的相关材料。

附录 2：吴烺年谱简编

吴烺，字荀叔，号杉亭，别号学宋斋主人。安徽全椒人，吴敬梓长子。

沈大成为吴烺撰写《周髀算经图注序》，王昶辑《湖海诗传》记载吴烺生平资料并录其诗八首，民国《全椒县志》卷十有其本传。平步青《霞外攟屑》增补常熟张问月撰《经学名儒记》时补录吴烺为安徽的"名儒"。胡适《吴敬梓年谱》称吴烺是一个"大算学家"。（胡适《吴敬梓年谱》见于《胡适文存》二集卷四页 26，亚东图书馆 1921 年版。）吴烺著有《周髀算经图注》、《勾股算法》等算学著作，又有《五音反切图说》、《学宋斋词韵》（与江昉、程名世等合辑）等音韵学著作。吴烺二十二岁前有《春华小草》诗集、《靓妆词钞》词集并附刻于乃父吴敬梓《文木山房集》后，1770 年订所著曰《杉亭集》，有诗 11 卷 745 首，词 5 卷148 首。

其先人于明末由浙江迁居江苏六合，后迁居全椒。

一世祖吴聪。

李霨为吴国龙撰写《清礼科掌印给事中吴公墓表》说："公讳国龙，先世居东欧，高祖聪，迁江宁之六合，又迁全椒，遂为全椒人。曾祖凤。祖谦。父沛。"吴敬梓《移家赋》云："有明靖难，用宣力于南都。（远祖以永乐时从龙。）赐千户之实封，邑六合而剖符。迫转弟而让袭，历数叶而迁居。（始祖讳转弟公，自六合迁全椒。）"

二世祖吴凤号古泉，三世祖吴谦号醴泉，四世祖吴沛号海若。

康熙《全椒县志》卷一〇《吴凤传》："家世骁骑卫户爵，以志趣高淡让袭，卜居邑之西墅。"张其浚修民国《全椒县志》卷一一有本传。

三世祖吴谦始行医，康熙《全椒县志》及民国《全椒县志》皆有传。

　　四世祖吴沛是全椒吴氏科举世家的奠基人，吴沛 1577 年生，1631 年卒，生年五十有五。吴沛终其一生参加科考，但举业蹭蹬，仅以秀才功名终老科场。至吴沛子吴国鼎辈，情形则大不同。长子国鼎、三子国缙、四子国对及幼子国龙皆中进士。

　　高祖吴国对，字玉随，号默岩。

　　康熙《全椒县志》卷七"选举志"记载："顺治辛卯拔贡，甲午顺天举人，戊戌进士，殿试一甲第三名探花及第，授翰林院编修，丙午典试福建，丁末覃恩加一级，升国子监司业。见任翰林院侍读，提督顺天等处学正。"民国《全椒县志》卷一一"人物志"相关记载亦同。大学士陈廷敬撰《午亭文编》卷四十五为其作《翰林院侍读吴默岩墓志铭》。

　　曾祖吴旦，字东观，一字卿云。

　　陈廷敬《翰林院侍读吴默岩墓志铭》有"君之子旦贤而有文"，"考授州同知"。康熙《全椒县志》卷七："由增广考授州同知"，即以增生援例考授州同知。民国《全椒县志》卷一一："旦，字卿云，增监生，授州同知"，《皇清书史》卷五："吴旦，字卿云，国对子，增监生，考授州同知。"

　　祖吴霖起。

　　康熙丙寅（1668）年拔贡，民国《全椒县志》卷一二记载其任江苏赣榆县教谕。

　　从伯父吴檠，字青然，号岑华。

　　乾隆丙辰年（1736）参加博学鸿词科考试，乾隆乙丑年（1745）进士及第，官刑部主事，颇有政声。民国《全椒县志》卷一二记载："乾隆初应鸿博试，报罢，与桐城刘大櫆、叶酉相友善，同著名于时。客直隶督学刘公幕校士，后成进士，官刑部主事，未竟其才用。"全祖望《公车征士小录》亦有相关记载。

　　父吴敬梓，字敏轩，一字文木，号粒民，自称文木老人、秦淮寓客。

　　民国《全椒县志》"人物志"有传，其生平详见胡适及孟醒仁所编年谱。

　　敬梓有子四人，一即烺。

　　孺人某云。据《杉亭集》中烺悼念亡妻《题殡云图》诗，推其妻名中当有"云"字，1752 年病逝，吴烺作《悼亡三首》以寄哀思。有子与否，待考。

女儿嫁于全椒金兆燕之子金台骏为妻。金兆燕诗《吴杉亭舍人侨居邗上余亦携儿作客即令移寓就婚共送归里礼筵之夕赋呈杉亭兼同社诸子八首》、词《秋霁·癸未九日同吴杉亭舍人携儿子台骏泛舟至平山堂》；吴烺词《秋霁（九日棕亭携令子冀良同余平山堂登高，先成此解，倚声和之。）》、诗《棕亭携令子冀良就婚于余寓邸成长句八章余亦抚今追昔怅然于怀作此奉答》皆记载此事。全椒吴、金两家世代通婚，吴烺诗《棕亭携令子冀良就婚于余寓邸成长句八章余亦抚今追昔怅然于怀作此奉答》自注云"亡内在日已有朱陈之约。"其《悼亡三首》云："当时遗挂独伤神，径寸惟留掌上珍。几载京华随薄宦，二年旅食寄通津。鸣环从此为新妇，酹酒真堪报昔人。"办完丧事，吴烺即带小女儿晋京。

或另有小女，不详。吴烺1768年诗《宿江深阁》注曰"时在嘉禾为小女订婚期"，此时距1764年金台骏就婚于吴烺扬州寓邸已经四年（《棕亭携令子冀良就婚于余寓邸成长句八章余亦抚今追昔怅然于怀作此奉答》）。《宿江深阁》诗下注曰："时在嘉禾为小女订婚期"，"小女"疑为吴烺另一女。

1719 年 康熙五十八年 己亥 一岁

吴烺《杉亭集》中《杂诗三首》诗下自注曰："余年十五作此诗，岑华伯父（吴檠）见面喜曰：'气味声调直入黄初。儿时涉笔遂臻此境，觉孔北晦未是隽物，使我展折！'"《杂诗三首》编年在雍正11年癸丑（1733），以此前推15年则知吴烺生于1719年。金兆燕《春华小草序》"当卫介过江之日，正王乔游洛之年"，卫玠事见《晋书·卫玠传》（附于卫瓘传）及《世说新语·言语》；王乔事见《晋书·刘畴传》（附于刘魄传后）及《世说新语·赏誉》。金兆燕借用卫玠过江及刘畴入洛事指吴烺随乃父吴敬梓1733年移家南京事。王乔游洛之年亦十五岁。

1722 年 康熙六十一年 壬寅 四岁

经史学家王鸣盛（1722—1797）生。王鸣盛字凤喈，嘉定人，乾隆进士。在北京时，曾为吴烺诗集《杉亭集》写序，今存手钞本卷首。

1723 年 雍正元年 癸卯 五岁

祖父吴霖起病卒。

1725 年 雍正三年 乙巳 七岁

王昶（1725—1806）生。王昶字德甫，号述庵，又号兰泉，青浦人，乾隆进士，官至刑部侍郎。与吴烺知交，其《湖海诗传》录吴烺诗八首。

1728 年 雍正六年 戊申 十岁

钱大昕（1728—1804）生。大昕字晓征，一字辛楣，号竹汀，嘉定人，乾隆进士。曾为吴烺《杉亭集》作序。

1729 年 雍正七年 己酉 十一岁

母陶氏病逝。吴敬梓叔祖吴勖之女，嫁与全椒人陶钦李，陶钦李生有两女，长女嫁与金榘，次女嫁与吴敬梓，即吴烺之母。

金榘《次半园（吴檠）韵为敏轩三十初度同仲弟两铭作》：“几载人事不得意，相逢往往判沉酣。栗里已无锥可卓，吾子脱屣尤狂憨。卜宅河干颇清适，独苦病妇多詀喃。无何炊臼梦亦验，空闻鼓盆疑虩虩。”（金榘《泰然斋集》卷二）吴敬梓词《减字木兰花·庚戌除夕客中》：“不婚不宦，嗜欲人生应减半”，“闺中人逝，取冷中庭伤往事”。

吴烺幼年丧母，由程媪抚养，其《哭程媪四首并序》诗序云：“媪，先王父广文公侧室也。烺幼失慈恃，养于媪，恩义最笃。”

1735 年诗《从江宁返全椒作四首》自注曰：“时余归拜先慈墓。”

1753 年《题白云乡思图步江于九韵二首》：“松阴云幄几重开，寸草离离胜剪裁。乡思一襟应会取，好教束皙咏南陔。看云异地不胜情，风木萧凉入夜声。我亦频年违子舍，画图谁为写平生。”吴烺以自己上未有奉尽孝之心，下不能尽抚养之责，并深以为痛。

1731 年 雍正九年 辛亥 十三岁

姚鼐（1731—1815）生。姚鼐字姬传，一字梦谷，安徽桐城人。乾隆进士，官刑部郎中。曾为吴烺《杉亭集》作序。

从其父游金陵，在秦淮河上得观苕苕歌舞。吴敬梓《笙》诗中写道：“孺子独生伊洛想，仙娥曾共幔亭看”，以《列仙传》王子乔事记吴烺听笙的感受。五年后吴烺再遇苕苕而作《苕苕曲》诗：“太息重逢隔五年，苕苕憔悴已堪怜。”十年后作《感旧十三首》（其三）云：“几剧娇歌绝妙词，檀奴儇巧系人思。子亨醉草清平调，肠断杨妃捧砚时。（谓苕苕也。）”

1733 年前吴家尚未移居南京，吴烺从其父游金陵，秦淮河亭等地给他极深的印象，吴烺对于江南景色颇生留恋之情，另写有《巫山一段云·秦淮》、《忆江南》等词。

小说《儒林外史》娄老太爷说："你生的个小儿子，尤其不同，将来好好教训他成个正经人物……南京是个大邦，你的才情，到那里去，或者还遇着个知己，做出些事业来。"此处的"小儿子"即指吴烺。

本年或后一年烺回全椒，游阜陵城，凭吊遗址作《阜陵城》诗（《春华小草》）。阜陵城遗址在全椒东南。明代泰昌版《全椒县志·古迹》载："阜陵城，在县东十五里。地名长陵坡，有阜陵城基，内有阜陵王墓。"《安徽通志》记载："阜陵古城在全椒东南，汉置县"，西汉初年置阜陵县，属淮南国，汉文帝八年（前172）封淮南厉王长子刘安为阜陵侯，阜陵始为侯国，寻复为县。阜陵城周围有汉代古墓群，直至清代，阜陵城址尚保存完好。吴烺诗《棕亭携令子冀良就婚于余寓邸成长句八章余亦抚今追昔怅然于怀作此奉答》（其七）"阜陵城外树扶疏，老屋依然古巷隅"。

1733 年 雍正十一年 癸丑 十五岁

二月随父亲移家南京。吴烺《感旧十三首》（其一）诗下自注曰："余家自癸丑春半移寓秦淮上。"吴敬梓《移家赋》："粤以癸丑之年，建寅之月，农祥晨正，女夷鼓歌。余乃身辞乡关，奔驰道路。晏婴爽垲，先君所置，烧杵掘金，任其易主。百里驾此艋艇，一日达于白下。"

移家南京后，15 岁的吴烺不断经历生活之艰辛，这也影响到他诗歌的内容和风格。

吴檠寓居南京。《儒林外史》中杜慎卿先于杜少卿到南京居住。吴敬梓《九日约同从兄青然登高不至四首》："吾家才子推灵运，也向秦淮傀舍居。"

吴烺《杂诗三首》诗下自注曰："余年十五岁作此诗，岑华伯父见面喜曰：'气味声调直入黄初。儿时涉笔遂臻此境，觉孔北晦未是隽物，使我展折！'"移家后，吴敬梓与吴檠交往频繁。

十月游杨氏小园。（《杉亭集》中《雨中过杨氏小园》即《春华小草》集中《独步》诗。）

本年活动，吴烺在其诗《感旧十三首》中多有提及。其中"新声都付老何戡，旧谱重经仔细谙。吹到夜凉风静后，紫箫一曲望礼南。（伶工倪老抵笛擅场，余时作小词，倪则谱而歌之，亦复精于音律。）"或指小说《儒林外史》中的倪老爹。

游南京能仁寺观赏梅花（《齐天乐·能仁寺看梅》）。南京能仁寺是著名古刹之一，原在南京古城西门，建于刘宋元嘉中，洪武十一年毁于火灾，明太祖下令将寺徙于城南聚宝门外二里之地。《金陵梵刹志》卷十六列其为八大著名梵刹之一。

1734 年 雍正十二年 甲寅 十六岁

游大觉庵，秋与金兆燕在家乡全椒聚（《同金大兄钟越南冈晚眺》）。金兆燕，字钟越，号棕亭，全椒人，其父金榘为吴敬梓表兄兼连襟，也是吴烺业师。全椒金吴两家世代婚媾，金兆燕之子金台骏是吴烺女婿。金兆燕 1745 年随乃父金榘到休宁县学训导任所，中年以举人为扬州校官，做过扬州盐运使卢见曾幕僚，1766 年八次进京应考后终成进士，选博士，1779 年至 1781 年入京供职，三年后归扬州，在扬州与晚年的吴敬梓过从甚密，吴敬梓猝然卒于扬州后，金兆燕将其棺木运往南京并安葬。

金家自明代先祖金九陛、金光昊显达之后，城区便建有院宅，而旧宅在桑根山下，即位于全椒城外的老宅金家巷，吴烺《棕亭携令子冀良就婚于余寓邸成长句八章余亦抚今追昔怅然于怀作此奉答》诗中"阜陵城外树扶疏，老屋依然古巷隅"，即指金家居住的金家巷。

1735 年 雍正十三年 乙卯 十七岁

春随乃父吴敬梓回家乡全椒，拜祭母亲坟茔。（《春华小草·从江宁返全椒作四首》）

在家乡全椒，寻访丁姑祠旧址（《寻丁姑祠旧址二首》）。《全椒县志》记载，丁姑祠在全椒襄河岸侧。吴敬梓《移家赋》自注曰："蔡姥湖见全椒志，丁姑祠见《搜神记》。"丁姑祠的传说，最早见于干宝《搜神记》卷五："淮南全椒县有丁新妇者，本丹阳丁氏女，年十六，适全椒谢家。其姑严酷，使役有程，不如限者，仍便笞捶。丁不堪，9 月 9 日，乃自缢死，遂有灵，闻于民间。……今所在祠之。"清代全椒人吴鼒（山尊）诗云："我别江南已七年，夜凉归梦入秋烟。丁姑祠外停舟处，也有垂杨有水田。"

访从伯父吴檠旧居，《家岑华先生斋前双桐歌》，诗中赞赏其用心学问，志向高远而不流于世俗。

《村中感述》诗描写农人苦况，并寄寓自己同情之心。

祭拜亡母之墓,《从江宁返全椒作四首》(其四)诗下自注曰:"时余归拜先慈墓。"

赴滁州,游醉翁亭、欧阳公梅花亭、酿泉、丰乐亭、琅玡寺、庶子泉。(《春华小草·滁州西山诗六首》)

从全椒返金陵。按:吴烺《杉亭集·南谯道中四首》后三首与《春华小草·从江宁返全椒作四首》前三首,字句稍有改动。南谯城在今全椒县北二里,《方舆纪要》卷二九全椒县"丰乐城"条下:"又县北二里有南谯城,或以为梁南谯州治",《舆地纪胜》卷四二记载南谯城"在全椒县北二里尹村"。

从乃父吴敬梓访故友,遂有真州、扬州之行。吴敬梓诗《访杨东木敷五》云:"不是故人施榻待,扁舟风雨又孤芦",吴烺有《摸鱼子·题杨敷五中湖画卷》词。

1736 年 乾隆元年 丙辰 十八岁

游真州,与江昱会(《暗香·寄江松泉》)。江昱,字宾谷,号松泉,原名旭,字才江,扬州人。江昱与吴敬梓友程晋芳、李葂皆有交往。1739年吴敬梓再游真州,作《岁暮返金陵留别江宾谷》诗。

在扬州与葛宸庑相见 [《水龙吟(喜晤葛宸庑兼怀金轩来宗说叔侄)》、《大江东去(同周幔亭、葛宸庑小饮姚氏园亭)》]。

本年吴敬梓辞却博鸿科廷试。

吴烺同父执冯粹中每年赴滁州应岁、科考,从南京浦口乘夜行船,顺道多回家乡全椒。

游马鞍山采石矶、翠螺山(《望翠螺》),舟泊燕子矶《石头城放舟至燕子矶》。

重逢歌女苕苕,对其不幸遭遇极伤感并鸣不平(《苕苕曲》)。13 岁时从其父游南京,在南京秦淮河上欣赏苕苕的歌舞表演。友人王昶《怀全椒吴舍人荀叔》一诗"舍人家住青溪埭,花月新闻最怆怀。为忆苕苕旧时曲,一灯凉雨梦秦淮。"[王昶《春融堂秦》卷五《(怀)全椒吴舍人荀叔》] 23 岁作《感旧十三首》(其三),同情苕苕的不幸,对于她的悲惨命运尤未能释怀。这一时期还有类似揭露社会现实的题材,如揭露社会不公的《贫家女》,可与乃父吴敬梓《贫女行二首》及《美女篇》诗对读。

《菱溪石》抒怀才不遇之感，金兆燕《棕亭文钞》卷一《菱溪石赋》可对读。

1734—1736 年期间

刘湘煃被顾燨所诬入狱，1734 年出狱后，在南京居两年，吴烺及其全椒同乡许如兰向他学习梅文鼎的历算之学，刘湘煃写有《答全椒吴荀叔历算十问书》一卷。《清史稿·许如兰传》："时同县山西宁武同知吴烺受梅文鼎学于刘湘煃。"

1737 年 乾隆两年 丁巳 十九岁

二月，与乃父吴敬梓回全椒。吴敬梓作《全椒道上口占》六首。

游琅琊山。（《醉翁操·访李思翁先生琅琊山中》）

吴烺近一年未回家乡，陡生"故乡风景都忘了"之感（《小楼连苑·滁州寓斋作》）。按：《靓妆词钞》中《小楼连苑·滁州寓斋作》与《杉亭集》中《水龙吟·滁阳寓斋作》为同一首词，词中说："少年漂泊江关，故乡风景都忘了。"

按：滁阳之名肇自晋，即滁州也，一名永阳。按本志沿革谓："汉初属淮南国，为全椒县地，东兼建阳地，元狩元年属九江郡，隋始置滁州。"（《稀见地方志提要·滁阳志》十四卷，明万历四十二年刊本。）姚鼐《汉九江庐江二郡考》谓："全椒盖得今滁州地，阜陵盖得今全椒西南，含山北地。"

过野渡庵，三月上巳春禊与村人种柳。（《野渡庵》、《和韦二首》、《移杉郡斋》、《种柳西涧》）

从全椒返金陵，与金兆燕分手话别。（《与钟越分手河梁旋复梦见觉而有作》）

吴湘皋《文木山房集序》云："令子烺，年未弱冠，手钞十三经注疏，较订字义，精严不少懈疏。趋庭之下，相为唱和，今都为一集。"

1738 年 乾隆三年 戊午 二十岁

从金陵往全椒，游艾塘村。其《艾塘村》诗："一自仙成鸡犬尽，淮南空见艾塘村"。《安徽通志》载"阜陵古城在全椒东南，汉置县。"汉高祖置阜陵县，属淮南国，汉文帝八年（前 172）封淮南厉王长子刘安为阜陵侯，阜陵始为侯国，寻复为县。

拜访业师金榘（《过金先生絜斋斋中留饮同九表叔轩来兄钟越分赋得

质字》)。金榘，字其旋，号絜斋，生于康熙二十三年（1684)，卒于1761年。吴敬梓词《千秋岁（四月初一日金其旋表兄五十初度寄祝）》："熟梅时候，帘外熏风透。梁燕乳，庭花瘦。堆盘烹白小，洗盏呼红友。千古事，文章尽为先生寿。伯玉知非后，翁子穷经久。人渐老，愁依旧。弹琴看鬓影，泼墨盈怀袖。须念我，一春寂寞青溪口。"吴烺在《泰然斋集跋》中说："先生之为人，行谊尤卓卓，与人酬应，跬步不苟，介然不欺其志。晚年司训海阳，操持益坚，既归，老屋数楹，犹然一穷老书生耳！先大夫每数忠信笃敬之士，必为先生首屈一指。呜呼！亦可谓有道而能文者矣。"小说《儒林外史》中以金榘、金两铭兄弟二人为原型塑造了余大、余二两先生形象。

与金轩来（九表叔）、金兆燕分韵赋诗。分手后作《怀轩来》诗。吴烺对九表叔怀有极亲近之情，诗中多有提及。

1739年 乾隆四年 己未 二十一岁

从全椒经游江浦（《江浦县》)，与乃父吴敬梓会于真州。吴敬梓1738年在其诗《病中忆儿烺》中写到："自汝辞余去，身违心不违。有如别良友，独念少寒衣。"孟醒仁《吴敬梓年谱》言："（1739年）秋，（吴敬梓）再客真州（仪征)，方嶟（可村）引为同调，慷慨出赀为先生筹刻《文木山房集》四卷附吴烺诗词各一卷，并为之写序文。《真州客舍》诗，有'奇文共刻楮，阅世少安辀'可证诗文刻版始于当时。"吴烺自十五岁至二十二岁的诗文创作《春华小草》、《靓妆词钞》各一卷附于乃父吴敬梓《文木山房集》后。

在真州逗留。（《春华小草·题白沙翠竹江村九首》：《香叶山堂》《东溪白云亭》《芙蓉汧》《耕烟阁》《因是庵》《众响斋》《仙壶》《寸草亭》。)

从真州返金陵。《杉亭集》中《自真州放船出扬子江溯流返金陵》诗与《春华小草》中《客真州两月久不见山水之趣舟发扬子江不觉兴至走笔成四十句》诗所写为同一情景，诗意大致相同。

按：《读史方舆纪要》记载："滁河在县治西南。自滁和州界会五十四流之水，入县境分为三，亦名三汊河，南接江浦县界，又东合为一，流经县治，复东南至瓜埠入江，即古滁水也。""建阳城州东四十里。本秦县。汉属九江郡。后汉省入全椒。《志》云：州东南五十五里有临滁郡城，梁置郡，治葛城。高齐因之。隋废葛城。盖与江浦县接界，今有西葛城市。""又东北经江宁府界，江北岸则六合县、江浦县，以至扬州府之仪真县瓜洲镇，江南岸则江宁府以及句容县北境，至镇江府京口闸，与瓜洲南北相对，为渡江之津要。"《春华小草》中《江浦县》诗置于《客真州两月久不见山水之趣舟发扬子江不觉兴至走笔成四十句》诗之后，而《杉亭集》中则将次序调整，从地理位置上看确是。

游乌龙潭。（《秋日乌龙潭上作五首》诗收入《杉亭集》与《春华小草》中。）乌龙潭位于南京城西龙蟠里之东。

这一年或稍后诗集《春华小草》和《靓妆词钞》附在其父《文木山房集》后刊印。

在南京与伯父吴檠往来，吴烺写有《虞美人（和家岑华先生回文）》词，吴敬梓《九日约同从兄青然登高不至四首》（其三）诗云："吾家才子推灵运，也向秦淮僦舍居。故国茱萸从插遍，登高作赋已全虚。"小说《儒林外史》写杜慎卿先于杜少卿寓居南京，《全椒县志》："（吴檠）乾隆初应鸿博试，报罢，与桐城刘大櫆、叶酉相友善，同著名于时。客直隶督学刘公幕校士，后成进士，官刑部主事，未竟其才用。"吴檠返全椒之前，入刘公幕做校士，并与刘大櫆、叶酉相往来。将返全椒之际，朋友相送，《词科余话》卷三收武进刘鸣鹤《送吴檠青然返全椒》及秀水万光泰《送吴二檠归全椒》诗，吴檠在 1736 年从全椒或南京出发前往京城应试，落第后在京城滞留一段时间，后归全椒并往来南京，这一时期吴敬梓《酬青然兄》和《贫女行二首》诗皆与吴檠相关联，孟醒仁《吴敬梓年谱》将这两篇编入 1737 年，吴檠从京城归来，来往于全椒、南京之间，与吴敬梓来往较多，这个时间大约在 1737—1738 年之间，金兆燕《跋吴岑华先生集后》"辛酉（1741）冬计偕北上，乙丑（1745）登第，官西曹。"《全椒县志》卷十二记载吴檠于乾隆六年中举人，十五年（1750）夏卒于任上。

游南京鹫峰寺（《满江红·重过鹫峰寺有感》）。《感旧十三首》（其四）诗下自注曰："鹫峰寺在东花园，春夏之交，方丈延善知识登坛说法，听者甚众。善绣女郎制宝幢绣幡以为布施。"

1740 年 乾隆五年 庚申 二十二岁

同郑松桥游南京鸡鸣寺（《同郑松桥登鸡鸣寺望后湖庚中》）。吴敬梓

《鸡鸣寺》诗可对读。

异乡飘泊，自谋衣食（《客中书怀》）。吴敬梓 1740 年《除夕宁国旅店忆儿烺》诗中写道："旅馆宵无寐，思儿在异乡。高斋绵雨雪，岐路饱风霜"，诗下自注曰："儿年最幼，已自力于衣食。"移家南京后，吴敬梓开始创作小说《儒林外史》，吴家生活境况日渐贫困、凄凉。为生计所迫，长子吴烺不得不出外谋生，次子蘖叔此时病故，唯幼子蘅叔在南京从其左右。

1741 年 乾隆六年 辛酉 二十三岁

是年及前后几年，吴烺每年偕冯粹中乘船赴滁州参加科岁考。其乾隆二十九年（1764）所作《归里杂感十首》诗下自注云："冯先生粹中寓钟山书院，每应岁科试，辄偕烺由浦子口至张家堡坐夜行船抵滁。先生举贤书卒于都下，今十三年矣。"

金兆燕到南京，吴烺与其相会，"话旧到更阑"。（《喜晤钟越》）

秋，登清凉山。（《登清凉山》）

听宇上人说公案戏。（《听宇上人说公案戏赠五首》）

1742 年 乾隆七年 壬戌 二十四岁

吴烺大约于此年成家。夫人出自寒门或为败落的世家。吴烺《悼亡三首》（其三）曰："零膏剩馥闭空箱，摒挡思君一断肠。可叹铜钗惜于玉，更无罗绮织流黄。难为不慨庐江妇，轻别羞称画省郎。"嫁来吴家时，吴家一贫如洗，《悼亡三首》（其二）诗下自注曰："余家贫断炊，每赀饼而食"，"深冬无卧茵，孺人以絮裙代之"。妻子贤良能干，操持日常繁重家务，任劳任怨，《悼亡三首》（其三）诗下自注曰："余入都供职，孺人家母病遂沉重"，对于妻子的悲剧吴烺有所预料却无力改变现状，妻子在贫病交加中离世，吴烺歉疚与悔恨交织，《悼亡三首》（其一）中说："年来久虑安仁痛"，其悼亡诗因之也写得分外感人。

秋从云阳驿乘舟出游（《舟发云阳驿同台司马作》）。《丹阳县志》记载："云阳驿为七省要冲，邮传往来，最称繁剧。"

访延陵季子墓（《延陵季子墓》）。延陵季子墓碑在丹阳市延陵镇。季子名札，春秋时吴王寿梦的第四子。季札封于延陵，故称延陵季子，死后立庙奉祀。吴敬梓《移家赋》中说："羡延陵之季子。"

经句曲（《句曲道上望茅山》）。相传汉茅盈与其弟固、衷修道于此，

故又称茅山 。唐韦夏卿《送顾况归茅山》诗云："羡君寻句曲，白鹄是三神。"吴烺诗中云："三茅迹已陈，千载杳难遇"，发思古之幽思。"

登惠山。（《登惠山寻石门》）

游秦园（《秦园》）。寄畅园又名秦园，原是无锡市锡山支秦氏家族的族产。

游虎丘。（《虎丘》）

夜泊京口，顿起归心。（《夜泊京口》）

途经金山。（《舟中望金山》）

1743 年 乾隆八年 癸亥 二十五岁

回南京，与会"花朝九老会"（《花朝宴集程丈丽山护兰斋中四首》）。香山九老，原指白香山"尝与胡杲、吉旼、郑据、刘真、卢真、张浑、狄兼谟、卢贞燕集，皆年老不事者，人慕之，绘为香山九老图"。（《唐书·白居易传》）孟醒仁在《吴敬梓家世、生平补正》一文中说："自乾隆六年（1741）起，连续几年，在花朝日，南京城东寓公敏轩姻长程丽山作东，宴集吴蒙泉、扬文叔、戴巨川、王岩夫、周织旬、程绵庄、李蓬门、吴敏轩等老名士。饮酒赋诗，泛画舫于秦淮河上，号称'花朝九老会'。"吴烺有时也应邀参加，在 1763 年《家爱棠锡山官舍喜晤蒙泉先生八首》诗中说："忆昔秦淮泛画船，花朝嘉会旧因缘。而今老辈销磨尽，无复歌笙醉绮筵。"

再游真州（《真州杂咏五首》）。诗中云"回首五年江国路"，相较戊午年作《自真州放船出扬子江溯流返金陵》诗时间正好五年，故云。

过凭虚阁访徐曾传不值。《过凭虚阁访徐曾传不值三首》与乃父吴敬梓《凭虚阁》可对读。

邀金轩来至金陵："我家居水阁，君至泛兰桡。"（《寄轩来诗七首》）

为雷显宗题《孝义赠言》。吴敬梓、吴烺父子二人同为孝子雷显宗题诗。吴敬梓的题诗是："廿年流落江南路，岁时未展先人墓。侧耳惊闻孝义诗，拂拭陟屺泪痕注。人生笃行良独难，岂为富贵易承欢。永锡尔类思罔极，相逢齐下皋鱼泣。"吴烺题诗为："儒术重娱修，庭闱乐事悠。家风传壮烈，声教本中州。白雀随时集，素狸相与游。圣朝崇至行，双阙表乌头。"

是年或次年，随父从长板桥西移家东水关之大中桥畔，周榘《感怀》

（十首）末首注曰：“吴荀叔（烺）与余共居东西水关上。”（《金陵诗征》卷二二）

1744 年 乾隆九年 甲子 二十六岁

登南京城西孙楚酒楼。（《同宁栎山戴丰有寻孙楚酒楼故址》）

乾隆九年（1744）晚秋，吴蒙泉在上元县教谕任满，赴京候职。吴敬梓在南京青溪寓居为其饯行，并作诗赠别，诗已佚。吴烺作《送家广文先生俸满入都谒选》。乾隆十二年（1747）吴蒙泉赴浙江任余姚县令，次年又调任遂安县令，乾隆十七年（1752）告老退隐，回无锡故里。

吴培源，字岵瞻，号蒙泉，乾隆二年（1737）丁巳恩科三甲进士，著《会心草堂集》。《儒林外史》中虞育德即以吴培源为原型，吴敬梓在小说中将其尊为“上上人物”，金和《儒林外史跋》中说：“其生平所至敬服者，惟江宁府学教授吴蒙泉先生一人，故书中表为上上人物。”小说《儒林外史》中借杜少卿之口说：“这人大是不同，不但无学博气，尤其无进士气。他襟怀冲淡，上而伯夷、柳下惠，下而陶靖节一流人物。”吴培源给吴敬梓的影响深远，吴敬梓的精神、思想、生活乃至小说《儒林外史》的创作都有其影响，吴蒙泉进士及第后授职江宁府上元县教谕，吴敬梓即与其结为莫逆之交，相交八载，情深骨肉，亲同叔侄。吴敬梓写有《赠家广文蒙泉先生》，《儒林外史》第三十六回“常熟县真儒降生泰伯祠名贤主祭”中写道：“虞博士便到河房去拜杜少卿，杜少卿会着。说起当初杜府殿元公在常熟过，曾收虞博士的祖父为门生。殿元乃少卿曾祖，所以少卿称虞博士为世叔。”第四十六回“三山门贤人饯别　五河县势利熏心”中杜少卿送虞博士还朝，分手在即，杜少卿说：“老叔已去，小侄从今无所依归矣！”

与严东有登周处台（《同严东友登周处读书台》）。吴烺与严东有相交早于其父，吴敬梓与严长明缔交当在乾隆十六年（1751 年），严长明《归求草堂诗集》卷一《晤程二鱼门有赠》云：“昨年倾盖阜陵吴（敏轩丈）”，此诗编年在乾隆十七年（1752 年）。

严长明（1731—1787），字道甫，又字东有，上元人，二十一岁认识已是五十一岁的吴敬梓，严长明诗“晚年倾盖阜陵吴”，两人为忘年交。跟随方苞学习，学识广博，姚鼐说他所为诗文“用思周密，和易而当于情”（《严冬友墓志铭》）。乾隆二十七年（1762 年）南巡，冬有年已三十二岁，以诸生献赋召试，赐举人，授内阁中书，为纂修五年后，入军机房，后又为内阁侍读，因丁忧归宁。筑归求草堂，以诗文金石自娱，未再出仕。严长明早年有诗集《归求草堂诗集》，后与其它诗集合编为《严东有诗集》存世。烺又有《绮罗香·赠严东有》词，抒写知音难遇，愁绪满怀。

1745 年 乾隆十年 乙丑 二十七岁

送沈明府调任建德（《送沈明府调任建德》）。

1746 年 乾隆十一年 丙寅 二十八岁

游真州和吴淞口（《泊船真州二首》、《泛船真州城南》）。

1747 年 乾隆十二年 丁卯 二十九岁

送台司马归觐及赴任（《送台司马乞假归觐》《台司马调任镇江送别五首》）。

在南京与周幔亭交游（《同周幔亭赋得佛灯》）。周絜，字于平，（袁枚《小仓山房山房文集》卷二十六《幔亭周君墓志铭》及陈作霖《金陵通传》卷三十四皆云其字于平，顾云《盎山志》卷五作"子平"）号幔亭，精通词曲和古文字学、天算之学，能制造科学仪器。袁枚对他极为赞许，袁枚《小仓山房文集》卷二十六《幔亭周君墓志铭》称其"造浑天球拳许，绘《长江黄运图》仅尺幅，而星经地纬，罗缕毕具"，吴敬梓在南京携吴烺与周絜一起听笙，其《笙》诗写道："孺子独生伊洛想，仙娥曾共幔亭看。"顾云在《盎山志》卷五中言其"知自古以来，所为奇异不经之物，未始无能者，不仅欧罗巴新法也"，吴烺这一时期写有《自鸣钟歌次家蒲江韵》可以看到他的这种影响痕迹。吴烺后来算学、音韵学取得了令人瞩目的成就，对自然科学也有极浓厚的兴趣，并著有《五音反切图说》，与程名世合辑《学宋斋词韵》等。周絜有《同啸村别峰碎琴再集迟荀叔钟越不至》七律（见《所知集》卷八）一首："笑口难逢却又逢，及时谁忍负萍踪。风清月白真良夜，酒绿灯红奈个侬。凤尾齐开双椀集，蒲牢碎吼一楼钟。禅房那比巉岩上，二客何当竟不从。"

五月，将去京口，周幔亭、金轩来相送于江干。[《将之京口周幔亭金表叔轩来相送江干话别》及词《摸鱼子（余将之京口访台司马，金轩来表叔同周幔亭送余江干，登华严庵后楼眺莫愁湖，时轩来亦将有秋浦之行）》]

道经燕子矶（《燕子矶晚泊》）。王昶《湖海诗传》中收吴烺《寄德甫》一诗，诗中写道"又挂一帆京口去"当指此事。吴敬梓有《燕子矶》诗，可以对看。

游览镇江铁瓮城（《登铁瓮城》）。"铁瓮城"是三国时期的东吴古都。

宿金山寺庙（《金山二首》）。诗中说："鸥鹭沙头应笑我，一年五次过金山"，五过金山足见其来往的频繁。

临焦山（《焦山二首》）。京口三山：焦山、金山和北固山。

游甘露寺（《甘露寺》）。

经由瓜州渡江（《瓜州渡江》）。

抵镇江，同周幔亭、葛宸庑小饮姚氏园亭。[《大江东去（同周幔亭、葛宸庑小饮姚氏园亭。)》] 在镇江逗留不短时间："兼旬把袂，怕明朝、南浦共君轻别。"[《又（大江东去）·别葛宸庑用前韵》]

二弟蘩叔珠朗、三弟蘅叔渭川来镇江 [《大江东去（喜晤珠朗、渭川两弟兼赠骆心泰）》、《梦与亡弟蘩叔共饮觉而有作》、《忆三弟蘅叔》]。蘩叔、蘅叔离开镇江后回南京，《忆三弟蘅叔》诗中写道"日落寒江暮霭生，登楼不见石头城"，记载蘅叔居所石头城。兄弟分割两处，吴烺十分看重兄弟手足之情。

是年，金兆燕中举。吴培源出任浙江余姚县知县。

1748 年 乾隆十三年 戊辰 三十岁

二弟蘩叔珠朗，早年夭折，时间当在 1748 年前，吴烺悼念亡弟蘩叔诗云："为言病骨经秋冷，强慰愁心借酒开"（《梦与亡弟蘩叔共饮觉而有作》），吴烺家境清寒，浪迹四方，言其弟病骨秋冷，自己也踪迹如萍。

1749 年 乾隆十四年 己巳 三十一岁

程媪逝，回全椒奔丧（《哭程媪四首》）。吴烺对程媪感情极深，程媪离世十六年后仍念念不忘，甲申年（1764 年）《棕亭携令子冀良就婚于余寓邸成长句八章余亦抚今追昔怅然于怀作此奉答》（其五）诗中写道："白杨衰草荒郊外，倩尔年年上冢看。"诗下自注曰："余少失恃（母），养于庶祖母程，冢在全椒南山之陲，兴言及此，用属吾女焉。"

游宝林寺（《宝林寺二首》）。全椒宝林寺位于宝林桥旁，宝林桥建于元至正辛巳（1341）初冬，为三孔石拱桥。现存为民国 4 年（1915）修。宝林桥旁有两座寺庙，一名宝林寺。一名观音庵。烺高祖吴国鼎、清进士吴山尊都曾在宝林寺和观音庵读书。吴国鼎诗《宝林兰若寄读有年志感》："古刹何年傍水开，磷磷石骨溅幽苔。时闻梵呗穿林出，夜听钟声隔岸来。居士日函尘满架，僧寮香烬敞空台。独怜新月河桥畔，跋履闲吟缓步回。"小说《儒林外史》中也几次提及过此寺，如第四十六回"三山门贤人饯别　五河县势利熏心"："成老爹道：'现有一个姓"吉"的"吉"相公下来访事，住在宝林寺僧官家。'"第四十七回"虞秀才重修元武阁　方盐商大闹节孝祠"："成老爹说：'那分田的卖主和中人都上县来了，住在宝林寺里。你若要他这田，明日就可以成事。'"

1750 年 乾隆十五年 庚午 三十二岁

游鸡笼山（《台城》）。吴敬梓《鸡笼山》诗可对读。

归金陵，游冶城（《冶城》）。冶城在石头城东南，原为吴王夫差设城铸剑的处所，故称冶城。吴敬梓写有《冶城春望》《冶城》等诗。《冶城春望》诗意与吴烺《冶城》诗意相似，吴敬梓《冶城》诗为凭吊六朝遗迹而作，诗中赞扬卞壶的忠孝。

游永庆寺（《永庆寺》）。永庆寺为梁朝天监年间所建，据《盋山志》卷二云，该寺"在蛾眉岭，永庆公主第也，后舍为寺"，吴敬梓诗《永庆寺》可与之对读。

按：吴烺《永庆寺》诗下自注曰："寺在红土山前，山多古冢"，孟醒仁根据吴敬梓《过金舅氏五柳园旧居》诗中"红土山前柳色探"句，和王焕镳《首都志》记载"谢公墩一名红土山"，推断吴敬梓舅父的祖居地是在南京谢公墩。吴敬梓此诗前一首是《永庆寺》诗，如果从诗的编排及地理位置远近等来考察，红土山似在南京，金厚钧《明清时期全椒金氏与吴氏家族的联姻关系》一文则从全椒"斩龙岗"地理位置及特征分析，以为红土山在全椒。

游清凉寺（《入清凉寺登扫叶楼》）。

经姑孰同金兆燕相会（金兆燕《棕亭诗钞》卷三《喜晤吴荀叔》）。姑孰城为马鞍山当涂县治所在地，因城南姑孰溪而名。

除夕同李啸村、金纯一、韦药仙、金兆燕、周朋荐在姑孰使院守岁（《除夕同李啸村金纯一韦药仙金钟越兄周朋荐守岁姑孰使院呈学使双公》）。金兆燕《棕亭诗钞》卷三《姑孰使院同李啸村吴荀叔韦药仙周朋荐金纯一守岁》亦记此事，可对读。李葂，字让泉，一字啸村，号皖江铁笛生，安徽怀宁人，李与吴敬梓交情甚厚，吴敬梓有《沁园春·送别李啸村》、《寄李啸村四首》等。韦谦恒，字药仙，一字药斋，芜湖人，赘婿全椒并寓居苦读，癸未探花及第。因父母皆卒葬全椒，遂占椒籍。与吴烺、金兆燕等诗歌唱和，著有《传经堂诗钞》存世。金兆燕《棕亭骈体文钞》有《韦药仙诗序》文。

1751 年 乾隆十六年 辛未 三十三岁

一月，与金兆燕别于姑孰使院。1752 年吴烺作《喜钟越兄至》云："辛未正月与兄别于姑孰使院。"金兆燕《棕亭诗钞》卷三《自姑孰归新安留呈双有亭学使兼示韦药仙吴荀叔》诗可参看。

访永济寺（《永济寺》）。明朝洪武初年（1368），久远禅师依幕府山建观音阁，后又建寺庙，得名"弘济寺"，清乾隆年间，为避高宗讳更名"永济寺"。

一月，乾隆首次南巡，经南京至浙江绍兴，五月回北京。吴烺与友人王又曾及王鸣盛、钱大昕等俱以迎銮献诗赋，乾隆召试行在，吴烺有《御试赋得指佞草得忠字五首八字》《恩赐御制石刻生秋诗恭纪》诗，并献《理学真伪论》《蚕月条桑赋》等，赐举人，授内阁中书（舍人）。《清实录·高宗实录六》："此次考中之蒋雍植、钱大昕、吴烺、褚寅亮、吴志鸿著照浙江之例，特赐举人，授为内阁中书，学习行走。"钱大昕著，陈文和主编《嘉定钱大昕全集·潜研堂文集（卷四十三）》《中书舍人吴君墓志铭》也有相关记载。

仪征人吴一山召试二等。吴一山名楷，《扬州画舫录》卷三："吴楷，字一山，仪徵人。召试中书，工诗文词赋，善小楷，好宾客。精于烹饪，扬州蝉蛻糊塗饼，其遗法也。"吴楷是全椒吴氏扬州所认同宗，吴敬梓来扬州多投宿吴楷家。吴楷有《寄怀荀叔（烺）》及《初冬张巽言招待铁佛寺看黄叶，即送金棕亭归全椒山中，得药字》诗两首，其《初夏余丈葭白同程洴江太史、历太鸿孝轰、陈授衣、阆莲峰同学讌集》诗中说："张凭入座头方黑，荀淑（应作叔）归来鬓已丝"句，他们的交谊历久不衰。

吴烺告别父亲及妻小，只身离家赴京上任，道经淮浦（《泊舟淮浦》）。汉武帝元狩六年（公元前 117 年），置淮浦县（在今江苏淮安涟水），属临淮郡。

拜访程晋芳。程晋芳为吴敬梓至交程廷祚族孙，字鱼门，一字蕺园，生于康熙五十七年（1718），卒于乾隆四十九年（1784）。原籍安徽新安（今徽州），高祖时始迁扬州经营盐业并因此发家。父迁益，生子三人，鱼门排行第二。袁枚以为"两淮殷富"中，"程氏尤豪侈，多畜声色狗马"（袁枚《翰林院编修程君鱼门墓志铭》）。程晋芳"兄弟三人，接屋而居，食口百人，延接宾客，宴集无虚日"（翁方纲《翰林院编修程晋芳墓志铭》）。在三兄弟中"独惜惜好儒"，曾"罄其赀购书五万卷，招致方闻缀学之士，与共讨论，海内之略识字能握笔者，俱走下风，如龙鱼之趋大壑"（袁枚《翰林院编修程君鱼门墓志铭》）。吴敬梓曾经对晋芳说："始识子时，年二十四，吾尝语子，以为子才可及，年不可及。"（程晋芳《严东有诗序》）吴烺《赠程二丈鱼门》诗中云"言寻长者居"，乃以父执长辈口吻称呼晋芳。

吴烺京城入住杨梅竹斜街。《秋日乞假归觐縠原赋诗赠行依韵留别八首》诗下自注云："余初寓杨梅竹斜街，与縠原衡宇相望。"王又曾（1706—1762），字受铭，号縠原，嘉兴人，辛未春乾隆南巡，他与吴烺俱被召试，同授内阁中书。王又曾《书吴征君敏轩先生〈文木山房诗集〉后有序》十首是研究《儒林外史》及吴敬梓的重要资料。

内阁中书是闲置，《清史列传》卷六十八记载："与吴烺、褚寅亮同习梅氏算术及欧罗巴测量弧三角诸法。"公事之余吴烺常与一道入京供职的钱大昕、褚寅亮等人研讨梅氏算术。

1752 年 乾隆十七年 壬申 三十四岁

上元日值宿（《和同年王縠原舍人上元夜直庐独酌看月柬同直诸公用东坡韵》）。吴烺京都供职，与王又曾同寓大前门外杨梅竹斜街，衡宇相望，频频过往，相处十分融洽。

上巳日同王縠原、蒋渔村、陈宝所饮寓斋（《高阳台上巳后五日招同王縠原、蒋渔村、陈宝所小饮寓斋赋》）。

全椒友金麟洲至其京城寓所，吴烺作《燕台喜晤金麟洲》诗，从诗中回忆少年生活情形可以约略看出吴烺与乃父吴敬梓都有狂放不羁之处，吴檠，金榘，金两铭为吴敬梓三十岁生日而作诗可与吴烺此首诗对读，吴烺 1752 年诗《泊舟沧州醉后作》是此种性格与思想的进一步延伸。

与王縠原游澄怀园、昆明湖等处（《同縠原游澄怀园四首》、《疏影春暮同王縠原重步昆明湖堤上作》）。

西苑直庐（《绮罗香·西苑直庐春雨同毂原作》）。

移居法源寺旁谢金圃居处（《移寓同年谢金圃舍人新居》）。谢墉，字昆城，号金圃、丰甫、东墅，晚号西畮，浙江嘉善人。乾隆十六年，乾隆南巡，墉以优贡生召试获第一，赐举人，授内阁中书，与吴烺有同年之谊。乾隆十七年进士及第，改庶吉士，授编修，南书房行走。乾隆四十六年，任会试正总裁，殿试读卷官。常随乾隆南巡，历官礼部、工部至吏部左侍郎，内阁学士。

送金麟洲南归（《满江红·送金麟洲南归》）。

病中，金兆燕至寓所，聊叙乡思之情，座中有钱大昕等（《喜钟越兄至》）。金第三次来京会试，仍落第。

眼疾病起。（《病目》）实为郁愤成疾。

秋，因父亲吴敬梓年老力衰和妻子病情日益沉重，遂请假归觐。1753年《姑孰使院晤韦药仙出新诗见示因忆郭侍讲奉墀金孝廉钟越兼呈双祭酒有亭夫子》诗中云："去年请急归觐省，玉河夹岸霜林丹。"

重九与汪琴山、金兆燕晤于京师，当日与金兆燕一起南归。《送汪琴山之官粤西四首》诗下自注曰："重九与琴山、钟越晤于京师，即日余偕钟越南归。"王又曾以诗赠行，吴烺依韵作《秋日乞假归觐毂原赋诗赠行依韵留别八首》八首，诗中写道："炊金折桂坐艰难，两载京华恋一官。此去定知无长物，荆兰衣敝更重看"，吴烺得官京都后家境并无多少改变，饱尝生活艰窘之味。程晋芳《寄怀严冬有》三首（其一）云："敏轩生近世，而抱六代情。……阿郎虽得官，职此贫更增。近闻典衣尽，灶突无烟青。频蜡雨中屐，晨夕追良朋。"吴烺《悼亡三首》诗下自注曰："余家贫断炊，每贳饼而食"，"深冬无卧茵，孺人以絮裙代之"。

途经沧州大饮，醉后作《泊舟沧州醉后作》，苦况满怀，溢于言表，感情极悲愤。

道经邳州（《邳州道中》）。

抵扬州，在吴秋竹斋中聚，送金兆燕往汉上（《集家秋竹斋中即送棕亭之汉上二首》）。1756年吴烺作有《秋竹招饮指香堂丁香树下同镜南赋五首》一诗，吴秋竹即为吴指香，金兆燕《棕亭古文钞》卷七《贞孝周聘吴次姑五十寿序》也可参看。

访张氏，观其藏书。《张氏藏书歌》："我家昔年阜陵下，赐书万卷高

楼居。饥驱出门不得意，蟫红蝨碧兼焚余。先人手泽已零落，有时执简增
欷歔。"诗中既对祖辈辉煌的自豪，也表现出十分浓厚的衰门意绪。

吴烺从扬州回到南京大中桥畔青溪寓庐家中，与父亲及妻子团聚。

在秦淮河的家中与友人多方交往。严东有在乾隆壬申年（1752）写
有《青溪和吴荀叔二首》，诗云："新制双游艇，将来系短桥。探花忆前
路，其奈不通潮。浮云归北林，新月生南浦。照见隔溪人，沙头笑相
语。"吴敬梓这一年也居青溪未出游。程晋芳在《严东有诗序》中说自己
于"壬申春，就试金陵。敏轩偕东有来访……风雨晨夕，余三人往来最
密也。"

吴烺又返扬州，游览各地，寻踪访旧。高祖吴国对友人洪敬修之孙楚
珍复与吴烺交好，宴集华轩，吴烺得观读先高祖吴国对手迹（《题先侍读
默岩公手迹后并序》）。

送别宁栋山（《送宁栎山广文》）。

送汪琴山赴任粤西（《送汪琴山之官粤西四首》）。

金兆燕此时随父金榘在休宁境内松萝山。

是年，冯粹中卒于京城。吴烺乾隆二十九年（1764）所作《归里杂
感十首》诗下自注云："冯先生粹中寓钟山书院，每应岁科试，辄偕烺由
浦子口至张家堡坐夜行船抵滁。先生举贤书卒于都下，今十三年矣。"金
兆燕《棕亭诗钞》卷七《哭冯粹中》、程晋芳《勉行堂诗集》卷六《闻
滁州冯粹中没于京邸，诗以哭之，并告诸友谋归其丧》可参看。

至真州姚雨亭斋中饮酒（《饮姚雨亭斋中》）。

宁楷《修洁堂集略》卷二乾隆十七年壬申（1752）所作《病中杂感
又八首（其八）》："吴烺荀叔"首写道："凤台阙上晚烟青，醉指江山入
画屏。一自玉皇宣召后，南郊花柳暗旗亭。"同卷后又有《挽吴赠君敏轩
四首》。

1753 年 乾隆十八年 癸酉 三十五岁

道经马鞍山，过翠螺书院访韦药仙（《过翠螺书院访韦药仙癸酉》）。
翠螺书院位于采石山麓太白楼后，清雍正八年（1730）创建。韦药仙即
韦谦恒，韦谦恒《传经堂诗钞》卷二有《次答吴杉亭舍人过翠螺见访》
可参看。

过梦日亭（《梦日亭》）。"玩鞭春色"由玩鞭亭和梦日亭组成，是芜

湖古八景之三。玩鞭亭原座落在城区北郊二十里铺，即芜湖至南京古道之旁。梦日亭位于城东晋代王敦城所在地，明代嘉庆前已毁，后多次重建。

访皖阳县余忠宣祠（《余忠宣祠》）。皖阳县唐武德五年（422）分怀宁县置，位于今安徽怀宁县山口镇。县以位皖水之北（阳）为名。七年撤销，并入怀宁县。《儒林外史》第一回："到了洪武四年，秦老又进城里，回来向王冕道：'危老爷已自问了罪，发在和州去了。（天二评：案余忠宣墓在安庆西门外，不当云和州。……）我带了一本邸抄来与你看。'王冕接过来看，才晓得危素归降之后，妄自尊大，在太祖面前自称老臣。太祖大怒，发往和州守余阙墓去了。"余忠宣祠在安庆。

拜祭芜湖蟂矶灵泽夫人祠（《蟂矶灵泽夫人祠》）。王士祯也写有《蟂矶灵泽夫人祠》："霸气江东久寂寥，永安宫殿莽萧萧。都将家国无穷恨，分付浔阳上下潮。"

到姑孰使院晤韦药仙（《姑孰使院晤书药仙出新诗见示因忆郭侍讲奉墀金孝廉钟越兼呈双祭酒有亭夫子》）。郭侍讲即郭肇鐄，《儒林外史》中高翰林的人物原型即为郭肇鐄。民国《全椒县志·人物志》记载："郭肇鐄字韵清，一字奉墀，兄弟五人，先后登甲乙榜。肇鐄乾隆进士，授检讨。辛酉（1741）典试福建，升翰林侍讲，充史馆纂修官，两与礼闱分校。"著有《佛香阁诗文集》。

1752 年冬和 1753 年春末，郭肇鐄因守孝回到故乡全椒，吴敬梓曾应约回全椒与其相见。郭肇鐄作《雪中枉集复得二首并寄令似烺白门》诗，吴烺以《姑孰使院晤书药仙出新诗见示因忆郭侍讲奉墀金孝廉钟越兼呈双祭酒有亭夫子》诗唱和回应，吴烺诗中写道："笑余鹿鹿住京国，缁尘拂拭犹沾翰。饥者歌食劳者事，草虫徒自鸣辛酸"，情绪哀婉低沉，郭肇鐄读吴烺这首七古长诗后作《酬吴舍人烺，即次来韵》诗再寄吴烺，劝勉吴烺"从来才士若倾国，绝代何必朱颜丹。纷纷轻薄儿着眼，过世应薄金钱看"，并相约"荷风香裹凉雨霁，相期画槛摇晴澜"，于荷风发香之时清溪泛舟。郭肇鐄赴约往金陵，吴烺本年写有《送郭侍讲奉墀先生新纳姬人归里二首》一诗。约 1754 年前后郭肇鐄离世，韦谦恒《传经堂诗钞》卷二有悼诗。

在扬州寻踪访旧，传来妻病情恶化的消息，急从扬州返南京。其《悼亡三首》诗下自注曰："时余从扬州归，孺人没已七日矣。"金兆燕

《棕亭诗钞》卷五《闻吴荀叔弟客中悼亡寄慰》诗可参看。

胡镜南至金陵相会，十日后吴烺送胡镜南去扬州［《题胡镜南秦淮水上词三首》（其一诗云："却忆岑华当日句，钟山一角佛头青。先伯父比部公句也。"是指吴檠诗《金陵杂感》"其一"，收入《国朝金陵诗征》卷四四，参见李汉秋编《儒林外史研究资料》中张慧剑《吴敬梓交游考》一文）《送镜南归广陵二首》］。

郭肇鐄如约赴金陵，后返全椒（《送郭侍讲奉墀先生新纳姬人归里二首》）。

办完亡妻丧事，带小女从扬州晋京。《棕亭携令子冀良就婚于余寓邸成长句八章余亦抚今追昔怅然于怀作此奉答》（其三）云："当时遗挂独伤神，径寸惟留掌上珍。几载京华随薄宦，二年旅食寄通津。鸣环从此为新妇，酹酒真堪报昔人。料得登舻无限感，小妻执手话频频。"

至邗江，送友人归金陵（《邗江送友人归白门》）。

秋，在扬州与胡镜南再聚，泛舟红桥（《秋日同胡镜南泛舟红桥作》）。

因吴烺官内阁中书，而敕封其父吴敬梓"文林郎内阁中书"。

1754 年 乾隆十九年 甲戌 三十六岁

途经邵伯驿（《舟过邵伯驿即日三首 182》）。（邵伯驿在江苏高邮。）

至京城，送含山人王令樾赴浙江石门作知县，吴烺托其路过南京代报平安，以慰家君的挂念（《送王明府令樾宰石门》）。

与王鸣盛交好，王鸣盛《杉亭诗集序》中说："今年春再至京师，得识吴子荀叔。"

1754 年春，金兆燕四应会试。吴烺作《金孝廉钟越兄至都下王縠原褚鹤侣钱辛楣三舍人谢金圃庶常李笠芸明经醼饮寓斋即席八首》诗，金兆燕《棕亭诗钞》卷五《癸酉杪冬至都吴杉亭王縠原褚鹤侣钱辛楣四舍人谢金圃庶常李笠云明经醼饮为软脚会即席同赋八首》可对读。王昶、钱大昕、王鸣盛皆于本年中进士，王昶《湖海诗传》录吴烺诗八首，其中《冬日寄王德甫》即《杉亭集》中《寄王进士琴德四首》。

送陶明府宰卢陵。烺《送陶明府宰卢陵四首》诗下自注曰："明府滁人，与先姑父金衣亭先生同里亲串。"吴敬梓之姊亡后，程廷祚为其姊作墓志铭："节妇金孺人，姓吴氏，全椒人也。……孺人在室，以孝谨称。

年二十二，适滁州文学金绍曾。绍曾字縠似，早慧，能文章，有名于时，而夭。……综孺人生平，于世间守节妇，最为坎壈。……弟敬梓，持所为传诣余，泣而言曰：'吾鲜兄弟，姊又无子，后虽得旌，尚未有日，子其志焉！'……"金绍曾字谷嗣，又作縠似，号衣亭，滁州诸生，1720 年卒。金绍曾曾借读于滁州琅玡寺，吴烺《春华小草·琅玡寺》诗下小序说："先姑丈金谷嗣读书于此，壁上题有醉咏梅花诗。"《送陶明府宰卢陵四首》诗云"衣亭好句何人问，永夜寒声落小楼"，饱含吴烺这位先姑父的深情。

以《杉亭集》诗稿请王鸣盛作序。钱大昕序中没有标明时间，但从吴烺与王鸣盛及钱大昕之交看，应该是同时请他们两人作。吴烺与姚鼐相识较晚，姚鼐在庚寅年为《杉亭集》作序。

王又曾请假归觐，回浙江秀水（《送王縠原比部归觐四首》）。王又曾数度客游秦淮，久闻吴敬梓文名，此次南返过道扬州，按照吴烺提供的地址去拜访吴敬梓，在扬州终于见到吴敬梓，十月二十八日傍晚，吴敬梓又到舟中回拜，二人交谈十分投机，吴敬梓邀约王又曾第二天到他的寓处小聚，当晚吴敬梓在扬州寓所猝然离世。

乾隆十九年，王鸣盛、钱大昕中进士后即被授予官职，王昶则因诠选入第三等未授官，将离京城，吴烺作《冬日寄德甫》诗云："之子楩楠材……班匠顾不用，弃掷委路傍。已矣复何道，叹息摧中肠"，对王昶怀才而不遇之遭际深表同情。

送江蔗畦官汉阴（《送江明府蔗畦之官汉阴用谢编修金圃元韵》）。

送秦涧泉请急归觐（《送秦修撰涧泉请急归觐二首》）。

1755 年 乾隆二十年 乙亥 三十七岁

吴敬梓 1754 年冬逝，金兆燕闻讯即赶往其寓所，并传信于京城的吴烺与在南京的次子吴烜及扬州的亲友（金兆燕诗《甲戌仲冬送吴文木先生旅榇于扬州城外登舟归金陵》）。王又曾二十九日凌晨在舟中得知吴敬梓死讯，十分惊异："于戏伤哉！又曾愿见之心，积之数岁；得一见矣，而先生遽一夕而殒：人世怪愕之事，无逾于此！"（《书吴征君〈文木山房诗集〉后有序》）王又曾赴吴敬梓寓所，协助金兆燕料理丧事。吴家极度贫窘，"为告转运使卢公，殓而归葬于江宁"（《勉行堂文集》卷六《文木先生传》）。王又曾向两淮盐运使卢见曾求助，才得殓而归吴敬梓殡于江宁。

金兆燕传信于烺，吴烺立即启程。道经蜀山湖（山东省汶上县）、任城（《蜀山湖》《任城道中见月》）。

春，至扬州（《药根上人双树堂听雨四首》）。湛泛，字药根，清代江南吴中诗僧。俗姓徐，丹徒（今属江苏省）人。曾游历京师，人称为"方外才人"，有《双树堂诗钞》。

烺经扬州回金陵奔丧。吴烺《南还舟中述怀却寄都下诸子八首》诗中说："寓书来邸舍，报我有家艰。（棕亭与先君子同客邗江，先君子一夕无疾而逝）"金兆燕《棕亭诗钞》卷七《过吴杉亭舍人斋时杉亭将以忧归》诗可参看。

七月同王又曾等在南京聚（《七夕前三日同王比部縠原龚明府梧生傅上舍雨田集吴炼师山房分得知字》）。

请王又曾为其父《文木山房集》作序，并准备刻印。王又曾《书吴征君敏轩先生〈文木山房集〉后有序》中说："今夏复来秦淮，值舍人忧居里门，握手感恸之余，出先生诗集若干卷，将付梨枣，授又曾，且校且读，凄怆旧怀，辄叙离合生死之故，为题集后十绝句。"

与全椒友金麟洲聚。《同金麟洲饮李笠芸斋中有怀轩来在成都》诗中说："十年前事真如梦。"

秋，游滁州琅玡寺（《秋日过琅玡寺见李先生息翁题壁》）。金兆燕《棕亭诗钞》卷一有《长歌答李息翁先生兼呈从叔轩来寄吴子荀叔》可参看。

同韦谦恒交游频繁（《题韦药仙翠螺读书图》）。韦谦恒《传经堂诗钞》卷三有《翠螺读书图》，吴烺作有《题韦药仙翠螺读书图》诗，1758年又作《重题约轩翠螺读书图》诗。

秋，吴烺从大中桥与东水关之间的寓舍移家于鸡笼山下（《移居和陶二首》）。鸡笼山又名北极阁，东连九华山，西接鼓楼岗，北近玄武湖，为钟山延伸入城余脉。春秋战国时期，以其山势浑圆，形似鸡笼而得名。吴烺诗《冬日信宿山庄感寓用唐人韵十首》云"我家蒋山下"，蒋山即钟山。韦谦恒和吴烺《移居和陶二首》诗而作《过吴杉亭舍人新居读和陶移居二章率尔次韵》诗（《传经堂诗钞》卷三）可参读。

冬，作《冬日信宿山庄感寓用唐人韵十首》，多抒愤懑之情。

1756 年 乾隆二十一年 丙子 三十八岁

吴烺与吴竹屿相处极好，吴烺《杉亭集》中不少与吴竹屿诗歌唱和之作：《题家竹屿秋江归兴图二首》《同朱紫岑沙白岸张少华曹渔庵朱桂泉集饮家拙庵先生遂初园》《题家竹屿遂初园十四首》《送家竹屿游西山》《竹屿游西山归而抱病复赠以诗》等。

吴泰来（1722—1788），字企晋，号竹屿，江苏长洲人。乾隆二十五年（1760）庚辰科二甲第三十七名进士，二十七年（1762）召试，授内阁中书，不赴。家有遂初园，藏书数万卷，有《砚山堂诗集》《净名轩集》《昙花阁琴趣》（一名《古香堂词》）诸集。

与沈大成交游。为沈大成题《题沈学子秋灯夜读图》诗，八年之后，大成应吴烺之请，为其先父《文木山房诗集》作序文。沈大成字学子，松江华亭县人，著有《学福斋集》。沈大成十分敬仰吴敬梓，在《文木山房集序》中说："夫以慕先生而阻于不一见；乃今辱交先生之子三年矣。"

与吴秋竹聚（《秋竹招饮指香堂丁香树下同镜南赋五首》）。秋竹即指香。

是年，吴烺守孝南京，吴蒙泉（培源）从无锡来南京慰问。吴烺癸乾隆二十八年癸未（1763）作《家爱棠锡山官舍喜晤蒙泉》八首，其一云："官斋如梦烛花红，枚履重亲白发翁。喜极欲教双泪落，八年离别太匆匆。"

药上人来金陵，后返邗江，吴烺相送（《喜药上人来金陵即送返邗江二首》）。药上人即药根僧，1754 年吴烺曾作《药根上人双树堂听雨四首》。

轩来至金陵，旋别去（《送别轩来三首》）。

至扬州。《小花烛词为秦修撰作四首》诗中写道："新得芜城窈窕姿。"

往京城。《送毛敬思舍人作宰二首》诗下自注曰"丙子年余偕舍人北上"。江春《吴杉亭舍人服阕如都以诗留别，邗上旧侣石沧徐子绘图相送，余悸赋诗矣。兹于舍人濒行复缀四十字以代折柳》："昨为君题画，还看画送君。秋风别扬子，马首向燕云。名重丝纶阁，功收翰墨熏。欢持今夜酒，不用怅离群。"

道经淮安（《漂母祠》）。

1757 年 乾隆二十二年 丁丑 三十九岁

吴烺居京城老树轩（《集老树轩同谢金圃王东白傅雨田赋二首》）。吴烺 1759 年迁居作《沁园春（寓庐距愍忠寺数武，有老槐六株，颜曰老树轩。时余将迁居，徒倚树下，依依有故人之感，作此别之）》词，对老树轩居颇有深情。

初春，金兆燕入京，五应会试，仍落第，夏归返南方（《首夏同棕亭雨田寓法源寺僧舍二首》）。

吴烺《四友诗》分别写四位同道友人以明己志。韦谦恒《传经堂诗钞》卷四《和杉亭四友诗》"杉亭"首云："身外浮云片片轻，肯将文字竞时名。次公酒醒狂仍在，中散眠多懒易成。一局棋声当漏尽，半帘香气袭人清。冲泥不厌频相诣，况是春融雨乍晴。"同卷韦作有《除夕柬吴杉亭舍人》一诗。

傅玉田来京，返金陵时，吴烺作《送傅雨田南还》。

1758 年 乾隆二十三年 戊寅 四十岁

二月，花朝后一日集老树轩（《花朝后一日集老树轩赋燕巢用花朝二字为韵二首戊寅》）。韦谦恒《传经堂诗钞》卷四《老树轩燕巢二首以花朝为韵》可参读。

本年作《铁画歌和梁侍读山舟》和《猛风行》皆有所寄，吴烺借他人酒杯抒心中有所蕴积。韦谦恒《传经堂诗钞》卷四《铁画歌并序》序曰："汤鹏字天池，吾邑人，少攻铁，与画室邻，日窥其泼墨势，画师叱之，鹏发愤因锻铁为山水障，寒汀孤屿，生趣宛然，传至日下，可直数十缗。然性颓放，不受促迫，故卒以技穷云。梁山舟为作长歌，因与钱箨石、谢金圃、吴杉亭、陈宝所和之。"

涂长卿来京聚（《秦学士招饮寓庐喜涂长卿至分得痕字横字二首》）。涂长卿与吴敬梓为忘年之交。

中秋夜与谢金圃聚饮（《中秋夜与金圃对饮豆花精舍有怀王东白傅雨田二首》）。

1759 年 乾隆二十四年 己卯 四十一岁

与钱箨石、谢金圃、王鸣盛、钱大昕、韦谦恒、金轩来聚游京都丰宜门外王昶万泉庄园亭（《同钱箨石先生谢金圃王礼堂钱辛楣韦约轩王兰泉金轩来游王氏万泉庄园亭分赋各体得六言绝句八首》）。

王昶，字德甫，一字琴德，号兰泉，晚号述菴，江苏青浦（今属上海市）人，《清史稿》有传。《扬州画舫录》载："王昶，字述庵，号兰泉，王兰泉，青浦人。进士，从大将军累建军功，以江西布政使司入为刑部侍郎，经学以郑康成为宗，自名其斋曰郑学斋。奖励后学，好扬人善。著有《古今金石考》、诗文集若干卷。又类集所知识之诗古文词，订为《湖海诗传》《湖海文传》二书。侍郎自未第及执政时，往来邗上最多。"王昶与吴烺知交，吴烺《题沈沃田小照》中结语云"寄语同心人，述庵王子昶。"王昶《春融堂秦》卷五《（怀）全椒吴舍人荀叔》"舍人家住青溪埭，花月新闻最怆怀。为忆苕苕旧时曲，一灯凉雨梦秦淮。"其所辑《湖海诗传》收吴烺诗八首，《琴画楼词钞》收吴烺词74首。乾隆三十三年（1768）王昶到良乡，其《滇行日录》记载："县令吴君龇来见，杉亭舍人弟也。"

吴烺《台城路·题王兰泉三泖渔庄图》词与钱大昕《题王德甫三泖渔庄图》诗可对读。

将迁出老树轩寓所［《沁园春（寓庐距愍忠寺数武，有老槐六株，颜曰老树轩。时余将迁居，徒倚树下，依依有故人之感，作此别之）》《又（沁园春）·树答》］。吴烺生活极端不如意，诗词中表达其幻灭和愤激之心境。

金轩来至京聚（《金轩来至自楚中访余京邸旋即别去赋赠二首》）。

游陶然亭（《同谢再东李笠芸登陶然亭》）。

1760 年 乾隆二十五年 庚辰 四十二岁

与吴竹屿、谢金圃交游（《送家竹屿游西山》《食蒌蒿联句一百韵》）。

金兆燕六应会试，参见金兆燕撰《棕亭古文钞》卷一〇《告广文公文》："去冬省觐，见大人气血俱亏，精神全耗，乃定计闭户作乡里塾师，以谋菽水，大人曰："汝且应此次会试，倘得一第，即归养吾老可也。"讵知不孝徂徲京华之日即大人呻吟床第之时乎？六月至扬州，犹未知大人四月已病甚也。方拟暂停征辔，少谋脩脯，至八月然后言归。"仍落第，六月南还扬州（《摸鱼子·送棕亭南还次韵》）。金兆燕《棕亭诗钞》卷八《舟中赠同伴客》"不信萧条下第身"言自己下第归来。

秋，与韦谦恒等聚（《玉漏迟·立秋日同韦药仙、张少华、傅雨田小集寓斋，和少华韵》）。

1761 年 乾隆二十六年 辛巳 四十三

三月三日同友人聚于寓所（《三月三日喜晴同家百药侍读陈宝所韦约轩两舍人同年燕集寓斋分赋二首》）。

1762 年 乾隆二十七年 壬午 四十四岁

金兆燕参观秦淮八艳之一马湘兰故居，作《东花园访马湘兰故宅同吴蘅叔作》词，吴煐，又名文熊，字蘅叔，号渭川，吴烺三弟，乾隆癸酉年（1753）举人。

吴煐将赴任普宁知县，至京城吴烺处（《送渭川弟宰普宁用东坡与子由别于郑州西门之外韵》）。吴敬梓离世时三弟蘅叔已中举尚未得官，金兆燕诗"仲兄其速来，待汝视楄柎"即指蘅叔，吴烺乾隆戊辰年（1748）诗《忆三弟蘅叔》"日落寒江暮霭生，登楼不见石头城"记蘅叔在南京。

乾隆南巡，严冬有以诸生献赋召试，赐举人，授内阁中书。程晋芳献赋，赐举人，授中书舍人。

1763 年 乾隆二十八年 癸未 四十五岁

与严东交游。《严东有诗集·归求草堂诗集》卷六《内阁墀下椿树一株垂阴直庐杉亭前辈命赋七言古诗》。

春，携家回南方（《出郭》，《登舟》）。《登舟》诗中云"全家人上孝廉船"。

道经通州潞县、武清、天津（《潞县》、《武清怀古四首》《天津》）。

至沧州，忆 1752 年经此处，十年时间倏忽而过，感而作《壬申岁泊舟沧州醉后赋长句忽忽已十二年感而作此》，此诗可与 1752 年吴烺所作《泊舟沧州醉后作》对读。

经江苏沛县（《沛县怀古六首》）。

至扬州，以《杉亭集》词稿请江炎写序。江炎《杉亭词序》云："癸未春杉亭来寓邗江。"

沈大成在江春处做馆，吴烺与沈大成交游甚密（《为沈沃田题王楼山先生遗照》《河渎神·为沈沃田题闺秀徐若冰小传》《题沈沃田小照》）。

为盐商汪氏十八峰草堂题诗（《过十八峰草堂》）。《扬州画舫录》引吴烺《过十八峰草堂》诗："阑槛凭虚望，峰峰积翠浮。琅玕千个晚，钟磬数声秋。塔影明流外，人烟古渡头。重来玩凉月，桂树小山幽。"

端阳后，与沈大成、蒋春农等聚会（《水龙吟·端阳后二日汪碧溪招同沈沃田、蒋春农、丁鹤洲、余耦生小集》）。

与盐商兼诗人江春交游（《初秋集兰雪堂听江鹤亭谈新安山水之胜》《疏影·雨中同沈沃田、江橙里、江云溪、集程筠榭斋中赋》《程筠榭重茸枝巢诗以落之》）。

江春（1721—1789），字颖长，别字鹤亭，歙县人。其家业世代治盐，自其祖父江演起从歙县侨居扬州。早年江春参加科举，因举业不果后开始经营盐业，许承尧撰《歙事闲谭》说，"（江春）练达多能，熟悉盐法，司盐政者，咸引重之"，江春遂成为清代八大盐商之一。《扬州画舫录》专有记述："江方伯名春，字颖长，号鹤亭，歙县人。初为仪征诸生，工制艺，精于诗，与齐次风、马秋玉齐名。先是论诗有'南马北查'之誉。迨秋玉下世，方伯遂为秋玉后一人。体貌丰泽，美须髯，为人含养圭角，风格高迈，遇事识大体。"

将离扬州往吴门（无锡）（《将之吴门留别邗上诸子》）。江春《送吴杉亭舍人之吴门》："乍闻小别月初三，便觉依依绪不堪。剩有离愁生酒半，载将诗思过江南。凉吹雁写风前影，暑尽秋妍霁后岚。剪烛西窗休遽寝，宵长正好听清谈。"

至无锡与吴爱棠、吴蒙泉聚（《家爱棠锡山官舍喜晤蒙泉先生八首》）。无锡县知县吴钺爱棠与吴敬梓、吴烺父子既是同乡，又是同宗，民国《全椒县志》卷一〇记载："吴钺，字爱棠，以知州借补无锡县邑。龙塘村民家悬有神轴，男女奔走报赛极盛。钺适以缉盗，至与神约二十日不得盗则当撤，届期不验，竟撤之。调吴县，擢邳州知州，吴人然香河干，走送者不绝。邹一桂为绘攀辕图。迁奉天同知，卒于官。"吴烺《杉亭集》中有不少诗作与其唱和往来。吴蒙泉1752年遂安县任上告老回江苏无锡。吴姓看重泰伯、仲雍的品德，并以此作为家世渊源及推崇以之为传统的继承特性。吴爱棠在寺中建泰伯祠，吴烺瞻仰后作《过惠山寺憩听松庵同蒙泉、爱棠作》一诗，诗中言"三度时巡留睿藻，千秋让德仰姬宗"正表达吴烺对这位吴姓圣贤的敬仰之情，分别时吴烺赠诗中将吴钺比作宋代的欧阳修"比似庐睦贤太守，江梅手植醉翁亭"都极能代表吴烺思想上这方面的特征。

归返扬州，携自惠山听松庵所仿制竹炉与友人聚程名世筠榭斋中

（《自惠山听松庵携仿制竹炉至筠榭斋中和九龙山人韵》）。程名世，字令延，号筠榭，工诗。吴烺与程名世、江昉等辑《学宋斋词韵》，程名世为吴烺作《五声反切正均序》。

蒋宗海（1720—1796），字星岩，号春农，晚号冬民，所居曰归求草堂，又号归求老人，江苏丹徒人，清代著名的藏书家，曾为吴敬梓《诗说》作序。著有《蒋春农文集》与《遗研斋集》共八册，中国国家图书馆藏。在《吴文木诗说序》中，蒋宗海称吴烺为"前辈"，吴烺寓居扬州，与蒋宗海交往十分密切，因此吴烺请蒋宗海为其父《诗说》作序。《遗研斋集》中有两首诗提到吴烺，一首是《送吴杉亭前辈入吴》，一首是《吴杉亭前辈自惠山携听松庵仿制竹炉至筠榭坐雨安居试茶，同用九龙山人韵》，吴烺相关的诗有《同春农饮周蓬庵斋中对菊和陶二首》《同蒋春农舍人爱余书屋看牡丹得侵韵》《汪碧溪招同王光禄礼堂、蒋舍人春农小集乔氏东园八首》《风入松（同蒋春农、汪碧溪泛舟红桥，暮抵寓，适沈沃田、鲍海门、江橙里、江云溪集程云榭斋中，迟余不至，各赋此阙，倚声奉答）》。

在江春康山草堂、红桥等处与友人往来，诗歌唱和（《康山秋眺》）。扬州三山之一的康山，相传为明朝康海读书之处，江春在此重建了康山草堂，他还在重宁寺旁构筑了东园，因而江春又被称为康山主人或者东园主人。

江春及其弟江昉与吴烺交游甚得。吴烺《杉亭集》中为江春而作的诗词较多，如《初秋集兰雪堂听江鹤亭谈新安山水之胜》《鹤亭重仿竹炉复绘图纪兴同人分赋得七言古》《九日鹤亭同诸君铁佛寺登高余偕棕亭泛舟红桥不与次日用分得韵成诗》《对雪怀鹤亭兼呈家莳田》《江鹤亭招游焦山》《鹤亭招集净香园观竞渡四首》《周鹤亭广文家修亭司训招同岳水轩金棕亭俞墨岑江鹤汀冯昆阆朱昭平江曙华汪存南冯鹭宾集饮署斋逐登奎光楼眺望》《客雨香庵有怀鹤亭》《柬鹤亭》《怀鹤亭》《和鹤亭》《积雨兼旬尚未得晤鹤亭独坐成诗索和》《虞美人·人日集鹤亭斋中兼七言律诗一首》《浣溪沙·鹤亭饷元宵粉团赋谢》等。吴烺与江昉的情谊确实非比一般，《杉亭集》中有《题江橙里集句杨柳枝词五首》《集饮橙里斋中拟皮陆秋夕文宴得青韵》《怀橙里》《怀江橙里在新安》等诗与江昉有涉，他还和江昉、程名世筠榭共同辑有《学宋斋词韵》1 卷。

偕金兆燕泛舟红桥（《九日鹤亭同诸君铁佛寺登高余偕棕亭泛舟红桥不与次日用分得韵成诗》）。金兆燕《棕亭词钞》卷五《秋霁·癸未九日同吴杉亭舍人携儿子台骏泛舟至平山堂》词后自注曰："是日诸同人于铁佛寺诗会，余与杉亭未赴。"

夏，出其父《文木山房集》，请沈大成为序。沈大成在《全椒吴征君诗集序》中说："癸未之夏，先生没十年矣，长公舍人烺来广陵，出所编先生诗曰《文木山房集》者，属为序，逡巡未为。今舍人行有日矣，犹忆甲戌（乾隆十九年）十月，余往先生所，洎先生来，俱不遇。未几，余去客运廨，而先生亦遂卒，自以不获御李君，居恒怅惘！今幸尽读其诗，且挂名于集中，希世之宝，迟之久而始得睹，方以为快，余曷敢辞哉？"

七月十五日夜，月下散步〔《江城梅花引（中元夜步月，闻楚觉寺梵呗，同云溪、筠榭作）》〕。

九月十一日泛舟（《重九后二日泛舟瓜渚小憩雪庄归集筠橄斋中对月》）。

同沈大成、张看云、曹荔帷、朱春桥、江立、程名世泛舟平山堂下〔《月底修箫谱（同沈沃田、张看云、曹荔帷、朱春桥、江云溪、程筠榭泛舟平山堂下）》〕。

集程名世筠榭斋中，送鲍皋还京口〔《水龙吟（雨中集筠榭斋中，送海门还京口）》〕。鲍皋，字步江，号海门，镇江丹徒人。幼以诗见知尹鲽使，极称赏之。举博学鸿词，辞疾不就，公延之署中，著《海门集》。

在真州，与方介亭、尤江村闲步小饮（《同方介亭尤江村闲步真州城西小饮酒家作》）。方介亭，字维祺，袁枚《随园诗话》中有"大兴方介亭维祺，藕船主人之弟也。过随园见访，适余已赴苏州，蒙其题壁云：'白门系缆月初生，欲访随园坐待明。若使当年恋斗米，安能此地驻长庚？著书久读知风格，好句遥传见性情。人到蓬山还隔面，追公直下润州城。'"

十二月二十九日东坡生日同人真州聚饮（《东坡生日同人绘图集饮用李委吹笛鹤南飞为韵余得吹字》）。扬州文人雅集出现较早。北宋庆历八年（1048），欧阳修权知扬州府，构筑平山堂，遂有著名的平山堂雅集。二十多年后，苏轼过扬州作《西江月》词凭吊平山堂。文人雅集成为文坛一大胜事。

从真州返邗江（《返棹邗江留别真州诸同好用白太傅岁暮韵》）。

与沈大成、程寿泉诗歌唱和抒怀（《和答沈沃田程寿泉见怀》）。《扬州画舫录》记载："程兆熊，字孟飞，号香南，又号枫泉、澹泉、寿泉、小迁，仪真人。工诗词，画笔与华岩齐名。书法为退翁所赏，扬州名园甲第，榜署屏障，金石碑版之文，皆赖之。"

1764 年 乾隆二十九年 甲申 四十六岁

在扬州与程寿泉江云溪集程豆田斋中听曹山人弹琴（《同程寿泉江云溪集程豆田斋中听曹山人弹琴主人倚洞箫和之酒阑 各赋七古一首》）。程寿泉逝于此年，吴烺作《挽程寿泉》诗以悼之。

同友人聚江春净香园（《积雨初霁橙里招集净香园》）。江春在北郊的别墅名为"江园"，乾隆二十二年，江园改为官园，乾隆帝赐名"净香园"。

同友人聚郑侠如休园（《首夏同人集休园》）。《扬州画舫录》："扬州诗文之会，以马氏小玲珑山馆、程氏筱园及郑氏休园为最盛。郑侠如，字士介，号俟庵。郑氏数世同居，至是方析箸。兄元嗣，字长吉，构有五亩之宅。二亩之间，及王氏园，超宗有影园，赞可有嘉树园，士介有休园，于是兄弟以园林相竞矣。"清人郑庆祐《扬州休园志》载有《首夏集休园》诗十二首（清乾隆三十八年察视堂自刻本卷八），其中收吴烺的这首和诗，同时收有沈大成、江春等和诗。

蒋春农书屋聚（《同蒋舍人春农爱余书屋看牡丹分得侵韵》）。

同江鹤亭游焦山（《江鹤亭招游焦山》）。

象山登僧楼（《象山登僧楼》）。

游金山（《宿金山二首》）。

集江春净香园观竞渡（《鹤亭招集净香园观竞渡四首》）。

同鲍香沙泛舟红桥观荷《鲍香沙招同泛舟红桥观荷》。

同江云溪、吴梅槎泛舟红桥［《菩萨蛮（同江云溪、家梅槎泛舟红桥作）》］。

在江春净香园观秋荷（《净香园观秋荷》）。

吴烺招赘金兆燕之子。金兆燕携子金台骏冀良到扬州与吴烺小女成亲。吴烺词《秋霁（九日棕亭携令子冀良同余平山堂登高，先成此解，倚声和之）》及诗《棕亭携令子冀良就婚于余寓邸成长句八章余亦抚今追昔怅然于怀作此奉答》皆记载此事，金兆燕《棕亭诗钞》卷九《吴杉亭舍人侨居邗上余也携儿作客即令移寓就婚共送归里礼筵之夕赋呈杉亭兼示同社诸子八首》可对读。

由吴烺《棕亭携令子冀良就婚于余寓邸成长句八章余亦抚今追昔怅然于怀作此奉答》（其二）知其妻亡故后遗一女，嫁金兆燕子乃"亡内在日已有朱陈之约"。招赘金兆燕之子也完成了亡妻的遗愿。诗中"阜陵城外树扶疏，老屋依然古巷隅"所描述乃金家老宅金家巷。

从扬州返全椒故里（《归里杂感十首》）。"鸟外残霞树外山，故山只在翠微间。小年游冶关心处，枕上时时有梦还"乃吴家老宅所在地，吴烺对故乡时时梦魂牵绕。参读金兆燕词《摸鱼儿·甲申秋偕杉亭舍人携儿妇归里，开筵召客正值重九，即席谱成此调，索诸同人和之。》

与故里交好许月溪聚（《赠许月溪》）。许月溪，生平不详，安徽全椒人，是吴烺的前辈。清代诗人。其侄许如兰，字芳谷，乾隆三十年（1765）举人，官江西新建知县。金兆燕《许月溪诗序》："吾乡三十年前以风雅自任，力追古人者，惟比部吴岑华先生。忆兆燕童卯时，随先君子往来于岑华之溪上草堂，惟时座上宾友则有章丈晴川、吴丈文木，一时唱詶之盛甲于江淮。一日，岑华举许君月溪诗有云'风来小院花如雨，门掩深山日似年'，共相吟赏。余时虽未知诗，然已能心解其意，谨志之不忘。后数年，始知许君为吾党独行之士，又数年始得交于许君。许君家故贫，居荒村中授徒养母，门前桃花数十株，映带溪流，暇则手一编长吟花下，见者意其非常人。然其貌寝而性朴，不喜与城市声华子弟游，以故里门外罕有知许君者。"金兆燕诗文集中有《雪中至富安苍饮许月溪斋中次前韵》、《许月溪与台骏旗亭话旧有作寄示率赋奉詶》、《许月溪以诗付台俊见寄奖借所加未免溢美次韵却呈即示台俊使读俾知长者赏誉未易承也》可参读。

登全椒奎光楼（《周鹤亭广文家修亭司训招同岳水轩金棕亭俞墨岑江鹤汀冯昆阆朱昭平江曙华汪存南冯鹭宾集饮署斋遂登奎光楼跳望》）。国光楼是全椒县保存最为完好的明代古建筑，也是我国保存较为完好的古代文化建筑之一。原名尊经阁，清改名奎光楼，民国元年改今名国光楼，是供奉的文教之神建筑，有些地方不叫奎光楼或魁星楼，而叫文昌阁。明代隆庆六年，县令严汝麟采纳了前任县令佘翔的建议：为申尊经重儒之旨，在学宫东侧建一座尊经阁。清代尊经阁重新命名，肇于全椒望族金氏。明崇祯朝都御史金光辰之弟、清琼山县令金光房《重修尊经阁记》记述改名之事："阁曰尊经、楼曰奎光。"因为下台上阁式，下台叫奎光楼，上阁叫尊经阁。明清文人多有至全椒而登临此楼者，如唐顺之、王龙溪、罗念庵、周海门、汤显祖等。全椒文运大开，群贤倍出，不足两万人的小县，一时涌出金光辰、戚贤、憨山大师、吴门四兄弟、吴敬梓、金榘、金兆燕、吴烺、吴山尊、薛时雨等。吴敬梓在《儒林外史》第四十七回"虞秀才重修元武阁　方盐商大闹节孝祠"写道："尊经阁上挂着灯，悬着彩子，摆着酒席。那阁盖的极高大，又在街中间，四面都望见。"

全椒遇友人水轩（《水轩相别八年喜晤于南谯官舍道故之余相招疟饮赋此志谢》）。

与金兆燕从全椒同返扬州，真州遇雨（《同棕亭阻雨宿真州三十里铺大悲庵》）。

扬州与江春、蒋春农、方竹楼、程玉泉、蒋东樗、员寿潜、方介亭、詹南友、沈沃田、江立等交游。

1768 年吴烺《大江东去》词序曰："东坡生日同人集指香斋醵饮，忆甲申年在真州小聚，匆匆如昨日事也。"

妻逝后十二年，忆念亡妻，寄托哀思（《题殡云图》）。

将往京城（《真州留别程玉泉方竹楼方介亭江竹乡家思堂》）。

至如皋，《满江红·玉隐斋》词下注曰："漂泊到如皋卒岁。"（按：玉隐斋即指水绘园中隐玉斋。）

黄瘦石招集观剧饮酒后归隐玉斋（《黄瘦石招集观剧酒酣踏月归隐玉斋作四首》《清平乐·题黄瘦石手砚图》）。全椒县吴敬梓研究会 2005 年印《吴敬梓纪念文集》收丘良任先生《〈杉亭集〉佚稿一首》文。黄瘦石名振，字舒安、号瘦石、海樵，别号柴湾村长，江苏如皋人，贡生，屡试不售缱卷而归。筑针阳馆，会宾客诗酒其中，黄慎、郑燮皆与唱和。工曲，作《石榴记传奇》，有诗酒之盛。他的手砚图，是黄慎所绘，题手砚图的，还有郑燮、金农等人。黄慎、郑燮、金农乃"扬州八怪"中人。吴烺客如皋，曾在黄振家观演剧，《黄瘦石稿》卷首有吴烺《满江红（题瘦石山房照）》一首，《杉亭集》未录，乃佚稿。丘良任先生补录如下："髯也超群，且赤脚盘桓古洞。好消受嫩凉天气，露稀烟重。白日怕随流水逝，仙禽飞向闲云哢。听耳边风树响萧萧，秋潮涌。弹古调，无人懂；

钻故纸，成何用。论功名输与毕家深瓮。人到秋来心易感，境当寂处谁能共。算不如呼我入图中，添求仲。"

冒氏水绘园内有洗钵池，曾巩弟曾肇随父在如皋宦游，读书洗钵池畔隐玉斋。吴烺词《又（满江红）·洗钵池》。

《黄瘦石招集观剧酒酣踏月归隐玉斋作四首》（其三）云："水绘园亭忆昔年，风流消歇剩寒烟。紫云老去杨枝死，又见涪歌上绮筵。"迦陵云郎故事起自冒家，徐紫云乃冒襄水绘园中歌僮，顺治十五年，陈维崧（迦陵）以故交之子的身份投靠冒襄，在冒家见到徐紫云便倾心于他，朝夕过从，断袖之情维系了十七年之久，直到紫云亡故。迦陵曾请陈鹄画《紫云出浴图》，并携之在友朋间流传，索得 76 人为该图题咏，吴烺伯父吴檠偶然在市中购得这幅图画，并作《题九青图》诗，诗前有序。这 76 人题咏中署名"云间吴旦"疑为吴国对之子，吴烺曾祖。吴烺《又（满江红）·水绘庵》、《贺新郎（棕亭为鹤龄娶妇，用迦陵送紫云郎合卺号韵赠之）》词中也皆关联此事。全椒吴氏和如皋冒氏的交游从吴国对和冒襄时代即已开始，二人相处甚得，交情颇厚。对于昔日高祖吴国对所开创的吴氏家族举业、仕宦、功业以及眼前的家世衰败在心底所引发的自豪与悲伤交织的情感在不经意之间因吴烺前往如皋冒氏的水绘园游览而触发时，这种复杂的情感便由此生发出来。作为一个已经没落的名门望族世家子弟，这种情感尤其表现在基于先辈们举业兴家的自豪及向往的怀祖情结与本家族衰败后重振无望的衰门意绪上。

冬日访汪璞庄不值（《冬日挐舟访汪璞庄适值他出寓书留余如皋之雨香庵中偶成奉寄四首》）。

1765 年 乾隆三十年 乙酉 四十七岁

吴烺和江昉、程名世筊榭共同辑有《学宋斋词韵》1 卷。清乾隆刻本卷首有金兆燕作《学宋斋词韵序》，署"乾隆乙酉初秋"，说明此书的刊刻不迟于这一时间。

与汪碧溪、王鸣盛、蒋春农聚（《汪碧溪招同王光禄礼堂蒋舍人春农小集乔氏东园八首》）。诗中有"三年留滞广陵城"，即从 1763 年到 1765 年，这个时间正好吻合。

汪棣（1720—1801）清代学者，字韡华，号对琴，一号碧溪，江南仪征（今属江苏），廪贡生，著有《春华阁词》二卷，及《持雅堂集》，

并传于世。《扬州画舫录》记："工诗文，与公为诗友，虹桥之会，凡业
醵者不得与，唯对琴与之。多蓄异书，性好宾客，樽酒不空，一时名下士
如戴东原、惠定宇、沈学子、王兰泉、钱辛楣、王西庄、吴竹屿、赵损
之、钱箨石、谢金圃诸公，往来邗上，为文酒之会。"

　　将离扬州往京城（《将之都门留别邗江诸同好四首》）。金兆燕 1764
年所作《棕亭携令子冀良就婚于余寓邸成长句八章余亦抚今追昔怅然于
怀作此奉答》诗："明年骑马东华去，又见红尘染素衣。"

　　江春有《题画送吴杉亭舍人入都》："三年此酬唱，一夕忽歌骊。柳
色牵衣袂，荷香饯酒卮。别余鸥鹭侣，还尔凤凰池。得意春风后，裁书报
故知。"《棕亭诗钞》卷九《次韵送吴杉亭舍人入都四首》可参读。

　　乾隆二十八年至三十年，吴烺寓居扬州，请蒋宗海为其父《诗说》
作序。

1766 年　乾隆三十一年　丙戌　四十八岁

　　在京城与蒋渔村、韦谦恒、曹习庵、程晋芳、陆耳山、严东友、褚鹤
侣、陈宝所等交游。[《渡江云（蒋渔村、韦约轩、曹习庵、程蕺园、陆
耳山、严东友招同褚鹤侣、陈宝所集饮赵璞函寓斋赋）》]。

　　《感寓五首》中吴烺写道："将为君子儒"，希望能光大门庭，显耀
乡间。

　　为韦谦恒、钱大昕父亲肖像图题诗，同样表现出吴烺对于家学及儒学
的崇尚（《为韦约轩编修题其尊甫铁夫先生授经图》《题钱方壶先生行
乐》）。

　　与吴百药、程晋芳、韦谦恒聚 [《琐窗寒（百药招同蕺圆、约轩、璞
函集饮斋中，同赋）》]。

　　与程晋芳聚陶然亭（《程二丈蕺园舍人招饮陶然亭》）。

　　1766 年金兆燕元旦出门北上，赴京八应会试，终于在第八次会试中
成进士，金兆燕《棕亭诗钞》卷一二《题宋瑞屏磨蚁图小照》说："我生
半世轮蹄中，壮年转徙随飞蓬。八上燕京三入越，齿落面皱成衰翁。"京
城南还时吴烺写诗《送棕亭南还二首》相送，金兆燕《棕亭诗钞》卷九
《丙戌五月出都吴杉亭以诗赠别赋此誂之四首》可对读。

　　12 月 19 日，江春为纪念苏东坡七百岁生日，在康山草堂之寒香馆悬
像赋诗，"一时文人学士如钱司寇陈群、曹学士仁虎、蒋编修士铨、金寿

门农、陈授衣章、郑板桥燮、黄北垞裕、戴东原震、沈学士大成、江云溪立、吴杉亭烺、金棕亭兆燕，或结缟纻，或致馆餐"。

与程晋芳等晴湖集饮，醉（《冯司直纫兰招同朱编修竹君先生程舍人蕺园二丈沈吉士南楼陆舍人耳山郭舍人晴湖小集黑窑厂登眺酾钦大醉赋》）。

1767年 乾隆三十二年 丁亥 四十九岁

同程晋芳、钱大昕等相聚法源寺（《程二丈蕺园舍人招同钱詹事荦石查太守俭堂毕洗马秋帆冯司直纫兰陈编修仲思郭舍人晴湖陆舍人耳山法源寺看海棠归饮耳山寓邸迟朱先生竹君不至分赋八首》）。

进京寓居一年余，思归之心渐浓，遂乞假乘舟南还。

《舟发潞河》："三年又泛潞河归，为忆江南旧钩矶。"潞河在通县，是吴烺南归所经之地，其诗中多有提及，如《秋日乞假归觐毂原赋诗赠行依韵留别八首》《南还舟中述怀却寄都下诸子八首乙亥》《题方曼生小影》。

《乞假南还卖书买舟尚余残帙纳敝簏中一夕船漏尽没于水乃就沙岸曝之感而赋此》诗云："归计帷凭数卷书，卖残不遣带经鉏。沉舟几使蛟龙得，出水空怜鼠蠹余。已分沾泥同落絮，可堪寄远付游鱼。沙头点检增惆怅，雨后甘蕉怯舒卷。"吴家经济已经十分困顿，程晋芳撰《勉行堂文集》卷六《文木先生传》云："（吴敬梓）移居金陵城东之大中桥，环堵萧然，拥故书数千卷，日夕自娱。窘极则以书易米。"

道经通州（《通州怀古》）。

道经淮安（《淮安》二首）。

1768年 乾隆三十三年 戊子 五十岁

至扬州，正月初七集江春斋中（《虞美人·人日集鹤亭斋中兼七言律诗一首》）。

正月十六日聚程名世筼槑斋中（《元夕后一日集筼槑斋中》）。

《放歌赠俞楚江》中说，"请君明日为我竟荷锸，假使一宵醉死何不真埋之"，以反语表达胸中悲鸣不平之音与内心的愤激之情。

清明友人集修禊亭（《清明日集修禊亭》）。

九月七日泛舟入城（《重九前二日泛舟入城过话秋亭作，用坡公九日泛舟至勤师院韵》）。

重九日集嘉树堂（《九日家晋堂招游北山寺阻雨不果集饮嘉树堂以绛叶拥虚砌黄花随浊醪为韵得浊字》）。

在嘉禾为小女订婚期（《宿江深阁》）。距1764年作《棕亭携令子冀良就婚于余寓邸成长句八章余亦抚今追昔怅然于怀作此奉答》已过去四年了，所定婚期应该不是嫁给金台骏的那个女儿。

12月29日东坡生日友人聚吴秋竹指香斋（《大江东去（东坡生日同人集指香斋醵饮，忆甲申年在真州小聚，匆匆如昨日事也）》）。

1769年 乾隆三十四年 己丑 五十一岁

早春于徐艺农斋中（《早春文宴徐艺农斋中早春文宴》）。

仲春，江昉将往新安，吴烺相送。《水调歌头·送橙里归新安》云："春色已云半，花事未阑珊"，时间大约在此年仲春。

吴烺乾隆三十五年（1770）任山西宁武府同知，任职前往山西晋园一游（《晋园春游作》）。

按：安徽版《儒林外史研究论文集》，周德恒《读〈杉亭集〉札记》一文认为"《杉亭集》诗第十一卷最后两首诗是《淮阴旅次》和《寓庐偶感》……吴烺于乾隆三十四年官宁武府同知，署府篆，并于同年以疾归"。《清代官员履历档案全编》记载吴烺乾隆三十五年任职山西宁武府同知。

清明后旅次中怀江昉。《怀江橙里在新安》诗中写道"一别风光百五过，佳辰良会竟蹉跎"，"百五"，寒食日。

从山西返回南方，道经淮阴（《淮阴旅次》）。淮阴是由山西回南方必经之路。

吴烺被招入京师，回到北京寓庐。《寓庐偶感》诗中云"明年手版匆匆日，得否萧闲似索居"，"手版"当指1770年《清代官员履历档案全编》所记载吴烺任职敬缮履历。这里的寓庐当指北京寓所，诗中说"光阴逝水惜三余"，从1767年吴烺乞假南还到回到北京时间跨度吻合，吴烺1765年在扬州寓庐作《寓庐种梅二株已两度作花矣行将北上以诗别之二首》则云"不是吾庐应也爱"，其《沁园春（寓庐距愍忠寺数武，有老槐六株，颜曰老树轩。时余将迁居，徙倚树下，依依有故人之感，作此别之）》词也抒发对寓庐恋恋难舍之情。《寓庐偶感》诗中"废园社后攀杨柳，古寺春朝看海棠"与北京地点也相合。

今天可以见到的吴烺《杉亭集》是清钞本两部，中国社会科学院文学研究所收藏的《杉亭集》诗十一卷，词五卷，诗集每卷均有纪年，起于雍正十一年癸丑，迄于乾隆三十四年己丑，词集则无纪年；另一部清钞本收藏于安徽博物馆，缺序文及前三卷，止于第十卷，无词集。据李汉秋《吴敬梓吴烺诗文合集》前言中说，十一卷本《杉亭集》诗前三篇序文所作时间不同，王鸣盛序作于乾隆十九年甲戌，次钱大昕序，姚鼐的序作于乾隆三十五年（1770），从诗集纪年看，卷五起乾隆甲戌，十卷本《杉亭集》止于乾隆三十二年，无姚鼐序。十一卷本《杉亭集》止于乾隆三十四年己丑（1769）。

1770 年 乾隆三十五年 庚寅 五十二岁。

吴烺女儿（金台骏之妻）亡故。金兆燕《棕亭古文钞》卷四《亡室晋孺人传》云："庚寅夏，冢媳亡，有人欲为台骏谋继室者。"

乾隆三十五年（1770）赴任山西宁武府同知。《清代官员履历档案全编》记载吴烺任职情况，录如下：

> 吴烺，安徽滁州全椒县举人，年肆拾陆岁，现任内阁中书，奉旨记名以同知用，今签升山西宁武府同知缺。
>
> 臣吴烺，安徽滁州全椒县举人，年肆拾陆岁，由现任内阁中书俸满，引见记名以同知用，今签升山西宁武府同知缺，敬缮履历，恭呈御览。
>
> 谨奏。
>
> 乾隆叁拾伍年贰月叁拾日

姚鼐为《杉亭集》作序在1770年仲春，未提及吴烺之死。《清史稿》"许如兰传"云："时同县山西宁武同知吴烺受梅文鼎学于刘湘煃，如兰因并习梅氏历算。"

民国《全椒县志》"官宁武同知署府篆，以疾归"，王昶《湖海诗传》"出为郡司马，又数年而殁"，吴烺确切的卒年不详，大约归家后与人交往甚少缘故。

有关吴烺卒年的时间，目前能够获得的资料不多。金兆燕《棕亭诗钞》卷一五《赠应叔雅八线表媵以诗》中说"吴（杉亭）戴（东原）已死盛（秦川）远客，独抱此册将贻谁"，对照该诗前后几首所标时间可推知此诗作于乾隆四十七年（1782）；《棕亭诗钞》卷一八《赠陈淡村》中说："戚友不堪搜地下，（谓吴杉亭）壮怀且与话灯前。"对照本诗前后诗的写作时间，可推知此诗大约作于 1789 年。搜检《国子先生全集》，金兆燕与吴烺诗词唱和之作近二十余篇，篇中多以"杉亭"或"荀叔"称之，最后一篇是作于乾隆三十一年（1766）的《丙戌五月出都吴杉亭以诗赠别赋此誗之四首》，此后便不见诗文唱和往来，而金兆燕在 1782 年到 1789 年间诗中两次提及吴烺已不在人世，大约吴烺的离世的时间在 1782 前不久，至交兼亲戚的吴烺的离世给他带来不少感伤和悲痛，故诗中两次提及，以抒发自己心中悼念之情。

又：金兆燕在《祭珽文》中写道：

至十六岁，吾自国博请急归，见汝文字皆已老成，而诗章多悲郁句，……次年为学使徐条甫先生所赏，以第一人入泮。余时客居于扬，而汝来省吾，且将迎娶，寓居马氏之小玲珑山馆，盖昔日万樊树诸君唱和处也。……七月三日，汝侍我灯下读书，……是时，汝父馆他宅，汝母居旧城母家，而汝急欲见母，吾已遣呼汝父，汝索衣冠向空作三跪九叩礼，曰："拜辞天地。"礼未毕汝父至，汝又向我与汝父叩首曰："拜辞尊长。"汝父正错愕，相顾吾曰："竚不远别，叩首何爲？"于是三肩舆同至汝母所，而汝不肯出舆，强牵之出，则闻然如异物状，汝外祖及外祖母视汝母，不知所为，汝急索《周易》读之，声如歌曲，语我曰："此镇邪，我枕畔常置此书。"至此遂成狂易疾矣。……①

金珽乃台骏长子，吴烺之外孙。珽生于乾隆三十一年（1766），卒于乾隆五十一年（1786）②。作为科举世家的长子贤孙，金兆燕对其厚爱有加，奈何天不遂人愿，金兆燕费尽心血着意栽培的这个孙子偏偏短寿而亡。金珽的夭折，使金兆燕万分悲痛，在他的诗文中多有抒发。上述引文

---

①　金兆燕撰《棕亭古文钞》卷十《祭珽文》，清道光十六年赠云轩刻本。
②　《棕亭诗钞》卷一八《正月九日泛舟湖上召客分体作诗，得七律四首（其三）》诗中自注曰："乙未六月六日，亡孙珽十岁"；《棕亭古文钞》卷一〇《赠君公〈塾训〉跋》曰："丙午秋，珽殁"。

中，金兆燕说金班县试后，到扬州探视祖父，侍祖父而读书，祖孙其乐融融，不想七月三日金班发病，并急欲见"居旧城母家"的母亲，"于是三肩舆同至汝母所，而汝不肯出舆，强牵之出，则闯然如异物状，汝外祖及外祖母视汝母，不知所为"，这里的"外祖"当指吴烺，对照文中时间线索，乾隆四十六年（1781）金班十六岁，次年（1782）县试后，至扬州祖父金兆燕处，七月三日尚见到外祖父吴烺。

　　综合上述材料，可推知吴烺卒年当在乾隆四十七年。

参考文献

（一）作品类：

［1］吴沛著：《西墅草堂遗集》，清康熙十二年吴国对刻本。

［2］王士禛撰：《带经堂集》，清康熙五十年程哲七略书堂刻本。

［3］冒襄撰：《巢民文集》，清康熙刻本。

［4］吴敬梓著：《文木山房集》，清乾隆刻本。

［5］韦谦恒著：《传经堂诗钞》，清乾隆刻本。

［6］沈大成：《学福斋集》，清乾隆三十九年刻本。

［7］王昶辑：《湖海诗传》，影印清嘉庆八年三泖渔庄刻本。

［8］王昶撰：《春融堂秦》，清嘉庆十二年塾南书舍刻本。

［9］程晋芳著：《勉行堂文集》，清嘉庆二十三年刻本。

［10］程晋芳撰：《勉行堂诗集》，清嘉庆二十三年刻本。

［11］金兆燕著：《棕亭诗钞》，清嘉庆丁卯年赠云轩刻本。

［12］金兆燕著：《棕亭古文钞棕亭骈体文钞》，清道光丙申年赠云轩刻本。

［13］金榘著：《泰然斋诗文集》，清道光二十六年刻本。

［14］吴敬梓著：《文木山房诗说》，清代手抄本。（附于周兴陆著《吴敬梓〈诗说〉研究》书后）。

［15］严长明撰：《严东有诗集》，民国元年郎园刻本。

［16］叶恭绰：《全清词钞》，中华书局1982年版。

［17］姚鼐著，刘季高标校：《惜抱轩诗文集》，上海古籍出版社1992年版。

［18］吴敬梓著，李汉秋点校：《儒林外史会校会评本》，上海古籍出版社1984年版。

［19］吴敬梓、吴烺著，李汉秋点校：《吴敬梓吴烺诗文合集》，黄山书社 1993 年版。

［20］蒲松龄原著，赵蔚芝笺注：《聊斋诗集笺注》，山东大学出版社1996 年版。

［21］吴敬梓著，陈美林批点：《清凉布褐批判儒林外史》，新世界出版社 2002 年版。

［22］吴敬梓著，李汉秋辑校：《吴敬梓诗文集》，人民文学出版社2002 年版。

（二）专著类：

［1］《全椒县志》明泰昌元年版，全椒县地方志编纂委员会 1992 年整理。

［2］《全椒县志》清康熙十二年版，全椒县地方志编纂委员会 1993年整理。

［3］《全椒县志》民国九年版，江苏古籍出版社 1998 年整理出版。

［4］杭世骏辑：《词科掌录》卷六，清乾隆道古堂刻本。

［5］李调元撰：《制义科琐记》，影印北大图书馆藏清乾隆李氏万卷楼刻函海本。

［6］阮元辑：《淮海英灵集》，清嘉庆三年小琅嬛仙馆刻本。

［7］法式善撰：《清秘述闻》，影印湖北省图书馆藏清嘉庆四年刻本。

［8］王昶辑：《湖海诗传》，影印清嘉庆八年三泖渔庄刻本。

［9］阮元编：《畴人传》，扬州阮氏琅嬛仙馆板（道光二十二年阮氏汇印本）。

［10］陆心源撰：《穰梨馆过眼录》，清光绪十七年吴兴陆氏家塾刻本。

［11］平步青撰：《霞外攈屑》，影印上图藏民国六年刻香雪崦丛书本。

［12］胡适著：《胡适文存》，亚东图书馆 1921 年版。

［13］何满子著：《论儒林外史》，上海出版公司 1954 年版。

［14］《儒林外史研究论集》，作家出版社 1955 年版。

［15］商衍鎏撰：《清代科举制度述录》，生活·读书·新知三联书店

1959 年版。

　　［16］李斗撰：《扬州画舫录》，中华书局 1960 年版。

　　［17］王士禛著：《带经堂诗话》，人民文学出版社 1963 年版。

　　［18］房玄龄等撰：《晋书》，中华书局 1974 年版。

　　［19］顾云：《盋山志》，台北文海出版社 1975 年版。

　　［20］赵尔巽等撰：《清史稿》，中华书局 1977 年版。

　　［21］钱穆著：《中国学术思想史论丛》，台湾东大图书公司印行 1977 年版。

　　［22］朱保炯、谢佩霖编：《明清进士题名碑录索引》，上海古籍出版社 1979 年版。

　　［23］《清朝野史大观·清朝史料》，上海书店印行 1981 年版。

　　［24］徐釚撰，唐圭璋校注：《词苑丛谈》，上海古籍出版 1981 年版。

　　［25］孟醒仁著：《吴敬梓年谱》，安徽人民出版社 1981 年版。

　　［26］陈如衡著：《吴敬梓传》，上海文艺出版社 1981 年版。

　　［27］《儒林外史研究论集》，安徽人民出版社 1982 年版。

　　［28］王士禛撰：《池北偶谈》，中华书局 1982 年版。

　　［29］金埴著：《不下带编》，中华书局 1982 年版。

　　［30］安徽版《儒林外史研究论文集》，安徽人民出版社 1982 年版。

　　［31］邓之诚著：《中华两千年史》卷五（下），中华书局 1983 年版。

　　［32］李汉秋编：《儒林外史研究资料》，上海古籍出版社 1984 年版。

　　［33］李汉秋点校：《儒林外史会校会评本》，上海古籍出版社 1984 年版。

　　［34］福格著：《听雨丛谈》，中华书局 1984 年版。

　　［35］乐蘅军著：《古典小说散论》，纯文学出版出版社有限公司 1984 版。

　　［36］卞孝萱编：《郑板桥全集》，齐鲁书社 1985 年版。

　　［37］黄宗羲著：《黄宗羲全集》，浙江古籍出版社 1985 年版。

　　［38］阎湘蕙、张椿龄编：《国朝鼎甲征信录》，台湾明文书局 1985 年版。

　　［39］何泽翰著：《儒林外史人物本事考略》，上海古籍出版社 1985 年版。

［40］李桓辑：《国朝耆献类征初编》，台湾明文书局1985年版。

［41］吴敬梓纪念馆编：《文木乡音》，1986年版。

［42］孟醒仁等著：《吴敬梓评传》，中州古籍出版社1987年版。

［43］章培恒主编：《儒林外史学刊》，黄山书社1987年版。

［44］王钟翰点校：《清史列传》，中华书局1987年版。

［45］张次谿编纂：《清代燕都梨园史料》（正续编），中国戏剧出版社1988年版。

［46］中野美代子著，北雪译：《中国人的思维模式》，中国广播电视出版社1992年版。

［47］钱伯诚等编：《全明文》，上海古籍出版社1992年版。

［48］袁枚著：《袁枚全集》，江苏古籍出版社1993年版。

［49］陈茂同著：《中国历代选官制度》，华东师范大学出版社1994年版。

［50］陈文新著：《士人心态话儒林》，华中理工大学出版社1994年版。

［51］钱穆著：《国史大纲》，商务印书馆1994年版。

［52］陆萼庭著：《清代戏曲家丛考》，学林出版社1995年版。

［53］梁启超撰：《清代学术概论》，东方出版社1996年版。

［54］陈庆元著：《福建文学发展史》，福建教育出版社1996年版。

［55］秦国经主编：《清代官员履历档案全编》，华东师范大学出版社1997年版。

［56］朱一玄等编：《儒林外史资料汇编》，南开大学出版社1998年版。

［57］竺青编：《名家解读〈儒林外史〉》，山东人民出版社1999年版。

［58］赵园著：《明清之际士大夫研究》，北京大学出版社1999年版。

［59］林继中著：《文学史新视野》，北京大学出版社2000年版。

［60］李汉秋著：《〈儒林外史〉研究》，华东师范大学出版社2001年版。

［61］许承尧撰，李明回等校点：《歙事闲谭》，黄山书社2001年版。

［62］全椒县文联等编：《全椒民间故事》，三秦出版社2002年版。

［63］周延良笺证：《文木山房诗说笺证》，齐鲁书社 2002 年版。

［64］程国赋著：《唐五代小说的文化阐释》，人民文学出版社 2002 年版。

［65］傅璇琮著：《唐代科举与文学》，陕西人民出版社 2003 年版。

［66］余英时著：《士与中国文化》，上海人民出版社 2003 年版。

［67］周兴陆著：《吴敬梓〈诗说〉研究》，上海古籍出版社 2003 年版。

［68］谢国桢著：《明末清初的学风》，人民出版社 2003 年版。

［69］张杰著：《清代科举家族》，社会科学文献出版社 2003 年版。

［70］程廷祚撰，宋效永校点：《青溪集·青溪文集续编》，黄山书社 2004 年版。

［71］林继中著：《文化建构文学史纲》，北京大学出版社 2005 年版。

［72］鲁迅著：《鲁迅全集》，人民文学出版社 2005 年版。

［73］胡益民等著：《儒林外史与中国士文化》，安徽大学出版社 2005 年版。

［74］顾鸣塘著：《〈儒林外史〉与江南士绅生活》，商务印书馆 2005 年版。

［75］陈美林著：《吴敬梓研究》，南京师范大学出版社 2006 年版。

［76］李忠明等著：《〈儒林外史〉研究史》，海峡文艺出版社 2006 年版。

［77］顾炎武著，陈垣校注：《日知录校注》，安徽大学出版社 2007 年版。

［78］林继中著：《激活传统——寻求中国古代文论的生长点》，上海古籍出版社 2007 年版。

［79］商伟著，严蓓雯译：《礼与十八世纪的文化转折》，生活·读书·新知三联书店 2012 年版。

［80］司徒安著，李晋译《身体与笔：18 世纪中国作为文本/表演的大祀》．北京大学出版社 2014 年版。

（三）论文类：

1. 何泽翰：《有关吴敬梓生活和创作源泉的三首诗》，《学术月刊》

1958 年第 5 期。

　2. 任访秋：《略论吴敬梓的学术思想》，《开封师院学报》1962 年第 1 期。

　3. 孟醒仁：《吴敬梓家世、生平补正——读吴烺手钞本〈杉亭集〉札记》，《江淮论坛》1981 年第 2 期。

　4. 孟醒仁：《吴敬梓交游新考》，《安徽大学学报》1981 年第 3 期。

　5. 孟醒仁：《读吴敬梓〈金陵景物图诗〉札记》，《阜阳师范学院学报》1982 年第 4 期。

　6. 孟醒仁：《吴敬梓客死扬州》，《扬州师范学院学报》1983 年第 1 期。

　7. 丘良任：《卢见曾及其〈出塞图〉》，《故宫博物院院刊》1983 年第 2 期。

　8. 丘良任：《郭韵清赠酬吴敬梓吴烺诗》，《南京师大学报》1984 年第 2 期。

　9. 丘良任：《吴敬梓及其高祖吴沛》，1985 年第 4 期。

　10. 张国风：《〈儒林外史〉的政治倾向》，《铁道学院学报》1987 年第 3 期。

　11. 孟醒仁：《吴敬梓具有生父嗣父的新证》，《安徽大学学报》1988 年第 1 期。

　12. 张国风：《〈儒林外史〉谈永乐》，《铁道学院学报》1988 年第 1 期。

　13. 吴组缃：《〈儒林外史〉与其时代》，《文献》1988 年第 4 期。

　14. 苏丰：《吴敬梓生父、嗣父考》，《曲靖师专学报》1989 年第 2 期。

　15. 徐传礼：《一位文豪的悲剧史》，《安徽大学学报》1989 年第 4 期。

　16. 王恽忠：《安徽全椒发现吴敬梓家祖墓碑》，《东南文化》1991 年第 2 期。

　17. 顾启：《冒襄吴国对交游考》，《明清小说研究》1993 年第 1 期。

　18. 李文新：《关于吴敬梓家族纠纷的性质问题的辨析》，《阜阳师院学报》1995 年第 1 期。

19. 张国风：《康乾时期文化政策的复杂性及其对小说的影响》，《中国人民大学学报》1997 年第 2 期。

20. 蒋寅：《新发现的吴敬梓研究资料》，《扬州大学学报》1998 年第 4 期。

21. 李正西：《对吴敬梓、吴烺父子悲剧人生的文化考察》，《柳州师专学报》1999 年第 1 期。

22. 冯保善：《关于〈新发现的吴敬梓研究资料〉的几点辩证》，《扬州大学学报》1999 年第 4 期。

23. 陶家康：《吴敬梓〈移家赋〉并序注释》，《滁州师专学报》1999 年第 4 期。

24. 陶家康：《吴敬梓〈移家赋〉并序注释》，《滁州师专学报》2000 年第 1 期。

25. 陶家康：《吴敬梓〈移家赋〉并序注释》，《滁州师专学报》2000 年第 2 期。

26. 丘良任：《〈文木山房诗说〉初探》，《安徽大学学报》2000 年第 6 期。

27. 关秀娟：《天籁诗鸣早熟诗才》，《福州师专学报》2001 年第 4 期。

28. 李汉秋：《新发现的吴敬梓〈诗说〉刍议》，《复旦学报》2001 年第 5 期。

29. 王进驹：《"茸城女士"非"松江张宛玉"辨》，《明清小说研究》2001 年第 4 期。

30. 顾鸣塘：《吴敬梓〈诗说〉与〈儒林外史〉》，《明清小说研究》2001 年第 4 期。

31. 裘新江：《伟大也要有人懂》，《滁州师专学报》2002 年第 1 期。

32. 李世萍：《吴敬梓〈诗说〉述评》，《内蒙古师范大学学报》2002 年第 4 期。

33. 金厚钧：《明清时期全椒金氏与吴氏家族的联姻关系》，《滁州师专学报》2002 年第 4 期。

34. 周延良：《〈文木山房诗说〉对"七子之母"的伦理说解》，《天津师范大学学报》2002 年第 5 期。

35. 李中明:《程晋芳〈儒林外史〉研究述评》,《南京师范大学文学院学报》2004 年第 2 期。

36. 陈秋香:《〈儒林外史〉"题不对文"现象》,《明清小说研究》2006 年第 4 期。

37. 王伟康:《吴敬梓扬州诗词内蕴探析》,《江苏广播电视大学学报》2007 年第 4 期。

38. 王伟康:《略述吴敬梓扬州诗词的艺术特色》,《南京广播电视大学学报》2008 年第 1 期。

39. 韩国良:《人生归有道,衣食固其端》,《太原师范学院学报》2008 年第 1 期。

40. 郑志良:《明清小说文献资料探释七则》,《明清小说研究》2008 年第 1 期。

41. 袁敏:《关于吴烺生平的一点注记》,《西北大学学报》2008 年第 1 期。

42. 赵爱华:《徘徊在理想与现实之间》,《西北大学学报》2008 年第 3 期。

43. 周勇:《论吴敬梓的文化选择》,《石家庄学院学报》2009 年第 1 期。

44. 武维春:《"康乾盛世"江南文人的生存方式》,《书屋》2009 年第 1 期。

45. 王伟康:《卢见曾被谴戍台与吴敬梓〈奉题雅雨大公祖出塞图〉诗》,《扬州教育学院学报》2009 年第 2 期。

46. 王伟康:《从扬州诗词看吴敬梓叛逆思想产生的产生和发展》,《扬州职业大学学报》2009 年第 3 期。

后　记

　　本书是在我博士论文的基础上修改而成。以全椒吴氏家族作为研究对象，缘于自己也是全椒程家市人，先贤的诸多事迹早已耳闻，而至今才得以关注这一方面，想起来不免痛恨自己的木呐和愚拙。但研究毕竟不同于感情的亲近，兴趣或许只是做学问的漫长征程上可以忽略的极微小的方面。

　　论文能够成形如此，费去了我的导师林继中先生的许多心血。有幸于先生讲堂之下聆听教诲，置身于面壁斋中，（先生多于他的书斋中给弟子们授课。）先生侃侃而谈，随处都能启发晚生的思维。恩师不断提醒我对于传统"辨章学术，考镜源流"治学之钥的重视和理解，对于"义理、考据、辞章"之法的理解、吸收与运用，还有先生发明的"以写带读"方法……先生常将复杂的学术问题在谈笑之间化作简洁。感谢恩师不弃，面壁斋中的谈话常于耳边回响，先生是地道的中国文人，但绝不惟单纯埋首书斋的学者，言语中透出的真知仗义总叫人生出对于知识的敬畏与不由得不产生去除思想惰性的勇气。

　　现实难免诸多尘杂喧嚣，有时不得不放下自认为颇在状态的阅读与思考而勉力应付，这常令我堕入痛苦与困惑中；写作之前的想象总是丰富的，一旦行诸文字却又何等的苍白无力……凡此种种所带来的精神苦痛实在无以言说，林师常以佛教"空空"使我知晓了那是必经的磨难。临近毕业，先生谆谆教导，尤其告诫我这是一个新的开始，并希望学生对他的治学方法能够有更深入的理解和运用。毕业以后，林师对我的教导依然如初。感谢先生的鞭策与鼓励，惶恐之余弟子惟有勤奋专注再奉作业以报。

　　与我的硕士导师程国赋先生相识是我人生转折的开始，先生友爱和善众人皆知，三年的读研生活受教于先生之处甚多，从暨大毕业后先生常问及我的学习与生活，我也一再烦扰先生。蒙先生错爱，对于学生每每有求必应，我的这篇论文写作与修改也数次求教于程师，程师背后默默关注的目光时时促我前行，惜弟子不才，愧于先生的期待。在书稿即将付梓之际，程师又欣然为我作序，殷殷情意，永志难忘！感谢陈庆元师的提携，三年师大求学，陈师对我颇多鼓励和关照，先生与我的导师交往甚早，也视我如门生，想见先生言语之蔼如，感激之情，油然而生！感谢齐裕焜、张善文、郭丹、蒋松源、王汉民、李小荣先生的殷勤指引；感谢师兄祖国颂教授对我的鼓励帮助。漳州师范学院中文系胡金望主任对于吴敬梓的研究颇多心得，每每谈及这方面论题，胡老师总是不吝赐教，让我受益匪浅；家乡全椒县文体局田胜林局长曾给我提供诸多帮助，与我热烈讨论相关话题。如今胡、田二位先生都已仙去，想来感慨良多，情不能堪！

感谢中国社会科学出版社冯春凤编审及许晨老师的支持和帮助，他们为本书的编辑出版，做了许多艰苦细致的工作，谨以致敬！

我的父母、岳父母年事已高，他们仍不辍劳作，自食其力，长辈为我付出千万，而我报答甚少，性格要强的姐姐也一直鼓励我学业上进，并给我诸多帮助，他们的背影时时萦绕我的脑际，他们的期待促我不断向前、向善。贤惠善良的妻子给我最厚重的精神与物质的支持，一直陪伴我走过一次次艰辛的历程，回想论文写作龃龉时我所产生的恶劣脾气，妻子都默默承受，那份委屈实不该她来承担，想来让我心生愧疚与感激。我的孩子因我工作漳州而不得不从安徽转学，教材及教学的不同使他成绩出现波动，我深感内疚，更害怕会使他因此遭受如我一样坎坷的学习历程。好在儿子一直勤奋用功，在我博士毕业两年后他也大学毕业，并继续他的求学道路。孩子学业上的每一次进步都带给我莫大的欣慰，使我青灯黄卷之下不乏人生的乐趣和劲头，"大任如山赖汝肩"，愿他不惧劳苦，上下而求索，比我出息多多！我也当孜孜不怠！

2016 年 3 月于漳州